新编经济学教程系列

世界经济学
SHIJIE JINGJIXUE

（第四版）

张幼文 金 芳 著

立信会计出版社
LIXIN ACCOUNTING PUBLISHING HOUSE

出 版 说 明

"新编经济学教程系列"是我社重点图书之一,列入了上海市"九五"和1998年度重点图书选题。这是一套根据高等院校经济学科专业新的课程建设和教学要求,由一批资深教授、博士生导师及其教学带头人撰写的经济学教程丛书。

本丛书包括《微观宏观经济学》《世界经济学》《管理经济学》《国际贸易》《国际金融学(简明本)》《高级财务会计》《高等公司理财学》等。这些教材大多已在复旦大学、上海财经大学、西南财经大学、上海大学和上海社会科学院等试用多年。其中,大部分教材是初次正式出版,有的则是修订出版。

这些教材不仅可作为大学本科的教学用书或参考书,而且还可作为研究生的教学用书。

立信会计出版社

第四版说明

《世界经济学》第三版修订至今已有5年了,2007年一场始发于美国的金融危机席卷全球,令世界经济经历了自1929～1933年大萧条以来最严重的一次衰退。这场危机虽然并未逆转全球经济一体化的发展总趋势,但却从经济增长、国际贸易、国际金融、国际投资、国际生产和国际经济协调与治理等多重意义上对当代世界经济格局产生重大影响。以世界经济为研究对象的世界经济学理应对这些变化有所反映,这也正是本次修订的一大内容。为此,我们分别在第一篇新增了第五章,对国际贸易投资体制改革的新主题进行了阐述。由于国际直接投资的大发展带来生产要素的国际流动,在第二篇一体化世界经济的运行中新增了第九章跨国公司与世界生产体系,第十章生产要素的国际流动与全球化经济的运行机制,分别从跨国公司发展和要素流动两个方面进一步分析了世界经济的运行机制。第三篇中我们将原来的不平衡发展与国际经济新秩序一章进行了内容调整并修改为当代世界经济格局的变化,另增加了第十五章要素流动的结构与全球经济再平衡,从要素流动角度解释了当前全球经济失衡的成因。第四篇中增加了第十九章国际投资政策协调与体制建构新趋势,第二十章中国推动全球治理的主张与影响,着重从国际投资政策协调和全球经济治理两个层面提出体制建设新趋势和中国的主张。

《世界经济学》第四版修订中的另一个主要内容是对全书各章作出了较为全面的数据及资料更新,以求准确反映世界经济各领域的最新变化和现实动态。在若干篇章,还删除了陈旧的内容,新增为反映现实进展的内容阐述,如在第一篇原第七章生产一体化的第一节进行了删减,增加了第十章。第二章新增了第二节全球价值链分工的发展与特点,删除了原第十章不平衡发展与国际经济新秩序的第七节,新增了第十五章。

还需说明的是,《世界经济学》第四版的修订得到了上海社会科学院世界经济研究所的王中美研究员、薛安伟助理研究员、周大鹏助理研究员的大力帮助,他们分别负责了第五章、第二章第五节、第十一章第四节、第十五章的新增内容。修订内容确定后由薛安伟协助全书的统稿、修改。他们认真、细致和专业的修改及补充工作为我们顺利完成此次修订提供了支持,在此表示感谢。另外感谢马飒、翟星和陈钧浩对第三版的修订。当然,修订中的疏漏和错误则应由我们承担。

尽管如此,面对正经历巨大变革的世界经济,我们深知上述修订仍然是有限的,期待得到同行和读者朋友们对不足之处的批评及指正。

张幼文　金　芳

2017 年 7 月

第一版绪论

关于世界经济的研究

　　20世纪是人类历史大发展的世纪,人类取得了比以往任何一个世纪都要辉煌的成就。世界经济在这一世纪中发生的变革和进步更是无与伦比的,尤其是科技革命推动世界经济以前所未有的速度向前发展,对人类历史的进步产生了极为深刻的影响。近三十年来,世界经济的面貌发生了翻天覆地的变化,无论是国际分工、世界市场的发展,还是经济体制、运行机制的变革,都为学术界研究世界经济问题提出了新的挑战。

　　我国对世界经济的研究起步较晚。20世纪60年代初,学术界提出关于世界经济学科建设的问题,并就世界经济学的研究对象、范围及其具体内容展开了讨论。直到80年代初,在钱俊瑞先生的倡导下,我国才全面展开该领域的学科建设,中国世界经济学会汇集了全国研究世界经济的骨干力量,编写了一本论文集性质的《世界经济概论》,作为一本大学教材。在这本教材出版的同期或之后,全国出版了一些这方面的教材或著作。经过80年代众多学者的努力,到90年代初,世界经济学的研究水平得到了提高,已形成了对学科体系的几种不同的看法,对推动国内关于世界经济学科的建设起了重要的作用。

　　20世纪80年代时,在我国学术界占主导地位的一种看法是,世界经济学是以马克思主义政治经济学理论为基础的,是政治经济学在世界经济领域的应用和延伸。因此,世界经济学在我国一开始就以不同于西方国际经济学的研究而出现的一门新学科。随着改革开放的发展和深入,国际经济学被引进,并被国内学术界认同,尚未成型的世界经济学既承受了严峻的挑战,作为一门独立学科的存在受到怀疑和冲击,也吸收了丰富的理论养料,为自己的形成和发展造就了坚实的基础。

　　本书主编张幼文研究员对世界经济学学科建设的探索已有多年。近年来他认为,20世纪90年代起,世界经济一体化趋势的日益增强,为学术界重新认识世界经济学,转变视角研究世界经济问题提供了客观条件。这一变化就是,今天我们可以从政治经济学角度研究转变为从世界经济一体化角度来研究世界经济问题,重建这一学科的体系。这是一个值得注意的学术观点。

我们可以用更概括的语言总结20世纪世界经济的特征。在基本特性上，它表现为多元性、立体性和整体性。

1. 多元性。我们研究的是作为一个整体的世界经济的运行和发展规律，但它由各国的国民经济作为基础，因而各国在经济上的差异性是不容忽视的，而且在世界经济一体化的趋势下各国经济正或多或少地受到影响，发生变革，处于一个动态发展的过程中，这就构成了世界经济的多元性的一面。

2. 立体性。随着世界经济相互依存的加深，各国经济融入世界经济一体化的发展已是不可逆转。但由于各国经济实力、发展战略等各方面因素之间的差别，参与世界经济运行的程度是深浅不一的。各国商品、技术、资本各方面市场的国际化发展，使众多生产方式、发展水平不同的国家的经济活动联结在一起，形成错综复杂、相互依存、相互制约、相互渗透的结合体。

3. 整体性。世界经济自20世纪初正式形成以来的近百年发展历程是一个逐步走向一个整体的演进过程。虽然90年代以来，经济区域化、集团化的趋势有所增强，但这并不是与世界经济全球化、一体化相对立的现象。从一定意义上讲，20世纪的区域经济一体化是世界经济走向全球一体化的必要阶段。从大趋势来看，它有利于推动世界贸易自由化和国与国之间经济合作、相互往来的加深，因而必将推动世界经济向着一个高度融合的有机整体不断发展。

世界经济在发展规律上表现为国际化、全球化和一体化。它的发展经历一个由浅至深的渐进过程，从国际化起步，发展到全球化，最终成为完全一体化。

1. 国际化。国际化指的是各民族国家随着相互间贸易的发展，开始了市场的统一与融合。在此基础上，实现诸如资本、劳动力等生产要素和技术在国与国之间的流动。

2. 全球化。全球化是指在国际化基础上，随着分工的深入和市场的扩大，各国经济相互作用、相互依存程度日益加深，尤其是战后跨国公司的大发展使全球化获得了前所未有的推进。目前的世界经济正处于这一过程中。

3. 一体化。与全球化相比，一体化是世界经济更高的发展阶段。它意味着世界经济已完全融为一个整体。因而，如果说，经济全球化实现了各国经济表层化的相互依存，那么，一体化则是在本质上达到了各国经济的充分融合。当代世界经济正向着全方位的，真正意义上的一体化迈进。

本书作者认为，世界经济一体化是世界经济研究的主线，因为世界经济一体化趋势对我们从整体上把握世界经济的发展提出了新的要求。若干年前,世界经济被我们认为还只是外国国民经济或发达资本主义国家经济的总和。然而,对于世界经济作为一个有机整体究竟如何体现,我们毕竟揭示不多。除了研究需要一个过程之外,客观的历史条件是最根本的制约因素。在今天,世界经济出现的一体化趋势已经如此显著:从商品交换发展到资本交流,从劳力流动发展到技术互通,从比较优势发展到经济合作,从外部经济联系发展到内部经济融合,从而使各国之间的经济联系日益密切和深化,以至于我们不仅能够而且也必须从整体上研究和把握这种趋势。因此,研究世界经济一体化的发展进程、表现形式、运行特点及其相互依赖关系等,应当成为世界经济研究的一个新视角、新基石,也应当是世界经济研究所能达到的一个新的水平。

关于世界经济全球化、一体化的表现

世界经济全球化是一股不可抗拒的历史潮流。在改革开放的历史条件下,中国只有融入世界经济中去,才能顺应全球化的发展趋势。可以说,当今的世界,没有一个国家能够闭关自守,自成一体,游离于世界经济之外。世界上不少发展中国家,甚至包括一些实行中央计划经济的国家,纷纷接受世界经济全球化的现实,推行对外开放的政策,进行适应全球化趋势的经济改革,实行经济体制的转轨。因此,把握世界经济全球化的发展趋势无论对于世界经济的理论研究,还是实践探索,都具有重大的现实意义。

在以"一体化"为主线研究世界经济中,本书的一些基本结论是值得注意的。

一、世界经济一体化是一个不断演进的过程

世界经济一体化是人类历史发展的客观趋势,也是一种积极的进步趋势。

回顾过去的几百年,一体化经历了三个不同性质的阶段。工业革命以后,作为世界经济形成史前期的世界经济,是市场的一体化。它以贸易为联系的基本方式,以实物商品交换为国际经济活动的基本内容,一个统一的但不十分完整的世界市场是一体化的基本形式。在这一阶段,从一体化的角度讲,就是指过去各个相互独立、相互隔离的国民经济,由世界市场联系起来。作为一个整体的世界市场形成了。但贸易壁垒大量存在,保护主义十分严重,从现代一体化的定义来看,并不能说是真正意义上的一体化。第二个阶段是资本一体化,国际投资使资本主义生产方式在世界取得了统治地位,世界被纳入同一个运动过程。在这一阶段上,所谓一体化指的是世界经济作为资本的运动过程,已具有高度的统一性。到19世纪末,世界一切民族采用同一生产方式意义上的世界经济,更因以间接投资为主的资本输出而达到一个全新的阶段。从20

世纪一体化的含义看,当时国际经济贸易的障碍还大量存在,世界经济还远不具有一体化的特征。但是,没有19世纪末一体化的历史准备,也就没有20世纪一体化的启动。从20世纪中期迅速发展的一体化是以新科学技术革命为基础的。它把世界经济推上了生产一体化的新阶段。在这一阶段,一体化的特点是生产过程分工的深化。在这以前,世界范围的分工本质上是不同产业之间的分工。新科技革命促使世界经济的整体走向工业化,并表现为工业生产本身的国际分工合作和同一水平线或同一生产过程的相互联系,于是,产业内部的分工和同一产品生产的国际分工合作得到发展。新科技革命的成果到世纪之末继续发挥着作用,并由于其能量进一步发挥出来,正在推进世界经济一体化的进一步发展。

二、科技革命是世界经济一体化的内在动力

总结世界经济发展的规律,我们不难看出世界经济一体化的内在动力就是科学技术革命。

科技革命作为第一生产力加速了世界经济的全面发展,加深了各国之间的分工,运输能力的提高和通讯技术的进步,把整个世界的经济运行过程联成为一体。

迄今为止,人类社会共发生过三次科技革命。第一和第二次科技革命都在极大地提高人类社会生产力的同时,在不同程度上促进了各国经济的相互联系和相互依存的加深。世界经济正是第一和第二次科技革命的直接作用下才形成的。第一次科技革命造成了统一的世界市场,这是世界经济形成过程的起始点。第二次科技革命促使世界经济的形成。这是世界经济走向一体化的逻辑起点。

第三次科技革命又称新科技革命,这一次科技革命无论在广度上还是深度上都超过以往的科技革命。它为一体化的世界经济形成奠定了物质基础。从20世纪70年代开始,科技革命又进入一个新的发展阶段,人们称之为信息革命到来的阶段。随着新一轮科技革命的不断推进,世界经济一体化的趋势日益增强。

人类社会有史以来的几次重大科技革命,不但大大推动了生产力的进步,促进了世界经济的形成和发展,而且更重要的是,每一次科技革命都不断加深了世界各国经济之间的相互依赖和联系,使原本相互独立、封闭的各国经济构成一个世界经济有机整体,特别是新科技革命使20世纪的世界经济的发展从总体上体现出一体化的趋势。

三、贸易自由化、金融国际化和生产一体化是世界经济一体化的主要内容

世界经济一体化的总趋势是从国际贸易、国际金融和跨国经营三个方面体现出来的,贸易自由化、金融自由化和生产一体化是这一趋势的组成部分。国际贸易从产品交换体现国际经济联系;国际金融从要素配置阶段体现国际经济联系;跨国经营则从生产阶段体现国际经济联系。三者构成了整个生产过程,体现了世界经济一体化在现阶段发展的整体性。从三者的逻辑关系来看,贸易自由化是世界经济一体化的先导,是世界经济关系发展的最初形式;金融国际化既是贸易自由化的结果,也是生产一体化的基础。因此,它是世界经济发展的中介形式,也是关键环节。而跨国经营则是世界经济发展关系的最高形式,也是现阶段世界经济一体化的最显著特征。

四、世界经济的不平衡发展是一体化运行的特点

随着贸易自由化和金融国际化水平的提高,尤其是生产一体化的扩展,世界经济得到加速的发展。在这一过程,任何一种经济制度或发展模式的国家都无法回避经济发展不平衡的问题。20世纪90年代以来,西方发达国家之间经济力量的对比发生了深刻变化,多年来经济一直走下坡路的美、英等国出现了经济复苏和增长的势头,而经济增长曾经显赫一时的日本和德国近年来却处于经济衰退时期,从而加剧了发达国家之间经济发展的不平衡状况。发展中国家经济发展不平衡的现象表现得更为突出。特别是新兴工业化国家的崛起是世界经济走向一体化的一大结果,它们的高速发展不仅使发展中国家的经济不平衡问题日益突出,而且也形成与欧美发达国家在国际市场上相竞争的势态,从而使一体化的世界经济格局发生重大变化。世界经济正是在不平衡的发展过程中逐渐走向一体化的。

五、经济增长中的全球性问题是世界经济一体化的特殊问题

由于世界经济的飞速发展,工业化进程的不断推进,人类的经济活动对环境和生态的破坏日益严重,同时人口增长的巨大压力和大量耗用或污染引起的资源匮乏等问题,已成为人类社会可持续发展的制约因素。随着各国经济联系日益密切,不断增多的全球性问题出现,本来属于一国或一个地区的环境、资源和人口等问题,成了世界局部性乃至全球性的问题。因此,研究世界经济一体化问题就不能不涉及经济增长中的全球性问题。

六、国际经济协调和合作是世界经济一体化的有力保障

国际经济协调和合作主要包括国际贸易、国际金融、国际投资以及各国微观和宏观经济政策等多方面的协调和合作。在世界经济一体化的进程中,国际经济协调和合作是通过国际会议、国际条约和协定、区域经济集团和国际经济组织等形式开展的,它对促进世界经济的增长,稳定世界经济的发展,调整世界经济的不平衡,改善世界经济运行机制具有重要的作用。因此,国际经济协调和合作是世界经济一体化的强大催化剂和强有力保证。

以上这些世界经济中的重要现象是学术界的共同认识,本书作者把它们

串联起来,放在"一体化"这一框架中进行思考和分析,相信这一观点会给予同行们启示和更多的思索。

学习世界经济学的意义

世界经济学是一门理论学科,同时它又具有显著的实践意义。对世界经济的整体认识是涉外经济实务学科的基础。由于世界经济一体化趋势的实践发展不仅给这门学科注入了新的生命力,增添了新的内容;而且对这门学科的理论提出了新问题和新要求。随着世界经济一体化的发展,不仅各国之间的商品交换关系、货币金融关系和技术与资本交流关系等更加紧密,而且出现了一系列全球化的经济问题:如世界经济运行机制问题,区域经济一体化问题,世界经济增长问题,世界经济周期性问题,世界经济发展不平衡性问题,国际经济传递机制问题以及国际经济新秩序问题,等等。这些问题在客观上提出了建立世界经济学新的学科体系的要求。

世界经济涉及的领域和内容是十分广泛,也是十分复杂的。它需要通过结合学习国际贸易、国际金融、国际投资等一系列课程来把握。世界经济学是整个世界经济研究领域中各门学科的基础课程,只有认识了世界经济现状和发展中最基本的原理和最突出的问题,才能为学习有关世界经济的其他课程打下基础。

本学科建设项目中的理论探索

1996年,上海社会科学院世界经济研究所世界经济专业博士点接受了上海市教委博士点学科建设项目,决定从一个新的视角研究世界经济学的基本理论和学科体系。这一项目分为两个部分。第一部分为一部新的适合于硕士研究生和高年级本科生运用的教材;第二部分为一部理论体系完整的适合于博士生阅读的专著。20世纪80年代以来,本所和本博士点在我国著名经济学前辈、老所长褚葆一教授的主持下,致力于世界经济学的学科建设。在发表了一批论文的同时,于1989年出版了《世界经济学原理》一书,为学科建设作出了积极的努力。在新的历史条件下为学科建设作出新的贡献是本博士点全体师生的共同愿望。

经过反复认真的研究和在博士生课堂上的讨论,我们认为,由于近年来世界经济一体化的迅速发展,世界经济的整体性已大大加强。作为本学科的研究对象,世界经济已经以一个更加综合和全面的整体的面貌呈现在我们的面前,学科建设的条件已经大大优于20世纪80年代初了。当年我国大多数世界经济理论工作者认为,世界经济学的研究对象应当是由各国国民经济共同构成的、相互依赖、具有特殊运动规律的作为有机整体的世界经济。世界经济的这种整体性和运动的统一性,正是在世界经济一体化的过程中不断实现的和不断体现的。因此,以"一体化"为主线和基本理论来研究世界经济,建立世界经济学的学科体系,不但体现了世界经济区别于国民经济或国民经济的一般对外联系的本质特征,而且反映了现代世界经济一个最具有历史意义的发展趋势。

同行专家一定会发现,这既是一个有点大胆的设想,也是一个可以引起争论的观点。从究竟应当提"全球化"还是"一体化"这样的概念或提法,到一体化究竟是否当代世界经济的基本特征和世界经济形成和发展的过程这样的重大理论问题,都可以进行深入的讨论。本博士点以一体化作为我们的基本研究思路,愿意在这一领域中与同行们进行共同的深入的探讨。现在呈现在你们面前的这部新的《世界经济学》和即将完成的从微观和宏观两个层面上论述"一体化世界经济"的学术专著,是我们从这一思路出发的初步成果。

本书的主要内容和理论体系

在世界经济一体化这一基本理论指导下,本书兼顾了世界经济历史发展与现状表现,纵向与横向层面,国际关系与世界问题,理论性与实践性的结合,并设置了四大篇十四个章节,比较系统地概括了世界经济领域基本原理和主要问题。

第一篇:世界经济的形成、发展与一体化,即从世界经济的形成与发展过程,尤其是从当代的一体化趋势说明世界经济是一个独立的有宏观运行规律的经济体系。

第二篇:一体化世界经济的运行,即从贸易、金融与生产三个基本层面上说明世界经济一体化的内容及其在各个横向层面上的运行规律。

第三篇:世界经济的持续增长与平衡发展,即从增长与发展这两个宏观经济的基本问题上分析一体化世界经济的运行特点。

第四篇:一体化世界经济中的相互依赖与国际协调,即从一体化世界经济的整体运行中分析国与国之间的相互依赖和协调关系。

通过阅读上述内容,读者也许能够对世界经济的历史、现状及其前景,对世界经济研究的基本原理和主要问题有个大致的了解和把握。无论是世界经济专业的研究人员,或该专业的师生,还是搞实务的涉外经济工作者,在学习这门课程中都需要紧跟不断变化的世界经济形势,掌握最新的世界经济信息,提高世界经济的研究水平,进一步探索世界经济中出现的新问题。可以相信,本书的出版将不仅有助于为有关专业提供一部合适的教材或教学参考材料,而且对世界经济学这门学科的不断发展和完善起到十分积极的作用。

伍贻康
1998年9月
于上海社会科学院世界经济研究所

目 录

第一篇 世界经济的形成、发展与一体化

第一章 世界经济的形成与发展 ... 3
第一节 世界经济 ... 3
　　一、世界经济的定义 ... 3
　　二、世界经济的形成和发展历程 ... 5
第二节 世界经济的基本特性 ... 9
　　一、本质的市场性 ... 9
　　二、空间的广阔性 ... 10
　　三、历史的短暂性 ... 10
　　四、构造的复杂性 ... 11
　　五、运行的多元性 ... 11
　　六、整体的统一性 ... 11
　　七、一体化的必然性 ... 12
第三节 科技革命对世界经济的重要意义 ... 12
　　一、科技革命与世界经济发展 ... 12
　　二、科技革命对生产的国际关系的影响 ... 16
　　三、科技革命对当代世界经济的影响 ... 18
第四节 信息时代的到来及其对世界经济的影响 ... 20
　　一、信息时代与新科技政策 ... 20
　　二、信息时代与高新技术的国际合作 ... 21
　　三、信息时代与高新技术产业 ... 22
　　四、信息革命构成一体化的新内容 ... 22

第二章 国际分工 ... 25
第一节 国际分工与国际贸易 ... 25
　　一、国际分工发生的原因 ... 26
　　二、国际分工的类型 ... 26
　　三、国际分工发展的历史 ... 28
第二节 国际分工的发展规律 ... 30
　　一、由生产力先进的国家决定国际分工格局的规律 ... 30
　　二、分工程度不断深化的规律 ... 31
　　三、不完全分工规律 ... 31

四、国际分工格局变动规律 ……………………………………………… 32
　　五、由各国发展战略决定的国际分工格局的规律 …………………… 32
　　六、先进国家主导产业转移过程所决定的国际分工规律 …………… 33
　第三节　当代国际分工格局及其影响 ……………………………………… 33
　　一、当代国际分工格局 ………………………………………………… 33
　　二、国际分工对各类国家利益的影响 ………………………………… 35
　第四节　当代国际分工的发展趋势 ………………………………………… 37
　　一、国际分工深化的特征与影响 ……………………………………… 37
　　二、信息时代国际分工的发展趋势 …………………………………… 38
　第五节　全球价值链分工的发展与特点 …………………………………… 40
　　一、全球价值链相关理论的形成与发展 ……………………………… 40
　　二、全球价值链下国际分工与贸易的相关理论及其特点 …………… 41
　　三、全球价值链下国际分工与贸易的特点 …………………………… 42

第三章　世界市场 ………………………………………………………………… 46
　第一节　世界市场的形成和发展 …………………………………………… 46
　　一、区域性国际市场 …………………………………………………… 46
　　二、早期的世界市场 …………………………………………………… 47
　　三、世界市场的形成 …………………………………………………… 47
　第二节　世界市场结构 ……………………………………………………… 49
　　一、世界市场结构的一般分析 ………………………………………… 49
　　二、跨国公司主导当代世界市场结构 ………………………………… 51
　第三节　世界市场的性质和特点 …………………………………………… 53
　　一、世界市场的性质 …………………………………………………… 53
　　二、世界市场的特点及其形成的原因 ………………………………… 54
　第四节　世界市场的区域化与一体化 ……………………………………… 56
　　一、世界市场区域化 …………………………………………………… 56
　　二、从区域性市场到一体化市场 ……………………………………… 61
　第五节　世界市场的价格机制 ……………………………………………… 62
　　一、世界交换模型 ……………………………………………………… 63
　　二、国际价值贸易论——国民价值的增值变换 ……………………… 65

第四章　世界经济的一体化 ……………………………………………………… 69
　第一节　区域经济一体化概述 ……………………………………………… 69
　　一、区域经济一体化的定义 …………………………………………… 69
　　二、区域经济一体化的动因 …………………………………………… 71
　第二节　区域经济一体化的发展 …………………………………………… 74
　　一、欧洲经济一体化 …………………………………………………… 74
　　二、北美自由贸易区 …………………………………………………… 79
　　三、亚太经济合作 ……………………………………………………… 83

第三节　世界经济一体化的界定和特征 ································ 86
　一、世界经济一体化的界定 ································ 86
　二、世界经济一体化的特征 ································ 88
第四节　当代世界经济一体化的发展趋势 ································ 90
　一、世界经济一体化趋势与现实的矛盾 ································ 90
　二、一体化趋势中矛盾的来源 ································ 91
　三、世界经济一体化趋势的前景 ································ 92

第五章　国际贸易投资体制改革的新主题 ································ 94
第一节　国际贸易投资体制新特点 ································ 94
　一、地理布局特点：超出地缘政治因素的跨区域合作渐多 ································ 94
　二、内容特点：关键是投资准入和管理，新加坡议题全面启动 ································ 94
　三、形式特点：朝向规则化以便于执行 ································ 95
　四、动因特点：出于国家参与全球化的新战略考虑 ································ 96
　五、成员特点：发展中国家表现出强烈的参与热情 ································ 96
第二节　国际贸易投资体制的发展趋势 ································ 96
　一、TPP将产生深远影响 ································ 97
　二、TTIP：2年内将达成实质成果，统一标准是关键 ································ 97
　三、其他协定：亚太圈与服务贸易是两大核心利益所在 ································ 98
第三节　重大国际贸易投资谈判议题焦点、分歧与对中国的影响 ································ 98
　一、农业议题：中国的利益十分复杂，可以促成进一步自由化 ································ 99
　二、纺织品与服装：不可避免逐步转走，中国将专于高端加工 ································ 101
　三、知识产权保护：涉及发展生物医药产业和数字产业的关键利益，中国应适当
　　　提高保护标准 ································ 102
　四、服务贸易与投资：最关键的仍然是开放，负面清单只是形式要求 ································ 103
　五、投资争端解决：ISD的适用应是非自动的 ································ 104
　六、国有企业：最终还是公平竞争问题 ································ 105
　七、环境：设定最低标准并要求严格执行 ································ 105
　八、劳工：结社、罢工和集体协商权须在形式上变通解释 ································ 106

第二篇　一体化世界经济的运行

第六章　贸易自由化 ································ 109
第一节　国际贸易自由化的历程 ································ 109
　一、前自由化阶段 ································ 109
　二、"二战"后国际贸易自由化 ································ 111
第二节　《关税与贸易总协定》对贸易自由化的推动 ································ 113
　一、《关税与贸易总协定》的成立与发展 ································ 114
　二、《关税与贸易总协定》对贸易自由化的贡献 ································ 114

三、《关税与贸易总协定》的局限性 …………………………………………… 118
　第三节　世贸组织与国际贸易体系 ………………………………………………… 119
　　一、世界贸易组织的由来 …………………………………………………… 120
　　二、世贸组织对国际贸易体系法制化和规范化的促进 …………………… 121
　　三、世贸组织的发展前景 …………………………………………………… 123

第七章　金融国际化 …………………………………………………………………… 126
　第一节　金融国际化的内容与发展 ………………………………………………… 126
　　一、金融国际化的形成与原因 ……………………………………………… 126
　　二、金融国际化的主要内容 ………………………………………………… 128
　　三、金融国际化的发展趋势 ………………………………………………… 131
　　四、金融国际化对世界经济一体化的影响 ………………………………… 135
　第二节　国际货币市场 ……………………………………………………………… 136
　　一、国际货币市场的主要特征及其交易类型 ……………………………… 137
　　二、国际货币市场的运行方式及其作用 …………………………………… 137
　　三、亚洲货币市场的运行方式及其作用 …………………………………… 139
　第三节　国际资本市场的特点及其运行机制 ……………………………………… 140
　　一、国际资本市场的特点 …………………………………………………… 140
　　二、国际债券的发行与销售 ………………………………………………… 142
　　三、国际主要证券市场及其作用 …………………………………………… 143
　第四节　金融创新对金融国际化的意义 …………………………………………… 145
　　一、金融创新的特点与趋势 ………………………………………………… 145
　　二、金融创新对金融国际化的作用 ………………………………………… 147
　第五节　银行业的国际化 …………………………………………………………… 147
　　一、银行业国际化的发展与特点 …………………………………………… 147
　　二、国际商业银行的主要业务及其作用 …………………………………… 150
　　三、国际投资银行的主要业务及其作用 …………………………………… 151
　　四、银行业国际管理机制的形成与现状 …………………………………… 151

第八章　生产一体化 …………………………………………………………………… 154
　第一节　国际直接投资的发展与特征 ……………………………………………… 154
　　一、国际直接投资发生的原因 ……………………………………………… 154
　　二、当代国际投资的多向性和非对称性 …………………………………… 157
　　三、国际投资的影响 ………………………………………………………… 163
　第二节　跨国公司：一体化世界经济中的企业组织形式 ………………………… 166
　　一、跨国公司的含义 ………………………………………………………… 166
　　二、跨国公司的所有制形式 ………………………………………………… 167
　　三、跨国公司的投资体制 …………………………………………………… 168
　　四、跨国公司的经营战略与经营结构 ……………………………………… 169
　　五、跨国公司的组织结构及其变革 ………………………………………… 170

六、跨国经营与现代企业的制度创新 ………………………………………… 171
　第三节　跨国公司对世界经济的影响 …………………………………………… 176
　　一、跨国公司发展对国际贸易的影响 ………………………………………… 176
　　二、跨国公司发展对国际资本流动的影响 …………………………………… 180
　　三、跨国公司对世界经济一体化的影响 ……………………………………… 181

第九章　跨国公司与世界生产体系 …………………………………………………… 183
　第一节　跨国公司的全球化经营及其特征 ……………………………………… 183
　　一、跨国公司的经营属性 ……………………………………………………… 183
　　二、跨国公司经营战略的演变 ………………………………………………… 184
　　三、全球化经营的三个维度 …………………………………………………… 185
　第二节　影响跨国公司经营战略的因素与环境 ………………………………… 188
　　一、垄断优势、不完全市场与寻求效率 ……………………………………… 188
　　二、竞争优势、规模经济与开放式创新 ……………………………………… 190
　第三节　跨国公司经营战略变化对当代世界生产体系的影响 ………………… 192
　　一、世界生产体系变革动因的主流解释及其评述 …………………………… 192
　　二、世界生产体系变革的动力主体与动力因素 ……………………………… 193
　　三、世界生产体系变革的特征 ………………………………………………… 195

第十章　生产要素的国际流动与全球化经济的运行机制 …………………………… 199
　第一节　世界经济学的发展与理论建设的现实需要 …………………………… 199
　　一、世界经济学在中国的发展 ………………………………………………… 199
　　二、世界经济的现实变化 ……………………………………………………… 200
　　三、要素流动是经济全球化的本质特征 ……………………………………… 201
　第二节　世界经济学的基本理论问题 …………………………………………… 202
　　一、国际直接投资与经济全球化的关系 ……………………………………… 202
　　二、生产要素国际流动的原理与世界经济不平衡的成因 …………………… 203
　　三、全球化经济的要素流动与国际贸易理论的发展方向 …………………… 204
　　四、跨国公司投资决策与要素国际流动的动因 ……………………………… 205
　　五、要素价格与全球化经济中的收益分配 …………………………………… 205
　　六、全球化经济中国家发展水平与经济实力的评估 ………………………… 206
　　七、开放型经济要素流动激励政策的经济效益 ……………………………… 207
　　八、要素流动与全球化经济的增长特征 ……………………………………… 208
　　九、要素流动与全球化经济的制度安排 ……………………………………… 209
　　十、引资战略、产业战略与要素培育战略的比较研究 ……………………… 209

第三篇　一体化世界经济的持续增长与平衡发展

第十一章　世界经济的增长 …………………………………………………………… 213
　第一节　世界经济增长的历史轨迹 ……………………………………………… 213

  一、世界经济增长的回顾 ……………………………………………… 213
  二、发达国家经济增长的历史轨迹 ……………………………………… 217
  三、发展中国家经济增长的基本状况 …………………………………… 218
 第二节 世界经济增长的原因 …………………………………………… 219
  一、科技革命是经济增长的源泉 ………………………………………… 220
  二、国际贸易的发展对世界经济增长的推动 …………………………… 222
  三、国际投资对世界经济增长的贡献 …………………………………… 224
  四、国际经济协调促进世界经济的增长 ………………………………… 226
 第三节 一体化与世界经济增长 ………………………………………… 227
  一、国际贸易的增长与世界经济一体化 ………………………………… 227
  二、国际投资的增长与世界经济一体化 ………………………………… 232
  三、跨国化生产的增长与世界经济一体化 ……………………………… 234
 第四节 新一轮工业革命的内涵、趋势与影响 ………………………… 235
  一、工业革命的内涵及其划分依据 ……………………………………… 236
  二、新一轮工业革命的发展趋势 ………………………………………… 238
  三、以信息技术为主导的科技创新对经济的特殊影响 ………………… 239

第十二章 世界经济增长中的周期问题 ………………………………… 242
 第一节 世界经济的周期性与周期的同步性 …………………………… 242
  一、世界经济的周期 ……………………………………………………… 242
  二、周期的同步性 ………………………………………………………… 242
 第二节 长周期的性质和解释 …………………………………………… 246
  一、长周期的性质 ………………………………………………………… 246
  二、长周期的解释 ………………………………………………………… 247
 第三节 世界经济周期同步性的根源和影响 …………………………… 250
  一、世界经济周期同步性的根源 ………………………………………… 250
  二、世界经济周期同步性的影响 ………………………………………… 253
 第四节 金融危机后世界经济的重大主题 ……………………………… 253

第十三章 当代世界经济格局的变化 ………………………………… 256
 第一节 当代世界经济发展的不平衡 …………………………………… 256
  一、世界经济发展不平衡的表现 ………………………………………… 256
  二、世界经济不平衡发展的原因 ………………………………………… 257
 第二节 发达国家的经济特点及其在世界经济中的地位 …………… 260
  一、发达国家的经济特点 ………………………………………………… 260
  二、发达国家在世界经济中的地位 ……………………………………… 263
 第三节 发展中国家经济的特点及其在世界经济中的地位 ………… 264
  一、发展中国家经济的特点 ……………………………………………… 264
  二、发展中国家在世界经济中的地位 …………………………………… 267
  三、发展中国家要素贸易条件的恶化 …………………………………… 268

第四节　新兴经济体的特点及其在世界经济中的地位 …………………… 270
　　一、新兴经济体发展的特点 ……………………………………………… 270
　　二、新兴经济体在世界经济中的地位 …………………………………… 273
　　三、新兴经济体的全面崛起 ……………………………………………… 274
第五节　转型经济的特点及其在世界经济中的地位 …………………… 277
　　一、转型经济的特点 ……………………………………………………… 278
　　二、转型经济在世界经济中的地位 ……………………………………… 279
第六节　全球化经济的要素分布与收入分配 …………………………… 280
　　一、国际竞争与全球化的隐性冲击 ……………………………………… 280
　　二、知识经济的要素分布与发展中国家的弱势地位 …………………… 284
　　三、全球化经济的要素收入分配 ………………………………………… 287

第十四章　世界经济增长中的全球性问题 ……………………………… 290
第一节　全球性问题的出现及其认识 …………………………………… 290
　　一、全球性问题的出现 …………………………………………………… 290
　　二、对全球性问题的认识 ………………………………………………… 291
　　三、对全球性问题的国际协调 …………………………………………… 292
第二节　环境问题 ………………………………………………………… 293
　　一、环境问题的产生及其严重性 ………………………………………… 293
　　二、主要的全球性环境问题 ……………………………………………… 294
　　三、关于环境问题的国际对策 …………………………………………… 297
第三节　资源问题 ………………………………………………………… 298
　　一、全球性资源问题的出现 ……………………………………………… 299
　　二、主要资源状况 ………………………………………………………… 300
　　三、合理开发和利用资源 ………………………………………………… 303
第四节　人口问题 ………………………………………………………… 304
　　一、世界人口的增长 ……………………………………………………… 304
　　二、人口问题的严重性 …………………………………………………… 305
　　三、解决人口问题的重要性 ……………………………………………… 306

第十五章　要素流动的结构与全球经济再平衡 ………………………… 309
第一节　要素流动的结构与经济全球化的生产布局 …………………… 309
　　一、要素流动的国家结构 ………………………………………………… 310
　　二、要素流动产业结构 …………………………………………………… 311
　　三、要素流动的分工结构 ………………………………………………… 312
第二节　全球化经济的生产布局及其贸易效应 ………………………… 313
　　一、开放型新兴经济体出口竞争力提高 ………………………………… 313
　　二、全球消费和生产的不平衡转移 ……………………………………… 313
　　三、加工贸易的迅猛发展 ………………………………………………… 314
第三节　全球发展协调与后全球化时代的主题 ………………………… 314

一、全球经济不平衡的表现 …………………………………………………… 314
　　二、全球经济的再平衡的启发 ………………………………………………… 315
　第四节　中国参与全球再平衡与发展战略的调整 ………………………………… 317
　　一、进出口平衡拉动,以进口提升结构水平和技术水平 …………………… 317
　　二、从要素引进转向要素培育 ………………………………………………… 318

第四篇　一体化世界经济中的相互依赖与国际协调

第十六章　世界经济中的相互依赖 ……………………………………………… 321
　第一节　相互依赖的产生 …………………………………………………………… 321
　　一、相互依赖的内涵 …………………………………………………………… 321
　　二、相互依赖的本质 …………………………………………………………… 322
　第二节　相互依赖的定性和定量分析 …………………………………………… 322
　　一、相互依赖的定性分析 ……………………………………………………… 322
　　二、相互依赖的定量分析 ……………………………………………………… 323
　第三节　国际经济传递机制 ………………………………………………………… 324
　　一、国际经济传递的渠道 ……………………………………………………… 324
　　二、国际经济传递机制的模型分析 …………………………………………… 325
　　三、从国际价值规律分析传递机制 …………………………………………… 327

第十七章　国际经济协调 …………………………………………………………… 328
　第一节　国际经济协调的背景及其理论分析 …………………………………… 328
　　一、国际经济协调产生的背景 ………………………………………………… 328
　　二、国际经济协调的理论基础 ………………………………………………… 329
　第二节　贸易政策的国际协调 …………………………………………………… 331
　　一、国际贸易政策协调的重要性 ……………………………………………… 331
　　二、国际贸易政策的协调机制 ………………………………………………… 333
　第三节　国际货币体系与汇率协调 ……………………………………………… 334
　　一、固定汇率制下的国际协调 ………………………………………………… 334
　　二、浮动汇率制下的国际协调 ………………………………………………… 335
　　三、当代汇率协调中的问题 …………………………………………………… 337
　第四节　国内宏观经济政策的国际协调 ………………………………………… 338
　　一、经济政策的国际协调目的 ………………………………………………… 338
　　二、经济政策的国际协调活动 ………………………………………………… 339
　第五节　全球化冲击下的新问题 ………………………………………………… 342
　　一、全球化与世界经济的新特点 ……………………………………………… 342
　　二、全球化与经济发展的新主题 ……………………………………………… 344
　　三、全球化与宏观调控的新困难 ……………………………………………… 345
　　四、全球化与国民收入的新分配 ……………………………………………… 346
　　五、全球化与政府职能的新挑战 ……………………………………………… 348

六、全球化与发展的包容性 ·· 349

第十八章　国际经济组织 ·· 352
　第一节　国际经济组织的发展历程 ·· 352
　　一、国际经济组织的出现 ·· 352
　　二、国际经济组织的发展阶段 ·· 353
　第二节　国际经济组织的类型与功能 ·· 357
　　一、国际经济组织的类型划分 ·· 357
　　二、国际经济组织的功能分析 ·· 358
　　三、国际经济组织的功能评价 ·· 359
　第三节　联合国经济机构在世界经济中的作用 ·· 363
　　一、促进国际经济合作是联合国经济工作的宗旨 ···································· 363
　　二、联合国系统主要机构与国际经济合作 ·· 363
　　三、联合国经济职能和组织的改革 ·· 365
　　四、联合国改革及其在世界经济中的作用 ·· 366
　第四节　国际经济组织的发展方向 ·· 366
　　一、国际经济组织发展的决定因素 ·· 366
　　二、国际经济组织的发展趋势 ·· 367

第十九章　国际投资政策协调与体制建构新趋势 ·· 369
　第一节　国际投资体制与政策协调的研究综述 ·· 369
　　一、国际投资体制的概念 ·· 369
　　二、危机后国际投资体制的发展 ·· 370
　第二节　国际投资体制建构与政策协调的发展演化 ···································· 371
　　一、"二战"后到20世纪70年代，萌芽阶段 ·· 371
　　二、20世纪80年代到90年代，逐步规范 ·· 372
　　三、20世纪90年代以来，快速发展 ·· 373
　第三节　国际投资体制建构与政策协调的新特征 ·· 374
　　一、国际投资体制的建构格局从统一转向分散，呈碎片化之势 ············ 375
　　二、国际投资体制的建构基础从双边化转向跨区域诸边化 ···················· 375
　　三、国际投资体制的建构理念从放任的自由主义转向内嵌的自由主义 ···· 377
　　四、国际投资体制的建构目标从投资保护转向系统治理，酝酿主导权之争 ···· 378
　第四节　新一代国际投资政策的发展框架 ·· 380
　　一、新一代国际投资政策形成的背景 ·· 380
　　二、新一代国际投资政策的核心原则与国家政策指南 ···························· 381

第二十章　中国推动全球治理的主张与影响 ·· 383
　第一节　应对挑战，共商规则——中国推进全球治理的目的与意义 ······ 383
　　一、推进全球治理的根本目的：实现两个百年目标，争夺发展制高点 ···· 383
　　二、推进全球治理的客观要求：全球化形成了人类命运共同体 ············ 383

三、推进全球治理的现实依据：国际格局与力量对比发生深刻变化 ………… 384
四、推进全球治理的战略视野：广泛领域与重大主题 …………………… 385

第二节 民主平等，改革创新——中国推进全球治理的原则与主张 …………… 385

一、维护——维护以联合国宪章宗旨和原则为核心的国际秩序和国际体系，维护开放型世界经济体制 …………………………………………………………… 386

二、改革——改革国际经济金融体系以适应世界新发展和广大发展中国家的要求 …………………………………………………………………………………… 387

三、创新——创新体制机制更加合理公正有效地应对人类的重大挑战 ………… 387

四、补充——补充现有治理体系的不足发挥新兴大国的积极作用 ……………… 388

第三节 共建共享，合作共赢——中国推进全球治理的路径与影响 …………… 388

一、中华文明处世之道倡导了全球治理遵循共商共建共享 ……………………… 388

二、从维护发展中国家的利益出发体现了时代的根本要求 ……………………… 389

三、正确处理中美关系促进全球体制机制有效运行与改革创新 ………………… 389

四、坚持正确义利观增加了中国与各国的利益汇合点 …………………………… 390

后记 ……………………………………………………………………………………… 392

第一篇

世界经济的形成、发展与一体化

第一章

第一章 世界经济的形成与发展

世界经济是在各国市场经济基础上所构成的复合型的市场经济;是由各国再生产过程的外部联系所构成的二次再生产过程;是不同发展水平的国家与国家集团所组成的相互联系、相互依赖、共同运动的有机整体。

由发展水平和生产方式差异所导致的构造的复杂性,由主权国家存在而形成的经济运转过程的多极干扰,是世界经济的主要特殊性所在。

生产力、生产关系矛盾运动原理,在世界经济中表现为科技革命与生产的国际关系的矛盾运动规律。生产的国际关系的历史性再生产是通过科学技术飞跃导致国际价值关系突变而发生的。

科技革命影响和推动着世界经济的变化和发展,形成世界经济发展的一定历史阶段的具体内容和形式。新层次、新结构的国际分工,跨国公司形式的世界生产,信息产品的国际联系,是当代世界经济在科技革命影响下的主要特征。

科学技术水平的差距影响着不同类型国家间的经济关系,是发达国家与发展中国家间不对称关系的主要原因之一,发展中国家地位的改变有赖于技术的飞跃。

科技革命是后进国家跳跃前进的一种机会。

第一节 世 界 经 济

一、世界经济的定义

打开辞典,找到"经济"这一条,可以看到"经济"一词在现代意义上有三个含义:一是,"社会生产关系的总和";二是,关于人们"物质资料的生产、分配、交换和消费活动的全过程";三是,"国民经济的泛称"。[①] 这是一个可以令人满意的解释。

如果从上述"经济"一词的定义推而广之,我们似乎可以说,世界经济一是世界范围的社会生产关系的总和;二是世界范围人们物质资料的生产、分配、交换和消费活动的全过程;三是以各国的国民经济为单元而组成的有机整体。

但是,这样解释世界经济不能令人满意。因为第一,当今世界是由几种截然不同的社会生产关系所组成的,这个"总和"是什么呢? 第二,当今世界存在着二百多个主权国家和地区,生产、分配、交换、消费各有独立的全过程,世界经济的所谓"全过程"是什么呢? 第三,这二百多个国家和地区,发展水平悬殊,作为组成单元,似非同类,又如何构成这一有机整体呢?

---

① 《简明社会科学词典》,上海辞书出版社1984年版,第703页。

《经济大辞典》给世界经济所下的定义是:"在社会发展一定阶段上形成的处于复杂的相互作用和相互依存中的各国经济的总和。"①

这一定义比较简单和抽象。于是,我们必须进一步讨论"世界经济"的更具体的定义:

(1) 世界经济是由各国市场经济基础上构成的复合型的全球市场经济运行体系。

(2) 世界经济是在主权国家干预下的人们的生产、分配、交换、消费的全过程,是由各国再生产过程的外部联系所构成的"二次再生产过程"。一体化程度的加深,正在不断地使世界经济成为一个独立的再生产过程。

(3) 世界经济是由不同发展水平的国家与国家集团组成的一个相互联系、相互依赖的共同运动有机整体。

在这里,"复合型""二次性"和"整体性"这些词是这一定义的核心词。

关于这种把世界经济看成是特殊形式的社会生产方式的共同运动的整体的认识,不妨引用布哈林对世界经济所下的定义作为参考:"世界经济是全世界范围的生产关系和与之相适应的交换关系的体系。然而,不应当认为,生产关系只是通过交换过程才建立的。'一旦人们以某种方式彼此为对方劳动,他们的劳动也就取得社会的形式'。换句话说,生产者之间建立的联系,不管是什么形式,不管是直接还是间接建立的,只要这种联系已经建立起来,而且具有了巩固的性质,我们就可以说它是一个生产关系的体系,也可以说是一种社会经济的成长(或形成)。……世界经济是一般社会经济的种类之一。"②

布哈林的分析在三个方面对我们是有意义的:①世界经济是一种特殊形式的生产关系,是各种社会经济中的一种;②世界经济是一个独立的体系而不是各种生产关系的简单总和;③这一体系是在世界各国的人们之间的劳动交换基础上建立起来的。

以下说法也较好地反映了世界经济的实质。美国经济学家列昂惕夫认为,世界经济可以看作是"由许多相互依赖的过程所构成的一个体系"③。苏联学者伊万诺夫认为,"世界经济是一个庞大的全人类的生产有机体"④。我国学者陶大镛教授指出:"从本质上看,世界经济是与一定生产方式相联系的全球规模的经济体系。"⑤匈牙利学者的表述更加详尽:"世界经济是作为一个单位而存在的,其中各个个别国家的生产力和生产关系在国际分工的基础上,借助于特定的国际生产关系,一体化为一个世界范围的单位。……因此,世界经济是一个世界范围的生产力和生产关系的体系,其中,多方面的国际生产关系在日益重要的国际分工的基础上把各个国家的经济及其组成单位结合成一个由特定的社会经济规律起支配作用的体系。"⑥所有这些论述有一个基本点,即世界经济是一个独立的体系,或曰大系统,国民经济是组成这个大系统的子系统。

日本经济学家大崎平八郎和久保田顺认为:"所谓世界经济,是生产力、世界市场、国际分工以及国际的货币信用关系发展到一定阶段,世界各主要国民经济通过世界规模的

---

① 《经济大辞典》,上海辞书出版社1992年版,第403页。
② 布哈林:《世界经济和帝国主义》,中国社会科学出版社1983年版,第8~9页。引文中的引文见马克思《资本论》第1卷,《马克思恩格斯全集》第23卷,人民出版社1972年版,第88页。
③ 列昂惕夫:《世界经济的结构》,载《美国经济评论》1974年12月号。
④ 伊万诺夫:《世界经济中的美国和欧洲》俄文版,1924年,第5页。
⑤ 陶大镛:《论世界经济学的研究对象》,载《世界经济》1980年第4期。
⑥ 约瑟夫·努拉伊斯主编:《世界经济现行结构变化的理论问题》,人民出版社1983年版,第6页。

紧密的相互联系、依存、竞争、对抗而形成的经济结合体。在它内部要受同一经济规律的支配。换言之,这种各个国民经济的相互联系、依存、竞争、对抗关系中的世界资本主义经济,我们称之为世界经济。"①他们的正确之处在于,看到了世界经济中的联系、依存、竞争、对抗构成了一个结合体,即世界经济整体,特别值得称道的是承认有共同规律可支配这个结合体的运动。确切地说,世界经济是世界范围内市场经济的再生产过程。

但他们片面地把世界经济只看作是资本主义的世界经济,在苏联学者的论述中也可看到这一观点。尤·奥西波夫认为:"世界资本的再生产是一种特殊的再生产,它是由民族资本再生产构成的,但又不能归结于民族资本再生产,因为它与民族资本再生产不同,它不是同一的、同质的过程。世界资本再生产是一个多相的复杂过程,它包括民族资本完整的和成熟的社会再生产。"②《经济大辞典》在对"世界经济"下定义时指出:"在现代世界经济体系中,既包括资本主义和社会主义两种经济体系,又包括经济发达国家和发展中国家两种不同类型的国家。它们在经济上,既相互依存又相互制约,存在错综复杂的对立和斗争。"③不论是认为整个世界经济就是资本主义性质的世界经济,还是认为世界同时并存着资本主义世界经济和社会主义世界经济两个世界经济,都是值得商榷的。前者忽视了世界经济的"复合性",而后者则否定了世界经济的"统一性"。

二、世界经济的形成和发展历程

世界经济的形成和发展历程作为人类生产方式的表现,与生产力的历史性进步不可分离。在这一历史进程中,世界经济在广度和深度方面呈现出明显的阶段性。一般来说,世界经济的发展进程可分为三个阶段:商品的国际化时期;资本的国际化时期和生产的国际化时期。每一个历史演进都可以从生产力的进步中找到原因。

(一) 商品国际化时期

世界范围内商品市场的基本形成主要发生在18世纪60年代至19世纪末这一历史时期。这一过程主要是指借助于国际贸易这一手段实现主要商品在国与国之间流通的过程。实际上,早期的世界市场在16~18世纪就已经初步出现。在工业革命前,资本主义萌芽在西欧的出现、美洲大陆的发现以及西欧各国普遍执行的重商主义政策,已经使对外贸易特别是跨洋贸易在西欧有了一定的发展。在跨洋的商品和奴隶贸易中,欧洲、美洲和亚洲的市场被较紧密地联结在一起,形成了以西欧为中心的早期世界市场。尽管早期世界市场上的贸易从商品种类到涉及的地区范围都在不断丰富,但就总体而言,早期世界市场中交换的商品基本上还未成为各自再生产过程的必要环节。这时,作为形成世界经济最强推动力的工业资本尚未处于支配地位,而在早期的世界市场上起主导作用的是商业资本。不过,早期世界市场的出现和商业资本在世界市场上的活动,既为18世纪后半期开始的西欧工业革命创造了必要的外部条件,也成为西欧资本的原始积累的重要来源。

现代意义上的世界市场的形成得益于工业革命的兴起。发生于18世纪60年代以后的工业革命,从生产力和生产关系两个方面推动了统一的世界市场的形成。

---

① 大崎平八郎、久保田顺:《世界经济论》,东京青木书店1970年版,第19页。
② 尤·奥西波夫:《资本主义世界经济的实质及演变》,载《经济科学》1985年第5期。
③ 《经济大辞典》,上海辞书出版社1992年版,第403页。

从生产力发展这一角度来看,起源于英国的工业革命在工业技术和交通运输工具的进步方面,具有划时代的意义。工业技术的变革首先是纺织业工具的改进。纺织业采用机器生产带动了造纸、印刷等其他轻工业部门从手工工具生产向机器生产转变,引起了生产工具的革命。随着轻工业工厂的发展,对机器的需求也越来越大,刺激了机器制造业的发展。而这一行业的发展又对冶金等行业提出技术改造的要求,引起了材料的革命。当机器得到逐渐改进之后,结构日益变得复杂的机器需要大功率而且稳定的动力来推动。蒸汽机的发明正是这种动力的代表。蒸汽机的发明和广泛使用因而被称为动力革命。

工具革命、材料革命、动力革命三者互相补充,互相促进,构成英国工业技术革命的历史内容。工业技术革命大大推动了生产力进步,为人类创造了前所未有的物质财富。

世界市场的产生和发展是资本主义生产方式发展的结果。机器大工业以其雄厚的物质基础和巨大的生产能力,对开拓世界市场具有势不可挡的威力。技术的进步已成为资本主义在世界范围内进行扩张的有力工具。机器大工业本身就是一种世界性的生产。它需要不间断地扩大再生产,从而要求一个不断扩大的市场。这样,必然驱使其从国内走向国外,到海外寻求新市场。19世纪40～60年代世界贸易增长速度超过世界工业增长速度便是机器工业促进世界市场扩展的明证。

正如马克思指出的:"一旦工厂制度达到一定的广度和一定的成熟程度,特别是一旦它自己的技术基础即机器本身也用机器来生产,一旦煤和铁的采掘、金属加工以及交通运输业都发生革命,总之,一旦与大工业相适应的一般生产条件形成起来,这种生产方式就获得一种弹力,一种突然地跳跃式地扩展的能力,只有原料和销售市场才是它的限制。"① 这段话深刻地指出,由于工业革命的推进作用,生产力的发展达到一定阶段后,世界市场的形成已成为必然。随着生产力的发展,社会产品的迅猛增加已相对地超出生产地范围内的需要。相对过剩的社会产品要想实现其价值,必然要开拓新的市场。这就是以西欧为中心的区域性市场逐渐扩张成统一的世界市场的原因。机器大工业不仅需要不断扩大海外销售市场,同时也需要日益扩大原料供应的来源,于是它不仅把工业品销售,而且把原料产地都卷入到世界市场中去。广大殖民地国家沦为西方国家的商品销售市场和原料产地的过程就是这些国家日益卷入世界市场的过程。

随着机器大工业对世界市场的开拓,进入世界市场的商品数量和种类大幅度增加,使世界市场的内涵更加深化,使资本主义生产过程与世界市场紧密相关,世界市场成为资本主义再生产必不可少的条件。这也是它区别于早期世界市场的本质特征之一。

随着世界市场的扩大,各种贸易组织形式的正规化、大型化和专业化,又为世界经济的形成提供了保证。

19世纪,黄金逐渐演变为单一的世界货币,各主要资本主义国家相继过渡到金本位制,这是世界市场和世界经济形成的重要标志。

工业革命促进交通运输业的突飞猛进,直接为世界市场和世界经济的形成提供了物质手段。伴随着公路的修筑、铁路的兴建、运河的开凿,尤其是蒸汽动力的推广和使用,促使马车和木制帆船等让位于铁路机车和汽船等先进的交通工具。这样,运输速度大大提

---

① 马克思:《资本论》第1卷,《马克思恩格斯全集》第23卷,人民出版社1972年版,第493～494页。

高,交通条件大大便利,促使商品在一国生产、在全世界流通和消费成为可能,也促使商品市场向海外扩展成为可能,从而为建立世界商品市场创造了条件。

从生产关系适应生产力的角度来看,工业革命对生产关系的影响,同样对统一世界市场的形成起到了推动的作用。工业革命前,生产力先进国家的产业结构是以农业为主体的,稳定的工人阶级和资产阶级还没有形成,资本主义工场手工业在整个经济结构中,既无法囊括全部工业生产,也无法从根本上改造它。随着工业革命的深入,工业地位大大提高,国民经济的产业结构出现了前所未有的变化。工业的迅速增长和高额利润,吸引了越来越多的资本和劳动力。在工业中,这种高度集中起来的资本一方面创造了高度的劳动生产率,排挤了手工业,也排挤了封建地主阶级和一切中间阶级,使社会的阶级结构分化为近代无产阶级和资产阶级;另一方面使工业从原来附属于农业的地位上升为举足轻重的国民经济部门,从而完成了由农业国向工业国的转变。这两个方面的社会后果体现为资本主义制度最终在生产力先进的国家中占据统治地位,从而保证了与资本主义的市场经济制度发展密切相关的世界市场得以建立和完善。

商品国际化是各国经济通过商品贸易实现的国际联系。从当时的和以后发展起来的贸易障碍看,商品国际化并不是世界经济一体化的起点。

(二)资本国际化时期

从19世纪70年代起,资本主义由自由竞争向垄断阶段转变。在世界经济运行体系中,资本的国际化在这一阶段逐步形成并发展。19世纪最后30年间迅速兴起的第二次技术革命把人类社会的生产力推向一个更新的阶段,为世界经济的完全形成和资本国际化奠定了技术基础。

第二次技术革命在很大程度上以自然科学实验为基础,以电力、电力机械、内燃机、钢铁冶炼技术和化学工业技术为代表,并且在能源和动力、材料、交通运输、通讯工具等方面有突破性的进展。技术革命的重心从原先工业革命的纺织业和采掘业转移到重工业,尤其是电力发明和钢铁技术的进步,导致重工业大量出现,于是化学、汽车、石油工业等产业部门纷纷兴建和发展。在这一阶段,电力的应用不仅提供了可供远距离传输的强大动力,而且使信息传递速度大大加快,适应了社会化大生产的发展需要。钢铁工业的发展为交通运输工具的变革提供了物质基础,从而使世界各地间的经济联系更加紧密。总之,铁路、汽车和海运业的长足进步,电报和电话的发明和推广,大大缩短了世界各地的时空距离,把越来越多的国家纳入世界经济体系之中,不仅对世界经济的形成提出了要求,而且也成为世界经济的生产力基础。

由于技术革命的迅猛发展,各主要资本主义国家的企业竞相在生产中采用新能源、新材料、新技术,这就导致了企业对资金的需求急剧增长。这时,资本家除了加速剩余价值的资本化之外,还加快了兼并、发展股份公司的步伐,使资本迅速集中。于是,生产的集中达到了相当的高度,以卡特尔、托拉斯等形式出现的垄断组织在各主要资本主义国家的工业中已成为占统治地位的经济力量。

与此同时,以工业生产集中为基础,各国银行资本的集中得到了迅速增长,反过来又促进了工业生产的集中。于是,银行业与工业中的垄断资本互相渗透和结合,形成金融资本。金融资本统治的确立,表明资本主义已进入垄断阶段。资本积聚和集中同垄断资本主义结合在一起的后果就是大规模资本的对外扩张和输出。由于垄断,大垄断组织迅速聚敛起巨额资本;也由于垄断,大量资本在国内找不到投资场所,形成"过剩资本"。这些过剩资本必然要拥向海外。因此,资本输出成为这一时期国际经济关系中的最主要的经济现象。资本输出既带动了商品输出,通过出口信贷附加采购的协议,极大地促进贷款国的商品输出;又能越过对方的贸易壁垒,在世界市场上占有更大的份额,以获取更大的利益。这样,资本输出一方面扩大了世界市场的内涵,它不仅包括商品市场,而且还包括资本市场;另一方面深化了国际分工,原先仅以商品为媒介,又增加了以资本为媒介,特别是对外直接投资,使资本主义国家的生产过程向国际范围扩展,从而实现世界范围的生产社会化和国际化,为世界经济的最终形成奠定了客观基础。

资本输出使得主要资本主义国家在全球范围瓜分市场,建立各自的殖民地,控制殖民地的政治、经济命脉,扩展各自的势力范围,建立自己的原料产地、投资场所和商品销售市场。到20世纪初,世界领土已瓜分完毕,世界市场地理界限的扩展基本告终,资本主义经济体系已囊括全球。资本输出使绝大多数经济落后的国家都被资本主义生产方式所统治和影响,不同程度地成为资本主义世界"链条"中的环节。由此可见,资本输出和市场分割使主要资本主义国家的市场经济生产方式从欧美少数国家扩展到整个世界,从而使世界经济基本形成。在这一阶段,资本输出已成为主要资本主义国家竞争的最主要手段之一,因而各国不遗余力地进行资本输出,尤其是借贷资本的输出,从而为资本的国际化提出了必然的要求。这时,生产资本的输出远不及借贷资本的输出,所占比重很小,跨国的生产性组织几乎没有发展,因此,生产国际化还处在起步阶段。

(三) 生产国际化时期

第二次世界大战以后,在世界范围内发生了第三次科技革命,它是迄今为止规模最大、影响最深远的科技革命。这次科技革命的规模和速度大大超过以往两次,几乎各门科学技术领域都发生了深刻的变化,科学理论的突破与技术变革紧密结合,形成统一的科学技术革命的过程,现代科技革命使生产资料发生了根本性变化,生产工具、生产手段和劳动对象都发生了重大变革。现代科技革命推动了资本主义经济的大发展,也推动了资本主义经济结构的重大变动。由于各国经济迅速发展,商品国际化、资本国际化和生产国际化程度不断提高,各国之间的经济联系日益密切,各国都越来越深地卷入国际经济联系之中。

第三次科技革命以原子能、电子计算机和空间技术的发展为主要标志,它在国际分工中的作用大为加强,使现代国际分工主要建立在现代工艺和技术基础之上,改变了以往以自然资源条件为基础的局面。在第三次科技革命的影响下,国际分工较战前发生了重大变化。它主要表现在从传统的工业制成品与初级产品之间的垂直型分工改变为工业制成品之间的水平型分工;从不同经济部门之间的分工改变为部门内部、产品、零部件和工艺、工序专业化的分工;从商品交换流通领域的间接分工改变为直接深入到各国生产领域的分工;从主要是物质生产领域进行的分工改变为深入到劳务或其他非实物生产和流通领域的分工;从由少数先进国家参与,并强加于落后国家的一种强制性、局部性分工改变为由发达国家与发展中国家积极参与的世界范围的分工。这种从传统的国际分工形式日益向现代国际分工形式的过渡,进一步推动了世界经济的发展和一体化趋势的深入。多层次、多形式的国际分工既将经济发展水平不同国家联结在一起,为不同发展阶段的国家提供各自的发展机遇,有利于全球经济的共同消长;又促进高技术密集型产业的横向联合,加强参与国之间的相互依赖,加速生产国际化的进程。尤其是不断涌现的跨国公司已成为国际分工的主要推动力量。它在全球范围内组织生产和销售,使国际分工从国家的宏观层面深入到企业的微观层面,从而使生产国际化推进到新的历史阶段。

在科技革命的影响下,战后世界市场进一步大发展。世界商品市场不仅范围和规模急剧扩大,使世界贸易增长速度超过世界生产的增长速度;而且呈现区域化、垄断化和集团化的趋势,使区域经济集团和跨国垄断企业的内部贸易增长迅速,使世界商品市场结构日趋多元化。战后世界市场的最显著特征是国际金融市场的扩展。作为由众多跨国银行、证券交易所和投资机构集聚的巨大的交易中心和通过现代化通讯设备构成的广泛的金融交易网络,国际金融市场的发展和完善,大大便利了国际贸易和国际融资,加速了资本的国际流动,调节了资本的国际流向,使资本国际流动和跨国投资的增长速度超过了世界生产和贸易的增长速度,从而为生产国际化的进一步发展创造了有利的条件。

生产国际化主要表现在国际直接投资的迅猛增长。这标志着经济生活国际化越来越从流通领域深入到直接生产领域,跨国公司作为对外直接投资的主角和生产国际化的载体,已成为推动当代世界经济发展的最重要的主体力量。迄今为止,跨国公司已发展到5万余家。从经济实力来看,跨国公司的生产总值已占世界国民生产总值的2/3,其贸易总额占世界贸易总额的3/4。可见,跨国公司奉行全球化的经营战略,成为世界经济一体化的主要承担者和体现者。它通过对外直接投资,把资本、技术和管理合成为"一揽子资源",把不同国家和地区禀赋各异的生产要素加以优化组合,形成一种倍加的新的生产能力,并把国家间生产的分工与协作在一定程度上转变为企业内部的分工与协作。总之,跨国公司的全球性经营活动,使资本运动渗透到国际再生产的各个领域,在世界范围内有效地配置资源,从而引起世界各国生产、交换、分配等各方面经济联系的日益交织和紧密,使世界经济发展到生产国际化的新阶段。

第二节 世界经济的基本特性

世界经济并不仅仅是指世界上所有国家或地区的国民经济的简单加总,而是由各种经济纽带把各国和各地区联结起来的一个既互相依赖又互相矛盾的世界经济体系。世界经济既是一个经济范畴,也是一个历史范畴。它是商品经济发展的必然结果,是资本主义生产方式的直接产物,并且随着社会生产的不断发展,经历着由低级向高级演进的动态过程,形成了自身的基本特点。

一、本质的市场性

世界经济是在市场经济基础上形成和发展的。不仅参与世界经济的主体大多推行市场经济的体制,而且世界经济的运行机制遵循着市场经济的一般规则。具体地说,它具有交易自由化、市场主体平等化、运行机制市场化和管理法制化的特性。这些特性都从本质上揭示了世界经济的市场性特点。

首先,交易的自由化。在世界经济中,交易主体本着自主和互利的原则,在自愿的基础上,共同达成各种交易协议,议定交易条件,发生各种经济联系。尤其在国际贸易中,自由化的趋向反映了市场化的特性。它要求参加交易的国家或地区之间打破各种壁垒,不搞贸易保护主义,并通过友好协商和谈判的方式解决各种贸易争端。其次,市场主体的平等化。作为世界市场的主体,不论企业,还是国家或地区之间,都应当处于平等的地位,政府奉行的方针政策和提供的经济环境都应体现平等互利的精神。市场主体平等化主要表现在两个方面:一是对来自不同国家的进口产品都应一视同仁,而不应厚此薄彼,这就是关贸总协定中最惠国待遇的规定;二是对国内外产品一视同仁,平等相待,这就是国民待遇的问题。可见,市场主体平等化是世界经济健康发展的前提条件。再则,运行机制的市场化。这一特性具体体现为经济参数形成的市场化。在一个开放的世界经济体系中,各国的利率、主要商品价格、汇率等重要经济参数主要是靠市场供求自由调节,而不是靠政府干预形成的。尽管在目前,世界经济一体化还在发展中,但重要的经济参数并不是由某一主体单独操纵的。因而,这种参数体现市场的客观规律性,能够引导各个经济主体依照市场参数的变化而作出决策。同时,经济运行的市场化还表现为各类市场以经济原因形成,以经济联系为纽带,各种经济参数相互作用。在全球信息相当发达的今天,外汇市场的汇率、资金市场上的利息率、商品市场上的价格、证券市场上的指数等,都呈现出规律性的联系,牵一发而动全身,这都是经济运行市场化的标志。最后,市场管理的法制化。市场经济,说到底是法制经济。市场运行中的各个方面,要靠制度来规范,要靠法律来保护。法律具有规范性、公平性和公开性的特点,在世界经济领域中发挥着越来越重要的作用。这突出地表现为世界各国之间签订了越来越多的双边或多边条约,以及更加严格地承担起各自相应的义务。同时,像WTO等国际性经济组织在依据国际条约协调各方利益以及仲裁经济摩擦中也具有越来越大的权威。

二、空间的广阔性

在空间概念上,世界经济是一个最广的经济范畴。它是由世界上的所有国家(除绝对闭关自守的国家之外)的国民经济所组成的;在部门上,它又包括了所有各个产业。如果我们看一下经济的空间范围,那么它们依次是企业经济、地区经济或部门经济、国民经济、区域经济、世界经济。世界经济在范围上是最大的。

三、历史的短暂性

在经济、国民经济和世界经济这三个范畴中,世界经济的历史是最短的。自从有了人类的生产活动以来,就开始有了"经济"的概念。在中国古代,经济是"经世济民";在古希腊,经济是家庭管理术。亚里士多德又赋予其"谋生手段"的含义。国民经济至少在国家产生以后才有。事实上,在交通和交换不发达的古代,一国经济被分割成大大小小的自给自足的区域,并不存在以国家为范围的生产、交换、分配、消费的整体,因而尚不存在现代意义上的国民经济。至于世界经济,则只是各国经济联系和相互依赖高度发展的产物。世界经济不但不是与人类经济活动共始点,而且也不是与各国国民经济共始点。前已指出,世界经济只是市场经济发展的产物,只是在世界市场高度发展的基础上产生和发展起来的,它的完全形成还只有近百年的历史。世界经济的历史性还在于,世界范围的人类经济联系和劳动交换方式的演变本身,经历了几个阶段,并还在不断地演变中。跨国公司的出现,多种水平的一体化组织的形成,各种类型的国际贸易和合作形式的发展,等等,都极大地改变着世界经济的总的模式。较长期的世界经济格局也许还很难预言。

四、构造的复杂性

世界经济是由各国国民经济所构成的有机整体。在这个构造体中,大到十多亿人口的大国,小到几万人的小国;发达到登上月球,落后到饿殍遍野;有高度集权的计划经济,也有自由放任的市场经济;人均收入少到200美元,多到8万多美元。在世界经济的整体运转中,这个整体中的各个部分的运行机制的差异是巨大的,既有实行市场经济体制的国家,也有转型国家,还有计划经济体制的国家,它们各自对世界经济的影响也是不同的。

五、运行的多元性

在纯粹商品经济中,"看不见的手"调节着整个经济的运行,经济是自发运行、不受干扰的。在受干预的资本主义经济中,这种自发运行机制受到了一个外力的干扰作用,而且是唯一的外力作用,这一作用来自国家。在完全中央集权国家中,经济计划曾作为唯一的经济管理力量。在转轨经济的运行过程中,国家计划和市场调节是经济运行的两种外力。然而,在世界经济中,我们看到的是完全不同的现象:经济运转过程的多极干扰。这种干扰,首先来自主权国家的存在。由于主权国家的存在,各国经济过程产生了相对独立性,一切对外经济活动受到国家的干预,只是各国程度不同而已。这种干预集中表现在贸易、资金政策和关税。由于主权国家的存在,产生了货币差异——货币发行是国家主权的象征之一,从而在经济货币化了的今天,以货币为媒介的经济活动使世界经济比一国经济增加了层次上的复杂性。由于主权国家的存在,资本、劳动力的流动受到阻碍——鼓励政策只是对障碍的减少。由于主权国家的存在,世界经济活动受到政治的影响——国家利益和国家安全。其复杂性和影响深度超过了在一国国内的情况,其特点和规律也完全不同。由于主权国家的存在,又进而产生了各种形式的主权国家的联合体,各种类型的国际经济组织、协议,影响着世界经济的自发运行机制。这些受干扰性都是世界经济的多元性的表现。

六、整体的统一性

世界经济能作为一个有机整体而存在,其根本原因在于它的统一性。这个统一性就是世界经济的商品性。

世界经济是高度发达的商品经济,首先表现在世界经济的全部活动规律都是商品经济的规律。世界的生产、交换、分配、消费的规律都表现出高度发达的商品经济的特性。同时,这种统一性还在于,任何一个国家、国家集团或国际企业,即使在其内部实行的是计划经济或不发达的商品经济,但在与其他国家、国家集团或国际企业的关系中,却总是奉行商品经济原则的。

商品经济特性是世界经济的统一性,还在于它是世界各种生产方式的共性所在。发达资本主义国家是商品经济,发展中的民族资本主义国家是商品经济,这些都是毫无疑问的。问题在于社会主义国家。第二次世界大战后的特殊历史条件一度使世界分裂为两个平行的世界市场,即资本主义世界市场与社会主义世界市场。在当时,资本主义体系和社会主义体系在经济上只存在微弱的联系。这种分离状态除了政治的原因外,经济上的原因在于:两类国家的内部经济机制存在着巨大差异,即中央集权的计划经济与市场经济之间的差异。这种差异虽然不能绝对排斥两者的联系,但是排除了两者的统一性。社会主义国家的经济改革为这种统一性的产生创造了条件。社会主义市场经济的建立和发展,使两种不同社会制度的联系发生了重大变化。商品经济的统一性创造了更完整意义上的世界经济。这种商品经济特性决定了一国的国际经济活动在对于价值的追求而不只是对使用价值的追求,这就是各国经济活动的轴心。同时,"互通有无"这种以使用价值的转换为主而不是以价值的增值为主的国际经济活动,已不是典型形式和一般意义上的国际经济关系了。

七、一体化的必然性

世界经济发展的曲折性并不阻碍一体化的发展。随着世界生产力的发展,特别是生产和资本国际化的迅猛发展,世界各国的经济联系和相互依赖关系日益增强,逐步形成有组织、可协调、高效率运转的国际经济体系,不仅使世界经济成为一个有机整体,而且从微观、中观和宏观三个层面上展现一体化的趋势。

在微观层次上,企业经营国际化迅速发展,跨国公司在纵横交错的内部化市场中根据全球战略目标,实现了内部分工、贸易、资金转移、人员流动、资源调配、技术转让、信息交流、国际管理和生产活动,从而在公司范围内实现全部再生产过程的国际化和一体化。在中观层次上,区域经济一体化方兴未艾。随着各国经济发展中相互依赖和影响日益增强,越来越多的国家卷入到区域经济一体化的潮流之中,经济区域集团内部的国家经济边界日趋模糊,区域集团间经济关系大有取代国家间经济关系的趋向,日益成为国际经济关系的主体。区域经济一体化正呈现"洲域经济一体化"的新趋势,为实现全球一体化创造了条件。在宏观层次上,全球经济一体化正向纵深发展。随着世界经济政治形势的发展和格局的变化,世界经济的宏观管理体制及其协调机制正不断地调整和创新,在全球范围内统一的行为规则和准则,即国际规范逐步形成和完善,被用以规范、协调和管理世界经济的有序运行,并建立相应的国际协调机构作为监督和组织保证。如关税及贸易总协定(GATT)、布雷顿森林货币体系、国际货币基金组织(IMF)、世界银行(WB)以及世界贸易组织(WTO)等国际贸易和金融协调组织和机构的成立,为协调全球经济运行和实现全球经济一体化作出了积极的贡献。从总体上说,全球层面的宏观协调机制还比较薄弱,但它的形成和发展毕竟为适应战后经济生活高度发展的需要,抑制世界经济运行自发作用的负面影响,建立和调整国际经济新秩序,从而为世界经济一体化必然发展奠定了基础。实质上,世界经济的协调过程也是一体化发展的过程。

第三节 科技革命对世界经济的重要意义

一、科技革命与世界经济发展

科学革命、技术革命和产业革命是几个不同的概念,三者之间具有历史的和逻辑的联系。科学革命和技术革命是前提和准备,而产业革命则是科学革命和技术革命的结果。从历史看,三者是不可分的。当我们探讨整个过程对世界经济的影响时,不妨用"科技革命"指整个过程。生产的国际关系发展的历史向我们显示了科技革命的决定性作用,显示了科技革命影响生产的国际关系的一般规律。

科学技术是第一生产力,每一次科技革命总是使社会生产力跃进一大步。但是这一过程也总是在一定的生产关系下进行的。一旦该生产关系受到科技革命所带来的生产力飞跃的推动,那么其本身也将进入新的发展阶段。近代史上科技革命的不断扩大,使世界经济不断发展。恩格斯早就指出,近代科技革命具有世界影响。他说:"事情已经发展到这样的地步:今天英国发明的新机器,1年以后就会夺去中国成百万工人的饭碗。这样,大工业便把世界各国人民互相联系起来,把所有地方性的小市场联合成为一个世界市场,到处为文明和进步准备好地盘,使各文明国家里发生的一切必然影响到其余各国……"[①]

如前所述,世界经济的发展经历了几个不同的阶段:商品国际化、资本国际化和生产国际化。其中每一阶段都与一次科技革命相联系。在这一过程中存在着一些一般的规律:

第一,每一次科技革命都发展了生产力,提高了生产的社会化程度,把世界经济的整体性推向一个新的发展阶段。

第二,每一次科技革命都为生产的国际关系带来新的内容和新的形式。科技对生产的国际关系的"一次效应",使之能适应于科技革命发源国的生产关系的要求,但并不一定适应后进国的生产关系的要求。

第三,每一次科技革命都带来生产的国际关系的新矛盾和新冲突,带来后进国家的努力,从而导致生产的国际关系的变革,这就是科技革命的"二次效应"。

第一次科技革命发生于18世纪,产业革命先后在英、美、法、俄、日完成。世界市场的形成完全依赖于产业革命,是大工业建立了世界市场,是资产阶级使一切国家的生产和消费成为世界性。廉价工业品冲破了自给自足自然经济的藩篱,大批量生产又形成了对资源的大规模需要,这就是世界市场的基本内容。

第二次科技革命发生于19世纪,人类从蒸汽时代又进入了电气时代。技术的进步,生产的扩大,加速了资本的积聚和集中,自由竞争资本主义过渡到了垄断资本主义,世界范围出现了国际垄断组织和殖民统治体系,资本输出形成了资本国际化的世界经济。

科技革命影响着国际分工格局。第一次科技革命前的国际分工,是宗主国与殖民地间的分工。英国生产工业品,西印度群岛生产蔗糖和烟草,西非提供奴隶劳动力,这种"三角贸易"是当时典型的"分工"。第一次科技革命后世界形成了以英国为核心的国际分工,这种国际分工的结果是英国对世界贸易的垄断。科技革命在欧美各国完成后,便形成了以欧美为一方,以亚非拉为一方的国际格局,而后者则成为前者的原料来源和商品市场。第二次科技革命后,国际分工的深化是通过资本输出,把殖民地半殖民地卷入资本主义生产中去而实现的。因此,落后国家的经济进一步畸形化,更加依赖于世界市场和发达国家。

科技革命为先进国家带来了适合于其生产的国际关系。世界市场中所体现的生产的国际关系主要是商品交换关系,英国的棉纺业就是一个例子。英国一方面力图控制埃及、印度等以控制棉花来源,压低价格;另一方面又用大生产的廉价"洋布"摧毁中国等落后国家的"土布"。第二次科技革命后所形成的生产的国际关系主要是资本的输出和输入关

[①] 恩格斯:《共产主义原理》,《马克思恩格斯全集》第4卷,人民出版社1972年版,第361页。

系,所谓"资本的国际化"则是资本主义生产关系的国际化。此外,这一阶段的生产的国际关系也还表现为垄断同盟对世界市场的瓜分。

新的生产的国际关系的形成和发展,在每一阶段上都会产生相应的矛盾和冲突。第一次科技革命后所形成的世界市场和国际贸易,进一步扩大了原有宗主国与殖民地之间的贸易的不平等。用托夫勒的话说就是:"贸易扩展的利益,主要是从第一次浪潮世界倾注到第二次浪潮世界中去。"①而且,发生科技革命的国家还逐步取得了对世界经济的控制权和对世界政治的统治。第二次科技革命后,资本主义发达国家对落后国家的掠夺更加剧了,这就是"从一条牛身上剥下两张皮"。这一阶段的生产的国际关系中充满着矛盾和冲突,不仅有垄断资本主义国家间争夺世界市场的战争,而且有试图对资本主义生产关系进行变革的社会主义革命。

所以,在科技革命促进世界经济发展的同时,又必然存在着对发展水平不同的国家的利益的不均等,这就引起后进国家的变革的努力。这种努力,一种是发展科技,也搞科技革命;另一种是社会革命和经济独立。后进国家不能接受先进国家造成的不利于自己的生产的国际关系。但各国的反应不同,这主要是由国内的生产关系所决定的。

第三次科技革命是科学和技术发展的"群",是人类科学技术的全面飞跃,很难以个别方面作为标志。这一革命使世界经济进入生产国际化的新阶段,这个生产国际化表现为新的国际分工的形成和出现跨国公司这一世界性的生产组织的形式。

战后国际分工的一个重要变化,是发达国家之间工业部门内部更深刻的分工占据了主导地位(这一"主导",是以国际贸易量来衡量的,并不排斥原有的国际分工的继续存在)。科技革命造成的新的技术水平,使一个企业、一个国家很少能全面开发新产品,因此有必要进行产品零部件开发的国际合作,相似的优势就又形成了产业内部的分工,以达到规模经济效益。因而水平的分工比垂直的分工更重要,按技术基础的分工比按资源基础的分工更重要。发达国家之间的贸易发展超过了其他发展中国家的贸易发展,制成品在国际贸易中比重的提高也说明了分工变化的这一特点。就原有的发达国家与落后国家之间的分工而言,科技革命缩小了生产对原料的消耗,发展了人造材料,开发了新能源,从而使发达国家对发展中国家的依赖减轻了。从现在来看,世界性的产业结构调整也正在进行。代表现代工业的发达国家的某些产业,一部分正在进行技术改造;另一部分正在转移到发展中国家去,发达国家将更多地从事高科技产品的生产和技术的研究与开发,即发展信息产业。新兴工业化国家将不同程度地接近发达国家,而许多发展中国家的主要产品正从农矿初级产品转向制造业,发展中国家间的制造业分工也在发生。这样,一个新的国际分工将会形成,"我们正处于劳动力和生产的全球重新分布过程中","随着地球上的国家趋于一种全球经济,再也无法分清谁将造些什么了"②。这是一个未来学家在20世纪80年代初所做的分析,在说明当代国际分工格局变化这一点上其意义正在不断显示出来。

跨国公司集中体现了现阶段的生产的国际关系,因为它是国际范围生产资料的一种占有形式,即跨越民族界限的一种产权关系(产权关系或生产资料的占有形式正是生产关

---

① 托夫勒:《第三次浪潮》,生活·读书·新知三联书店1983年版。
② 约翰·奈斯比特:《大趋势》,中国社会科学出版社1984年版。

系的首要内容)。跨国公司不仅是发达国家的产物,而且20世纪70年代起在发展中国家和经互会国家也开始出现。它不仅高度发展,而且还将继续发展,因而它是可以体现当代和未来的生产的国际关系的一个典型的实体。如果说第一次科技革命后集结大量资本这一条件是由股份公司这一创造打开投资闸门而实现的话,那么战后跨国公司这一企业组织形式也可以说是为第三次科技革命后的世界性生产创造了前提。股份公司被称为工业社会的一种机构、一种公司组织,那么,跨国公司则是信息社会的一种机构、一种企业组织形式。由于跨国公司成为"国中之国",跨越了民族国家的国界,因而随着它的力量增强,当代和未来的生产的国际关系,不仅表现为国家与国家的关系,而且表现为各跨国公司分、子公司及总公司的横向联系,并会出现多个层次的这种横向联系。这种生产的国际关系,正相当于某些巨型企业中已经出现的矩阵组织,即不是宝塔型的,而是网络型、矩阵型的。

在一个时期中,当人们分析跨国公司的迅速发展时,往往强调其垄断资本向外扩张的一面,或者侧重于生产的国际化这一结果的一面,而忽视了战后科学技术发展这一条件的一面,适应生产的客观要求的一面。从生产力第一性观点来看,战后跨国公司的发展其根源在于科学技术进步。战后科技革命从两方面造成了跨国公司的发展。一方面,科技革命造成了新的生产技术水平,造成了国际范围的专业化和协作的要求。这种国际范围的专业化和协作,又要求与之相适应的国际范围的生产组织形式,即由一个所有者来掌握存在于不同国家的企业生产过程。与此同时,跨国公司又往往与新产品新技术相联系,科技革命造成了其新产品新技术的不断涌现,因而也造成了它们海外新投资迅速发展的需要。另一方面,科技革命为国际范围的生产专业化和协作提供了可能,即现代化的运输工具、通讯技术和管理技术。没有这些物质前提,生产的国际化是不可能的,跨国公司的大发展也是不可能的。如果说股份公司是与18世纪的第一次科技革命相联系的话,那么跨国公司是与20世纪的第三次科技革命相适应的;如果说20世纪50年代标志着跨国公司登上历史舞台,那么新技术革命将使它完全成为世界性生产的最基本、最典型的企业组织形式。

除上述两个基本特点外,我们还看到,由信息产品体现的国际经济联系日益重要。这里所说的信息产品,不仅指电脑及现代通讯设备等物质产品,尤指科学、技术、知识、情报等非物质产品。由于发达国家与发展中国家在研究、开发与制造上的分工,由于发达国家之间在科学研究上的分工,技术贸易、计算机软件等国际信息流动日益突出。然而,新的世界市场和世界经济是在新的技术和新的通讯手段的基础上建立的,新的生产方式生产着大量的信息,因此大大扩大了对信息的需求,从而也就大大地扩大了信息的国际交换。这将是反映当代和未来国际经济联系的一个重要方面。

同时,国际商品竞争将日益环绕着高技术产品和新品种而进行。由于高技术产品在国际贸易中比重的提高,由于发达国家在技术基础上的国际分工的进一步深化,由于发达国家争夺高技术产品的优势,国际贸易中环绕高技术产品的竞争将越来越突出。与此同时,由于"灵活制造系统"在生产中的采用,生产的特征将由现代化的大批量生产变为单件小批量生产,从而使国际贸易中环绕新品种的竞争日益剧烈。

此外,整个世界经济将更高速运转。新技术革命后,世界经济的一个显著特点是高速度。整个经济运转的速度都因现代通讯技术的发展而加快。比如,国际金融业务的速度加快,直至以小时计算,企业需一天 24 小时地始终与世界电子计算机网络接通,以寻求最低的利率、最佳的货币交易和最快的周转率。国际贸易会由于现代通讯技术而高速进行;买卖次数频繁,世界市场的价格变动也更加频繁,从而使产品的研究、设计、制造、销售各个过程加快,公司的新陈代谢加速,产品的寿命周期缩短,等等。

二、科技革命对生产的国际关系的影响

科技革命对生产的国际关系的影响是多方面的,它不仅包括对世界经济整个发展的阶段性的长期历史影响,而且包括对一定历史时期的特定的国际经济关系的影响。

(一)科技革命对世界经济发展的影响是生产力、生产关系规律的国际体现

生产力与生产关系相互作用的规律,在世界范围内原理相同,内容不同。相同原理即作用反作用原理,而内容不同则是:在这里,科学技术的飞跃作为生产力的特定内容,而生产关系则是不同类型生产方式和不同发展水平的国家群之间的相互关系。

在人类近代史上,我们可以看到三次科技革命,看到世界经济发展的三个历史大阶段,同时又可看到生产的国际关系发展的三个阶段。在这三个不同的阶段上,生产的国际关系表现出不同的内容和形式,并表现出不同的国际价值关系。这几个"三",在时间上相近,内容上相应,决非历史的巧合,它正是科技革命与生产的国际关系相互作用原理的表现。

(二)科技革命是世界经济发展周期的技术基础

在世界经济发展中,我们可看到各种形式的周期。这些周期运动的物质基础不是别的,正是科学技术及其所唤起的人类生产力。不论长周期还是短周期,我们都可以发现其中的科技进步因素。这种规律具有世界的普遍性,而其影响也具有世界性。这是科学技术影响世界经济——在这里是世界范围的再生产过程的第二个表现。

(三)各国科技水平发展的不平衡决定了国际分工格局与各国在世界经济中的地位

各种不同类型的国家的生产力发展水平的差异,除了生产关系、管理(从广义上说也是科学技术)之外,明显表现为科学技术水平的差异,即它所决定的生产力水平的差异。劳动生产率的差异决定着一国在国际分工中的地位,决定着国际交换中国民劳动的量的差异,因而是一定形式和内容的国际分工基础。当科技进步引起劳动生产率提高时,商品的国际竞争力增强,使本国在世界经济中处于有利地位。

(四)科技革命是跨国公司发展的重要原因

跨国公司作为当代世界经济的突出现象,作为当代生产的国际关系的特殊形式,我们完全可以说它是第三次科技革命的产物。这就是说,科技革命不但决定着世界经济的宏观形式,而且决定着它的微观形式。正如股份公司和垄断组织是前两次科技革命后的企业形式一样。关于跨国公司形成和发展的许多理论,正是建立在技术水平差异基础上的,而这种技术水平的不平衡又是与当代科学技术的高速变化联系在一起的。

(五)科技革命通过导致国际价值关系的变动,决定了生产的国际关系的再生产

世界生产和世界交换的分析表明,国与国之间的经济关系是通过价值而联系起来的。因而,生产和交换中的价值关系的任何变动,都从实质上影响着国与国之间的经济关系。不同发展水平的国家因产业等级的差异,导致了在国际交换中一方能实现更多的新创造价值,而另一方只能实现较少的新创造价值,并且这种差异在等速发展中扩大。

问题还不仅在这里。从再生产的长过程看,经济发展会产生飞跃,即由科学技术的飞跃而导致的飞跃。这种飞跃,会从根本上推进一国的经济发展水平,提高一国的产业等级和产业结构,大幅度降低一国产品的国民价值量,因而使世界生产和世界交换中的价值关系发生质变,进而使整个经济关系——生产的国际关系发生部分质变,这样,生产的国际关系就显示出阶段性来。这就是科技革命影响生产的国际关系的原理:生产的国际关系的再生产是通过科学技术的长期积累(生产力意义上的再生产)后的突变而实现的。

1. 先进国家竞争优势国际化形式。科技革命的这种重大效应在于科学技术在决定产品的国际价值中的作用:科学技术是大幅度降低产品的价值量的因素;个别国家首先开始的科技革命,是从根本上改变该国产品与他国产品国民价值对比关系的途径;由科技革命所创造的新产品和新产业,是大规模改变国际价值关系的形式(个别国家先发生科技突破所创造的新产业和新产品,在一定时期内保持与他国交换的巨大价值优势,跳跃了的产业以跳跃了的增加价值比而在世界市场上获得更有利地位)。产品的巨大价值优势不但使科技革命发生国依靠它的竞争力占领世界市场,而且使这些国家的经济成为世界经济中的主导经济。这不仅是第一次科技革命给我们展现的内容,而且是以后每次科技革命中所包含的内容。这就是科技革命影响生产的国际关系的一种形式:价值量优势的形式。

2. 先进国家资本积累的国际化形式。既然发源于个别国家的科技革命导致这些国家的价值优势,既然这种产业优势中包含着实现活劳动新创造价值的更有利地位,那么更大的价值量就在科技革命发生国积累起来,并且这种积累在历史的资本主义条件下表现为剩余价值的积累和资本的积累。由此可见,先进资本主义国家的资本积累不仅是国内资本主义发展的结果,而且是国际的剩余价值实现条件的结果。这样,形成于第一次科技革命的生产的国际关系就逐步再生产出一种新的生产的国际关系——先进国向后进国输出资本的关系,并在一次新的科技飞跃——第二次科技革命中最终实现。资本,一种能带来剩余价值的价值的国际联系,成为价值的国际联系的新的内容。第二次科技革命在这里所起的作用,一方面是为资本走向世界创造物质条件;另一方面是为更多的剩余价值从而为更多的资本的积累创造价值条件。这是科技革命影响生产的国际关系的第二种形式:剩余价值在国际范围内积累的形式。

3. 在市场经济条件下资源配置国际化形式。剩余价值在国际范围的积累,加速了先进国家的资本主义发展的进程,使资本主义生产关系的物质财富基础进一步扩大。资本的"冲动"使之不满足于间接投资的利润,还希望直接进行生产,从而获得更高而可靠的利润。于是,剩余价值在国际范围内积累的生产的国际关系,又再生产出另一种生产的国际关系:资本的直接投资、生产的国际化、资本主义生产方式的国际化、世界化。正是剩余价值的国际积累,为资本创造了进行世界性生产的力量,即再生产出新的生产的国际关系。第三次科技革命对这一再生产的意义,在于创造了世界性生产的物质条件,从而创造了剩余价值的国际积累的更有利条件——生产的国际化。现在,通过资本借贷和间接投资的剩余价值的国际积累,生产的国际关系又发展为直接投资形式的剩余价值的国际生产,这就是科技革命影响生产的国际关系的第三种形式:剩余价值生产国际化的形式,广义地说,是价值创造的国际化形式。国际价值关系是科技革命影响生产的国际关系的逻辑过程的中间环节。

由此,我们更清楚生产的国际关系的再生产的过程了:科技革命首先在先进国家发生,使之获得国际价值优势和剩余价值的生产积累的国际条件,然后由这种条件再生产出它们的新的科技革命的物质条件。这也就是为什么在现代史上总是由先进国家主宰世界经济的原因。

三、科技革命对当代世界经济的影响

当代世界经济向我们显示的是科学技术的进步在世界经济发展中的决定性地位。这种决定性地位,不但在不同类型国家各自的经济发展中表现出来,而且在不同科技水平的国家群之间的相互关系中表现出来。

现代世界各国经济发展表明,随着经济发达程度的提高,技术进步贡献所占的比重也相应提高。

技术进步是一个可以定量表示的术语,特别是可以分别用"技术进步率"和"技术进步在经济增长中的贡献比例"这两个数据来表示。其中,技术进步率指的是:一个经济系统的产出(产值或国民收入)增长率中,扣除生产要素(劳动力和资本)增长的作用之后,余下的所有其他因素之和。即:

$$\text{技术进步率} = \text{产出增长率} - \left(\text{劳动力增长因素} + \text{资本增长因素}\right)$$

而"技术进步在经济增长中的贡献比例"则为:

$$\text{技术进步贡献}(\%) = \frac{\text{技术进步率}}{\text{产出增长率}}$$

当代世界各国的实际统计表明,靠技术进步发展经济已有决定性的意义。

技术进步在经济增长中的贡献比例反映出各类国家的相对水平。在发达资本主义国家,这个比例基本上超过了50%,对一般发展中国家,这一比例没有一个超过40%,除少数外,大多在1/3以下。新加坡、韩国、中国香港和中国台湾,属于发展中国家或地区。由于20世纪六七十年代发展迅速,因而在全社会国民收入的增长中,技术进步贡献达到50%左右,具有发达国家的特征。同时在制造业中,这一比例却又偏低,具有发展中国家的特征。这种二重性很好地体现了这些国家和地区的经济发展的特点。

重要的是,技术水平差距影响着国与国之间的经济关系,特别是发达国家与发展中国家的相互关系。以往科技革命影响世界经济的历史表明,后进国家的贸易条件不断恶化。旧的国际分工使不发达国家形成单一经济,经济畸形发展,并依赖于发达国家。原料、能源等初级产品的低价对发展中国家极为不利。战后的发展虽然使发展中国家逐步从初级产品的出口转向半制成品和制成品,但是它们的地位并没有发生根本的改善。已经发生的变化和新技术革命将带来的新变化,会给发展中国家带来新的更严重的问题。第一,由于发达国家大力发展信息生产和高技术产品,发展中国家即使发展现代制造业也仍落后于发达国家。如果借用托夫勒的话,很可能又出现利益从第二次浪潮世界倾注到第三次浪潮世界。第二,发达国家的一部分制造业转向发展中国家;另一部分将进行技术改造从而赢得更高的劳动生产率。新技术革命的效应是,发展中国家承担起主要的工业生产任务,发达国家出现新兴经济和没落经济的"双重经济",其结果是在世界市场上发展中国家无力与发达国家竞争。发展中国家未来的主要制造业产品的价格在世界市场上呈下降趋势。第三,新技术革命后发达国家大力发展新材料和人造合成材料,新工艺进一步以省材

为特征,从而进一步减少了对发展中国家的依赖,导致即使原材料价格有所上升,发展中国家也不可能得到多少好处。第四,随着世界经济的"制高点"转移到技术,发展中国家可能从目前对发达国家的依赖状况转向新的依赖。现代科学技术发展的潜力,越来越集中在发达资本主义国家,使发达国家的优势越来越大,而发展中国家的大规模"人才外流"更加深了这一过程。总之,发达国家的优势在转移,发展中国家的优势在削弱。如果不及时采取正确的政策,在未来的世界经济模式中,发展中国家可能一直处于在技术上落后被动的地位。如奈斯比特所说:"一家美国建筑公司正在沙特阿拉伯建造三座饭店,饭店的房间设备——直到洗澡间的香皂——将在巴西制造,饭店的建筑工人来自韩国,而我们美国人作信息方面的建筑管理工作。这是我们将会到处见到的模式","美国公司把已经过时的旧工厂卖给发展中国家;从加拿大拆除一家旧碱厂,搬到印度——这是全球经济的另一种模式。"①显然,这两种模式对发展中国家都是极为不利的。

但必须指出的是,后进国家利用科技革命的机会跳跃前进,超过先进国家,这可能是世界经济的发展史向我们表明的又一条规律。这一条规律也是前三条规律的必然延伸:科技革命既然推动生产的国际关系的矛盾运动,事物的矛盾运动又必然改变矛盾各方在统一体中所处的地位,那么,相互关系的变化就是必然的了。历史不止一次地给了我们先例:18世纪中叶的英国工业水平低于法国,但第一次科技革命使它成为"世界工厂",站到了资本主义世界的前列。19世纪的德国,靠科技使工业迅速发展,又超过了英国。战后日本大力引进国外先进技术,使第三次科技革命的成果在日本大量转化为生产力,迅速成为资本主义世界一强。

后进国家的跳跃前进,对世界发展的整体来说是一条规律,但对各个国家来说又只是一种可能。在历史上并非所有的后进国家都能够跳跃前进、后来居上的。后进国家只有一小部分能够跳跃前进、跃居前列,看来这里要具备两个条件:第一,后进国家要吸收先进的科学技术并加以消化、改进和创新。吸收和消化既可以跨越过去存在的差距,又可以避免形成新的差距。但是当代最先进的技术掌握在跨国公司手中,要从它们那里搞到最新技术并不那么容易。所以在吸收消化的同时又必须改进和创新,这样才能最终消除差距。第二,后进国家要努力运用推广先进的科学技术,使之形成新的社会生产力,才能超过先进国家,这当然不是轻而易举的。这也只是仅就科学技术这一角度讲后进国家的赶超问题,就赶超而言,还包括更多的条件。

第三次科技革命从几个方面为世界经济的发展和国际分工的深化提供了可能。

从整个经济看,科技革命产生了一大批新兴的产业,并由于加速积累的科技成果使新产业在发达国家不断涌现。传统产业的对外转移成为必要。结果一批发展战略比较成功的国家加入了工业领域的产品分工,世界作为整体走向工业化,工业在各国的比重的提高使各国逐步成为工业生产为主的世界体系中的一员。世界经济的整体性表现为工业生产本身的国际分工。

从产业层次看,先进国家普遍从科技革命的成果中得到好处,许多新产业处于相近的竞争水平上,几乎不存在明显的比较优势。于是更多的产业内部分工得到发展。世界经济的整体性表现为同一水平的分工合作。

---

① 约翰·奈斯比特:《大趋势》,中国社会科学出版社1984年版。

从产品层次看,科技革命使现代化产品日益复杂,许多产品难以由一个国家单独开发和生产。于是要求一产品在零部件生产乃至工艺上进行合作。世界经济的整体性表现为同一生产过程的相互联系。

第三次科技革命的成果到 20 世纪之末继续发挥着作用,并由于其能量进一步发挥出来,正在将世界经济推向一个新的一体化阶段,生产经营一体化的阶段。

科学技术的进步,产品的高级化,从客观的技术要求上把各国企业推向全球合作。随着产品构造日益复杂化,各国企业独立开发零部件的意义越来越低,而且这种硬件的竞争越来越没有必要,关键零部件的不通用对所有厂商都不利。这就使各国大公司重视产品的标准化,而把竞争的重点放在产品的综合性能、质量、可靠性和售后服务等方面,所用标准件向外购买。同时,由于产品的关键零部件已相当复杂,单独开发耗资越来越高,且存在极大风险,使独立开发很不经济。因此,不少公司宁愿采用共同投资、共担风险、共享成果的方式来进行开发。事实上,这种合作往往来自技术上的原因,因为单个公司常常无法解决全部技术问题,而各国公司的联合可以交换专利,实现技术互补。

冷战结束以后,科技革命对经济的积极影响已经并将进一步显露出来。结构性经济调整使军用技术转向民用,实现商业化。各国普遍调整了科技政策,这将使科技成果的经济作用更加增强。科技成果商业化已成为各国政府十分注重的科技政策。由于科技成果商业化,科技的国际传播大大加速,国际合作大大扩展。科技作为世界范围的人类生产力进一步体现,这将形成与冷战时期最新科技首先用于军事的格局显著不同的情况。

第四节 信息时代的到来及其对世界经济的影响

从 20 世纪 70 年代开始,科技革命又进入一个新的更高的发展阶段,各个领域出现了异常活跃的形势,有人甚至认为信息时代已经到来。这一轮科技革命的特点是,社会科学和自然科学交叉,形成了以系统论、控制论和信息论为代表的新兴学科。技术上则以微电子技术、电子计算机为中心,形成了以信息技术、新材料技术、生物技术、海洋开发技术、激光技术等在内的新技术群。

信息时代的到来对世界经济产生深刻的影响。

一、信息时代与新科技政策

进入 20 世纪 80 年代,特别是 80 年代末期,随着冷战的结束,国际政治、经济的整体格局出现了新的变化,世界各国开始把国际竞争的重点从军备竞争转向经济战场上来,因此,许多适应"冷战"时代需要的并为公众所熟知的高、精、尖的军工技术逐渐从军事领域向民用领域转化,从而形成了一股世界性的"军转民"浪潮。冷战结束后,军转民技术的应用、推广及其商品化的发展对 20 世纪最后十几年的全球科技革命起了极大的推动作用。同时,冷战后国际政治、经济环境出现的新的变化,已使各国政府领导人充分认识到,未来几十年甚至今后长时期内国与国之间综合国力的竞争关键在于科技实力,科技进步将在各国的国民经济发展中起着越来越重要的作用。针对这种情况,美国、英国、日本等发达资本主义国家从 20 世纪 90 年代初开始相继完成了科技政策的调整。1993 年 2 月,美国总统克林顿向国会提出"经济振兴计划"国情咨文。在此同时,美国政府又公布了《为促进美国经济增长的技术、提高经济竞争力的新方针》和《关于美国变革的设想》两份文件,确定了美国的新科技政策和一揽子长期科技规划。克林顿政府认为:"新技术开发与商业化的领先地位对于确保美国经济繁荣具有关键性意义。"西欧、东亚一些国家也根据各自情况,制订了以促进经济发展为主要目标的新科技政策。为了保证这一政策的有效实施,各国都从组织机构到经费保证等方面采取了一系列具体措施,如美国专门成立了国家科技委员会,负责统筹与规划研究开发工作。该委员会与国家安全委员会、国家经济委员会并列,同属国家最高决策机构。该委员会的正副主席,由正副总统兼任,其主要成员都系内阁的部长、局长,这无论在美国还是其他国家历史上,都是前所未有的举措。美国已把"信息高速公路",作为最优先的项目发展,决定不迟于2015年,用4 000亿美元,建立联结每个家庭和机械的光缆通讯网络。

英国政府在1995年上半年发表了一份"技术展望计划"报告,宣布英国将把科研投资重点转向那些能够增强英国产品在市场上竞争力的研究与开发领域。据此,通信与计算机技术、遗传学、新材料三大领域将是英国政府今后投资的重点。与此相关,软件工程、人机对话、环境持续发展技术、基因和生物分子工程、生物信息技术、基因疗法、光脉冲光学技术、数据测量和分析用传感器、安全保密技术、远距离工作站和多媒体技术等领域将在政府的重点扶持下得到较大的发展。当时,英国科学部长宣布,在3年中英国政府将额外提供4 000万英镑、企业界提供4 000万英镑用于上述重点领域的研究与开发。此外,英国贸易和工业部还将耗资7 000万英镑来支持政府的这一计划,以推动创造发明,特别是中小企业里的研究与开发。

教育和科学在实现韩国经济腾飞并成为新兴工业化国家中起到了极其重要的作用,因此,韩国政府一向注重科学研究与教育的投入。为了推动经济的持续高速发展,韩国政府,从1990年至2001年每年按国民生产总值0.1%的比例增加教育经费,并将科研投入提高到占国民生产总值的3%以上。中国2015年提出了"互联网+"行动计划,推动移动互联网、云计算、大数据、物联网等与现代制造业结合,促进电子商务、工业互联网与互联网金融的发展。

二、信息时代与高新技术的国际合作

伴随着信息时代的到来,高新技术产业蓬勃发展,国际科技合作与交流进入空前繁荣和活跃的阶段。经济合作与发展组织在1994年11月发表报告指出,该组织成员国的科研合作经费,在过去几年里都有不同程度的增长,部分国家已经占到科研总经费的10%。促进合作与交流,已经成为世界各国科技政策中一个引人注目的方面。欧洲国家在科研合作交流上先行一步。自从20世纪80年代欧洲提出旨在振兴高技术的"尤里卡"计划以来,参加该计划的已有21个国家,总投资242亿欧洲货币单位。从1994年开始,欧盟拨款123亿欧洲货币单位实施第四个科研开展框架计划。日本提出的"人类新领域计划"也吸引了27个国家参与。美、欧、俄、日等科技发达国家还正在合作进行受控核聚变方面的研究。

国际科研合作与交流之所以在近年变得如此活跃,一方面是由当前世界范围内科技革命的特点所决定的;另一方面它又反映了不断加强的世界经济一体化趋势。

首先,科学技术发展到今天,无论是基础科学还是应用技术,分科越来越细,研究项目越来越多,单个国家要在所有领域取得领先地位是不可能的,取人之长、补己之短就成为各国科技决策者的必然选择。例如,日本在应用技术上世界领先,但基础科研不足;而印度作为发展中国家尽管整体科研实力较弱,在基础科学上却不乏长处。两国于1994年5月确定了政府间科研合作关系,在技术交流中各取所需。

其次,如今的科研项目,尤其是一些高科技项目具有高风险和高成本的特点,只有多个国家共同投资、风险共担、成果共享,才有可能进行。例如,1997年建造的"阿尔法"航天站,其耗资高达百亿美元,参与该计划的就包括美、俄、日、加拿大和7个西欧国家。20世纪90年代以来,各发达国家科研经费占国内生产总值的比例普遍出现了停滞和下降的趋势,加强科研合作的要求也就特别强烈。

再次,一些科技问题具有世界意义,只有世界各国的共同参与,才可能获得圆满解决。近年来尤其是1992年6月联合国地球首脑会议以来,全球性问题已经受到各国及其各阶层人士的广泛关注,与此相关的国际合作研究与学术交流接连不断。建设信息高速公路成为各国特别是发达国家政府首脑普遍关心的一个重要话题,但是,如果没有占世界人口3/4的发展中国家广泛参与,人类要进入"信息社会"只能是一个梦想。

最后,在先进生产技术和高技术领域进行科技合作,集众家之长,不仅将带来科研实力的增强,而且也意味着科研成果能更快地进入市场,转变成经济效益。例如,欧洲航天局在20世纪80年代开始研制的"阿里亚娜"系列运载火箭,集中了欧洲各国的先进技术,如今"阿里亚娜"已经占领世界商业运载火箭发射市场60%的份额,并给参与计划的欧洲各国带来可观的盈利。

三、信息时代与高新技术产业

随着新一轮新技术革命的不断推进,科技领域的发明和创造的商品化程度也在不断提高,出现了一批以新科技为基础的新产业部门,其中信息技术和信息产业起着核心和牵头的作用。1971~1986年间,美国高技术产业总产值由90亿美元上升到4 100亿美元,西欧由50亿美元上升到2 000亿美元,日本从30亿美元上升到3 200亿美元。世界信息产业的产值1990年已达1 489亿美元,成为跃居传统产业之上的最大产业之一。发达国家信息产业的年增长率比传统产业高2~4倍,在国民生产总值中的比重已达40%~60%。新技术产业的迅速崛起,特别是现代信息产业在人类经济、文化、生活中所起的巨大作用,已成为20世纪末人类社会繁荣的一大辉煌标志。有人认为,这意味着"超信息时代"的到来,它引起的信息革命将与蒸汽机的出现,铁路、高速公路的建成一样,具有深刻的划时代意义。它将改变社会的生产方式和人们的生活方式。与此同时,也将使世界范围内的竞争变得更加激烈。世界经济正在向更加高质、高效和更加知识化、集约化方向发展。它要求以全新的产品投入世界市场,要求产品在设计、技术和知识密集型程度及售后服务等方面有新的质量。21世纪的世界经济将是知识密集型产业的天下。

四、信息革命构成一体化的新内容

"信息革命"将深入到世界经济的各个方面,对整个世界经济的发展产生重大作用,因而其意义是十分深远的。我们甚至可以这样说,现在要对仍在进行中的全球"信息化"浪潮作一个准确的评估可能还为时过早。但是,有一点可以肯定,"信息革命"的不断深入和发展,对世界经济一体化无疑是一个极大的推动,而它本身也将构成世界经济一体化的最新内容。世界经济由工业经济向信息经济转变,标志着生产力的新的飞跃,它必将导致经济全球化的加速发展,从而使一国经济更深地融入全球经济的整体之中。

（一）国际贸易信息化趋势不断加强

国际贸易的信息化主要指信息技术、信息产品以及信息服务在国际贸易结构中所占比重增大,以及国际贸易方式与支付手段的信息化。它包括:传统产品中信息技术研究与开发费用所占比重的增大;以信息技术为核心的技术贸易日渐增长;信息技术产品在有形贸易中逐渐成为进出口贸易中的主导产品产业;信息服务业成为独立的产业,信息产业在国际无形贸易中地位日益重要;由于信息技术的深入发展和广泛应用,国际贸易中交易形式逐渐电子化。

国际高技术产品贸易迅速增长。长期以来,大机器工业制造的工业品一直在国际贸易中占有绝大份额。而最新一轮科技革命在促进各发达国家产业结构调整的同时,在逐渐改变着国际贸易的产品结构,这突出表现在高技术产品进出口贸易量的迅速增长上。1981年,美国高技术产品出口额占总出口额的比重为29.6%,2006年达到顶峰,增长到37.7%。同期日本为27.5%和30.4%。

技术贸易成为国与国之间技术交流的重要方式,成为各有关国家引进技术、改进产品结构和产业结构的重要途径。

信息服务业在国际贸易中的地位日益重要。服务业在国际经济贸易中的发展是各发达国家产业结构中服务业比重日益增长的必然反映。2016年美国对外贸易逆差为5 048亿美元,而同年美国的服务业却盈利2 477亿美元,形成外贸逆差由服务业顺差弥补的局面。

国际贸易方式的电子化。以往,世界每年花在国际贸易文件制作上的费用高达3 000亿美元,而且传递时间长,容易出差错,因而,相对增加了国际贸易活动的难度。近年来,随着计算机技术的飞速发展,电子数据交换(EDI)逐渐被引进到国际贸易中来,它能通过现代通信系统传输各类数据,并且能作自动化处理,实现所谓"无纸化交易",这样大大便捷了国际贸易活动的实施。另外,在联合国贸易和发展会议的倡议下,国际贸易将建立贸易点(Trade Point)和一个国际网络。贸易点是一个可以获得各种商品、各类市场和企业信息的国际贸易销售中心,它可以提供银行、海关和运输服务。目前美国、英国、芬兰、德国和东南亚国家已经建立了这种贸易中心。中国的第一个网点已经在上海建立,意味着中国加快了与世界经济接轨的步伐,同时也表明了国际贸易全球一体化趋势的加强。

（二）国际金融的信息化

国际金融的信息化主要表现在资金流动与生产的脱节和与信息联系的加强,资金流动方式的电子化以及金融机构经营的国际化。根据国际清算银行的统计,2015年全球外汇市场日均交易额达5万亿美元。商业银行的海外机构增多,企业可以通过海外金融机构融资汇回国内。信息化的现代支付手段,使资本流动速度加快,对利率、汇率以及股票、债券等金融市场的变化反应迅速,大量资本可以迅速从一国流向另一国。国际金融市场由于凭借现代化的信息传播处理手段而变得更灵活、高效,从而在一个更深的意义上将世界各国和地区的经济纳入全球一体化的运行轨道。

(三) 跨国公司经营的信息化

跨国经营作为资本输出的一种重要形式，战后以来发展很快。而近年来，随着科技革命的深入，它对跨国公司的经营也产生了一定的影响，这表现在：在跨国公司组成结构中，从事信息技术产业经营的公司发展较快；跨国公司的国外投资愈来愈重视信息技术以及信息服务领域；跨国公司的经营管理日益信息化。

从历史上看，跨国公司的产生尽管有各种各样的原因，但是，它们的业务范围基本上都集中在工业或者制造业上，这当然与世界产业结构的总体变动有密切关系。而随着信息技术的发展、传统产业逐渐走向衰退，一批大的跨国信息产业公司开始崛起，在国际经济中发挥越来越大的作用。美国的 IBM 公司、英特尔公司、通用电气公司、AT&T 公司，日本的富士通公司、日立公司、NEC 公司，法国的阿尔卡特公司等就是这类巨型信息跨国公司。从目前情形以及将来的发展趋势来看，过去由能源、汽车、化学等产业公司占主导地位的跨国公司，在世界经济信息化过程中正在发生重大变化。

跨国公司投资经营的信息化还反映在投资方向的变化上。据有关资料，20 世纪 80 年代以来，对信息服务业的国际直接投资占整个投资额的 55%～66%。80 年代末期，日本、西欧、美国及一些发展中国家在全球的服务业投资额达 9 250 亿美元，在总投资额中所占比重为 45%，而在 50 年代末，这一比重仅为 22%。

信息技术的广泛应用，同样为跨国公司的跨国经营提供了前所未有的便利条件。公司可以在几分钟内调阅分布在世界各个国家和地区所有分支机构的有关经营资料。是否具有与国际信息网络沟通的便利信息传输条件，正在成为跨国公司投资地域选择的重要依据。

今天，以信息为纽带的全球性生产分工合作体系已初步形成，它在本质上正是科技革命作为首要推动因素提供持续的激励的结果。我们有理由相信，不仅 20 世纪世界经济一体化的进程来自科学技术的进步，而且 21 世纪世界经济一体化的进一步推进也将得益于科技的发展。

第二章 国际分工

国际分工是国与国之间在广义生产中所形成的产业分工与产品生产过程的分工,是超越国民经济疆界的社会分工,是国民生产之间的分工。

国际分工产生于各国在自身的自然和社会两方面的发展中所形成的比较优势和经济制度;国际交换对国际分工的扩大和深化产生着重大影响。

国际分工的格局及其发展是由先进国家决定的,是一个不断深化的过程;国际分工必然是不完全分工,其格局也是会变动的。

当代国际分工是多种形式并存的国际分工体系,发达国家的水平分工是当代国际分工的主要特征;发展中国家虽可在国际分工中获利,但在整个格局中处于不利地位。

从生产分工向科研与生产分工发展,从制造业与初级产品的分工向高技术产品与传统工业的分工转变,是当代国际分工的发展趋势。国际分工自身的发展趋势既使发展中国家的地位有所提高,又使发展中国家处于新的不利地位。

分工与交换,是经济中同时存在的两个基本范畴——没有分工就不需要交换,无论是广义上的劳动交换还是狭义上的产品交换;同样,没有交换就无所谓分工。国际分工与国际交换也是相应的两个范畴。

从微观意义上说,国际贸易和世界市场,也就是具体地探讨国际分工的问题;但从宏观意义上说,由贸易形成何种国际生产格局,以及各种类型的国家在这种格局中的地位问题,则是国际分工理论所研究的主题。

世界经济一体化的前提条件是世界市场的形成;而世界市场的兴起和演变又是以国际分工的产生和深化为基础的。因此,研究国际分工是研究世界经济一体化的基础。

第一节 国际分工与国际贸易

虽然国际分工与国际贸易是不可分割的两个范畴,但两者在逻辑关系上的位置却是不同的。在生产与交换中,生产是第一性的,生产决定交换,交换为再生产创造前提,马克思对此指出:"生产表现为起点,消费表现为终点,分配和交换表现为中间环节……如果没有分工,不论这种分工是自然发生的或者本身已经是历史的结果,也就没有交换……交换的深度、广度和方式都是由生产的发展和结构决定的……过程总是从生产重新开始。交换和消费不能是起支配作用的东西,那是自明之理。"[①]

在国际分工与国际贸易两者关系上,国际分工是第一性的,有什么形式的国际分工,就有什么内容的国际交换。反过来,国际交换又进一步推进了国际分工的深化和变动。

---

① 马克思:《〈政治经济学批判〉导言》,《马克思恩格斯选集》第2卷,第91~102页。

各种国际贸易理论,与其说是说明了决定交换的原因,不如说是说明了决定分工的原因。

一、国际分工发生的原因

决定国际分工及其格局的有生产力和生产关系两方面的原因。从历史的和逻辑的过程来看,国际分工首先产生于各国在自身的自然的和社会生产力、生产关系的发展过程中所形成的比较优势和经济制度,这是国际交换的基础和产生的原因,是国际分工的起点。一旦国际交换发生,其对国际分工的影响之深,以至于在使国际分工不断扩大,形成特定的格局和向一定的方向发展上具有重大影响。从一国角度来说,两者分别可以作为其在国际分工中的地位形成的内因和外因。

西方国际分工理论片面地强调前一个因素,把天赋和历史形成的劳动生产率的差异作为国际分工格局的唯一因素。他们的理论没有回答为什么这种国际分工的格局始终更有利于先进国家而不利于后进国家,而是用"互利"掩盖了这种格局的性质和特点。在批判西方学者的这种超生产关系的国际分工论中,我国一些学者把国际分工格局看作是资本主义、帝国主义、殖民主义的产物,这不足以回答为什么在历史上是西欧国家,而不是亚非拉国家可以对外搞帝国主义殖民政策,去创造这样一种更有利于自己的国际分工体系,创造一个世界市场。正确的答案应当是:一方面,资本主义追逐剩余价值的冲动形成了创造这种分工体系的需要;另一方面,两类国家间的生产力差异则是形成这种国际分工格局的条件。决定这种交换模式的,归根到底还是资本主义的生产力和生产关系。这一分析丝毫不否定几百年来帝国主义、殖民主义在造成畸形的国际分工中的历史,而是完整地表达了决定国际分工格局(生产的国际关系)的各国生产力、生产关系基础。

国际分工的发展过程始终是在生产力、生产关系的作用之下进行的,因而也必然具有双重的影响。一方面,它成为世界生产力发展的一个重要促进因素,也是各国生产力发展和财富积累的一个重要因素;另一方面,除了第二次世界大战后一个时期内局部范围存在的社会主义国际分工之外,几百年来的国际分工都是在资本主义统治下的国际分工(例如世界工厂与世界农村的格局的形成,是以前者的机器大工业摧毁后者的手工业为条件的),因而也就是发达市场经济再生产过程的国际化,是一个在等价交换下的不均等的利益分配体系。在殖民主义条件下还是一个国际剥削体系。

如果把国际分工看作为一定的国际范围的生产关系,那么,决定这一关系的无疑是国际范围的生产力。通过国际分工,各国利用了各自的比较优势,优化了各国的资源配置,提高了各自的规模经济,从而提高了各国乃至全球的生产力。因此,可以说,生产力的发展从根本上决定了国际分工的发展。

二、国际分工的类型

根据不同的标准进行分类,则有不同类型的国际分工。

(一)按深度划分的国际分工类型

如果按国际分工的深度进行分类,则有以下几种类型:

1. 由自然差异形成的农、矿产品与工业制成品之间的分工。这是最浅层次的分工。每一个地区都有其特定的自然资源,包括土地、气候、矿产等。大多数的农作物,如咖啡、茶叶、甘蔗、橡胶等的耕作,都需要特殊的气候条件;而各种矿藏在世界范围内的分布也是不均匀的。由于农产品和矿产品对自然条件存在高度依赖性,而各国自然条件存在差异,于是,形成初级产品(农、矿产品)之间的分工。如拉丁美洲、东南亚和非洲等热带与亚热带地区生长的动植物,与温带和寒带所生长的动植物存在显著的差异,这种自然条件差异和彼此之间的相互需求便会形成分工;石油的开采永远是在那些拥有丰富石油资源的国家,如中东地区的国家,而那些石油资源贫乏的国家就成为石油进口国。由于与其他资源相比,土地气候、矿产等自然资源随着时间的推移和技术进步具有相对稳定性,因此,以自然差异为基础的这种分工是最稳定的。

2. 由发展差异形成的不同要素密集度制成品之间的分工。一国所拥有的某些生产要素,如劳动力、资本等会随着经济发展而变化。由于不同的国家政治、经济、教育制度的差异,即使是相同的要素在不同的国家之间也会出现不同的增长幅度,这种要素增长的差异性经过较长时间的积累就会使某种要素相对富余。一般来说,发达国家等资本和技术的增长远远大于劳动力的增长,因此,成为资本相对富裕国和技术相对富裕国;大多数发展中国家则为劳动力相对富裕国。在要素可替代的情况下,根据比较利益的原理,劳动力相对富裕国会集中生产劳动力密集性产品,资本或技术相对富裕国会集中生产资本密集性产品或技术密集性产品。这样,各国之间就形成了不同要素密集度制成品的分工。与土地、气候、矿产等自然资源相比,劳动力、资本与技术等生产要素更具变动性,因此,以发展差异为基础而形成的这种分工,往往具有可逆性,其稳定性较前一种分工低。

3. 产业内部分工。这种分工是指在同一产业内各国之间生产不同类型产品,一些国家在出口某类工业产品的同时,又进口相似的同产业产品,从而形成的同产业的分工。产业内分工又可以区分为以下两类:其一是垂直的工序间分工,就是将生产的各工序分散到各国的分工。这种分工关系的形成背景是生产过程的复杂化及规模经济利益,在某一产业内,生产过程越是复杂,与其完全在国内生产,不如将工序的一部分转移到国外,开展零部件和半成品贸易,以获得比较优势利益和由特定商品的集中生产所带来的规模利益。但是注意,这里转移的对象通常是海外具有股权联系的分支机构,因此,这类分工明显是企业内部协调,而非市场机制协调的。其二是产业内水平的产品差别化分工,动因是由收入水平提高带来的需求结构多样化及与此相应的产品差别化。

(二) 按生产关联性划分的国际分工类型

如果按生产的关联性质分,可以分成以下两种类型:垂直型分工和水平型分工。

1. 垂直型分工。所谓垂直型分工是指经济发展水平不同的国家之间的分工,一般指先进国家与后进国家之间的分工。这种分工主要表现在初级产品和工业制成品、劳动密集型和资本密集型产品之间的分工。生产的各阶段存在着前向与后向的密切联系,从原材料采集、储存到加工生产,从零部件到最终产品,是一种递进的关系,一种"投入—产出"的关系。采用这种类型分工的产业间有较强的关联度,因此垂直分工主要集中于工业部门,如棉纱业与织布业的分工,织布业与服装业的分工等,而第三产业中由于产业间没有明显的关联性,一般不进行这种类型的分工。值得注意的是,历史上的垂直分工与现在的垂直分工有所不同。前者主要是指生产过程中的垂直分工,是后进国与先进国之间的生产初级产品与制成品的分工。随着科技的发展,垂直分工不仅仅只限于狭义的生产领域,而向前延伸至"研究与开发产品"这一领域,因此当代的垂直分工是指科研与生产的分工。目前,国际分工的重要特征之一就是先进国家与后进国家之间的科研与生产的分工,即先进国家更多地从事于产品的研究与开发,而后进国家则集中于生产该类产品。这种类型的国际分工加强了参与分工的各主体之间的相互依赖程度。

2. 水平型分工。所谓水平型分工是指经济发展水平大体相同的国家之间的分工。一般指发达国家之间的分工。发达国家之间的贸易关系主要是以这种分工为基础的。发达国家之间由于工业发展先后不一,各国的技术水平存在差别,各国工业部门发展不平衡以及各国的资源情况不同等,因此,产生了工业性生产方面的水平分工。采用这种类型分工的产业间没有紧密的关联度,不存在"投入—产出"的关系。此种类型的国际分工是一种平等的合作,参与分工的各主体之间几乎没有不对称的相互依赖关系。

(三) 按国家性质划分的国际分工类型

如果按国家性质来划分,则可以分成发达国家之间的分工、发展中国家之间的分工和发达国家与发展中国家之间的分工。随着新兴工业化国家的出现以及其力量的逐步扩大,使国际分工的类型又产生了新的组合:一是发达国家与新兴工业化国家的分工;二是新兴工业化国家与发展中国家之间的分工。这两种新的组合在国际分工中的地位日益提高。发达国家与发展中国家之间的制成品生产与初级产品生产的分工仍是国际分工的重要内容之一。新兴工业化国家与发展中国家也出现了同样内容的分工。发达国家之间的分工除了产业之间的分工外,更多的是产业内部分工和产品生产过程上的分工。然而,发达国家与新兴工业化国家之间的分工在内容上可能是前面的任何一种。在制造业内部分工这一层次上,发达国家一般将成熟产业转移到新兴工业化国家,如部分"夕阳产业"的转移,或前者将污染产业转移到后者,而将绿色产业保留在发达国家。至于发展中国家之间的分工,与前面几种相比,则规模比较小,还未形成整体格局。

(四) 按参与程度划分的国际分工类型

如果按一国参与国际分工的程度划分,则可分为混合型分工与单一型分工。

1. 混合型分工。混合型分工是指一国既参与垂直分工又参与水平分工。这种情况一般较多发生在发达国家。例如,美国既参与同发达国家之间的分工,同时又参与同发展中国家之间的分工。发达国家与发达国家之间是工业品的水平分工,这一分工体系在"二战"后的地位日益提高,目前已居于主导地位。同时,发达国家也参与同发展中国家之间的制成品与初级产品、资本密集度高的重化工业与劳动密集度高的第一产业和轻工业的垂直分工。"二战"前,这一分工体系居于主导地位,但在"二战"后,地位日趋下降,目前其地位已不如发达国家之间的水平分工。

2. 单一型分工。所谓单一型分工是指一国只参与国际垂直分工,或只参与水平分工,不同时参与这两种类型的分工。发展中国家之间的水平分工规模很小,较多的是与发达国家之间的垂直分工,所以单一型分工一般较多地发生在发展中国家。

三、国际分工发展的历史

国际分工的发展经历了以下几个阶段。

(一) 国际分工的史前阶段

在国际分工的史前阶段,作为联系国际分工的纽带——世界市场还未形成,因此,这时的国际分工不是真正意义上的国际分工。首先,这一阶段的国际分工体现了一种殖民关系,具有明显的掠夺性。殖民关系的出现早于世界市场的形成。15世纪末期的"地理大发现"和 16~17 世纪手工业向工场手工业的过渡,西欧许多国家先后推行了殖民政策,通过运用其先进的武器,在亚非拉进行掠夺,出现了宗主国与殖民地之间的最初分工形式。其次,这一时期的国际贸易的产生具有偶然性。各国生产产品的主要目的是为了满足本国人民的需要,而不是为了国际交换;只有满足了国内消费之后,才将剩余产品进行国际交换。因此,处于这一阶段的国际交换是一种偶然的、附带的现象。再次,参与国际交换的产品是建立在各国不同的自然条件基础上的。例如,当时印度向英国提供的产品是英国不能生产的一些农作物原料。此外,在这一阶段,整个世界的分工还未形成体系。

(二) 国际分工的形成阶段

国际分工的形成阶段,是以 18 世纪 60 年代爆发的产业革命为起点的,以蒸汽机的发明为标志的第一次科技革命使人类从手工工具时期迈入了大机器时代,从而使生产力与生产规模的发展形成了质的飞跃,为国际分工的形成奠定了物质基础。大机器的应用使生产能力与规模迅速扩大,从供给的角度来看,大量的工业产品使国内市场饱和,需要寻求新的销售出路——国际产品市场;从需求的角度看,大规模的生产需要大规模的廉价原料的投入,从而促使对原料需求的扩大,需要一个新的原料供应市场——国际原料市场。"英国应当成为'世界工厂',其他一切国家对于英国应当同爱尔兰一样,成为英国工业品的销售市场,同时又供给它原料和粮食。"① 产业革命给西欧国家(尤其是英国)带来了分工的手段——廉价工业品,再加上他们的军事力量,形成了工业生产与世界原料生产的分工。另外,这一时期的国际分工基本上是以英国为中心形成的。由于产业革命首先是在英国完成的,使其生产力水平与竞争能力在当时都高于其他国家,从而将其国内的农业与工业的分工推向世界范围,形成了以英国为中心的农业与工业的国际分工。

(三) 国际分工的扩展阶段

国际分工的扩展阶段,开始于 19 世纪 70 年代的第二次科技革命。这一次科技革命是以发电机与电动机的发明为标志的,加深了第一次科技革命(或称产业革命)的内容。这一阶段的特征之一是:工业国家的资本输出扩展了国际分工。从资本供给的角度来看,由于工业技术有了巨大的进步,生产力迅速增长,自由竞争中大资本对小资本的吞并使资本越来越集中,当生产和资本集中达到高程度时,垄断取代了自由竞争;从资本需求的角度来看,国内有利可图的投资机会日益枯竭。因此,工业国的资本输出取代了前一阶段的工业产品输出,在全世界范围内争夺原料供应产地,投资场所和产品销售市场,从而扩展了国际分工。但值得注意的是,工业国资本过剩不是绝对的过剩,而是相对产业的过剩,并把在其他国家的投资作为本国产业的延伸,为国内的产业服务。这种方式对发展中国家而言,不像前一阶段那样纯粹地为工业国家提供原料,而是依靠发达国家的资本发展了一些产业。这一阶段的特征之二是:在这种国际投资的基础上,国际分工得到了深化。不仅是农业与工业的分工,而且也有产业内部的分工。当然,殖民地国家以这种方式发展起来的产业具有依附性。

(四) 国际分工的深化阶段

第二次世界大战以后,由于第三次科技革命的兴起和推动,国际分工进入深化阶段。

---

① 亚当·斯密:《国民财富的性质和原因的研究》(中译本下册),第 28~35 页。

以原子能、电子计算机和空间技术的发展为标志的第三次科技革命具有广泛性、全面性以及将技术运用到生产上的同步性，成为推动"二战"后经济发展和国际分工深化的主要因素。在这一阶段主要有以下几个特征：第一，以自然资源为基础的分工，其地位正在不断下降，而制造业的分工则在不断地深化。"二战"前，主要是以自然资源为基础的工业产品生产国与初级产品生产国之间的分工，并且制造业的分工也仅仅限于各国不同产业部门之间的分工，如挪威专门生产铝，芬兰专门生产木材与木材加工产品等。"二战"后，制造业由各国不同产业之间的分工发展到同一种产业之间生产不同型号产品的分工，甚至是产品生产过程之间的分工。第二，国际投资是制造业分工的基础，是国际分工形成的渠道。这一阶段的国际投资更多的是直接投资，而前一阶段（扩展阶段）的国际投资有一部分是证券投资。现在许多产业的转移是建立在直接投资的基础上的。例如，日本钢铁业通过对中国的直接投资将"粗钢"的生产转移到中国。第三，在制造业中开始出现资本密集型产业与劳动密集型产业之间的分工。随着制造业内部分工的深化，这种形式的分工在条件上越来越方便。与农业、传统的工矿业相比，大部分制造业都能自由移动，在全球大部分地方都能建立；而且，产业越成熟，移动起来就越方便。一种产业在刚建立时，一般在发达国家，成熟之后就转移到发展中国家。对资本密集型制造业而言，不一定建立在资本充裕的国家，如果一国开放程度高，资本要素流动性强，对外借贷能力强，投资环境好，即使自身资本存量少也可以发展资本密集型产业。第四，科技的高度发达使产品在生产过程中出现分工，各国在产品零部件的生产及生产工艺方面更具专业化。尤其是对于大型机械产品的生产，许多国家的单个加工工艺过程组合成为产品的整个生产过程，因此，就单个最终产品而言，不适宜说是由哪个国家生产的，而是一个完完全全的"国际性综合产品"。第五，出现了第三产业与第一、第二产业的分工。第三产业的形成由来已久，但作为国际分工中的重要部分还是20世纪60年代之后的事。电子计算机引起的革命为金融业和信息服务业的发展奠定了物质基础。发达国家越来越集中于产品的研究与开发，科研已逐步迈向产业化，信息服务业的分离已成为一种不可阻挡的趋势。

第二节 国际分工的发展规律

既然国际分工、国际交换是一个相互作用、不断发展的过程，那么，其中就必然存在着一定的规律。

一、由生产力先进的国家决定国际分工格局的规律

逻辑和历史的分析都可以证明，国际分工的发展和格局取决于生产力先进的国家。国际分工的第一个阶段，是西欧老殖民主义者运用其先进的武器在亚非拉的掠夺，"暴力的胜利是以武器的生产为基础的，而武器的生产又是以整个生产为基础，因而是以'经济力量'，以'经济情况'，以暴力所拥有的物质资料为基础的。"[①]国际分工的第二阶段，是西欧（特别是英国）的工业生产与世界的原料生产的分工。自给自足自然经济的万里长城，

---

① 恩格斯：《反杜林论》，《马克思恩格斯选集》第3卷，人民出版社1972年版，第206页。

是被机器大工业产品的低廉价格摧毁的。廉价商品甚至比前一阶段的武器更厉害。国际分工的第三阶段是资本主义生产方式的国际化使第二阶段的分工格局深化。先进国家由商品输出发展为资本输出,把后进国家卷入到了资本主义世界体系中。当代的国际分工,其新特征是水平型国际分工的出现和发展,这种水平型国际分工同样也主要是在发达资本主义国家间发生。

由此可见,形成一定的分工格局,是生产力先进国家的要求,更多地符合于先进国家的利益。先进国家的生产力发展的更大动因决定了分工的形成和发展。这种先进国家在历史上就是资本主义市场经济国家。后进国家的经济在分工中得到促进的事实与这一关系是不矛盾的。在资本的原始积累中,在资本主义早期的殖民政策下,这种分工自然就包含着剥削和掠夺,而这种分工格局中先进国家的有利地位,则一直延续到当代。

二、分工程度不断深化的规律

国际分工是人类劳动分工范围扩大的最高阶段,而国际分工本身又是一个不断发展的过程。这一过程的基本趋势是深化趋势,即从工业品和农矿产品的分工,发展到不同工业品之间的分工,直至一个产品的加工工序和零部件的分工。

国际分工不断深化的规律是分工创造生产力规律的国际作用,正如在一国国民经济中和在企业中一样,经济的发展和产品的发展,总是伴随着分工深化的趋势。

决定分工不断深化的原因是多方面的。首先,产业和产品的复杂化提出了分工深化的必要性;其次,运输能力的提高和信息流通的加速构成了分工深化的可能性;再次,大规模生产的经济效益为分工深化创造了持续的动力;最后,经济活动领域的不断扩大提供了分工深化的新的空间。

三、不完全分工规律

虽然国际分工不断发展、不断深化,但是国际分工不可能是完全的,也不是可以从比较优势原则简单推导绝对分工结论的。分工不完全的原因在于:

1. 地理的原因。由于地理位置造成了运输成本的存在,某些产品在劳动生产率上的国民差异和由分工带来的效益较差,小于运输成本,从而造成进一步分工的不必要性和不合理性。

2. 边际成本递增规律决定了分工的进一步扩大。因为这一规律导致了为之而放弃的其他产品生产减少量的增加,这样的分工就是不合理的。

3. 国家安全的需要。政治上的原因(在某些历史阶段特别明显)决定了一国不愿意进行彻底的国际分工,而使本国经济处于被动地位。

4. 国家规模的差别。世界各国规模相差悬殊,可能几十个小国在国土和人口上只相当于一个大国。因而一个大国各地区间比较利益的存在和劳动生产率的差异也可能产生分工而部分地代替了国际分工;大国的自然资源可能比小国更全面,经济结构更完整,从而使其国际贸易的相对重要性小些。当然这又绝不排斥比较利益的必然存在和参加国际分工的必要性。

5. 争取更大分工利益的考虑。分工不完全的一个十分重要的原因,在于各国的民族利益的综合的、长期的权衡。后进国家虽然目前劳动生产率在某些方面,特别是在工业部门低些,越是参与国际分工,这方面利益就越明显。但从经济发展的长期目标看,又必须走工业化道路。这就决定了这些国家必须在国内建立这些竞争性产业。另一方面,发达国家(如美国)的传统工业吸收了大量劳动力,加上这些工业集团自身的利益,也不可能使传统工业全部转移到发展中国家去。因而分工不可能是纯粹按生产力的所谓完全分工。这一分析的意义在于,分工是历史的进步,但分工的不完全规律同样是历史的要求。在当代,这一规律表现为发展中国家争取摆脱旧的国际分工的不利地位,因而是一种历史的进步。

所有这些情况,并不是每一种产品、每一个国家都同时存在的,它们是分别存在的,因此决定了彻底的国际分工是不可能的。所以,国际分工发展的真正内容是分工的深化而不是分工的绝对化。

如果说产业可以大致分为初级产品、工业制成品和信息产品(科学研究、技术开发),那么国际分工的发展趋势绝不是把世界各国按这三种类型划分,而恰恰是在每个国家都能存在这三种产业,只是发展水平不同和参与国际交换的内容不同。从历史性长期趋势看,国际分工总体格局是各国在三类产业中的水平分工。

四、国际分工格局变动规律

国际分工是历史的产物,因而任何一种格局的国际分工都具有历史的暂时性,而不是永恒的。在这种变动中,可能有几种特征:

(1) 后进国家的跳跃前进,如从农业国变为工业国,改变了地位。

(2) 技术发明国优势的转移,例如随着产品生命周期变化的转移。

(3) 先进国家的老产业向次先进国家的转移,例如近年夕阳工业从发达国家转移到新兴工业化国家。

(4) 社会革命和体制改革引起的变化,例如社会主义革命使一些国家摆脱了旧殖民体系的分工,并通过改革,进行经济转轨,从而实行自主的开放政策而加入国际分工体系。这些类型的变动将是长期起作用的。

五、由各国发展战略决定的国际分工格局的规律

各国都有其自身的发展战略,归纳起来主要有两种:进口替代战略和出口导向战略。以"进口替代"作为发展战略的国家是想通过建立和发展国内的制造业和其他工业(虽然这些产业与世界其他各国相比是不具有比较优势),从而替代过去的制成品进口,带动国民经济的增长。尤其是对于发展中国家而言,该战略的有效推进,可以改变自身畸形的、单一的经济结构;改变进口制成品、出口初级产品的状态;改变与发达国家之间的初级产品与制成品的分工格局,从而改变发展中国家的国际分工地位,提高在世界经济中的地位。当然,这一战略目标的实现是以政府的一系列政策措施——贸易保护政策与鼓励政策为保证的。例如,通过关税和非关税壁垒以部分或完全限制某些制成品的进口;给予进口替代产业在财政、税收、价格和信贷等方面的优惠政策,以鼓励发展。以"出口导向"作为发展战略的国家就是使本国的工业生产面向世界市场,并逐步以制成品的出口代替初级产品的出口。这对于发展中国家改变以往与发达国家之间的初级产品生产同制成品生产这种被动的国际分工格局是尤为重要的。政府在实现这一战略目标时运用各种政策来

鼓励出口,例如出口补贴、出口制成品减免税、出口信贷等;在投资政策方面,对面向出口的产业(尤其是制造业)提供优惠政策,如提供减免所得税、营业税等,从而对要素的流动起导向作用,促使出口产业(尤其是制造业)的发展,使发展中国家在国际分工格局中逐步由被动地位走向主动地位。

六、先进国家主导产业转移过程所决定的国际分工规律

科技革命是产业转移的内在动力。每出现一次科技革命,都促使工业技术水平产生质的飞跃,从而不断出现新型产业,这就需要转移旧产业。因此,科技革命加快了旧产业成熟的速度,同时也使产业转移过程加快。三次科技革命都是由先进国家率先完成的,因此,在同一时期内先进国家在工业技术上占有优势。产业的转移是从动态的角度反映了由科技革命所带来的这种先进国家在技术上的主导地位。科技革命促使先进国家不断地发展朝阳产业、绿色产业、高精尖产业以及资本密集型产业;与此同时也不断地加快将旧产业——夕阳产业、污染产业、传统产业以及劳动密集型产业转移到后进国家。

另外,先进国家在研究与开发方面(R&D)的大量投入也加速了产业转移的过程。先进国家拥有雄厚的R&D力量,如2007年美国在R&D方面投入的经费占同年GDP的2.72%,日本为3.44%,而印度只有0.8%。因此,先进国家极易获得技术优势,在一定时期内与其他国家相比总存在着一定的技术差距,在国内就不断地出现新型产业,产生了旧产业转移的需求。

第三节 当代国际分工格局及其影响

一、当代国际分工格局

经过几百年的发展,当代世界经济是一个结构复杂的国际分工体系。由于国家类型的多样化和分工的深化,任何一个简单的提法都难以概括当代国际分工体系的格局。例如,说制成品生产国与原料食品生产国间的分工为主导的国际分工已经为各个工业部门内部分工为主导的国际分工所代替,传统的以自然资源为基础的分工逐步发展为以现代工艺、技术为基础的分工,产业各部门的分工发展到各产业内部的分工,等等。这些说法可能过于简单化了。分工在发展出新的内容和形式,但原有的形式和内容没有消失。可以说,当代国际分工体系是一个包含着以下各个分工内容和特征的复杂体系。

(一)发达国家与不发达国家间的分工

发达国家和不发达国家的分工是从国际分工一开始发生便具有的特点,并且依然是当代国际分工的重要内容之一。20世纪80年代以前,发达国家的制成品生产与不发达国家的初级产品之间的分工是当时国际分工的主要内容。20世纪90年代以来,随着发展中国家的经济发展,特别是新兴工业化国家的高速成长以及出口导向政策的广泛采用,发达国家与不发达国家的分工已不仅限于制成品与初级产品生产的分工,广大的发展中国家的分工地位已经得以提升,与发达国家共同参与到产业内分工当中。表2-1表明,1995年,发展中国家的出口商品中制成品的比重已达66%,除燃料外的初级产品出口仅占比16%。1995~2010年,发展中国家的燃料外的初级产品出口比重基本呈现下降

趋势。

表 2-1

不同类型国家出口结构的变化

（占出口国全部出口的百分比）

年份	除燃料外的初级产品		燃料		制成品	
	发展中国家	发达国家	发展中国家	发达国家	发展中国家	发达国家
1995	16	14	15	3	66	77
2000	11	11	20	5	67	78
2005	11	12	23	7	64	77
2010	13	14	21	8	63	72

资料来源：根据 UNCTAD 数据库数据整理计算。

发展中国家原先主要出口初级产品和纺织品和服装，而发达国家主要出口以运输设备、机械电子产品等高附加值制成品为主的格局发生了变化。据联合国贸发组织的统计数据，1995～2010年，发展中国家出口到发达国家的产品中，初级产品与纺织品和服装的比重由48%下降为44.5%。表2-2表明，自1995年以来，发展中国家出口到发达国家的产品中，除能源外的初级产品出口呈现出明显的下降趋势。从技术含量看，发展中国家出口到发达国家的产品构成，劳动密集型与资源密集型产品的出口比重持续减少，中高技术密集型的产品比重日益增加。

表 2-2

发展中国家向发达国家出口商品的构成变化（百分比）

出口商品 \ 年份	1995	2000	2005	2010
初级产品	35	32	36	35
除燃料外的初级产品	16	11	10	11
燃料	17	20	24	21
工业制成品	64	68	63	64
劳动密集型与资源密集型制成品	22	20	17	16
低技术密集型制成品	5	5	6	6
中技术密集型制成品	12	14	15	16
高技术密集型制成品	23	27	24	25
其他未分类产品	2	2	1	2

资料来源：根据 UNCTAD 数据库数据整理计算。

（二）发展中国家之间的分工

发展中国家内部发生了分化，出现了新兴工业化国家。它们与最不发达国家之间也出现了制成品与初级产品生产间的分工。这些新兴工业化国家开始与发达国家竞争而向最不发达国家出口制成品、价格低廉的生产资料以及工程技术。处于这种地位的国家逐步增多,这些国家的发展与它们的"出口导向"战略的成功是分不开的。由于这一局面的出现,完全以中心—外围关系为主的那种分工格局被削弱了,整个发展中国家之间的分工加强。伴随着经济全球化的发展,这一趋势表现得更为明显,导致南南贸易在发展中国家对外贸易中的地位逐渐超越了南北贸易。图2-1表明,发展中国家出口到发展中国家的比重,在1999年达到低点41%后逐渐上升,至2007年以后的年份中已超过出口到发达国家的比重,2010年达到55%。

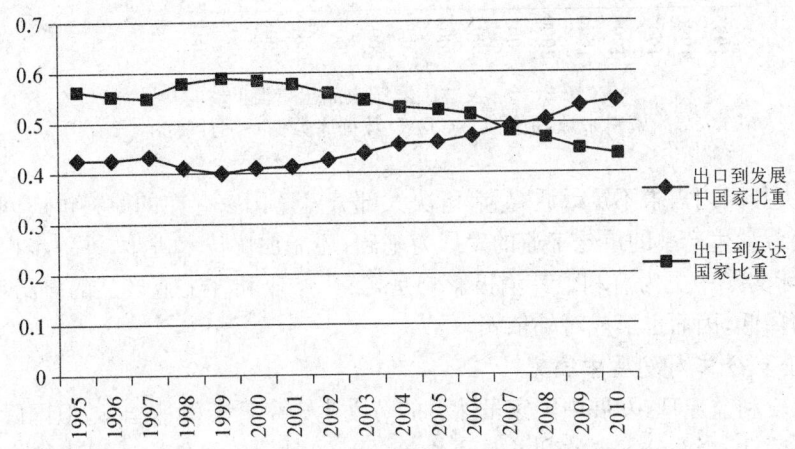

图2-1 发展中国家向发达国家和发展中国家出口的比重变动
(占出口国出口的百分比)
资料来源:根据UNCTAD数据库数据整理计算。

(三) 发达国家内部的制造业分工

上述两种都是不同种发展水平之间的国际分工。在国际分工加深过程中,同种发展水平国家之间的分工也得到了发展。这主要是发达国家之间的分工。这种分工包括不同产业之间的分工,还包括同产业之间产品的分工甚至产品的加工工序上的分工。如图2-2所示,1999年,发达国家之间的制成品贸易占其制成品出口的77%。

但是,随着经济全球化与发展中国家经济的发展,发达国家与发展中国家之间的产业内分工日益增加。图2-2表明,至2010年,在发达国家的制成品出口中,发达国家内部的制成品贸易比重已降为68%,同期,发达国家向发展中国家的制成品出口比重,从1999年的22%上升为29%。

二、国际分工对各类国家利益的影响

如果把国际分工大致分为垂直分工和水平分工两类,即前者是资本密集度高的重化工业与劳动密集度高的第一产业和轻工业的分工,后者是这两种相同密集度产业间的分工。这些分工对不同类型国家利益的影响大致可作如下分析。

(一) 垂直分工对发达国家

垂直分工对发达国家来说,可以把发展中国家作为工业产品的销售市场和原料供应

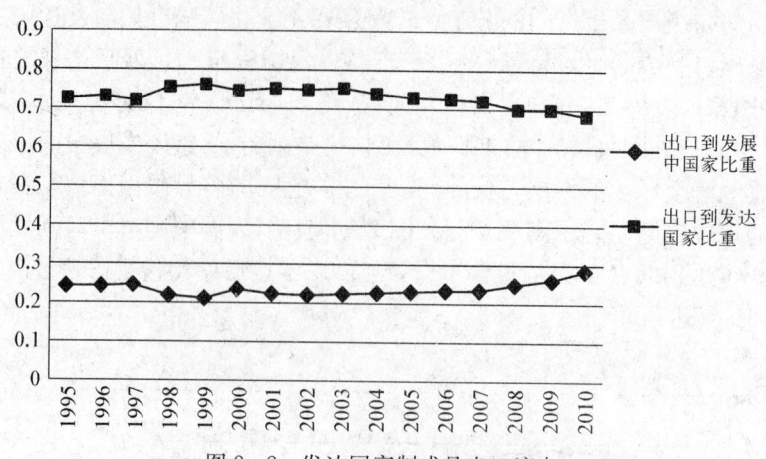

图 2-2 发达国家制成品出口流向
资料来源:根据 UNCTAD 数据库数据整理计算。

地,前者解决其国内需求不足矛盾,后者解决大部分发达国家存在的原料供应问题。发达国家以较高劳动生产率的重化工业的发展为基础,还能加快技术进步,进一步提高劳动生产率,在国际交换中更为有利。其消极影响是,第一产业和轻工业产品的自给率低,且随分工发展而降低,因而也形成对外依赖。

(二) 垂直分工对发展中国家

根据比较利益原理,发展中国家虽然总的劳动生产率低于发达国家,但国际分工能使它节约社会劳动,当然分工中的利益是不均等的。同时分工也使它可以直接向发达国家引进技术和设备,由此而取得的社会经济进步显然要快于靠自己力量进行的发展。至于消极影响,主要是现有基础上的分工加深了单一经济,至少使经济偏重于劳动密集型产业,也依赖于发达国家的设备和技术。对于民族经济的多样化来说,廉价工业品进口是不利的。偏重于第一产业的经济结构,在出口上难以扩大和增加收入,因为与工业品相比,初级产品的需求增长慢,工业发展不断产生替代产品,产品价格不稳定。建立在劳动密集型基础上的低工资使这些国家长期相对贫困。

(三) 发达国家间的水平分工

这种分工的积极面除分工的一般利益外,还因为工业产品的需求增长较快,所以刺激了各国的出口和国民收入的增长。产业内部贸易对这些产品的生产达到规模经济效益也有重大作用。但是,由于各国的发展水平相近,工业品市场竞争剧烈,各国的贸易摩擦较多。

(四) 发展中国家的水平分工

前面的统计表明,这类分工规模较小。在发生的范围内,有利各国弥补各自资源的片面性,并为对方国家提供市场,但由于各国结构相似,生产偏于劳动密集型,因此扩大的可能性受到一定的限制。

后进国家参加国际分工的基本原则是利用国际分工逐步摆脱历史造成的国际分工中的不利地位;坚持平等互利,实行多方位的合作与分工,后进国家不能使国民经济服从国际分工体系,其经济原因,在于避免外部世界的动荡的冲击,因为在市场经济体系世界经济中,周期性的波动和振荡难以避免。理论和历史都证明,完全按照自由贸易比较利益原则建立起的国际分工模式是一种不利于后进国家的模式,后进国家应从本国国民经济发展战略和计划出发,发挥优势,确定进出口产业及其长期目标。

第四节 当代国际分工的发展趋势

一、国际分工深化的特征与影响

分工内容的多层次性是当代国际分工深化的首要表现。当代国际分工实际是包含着不同产业之间、相同产业不同产品之间、相同产品的不同工序和不同增值环节之间等多个层次的分工。从生产的分工向科研与生产的分工发展,从制造业与初级产品的分工向高技术产品与传统工业的分工的转变,是当代国际分工发展的一个重要特征。

20世纪80年代起,发达资本主义国家进行了大规模的产业结构的调整,部分"夕阳工业"转向发展中国家,特别是新兴工业化国家,另一部分则进行了技术改造,特别是采用电脑,大大提高了劳动生产率。在此同时,一方面,发达国家大力发展所谓高技术产业,从而,以高技术新产业为一方,以传统工业为另一方的国际分工新格局正在形成之中;另一方面,由于电子计算机引起的革命,发达国家更多地集中于研究与开发,产业的研究与开发密集度迅速提高,信息、科技正在分离出来,成为新的产业群。信息、科技越来越独立,在世界市场上以商品形式销售。这样,研究开发与加工制造的分工格局也正在形成。价值链上的国际分工成为国际分工深化的崭新结果。价值链是指设计、制造、分销、服务等一系列相互关联的增值活动。价值链分工的基础是生产活动和其他功能性活动更加专业化的细分,从而导致从最终产品的分工向价值增值全过程的分工转移。传统要素密集度决定国际分工地位的理论依然适用,但是要素的含义已经大大拓宽,在经济全球化的背景下,自然资源和劳动力等传统要素的作用趋于减弱,而技术、信息、人才和创新机制等知识要素的作用趋于增强,并且这些要素具有高度的国际流动性。更为重要的是,价值链各环节所需要素的比重不一,因而,分工不再仅限于劳动密集、资本密集、技术密集的产品之间,也可以是同一产业同一产品的价值链上具有劳动密集、资本密集、技术密集或其他要素密集性质的各个环节之间的分工。

分工主体的多元性是当代国际分工深化的又一表现。古典贸易理论主要揭示了国家间产业分工,并进行相互贸易,以提高收益的依据,其对应的环境是以国家为主体的国际分工。直到19世纪末,对国际分工格局的论述仍然是以发达国家间的水平分工和发达国家与发展中国家间进行垂直分工为基本特征,表现为发达国家间大量进行的产业内贸易;发达国家与发展中国家间大量进行的产业间贸易;发达国家专业化于资本密集型、技术密集型产业,而发展中国家专业化于劳动密集型、资源密集型产业。如今,传统分工的国别边界已明显弱化,是企业,确切地说是跨国公司,而不是国家成为分工的主体。分工关系从国与国转变为企业与企业之间,而这些企业中的相当部分是受制于同一个控制体系或有固定合同联系的(分包商),而非外部市场(世界市场)。其核心表现是大型跨国公司日益倾向于更加狭隘的专业化,而将越来越多的功能分包给分布在全世界的独立的公司;大型跨国公司日益倾向于更加集中在知识密集、非有形的功能:如产品设计、研究和开发、管理服务及营销和品牌管理等增值环节,而将更多的生产性环节分包给世界各地的合同制造商,甚至完全退出生产。

分工实现方式的多样性是当代国际分工深化的另一种表现。世界市场是传统分工实现的必由之路,通过世界市场上的国际交换实现国与国之间的生产联系或分工关系成为必然的途径。但是,作为与世界经济相对应的企业形式,跨国公司的大发展使得市场以外的制度安排得到了更为深刻的发展,国际交换的内涵大大丰富,传统上被定义为超越国民经济的交换原来只是发生在不同国家、不同企业、不同产品之间,但现在也可以发生在同一国家(跨国公司设在同一国家的不同分支机构之间)、同一企业(跨国公司内部)、同一产品(不同生产环节)内。于是,国与国之间的生产联系并不一定通过外部市场建立,国际分工的实现方式从单纯依赖外部市场上的国际贸易实现分工,转向外部市场与内部市场并存的多元格局。在内部市场上,国际分工既可能通过股权投资方式进行,也可能通过非股权式的分包方式进行。选择何种方式更多由产业特征或企业战略决定,而不是由传统所谓的各国生产者的行为决定。

在国际分工深化的进程中,发展中国家将处于更为不利的地位。一方面,发展中国家的传统优势将进一步丧失。就劳动力优势而言,低工资虽然降低了产品成本,但比不上发达国家用新技术对传统工业的改造。所以,发展中国家虽然跨入制造业生产,却将难以与发达国家在世界市场上竞争。就资源优势而言,技术革命对原材料的消耗降低,并以人工合成材料代替;太阳能、原子能的开发等,均将减轻发达国家对发展中国家的依赖。而且新兴工业、高技术工业、研究与开发产业更少依赖于资源。另一方面,发展中国家在技术上将更依赖于发达国家。新阶段的生产和经济将以先进技术为基础,正如上一个阶段以大规模资本为基础一样。对于建立在研究开发与生产上的分工,由于技术的更新换代速度的加快,发展中国家对发达国家的依赖也会加深。发达国家会向发展中国家转移技术,但这是为了实行更有利于自己的国际分工。同时发达国家又不会转移最新技术,而是要利用最新技术的垄断而控制世界市场,直到一定阶段转移出来,这样发展中国家便更加处于被动地位。

一个多世纪前,当国际分工仅发生在农业与工业、原材料开采及加工制造之间的时候,产品制造显然比原材料生产具有更强的增值能力,具有更高的国际分工地位。然而,当分工发生在知识密集与劳动密集的产业、产品,甚至是增值环节之间,制造工厂的位置显然是低于研发中心或管理中心的。尽管跨国公司以自身利益出发所做的分工定位为东道国集中生产某些具有特强生产能力的中间产品或终极产品,服务于范围更广的地区及全球市场提供了机会,但是跨国公司对东道国在其分工体系内的定位的一个致命缺陷在于,有可能使东道国的生产能力停留在静态比较优势的僵硬结构之中。就分工环节看,跨国公司控制着研发和市场销售网络等具有更高增值潜能的活动,而劳动密集的低技术生产加工或零部件制造的国与国之间移动带有很大的可能性,亚洲金融危机后,东南亚发展中国家的失落便是前车之鉴。

二、信息时代国际分工的发展趋势

20世纪科技革命的重要结果就是产生了一个知识产业或曰信息产业,进而形成了信息产品的国际贸易。这种贸易以更高更深的层次加深了国际分工,增强全球经济的相互依存。如果说工业革命和技术革命形成了一个工业经济,使加工制造业经济取代了历史上的农牧业采集经济的话,那么,第三次科技革命则造就了一个信息经济,不仅形成了一个发达的信息产业,而且使传统产业高度信息化,其标志是以开发电脑软件并加以改造。信息产业是一种知识与技术密集型的新产业。按20世纪80年代中后期计算,信息部门的产值占国民生产总值的比重,发达国家在45%~65%,发展中国家在15%~30%。信息产品的国际贸易包括计算机、通讯设备、文化信息设备等的有形硬件与软件的国际贸易,专利许可证、技术诀窍的技术贸易,以及咨询服务、经贸信息服务、专家服务等国际信息服务贸易。信息产品国际贸易的发展使国际贸易中产生了一个新的内容,也使各国经济相互间形成了更深的分工协作和依存关系。如果说一国的工业进步离不开现代工业设备和重工业产品的国际贸易的话,那么在当代经济大步跨向信息经济时代,经济不断知识化、信息化的时候,一国的经济进步已离不开信息产品的国际贸易。信息产品的贸易会极大地推进一国经济的进步,而脱离信息产品的贸易会使一国大大落后于世界。这就需要世界各国参与开发和生产信息产品的分工合作。在由发达国家与后进国家间形成的国际分工和合作中,信息产品的开发和贸易对于各国的优势互补尤为重要。世界经济的信息化既加速了经济的进步,也增强了各国在信息产品中的分工协作和相互依存。

在信息化时代,国际分工的一个重要发展趋势是从体脑分工向脑脑分工变化。在信息产品的开发和生产中,发达国家和发展中国家将形成新的分工格局,即发达国家从事系统性开发,发展中国家从事附属性开发,从而形成联合开发信息产品的国际合作。如果说工业化时代生产过程的设计与生产分工是一种体脑分工的话,那么信息化时代生产过程的设计与生产则是一种脑脑分工。与前者相比,后者是一种更高层次的分工,这种新格局既深化了国际分工,也就是从国与国之间的体力劳动与脑力劳动分工,转变为国与国之间的脑力劳动分工;又减少了国际分工,也就是使国与国之间体力劳动与脑力劳动两个层次的分工变成国与国之间脑力劳动一个层次的分工。国际分工的这种发展趋势是由信息产业的特性所决定的,反映了资源经济向知识经济过渡的趋向。

建立在知识经济基础上的信息产业较之以前钢铁、机械和纺织等产业不同,一方面,由于技术生命周期的缩短,传统的发达国家向发展中国家转移成熟的"夕阳产业"的模式无法实现;另一方面,其产业技术领域十分广阔,任何国家都不可能在计算机技术、光电子技术、芯片技术、大规模集成电路技术、光纤技术、多媒体技术、网络技术和软件技术,以及层出不穷的新高技术中全面领先。在信息经济时代,广大发展中国家不再是被动地加入国际分工,而是成为一个新的无可替代的角色,因为典型的信息技术行业,其前期研发投入庞大,而后期复制成本极低,规模生产及外部经济性极为明显,特别需要靠全球市场的扩张来维持竞争实力。因而,这些产业的国际扩张曲线截然不同于传统制造业,几乎在产品研发阶段就已经是全球性的。信息经济的这一特征使得各国都可能依照自身的优势,找到相应的位置,整体合作是信息经济时代国际分工的总体趋势和规律。比如,IBM推出个人电脑时,采用了标准化的产品零部件设计,由此展开专业化分工的新阶段。在制造专业化和零部件标准化达到极致之后,面向国际的"外包"(Outsourcing)或"代工"(OEM)开始盛行,从最初的零部件到整个产品的制造,甚至产品设计都由分散在世界各地的外包商完成,就形成了现在所谓的电子制造服务商(EMS)的新行业,在EMS的下游还有更多的零部件厂商。1997年以来,EMS年均增长超过25%,远高于电子行业8%左右的增长率。2001年,全球前8家EMS企业的总营业收入大于包括微软在内的前12家软件公司的总收入。随着信息产业内制造与品牌、营销的分离,越来越多的发展中国家出现在IT产业,尽管大多是以分包商或代工者的身份出现,但却成为产业形成及其发展的重要推动者。实践已经证明,某些发展中国家和新兴工业化国家在短期内发展高级技术工业、信息产业是可能的,一些国家已经高速发展了电子技术和开始输出软件。可以想见,发展中国家对内寻求正确的发展道路和发展战略,对外争取改善国际经济关系,将从根本上改变它们在国际分工中的地位。

第五节　全球价值链分工的发展与特点

随着经济全球化的不断深入和产业资本的国际转移,世界各国和区域间的分工协作日益深化,全球价值链下的分工与贸易逐渐形成,并且对传统的国际分工与贸易模式产生了深刻的影响。

一、全球价值链相关理论的形成与发展

当代国际生产体系的一个重大变革就在于全球生产网络的形成与发展,并由此对世界经济产生重大影响。在全球生产网络中,跨国公司通过在世界各地的生产资源的整合,采用投资建厂或业务外包等形式,建立起世界范围的工厂或制造基地。在这一生产体系下,不同生产环节之间产生大量的零部件或中间品贸易,其中,大量的零部件或中间品贸易体现为国际贸易或离岸贸易的形式,并对所在地的进出口和就业产生重要影响。伴随着上述生产活动由原来主要是一国内部或区域间的分工转变成当前全球范围内的分工,由工厂内部的简单流程扩展为一个渗透全球的巨大的网络,这种新的生产过程带来的一个直接后果就是使生产的价值链发生重大变化,促进了全球价值链的形成和发展。

早在20世纪80年代,众多学者就相继提出价值链理论。1985年,哈佛商学院教授Michael Porter在《竞争优势》(Competitive Advantage)一书中指出:"每一个企业都是在设计、生产、销售、发送和辅助其产品的过程中进行种种活动的集合体。所有这些活动可以用一个价值链来表明。"这些互不相同但又相互关联的生产经营活动,构成了一个创造价值的动态过程,即价值链[①]。企业活动价值链示意图,如图2-3所示。

此后,Kogut[②]用价值增值链(value added chain)来分析国际战略优势。他把价值增加链表述为一个过程,即厂商把技术同投入的原料和劳动结合起来生产产品、进入市场、销售产品的价值增值过程。在这一过程中,单个厂商或许仅仅参与了某一环节,或者厂商将整个价值增值过程都纳入了企业等级制的体系中等,厂商的各种活动与技术都会同其他的公司发生联系。与波特强调单个企业竞争优势的价值链观点相比,这一观点比波特更能反映价值链的垂直分离和全球空间再配置之间的关系,因而,对全球价值链观点的形成至关重要。

---

① [美]Michael Porter著,陈小悦译:《竞争优势》,华夏出版社2005年版。
② Kogut. B, Designing global strategies: comparative and competitive value-added chains. Sloan Management Review(26). 1985.

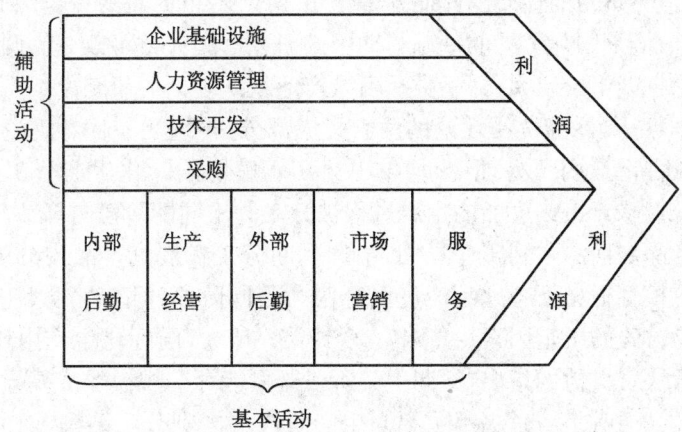

图 2-3 企业活动价值链示意图

2001年,Gereffi 和该领域研究者在《IDS Bulletin》杂志上推出了一期关于全球价值链的特刊——《价值链的价值》(The Value of Value Chains),从价值链的角度分析了全球化过程,认为应把商品和服务贸易看成治理体系,而理解价值链的运作对于发展中国家的企业和政策制定者具有非常重要的意义,因为价值链的形成过程也是企业不断参与到价值链并获得必要技术能力和服务支持的过程。

此外,Sturgeon 还从组织规模(organizational scale)、地理分布(geographic scale)和生产性主体(productive actor)三个维度来界定全球价值链[①]。从组织规模来看,全球价值链包括参与了某种产品或服务的生产性活动的全部主体。从地理分布来看,全球价值链必须具有全球性。从参与主体来看,有一体化企业、零售商、领导厂商、交钥匙供应商和零部件供应商。他还对价值链和生产网络的概念进行了区分:价值链主要描述了某种商品或服务从生产到交货、消费和服务的一系列过程,而生产网络强调的是一群相关企业之间关系的本质和程度。

从上述理论发展历程可见,价值链主要是指一种商品或服务在创造过程中所经历的从原材料处理到最终产品形成的各个连续的价值增值阶段,包括研发设计、生产制造和营运销售等诸多环节,还包括所有参与者在其中参加价值创造和利润分配的过程。由于这些环节或者活动本质上就是一个个价值创造过程,其前后有序的承接关系也就可以用价值链条的形式来表示了。在全球生产网络的背景下,产品价值链也在全球范围内形成,参与产品价值创造及其利润分配的不再是一国或几国内部的事情,而成为一种全球的现象,即全球价值链。

二、全球价值链下国际分工与贸易的相关理论及其特点

全球价值链的发展对现有的国家间贸易产生了深刻影响。国际分工对象从产品层面深入到工序层面,特定产品的生产过程被拆分为不同的生产阶段,分散到不同的国家与地区进行。这种国际专业化分工与贸易实际是经济全球化背景下市场一体化与生产分散化

---

① Sturgeon, T. and Lee, J-R. Industry Co-evolution and the Rise of A Shared Supply-base for Electronics Manufacturing. Paper Presented at Nelson and Winter Conference, Aalgborg, June. 2001.

两方面的统一,世界贸易的性质因此而发生了重要改变,世界贸易量也因此大幅增加。目前,关于全球价值链下国际贸易的基础与动因的研究框架大致可以分为两类:一类是在标准国际贸易理论框架下的研究;另一类是引入产业组织理论的研究。

在第一类框架下,标准贸易理论的两大组成部分,传统比较优势理论(产业间贸易理论)与新贸易理论(产业内贸易理论)均被引申用于解释国际化生产分工与贸易的发生。由于国际化生产意味着最终产品的生产过程被分割为不同的阶段与环节,因此,贸易理论的研究对象由产品层面深入到工序层面,由产品间分工扩展到产品内分工。早期的研究在要素禀赋理论模型框架下考虑生产可以分割为不同阶段的情况,模型中比较优势仍然是专业化与贸易方式的决定因素。Ishii[1]、卢锋[2]等认为,国际化生产由比较优势和规模经济两方面因素决定。他们指出,不同生产阶段既可能存在规模经济差异,也可能存在要素投入比例差异。通常是后者决定了不同生产阶段的国别分工结构,而前者强化了这种分工。

在第二类框架下,产业组织与契约理论的相关概念被引入贸易模型,形成了新的研究思路。在这种研究框架下,企业为获得某种中间投入可以有不同的选择,既可以在一体化企业内部自己生产,也可以外包。企业内部生产可以在国内进行,也可以通过直接投资在国外生产并进行企业内贸易。外包则包括通过契约获得某种特定投入与通过现货市场交易购买某种普通投入两种情况。同样,外包可以是国内外包,也可以是国际外包。Grossman 与 Helpman[3] 就曾应用激励系统理论分析企业在垂直一体化生产与契约外包之间的选择方式。

除上述基本分析框架外,还有一些学者强调了技术进步、运输成本降低、贸易自由化等的影响,认为这些因素均有助于推动国际化生产分工与贸易的发展。例如,Hummels 等将国际化生产与贸易的增长归结为两个方面的原因[4];一是运输与通讯技术进步;二是贸易壁垒降低。前者能够便利生产环节分配到不同国家,如通讯技术进步及信息传递成本降低有利于企业相互协调合作,在不同地区监督生产活动;后者可以极大地促进国际垂直专业化及在其基础上贸易的发展,因为国际化生产涉及(中间)产品多次跨越国界,即使是贸易壁垒的小幅度下调也可能产生较大的影响。

三、全球价值链下国际分工与贸易的特点

对于全球价值链下生产环节跨国界分布并通过贸易链相互连接的现象,不同的学者使用了不同的术语来描述,除了垂直专业化(vertical specialization)[5],还包括国际生产分

---

[1] Ishii, Jun, and Kei-Mu Yi. The Growth of World Trade. Federal Reserve Bank of New York Research Paper. No. 9718. 1997.

[2] 卢锋. 产品内分工:一个分析框架. 北京大学研究报告. No. C2004005. 2004.

[3] Grossman, Gene M. and Elhanan Helpman. Managerial Incentives and International Organization of Production. Journal of International Economics (63). 2004.

[4] Hummels, David, Jun Ishii and Kei, Mu Yi. The Nature and Growth of Vertical Specialization in World Trade. Journal of International Economics. 2001.

[5] Hummels, David, Jun Ishii and Kei, Mu Yi. The Nature and Growth of Vertical Specialization in World Trade. Journal of International Economics. 2001.

割(international fragmentation of production)①、国际生产分散化(international disintegration of production)②、全球生产分享(global production sharing)③、国际外包(international out-sourcing)④、价值链切片(slicing up the value chain)⑤等。尽管不同学者对这些术语的定义可能略有区别,但其基本上都是对全球价值链下国际分工与贸易特征的描述,可综合概括为以下几个方面。

(一)国际分工与贸易结构网络化

在全球价值链分工与贸易体系中,一个国家会同时和多个位于国际生产网络中不同位置的经济体发生联系。分工体系中的所有经济体都是网络中的一个节点,由于所处的节点位置不同,因而发挥的功能和所起的作用也有所不同。例如,有的国家位于关键的枢纽地位,发挥着重要的控制作用;而许多国家主要只是从事装配加工的生产环节,对整个产品的生产并不拥有控制权,也不拥有关键的专利等知识产权。

此外,这种多层次网络化的分工趋势还会随着生产过程而不断加强。由于科技、资本、信息网络等正成为经济全球化的时代的核心生产力,这些要素作为生产过程发展的结果也会随着生产的发展不断积累,其优势的形成不仅源于先天性和外生性的差异,更主要的是来源于后天培养起来的差异。因此,这些要素的地位和作用的增强将使多层次立体化的分工网络趋势进一步加强。

(二)国际分工与贸易方式内部化

国际分工按不同的分类方法有不同的形式。目前,国际分工已从产业间分工发展到产业内分工和产品内分工,在产业内按价值链增值环节进行分工成为国际分工呈现出的新特点,成为对原有国际分工体系的扩展。

当前的产业内国际分工主要表现为三种形式:首先,是产品类型分工。这是指相同工业部门对同一类型、但型号、规格不同的产品实行专业化生产。在产品多样化、差异化迅速发展的情况下,即使技术水平较高,国内市场较大的国家,也不可能生产出所有型号、所有规格的同类产品。因此,在各国相同产业部门内部,不同型号、不同规格产品的分工迅速发展。其次,是产品零部件分工。这是指各国把某种工业产品的零件、部件或配件分别配置在不同的国家(包括发展中国家)进行专业化生产,然后把各种零部件集中到某个国家进行总装配,完成最终产品。由于不同的国家各有技术、设备、资源等方面的优势,为了保证质量,降低成本,实行零部件专业化和国际贸易已成为一种必然的趋势。最后,是产

---

① Arndt, SvenW. and Kierzkowski, Henryk(ed.). Fragmentation: New Production Patterns In the World Economy. London: Oxford University Press. 2001.

② Feenstra, Robert. Integration of Trade and Disintegration of Production in the Globe Economy. Journal of Economic Prospectives, 12, 1998.

③ Johnson, Robert, and Guillermo Noguera.. Accounting for Intermediates: Production Sharing and Trade in Value-added. Paper presented at NBER ITI Program Meeting, Boston, MA. August. 2010.

④ Feenstra, Robert C., and Gordon H. Hanson. Foreign Investment, Outsourcing and Relative Wages. In The Political Economy of Trade Policy: Papers in Honor of Jagdish Bhagwati, edited by Robert C Feenstra, Gene M. Grossman and Douglas A. Irwin. 89-127. Cambridge: MIT Press. 1996.

⑤ Krugman, Paul. Growing World Trade: Causes and Consequences. Brookings Papers on Economic Activity. 1. 1995.

品工艺流程分工。这是指不同国家对生产某种复杂产品或部件的工艺过程或工序实行专业化生产。例如,把制造锻件、铸件、模压件、毛坯等中间产品或半制成品向国外出口,再由国外企业按需进行加工,制成最终产品。

国际分工从产业间的分工发展到产业内和产品内的分工,意味着传统以自然资源为基础的分工逐渐发展为以现代技术、工艺为基础的分工。产业内和产品内的国际分工作为国际分工的新形式,也给国际分工带来了许多新特点和新内容。其中,产品专业化的发展必然扩大国家间工业制成品的相互贸易,零部件专业化和工艺过程专业化的发展则引起国际贸易中零部件、配件等中间产品和半制成品贸易的比重增加,导致加工贸易在世界贸易中的地位不断上升。

(三) 国际分工与贸易主体公司化

古典贸易理论主要揭示了国家之间通过产业分工并进行相互贸易以提高利益的依据,其对应的环境是以国家为主体的国际分工。但在当代,传统国际分工中的国别界线已明显弱化,跨国公司通过直接投资等方式成了当前国际分工与贸易网络的主要推动者。传统的国际分工与贸易关系已从国与国之间转变为企业与企业之间,且这些企业中的相当部分是受制于同一个控制体系或有固定合同联系的分包商,而非外部的世界市场。

目前,跨国公司开始日益倾向于更加狭隘的专业化,而将越来越多的职能通过股权或非股权方式分包给分布在全世界的独立的公司。对跨国公司而言,生产的含义就不仅限于制造过程,而是广义的增值过程。在制造业领域,这种增值过程包括从研发、制造、销售到售后服务的各个环节;在服务领域,增值过程更始终贯穿于服务所提供的全部阶段。根据2013年《世界投资报告》,全球价值链通常由跨国公司协调,在与附属公司、合同伙伴和其他独立供应商构建的贸易网络中开展进出口的跨境贸易。2010年,由跨国公司协调的全球价值链下的跨境贸易估计占全球贸易量的约80%[①]。

(四) 国际分工与贸易增值切片化

在全球价值链分工与贸易下,遍布于世界各地的生产企业都有自己在全球价值链上的确切位置,并与一定份额的价值增值相对应,且上游企业的价值增值往往又构成了下游企业的生产成本。因此,如果从产品价值链整体来看,则产品生产的价值增值过程就如切片一般分布在产品价值链的各个环节,并共同形成产品生产的总增值。由于产品增值的切片化,对于跨国公司而言,其分支机构的国别归属已不再重要,重要的是各个分支机构在跨国公司全球价值链中的确切位置及其在该位置上的增值能力。而对各国而言,当国际分工深化发展成为价值增值过程在各国间的切分后,传统所谓的产业结构的国际梯度转移也因此演变为产品价值增值切片的梯度转移。

著名的"微笑曲线"理论就指出[②],产业价值链的增值分布基本呈现出由高向低再转向高的U形态势,由生产制造环节向研发和营销环节的转移是增值能力和分工地位提升

---

① UNCTAD, World Investment Report 2013 - GVCs: Investment and Trade for Development. 2013.

② 关志雄:模块化与中国的工业发展, http://www.rieti.go.jp/users/kan-si-yu/cn/c020816.html。

的显著标志。而生产环节中又可分为上游生产（母板及中间投入品生产）和下游生产（终端加工），越接近于上游的生产因其与技术研发的相关性强，从而增值能力越强；越接近于下游的生产因其与技术研发的相关性弱，从而增值能力就有限。这点决定了一国在跨国公司体系内的角色与地位的重要性和可替代性，也正是当前众多东道国竞争跨国公司研发中心和地区总部的动因所在。

第三章 世界市场

在一体化的世界经济中,世界市场是各国的国民价值转换为国际价值并实现价值增值的重要环节。世界市场是一个理论上的抽象概念,正如经济学上的"市场"概念并不是指具体的商店、集市、交易所等,而是指在商品的价值规律作用下的社会再生产过程中的交易环节一样,世界市场是指世界范围内跨越国界的交换过程。世界市场的概念又是一个动态的和发展的概念。从世界市场的广度来考察,它的雏形是从区域性国际市场演变而来的,而它形成后又不断地将市场外的国家和地区纳入到这一体系中来。从深度来看,世界市场在初期主要是有形的商品市场。随着国际分工的不断深入,要素的国际流动日益频繁,资本的国际流动逐渐构成了世界市场的一个重要组成部分。关税与贸易总协定签订以来,特别是随着信息革命的展开,国际服务贸易的扩大,世界市场增添了新的内涵。从现代世界市场的特点看,其演变过程也正是世界经济一体化程度不断加深的过程。

第一节 世界市场的形成和发展

世界市场产生于16世纪,形成于19世纪中叶,而其发展过程贯穿了整个世界经济的发展过程。

一、区域性国际市场

世界市场的形成,是从国别市场发展到区域性国际市场,最终形成统一的世界市场的过程。远在人类社会的中古时期,跨越国家和民族的界限的贸易活动就已经存在。但由于早期世界生产力发展水平低下,以自给自足为特征的自然经济在各国占据主导地位,可以用于交换的产品很少,再加之国际贸易要以运输的发展为前提,而早期的运输工具主要以人力、畜力和风力为动力,无法保障长途运输的安全性。因此,在当时的经济发展水平和运输条件下,国际贸易中流通的商品仅仅是为数不多的体积小和重量轻的奢侈品,如香料、茶叶、丝绸、宝石等;贸易范围也相当狭小,一般主要是相邻国家的参与。中世纪西欧城市兴起之后,手工业和商业开始得到发展,推动了欧洲商品货币关系的发展。而欧洲国家之间贸易的增长,形成了一些固定的国际性集市,又吸引了其他国家和地区的参与,从而推动了更大范围的区域性贸易的发展,并且在此基础上促进了洲与洲之间的贸易发展。因此,在15世纪,区域性市场是当时国际贸易的重要特征。在欧洲,主要的区域性市场有以意大利城市威尼斯、热那亚和比萨为中心的地中海贸易区;以荷兰、比利时城市佛兰德尔、布鲁日为中心的北海和波罗的海贸易区;以德意志北部城市汉堡、律伯克为中心的汉萨同盟;以东欧城市基辅、车尔尼哥夫、斯摩棱斯克为中心的罗斯贸易区;以英国为中心的不列颠贸易区等。这些贸易区不仅在区内形成了以自然差异为基础的国与国之间分工和交换,而且各贸易区之间也开始了贸易活动。几乎与此同时,在亚洲地区的一些国家,农业和手工业也达到了比较高的水平,亚洲地区间的贸易也得以发展,并且形成了几个比较重要的贸易区,如中国、日本、朝鲜之间的东亚贸易区;以印度为中心的南亚贸易区以及由东南亚一些国家之间形成的东南亚贸易区等。区域性市场的发展为统一的世界市场形成提供了基础。

二、早期的世界市场

区域性市场通过两个重要的因素联结成了一个统一的早期世界市场。第一个因素是15世纪资本主义生产方式萌芽的产生及其带来的殖民政策;第二个因素即是15世纪以来科学技术的发展特别是交通运输工具的改进及其带来的地理大发现。其中,资本主义生产方式的萌芽是决定性的内因。马克思指出:"资本主义生产方式是世界市场形成的条件,也是世界市场的结果。"资本主义生产方式一经萌生,就产生了强烈的原始积累的欲望。由于早期欧洲国家资源和财富的有限,通过对外扩张就成为欧洲的封建贵族、商人、手工场主一致的愿望,而地理大发现和交通运输工具的改进使这种愿望得以转化为现实。从16世纪起,欧洲的殖民主义者先后征服了非洲、美洲和亚洲的大部分地区,殖民主义者一方面将殖民地世世代代积累起来的金银和其他财富源源不断地运往欧洲;另一方面采取"重商主义"贸易政策,垄断对殖民地的贸易。据估计,在1545~1560年间,每年从美洲运往西班牙的黄金达5 500千克,白银达246 000千克。此外,还有大量的糖、棉花、烟草等。而从欧洲运往美洲的商品,往往由当地统治者强迫分配给居民,利润率往往高达400%~500%。欧洲的殖民政策打破了原有的相对封闭的各个区域性国际市场,建立在区域性市场内部的分工开始服从于以欧洲为核心的国际分工体系,世界形成了以欧洲为中心的早期统一市场。由于商品贸易更多地服从于宗主国的意志而不是以国际价值为核心的国际价格机制,因而这个市场带有强烈的不公平性,但它毕竟是人类历史上第一次由不同的民族、不同的制度通过贸易这一渠道联系起来了。

与区域性国际市场相比,早期的世界市场已经有了显著的变化。首先,是国际贸易的规模和范围都扩大了,参加贸易的商品除了传统的建立在自然差异基础上的奢侈品外,由于欧洲的手工业的发展,手工产品成为欧洲重要的出口商品,而殖民地种植的棉花、可可等原材料也成为贸易商品,国际贸易开始建立在发展的差异而非自然的差异的基础上,从而为国际贸易的发展展示了广阔的前景;其次,国际贸易在这一时期与欧洲的资本主义生产方式结合在一起,贸易不再仅仅作为封建贵族满足消费的工具,而是以商人和手工场主为代表的新兴阶级进行资本原始积累的主要手段;最后,国家开始自觉地参与和干预贸易。贸易被欧洲国家作为发展本国经济的一种重要工具。欧洲国家普遍采用了重商主义政策,追求贸易顺差,保护国内工业,成为日后贸易保护主义的最初形式。

三、世界市场的形成

在16世纪早期,世界市场形成以后,随着科学技术革命的发展和国际分工的不断深化,它就不断地从广度和深度上进行延伸和发展。从18世纪最后的30年到19世纪初,欧洲国家和美国先后进行了产业革命,建立了大机器工业生产,这对于世界市场的最终形成起了决定性的作用。这一作用突出地表现在它从根本上改变了早期的世界市场上的商品结构和价格机制。从商品结构来看,无论在区域性国际市场还是在早期的世界市场上,奢侈消费品和金银等贵金属品始终占据着主导地位,商人和手工场主原始积累的主要手段也是依靠从海外掠夺金银。这种建立在自然差异的基础上的分工决定了国际贸易的规模的扩展受到了严重的制约。因为贸易各方不可能无限制地提供自然产品,而且各个民族之间对于自然产品需求的差异也不可能无限制地扩大。在产业革命以前,欧洲手工场生产的制成品,一是受到生产能力的限制难以扩大;二是由于不能进行大规模生产导致生产成本太高,难以对殖民地自给自足的自然经济形成冲击。工业革命的发生,使欧洲出现了大量的成本低廉的工业制成品,如纺织品、金属制品和机器设备等。这些商品的出口彻底瓦解了殖民地自给自足的经济。例如,从1814~1835年,英国输往印度的棉纺织品从818万码(1码=0.914 077米)骤增至5 177万码,而在此之前,印度一直是世界上最重要的纺织品输出国。随着欧洲发达国家在殖民地建造港口、修筑铁路、开采矿山,铁轨、机车、蒸汽机、港口和采矿的机械等设备也成为欧洲重要的出口商品。与此相对应的是,从殖民地输往欧洲宗主国的商品已完全由满足贵族消费的奢侈品转向生产工业制成品所需的大宗原材料和燃料。在19世纪的世界市场上,棉花和羊毛为代表的原料贸易增长速度很快。以原料最大的进口国英国为例,1771~1775年,平均每年进口棉花0.23万吨左右,到1869年已增至55.5万吨,增长了240倍。工业制成品以及与工业制成品相关的原材料的商品结构的确立,成为统一的世界市场形成的一个重要标志。在以后的每一次科技革命发生时,参与世界市场的工业制成品的品种都不断地丰富,而与之相适应的原材料也不断地丰富。这种结构一直延续到今天的世界市场。工业革命后世界市场发生的另一项显著变化是价格机制的变化。如前所述,早期的世界市场上的贸易表现为宗主国通过战争以及不平等条约对殖民地的掠夺。殖民主义者往往以极低廉的价格从殖民地输入原材料,同时又通过殖民地的代理人将本国的商品强行分配给殖民地居民,获取高额利润。商品的国际交换价格不取决于商品的价值和供求关系,而取决于宗主国的意志。这是一种典型的不等价交换机制,它不可能支持世界市场长期稳定的扩展。工业革命发生后,欧洲由于其工业制成品实现了规模生产,成本大幅降低,已经不再需要使用武力同殖民地进行贸易了,同时殖民地的不断反抗也使得使用武力拓展市场的交易成本急剧上升,因而在这一时期的世界市场中逐步形成了以国际价格为核心的等价交换机制。等价交换机制的确立,标志着世界市场进入了一个有序的发展过程。需要指出的是,等价交换并不等同于平等交换的概念。由于对产品的需求弹性的差异等原因,在世界市场上工业制成品的价格生成机制往往相对于原料价格的决定更有利,因而在统一的世界市场上存在着大量的等价的不平等交换现象。

统一的世界市场于19世纪中叶形成之后,经历了一百多年的以制成品贸易和原材料贸易为主导的商品结构,这种贸易秩序几乎扩展到了世界的每一个角落。在这一期间制成品的内涵不断丰富,在19世纪末第二次科技革命发生后,汽车、钢铁、石油产品代替棉纺织品成为大宗国际贸易货物。

这一局面在20世纪中期开始出现了变化。第二次世界大战后第三次科学技术革命的兴起,特别是电子计算机和人工智能的发展将人类社会带入了信息社会。与此相对应的就是,国际服务贸易成为世界市场商品结构中日益重要的内容。国际服务贸易是伴随着国际货物贸易发展起来的,早期是以运输业为主,如18世纪英国确立了国际贸易的中心地位以后,建立了世界上最大的商船队,占世界商船总吨位的47%,英国以其强大的海运业取得了巨额的无形收入。19世纪伦敦成为国际金融中心以后,伦敦的金融机构开始为外国政府和私人机构代理发行债券,为英国企业投资海外提供咨询,为国际航运业提供保险服务,以及为其他国家和地区的金融机构提供国际清算服务。这就是早期的国际服务贸易,不过,它在整个国际贸易中所占的份额很小。"二战"以后,国际服务贸易的内容越来越广泛,根据关税与贸易总协定"乌拉圭回合"谈判达成的《服务贸易多边框架总协定》所下的定义,服务贸易是指:①跨越国界提供服务;②消费者跨越国界的流动;③在特殊的目的性、交易的分散性以及一定时限性的情况下生产要素跨越国界的流动。具体项目可以列为国际旅游、运输、银行、保险、咨询、电讯、租赁、广告、会计、建筑工程承包、技术转让、商业批发和零售等。国际服务贸易在战后发展的速度很快,到1996年,国际服务贸易额已占全球贸易总额的1/3强,这还只是在服务贸易相对货物贸易尚不够开放的条件下取得的。从服务贸易的部门构成来看,尽管旅游业、运输业等传统的服务贸易增长很快,但新兴的服务贸易如国际金融、国际保险和通讯等增长更快。世界旅游组织的统计表明,1950年全世界国际旅游人数为2 525万人次,收入为21亿美元;2014年世界国际旅游人数已达到11.33亿人次,国际旅游收入为12 450亿美元,指标分别增长了45倍和593倍。然而即便如此,金融和电讯已超过了在传统上占主要地位的旅游和运输,在世界服务贸易出口额中已达46%,旅游业退居到30%,运输业则下降到24%。

回顾世界市场形成和发展的历史,我们可以清晰地看到它呈现出一体化的脉络。世界市场一体化的过程是世界经济一体化过程在国际交换这一环节的表现形式,是世界经济一体化的重要内容。

第二节 世界市场结构

一、世界市场结构的一般分析

世界市场从空间上考察是开放的民族市场之总和。因此,世界市场结构的基本形态是民族市场结构的延伸,它反映的是生产要素在世界范围内配置和产品在世界市场的分布状态。在世界市场上,同样可以用完全竞争、完全垄断、寡头垄断和垄断竞争这四种类型来进行一般分析,以考察它们在世界市场与国民市场上的区别。

完全竞争是厂商均衡的第一种模式。在完全竞争下,需求、边际收益和平均收益为同一条曲线,厂商在最低平均成本上生产。按照经典经济学分析,完全竞争条件下的均衡状态可以实现资源的最优配置。因为当市场价格大于均衡价格时,超额利润会吸引新厂商加入生产,产量增加,从而导致价格下降和超额利润消失的均衡价格水平;如果市场价格小于均衡价格,则情况相反。在这种实现资源最优配置的过程中包含了生产要素的流动,即从低利润的行业流向有超额利润的行业。对于世界市场来说,由于生产要素自由流动机制是不存在的,因此,这种实现均衡状态资源最优配置的机制也是不存在的。在各国国民经济中,可能存在着这种均衡,但因为各国生产率水平不同,平均成本不同,且具有不同的需求、平均收益和边际收益曲线,所以,价格不一。假定在封闭经济情况下实现了厂商的均衡价格和均衡产量,那么在自由贸易下,价格水平低的国家按世界市场价格便获得了超额利润,这是短期利润。从长期来看,假定劳动生产率的国民差异不会消失,当这个超额利润大于该国其他产业的超额利润时,其他产业的资源会流到这个产业来,供给增加,价格有所下跌,但不会使超额利润消失。因为该国的平均成本低,所以超额利润可以长期保持。其他国家的生产要素不能流入该国实现较高生产率和较低成本的生产。所以,如果生产要素在一国内完全流动,而在国与国之间完全不流动,世界商品贸易自由,则趋势是国民利润率平均化,国与国之间超额利润长期存在。根据比较利益原理,这一机制的结果是产品的国际交换。

完全竞争模式的又一个重要前提是产品的同质性、无差异性。在世界市场上,由于存在国民差异,生产者可以特别了解本国消费者,容易形成本国消费者对本国产品的特殊偏爱,从而导致生产者对本国市场的相对优势,这也在一定程度上影响了完全竞争模式的均衡机制。当然,某种心理有时也会使人特别偏爱进口品。

对于完全垄断,某些在国内的独家垄断会被完全打破,而有些则完全不会。对于一个在国内居于垄断地位的企业,如果实行自由贸易,竞争性商品输入后,它的国内垄断地位完全可能被打破。另一个极端则是各国都实行自由贸易政策时,一国的垄断企业可能发展成为一个国际性的垄断企业。但有些国内垄断在自由贸易条件下完全不会受影响,例如,一国由政府经营的邮政、铁路,或由私人独家经营的公用事业。

在完全垄断条件下,厂商按垄断价格出售产品,垄断利润可以持久存在。由于不发生新厂商加入问题,所以均衡既是长期的又是短期的。厂商的主要变动是调整生产规模。厂商的产量由边际收益等于边际成本确定,而需求曲线又决定了这个产量下的价格。在世界市场上,如果实行自由贸易,且某种产品确由一个跨国公司生产,那么完全垄断均衡原理仍然适用。但是在保护贸易下,这种均衡可能被打破。在关税壁垒下一国的低生产率高成本的生产仍可能进行。如果原先垄断组织的生产规模恰好使 MR=MC,则现在可能需求减少,垄断利润减少。

所以,一国的关税或其他贸易限制可以对世界市场的垄断力量起对抗作用,迫使垄断组织降低价格,减少产量。在一定的条件下,适宜的关税既可以使垄断组织的价格降到竞争水平,又可以制约其削减产量的企图。

尤其明显的是,在一国经济中完全垄断的现实性有两种可能:一是国家垄断某些交通、邮政、公用事业等;二是私人经国家授权而对某种产品进行独家专利生产,在公用事业中也有可能由私人独家垄断。但这几种情况在世界市场上均难以存在,因为既没有一个世界性的政府,也不可能有某种世界机构的委托。跨国公司企图完全打破其他国家的控制而实现世界性完全垄断多少存在着困难,但一定程度上的垄断是存在的且是有影响的。世界性垄断存在的一个主要形式是跨国公司发明了一种全新产品,且在短期内其他国家还完全不能制造。在这种情况下,该企业便居于绝对优势和垄断地位。在产品生命周期的各个阶段,可能都在这个跨国公司控制下。在他国模仿差距消失后,这种垄断地位也就逐步消失,接着,寡头垄断的局面便会出现。

对于垄断竞争,西方经济学家把它的根源归结为产品的差异,即对有不同特点的产品的竞争和同一产品的垄断并存,这是错误的。对于短期均衡,垄断竞争与完全垄断一样,假设短期内无厂商可以加入;从长期来看,超额利润可以吸引新加入者,从而使供给量增大,价格下跌。在世界市场上,垄断竞争与完全竞争不同。如果同类产品的不同品种间存在着所谓不同国家生产者的垄断,那么由于同类产品生产要素的相似性,不需要生产要素的国际转移就可以使无超额利润的生产者加入到有超额利润的生产中去,从而使超额利润消失,当然在量上不一定正好达到均衡水平。但这时价格高于最低平均成本,对消费者来说要付出较高的价格。由于本国生产者容易适应本国消费者的需要,例如,式样、品种、性能等,加上销售在地理上的便利性,一国生产者较易对本国市场形成垄断而与外国生产者竞争,从而比一国内的垄断竞争能较长时期地保持超额利润,即所谓短期均衡比国内垄断竞争要长。但这并不排斥本国其他生产者的竞争,只要在生产要素的转移上是可能的。这里也同样产生了国际竞争的两个特点:一是在世界市场和他国大力宣传本国产品,以争取消费者;二是为适应他国消费者需要而改进生产,打入他国市场。由于不存在生产要素转移上的困难,这种竞争也就更加激烈。

在寡头垄断下,价格由少数寡头垄断者决定,其中,一种是最大厂商首先定价的价格领袖制。同时,在寡头之间还存在着竞争,它们各自寻求着利润最大化的目标。在世界市场上,不少产品是由少数几个国家生产的,这些产品具有寡头垄断的特点。在寡头垄断下,各垄断组织的利润最大化原则还取决于其他垄断组织的产量,即:

$$\pi_i = R_i(q_1, q_2, \cdots, q_n) - C(q_i)$$

其中 π_i——第 i 个垄断组织的利润;

n——有限垄断组织数;

$R_i(q_1, q_2, \cdots, q_n)$——$q_i \cdot p = q_i \cdot f(\sum_{i=1}^{n} q_i)$;

$C(q_i)$——本垄断组织的生产成本。

即该垄断组织的收益为本身的产量与价格的乘积,而价格又是总需求和总产量的函数。这一关系式同样适用于国内和国际。不同的是在世界市场上各国关税和限额等限制和歧视对此可能产生一定的影响。

二、跨国公司主导当代世界市场结构

在世界市场形成和发展的初期,构成世界市场的交易行为主要是外部交易行为,即国际贸易表现为各个国家不同的工商企业之间的交易行为,由于众多的国家和地区的企业参与竞争,这种交易行为比较接近完全竞争状态。而在出现自然条件垄断、技术垄断或者某一个国家对另一个国家拥有宗主权时,市场又很容易形成完全垄断的状态。近几十年来,跨国公司真正获得了充分发展和大规模扩张的动力。全球跨国公司的母、子公司数已经分别从 1980 年的 1 100 家和 98 000 家增加到 2007 年的 79 000 家和 790 000 家[1]。这种大规模扩张意味着越来越多的企业越出母国国界,步入国际化的经营里程,跨国公司成为当今世界的主导型企业。跨国公司在全球范围组织生产经营,使竞争内容从产品竞争转变为经营竞争,竞争领域发展为包括生产选址到市场开拓的全面竞争。由此,跨国公司已经成为世界市场结构变化的主体。跨国公司对世界市场结构的影响表现在:

1. 跨国公司的成长打破了完全竞争或完全垄断的世界市场结构。从市场结构学说的形成历史来考察,新古典学派一般推崇的是完全竞争的市场结构,认为在"经济人"追求利益最大化的理性原则支配下,完全竞争将使整个经济过程达成均衡。然而,在 19 世纪

---

[1] UNCTAD:《2008 世界投资报告》,第 xvi 页。

60年代,自由竞争的资本主义逐渐发展到顶点,并向垄断资本主义过渡。马歇尔考察了这一过程后发现,伴随着产业大型化,资本日益集中,产业组织会追求规模经济效益,追求规模经济导致了垄断的产生,而垄断又会阻碍价格机制发挥作用,导致市场受到人为控制,扼杀自由竞争,形成一种两难的困境。此后,J·B·克拉克对这一难题进行了研究,提出了"有效竞争"理论,认为只要市场上的产业组织能够积极改进生产技术,能够根据成本合理地制定价格,那么,不论这些企业规模大小如何,这些企业的行为和绩效就是良好的,是"有效竞争"企业。"有效竞争"理论实际上支持了大型工商企业的发展。因为,一国大型产业组织的兴起使得其国内市场结构从完全竞争和完全垄断这两个极端走向混合,为从事跨区域、跨国界的生产和交易活动提供了可能;但其机制仍然不能在全球范围内有效地组织和协调产品从生产者到消费者的流程,结果导致了跨国公司的出现。作为现代产业组织成长的最新成果,由于跨国公司是在多国拥有或控制价值增值活动,并在内部化市场中处理价值增值所需的跨国界的生产和交易,跨国公司的内部化市场,而不是传统上连接国与国经济的世界市场成为经济交易的重要场所,国际交易中越来越多的部分不是发生在完全由市场力量左右的独立企业之间,而是发生在处于同一组织体系内的相关企业之间,从而极大地改变了商品、劳务、资本和技术等资源国际流动的格局与方式,大型跨国公司的全球扩张使得世界市场的占有更趋集中。

2. 世界市场的垄断与竞争主要成为各国跨国公司之间的垄断与竞争,而跨国公司之间垄断与竞争的形式则逐渐通过行业集中和行业多元化来加以表现。其一,跨国公司的市场结构总体上表现出一种少数企业占据大多市场份额、集中的垄断性特征。世界最大100家跨国公司的规模实力是这种集中化增长的最好写照。截止到2006年,世界最大100家跨国公司的海外总资产、销售额和雇员人数分别占全球79 000家跨国公司的国外资产、销售额和雇员人数的10%、16%和12%[①]。经济全球化使得大企业在国内市场上的垄断与集中效应扩展为在世界市场上的集中倾向。由此,全球跨国公司分为两大类:一类是数量有限、但规模庞大、作用强大的大型或巨型跨国公司,它们以全球战略为经营特征,公司的各项职能,如研究与开发、生产资源的筹供和零部件的加工、营销和商业网络、售后服务以及行政职能等更具全球一体化的特点,成为引导一体化国际生产的真正主角。另一类则是数量众多、规模一般或初次参与跨国经营的中小跨国公司,它们大多仍将维持各自以往的经营战略,即多国或区域性战略。对中小跨国公司而言,世界市场的进入更趋困难。其二,尽管跨国公司的市场结构表现为行业高度集中的垄断特征,但这并不意味着跨国公司之间的竞争就不存在了,相反,正是由于寡占垄断的市场结构,企业之间大大改变了行业竞争的范围和形式,以行业多元化为内容,把众多对手之间的竞争转变为少数企业之间的竞争,同行业横向竞争转变为产品一体化后的纵向竞争和混合竞争。在各个行业中,企业试图通过从事相关行业产品生产的多元化策略来占据更多的市场份额。跨国公司的垄断与竞争互存的市场结构,既符合企业规模效益的原理,又符合竞争提高效率理论。对照克拉克提出的判定垄断与竞争状况的"市场绩效基准",即"企业需要大规模生产的效率,以及由应用科学而带来的进步,包括改变产品以便创造有利条件。但是,不要因为有了这些利益而失去竞争力量的保护。"跨国公司主导的当代世界市场结构是一个有效

[①] UNCTAD:《2008世界投资报告》,第26页。

率的市场结构。

3. 联盟型竞争成为世界市场上新的竞争模式。非股权性的跨国战略联盟越来越成为经济一体化时代企业间既合作又竞争的双赢手段。领袖型跨国企业内部以及跨国企业之间资源和关系的重组贯穿于整个发达经济世界,并已部分渗透至发展中世界。在美、欧、日经济"大三角"的竞争中,泛美、泛欧、泛日企业间的联盟可抗衡另两方;美欧联盟则可针对日本、欧日联盟,也可迎战美国。各母国出于增强国家竞争力的考虑也积极促进国内企业的联合。

随着大型跨国公司间战略性联盟的日趋盛行,以往多见的大公司与大公司之间的竞争进一步演化为分别由多个巨头组成的跨国联盟与跨国联盟之间的竞争。比如,由美国的 AT&T、日本的 MATSUSHITA、MARUBENI 和意大利的奥利维蒂四巨头组成的数码支持系统联合开发与销售联盟就是直接针对另一个以美国苹果公司为核心的战略联盟的。市场共享原则使联盟内的成员企业无须预先或额外投资于开发新市场,便获得了扩大市场覆盖面,维护现有市场地位,或占领潜在市场制高点的机会。尤其是在寡占结构(由少数寡头控制的市场结构)中,原来是竞争对手的大与大之间的联盟,将使得各自都获得遏制对方,或紧随对方的机会。而参与联盟的小企业则可有机会进入原为大企业垄断的市场。对非结盟的中小企业而言,世界市场,尤其是高、新技术的世界市场的进入更趋困难,世界生产体系的控制将更趋集中。联盟内的竞争可能有所抑制,但联盟企业与非联盟企业的竞争将更趋激烈。

第三节 世界市场的性质和特点

一、世界市场的性质

有交换不等于有商品经济,有国际贸易不等于有世界市场。世界市场是长期历史发展的产物,特别是资本主义发展的产物。早在资本主义产生以前,国际交换就已经在不同范围发生了,但只是个别国家、个别地区的偶然现象,而且宗主国与殖民地的贸易还是不平等的掠夺性的贸易。

世界市场的真正形成有赖于多方面的条件。首先是大工业的发展。一国产品的增加超出了国内市场的需要,从而就使生产和消费成为世界性的生产和消费。显然,只是资本主义才创造了这一可能。其次是对世界在地理上的认识。美洲新大陆的发现和国际航海的发展,苏伊士运河的通航,为大工业所要求的世界市场做好了准备。当然,这并不是说世界市场只是一个地理概念,而是说世界市场的发展过程是一个从欧洲扩展到美洲、亚洲和非洲的过程,是商品交换的国际化过程。再次是交通运输工具即远洋轮船和铁路的发展,这是商品的国际流动的载体,电报等通讯工具也是重要条件之一。

商品是一种生产关系,资本主义工业国向后进国的商品输出,也摧毁了后进国的自给自足的自然经济,把它们卷入到世界市场中去。从历史过程看,后进国的商品经济和资本主义的发展是世界市场发展的结果。

世界市场是指世界范围的交换过程。在这一交换过程中,各国的和各地区的商品交易所、拍卖市场,以及不同国家的企业间的商品交易,都只是这一交换过程的具体方式。

世界市场存在着导致这些交换过程所带来的生产和消费的世界性,而不在于这一交换过程所采用的方式和所发生的场所。

当代世界市场是一个半自由贸易,并正在走向完全自由贸易的市场,这是历史上保护贸易和自由贸易长期变动的结果。在封建主义向资本主义的转变时期,商业资本的发展促进了世界市场的形成,商业资本获得了新的活动场所。但是,不少国家在对外贸易上实行多卖少买或不买的贸易顺差政策,采取严厉法令禁止货币输出国外,并规定外国商人必须用所得货币购买当地商品,这就是最早的贸易保护主义。在第一次世界大战以前近百年中,世界市场是自由贸易占优势的。第一次世界大战以后,大多数国家高筑关税壁垒,以保护本国产业。因此,在两次世界大战之间,各国的贸易限制极其严重,直至引起各种国际冲突。第二次世界大战以后,在各个国际组织和协议的促进下,世界逐步形成了一个半自由贸易的市场。世界贸易组织的成立,标志着世界市场在走向完全自由贸易中跨出了关键的一步,而一个国际贸易自由化、法制化的世界市场已作为目标被确立。

二、世界市场的特点及其形成的原因

从世界市场的发展过程看,已经显示出的特点至少有以下几个方面:

1. 扩展性。世界市场是一个不断扩大的市场,国际贸易量的不断增长,特别是相对于世界生产增长的更快速度的增长,反映了这种扩展性。这种扩展性,来源于生产力不断扩大的内在动力和客观要求。

2. 延伸性。世界市场基本形成后,它又具有不断延伸的趋势。这一趋势把世界越来越多的国家和地区卷入其中。在当代,与世界市场不发生联系或很少发生联系的国家已经不多了。这种延伸性还表现在它使这些国家越来越多的商品卷入其中。

3. 综合性。世界市场形成后,首先是统一的资本主义世界市场阶段。这一市场形成的原因在于世界市场首先是由资本主义生产方式创造的。作为先进生产方式的资本主义,改造了后进的生产方式。社会主义革命发生以后,特别是第二次世界大战以后,世界上出现了一批社会主义国家。由于当时的特殊的国际政治环境,两个体系相互对峙,社会主义国家中一度形成了一个独立的世界市场。这就是所谓的两个平行的世界市场。两个平行的世界市场是历史特殊阶段的特殊现象,它并不意味着生产方式性质差异的国家不能同处于同一个世界市场之中。随着这两类国家之间经济贸易联系的扩大,两个平行的世界市场已逐步转变为一个综合的世界市场。

4. 层次性。在这个综合的世界市场中,不同类型生产方式的国家共存于同一个世界市场中。各类国家都有各自的一体化组织,但这些一体化组织与世界市场不是排斥的,而是并存的。当苏联和一些东欧社会主义国家解体之前,经互会国家内部贸易有相当的比重,但并不因此说明存在着一个独立的社会主义世界市场,正如我们不能把欧洲经济共同体看作是一个独立的世界市场一样。这说明了世界市场的又一个特点,即作为整体的世界市场是分为不同的层次和不同的部分。整个世界市场下存在着多个区域市场,包括明确的一体化组织内部市场和不明确的、以地理区域形式存在的地区性市场;再以下是国与国之间的,不同一体化组织的成员国之间的相互贸易。世界市场中的另一个更低的层次是跨国公司的内部贸易。随着跨国公司的发展,这种贸易在世界贸易中的地位已越来越重要,构成了世界市场的又一层次。这种贸易本身又有很大的特殊性。"贸易"发生在公司内部,但它不但是贸易,而且是国际贸易,被统计在国际贸易之中。贸易不是以市场为媒介的,价格不是由市场决定的,而是由公司根据本身的目标决定的,竞争性削弱,市场价格机制被破坏。也正因为这样,市场供求的盲目性缓和了。而在贸易的内容上,这种贸易以中间产品为主,以技术贸易为主。

5. 不平衡性。世界市场表现出多方面的不平衡性。一是贸易量按地理分布的不平衡性,北美和西欧占世界贸易的大半。二是商品结构变动的不平衡性,初级产品的比重下降,制成品的比重上升,这是过去几十年的发展的主要特征。从发展规律来看,技术密集型产品、资本密集型产品和劳动密集型产品,在发展速度上,前者超过后者。三是主要资本主义国家在世界市场上的地位发展的不平衡,美国、日本、西欧以及西欧内部各国在地位关系上发生过多次变动。从发展来看,各类国家在世界市场上的地位变化将是必然发生的。

6. 广阔性。地理上的广阔性是世界市场的一个显著特征。在国民经济中,一般不需假定地理上的距离对贸易的影响,尽管这种影响是存在的,而且在大国尤为明显,因而距离对价值规律的影响在国民经济中不作为一个专门问题。但是,在世界市场上情况就不同了。运输成本的大大增加影响了商品的销售价格,进而限制了各国的比较优势和天然禀赋的实际意义,并且一直影响到跨国公司的厂址选择。第一,在价格上,运输成本加上出口国离岸价格,必须低于进口国国内市场价格。换言之,两国的国内市场价格差如果低于运输成本,贸易就不能发生。第二,这一原则限制了单位体积或重量价值低的商品以及易变质、需高价保险的商品的贸易。现代运输技术和能力的发展则减少了这种限制。第三,这一限制又导致了世界性生产的厂址选择问题,即所谓工业区位。在跨国公司的子公司地区选择中,对于大量消耗原料、矿石的工业,例如,钢铁业,需依资源所在地定位;当然沿海设钢铁厂也是另一种形式,它可靠海运节省原料和产品的运输成本。对于成品体积大或难以运输的,则更有利的是以市场定位。只是不存在上述制约因素的产品才可能自由定位,这时劳动力成本成为主要因素之一。

7. 竞争的更剧烈性。世界市场是更多自发和盲目的市场机制作用下的竞争。在各类国民经济中,市场总是不同程度地受到外部力量的影响。在计划经济中,生产的计划化和价格的计划性制约着市场的盲目性。在市场经济中,这种影响小得多,但仍存在着不同的指导性计划,政府干预也调节着一国的生产和价格水平,同时,垄断力量也不同程度地存在着。但是,在世界市场上,总体上没有一个超国家的机构调节着各国的生产,可能将来也不会有这种机构,生产和销售是盲目的和自发的。就一体化组织内部而言,已经有一些超国家的生产流通调节和计划,但范围是局部的,调节深度毕竟也低于国民市场。此外,在世界市场上也存在着某些垄断组织,但垄断程度要远低于国民市场。资源垄断的国家间卡特尔组织,除了石油等个别例子,一般都没有产生重大影响。所以,总起来看世界市场的竞争性比国民市场强得多。

8. 价值规律作用的局限性。价值规律的作用是自发的,客观上它要求为自己开辟道路。但是,主权国家的存在阻碍着国际价值规律自由作用的范围和程度。所以,价值规律在世界市场中的作用是自发的、盲目的,又是不自由的。价值规律的某些特点同时也是世界市场的特点。第一,在世界市场上,商品的流动是不完全自由的,各种外贸政策和关税制约着商品的自由流动,即使在世界市场的自由贸易时期也是这样。反过来,一国又会为自身的利益而促进某种商品进入世界市场。第二,各国货币的差异导致了媒介商品的国际流动的复杂性。商品国际流动的数量和方向不但受到汇率的影响,而且受到一国货币强弱的影响。与此相应的是,一定时期的一定的货币制度、一定的货币区,都是国际贸易的影响因素。第三,各国都有自己的发展战略,这种发展战略是根据内外条件制定的,但它决定了这个国家在世界市场上的供给和需求的总结构。换言之,世界市场的供求不纯粹是由竞争和价值规律对生产者的直接影响决定的。第四,主权国家结成的组织,订立的协议,更是世界市场中的一个人为干扰因素。此外,近年来,发展中国家为改善其在国际贸易中的地位的斗争,也是改变世界市场价值规律自发作用的一个重要因素。

相对分隔的国民市场和统一的世界市场的并存,是产生上述特点的原因。世界市场不是国民市场的总和,而是国民市场的外部联系。虽然有世界市场存在,但国民市场仍然相对独立。这种相对独立性意味着两种价值规律在两个不同范围中同时作用。当然,国民市场在不同程度上会融合于世界市场,但这种融合度取决于:

第一,一体化的程度。在一体化程度高的国家之间,这一层次的局部世界市场与国民市场基本上是完全融合的。

第二,对外贸易占国内生产总值的比重。融合度与这一指标正相关。

第三,货币的自由兑换性,即商品流通媒介的效率。

第四,外贸政策的开放程度,即人为因素的大小。

第四节 世界市场的区域化与一体化

跨国公司通过市场替代及内部分工主导了世界市场结构的演变,这种演变的结果客观上将导致世界市场一体化。然而,世界市场毕竟不是国内市场,它在空间上表现为各个不同主权政府管辖的市场的总和。由于从世界市场获得的利益对每一个参与国际贸易的主权国家或地区的经济利益都有重大的影响,因而世界市场的宏观格局就不可避免地受到主权政府的干预。一般而言,主权政府追求国际贸易利益短期最大化的目标与全球贸易利益最大化的理想之间是一对贯穿世界市场发展始终的基本矛盾,这种矛盾演绎的结果,就是当今世界市场出现了区域化和一体化趋势并存的状态。

一、世界市场区域化

世界市场区域化的概念不同于区域经济一体化的概念。它是指以双向贸易优惠为基础的区域安排所导致的成员国之间的贸易关系。区域贸易优惠安排往往是区域经济一体化中的重要内容。从形式上来考察,区域市场主要以两种形式出现。第一是关税同盟。它的特点是成员国之间通过制度安排的方式相互取消原有的关税,并统一对非成员国的关税税则,其目的在于扩大成员国之间的贸易,限制非成员国商品的进入。第二是自由贸易区。它是指成员国之间签订条约相互免征商品贸易关税,但各成员国可以保持各自独立的关税结构,并按照各自的关税结构同非成员国进行商品贸易,比自由贸易区和关税同盟更高层次的区域一体化必然也会导致区域性市场,但其内含的机理都已经包括在关税同盟和自由贸易区两种形式之中。

(一)世界市场区域化的理论依据:经济利益的分析

贸易创造和贸易转移的概念是世界市场区域化趋势的理论支柱。贸易创造和贸易转移的规模决定了区域市场为成员国带来的经济利益以及它们需要付出的代价。

当成员国从另一个成员国相对经济地进口某种商品来替代成立关税同盟之前成本较高的国内生产产品时,就带来了贸易创造的效果;当以前来自同盟之外的低成本进口商品被其他成员国的成本较高的进口替代所替代时,就产生了贸易转移的结果。贸易转移和贸易创造对成员国带来的经济利益主要有:

1. 在供给方面,如果以前用于成本很高的国内消费品生产的资源能够转向生产享有优先进入其他成员国市场优势的商品,这就是贸易创造的效果。它意味着国内资源的配置从原来相对于世界市场而言生产效率较低的部门转向生产效率较高的部门,贸易创造的利益也就会从中产生(比较利益理论的前提条件证明了这一点)。在需求方面,如果由于区域性市场的建立,使成员国进口商品价格下降,以及商品与服务的多样化,那么消费者就可以在更高的无差异曲线上消费,这种贸易创造也会带来利益。

2. 如果某个成员国在国际贸易中符合大国模型的条件,那么,加入关税同盟后,贸易转移也会改善其贸易条件。因为,如果该国减少对非成员国的进口和出口,在其他条件不变的情况下,关税同盟可以导致其进口贸易价格下降,出口贸易价格上升,从而获得贸易利益。

3. 贸易成本因区域市场安排而降低。由于关税同盟和自由贸易区往往由相邻的国家和地区构成,因而与向世界其他地区的出口相比,由于能够以较低的运输成本向其他成员国出口,同盟内各成员国可以获得内部贸易的自然租金。

4. 对于发展中国家而言,如果把国际市场同国内经济发展结合起来进行考察,那么它还会获得市场以外的净利益。库帕和曼塞尔在 1965 年指出,一些国家愿意接受伴随产业保护政策而带来的一定程度的低效率。库帕—曼塞尔模型的一个结论是,如果建立区域贸易安排的目的在于通过扩展市场,即使是保护性市场,促进进口替代性的工业化进程,那么即使贸易转移效应超过其内部与外部的贸易创造效应,成员国的福利仍然会提高。这一结论的基础是同盟内部产业互补程度和实现规模经济的可能性都很高。此外,还假设成员国之间可以按照成本最小化的原则,互换产品,实现专业化生产。

5. 规模经济和外延效应为短期内的对外高壁垒政策提供了理由。区域性市场安排为区域内企业创造动态效益提供了条件。首先,由于以前低于最低效率运行的公司现在可以扩大产出,降低成本曲线(按静态模型考察)和它们的学习曲线(按动态模型考察),故而生产成本的下降和劳动生产率的提高可以为企业带来规模经济的利益。其次,区域性市场的安排推动了生产技术秘诀在区域内的迅速传递。这种外延效应对于高科技领域内的企业发展极其重要。再次,通过区域性市场安排促进成员国企业降低其成本曲线,短期的保护将成为以后出口扩张的一个跳板。当然,规模经济和外延效应的取得也是有一定的约束条件的,如果贸易政策工具成为保护"夕阳工业"的工具,那么这种区域市场安排的结果是阻碍了成员国经济结构的调整。

(二) 区域性市场安排:实证研究

1. 区域性市场的发展。区域性贸易优惠安排可以追溯到 19 世纪欧洲国家之间签订的降低关税合约,如法国与英国(1860 年)、比利时(1861 年)、普鲁士(1862 年)、德意志关税联盟(1866 年)之间都曾有过降低关税的商约。而在殖民地与宗主国之间签订的所谓"贸易特殊优惠安排"也是区域性市场发展的一种表现,"英镑区""法郎区"就是当时的代表。但是,区域性的市场出现大发展是在第二次世界大战以后。自 1957 年欧洲共同市场成立以后,区域性贸易优惠安排不断增多,而且成员国相互重叠。根据2011年《世界贸易报告》提供的数据,2010年生效的区域内贸易协定(intra-regional),欧洲有36个,非洲有24个,西亚、东亚以及中东地区共31个,美洲地区共21个。跨区域的贸易协定(cross-regional),欧洲有42个,非洲31个,南北美洲共89个,西亚、东亚以及中东地区共78个。这些协定的目标除欧盟将终极目标确定为建立经济一体化和政治一体化的欧洲以外,其余的几乎都以建立区域性市场为目的,如表3-1所示。

表3-1

主要区域性贸易安排状况

欧洲区域性贸易安排	美洲区域性贸易安排	非洲区域性贸易安排	亚太和中东区域性贸易安排
欧洲自由贸易联盟(1960,2002)	南方共同市场(1991,2005)	西非经济与货币联盟(1994)	南太平洋区域贸易与经济合作协定(1981)
欧盟-克罗地亚自由贸易区(2002)	北美自由贸易区(1992)	东南非共同市场(1994)	东盟自由贸易区(1992)
共同经济区(2004)	拉丁美洲一体化协会(1981)	中部非洲国家经济与货币共同体(1999)	南亚自由贸易区(1995)
中欧自由贸易区(2007)	中美洲共同市场(1961)	南部非洲发展共同体(2000)	中国-香港自由贸易区(2003)
欧盟(27国)(2007)	加勒比共同市场(1991)		中国东盟自由贸易区(2005)
欧盟-塞尔维亚自由贸易区(2010)	美国-秘鲁自由贸易区(2009)		
	加拿大-秘鲁自由贸易区(2009)		东盟-澳新自由贸易区(2010)
	智利-哥斯达黎加自由贸易区(2002)		海湾合作委员会(1981)
			中韩自由贸易区(2015)
			跨太平洋伙伴关系协定(2015)

资料来源:作者整理。

2. 区域性市场的效果。发达国家和发展中国家的经验。发达国家和发展中国家的具体经济状况存在着巨大的差异,其在区域性贸易优惠协定中的具体措施以及对外歧视程度也不尽相同,因而发达国家之间与发展中国家之间构建的区域性国际市场对成员国贸易产生的效果也有比较大的差异。

表3-2

部分发达国家区域性协议

区域性协议	时期	贸易/GDP比率的变化(百分比)		
		总贸易	区域内部贸易	区域对外贸易
澳新经贸协定	1980~1990	−2.4	0.2	−2.6
欧共体6国	1960~1970	11.6	10.1	1.5
欧共体10国	1970~1985	12	6.8	5.6

续表

区域性协议	时期	贸易/GDP 比率的变化(百分比)		
		总贸易	区域内部贸易	区域对外贸易
欧共体12国	1985~1990	-5.1	-0.2	-4.9
欧盟	1995~2005	0.5	0.4	0.1
	2005~2010	0.4	0.1	0.3
欧洲自由贸易联盟	1960~1970	2.6	3.2	-0.6
	1970~1975	8.4	4.6	3.8
	1975~1985	10.7	1.3	9.4
	1995~2005	0.7	0	0.7
	2005~2010	0.1	0	0.1

资料来源:1995年以前数据来自国际货币基金组织:《国际金融统计》《贸易指南》《世界经济展望》;1995年以后数据根据UNCTAD数据库原始数据整理计算。

从发达国家的情况来看,区域贸易自由化取得了一定的成功,表3-2显示,澳新经贸协定签订后,在整个地区总贸易额有明显下降的情况下,区域内贸易仍保持了上升的趋势,1980~1990年澳新区域内部贸易量同其总贸易量的比例从6.4%增至7.4%;欧共体成立已经30多年,区域内部贸易在其成立的第一阶段和第二阶段增长速度很快。在1985~1990年期间,欧共体贸易额相对于其国内生产总值比率下降,但是,区域内部贸易比重下降的幅度远远小于区域外对外贸易比重。

表3-3

部分发展中国家的区域性协议

发展中国家的区域性协议	时间	区域内或区域外贸易占总贸易比重(百分比)			
		区内贸易比重		对外贸易比重	
		出口	进口	出口	进口
东盟自由贸易区	2000	23	22	77	78
	2008	25	25	75	75
	2010	25	25	75	75
南亚自由贸易区	2000	5	5	95	95
	2008	7	4	93	96
	2010	6	4	94	96
中美洲共同市场	2000	16	14	84	86
	2008	20	13	80	87
	2010	19	14	81	86

续表

发展中国家的区域性协议	时间	区域内或区域外贸易占总贸易比重(百分比)			
		区内贸易比重		对外贸易比重	
		出口	进口	出口	进口
拉丁美洲一体化协定	2000	14	14	86	86
	2008	16	19	84	81
	2010	16	18	84	82
西非经济共同体	2000	9	13	91	87
	2008	10	12	90	88
	2010	9	11	91	89
东南非共同市场	2000	5	5	95	95
	2008	6	6	94	94
	2010	8	7	92	93

资料来源：根据 UNCTAD 数据库原始数据整理计算。

对欧洲自由贸易联盟的研究结果也符合这一结论，罗布林(1970)通过对欧洲自由贸易联盟建立后头 10 年的贸易创造和贸易转移的研究，估算出贸易创造水平高于贸易转移水平，1967 年为 4 亿～9 亿美元，20 世纪 70 年代初为 5 亿～20 亿美元。区域市场除了对贸易产生直接的影响外，还产生了规模经济和投资效应。根据霍威尔和柯孜尼(1990)的调查，西欧国家之间的兼并和收买，其规模从 1986 年的 50 亿美元增加到 1988 年的 220 亿美元和 1989 年的 290 亿美元；北美国家之间的兼并和收购活动，1988 年比 1986 年翻了一番，从 50 亿美元提高到 100 亿美元。

发展中国家的情况千差万别，因而确定发展中国家之间的市场合作的利益比确定发达国家之间合作利益困难得多。判断发展中国家区域贸易安排的效果一般可以考察三个方面：其一是，考察这些安排是否已经成功地实现了扩大区域内部贸易的最终目标；其二是，衡量静态的贸易创造与贸易转移之比；其三是，考察区域贸易安排是否对这些国家具有增长与发展的动态效应。

按照第一项标准，从表 3-3 中我们可以看到，发展中国家之间的区域内部贸易的变化幅度很小，而且经常存在着可逆性，在总量上区域内部贸易的比重远远小于区域对外贸易量。但是，如果按照第二项和第三项标准来分析，就会得出相反的结论。威尔福德(1970)、艾特肯和劳里(1973)分析了中美洲共同市场 1967 年年底以前 11 年时间的情况后认为，其促进贸易作用占主导地位。克莱因(1978)的研究则认为，尽管中美洲共同市场贸易转移的作用大于贸易创造的作用，但其静态净收益仍然是相当可观的。其成员国的平均收益在 1972 年达到了国内生产总值的 2%，而动态效应所带来的额外好处相当于该地区 1972 年国内生产总值的 1%。

二、从区域性市场到一体化市场

(一)区域性市场与一体化市场的基本矛盾

商品经济特性是当代世界各种生产方式的共性所在,这种共性决定了世界经济的统一性,也就决定了一体化的世界市场是世界市场发展的终极目标。国际贸易发展的历史以及国际贸易的经典理论也都证明了一体化的世界市场是世界各国获得长期利益最大化的最佳目标。一体化的世界市场的核心是非歧视性原则。《关税与贸易总协定》(GATT)的第一条即指出:"在对输出或输入、有关输出或输入及输出入货物的国际支付转账所征收的关税和费用方面,在征收上述关税和费用的方法方面,在输出和输入的规章手续方面,缔约国对来自或运往其他国家的产品给予的利益、优待、特权或豁免,应当立即无条件地给予来自或运往所有其他缔约国的产品。"区域性市场的核心是歧视性原则,即无论该市场对域外采取开放的或是封闭的态度,都意味着成员国的某些相互优惠措施是排他性的,没有这种歧视性的安排,区域性市场无法形成。区域性市场所形成的贸易转移对世界经济的阻碍是显而易见的。根据斯托科尔、皮埃尔斯和班克斯的分析,如果1992年欧共体计划的实现伴随着对外贸易壁垒的增强,则将导致世界国内生产总值下降达1 080亿美元,其中欧共体、北美与亚太地区将分别下降520亿美元(1%)、400亿美元(0.7%)与160亿美元(0.4%)。

(二)一体化的世界市场

既然区域性市场反映的是贸易自由化的次优目标,既然一体化的市场是世界市场发展的终极目标和最优选择,那么从区域性国际市场向一体化世界市场过渡就成为一种必然。其问题的关键是过渡的路径依赖,从世界市场运行的历史经验和目前的状况两个方面综合考察,在以世界贸易组织为代表的多边贸易体制主导下,通过区域性市场的相互开放可能是一条合理的途径。

完全的世界市场一体化将具有如下特征:

第一,是以价格机制为核心,所有的商品和劳务在世界市场上实行等价交换,即发达的资本主义国家不能采用政治或军事手段通过签订不平等的协议来主导世界市场商品和劳务的价格。不过,大型跨国公司通过规模优势、信息占有优势、技术优势、管理优势获取垄断利润的情况将长期存在,它们之间的相互竞争和不断创新使世界市场达成动态均衡。这意味着一体化的世界市场不是一个完全竞争市场,而是一个以跨国公司为核心的不完全竞争市场。

第二,是多层次的商品和劳务结构以及多层次的市场体系,以保证不同经济发展水平的国家和地区都能通过对外贸易的方式促进本国经济的发展,使世界市场能不断吸引民族市场加入其中。也就是说,一体化世界市场的广度和深度要与生产和投资的全球化相适应,与国际分工的广度和深度相适应。

第三,是所有的世界贸易体系成员都取消关税壁垒和非关税壁垒,以保证商品和要素在国家间的流动能准确地反映一国的比较优势,充分发挥世界市场在国与国之间配置资源的效率。

第四,是具有合理的机制解决贸易不平衡问题,避免因贸易不平衡使主权政府重新采用保护主义措施,形成新的市场障碍。

要形成具有上述特征的一体化世界市场,需要通过全球性长期的多边贸易谈判,世界贸易组织就为这种谈判提供理想的场所。世界贸易组织继承了《关税与贸易总协定》的宗旨,即达成互惠互利协议,导致大幅度地削减关税和减少其他贸易障碍,取消了国际贸易中的歧视待遇。世界贸易组织还继承了《关税与贸易总协定》达成的全部协议,成为统辖当今国际贸易中货物、知识产权、投资以及服务领域的规则。这些规则是一体化世界市场的基础。此外,为了克服《关税与贸易总协定》过于松散的特点,世界贸易组织建立了更加严密的组织体系,它拥有法律人格,设有统一解决争端的机构、贸易政策评审机制及其他下属机构,为其宗旨的实现起到了保障的功能。

世界贸易组织是一体化世界市场得以实现的主导规则,这不意味着区域性贸易协议就一定成为世界市场一体化过程的障碍;相反,它可以成为区域性国际市场向一体化世界市场转化的途径。这种转化依赖于两个重要的条件:一是世界贸易对区域贸易组织的兼容性;二是区域贸易组织对自由贸易原则的态度。从第一个条件来看,虽然区域性贸易协议的歧视性特点与《关税与贸易总协定》的非歧视性原则相悖,但《关税与贸易总协定》却允许其在某些特定条件下存在,并认为此类协议可以为其提供一条通向全面自由贸易的既可作为补充性的途径,又是实际可行的途径,《关税与贸易总协定》第二十四条对以自由贸易区和关税同盟为代表的区域贸易安排的存在规定了一些约束条件,包括及时而详细地通知《关税与贸易总协定》其他成员国,尽可能地制定时间表,并在合理时间内削减区域内部贸易壁垒等。约束条件隐含的意义在于尽可能减少风险,避免世界贸易体制解体成20世纪30年代典型的相互封闭和排斥的区域性市场。从第二个条件来考察,关键在于区域性国际市场要保持外向型特点,并为跨集团贸易自由化创造必要的条件,这两点要求基本上同《关税与贸易总协定》第二十四条相吻合。如果区域性贸易集团成员国可以达成协议,不对非成员国增加贸易壁垒,甚至减少对非成员国的贸易壁垒,那么区域性市场的潜在成本就可能下降,甚至出现"帕累托改进"的现象,区域性贸易协议对全球贸易自由化和世界市场一体化的贡献就可以充分发挥出来,因为与世界贸易组织这类全球性多边贸易谈判相比,较小范围内的贸易谈判更加容易达成协议。在区域内部市场一体化的基础上,再通过区域集团之间的谈判和相互开放,一体化的世界市场就得以完成。

总之,从区域性国际市场到一体化的世界市场是一条可能的途径,但是这种可能性具有很大的不确定性。如果以世界贸易组织为主导的多边自由化进程稳步发展,且各大区域集团之间相互开放,那么在现行的投资和生产的全球化进程的影响下,世界市场会加速向一体化方向运行;相反,如果贸易体系成员不再以多边自由化为重点,而以地区保护主义为宗旨,那么现行的国际贸易体制完全有可能经历一个相互排斥的区域性市场阶段。虽然一体化仍然是世界市场最终的发展目标,但是达到目标的途径就要曲折得多。

第五节 世界市场的价格机制

世界市场在历史的发展中形成,它不停地运转,不断地扩大。是什么"力"推动着它的运转,这是西方国际贸易或国际经济学理论的基本内容,也是世界经济学中世界市场静态分析的基本内容。

在西方经济学家的经济学说中包含着大量的国际贸易理论。从世界经济学的观点看,这些贸易理论,是把国民市场扩大为世界市场的理论,是世界市场的需求和供给发生原因分析的理论,也是关于国家主权在国民利益中的作用的理论。我们可以从西方的这些理论中得到进一步的补充和丰富,也可以从比较中看到其中的某些不足之处。

一、世界交换模型

大部分西方贸易理论的一个基本工具是两国模型,我们将看到两国模型有着许多根本缺陷,特别是只注重两国关系,从而不一定能解释整个世界市场,尽管不少西方作者指出两国两商品两要素模型也能推广到多国多商品多要素分析。这里我们再次看到了世界经济学与国际经济学的差别:后者研究国与国的联系,前者研究这种大量的国与国联系所构成的整体;后者研究的是世界经济这个化合物的"键",前者研究的是其作为有机体的化学性能。

两国两商品模型的最根本弱点是过于抽象,它与现实世界的最大距离是世界并非由两个国家所组成。A 国向 B 国进口某一商品,并不一定意味着 A 国又一定要向 B 国出口另一商品,这是一。其二,A 国对 B 国的比较优势并不等于它对 C 国、D 国等的比较优势,也许它与 C,D 等国的比较优势不同。两国两商品模型无法解释世界市场的下述实际情况:A 国向 B 国出口商品甲,而向 C 国进口商品丙,而向 D 国进口商品丁;B 国向 C 国、D 国出口商品乙,而向 A 国进口商品甲;C 国向 A 国出口商品丙,而向 B 国进口商品乙;D 国向 A 国出口商品丁,而向 B 国进口商品乙,如此等等的交叉贸易情况,关系如图 3-1 所示。

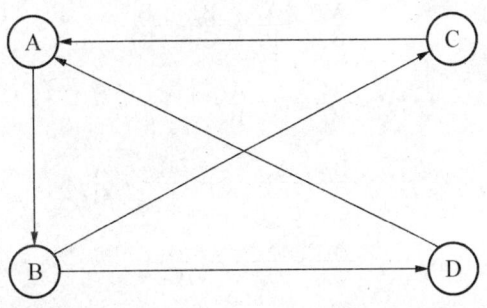

图 3-1 世界交换模型

图 3-1 中的 A、B、C、D 四国各有一种商品出口,分别为甲、乙、丙、丁,箭头同时表示一国的出口和另一国的进口。该图反映了现实世界的这样一种情况:两国都有进出口贸易却无直接联系,如 C 国和 D 国。它们所发生关系的是一个抽象的世界市场而不是对方的国民市场。同时,此图还反映了一国向另一国出口却不一定向该国进口,如 C 对 A,B 对 C,D 对 A,A 对 B,B 对 D 都是这样。显然用两国两商品模型来理解这样的关系就显得贫乏了。把"世界其余国家"作为一个国家看待,必须先有国际价值概念。

我们再来看上述第二方面,即在存在着多国多商品情况下两国两商品模型本身所无法解决的矛盾。假定如表 3-4 所示。

表 3-4

四国商品交换表

	商品 a	商品 b	商品 c
A 国	A_a	A_b	
B 国	B_a	B_b	
C 国	C_a	C_b	C_c
D 国		D_b	D_c

注：单位：人时数/单位产品。

可能有： $\dfrac{A_a}{B_a} < \dfrac{A_b}{B_b}$，即 $\dfrac{B_b}{A_b} < \dfrac{B_a}{A_a}$

因而，A 国将向 B 国出口商品 a，进口商品 b；

B 国将向 A 国出口商品 b，进口商品 a。

同时可能有： $\dfrac{B_a}{C_a} < \dfrac{B_b}{C_b}$，即 $\dfrac{C_b}{B_b} < \dfrac{C_a}{B_a}$

因而，B 国将向 C 国出口商品 a，进口商品 b；

C 国将向 B 国出口商品 b，进口商品 a。

于是，我们发现，B 国的商品进出口结构是矛盾的：B 国既向 A 国出口商品 b，又向 C 国进口商品 b；既向 A 国进口商品 a，又向 C 国出口商品 a。似乎 B 国可以永远做这种"转口贸易"，从中获利。但这不是国际贸易的典型形式。而且，A 国和 C 国会直接贸易，以使较大的比较利益差在 A、C 两国间分配而不让 B 居中渔利。

因为： $\dfrac{A_a}{B_a} < \dfrac{A_b}{B_b}$，$\dfrac{B_a}{C_a} < \dfrac{B_b}{C_b}$

所以： $\dfrac{A_a}{B_a} + \delta = \dfrac{A_b}{B_b}$

$\dfrac{B_a}{C_a}\left(\dfrac{A_a}{B_a} + \delta\right) < \dfrac{B_b}{C_b} \cdot \dfrac{A_b}{B_b}$

$\dfrac{A_a}{C_a} + \dfrac{B_a}{C_a} \cdot \delta < \dfrac{A_b}{C_b}$

故有： $\dfrac{A_a}{C_a} < \dfrac{A_b}{C_b}$

即只要有 A、B 两国间和 B、C 两国间的上述比较利益关系，便有 A、C 两国的相应比较利益关系。

如果还有： $\dfrac{C_b}{D_b} > \dfrac{C_c}{D_c}$

则 C 国又可向 D 国出口商品 c，而进口商品 b，于是 C 国的进出口商品结构也难以确定。

至此，我们又发现两国两商品模型是乏力的，尽管其中所包含的比较利益论是科学的。因而我们不得不寻找更有力的工具。

世界市场是一个整体，它不必以两国的相互需求为前提，更不必以两国需求的相等为前提。它的基本内容是供求两方面全部交易结果在总量上相等。令国家 i 对商品 j 的需

求为 D_{ij}，供给为 S_{ij}，则世界市场的均衡则为：

$$\sum D_{ij} = \sum S_{ij} \quad \begin{pmatrix} i=1,2,3,\cdots,m \\ j=1,2,3,\cdots,n \end{pmatrix}$$

其中包含 m 个国家和 n 种商品。

二、国际价值贸易论——国民价值的增值变换

世界市场是由供给和需求两方面构成的，即由各个国家向世界市场的供给和对世界市场的需求构成的。因此，阐明了一国为什么要进入世界市场，在世界市场上供给什么，需求什么，也就对世界市场有了一个基本的判断。

那么，究竟是什么原因使各国出口某一商品而进口另一商品的呢？是以等量国际价值为媒介的国民价值增值变换动力。

市场之所以存在，是因为商品交换的发生；世界市场之所以存在，是因为国际商品交换的发生。在一国市场内，等价交换原则不会导致价值量的增加或减少，但是在世界市场上，国际等价交换却导致了国民价值的增加，这就是国际交换形成的动因。根据这一原理提出的国际贸易理论，我们将称之为国际价值贸易论。

一个国家出口某一种商品，是为了取得世界市场上的一定的购买力，其实质是一定量的国际价值，从而取得世界市场上的其他商品。这符合商品流通的一般规律：

$$G_1 \to V_W \to G_2$$

这里 G_1、G_2 是两种不同的商品，V_W 为世界市场的价值量，是一国向世界市场提供某个量的商品 G_1 所获得的国际价值量，而 G_2 则是与这一国际价值量相等的另一种商品的某个量。

重要的是，在国内市场上，这一过程纯粹是使用价值的变形，流通过程不能产生价值。而在世界市场上，这一过程的实质却不是使用价值的变形，而是国民价值的增加。因为，也只是因为 G_2 的该国国民价值大于 G_1 的该国国民价值，G_1 的生产者才会把 G_1 出口而进口 G_2（或由他人进口）。是 G_1 的生产者需要获得 G_2 的使用价值吗？否，如果他能在本国以小于或等于 G_1 的价值量获得 G_2，他决不会舍近求远，因为销售 G_1 即可获得 G_2 甚至更多量的 G_2。"可能该国没有商品 G_2"——在这种情况下，G_2 在该国的国民价值无限大，因为无论投入多少劳动也不能生产出一个单位 G_2 来。根据等价交换的原则，在 G_1 到 G_2 的交换过程所在的范围内，商品的价值量不变；作为国民交换，国民价值量不变；作为国际交换，国际价值量不变。但正因为国际交换关系到了两个不同的市场，国际市场和国民市场，变化也就发生了。商品 G_2 的 A 国国民价值 V_{2A} 大于商品 G_1 的 A 国国民价值 V_{1A}，这就是 A 国商品 G_1 进入世界市场和进口 G_2 的根本动因。

A 国的出口商品 G_1 的国民价值 V_{1A} 是否必须低于 G_1 的国际价值 V_{1W}，其进口商品 G_2 的国民价值是否必定高于 G_2 的国际价值 V_{2W} 呢？否。A 国的出口商品 G_1 的国民价值 V_{1A} 可能低于也可能等于或高于 G_1 的国际价值 V_{1W}；同样，A 国的进口商品 G_2 的国民价值 V_{2A} 也可能高于、等于或低于 G_2 的国际价值 V_{2W}。是高于、低于还是等于，完全取决于一国的劳动强度和劳动生产率与世界其他国的对比关系，并不单因高低而决定贸易能否发生。A 国进入世界市场的必要条件是：

$$V_{2A} > V_{1A}$$

即按国民价值计算的增值。于是我们发现：A 国对世界市场进出口的必要条件：①与两商品的世界市场的国际价值无关；②与进口商品在出口国的国民价值无关。

但这是一个过于简单的、直观的结论。当我们深入地考查这一过程，考查一国从世界市场上获得的利益时，这两个要素便不是无关的了。

一商品的国民价值与国际价值的上述三种关系可表示为：

商品 G_1：　　　$V_{1A} > V_{1W}$
　　　　　　　　$V_{1A} = V_{1W}$
　　　　　　　　$V_{1A} < V_{1W}$

商品 G_2：　　　$V_{2A} > V_{2W}$
　　　　　　　　$V_{2A} = V_{2W}$
　　　　　　　　$V_{2A} < V_{2W}$

只要选取合适的分析单位，便可假定 $V_{1W} = V_{2W}$（方法是最小公倍数法。例如 1 个自然单位商品 G_1 的 $V_{1W} = 3$，1 个自然单位商品 G_2 的 $V_{2W} = 4$，则 $4V_{1W} = 3V_{2W}$。我们取 4 个 G_1 和 3 个 G_2 分别作为二商品的分析单位）。

A 国的商品进出口可能存在以下九种情况：

1. $V_{1A} > V_{1W}$，$V_{2A} > V_{2W}$。

这时又可能出现五种情况：

如果（1）$V_{2A} - V_{2W} > V_{1A} - V_{1W}$

　　则　　$V_{2A} > V_{1A}$

满足进出口必要条件，而 $V_{2A} - V_{1A}$ 为 A 国国际贸易之所得。

如果（2）$V_{2A} - V_{2W} = V_{1A} - V_{1W}$

　　则　　$V_{2A} = V_{1A}$

不满足必要条件，A 国的国际贸易无所得，也就不可能发生。

如果（3）$V_{2A} - V_{2W} < V_{1A} - V_{1W}$

　　则　　$V_{2A} < V_{1A}$

不满足必要条件，A 国的国际贸易在价值上受损。

在第二种情况下，A 国必须更换其他商品进出口。在第三种情况下，A 国可以颠倒进出口商品结构：出口商品 G_2 而进口商品 G_1。可能会造成一种错觉，A 国是为了获得商品 G_2 的使用价值，因而可以在价值上受损。如前所述，事实上这种情况是不会发生的，因为如果 A 国不能生产商品 G_2，则商品 G_2 在 A 国的国民价值为无限大。

2. $V_{1A} > V_{1W}$，$V_{2A} = V_{2W}$。

这时必有 $V_{2A} < V_{1A}$，不满足必要条件。

3. $V_{1A} > V_{1W}$，$V_{2A} < V_{2W}$。

这时必有 $V_{2A} < V_{1A}$，不满足必要条件。A 国这样的进出口商品结构是不利的，同情况 1 中的(3)。

4. $V_{1A} = V_{1W}$，$V_{2A} > V_{2W}$。

则 $V_{2A} > V_{1A}$，同情况 1 中的(1)。

5. $V_{1A} = V_{1W}$，$V_{2A} = V_{2W}$。

则 $V_{1A}=V_{2A}$，同情况 1 中的(2)。

6. $V_{1A}=V_{1W}$，$V_{2A}<V_{2W}$。

则 $V_{2A}<V_{1A}$，同情况 1 中的(3)。

7. $V_{1A}<V_{1W}$，$V_{2A}>V_{2W}$。

8. $V_{1A}<V_{1W}$，$V_{2A}=V_{2W}$。

则 $V_{2A}>V_{1A}$，同情况 1 中的(1)。

9. $V_{1A}<V_{1W}$，$V_{2A}<V_{2W}$。

则可能有 (1) $V_{1W}-V_{1A}>V_{2W}-V_{2A}$

则 $V_{2A}>V_{1A}$，同情况 1 中的(1)。

     (2) $V_{1W}-V_{1A}=V_{2W}-V_{2A}$

则 $V_{2A}=V_{1A}$，同情况 1 中的(2)。

     (3) $V_{1W}-V_{1A}<V_{2W}-V_{2A}$

则 $V_{2A}<V_{1A}$，同情况 1 中的(3)。

  由上述分析可见，尽管商品的国际价值 V_{1W}、V_{2W} 在 A 国进入世界市场的必要条件式中不出现，但它是一国进出口商品国民价值比较的中介，因为是在取了适当单位，使 $V_{1W}=V_{2W}$ 后，才可能比较 V_{1A} 和 V_{2A} 的。国际价值量相等是不等量的不同商品的国内价值比较的前提。其次，虽然在进出口的必要条件式中表面上与进口商品在出口国的国民价值无关，但国际价值是各国国民价值的加权平均数，因而在实际上仍有关。

  上述分析使我们看到，李嘉图的比较利益论可以更简单地用国际价值论来解释。李嘉图的例子如表 3-5 所示：

表 3-5

李嘉图两国商品交换表

	酒	毛 呢
英 国	120	100
葡萄牙	80	90

注：单位：本国社会必要劳动人时数/单位产品。

  假定世界上只有这两个国家，两种商品的产量都相等，则世界市场上两商品的价值分别为：酒 $0.5\times120+0.5\times80=100$，毛呢 $0.5\times100+0.5\times90=95$。英国出口 1 单位毛呢得国际价值 95，单位是世界社会必要劳动人时数。该 95 单位的国际价值可以进口酒 $\frac{95}{100}=0.95$ 单位。这 0.95 单位酒在英国的国内价值为 $120\times0.95=114$，大于其出口时的 1 单位毛呢的国民价值 100。葡萄牙的例子则与英国相对称：出口 1 单位酒得国际价值 100，进口 $\frac{100}{95}$ 单位毛呢，这些毛呢在国内的价值为 $\frac{100}{95}\times90=94.74$，也大于其出口的酒的国内价值 80。

  现在我们再把上述一国在世界市场上进出口的必要条件扩大并改变为多种自然单位商品的更详尽而明确的表达式。重复一下必要条件：$V_{1A}<V_{2A}$。但是，更广泛地考查 A

国的商品,可能还有 $V_{2A}<V_{3A}$,$V_{3A}<V_{4A}$,$\cdots$,$V_{(n-1)A}<V_{nA}$。于是便有 A 国的商品价值比较序列:

$$V_{1A}<V_{2A}<V_{3A}<\cdots<V_{(n-1)A}<V_{nA}$$

重复一下:建立此比较序列的前提是按分析单位计算的商品 G_1,G_2,G_3,$\cdots$,G_{n-1},G_n 的国际价值相等。此式表明,为进口较右端的商品而出口较左端的商品,这样的进出口贸易结构总是有利的。

令这些商品的等量国际价值为 V_W,则我们有:

$$\frac{V_W}{V_{1A}}>\frac{V_W}{V_{2A}}>\frac{V_W}{V_{3A}}>\cdots>\frac{V_W}{V_{(n-1)A}}>\frac{V_W}{V_{nA}}$$

式中,各商品 $i(i=1,2,3,\cdots,n)$ 的数量各不相同,但每个 V_W 与相应的 V_{iA} 中所含的商品的使用价值量相等。把各式均改为自然单位,即各分式均约去一个分析单位中所含的自然单位数,则不等式仍然成立,但 V_W 变为 V_{iw},且各不相等:

$$\frac{V_{1W}}{V'_{1A}}>\frac{V_{2W}}{V'_{2A}}>\frac{V_{3W}}{V'_{3A}}>\cdots>\frac{V_{(n-1)W}}{V'_{(n-1)A}}>\frac{V_{nW}}{V'_{nA}}$$

其中 V_{iw} 和 V'_{iA} 分别为每一自然单位商品的国际价值和国民价值。因而,此式的内容是单位商品的国际价值与国内价值之比的比较,比值大的即在不等式较左端的商品出口有利,而在较右端的则需进口。

至此,我们发现为什么确定国际价值的应当是所有国家生产的所有商品,而不仅是各国的出口商品。这是因为,一国是否出口某种商品取决于该商品与国际价值的关系,以及进口商品的国际价值与国民价值。如果国际价值中不包括不进入世界市场的商品,那么就无法解释进入世界市场的商品是什么原因决定的,是与由哪些国家的出口商品所确定的国际价值进行比较后而决定出口的。因为根据国际价值由出口商品确定的理由,没有各国的出口就没有国际价值,而各国又都需要比较以后才能决定是否出口。即使预先存在着一个国际价值,各国经过比较后确定了进出口商品结构,那么,由于各国进入了世界市场,因此又改变了这一国际价值的量,因为各国的国民价值量都是不同的。于是各国又需要再比较才能确定进出口商品结构,这样国际价值便永远不能确定。相反,以所有国家所生产的所有商品所确定的国际价值,是一个相对稳定的量。各国经过比较而确定的对世界市场的供求,并不影响这一比较基准。

另外,需要说明的一点是,如果仅从一国考虑,则进出口平衡这一因素就可决定其进出口分界线。但是由于世界市场的竞争,整个世界市场的平衡、各国的进出口分界线将发生移动,包括左移或右移。

第四章　世界经济的一体化

世界经济一体化是以贸易、金融、生产趋向全球一体化为内容的,其发展表现出明显的阶段性。20世纪50年代以来,区域一体化蓬勃发展,成为世界经济一体化的一种形式,为全球一体化提供了经验,奠定了现实的基础。

第一节　区域经济一体化概述

"一体化"一词在经济意义上最早运用于有关产业组织的研究和讨论之中,通常是指企业的合并,并从中衍生出垂直一体化与水平一体化两种企业归并的组合方式。将一体化视作国家之间经济融合的观念是到20世纪50年代才形成的。由于地理上的关联是经济一体化的有利条件,因此,一体化首先大量呈现出区域的形式。区域经济一体化是指,在特定区域内的国家或地区通过达成经济合作的某种承诺或者组建一定形式的经济合作组织,谋求区域内商品流通和要素流动的自由化以及生产分工的最优化,直至形成各国经济政策和区域经济体制的统一。

一、区域经济一体化的定义

（一）区域经济一体化的内涵

瓦伊纳于1950年首先引入了现代关税同盟的理论。这一理论成为当时国际经济一体化理论的核心。与这一理论几乎同步发展的是欧洲经济一体化的实践。

1950年法国外长舒曼提出了联合经营法国、德国等国家的煤、钢工业,并拟将它们置于一个超国家的机构管理之下的所谓"舒曼计划"。据此计划,法、德、意、荷、比、卢6国于1951年签订了有关条约,1954年煤钢共同体正式形成。1958年欧洲经济共同体诞生,将欧洲6国经济融合的范围延伸到各个经济领域,由此开始了区域经济一体化的浪潮。根据世界贸易组织1995年的统计,正式登记的区域经济一体化组织已达109个。全球只有极少数国家和地区没有参加任何一体化组织,而有不少国家成为多个经济一体化组织的成员。区域经济一体化成为20世纪后半期世界经济最具活力的现象之一,也几乎成为经济一体化的代名词。

在瓦伊纳提出现代关税同盟理论之后,丁伯根(1954年)第一个提出了经济一体化的定义。他将经济一体化分为消极一体化和积极一体化。他认为,消除歧视和管制制度,引入经济交易自由化是消极一体化;而运用强制的力量改造现状,建立新的自由化政策和制度为积极一体化。

宾德(1969年)引申了牛津字典关于"将部分合成一体即一体化"的解释,指出经济一体化就是消除成员国经济部门间的歧视,制定和实施共同政策的过程。

巴拉萨(1973年)在其论文中将经济一体化定义为既是一个过程,又是一种状态。作为一个过程的一体化意味着取消国家间的经济歧视,强调了动态性质;作为一个状态的一体化意味着国家间不存在各种经济歧视,强调了静态性质。

马克西莫硅(1976年)提出的有关经济一体化的定义认为,一体化是国家经济间发展深层次且稳定的生产分工关系的过程;是具有同类社会经济体制的国家群体框架内的国际经济实体的形成过程;这一经济一体化过程显然由统治阶级所操纵,因而,也是一个商品政治化的过程。这一定义更多的是从政治经济学出发,而不是从国际经济学出发的。

霍兹曼(1976年)强调,一体化是一个成员国家间相似产品和同类要素价格一致化的状态。也就是说,经济一体化是成员国间在有关便利的制度支持下货物、服务和要素流动无障碍的状态。这一认识实质上将区域一体化的讨论由关税同盟进一步引向了共同市场的层次。曼尼斯和索迈(1976年)的研究则将经济一体化同产业部门的融合,政策和行政的统一联系起来。

马洛和蒙蒂斯(1988年)强调了经济一体化中传统经济地理因素的重要性。派内克(1988年)的研究则提出了一体化同开放经济及经济相互依赖等观念的差别。

总之,区域经济一体化的定义是随着实践的发展而演进的。这一定义所揭示的内涵在于:首先,区域经济一体化最显著的标志是成员国之间关税等贸易障碍的消除;其次,谋求最佳的国际生产分工是一体化的根本原则;最后,区域一体化的出发点是使每一个成员国能获取比单独一国时更大的利益。

(二)区域一体化的类型

按照一体化程度的不同,区域一体化可划分为以下几种类型:

自由贸易区是指在区内消除关税壁垒和数量限制,达成贸易自由化协议的区域性一体化形式。各国仍将实行对非成员国的关税和其他贸易的限制。自由贸易区的一个关键性基石便是原产地原则,据此能防止非成员国利用转口贸易方式在低关税成员国获取额外的收益。

关税同盟是成员国在取消区内贸易的关税和数量限制的基础上,对非成员国贸易实行统一关税政策的区域性一体化形式。关税同盟的成员国不仅在贸易方面实行一致的政策,而且在有关国际贸易和关税的谈判中也取得一致,甚至就是以一个整体参与谈判。

共同市场是指除了取消区内贸易壁垒和对外实行统一的关税政策之外,实施资本、劳务等生产要素的自由流动的区域性一体化形式。同样,在有关要素流动的政策和规则方面对非成员国也实行一致的政策。

经济同盟是指在共同市场的基础上谋求协调一致的财政、货币、产业、区域发展等政策的区域性一体化形式。

完全经济一体化是区域经济一体化的最高形式,它是指各成员国融合成为一个拥有极大经济权威的超国家机构进行管理的,实行单一经济政策的整体。完全经济一体化也是实现政治一体化的基础。

必须指出的是,对区域经济一体化类型的这一划分并不反映具体区域经济一体化实践的路径。在现实中,区域一体化的起点并非一定是自由贸易区;具体的区域经济一体化也可能兼有两种类型的某些特征。总之,正如区域经济一体化的追求目的可以是多元化的,区域经济一体化的类型也呈现多样性。

二、区域经济一体化的动因

（一）区域经济一体化的微观基础

从微观来看，实现区域经济一体化取决于以下几种动因：

1. 动因之一：规模经济，增强实力。

一般认为，实现区域经济一体化有利于形成区域范围内的规模经济，从而形成集团竞争力。1975年美国的GDP为15 138亿美元，而当时欧洲国家中GDP最高的联邦德国也只有4 248亿美元，只相当于美国的四分之一强。按欧共体来计算，当时欧共体9国的GDP总值则达到13 501亿美元，可以同美国相抗衡。事实上，从最初的比荷卢联盟到欧共体成立和扩大，其目的之一始终是谋求通过一体化构成同美国旗鼓相当的集团竞争力。至1991年，欧共体的出口贸易额已占世界贸易总额的40%，达13 706亿美元，同期美加墨三国的出口贸易的世界比重只有17%。显然，西欧国家通过一体化确立了其在世界经济中"一极"的地位。

2. 动因之二：自由流动，提高效率。

区域经济一体化的第二个微观动因在于，期望通过取消相互间各项贸易壁垒，促使要素自由流动和优化配置、生产分工更趋合理，从而全面提高区域内的经济运行效率和社会福利。就自由贸易而言，由于区内贸易壁垒消除而带来的贸易创造相当可观。1960年欧共体6国区内贸易占进口总额的34.6%，1970年上升至48.9%；1980年欧共体扩展至9国，其区内贸易比重进一步上升为52.8%，1990年已超过60%。尽管这一庞大的数字使一些人惊呼其为"封闭性的集团经济"，但事实上在区内贸易比重持续上升的同时，欧共体同区外世界的贸易量也绝对增长。在总体贸易大幅增长的推动下，欧共体1984~1989年以GDP年均增长率3.3%的速度，超过世界年均增长率0.4个百分点。此外，劳动力、资本得以自由流动，由此带来的新增经济福利相当可观：由于取消贸易壁垒而获益占欧共体GDP的0.2%，由于取消影响总生产的壁垒而获益占2.2%，由于更充分利用规模经济而获益1.6%，由于加剧内部竞争和减少企业低效率而获益1.6%。

3. 动因之三：防御战略，形成集团。

由于部分先期成立的区域经济一体化的成功，使其内部贸易比重增加；同时规模经济形成的对外集团竞争力加强，造成区外国家面临日益狭小的国际市场和日益强烈的国际竞争，从而在客观上迫使这些区外国家急切地投身于营造自己的区域集团，最终导致后起的区域一体化组织形成动因中被动成分多于主动成分。欧洲自由贸易联盟的组建初衷以及美国从推崇全球自由贸易转向组建北美自由贸易区都是这一动因的写照。

（二）区域经济一体化是一种次优选择

仅仅将以上这些动因作为区域一体化在"二战"后如此迅猛发展的原因显然是不充分的。20世纪世界经济发展的内在要求才构成了区域一体化发展的关键动因。

20世纪的世界经济是走向全球一体化的经济。它所显示的发展方向是全球范围的商品贸易、生产分工、要素资源流动、金融投资的自由化和财政、金融体制的协调，即构成一个类似于放大了的国民经济的运行体制。这就决定了全球经济一体化将面临重重障碍。

一体化与主权国家对国民经济控制权的冲突，不同经济发展水平国家合作的障碍，更深层次的文化、意识形态障碍等,都使世界经济一体化的进展步履艰难。但世界经济发展的客观趋势决定了一体化是必由之路。在以贸易自由化为代表的世界经济一体化艰难探索的同时,以特定区域,即经济发展水平接近、文化背景相似、社会政治体制相融的地区为突破口,率先尝试建立区域的多边体制,并以此为基础不断地吸收周边国家,从而以区域的经济一体化为样板,并在全球区域经济一体化走向成熟的基础上,较为顺利地实现全球经济一体化。因此,可以说正是世界经济的发展要求在区域范围率先进行一体化经济功能和体制的培育,为全球经济一体化作阶段性准备。

次优选择说是对区域一体化与全球一体化关系的一种具有代表性的解释,正因为全球经济一体化面临种种障碍,障碍相对较小的区域经济一体化就成为全球经济一体化发展过程中的一项次优选择。

那么,怎样的区域一体化符合次优选择的标准呢?有关研究列出了区域一体化一系列的约束条件。比如,贸易效应的公认条件有:

第一,共同体或区域集团包括的国家越多,其贸易创造规模越大,贸易转移规模相对较小;

第二,共同体或区域集团共同对外关税的壁垒越低,贸易转移的损失就越小;

第三,与贸易转移有关的商品成本差异(伙伴国与第三国比较)越小,贸易转移规模和派生损失就越小;

第四,共同体或区域集团成员国间原关税水平越高,贸易创造效应就越大;

第五,共同体或区域集团成员国间与贸易制造有关的商品成本差异越大,贸易创造的规模就越大。

而事实上,在贸易方面,成功的区域一体化实践所显示的前提条件则是:

其一,经济发展水平接近(意味着区域内商品成本接近);

其二,历史上经济交往密切,商品交流障碍小,功能性一体化程度高;

其三,区域组织基本循着由少数创始国逐步吸收周边国家的步骤扩展;

其四,社会文化形态一致。

泰凡勒斯(George S. Tavles)提出的最适度货币区理论中有关最佳成员的约束条件,也就是最适度货币区发挥货币一体化最佳效应的条件是:①通胀率相似;②要素流动程度高;③经济规模小而开放度大;④商品多样化程度;⑤在区内价格、工资有弹性;⑥产品市场一体化程度高,生产结构相似;⑦财政一体化高;⑧历史上汇率波动的需求;⑨一体化的政治意愿和取向。

由上可见,经济条件相近是所有约束条件的核心。据此,我们对区域一体化与全球一体化的关系就有了更清楚的认识:一体化是一个趋同、融合的过程,区域一体化则是谋求在已有趋同基础的区域内的融合。虽然区域一体化目标不是最优的,因为它存在着对区外的歧视和一般均衡分析下的福利损失;但是,其一体化成效更易促进区域内局部福利的全面提高。因此,被视为次优。

有关区域一体化的次优选择说的另一个依据来自公共选择理论。由奥尔森在《集体行动的逻辑》一书中,论证了普遍意义上大集团的无效性和小集团的成功性。区域一体化相对于全球一体化的次优关系可以通过这一理论分析得以验证。

首先,我们将经济一体化视为一个集团的组建过程,一旦该集团形成,就好比是一个公共产品。然而,经济一体化的组建是需要代价的,它涉及各成员国集体行动的成本,即各国作出一体化取向的行动成本;也包括组织成本,即确保各国切实作出一体化取向行动的激励管理成本。

就一个经济一体化集团而言,一体化目标的实现有赖于各成员国的集体行动,这是一个为创造公共产品而分担成本的过程。如图 4-1 可见,成员国面临的成本线是 OC,其成员国面临的个体收益线是 PR。由于成员国参与集体行动所创造的是公共产品,除了个体本身受益外,还存在正的外在性。假设各个成员国之间无差异,那么,该成员国还面对一条集团收益线 nPR。

各成员国的国家行为是自利的,在其参与"取向一体化目标"的集体行动中,也遵循自利原则。因此,成员国在集体行动中的实际产出是基于边际个体成本与边际个体收益的均衡考虑,而不是基于边际个体成本与边际集团收益的均衡考虑。这样,集体行动中成员国的公共产品产出均衡点在 A 而不在 B。公共产品产出供应面临短缺,就难以达到一体化目标。

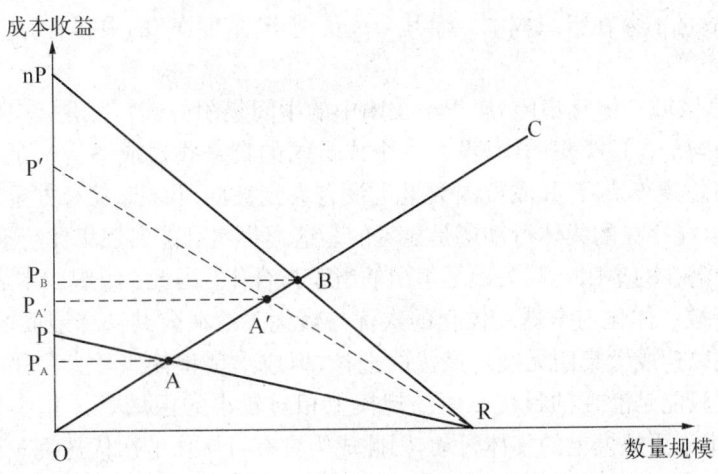

说明:从成本角度分析符合小国模型 PR-OC 均衡中 P_A 是小国意愿承担的成本水平,同达成集团均衡的期望成本负担水平 P_B 差距很大。

符合大国模型 P'R-OC 均衡中 P_A' 是大国意愿承担的成本水平,同集团均衡水平 P_B 很接近。

图 4-1 集团创造公共品的数量与成本分析

这一影响经济一体化目标实现的公共产品供应短缺问题在集体行动中是普遍存在的,因为公共产品的个体收益与集团收益的差距始终是存在的,成员国行为的自利性也是不可避免的。这种供应短缺的程度则是随集团状况的不同而有差异,它首先与集团成员数量正相关,成员数 n 越大,则个体收益线 PR 与集团收益线 nPR 的差距就越大,A、B 两均衡点差距也越大,供应短缺程度也越大。如果放松有关成员国之间无差异的约束,那么集团成员国间规模差距又同公共产品供应的短缺程度呈反相关,规模差距越大,那么个别成员国(大国)规模也就越接近于集团总规模,该成员国的个体收益线同集团收益线越接近,A、B 均衡点趋近,供应短缺程度就越小,如图 4-1 所示。

经济一体化的组织成本则更明确,它是集团中成员国数量的一个单调递增函数。于是,整个经济一体化集团的成败与否,从决定于成本的负担转向决定于集团成员的状况。

于是,集团成员数量和集团成员间相对规模的差距成为关键因素。

根据上述假设,我们可以得出三类一体化集团模型:

1. 全球一体化集团,属于大集团,其成员数量规模大。相对全球一体化集团总体而言,每个成员国个体规模都是微不足道的,因此又称组织成本极大的原子式集团。由于个体数量大多规模小,集体行动成本和管理成本承担能力也很小,因此,不管集体行动的公共产品对全球一体化集团如何有益,也无须指望成员国会出于自利的激励而为创造公共产品作出贡献。成员国更多的是愿意充当"搭便车"的角色。显然,在这种情况下,公共产品的产出水平将是极有限的,原子式全球一体化集团在更大程度上只能是潜在的集团,成功的可能性很少。

2. 区域一体化集团之一,属于小集团中的一类特权集团。其特征是:集团成员数量规模小,且部分集团成员相对规模大。这类区域一体化集团,首先由于其成员少,组织成本相应地小,甚至可能不存在;其次由于成员国之间相对规模差距大,至少有个别成员国有实力靠自利的激励便能承担绝大部分的集体行动成本,单方面提供公共产品,不需要任何组织协调,故也不存在组织成本。而其余成员充当"搭便车"的乘客,以此实现区域一体化构想。

3. 另一种区域一体化集团,属于小集团中的中间集团。其特征是:集团成员数量少,但相对规模均匀。在这类集团中,没有一个成员国的自身收益成本均衡足以使其有能力单独提供全部公共产品,但其成员国数量也没有大到彼此可以忽视对方是否主动提供公共产品,其中可能存在的集体行动还是显见的。这类集团可能实现集体行动的目标,也可能成为又一种潜在的集团。其关键是集团的组织与合作,因此,组织成本需要加以考虑。

从上述区域一体化与全球一体化的次优与最优关系在公共选择层面的考察来看,实现全球一体化以达成大集团无疑是最优的选择,但成本负担使组建大集团在现实中很难实现,因此,这只能是潜在的最优。而在规模上相对较小的区域一体化小集团较容易构建,又能达成小集团规模上的集体行动,因此成为具有可操作的次优选择。但正如奥尔森一再指出的,大集团、小集团并非仅仅是在规模上存在差异,更关键的是在性质上的不同,即大小集团在某些功能上或者说吸引成员的能力上是截然不同的。虽然公共选择理论没有给出小集团和大集团划分的量化指标,但两者之间不是犹如小集团增加几个成员便可成为大集团,而潜在的大集团减少几个成员便可分化为小集团那样易于相互转换的。因此,一体化的选择不会仅仅因某个因素的变化而可以从次优转向最优。可以说,区域一体化是全球一体化的一个阶段,但在实践中绝非举步之遥。

第二节 区域经济一体化的发展

一、欧洲经济一体化

(一)欧洲经济一体化发展历史

欧洲一体化运动的实质性启动应追溯到1948年在荷兰海牙召开的包括欧洲16国在内的"欧洲大会"。进入20世纪50年代,西欧各国分化为两大集团。一个集团是1951年由联邦德国、法国、荷兰、比利时、卢森堡、意大利6个国家组建的欧洲煤钢共同体。到

1957年,这6个国家共同签署了《罗马条约》。在条约基础上创立了欧洲经济共同体和欧洲原子能共同体,这三个经济组织于1967年合并为欧洲共同体。另一个集团是1960年由英国、奥地利、丹麦、挪威、葡萄牙、瑞典、瑞士7国构建的欧洲自由贸易联盟。这两个集团的发展有时是平行的,有时是交织的。从历史及现状来看,作为一个区域经济一体化组织,欧共体在各方面都优于欧洲自由贸易联盟,前者在欧洲一体化进程中发挥了倡导和推动的作用。而欧洲自由贸易联盟更多的是扮演着响应和追随的角色。因而,在考察欧洲经济一体化时,通常以欧共体的发展为对象。

1. 欧洲经济一体化以商品在成员国间的自由贸易为起点。与一般的发达国家区域经济一体化组织相同,欧共体各国加入这个组织的初衷是以关税同盟为核心扩展商品市场,因而,消除商品自由流通的障碍成为欧共体最基本的目标。根据《罗马条约》中规定的商品、劳务、人员、资本流动的目标,欧共体首先要解决商品在成员国间自由贸易的问题。自1958年欧共体成立之日起,欧共体分三个阶段着手建立关税同盟,主要措施有降低乃至取消成员国间的关税和商品进出口的数量限制,对区外实行统一的关税政策。关税同盟的形成促使区内贸易迅速增长。1958年,欧共体内部贸易占各国贸易总额的比重为32.1%,到1967年时,该比重上升到48%,目前已达到约65%。同时,欧共体内部贸易在世界贸易中所占的份额也从1975年的18.5%上升到1990年的24.2%。关税同盟的建立实现了成员国间的商品自由贸易。而且保护了成员国的市场,刺激了区域外国家对欧共体的投资。它作为一体化的起点有力地推动了各国经济的发展,是欧共体存在与发展的基础。

2. 欧洲经济一体化的进程是从商品的自由贸易向要素的自由流动发展。欧共体于1968年实现了关税同盟,比《罗马条约》规定的进程提前一年半,1970年实行了统一的对外贸易政策。可以说,欧共体此时已基本实现了商品的自由贸易,根据《罗马条约》,欧共体还须在劳务、人员和资本三方面实现自由流动。1985年6月,欧共体通过了"关于完善内部市场的白皮书",同年底,又通过了《单一欧洲文件》,又称《欧洲一体化文件》。这两个文件以共同市场为目标,为实现欧洲大市场的各项具体工作提出了近300条计划,不仅要求各国消除在贸易中残留的种种障碍,还在人员流动、劳务流通、公共工程开放和资本流通几方面通过了一系列的法令和决议。其中,劳务和资本的流通因涉及面广,起步迟缓,面临的困难较大。通过上述众多政策和措施的实施,一个商品、劳务、人员、资本自由流动的欧洲统一大市场于1993年年初如期建成。在有关消除市场障碍的措施中,79%的部分已经转化为共同体各成员国的法规。在人员流动方面,欧共体12国消除了内部边界,并规定各国相互承认高等学校毕业证书和学历,为一国公民在其他成员国工作和生活创造了条件和环境。在服务业领域,主要部门的内部市场已经形成。另外,社会制度和环保方面实行的一些统一政策也取得了显著的成果。

3. 欧洲经济在统一大市场基础上向更高的一体化形式发展。随着欧共体各成员国经济依赖程度的加深,对货币合作的要求逐步提上议事日程。欧共体早在1979年就创立了欧洲货币体系,同时创设欧洲货币单位"埃居",建立欧洲货币基金。这个货币体系在运行的最初水平成果并不显著。1989年,欧共体通过了关于欧洲经济与货币联盟的"德洛尔报告",报告提出分三个阶段建设经济货币联盟,核心目标是建立欧洲中央银行,发行单一货币,协调各国经济政策。这个报告的实施使欧洲经济一体化进入了一个新的发展阶段。在此基础上,欧共体各国于1991年12月签订了马斯特里赫特条约(简称《马约》),就建立欧洲经济与政治联盟达成了协议。《马约》在1993年11月统一大市场已经建成的基础上正式生效。这意味着欧共体在一体化的道路上由共同市场开始向经济联盟转化。该条约是继《罗马条约》之后又一个具有里程碑意义的条约。《马约》将"德洛尔报告"中提出的欧洲经济货币联盟三阶段建议作更详细、具体的规定,目前欧洲联盟的建议正处于由经货联盟的第二阶段向第三阶段过渡。1995年经货联盟各国又通过了引进单一货币阶段性策略的绿皮书。货币一体化问题已成为欧洲联盟建设的核心问题,是欧洲经济一体化不断向前推进的集中体现。1998年1月欧洲中央银行成立,1999年欧元开始运作,2002年1月1日欧元成立欧洲单一货币开始流通。

4. 欧共体在发展过程中不断扩大自身规模,并积极拓展与东欧国家的合作空间。欧洲共同体的原创国有6个,1973年,英国、丹麦退出欧洲自由贸易联盟,与爱尔兰一同正式成为欧洲共同体的成员。1981年,希腊加入,葡萄牙、西班牙于1988年也成为欧共体大家族的成员,使欧共体扩大到12国。1995年,又有3国正式加入欧洲联盟,分别是奥地利、瑞典和芬兰。欧洲联盟已成为一个有3.7亿人口,面积达323.5万平方千米的强大的区域经济一体化组织。20世纪90年代初以来,随着原苏联、东欧国家的巨变,欧共体与东欧国家签订了新型联系协定,给予这些国家普惠制待遇,提前取消针对这些国家的进口配额,同时积极开展技术合作、进行财政援助与政治对话。而东欧国家在近几年也相应地对欧共体开放自己的市场,不少国家积极申请加入欧共体。2013年,克罗地亚加入欧盟,成员国达到了28个。

5. 欧洲经济一体化进程中,欧洲联盟与欧洲自由贸易联盟有融合之趋势。欧洲联盟与欧洲自由贸易联盟之间一直存在密切的经济联系,欧洲自由贸易联盟国家是欧共体最大的出口市场,占欧共体出口额的1/4,多年来双方的经济合作已达到相当高的程度,包括直接投资、合资企业及技术合作。自从1973年英国、丹麦两国退出欧洲自由贸易联盟加入欧共体以来,两个组织之间保持着特惠贸易的关系。1992年5月,欧洲经济区协议的签订,使两个组织的关系发生了质的飞跃。这个协议的目的在于将欧洲统一大市场的规则和政策扩展到包括欧洲自由贸易联盟在内的绝大部分西欧国家。在这个协议的框架下,欧共体向欧洲自由贸易联盟国家完全开放商品、劳务、人员和资本市场。同时,后者也将接受欧共体除农业和政治条例外的大约70%的条例。1994年,欧洲经济区正式宣告成立,这充分体现了欧洲联盟和欧洲自由贸易联盟两者相互融合的加深。它是迄今为止世界上最大的统一市场,使欧洲的经济实力和国际地位都大大增强。

6. 欧洲与发展中国家的经济合作是欧共体对外关系中重要的组成部分。欧共体与广大发展中国家的经济联系的一个重要内容是"洛美协定"。"洛美协定"是欧共体与位于非洲、加勒比海及太平洋地区的欧共体成员国原殖民地和海外领地国家之间缔结的经济贸易合作协定。它是全球最大的单向援助计划,是欧共体对外发展政策的主要手段。参加"洛美协定"的发展中国家大多是世界上最贫穷的国家。历史上一直对欧共体成员国存在较强的依赖,因而"洛美协定"明显地体现为欧共体国家对这些国家的经济扶持和援助。在贸易条款方面,欧共体单方面准许非加太国家产品向欧共体出口,对其中99%的产品免征关税,而欧共体对非加太国家的出口则享受最惠国待遇。在资金援助方面,"洛美协定"采取了赠予、低息贷款和利息补贴多种形式,以减轻非加太国家的债务。这些措施有力地推动了非加太国家经济、贸易的发展,也为欧共体部分工业原料的供应和产品的销售提供了稳定的保障。自 1975 年第一个"洛美协定"签订至今,已有五个协定签订并得以实施,这使欧共体与非加太国家之间的这种特殊关系更加巩固。

(二)欧洲经济一体化的运行机制

1. 严密的制度性安排在一体化进程中发挥了主导作用。欧洲经济的一体化是在一个超国家权力机构的制度安排下逐步演进的,其发展过程本身就是这个机构体系不断完善的过程。《罗马条约》设置了一整套具有一定权限的共同体机构,主要包括:欧共体委员会、部长理事会、欧洲议会、欧洲法院。这套机构是实现条约规定的目标和各项政策措施的组织保证。1986 年的"单一欧洲文件"对欧共体的组织机构进行了改革,主要体现为欧洲议会和部长理事会的职权有所转变和强化。改革后的制度使任何成员国不再可能单独阻止通过有关统一市场建设的立法,即成员国的主权有了进一步削弱,这使共同体的立法更易于通过,对欧洲一体化的发展产生了积极的作用。欧共体在统一大市场建设中对商品、劳务、人员和资本的自由流动列出了约 300 项立法,并规定了完成这些立法的时间表。欧共体将这些法规转化为各国国内的法律,以此为基础使其所定的各项指令得以贯彻和实施。从实际情况看,各成员国对此普遍表现出积极合作的态度,整个欧共体平均立法转化率达到 80%以上。1991 年,马斯特里赫特条约签署,确立了经济联盟和政治联盟两大目标。这是对《罗马条约》的重大修改和补充,因而对应的机构设置比原先的涉及范围更广,体系更为复杂。根据《马约》,欧盟在社会制度、司法和内部事务合作、共同外交与安全政策等领域新设了一系列机构和运行方式,使各成员国在这些领域的权力集中在欧盟手中,为欧盟高效运作和政治一体化的发展提供了保障。

目前,英国和丹麦两国对条约个别条款的执行仍保留例外权,致使《马约》成为一个不完整的条约;但从世界区域经济一体化的发展看,欧盟是制度性最强的区域经济一体化组织。

2. 跨国公司的发展增强了欧共体内部凝聚力。跨国公司是当代世界经济中最活跃的力量,是国际投资最重要的主体。西欧跨国公司自"二战"后以来的对外直接投资一大特点是区域内各国相互投资。1985 年以来,区内各国相互投资迅速增长,投资总额平均每年以 54%的速度增加,1988、1989 年的平均增长率高达 61%和 74%,从跨国公司国外子公司的地理分布来看,欧共体跨国公司也是将区内国家作为设立子公司的重点。西欧国家在实行经济一体化之初,就以生产要素的自由流动为一个重要目标,逐步减少阻碍生产要素自由流动的宏观政策性的因素,但还无法彻底消除各种生产要素在流动性上存在的差异。而跨国公司作为一个在全球范围内实现最优资源配置的企业形式,以市场内部化方式在微观层面上实现了消除要素自由流动的障碍,从而使生产要素根据利益最大化原则进行结合,降低了投资成本,优化了资源配置。这与欧共体统一市场的要求是完全一致的。如果说《罗马条约》是实现欧洲经济一体化的外部条件,那么欧共体内各国跨国公司在区域内交叉直接投资则构成了一体化的内在因素。

3. 一体化给成员国带来的良好经济和社会效益是欧洲经济一体化向纵深发展的强大推动力。1993 年,欧洲统一大市场的建成为欧共体各国创造了一种新的、普遍竞争的市场环境。各国的企业和消费者从中获得了较好的经济和社会效益。根据欧共体执委会的报告,欧共体各国的企业和消费者从消除影响贸易的障碍中受益 80 亿~90 亿欧洲货币单位,从规模经济的收益提高中获益 610 亿欧洲货币单位。此外,一体化使企业加强竞争,提高生产效率,取得明显收益,据测算可达460亿欧洲货币单位。上述三项收益构成了欧共体内企业与消费者在微观层面上所得到的总体经济效益,按1988年的价格计算,相当于共同体GDP的5.3%。从宏观层面看,欧共体内部市场的统一可使欧共体经济在平衡中求得发展和繁荣。据测算,消费物价平均下降6.5%,国内生产总值增加4.5%,可产生180万个新的就业机会,平均失业率大约下降1.5%。另外,公共预算的平衡可产生的收益相当于平均GDP的2.2%。在对外关系方面,欧共体在世界经济中的竞争能力逐年增强,经济开放程度超过日本,而且各成员国经济政策的统一使彼此的市场机制进一步结合,有利于经济协调和经济增长,为各成员国带来了更大、更持久的利益。这个巨大的收益使各成员国对合作前景更为看好,从而使欧共体的纵深发展获得更大的动力。

(三)欧洲经济一体化的新进展

1. 欧元的启动。

当欧洲统一大市场于1993年1月1日如期建成时,欧洲经济货币联盟的设想得到了法律层面上更加详细、更加具体的规定,这意味着欧洲的经济一体化从共同市场向着经济货币联盟与政治联盟这一更高阶段的进发。1995年5月,单一货币绿皮书的公布标志着单一货币正式方案的确定。1997年6月召开的欧盟阿姆斯特丹会议对《马斯特里赫特条约》进行了重大修改,并通过了新的条约,将欧洲经济与货币联盟第三阶段有关单一货币的启动和推进作了法律性的规定,进一步确立了欧元(EURO)启动的日程和法律地位。1997年下半年,有关欧元使用的一些具体措施和欧洲中央银行的各项规章的草案纷纷出台。1998年3月25日,欧盟执委会宣布,15个欧盟成员国中除英国、丹麦、瑞典和希腊以外的11个成员国将成为首批实行单一货币的国家。

1999年1月1日,欧元的正式启动作为一种战略选择,极大地促进了欧洲经济区的有效运转,使欧洲经济一体化的面貌发生了进一步的改观。首先,单一货币的实施大大简化了成员国之间货币流通的手续,促进了贸易和金融活动的展开。各成员国货币之间兑换和佣金的取消大大减低了企业的成本。单一货币实施后各国的物价、利率和投资收益趋于一致,最终有利于欧盟总体经济的良性发展。其次,单一货币的实施起到了防范和化解金融风险的作用,减少了欧盟内部金融秩序混乱的现象。再次,欧盟单一货币的创立是国际货币史上一次重要的改革,不仅使国际货币体系的格局发生了变化,而且对国际关系的调整产生了深远的影响。当然,由于欧盟内部采取的不同进展速度,部分率先加入单一货币圈的国家与圈外的国家之间的汇率确定仍将是一个非常棘手的问题。

2. 欧盟的东扩。

欧盟的东扩既是欧盟进一步增强自身实力、保持自身国际竞争地位的重要手段,也是转型后的中东欧国家"回归欧洲"寻求一体化利益的愿望所在。自1994年欧盟埃森首脑会议作出欧盟东扩的战略决定以来,便展开了一系列所谓"扩前战略"的政策和措施,包括实现自由贸易等联系制度的"欧洲协定",多层次的双边对话制度以及对东欧国家的援助。1997年7月,欧盟执委会公布"2000年议程",继塞浦路斯之后,又对爱沙尼亚、波兰、捷克、斯洛文尼亚及匈牙利等5国的加盟问题开始进行磋商与谈判。2004年5月1日,爱沙尼亚、拉脱维亚、立陶宛、波兰、匈牙利、捷克、斯洛伐克、斯洛文尼亚前东欧集团8国与塞浦路斯、马耳他一起正式加入欧盟,这是欧洲开始一体化进程以来的第五次扩大,也是规模最大的一次扩大。东扩后的欧盟成员国增至28国,拥有5.02亿人口,经济总量、商品贸易总额和对外投资额分别占全球的 21.3%、15.3% 和 35.4%，是现今世界上规模最大、一体化程度最高的区域经济组织。

50 多年的一体化历程已使欧盟形成了自我发展自我推进的内在机制，每一轮成员国的扩大和经济一体化程度的提高都不是一帆风顺的，一体化进程攀得越高，阻力就越大，需要付出的努力也更多。进入 21 世纪的欧洲一体化步伐颇显沉重，欧盟区经济增长的实效并不令人满意，增长速度低于预期。失业率居高难下，但这并不意味着欧盟将停滞不前，而是表明需要不断进行自我调整，以更完善的运行机制和发展模式来实现一体化的新目标，考虑到东扩后成员国间经济水平间显著差异，新的发展模式必然更多体现 1997 年 6 月通过的新欧盟条约所确立的同一性、差异性、自愿性、灵活性和辅助性原则，欧洲一体化将趋于多元化、弹性化和松动化。

3. 欧债危机。

2009 年 11 月，希腊财政部长宣布，其 2009 年财政赤字对国内生产总值（gross domestic product, GDP）之比将为 13.7%，而不是原来所预测的 6%，引起了市场恐慌，希腊国债的信用违约掉期（credit default swap, CDS）价格急剧上升，国际三大评级机构相继下调希腊主权评级。此后，希腊主权债务危机持续发酵，随着西班牙、爱尔兰、葡萄牙和意大利等国陆续遭受信用危机，受影响国家的 GDP 占欧元区 GDP 37% 左右，希腊主权债务危机逐渐演变为欧洲主权债务危机。希腊债务危机爆发后，为避免危机的升级与扩散，欧盟对希腊进行了多次援助，2010 年 5 月 10 日，欧盟批准 7 500 亿欧元希腊援助计划；2011 年 7 月 21 日，欧元区通过紧急峰会，再向希腊提供 1 090 亿欧元贷款的第二次援助。贷款到期时间从 7 年半延长到 15～30 年；利率从 4.5% 降低至 3.5%。银行等私营机构同意在 2014 年前经由回购希腊债券等方式出资大约 500 亿欧元援助希腊。同年 10 月，欧盟举行第二次峰会，就解决债务危机达成一揽子协议。根据协议，银行业同意对希腊国债进行 50% 减记；新的欧洲金融稳定机制（EFSF）规模将达到约 1 万亿欧元（约 1.4 万亿美元），希腊将再获 1 300 亿欧元的援助；要求银行在 2012 年 6 月底前将资本金比率提高到 9%。2011 年 12 月 9 日，欧盟峰会再次在比利时首都布鲁塞尔举行，除英国以外的所有欧盟成员国同意缔结政府间条约，以强化财政纪律，并采取其他措施，应对愈演愈烈的欧洲主权债务危机。2012 年 3 月 26 日，德国总理默克尔表示，同意暂时扩大欧洲救助基金规模，在欧元区构筑更稳固的防火墙，以控制欧债危机蔓延。然而，尽管欧盟国家以及国际社会为解决欧债危机作出了诸多努力，但是迄今为止，欧洲主权债务危机依然未能得到根本解决。

欧洲主权债务危机根源于欧盟内部各国经济发展的不平衡，以及劳动力要素缺乏流动。欧洲主权债务危机的爆发同时也反映了欧洲一体化进程中存在的诸多问题，如一体化进程过快，吸纳经济发展水平低的国家加入，导致欧盟内部的经济差距，破坏了一体化组织赖以存在的物质基础；欧盟现有制度的僵化以及欧元区统一的货币政策与分散的财政政策无法有效协调等。

二、北美自由贸易区

北美自由贸易协定（North America Free Trade Agreement—NAFTA）于 1992 年 10 月 7 日在圣安东尼奥（美国）签订，并于 1994 年 1 月 1 日起正式生效。该协定是在 1988

年1月2日签订的"美加自由贸易协定"(The U.S.-Canada Free Trade Agreement)的基础上吸收墨西哥的产物。与欧洲经济一体化不同,NAFTA各成员国在经济发展水平上存在着明显的差距:美国和加拿大是当代典型的发达国家,而墨西哥是典型的发展中国家(见表4-1)。该协定目前还没有制定出类似1958年《罗马条约》建立欧共体时的远大目标,而只是将其区域经济一体化组织的形式定位于自由贸易区。

表4-1

美、加、墨3国人均国民生产总值比较

单位:美元

年份 国别	1986	1988	1990
美国	17 480	19 870	21 790
加拿大	14 120	16 860	20 470
墨西哥	1 860	1 820	2 490

资料来源:世界银行《世界发展报告》,1988年,1990年,1992年。

(一)NAFTA形成的主要原因

1. NAFTA的组建有益于区内各成员国发挥自身的比较优势和优化美国的产业结构。墨西哥与美国和加拿大分别在生产劳动密集型产品和资本、技术密集型产品方面具有比较优势(见表4-2)。NAFTA的组建将会促使各成员国按比较利益原则进行分工——美国和加拿大专业化于生产并出口资本技术密集型产品;墨西哥专业化于生产并出口劳动密集型产品。各成员国在发挥自身比较优势的同时,将会推动区内产业结构的调整。美国将朝阳产业、资本技术密集型产业保留在国内发展,例如,计算机、半导体和电子仪表产业;而将夕阳产业、劳动密集型产业留给墨西哥,例如,纺织产业。美、加或美、墨之间将会形成产品的研究开发与生产之间的分工,或是制成品与初级产品之间的分工。这一垂直形态的分工会使美、加、墨3国之间形成互补型的产业结构,加快美国产业升级的进程,不断优化美国的产业结构。另外,美、加、墨根据自身的比较优势作出的各自的生产经营决定,这犹如一只"看不见的手",将会改善资源在区内的不合理配置,提高资源的生产效率。

表4-2

出口商品结构

(各类出口商品所占百分比)

产品类别及年份 国别	燃料、矿产和金属及其他初级产品		纺织品和服装		机械和运输设备及其他制成品	
	1986	1988	1986	1988	1986	1988
美国	24	23	2	2	74	78
加拿大	36	38	1	1	64	62
墨西哥	70	45	2	2	30	55

资料来源:世界银行《世界发展报告》,1988年,1990年。

2. NAFTA的组建有利于美国和墨西哥形成规模经济。区内3国之间贸易壁垒的取消,各成员国的企业都将会获得市场扩大的好处。与加拿大和墨西哥相比,美国在资本技术密集型产品的生产成本上具有优势,消费市场的扩大使美国生产商能充分利用机器设备,进行大批量的生产,促使单个产品的生产成本降低,从而为美国创造更大的资本技术密集型产品的销售市场,美国从中获得规模经济效益。同样NAFTA的组建也会使整个贸易区成为墨西哥劳动力密集型产品的销售市场。美国、加拿大原来向区外发展中国家进口的劳动密集型产品将转向从区内墨西哥进口,使墨西哥面临的市场扩大,获得规模经济效益。

3. NAFTA的组建是受到世界经济一体化浪潮的推动。自20世纪80年代后期以来,区域一体化组织出现了蓬勃发展。尤其是欧洲经济一体化的发展,成为促进NAFTA形成的外在推动力。美国为了稳固其在世界经济中的领导地位并与欧洲经济相对抗(见表4-3),通过组建区域经济一体化组织来增强其经济实力,这无疑是一种很好的途径。

表4-3

国内生产总值增长率比较

国家\年份	1990	1991	1992	1993	1994	1995	2000	2005	2010	2014
欧盟	2.8%	1.2%	0.9%	−0.2%	2.9%	2.7%	3.9%	1.9%	2.1%	1.4%
美国	1.9%	−0.3%	3.4%	2.9%	4.1%	2.5%	4.2%	3.1%	3%	2.4%

资料来源:http://data.worldbank.org/indicator/NY.GDP.MKTP.KD.ZG。

(二) NAFTA取得的成果和存在的问题

北美自由贸易协定中一个区别于其他区域一体化协定的重要内容是,以汽车和纺织品产业为主制订了严格的对外贸易的原产地规则,这一规则确定了享受免税资格必须达到的最低的北美附加价值的标准,这一最低标准按不同的时间阶段逐年上升。它的实施主要是为了配合关税壁垒的不同取消程度、产品的不同来源,在北美的不同增值程度而享受不同的关税待遇。这项具有歧视性的规定成为一种非关税壁垒,正因为此,NAFTA的生效:一方面,直接刺激了美、加、墨三国的双边贸易和投资的增长,比如,美国在1993~1996年间每年对墨西哥的出口净增120亿美元,进口则每年净增50亿美元。同期,美国商品在墨西哥的占有率提高了6.2%,而墨西哥商品在美国市场所占的比重从原来的第五位上升到第三位。另一方面,NAFTA之外国家为了实现对美国的出口而加速及扩大了对北美的直接投资,尤其是对墨西哥的投资。由于墨西哥的工资水平仅为美国的约14%,协定生效后的几年间,外国厂商在那里的直接投资以12%~13%的速度增长,1994~1995年间流入墨西哥的外商直接投资达到143亿美元。1994~1996年间,美国和加拿大、墨西哥两国的双边贸易增长率达44%,大大高于同期美国与世界其他国家33%的贸易增长率①1994~1998年间,流入墨西哥的外商直接投资达570亿美元②,目前墨西

---

① 伍贻康等:《三足鼎立:全球竞争体系中的欧美亚太经济区》,上海社科院出版社2001年版。
② 墨西哥:《至上报》1999年10月17日。

哥已是仅次于中国的第二大吸收外商直接投资的发展中国家。

值得注意的是，北美自由贸易协定涉及广泛的领域，而现实中经济障碍的消除并不如协定中规定的那样广泛。比如，美、加、墨三国的农产品贸易因补贴和竞争政策的问题而难以统一规则。墨西哥对农产品进口维持了大量的许可证，美国和加拿大则保留了大部分的补贴，三方在此问题上存在严重的分歧。这一分歧充分反映了发达国家与发展中国家经济一体化进程中的难点。农产品贸易已成为现有区域一体化谈判，甚至全球贸易谈判中最具争议的焦点。其根本原因是农产品大多是发展中国家的主要出口产品，对这一产品的贸易自由化严重影响到发展中国家的利益。

（三）NAFTA发展的前景

NAFTA第一步的发展目标是组建以美国为中心的"美洲经济圈"。里根总统在签署"美加自由贸易协定"之后就已表现出这一意向。拉美国家对于美国的这一"南下战略"的态度是矛盾的。一方面由于它们经济水平与美国相差甚远而对其抱有戒心；另一方面却又想与美国建立区域经济一体化组织，使它们的产品通过进入北美市场顺利地加入到世界经济大循环中去。整个拉美地区的经济从20世纪90年代初期逐步转好，这对于美国来说无疑是加强同拉美经济联系的一个好时机。1991年，美国对拉美国家的商品出口比上一年增长80亿美元。在达成NAFTA之后，拉美国家的态度转向积极，它们加快改革步伐，大力发展与美国的关系，争取与美国达成自由贸易的框架协议，为日后加入NAFTA作准备。对此，克林顿政府推出了"西半球自由贸易区"计划。该计划分为三步：第一步是吸纳智利为NAFTA的第四个成员国；第二步是吸收阿根廷、哥伦比亚、委内瑞拉和哥斯达黎加等；最后是吸收其余拉美国家和次区域一体化组织。美国试图想通过NAFTA模式在整个美洲的推广，从而推动该地区的经济合作进程。1993年11月底，中美洲自由贸易区和加勒比共同体一致表示准备以集团名义分别加入NAFTA；1994年5月初，南锥共同体市场也通过决议尽快与美国商谈该组织加入NAFTA事宜。在1994年底，由西半球34国领导人参加的美洲国家首脑会议上，一致同意将北美自由贸易区扩大为美洲自由贸易区，即到2005年建成美洲经贸集团。

2003年底，美洲34个民主国家在迈阿密召开会议，为在西半球实现自由贸易制定了两条互为补充的路线。迈阿密会议拟定的路线之一是，34国完成单一美洲自由贸易区(FTAA)的谈判。就在我们为建立美洲自由贸易区而努力时，美国与11个拉美国家也在另一条路线上行进，即力争签署达到最高标准的全面自由贸易协定，该协定实际上是《北美自由贸易协定》(NAFTA)及最近签署的美国—智利自由贸易协定的延伸。

在迈阿密会议上，各国构想的美洲自由贸易区将取消所有商品关税，寻求农业和服务业的实质性开放，并在其他许多领域增加规则。鉴于南方共同市场[南方共同市场关税同盟(Mercosur)包括巴西、阿根廷、乌拉圭和巴拉圭]实行的平均商品关税税率为13.5%，重要商品税率约为20%，平均约束税率约为30%，美洲自由贸易区仅在商品方面的自由贸易就将是个巨大进步。多米尼加共和国于2004年初加入了《中美洲自由贸易协定》(CAFTA)，巴拿马于2004年春天与美国开始自由贸易协定谈判。哥伦比亚和秘鲁也是如此。一旦准备就绪，厄瓜多尔和玻利维亚将紧随其后。该协定联盟建成之后，将共同对美洲实现自由贸易发挥重大作用。除美国外，其余合作伙伴的国内生产总值(GDP)占整个西半球的68%。然而，美国同阿根廷、巴西、巴拉圭和乌拉圭等国在农产品补贴、农产品市场准入等问题上存在严重分歧,美洲自由贸易区谈判进展缓慢,最终陷入僵局。

NAFTA模式在美洲逐步推广的同时,还积极向亚太区域发展。近年美国政府提出了背靠美洲面向亚洲的全球经济战略。克林顿政府将新加坡、韩国等一些东亚国家和澳大利亚、新西兰作为NAFTA未来发展的成员。但是,亚太地区的国家对NAFTA的态度仍然不明确。在APEC西雅图会议上,克林顿的"亚太共同体计划"没有获得大多数亚洲国家的认同。鉴于这种情况,美国政府在西雅图会议后,将其计划的亚太经合组织形式由内向型转变为外向型。这一态度的转变将为美国向亚太发展创造条件,但是美国与亚太地区发展中国家在关于贸易与投资自由化以及自由化进程等方面的分歧还很多,因此,向亚太发展的进程将是艰难的、曲折的。

三、亚太经济合作

20世纪80年代后期,随着世界经济一体化潮流的扩展,亚洲和太平洋地区各国经济相互依赖程度的日益增强,亚太经济合作组织(Asia-Pacific Economic Cooperation—APEC)应运而生。APEC成立于1989年,是继欧盟(EU)和北美自由贸易区(NAFTA)之后的又一个区域性经济组织。APEC由18个国家和地区组成:澳大利亚、美国、日本、加拿大、韩国、新西兰、中国、新加坡、马来西亚、印度尼西亚、菲律宾、泰国、中国台湾、中国香港、文莱、墨西哥、巴布亚新几内亚和智利。APEC的宗旨是维护亚太地区的经济发展,增加经济交往,减少关税壁垒,为世界经济的发展作贡献。1993年在美国西雅图举行的第一次领导人非正式会议标志着亚太经济合作开始进入了行动阶段。1994年在印度尼西亚茂物举行的第二次领导人非正式会议制定了区域贸易自由化的时间表。1995年在日本大阪举行的第三次领导人非正式会议把经济技术合作与贸易投资自由化摆到同等重要地位。1996年在菲律宾苏比克湾举行的第四次领导人非正式会议更是确定了各成员实现可持续性和均衡性发展的义务,制定了成员单边和集体行动计划。由于各成员国经济、文化背景错综复杂,因此,APEC在推进区域经济一体化方面与欧盟和北美自由贸易区相比有其独特之处。

(一)亚太经济合作的基本特点

1. 亚太经济合作具有很强的互补性,区域内水平分工与垂直分工相互交叉。地处北美的美国是世界上资金实力最雄厚,科学技术最先进的超级大国。地处亚洲的日本是仅次于美国的世界第二经济大国,该国自"二战"后迅速发展起来,至今已拥有与美国相抗衡的资金和管理技术,然而自然资源和劳动力极为短缺。地处大洋洲的澳大利亚和新西兰,拥有较先进的科学技术,地域辽阔,自然资源相当丰富,但缺乏足够的劳动力。地处东亚的韩国、中国香港、中国台湾、新加坡等国家和地区,都是东亚大陆边缘的大岛或半岛,具有海港优势,20世纪70年代已飞速成长为新兴工业化国家和地区,但是,地域狭小,资源贫乏。中国及东盟各发展中国家,虽然生产技术较为落后,资金短缺,但拥有极为丰富的劳动力资源。

成员国的互补性是国际分工和经济合作的重要基础,由于经济发展水平的悬殊,区域内形成了若干不同产业层次。美、日等发达国家生产高新技术产品,亚洲"四小龙"等中等发达国家和地区生产一般技术产品和耐用消费品,而中国等发展中国家以生产劳动密集型产品为主。因此,区域内既包含着经济发展水平相近的成员国之间的水平分工,又包含经济发展水平悬殊的成员国之间的垂直分工。

2. 亚太经济的合作方式具有多样性,贸易和投资自由化与经济技术合作两者并重。亚太地区各国经济发展水平相差悬殊:在第三次科技革命的推动下,美国成为世界上科学技术最为发达的国家和科技创新的策源地;而大多东亚各国由于过去长期受到殖民统治,国内经济尚属起飞阶段,或者正在建立和发展市场经济,或者正从内向发展走上外向型道路。亚太各成员国的社会制度、经济体制、文化背景,意识形态、宗教信仰多种多样,在政治和军事方面仍有许多历史遗留问题有待解决。此外,亚太地区还存在许多次区域经济组织,如北美自由贸易区、东盟、澳新联盟等。

这些因素使得各成员在经济合作时,都以维护自身的利益作为首要选择。为了体现共同发展的宗旨,APEC考虑到发达国家与发展中国家经济发展的差距以及多次区域组织的不同利益,提倡贸易和投资自由化与经济技术合作,并把两者摆在同等重要的地位,力求使参与各方互惠互利,共同受益。

3. 亚太经济合作具有灵活性,APEC是一个较为松散的地区性经济论坛。APEC成立时的初衷在于为促进亚太地区各国的经济合作提供协商机制。多年来,各国没有签订任何多边协定,而是遵循"相互尊重、平等互利、协商一致、自主自愿"的原则,达成共识,不断推动亚太经济合作的发展。APEC下设贸易投资委员会、经济委员会、常设委员会、名人小组、各工作组织及其下属的各个机构。这些机构从不制定指令性文件要求各成员国贯彻执行,而是通过交流信息、分析形势、研究问题、提供思路、开展合作,对各方面的活动起联系和协调的作用。

APEC每年举行一次由各成员国外交和经贸部长参加的年会,召开3~4次高级官员会议。APEC的最高级别会议是非正式首脑会议,每年都在部长级会议后举行。APEC特别注重会晤的"非正式"色彩,每次会晤都在某成员国一个非首都的城市举行。APEC并不具有实际立法和管理职能,部长会议和非正式的首脑会所达成的任何协议都是非约束性的,由各国自愿选择,经首脑承诺,公布于共同声明之中。

APEC各成员落实行动的方式采取"协调的单边意义",通过相互"促进"来实现区域内的贸易和投资自由化。由于各成员的经济发展水平不同,对市场开放的承受能力也各不相同,倘若按照相同的速度推进自由化,则不仅在理论上行不通,而且在实践上也势必会对其中的大多数发展中国家经济造成不良的影响。由于APEC的自由化目标倾向于产业和部门自由化,这就要求大多数发展中国家在所有产业和部门一致降低关税,但事实上很难做到这一点。对发展中国家来说,较为可行的办法就是在已具备竞争优势的劳动密集型产业和初级产品部门先降低关税。因此,APEC采取灵活机动的方法,即集体制定目标,成员国根据自身实际情况,在自愿的基础上进行自由化部门选择和时间安排。

1994年的茂物会议确定了实现贸易和投资自由化目标的时间表,时间跨度长达15~25年。各成员国根据本身的经济发展情况,选择与之相适应的期限逐步降低关税,循序渐进地走上自由化道路。发达国家不迟于2010年,发展中国家不迟于2020年实现贸易和投资自由化。1995年大阪会议以后,APEC各成员都提交了贸易投资自由化的单边行动计划,包括中国在内的许多成员根据各自发展水平,为推动区域合作和贸易投资自由化作出了很大的努力。到1996年4月1日,我国进口商品的平均税率已从原来的35.9%降到23%,到2008年已降到9.8%。2013年与2015年又分别大幅下调了部分商品的进口税率。

4. 亚太经济合作具有开放性,APEC崇尚"开放的区域主义"原则。APEC反对搞内向的"贸易集团模式",坚持"开放的区域主义",主张内部的贸易和投资自由化成果也适用于外部的非成员。大阪"行动议程"对此的确切表述为:"亚太地区贸易与投资自由化的结果将不仅仅是APEC经济体之间,也将是APEC经济体与非APEC经济体之间障碍的实际减少。"专家提出:首先开放钢铁产品、冶炼矿产品,以及纺织品等市场。

APEC的这种遵循透明度、非歧视和国民待遇原则的做法,不仅符合亚太地区的实际情况,而且还有利于亚太经济,尤其是东亚经济的继续发展。东亚一直是世界上经济发展最为活跃的地区:20世纪60年代日本高速发展,70年代亚洲"四小龙"迅速崛起,80年代中国经济腾飞。尤其是冷战后以中国香港和新加坡为中心的华南经济圈和长三角经济圈举世瞩目。促进东亚经济飞速发展的重要因素之一就是各国在充分发挥自身优势的同时,还普遍与区域外特别是北美和西欧各国建立了密切的经济关系。全球范围内的经济开放、经济发展和经济合作是促进亚太地区共同繁荣的有力保障。

(二)亚太次区域的经济合作

如果说20世纪80年代由于东亚各国和地区间因政治和经济上差异很大,以及历史因素和意识形态的严重制约,区域经济合作与其他地区相比严重滞后,导致相对灵活松散的亚太区域合作取而代之的话,那么自90年代中后期以来,APEC的缓慢进展,则催生了APEC内次区域经济合作的良好发展趋势,其中,尤以东盟的发展最为显著。

东南亚国家联盟(Association of Southeast Asian Nations),简称东盟(ASEAN)是东亚唯一的区域性经济合作组织。其前身是马来亚(现马来西亚)、菲律宾和泰国于1961年7月31日在曼谷成立的东南亚联盟。1967年8月7~8日,印尼、泰国、新加坡、菲律宾四国外长和马来西亚副总理在曼谷举行会议,发表了《曼谷宣言》,正式宣告东南亚国家联盟成立。同月28~29日,马、泰、菲三国在吉隆坡举行部长级会议,决定由东南亚国家联盟取代东南亚联盟。20世纪80~90年代又先后吸收了文莱(1984年)、越南(1995年)、老挝(1997年)、缅甸(1997年)和柬埔寨(1999年)等国,总面积约450万平方千米,人口约5.12亿人。

自成立以来,东盟举行了20余次首脑会议,第四次首脑会议于1992年1月在新加坡举行,签署了《1992年新加坡宣言》《东盟经济合作框架协定》和《有效普惠关税协定》等3个文件,从而赋予了东盟以更多的经济合作的使命。1994年,东盟决定把"共同有效优惠关税"计划(CEPT)完成的时间由15年提前为10年,即从2008年提前到2003年。1998年,此计划再度被提前一年。2001年9月决定提早向非东盟成员国的投资者全面开放制造业、农业、林业、渔业和矿业。其中6个原成员国的全面开放时间从2020年提前到2010年,其余4个新成员的开放时间则为2015年。这意味着东盟在不断加快自身一体化进程的同时,积极发展与东亚的多边经济合作,成为亚太地区一体化发展的重要推动力量。

第二届东盟非正式首脑会议于1997年12月在马来西亚吉隆坡举行,东盟首脑同意实施一项推行服务领域贸易自由化的计划,并决定在2010年建成东盟投资区及在2020年实现东盟内部投资自由化。会议通过《东盟2020年远景目标》,随后东盟与中、日、韩三国首脑举行非正式会晤,实现了历史上首次东亚首脑会晤。

1999年11月28日,第三次东盟与中日韩(10+3)领导人会议在菲律宾首都马尼拉举行。会议结束时发表了《东亚合作联合声明》,这是东盟与中日韩领导人发表的第一份东亚合作联合声明,表示东盟与中日韩将在经济、货币金融、社会及人力开发、科技以及文化与信息等领域进行合作。会议还决定建立10+3合作基金。10+3机制自启动以来,发展速度相当快,迄今为止共举行了14次10+3领导人会议。

10+3合作机制始于货币金融合作,建立十多年来,合作从经济领域向政治、安全、文化等其他领域拓展,目前已确定了外交、经济、财政、农林、劳动、旅游、环境和卫生等8个重点合作领域,在外交、经济、财政、农林、劳动、旅游、环境、文化、卫生、打击跨国犯罪、能源、信息通信、社会福利与发展以及创新政府管理14个领域建立了部长级会议机制,逐渐形成了全方位的对话与合作机制。10+3合作机制已经成为东亚地区政治安全和经济合作的重要支柱。

第三节 世界经济一体化的界定和特征

一、世界经济一体化的界定

经济一体化的含义是指原先相互独立的经济体通过某种形式结合成一个经济联合体的过程和状态。最初的一体化是企业的卡特尔或康采恩形式的联合。在世界经济中,一体化不再指这一含义。世界经济的一体化是指世界各国的经济结成一个相互依存、共同运行的整体,是各国在政治意义上的主权和地理意义上的疆界不变的情况下,作为经济意义上的国家界线的淡化。一体化是一个动态的过程。世界经济一体化就是国与国之间产品和要素流动障碍的消除。如果从更广泛更深刻的意义上说,也就是,再生产过程各阶段上国际经济障碍的消除。

从一体化的新视角研究世界经济是一种新的尝试,可能引起一些不同意见。为此,有必要对一体化及其相关的概念作些尽可能明确的界定。

(一)世界经济一体化与世界经济全球化

世界经济一体化与世界经济全球化是既有区别又有联系的两个概念。一体化所表示的是各国经济在内在机制上的统一,揭示了世界各国经济关系的高度融合,表明各国经济相互联系中的障碍日益消除。而全球化所表达的是世界经济在空间范围上的发展和扩大,揭示了世界上除了极个别国家之外,几乎都被纳入世界经济运行体系之中的客观事实,反映了各个相对独立的国民经济之间的联系越来越密切的总趋向。全球化是一体化的外在形式,一体化是全球化的内在机制;全球化是一体化的前提条件,一体化是全球化的发展趋势。

(二)经济一体化与政治一体化

经济一体化与政治一体化是两个截然不同的概念。世界经济一体化的发展趋势,并不意味着出现世界政治一体化的趋向。两者不能简单地等同。当今的世界,世界经济一体化与民族国家分裂两种趋势并存。尽管如此,国际政治中的矛盾、冲突及其民族国家的分裂现象并不否认世界经济一体化的事实。而经济一体化与政治一体化之间仍然存在着一定的联系。所谓政治一体化是政治决策过程的统一和超国家政治实体的形成。在现实世界中,欧洲政治一体化趋向正是欧洲经济一体化的结果。当然,在世界的其他地区并不存在像欧共体那样从经济一体化走向政治一体化的现实基础,但经济一体化的过程不可避免地使国家主权在一定程度上削弱、让渡或延伸,经济一体化的内在动力决定了民族国家放弃某种对外经济政策和干预措施的权力,服从一体化国际组织的共同规则。而一些地区,甚至在政治解体的同时仍然追求经济一体化的目标。由于在世界市场上的竞争加剧,各国在经济利益分配上的矛盾和冲突也日趋激化,对一国有利的经济政策和措施往往会对另一国造成损害。因此,建立国际协调机制,对这些矛盾和冲突进行调解是十分必要的。随着世界经济一体化的深入,一些民族国家的权力让渡给国际经济组织,有助于各国的经济相互融合和相互依存。尽管各民族国家的政治问题可能会影响经济一体化的发展,但它不可能从根本上阻止经济一体化的进程。

(三)区域经济一体化与世界经济一体化

一体化本来指的就是区域或地区一体化,一体化首先大量呈现区域的形式。区域经济一体化意味着国家主权的某种让渡,一种超国家经济组织或规则在一定区域内的存在。世界经济一体化在部分让渡国家主权方面还不如区域一体化,而更多地表现在非让渡主权的形式上,更深刻的国际分工、更广泛的国际交换、更具体的经济形式、更密切的相互依存、更成熟的运行机制等,呈现出经济国际化的高度发展。因此,区域经济一体化与世界经济一体化的区别在于,在组织化程度上,区域一体化强于全球一体化;在一体化的内容上,全球一体化更具有机制上的联合意义。世界经济一体化是一种趋势,是一种动态的过程;而区域一体化既是一种动态的发展趋势,又是一种组织化的实体。

区域一体化的结果是世界经济的区域化,遍布于五大洲的区域或次区域合作,构成了一幅全球范围的区域经济一体化的画面。从表面上看,它似乎导致了世界"分裂",而不是"整合";也就是说,区域经济一体化似乎是与世界经济一体化背道而驰的。但事实上,区域一体化是世界经济走向全球一体化的必要阶段。在世界各地区、各民族国家经济差距悬殊的情况下,全球一体化是难以一步到位的,而区域一体化将推进区域经济的发展,从而可能在区域内部采取较小差距的合作形式。同时,区域一体化一旦形成,又可能不断吸收新的成员国来扩大它的规模和范围。区域一体化的结果是世界经济中主体及其格局的变化。在当今世界中,不仅民族国家作为经济主体,而且各种形式的自由贸易区、共同市场等也作为经济活动主体。如欧洲共同体是作为一个经济主体来参与许多国际谈判的。它已成为实现全球合作的典范,同时也表明了区域一体化对全球一体化的积极作用。又如,亚太地区的一体化是全球一体化趋势的反映,大大增强了各国的利益纽带。

当然,如果区域一体化协议中本身包含高关税同盟等排他性内容,那么就会对世界经济一体化形成消极作用。但当代区域一体化的主要特征是内部商品与要素流动障碍的降低,而不是对外障碍的提高。区域一体化会产生贸易转移效应,但不等于是贸易保护。也正因为它实行对外更自由的商品与要素流动,从《关税与贸易总协定》到世界贸易组织协定包含区域一体化例外,即区域一体化成员间的更优惠待遇属于一般最惠国待遇的例外。因此,具有更高自由化程度的区域一体化不能被看作是目前相对较低自由化程度的全球一体化的阻力。恰恰相反,随着区域一体化的加深,区域一体化组织形成一个利益共同体,会减少全球一体化谈判的困难。在区域一体化发展的同时,全球一体化也在发展。区域一体化比全球一体化发展更快,而不是以区域一体化取代全球一体化。

(四)制度性一体化与功能性一体化

世界经济一体化可以表现为制度性一体化和功能性一体化。制度性一体化是以一定的国际协定和组织形式为框架的一体化;功能性一体化则是由经济活动本身的高度密切关系与基础而不依赖于协定或组织保证的若干国家经济整体性的增强。两者是互为因果的两种发展趋势。功能性一体化的发展来自各国市场经济自发的内在的要求;当它发展到一定阶段时必然要求制度性一体化给予保障和促进。制度性一体化会加深功能性一体化的程度,进而也为制度性一体化本身提出更高的要求。功能性一体化是制度性一体化的准备,具有一体化的实质性意义;制度性一体化是功能性一体化的阶段性标志,具有一体化的形态性意义。

在一体化的表现形式中,贸易自由化往往表现为制度性一体化,世贸组织的成立表明了制度性一体化的发展;而金融国际化和生产一体化更多地表现为功能性一体化,它的发展往往对制度性一体化提出更高的要求。

二、世界经济一体化的特征

世界经济一体化的主要表现为贸易自由化、金融国际化和生产一体化三个方面。这三大表现构成了当代世界经济运行的主旋律,构成一体化世界经济的基本特征。

(一)贸易自由化是世界经济一体化的先导

在 20 世纪世界经济一体化的过程中,国际贸易的发展更快于其他领域的发展。这是贸易自由化的结果。20 世纪世界贸易从保护主义转向自由化始于美国的"新政";而 1948 年 1 月 1 日由 23 国签订的《关税与贸易总协定》,是世界贸易自由化和阶段的滥觞。在以后近半个世纪中,总协定对世界经济一体化的作用,在于极大地推进了国际贸易的自由化,推进了世界市场的一体化。当今在金融、投资、知识产权和广泛的服务业中的全球制度性一体化正是在原先以商品贸易为主体的《关税与贸易总协定》的框架中形成的,是《关税与贸易总协定》谈判的结果。我们可以明显地看到,世界经济一体化是贸易自由化发展的逻辑结果。

1995 年 1 月 1 日,世界贸易组织宣告成立。这个组织的成立是它的前身《关税与贸易总协定》乌拉圭回合谈判的成果。世贸组织所覆盖的不只是传统意义上的商品贸易,而且还包括服务贸易、知识产权和与贸易有关的投资措施等。更重要的是,世贸组织把作为临时契约的《关税与贸易总协定》推进到具有法律约束力的国际经济组织。世贸组织的建立,标志着世界市场一体化达到更高的水平,也表明世界贸易在更大范围内实现自由化。

尽管现实世界中,国际贸易摩擦和冲突激化,贸易保护主义也不可能从根本上消除,但国际贸易自由化已是不可逆转的发展趋势,成为有利于世界经济一体化发展的最基本的组成部分。

(二)金融国际化是世界经济一体化的重要内容

国际资金融通最初是伴随着国际贸易的发展而形成的。国际资本市场首先以证券形式出现。到了第二次世界大战以后,国际货币体系的重建为国际资本市场的发展确立了决定性的条件。世界货币自由兑换的体制有效而成功地连接了各国业已发展起来的国内金融市场,并不断创造出新的形式,构成了高度一体化的国际金融市场。这一市场一体化的程度不亚于国际商品市场的一体化。

20世纪60年代开始形成的欧洲美元市场,开辟了国际金融市场的一个新纪元。起源于欧洲的"欧洲货币市场"这种境外市场不受所在国法律制约,充分体现了它的国际性。作为国际金融市场的境外市场的存在和发展,关键在于其具有高度的自由化。各国的国内金融市场通过对外金融联系相互联成一体,并同境外金融市场汇成一体,而外汇市场则通过货币互换为这种连接提供了基础。于是,形成了一体化的国际金融市场的运行结构。

国际银行作为国际金融的中介,充当了金融国际化的主角。国际商业银行适应了现代商业活动国际化,尤其是公司跨国界经营的需要。国际投资银行在国际资金配置中通过发售与管理证券,安排项目融资,接受信托管理以及国际投资咨询服务等成为国际投资的决策者和资金供应者。跨国银行的发展更使金融相关的各项业务的国际化大大加强。

国际金融市场中信贷关系的发展是国际金融一体化的另一表现。20世纪80年代以后,国际信贷关系从原来的以贷款形式为主转变为以证券形式为主,以发行证券来筹集资金大大增加。尽管19世纪资本输出就有大部分是以证券投资方式进行的,但80年代以来不仅证券发行和投资进一步扩大,证券融资已占国际融资总额的85%,筹资者在全球范围广泛发行证券,形成资金来源的国际化;而且证券交易国际化程度也大大提高,会员公司的国际化,网络的国际化,证交所的联盟国际化,投资基金的国际化,以及证券在海外上市,各种股票存托凭证为外国公司进入当地证券市场提供方便,等等,都大大推进了证券交易的国际化。

此外,国际范围内的金融创新大大增强了全球范围的资金融通,使全球范围的资金配置更加高效。

尽管金融国际化也产生了一系列新的问题与矛盾,但金融国际化以其有效配置世界性资源的特有功能,对世界经济一体化的运行作出了贡献。

(三)生产一体化是世界经济一体化的深刻表现

在20世纪世界经济一体化进程中,跨国公司的崛起,为生产的一体化奠定了微观基础。从世界各国经济相互连接的紧密性来看,跨国公司是世界经济一体化发展中最深刻的表现形式,它以交易内部化的方式实行了与国家间组织形式一体化有异的一体化。

跨国公司的大发展主要是第二次世界大战以后,特别是20世纪60年代以后的事情。到70年代中期,直接投资的比重开始超过间接投资的比重。直接投资在国际投资中占主导地位是世界经济发展中的重大历史变迁。跨国公司是世界经济一体化在企业组织形式上的微观表现,其重要性首先在于它在日益深刻的意义上打破了国家的经济疆界,而从另一种不同于国家意义上作为世界经济活动的主体而存在。跨国公司作为世界经济一体化的微观表现,其重要意义还在于它造成了当代世界经济生产经营的全球化。它依靠其雄厚的经济实力,以全球战略目标将生产、技术开发、销售在全世界范围内进行总体规划和布局,实现最佳的分工组合和资源配置。

跨国公司作为当代国际生产活动的主体,恐怕代表了世界经济的方向,为世界经济的发展作出了巨大的贡献。由于跨国公司的发展,当代世界生产的一体化程度越来越高。到现在为止,跨国公司总数为5万多家,其生产总值占世界生产总值的2/3,其贸易总量占世界贸易总量的3/4。由此可见,跨国公司已成为世界经济发展的主体力量。

第四节 当代世界经济一体化的发展趋势

一、世界经济一体化趋势与现实的矛盾

(一) 一体化趋势与传统保护状态的矛盾

在 20 世纪世界经济一体化的过程中，充满了一体化趋势与民族经济保护状态的矛盾。那些不合一体化趋势的传统力量或状态在没有一体化推进的条件下往往被视为自然。于是，当世界经济出现一体化趋势时，这种传统的状态一方面受到挑战；另一方面又不时地阻碍着一体化的演进。因此，世界经济一体化经历了曲折的过程。

大量例子证明国际经济摩擦的存在。如美欧摩擦在于欧共体的共同农业政策影响了美国的利益，美日贸易摩擦起因于美对日贸易的持续巨额逆差。这都反映了保护主义与一体化趋势的冲突。由于欧共体和日本保护主义的措施和传统体制保护了内部市场，损害了美国的利益，美国采取了报复措施。采取报复措施的目的不是为了保护本国市场，而是向对方施加压力，促使其开放市场，从而推进国际贸易的自由化。由此可见，一体化趋势是在与传统保护力量的冲突和矛盾中得到推进。在近年的各类贸易摩擦中，关税和非关税措施的增强不仅保护了本国市场，而且可以达到要求对方国家开放市场的目的。显然，那些不合一体化潮流的传统力量与其说可以证明一体化不是历史的大趋势，不如说恰恰证明了一体化趋势对保护主义民族经济的冲击。世界经济一体化的力量正冲击着各个民族国家的经济疆界，而渗透到全球的每一个角落。

(二) 一体化趋势与经济发展不平衡的矛盾

世界经济一体化趋势从总体上推动了世界经济的增长和发展。但世界经济的发展是不平衡的，在造就富国的同时也造就着穷国。因此，发达国家与发展中国家之间在经济利益分配上不平等的矛盾和冲突始终存在着，尤其是发达国家实行保护主义政策，损害了发展中国家的经济利益，影响了发展中国家的经济发展。这在一定程度上影响了世界经济一体化的进程。

即使是发达国家之间，它们经济力量对比也一直处于变化之中。20 世纪 90 年代以来，在经历了前期经济滑坡之后，美、英等国出现了经济复苏和持续增长势头；而曾经显赫一时的日本和德国则出现经济衰退的状况。发展中国家中，经济发展不平衡则表现更为突出。东亚经济一度出现高速发展的局面，亚洲"四小龙"的崛起，不仅顺应了世界经济发展的大势，而且表明以外向型经济发展战略为主导的思潮，取得了令人瞩目的经济成果，推动了世界经济一体化的发展潮流。然而，波及东南亚的金融危机大大影响了东南亚经济的发展，也影响了世界经济的增长。尽管东南亚金融危机有其深刻的背景和种种复杂的原因，但也在一定程度上反映了一体化趋势同其既存制度之间的矛盾和冲突。从某种意义上说，金融危机是它们走向开放，实现一体化过程中的阵痛。它一方面向东南亚各国警示经济高速发展所潜伏隐患的公开化；另一方面也要求它们必须跟上一体化潮流，实行更规范的开放政策。

事实告诉我们，在世界经济一体化的发展过程中充满着矛盾，民族国家现实利益之间

的不平衡决定了矛盾的复杂性。在当今世界上,人们可以列举无数事实来说明一体化过程中的矛盾。东南亚金融危机只是无数事实中颇为突出的一例。这是一体化发展中的矛盾,不是一体化的倒退。

(三) 一体化趋势与环境、资源、人口等问题之间的矛盾

在世界经济一体化的过程中,也产生了一系列的全球性的问题,如环境、资源、人口等问题的全球化。世界经济一体化的趋势依赖于世界经济可持续的发展,而世界经济可持续的发展则取决于环境、资源和人口等重大因素的制约条件。随着世界经济日新月异的飞速发展,工业化程度的不断提高,人类的经济活动对生态、环境的影响和破坏日益严重;与此同时,资源的大量耗用所造成的匮乏和人口膨胀的巨大压力也成为经济发展的沉重包袱。因此,环境、资源和人口等问题已成为影响和阻碍世界经济可持续发展的制约因素。摆在人们面前的矛盾是,世界经济一体化引起环境、资源、人口等问题的全球化,而环境、资源、人口等问题的全球化又影响着世界经济一体化的进程。解决这一矛盾的唯一办法就是,世界各国在一体化的进程中共同行动,联合起来向科学技术进军,合理使用自然资源,积极保护世界环境,保持人口与经济的均衡增长,使世界经济健康地运行和发展。

二、一体化趋势中矛盾的来源

在世界经济一体化的进程中充满着矛盾。这种矛盾反映了一体化不断向前发展过程中与既存制度或现实之间的矛盾。

贸易自由化进程中的矛盾来自一国既能获得比较优势的好处,又必须接受来自国际竞争的压力。出于各种民族国家的利益考虑,一国总是需要保护本国的某一部分市场的。发展中国家总是需要保护幼稚产业,开放其国内市场往往有一个过程;发达国家也因各种理由而使保护主义一再抬头。由于发展中国家与发达国家在经济的整体水平上存在差距,平等互利的贸易自由化进程必须包含对发展中国家的政策倾斜,包括市场开放在时间上的宽限和互惠在一个时期中的不对称。目前,国际社会所走的正是这一条自由化的道路。从某种意义上说,世界贸易组织不是完成一个自由贸易体制建立的任务,而是以一个制度化和规范化的体制确定一个通向自由贸易的道路,从而解决实现更高水平的自由贸易的共同愿望与贸易保护主义现实之间的矛盾。

金融国际化进程中的矛盾来自金融的高度风险性。金融业在现代市场经济中具有命脉的关键地位,因此,国家都不可能放弃对其的控制。由于金融业的特殊性,绝大多数国家对于增加外部风险性的金融国际化进程往往采取比较谨慎的政策。尤其是发展中国家的金融业普遍落后,难以与发达国家相竞争,因此更不可能像第一产业、第二产业那样参与国际分工,一下子开放其金融市场。即使是发达国家也因其国内经济条件的差异而对金融国际化持不同的态度,这就不可避免地带来实现制度性金融一体化的难度。

生产一体化的矛盾则来自跨国公司经营战略与国家发展战略之间的矛盾。跨国公司总是以自己的经营战略为依据规划其全球生产布局和投资趋向,必然对被投资国产生有利或者不利的影响。在跨国公司的经营战略下,先进国家对后进国家的投资往往导致后者产业水平的相对落后和低值高耗产业及污染产业的发展,甚至出现国民经济关键部门被外国跨国公司所控制的局面。对于后进国家来说,放弃对本国对外经济活动的任何干预也是不可能的,但生产功能性一体化的发展如此迅速,提出制度性一体化的要求是必然

的。后进的国家实行顺应一体化趋势的发展战略,只能是在本国经济最大承受力的基础上寻找最高开放度的引进外资的政策和方式。形成全球统一的投资规则涉及各国外资政策的调整,但这不是简单可以解决的。作为国际社会应帮助后进国家加速缩小与发达国家的差距,从而在更大的可能性上推进世界经济的一体化。

三、世界经济一体化趋势的前景

全面经济联系意义上的世界经济还刚刚开始,世界经济一体化还有很长的路要走。以"走向一体化"来认识世界经济,不是一个纯粹的理论问题,而是关于总体把握世界经济总体走势的根本性问题。我们正在跨入一个走向世界经济一体化的新时代。

世界经济一体化的进程也就是世界经济本身的发展与成熟的过程,而这一发展和成熟的过程又不断更新着世界经济的含义和内容。在跨入21世纪的时刻,世界经济早已不再只是独立国家经济的简单总和。在商品交换的联系,资本、技术、劳动等一切生产要素的联系,生产过程的联系等先后发展起来以后,各国经济运行过程的联系乃至经济调节政策的联系开始发展起来。可以说,世界经济已经是一个从交换分工、要素流动直到运行机制和宏观经济协调机制等全面经济联系的一体化经济。

在世界经济一体化的发展趋势中,贸易自由化程度将达到一个新的水平。世界贸易组织的建立标志着一个规范化、一体化的世界市场形成。世贸组织历史性地把乌拉圭回合谈判的全部成果统一在一个单一的契约框架内,使多边贸易体制中长期未能解决的争议性问题得以解决。更重要的还在于,世贸组织把作为临时契约的《关税与贸易总协定》改变为具有法律约束力的国际经济组织。因此,它不仅进一步使世界贸易在更高水平、更大范围上自由化,而且在更严格意义上纪律化、法制化。在这个框架之下,世界贸易将进入一个制度化的崭新阶段。世贸组织所覆盖的不只是传统意义上的商品贸易,而且还广泛地包括服务贸易、知识产权和与贸易有关的投资措施。尤其是知识产权国际性保护,其意义在于,发达国家一国之内的比较成熟的知识产权保护规则国际化。正是这些规则所保护的知识与财富形成良性循环推动了这些国家的经济发展,因此,这种良性循环机制的实现将在国际范围内成为经济发展的动力,也将更有利于世界经济一体化趋势的发展。

在世界经济一体化的发展趋势中,金融国际化的发展将进一步表现为国际性金融的深化。金融国际化既是世界经济一体化的一个方面,又是国际性金融深化的起点。由于各国金融市场之间的相互依存,相互联结关系逐步加深,一国金融市场的波动会引起其他国家乃至世界金融市场的连锁反应。金融市场尤其是外汇市场的动荡加剧以及由此出现国际金融市场政策协调的不断加强,从一个侧面反映了国际金融的一体化趋势。可以预见,国际金融市场的动荡与协调将是今后的主要趋势。随着国际金融业务的自由化发展,日益庞大的国际金融市场的运作将逐步纳入到规范化的制度框架中去。它无疑会促进国际金融市场的规范和调节机制的完善。面对国际金融业务的拓展,金融衍生工具的加速发展以及国际投机资本引起的动荡和危机,国际金融界的监管和控制将进一步加强。加强国际金融监管的协调和合作,将是一个跨世纪的课题。这一发展趋势是国际性金融深化的表现。金融深化的国际进程不仅是现代的、世界性的金融发展过程,而且是国与国之间的金融自由化过程。世贸组织的建立不仅标志着世界贸易的自由化进入一个制度化时代,而且还涵盖了与贸易有关的金融服务业的自由化。金融服务自由化是通向全球金融市场的一体化的重要一步,也是金融国际化在更高水平上的发展趋向。值得注意的是,多边金融服务贸易谈判经过3年的艰难历程,终于达成协议。这将意味着全球90%的金融市场将开放,一个国际金融服务领域自由化的体制即将建立。在国际金融领域建立一个自由化体系将成为国际社会下一个目标。

国际金融作为贸易发展的结果和生产一体化的基础,这种重要地位和意义,决定了国际性金融深化在世界经济一体化发展趋势中的主导性作用。国际金融既为商品在世界市场流通起着媒介作用,更为生产要素的国际流动和有效配置起了主导作用,目前,国际金融的这种主导作用正在世界经济的范围中显现,并将不断强化,从而以远远超越现实经济的发展程度成为现代国际经济的标志性特征。

在世界经济一体化的发展趋势中,生产经营跨国化将是生产一体化最显著的国际现象。生产经营的跨国化既是生产一体化的表现,也是金融发展,即国际直接投资的结果。跨国公司的全球拓展就是通过直接投资,即资本的国际流动使生产过程突破国界的限制。这种生产过程的跨国界化是近年来直接投资迅速发展的直接结果,并在国际直接投资障碍日益减少的趋势中呈现更迅速的发展前景。由于跨国公司的发展,当代世界生产的国际化程度越来越高。在跨国公司的全球生产战略下,产业分布越来越少地体现本国的产业政策;而产品和零部件的生产部署及选址主要取决于生产要素的优化配置,致使国家的差别日趋淡化。显然,随着生产一体化的发展,民族国家的市场障碍不断被跨国公司的全球战略所冲破,国家之间的关系不再仅仅是最终产品的交换关系,而将越来越多地转变成为由跨国公司所组织的产品及零部件乃至工艺的分工关系。由于生产一体化发展到一个新的更高阶段,跨国公司战略联盟正在产生和扩展,通过若干个跨国公司的联合在一个更高的水平上和更大的范围内进行全球性的生产和经营,从而更进一步推进世界经济的一体化。

在世界经济一体化的发展趋势中,区域一体化的发展将进一步为全球一体化奠定基础。20世纪的世界经济一体化是通过两条平行的道路向前推进的:一方面,在全球范围内无地区差别的经济合作得到发展;另一方面,更高程度的区域性经济也得到发展。在临近20世纪末时,全球已形成欧洲、北美两大区域一体化组织和亚太经济区,世界其他地区的区域一体化或合作也在探索之中。区域一体化的浪潮波及几乎整个世界,已成为一个全球性的经济现象。从空间上看,区域一体化是世界经济一体化的局部实践。从时间上看,则是世界经济一体化的阶段性探索。从经济一体化的三大表现来看,区域一体化从来就是在世界经济一体化的背景下发展的,区域一体化的成果总是以全球角度的贸易自由化、金融国际化和生产一体化的形式表现出来;而区域一体化的进程总是与世界市场的联系,与跨国银行和跨国公司在区域内的融合而相互依存的。总之,区域经济一体化是世界经济一体化进程中的一个关键性阶段,它的发展必将推动世界经济一体化的进程。

第五章 国际贸易投资体制改革的新主题

进入经济全球化新阶段,现行的国际贸易投资规则正在面临重大变革,各方博弈正在发生根本性变化,以一些发达国家或新兴市场国家主导的新的国际贸易投资规则正在积极谈判和制定中。

第一节 国际贸易投资体制新特点

20世纪90年代以后,国际贸易投资规则自由化与统一化达到一个新的高潮。在经历金融危机后,一方面,保护主义有所抬头;另一方面,自由化谈判更加扩大与深入。特别是WTO多哈回合陷入困局后,区域性或诸边的谈判更加如火如荼,呈现出超越多边体系的趋势。特别值得注意的是,与过去的关贸总协定、北美自由贸易区、欧盟、亚太合作组织等谈判方式相比,这一轮国际贸易投资谈判具有完全不同的一些新特点。

一、地理布局特点:超出地缘政治因素的跨区域合作渐多

即使是在布雷顿森林会议建立多边体制以后,区域化与区域贸易投资谈判都从未停止并行发展,之间也经历了几轮高潮。最近20年来的区域化浪潮达到了前所未有的高度,并且呈现出一些质的变化。不仅是区域性成员之间有了更多此类安排,互补型贸易伙伴之间、经济发展阶段相似的国家之间以及出于政治结盟考虑的国家之间,都开始尝试并且也有效结成了许多贸易投资协定。

在贸易投资协定全球交叉并进的潮流中,以美欧为首的发达国家近5年来的战略布局特别引起注意。在过去80年,美国侧重发展与加拿大、墨西哥以及拉美国家的区域安排,欧洲侧重发展内部以及与非洲加勒比地区国家的区域安排,地缘政治因素考虑都十分明显。而现在的TPP、TTIP等谈判则是朝向更广泛区域的结盟考虑。除了政治因素外,贸易转移、投资保护以及金融自由化的需求,都反映在寻找更大范围经济伙伴的决心上。

二、内容特点:关键是投资准入和管理,新加坡议题全面启动

最近20年的贸易协定谈判已经不限于关税和边境便利化等问题,服务贸易成为主角,其实关键点就是投资准入和管理问题,许多贸易协定实际上是综合性的贸易投资安排。因此,代替过去常用的"自由贸易协定FTA""区域贸易协定RTA""双边投资协定BIT"等词汇,"特惠贸易投资协定PTIA"似乎更能涵括目前此类将区域性和跨区域性的贸易与投资都包括在内的谈判。

另一内容特点是,在 WTO 多哈回合谈判中遭受全面挫折的新加坡议题在 PTIA 中被全面纳入。包括竞争、知识产权、劳工、环境等规则议题都纳入谈判文本中,美式双边投资协定模板成为重要的参考依据。与 WTO 相同的是,农产品以及其他敏感商品和服务贸易的开放,都是目前区域性国际贸易投资谈判中也同样难以突破的命题。国际重大贸易投资规则比较,如表 5-1 所示。

表 5-1

国际重大贸易投资规则比较

	WTO	传统 FTA	美式 BIT（以 2012 年范本）	TPP\TTIP\TiSA 等
原则	①非歧视:国民待遇与非国民待遇;②取消一般数量限制与减少贸易壁垒;③可预见性:约束关税;④贸易与发展	①货物贸易的互惠安排;②重大贸易利益的交换;③关境管理上的合作与通畅	①准入前国民待遇;②准入后公平竞争;③高水准的外资保护;④透明度与可预见性	①更深层次的自由化;②公平竞争;③更高的透明度与便利性;④更有约束力的纪律
范围	货物贸易、服务贸易、知识产权与争端解决	关税互惠、便利化与合作	投资保护、国内程序、争端解决	贸易、投资、知识产权、竞争政策、争端解决等
货物贸易	关税:约束税率	关税:减让与特殊安排	无	关税:进一步的降低与取消关税
	农产品等特殊安排:保留配额与补贴	工业品配额与自动出口限制等		农产品:从普遍补贴分产品纳入一致的削减计划
	贸易便利化	通关便利化		纺织品:从配额逐步纳入约束关税
	非关税壁垒:技术标准等	原产地规则等		非关税壁垒:技术标准的协调与采信
服务贸易	正面开放清单	自然人流动便利	负面清单与准入前国民待遇	负面清单与准入前国民待遇
	国民待遇承诺	特殊合作项目	征收与补偿	国家安全审查、反垄断、国有企业、知识产权、环境、劳工标准等问题
	投资措施:禁止扭曲贸易的本地成分与业绩要求		公平的竞争场所:环境、劳工、标准、知识产权等	资本项目管制与金融服务业的进一步开放
	金融服务等特殊安排		投资争端解决	投资争端解决机制

三、形式特点:朝向规则化以便于执行

每个国家,包括所有的 WTO 成员国,都参加了或正在致力于达成各种区域性和跨区域的贸易投资协定。由于单个国家参加的区域性或跨区域的安排数量多、范围广、程度不一,并且存在很多交叉重叠,它们共同的趋势是日益规则化以便于各国进行管理和执行。同时,PTIA 的内容越来越复杂,除了涵盖的内容更广以外,其自由化的程度和建立的纪律的严厉度,有可能高于多边贸易协定。

四、动因特点：出于国家参与全球化的新战略考虑

目前，区域性和跨区域的国际贸易投资协定的繁荣具有其一定的历史必然性。从20世纪90年代以后，越来越多的国家，包括过去更依赖多边贸易自由化的国家，都开始将PTIA作为他们的国际策略的重要内容；对于非WTO成员的发展中国家和欠发达国家来说，PTIA是优先的选择。

随着一些发展中大国的贸易崛起，20世纪80年代以前盛行的区域性的互惠协定，渐渐让位于跨区域的发达国家与发展中国家之间的互惠协定，以及发展中国家区域性的南南合作。PTIA还呈现出这样截然相反的趋势：一方面，跨区域的PTIA越来越多；另一方面，PTIA促成的区域性结盟和区域性的对外贸易壁垒也十分明显。① 一些国家因此担心边缘化的问题。

五、成员特点：发展中国家表现出强烈的参与热情

另一方面，发展中国家对PTIA的主动兴趣前所未有。平均每个非洲国家都同时参加了4项不同的协定，而平均每个拉美国家则可能隶属于7项不同的协定。在Jagdish Bhagwati教授的《贸易体系中的白蚁》②一书中，这样解释南南协定的原因：①因为担心与发达国家之间的竞争；②希望提高与发达国家对话的地位；③多边贸易谈判的核心仍然是欧洲与美国，发展中国家空间很小；④PTIA十分流行；⑤相信PTIA是多边谈判失败后的备选方案。

但是，美国等发达国家仍然占据谈判的核心地位。事实上，由于多哈回合发达国家与发展中国家的普遍对立，发达国家另辟TiSA、TTIP等诸边论坛并风生水起，仍能证明其在全球治理中的主导地位③。不可忽视的是，一些新兴市场国家也崭露头角，包括ASEAN、金砖等合作都有建立新领导核心的决心。

第二节 国际贸易投资体制的发展趋势

如前所述，空前繁荣的PTIA之间存在成员交叉、地域重叠、减让和优惠不一的问题，因此，PTIA版图的复杂性相当高。这种PTIA"乱象"发展到一定阶段必然要求一项统一的更高标准的条约来统领和整合，目前，似乎只有TPP、TiSA和TTIP具有这样的潜力。所以，TPP和TTIP所附载的不只是美国重返亚太和欧洲市场的信号，更重要的是其可能影响未来全球治理的结构与方式。

结合数次与美国、欧洲参与谈判文本起草的智库和学者的核实，以下对主要几项规则的谈判趋势以及中国的相关重大利益作出如下预判。

---

① Jo-Ann Crawford and Roberto V. The Changing Landscape of Regional Trade Agreements, Discussion Papers No.8, WTO Secretariat., Fiorentino 2005.

② Jagdish Bhagwati. Termites in the Trading System, Oxford University Press, 2008.

③ Office of the United States Trade Representative, Trans-Pacific Partnership (TPP) Trade Ministers' Report to Leaders, November 12, 2011, www.ustr.gov.

一、TPP 将产生深远影响

2015年10月5日,美国贸易委员会宣布结束 TPP 谈判,达成了基本协定。TPP 协定涵盖全球总产出的40%,TPP 的达成和未来的扩展将对 APEC 的发展带来新的挑战。随着参与国的增加,TPP 将有可能在覆盖地区上和 APEC 形成高度重叠,这无疑会进一步削弱 APEC 在亚太区域经济合作进程当中的引领地位。TPP 作为一个新兴的贸易集团,必然会在 APEC 成员中引发很强的竞争性自由化效应,更多的成员会努力寻求加入该集团,以避免因边缘化而带来的损失。同时,这一过程也将带动国际贸易投资规则的深刻变化。

目前,TPP 还需要各个批准后生效,具体的影响还未显现,但海内外诸多机构及专家普遍认为,TPP 已经突破了传统的自由贸易协定(FTA)模式,经各国批准实施后,将成为迄今为止标准最高、涵盖领域最广的综合性自由贸易协定。TPP 基本协议的达成标志着世界贸易投资新规则从孕育阶段走向成熟,对世界经济格局和地缘政治格局都将产生深远影响,其影响程度将可能超过欧盟。

二、TTIP:2年内将达成实质成果,统一标准是关键

相较于 TPP,TTIP 在中国是受到忽视的一项协定,但绝非与中国无关。首先,TTIP 影响重大。欧美约占世界国内生产总值的一半,世界贸易额的1/3,是世界最大的两个市场,因此,TTIP 如果达成,将成为史上最大的自由贸易协定:美欧关税降至零、覆盖世界贸易量的1/3、全球 GDP 的1/2。很大程度上,TTIP 将改变世界贸易规则、产业行业标准和投资与知识产权保护水平。

相对 TPP 来说,TTIP 的两方平均关税只有3%~5%,除了农产品等敏感产品之外,进一步削减关税的难度并不大。但欧美之间的关键分歧是监管与国内标准的差异,涉及食品安全、转基因生物、音像制品等产品上的定义、范围和标准差异问题尤其突出。另外,如何进一步扩大在服务贸易和政府采购上的准入,也是谈判的重要内容。

在不少专家看来,如果 TTIP 建成,以北美自由贸易区为躯干,外加 TPP 和 TTIP 的两侧联动,"一体两翼"的两洋战略将强力驱动美国全球政治布局。但是,正因为战线铺得太开,不论是 TPP,还是 TTIP,在美国国内遭到的政治阻力也是十分巨大的。这两项协定的同时推动,反而使得预期错综复杂,未来在美国国会通过的难度也增大。

TTIP 涉及的欧美市场是中国最大的出口市场,同时也是中国境外投资的主要目标国。尤其是欧洲,在欧债危机以来,中国的大量对外并购是对欧洲企业完成的。相对于美国,欧洲对资本的渴望和危机后重振的需求特别突出,历史上欧洲对外签订的双边投资保护协定也远不如美国的强势。欧洲市场在未来3~5年,对中国来说是更可有所图划之地。

尽管由于地理相隔,以及政治、意识形态上的不同,中国目前并未对欧洲有更进一步的 FTA 或 BIT 的设想。中国与一些欧洲国家之间有 FTA 和 BIT,但条款内容多限于关税减让和投资保护等较初级的条款。事实上,中欧之间未来可有两大扩大合作的方向:一是中国与欧盟谈判涵盖全欧范围的中欧 BIT;二是将合作拓展至全欧的中欧自由贸易区协定,即 CHEUFTA。一些欧洲学者提出,中国甚至不妨申请加入 TTIP,如能成为第三极力量,制衡作用会比参加 TPP 大得多。

三、其他协定:亚太圈与服务贸易是两大核心利益所在

对中国来说,除了 TPP、TTIP 外,最需要关注的有两项趋势。

(一)亚太经济一体化的需求

近两三年,亚太经济一体化获得了突飞猛进的发展。首先,是很多高标准的、重要的双边、多边自贸区谈判不断取得突破,如中国新西兰、美韩、日澳、韩澳、中韩、中日韩等。其次,TPP 的扩围和实质性谈判的迅速推进,目前已经完成 70%的谈判内容,谈判框架和内容、目标十分明确。最后,RCEP 谈判启动,将覆盖所有亚洲大国,包括中日韩新澳印。

这些已经完成和正在进行的谈判,都反映出亚太地区经济一体化的强烈势头。依此势头,亚太经济圈会成为全球最重要的贸易、投资的集散地。如果 TPP 和 RCEP 达成,亚太经济圈未来的增长势头将引领世界。中国一直是亚洲最举足轻重的国家,在考虑是否参加 TPP 或继续推动 RCEP 的同时,最重要的一项未来工作应当是巩固与加深与亚洲区域的经济联系,使得中国完全融合于并能领衔于亚太产业分工链,那么,任何一项自由化的协定都不可能完全孤立(insolate)或围困(contain)中国。

(二)服务贸易的谈判对中国尤其重要

服务贸易谈判是中国不可回避的问题,也是中国下一步参与全球经济谈判的重要筹码。无论是美国还是欧洲,对中国服务贸易的进一步开放都有强烈的要求。服务贸易谈判将有两个抓手:一是 WTO 框架下的 GATS 谈判,二是另起炉灶的 TiSA 谈判①。在这两项谈判中,关于金融、保险、电信、速递和其他运输服务的开放将是重点和难点。同样,跨国数据流通、国有企业和政府采购等对中国来说也是敏感议题。

由于多哈回合的失败,TiSA 的谈判成为焦点,22 个参与国代表着全球 2/3 的服务贸易量。2014 年 6 月,维基解密在网上公布了该项协定的金融服务附件。从这份被泄露的附件来看,新自由主义被运用于促成银行和保险业业务更大幅度的放松管制。一些国家的金融监管者和金融业界对由此可能产生的进一步的金融风险深感不安。从这个附件来看,中国与 TiSA 的距离比较大,中国的金融业开放与创新仍然有很长的路要走。

尽管中国申请加入 TiSA 谈判,但是目前被接受的难度还很大。比较有可能的是 TiSA 达成后,作为 WTO 框架下诸边协议向成员国开放,彼时中国面临的服务业开放要价可能更高。

第三节 重大国际贸易投资谈判议题焦点、分歧与对中国的影响

中国并未参与 TPP、TTIP 和 TiSA 谈判,但是这些国际贸易投资谈判涉及亚太区域、中国最大的出口市场和服务贸易等关键利益,其对中国的影响是重大的。由于这些谈判

---

① 目前,TiSA 拥有 48 个成员,既有美国、日本、欧盟成员国等发达国家和地区,也有智利、巴基斯坦等发展中国家或地区。该协定覆盖了全球 70%的服务贸易,年贸易规模可达 4 万亿美元。

采取的都是不公开程序,致使中国对这些协定的具体内容和趋势掌握不足。本节的素材来自参与谈判的欧美学者的论著、访谈和面询,还有一部分网上通过维基解密和媒体泄露获得部分文本。

具体来说,目前关于各项议题的分歧、争议和对中国的可能影响,归结如表 5-2 所示。

表 5-2

目前国际贸易投资规则的高标准、折衷标准及其对中国的影响

规则类别	高标准	折衷标准	对中国的可能影响
农业议题	取消或实质性降低所有农产品的进口关税,取消国内补贴	各国附敏感产品清单,逐步取消补贴和降低关税	最大的进口国和部分产品的出口国,主要是进口利益受影响
纺织品与服装	严格限制原产地规则,以"纱线以进"原则为代表	更宽松的原产地规则,以"裁剪与车缝"原则为代表	最大的纺织品出口国,可能受TPP的影响出现订单大量转出
知识产权保护	数据排他权与专利连接制度;延长著作权保护期;对数据侵权严厉惩罚	低于5年的数据排他权,自愿设立专利连接;著作权保护期在50~70年;数据侵权仍依合理规则分担责任	中国拥有世界上增长最快的文化和互联网消费市场,提高保护标准将使中国买家付出额外成本
服务贸易与投资	负面清单开放;征收与国有化方面按赫尔公式;电子数据贸易从严执法	负面清单开放;征收与国有化问题上对外国投资严格限定;电子数据加强执法	负面清单只是形式要求,清单内容即开放领域仍必须进一步扩大;征收与国有化非常复杂;电子数据贸易的权利保护尚无法可循
投资争端解决	自动适用 ISD	选择性适用 ISD	中国是《纽约公约》成员,但对"自动适用"条款保留;对"外国投资"从严界定
国有企业	消除一切在投资准入、融资便利、财政补贴和管制豁免等方面国有企业享有的特权	对于国有授权专营或要求垄断的行业应豁免公平竞争原则	大量的国有企业垄断现象,需要逐步清理隶属或关联关系,清除任何有据可查的特殊扶持政策与措施
环境	与气候公约和减排责任联系起来	在设定最低标准的基础上允许各国设定自己的减排日程	将对中国出口产品的成本优势造成很大影响;长远来看中国须承担生态恢复的责任
劳工	五项基本原则;纳入 ISD 的管辖范围	设定最低的劳工标准;不纳入 ISD;各国不得因劳工标准太低获得不公平竞争优势	结社、罢工和集体协商权在中国有严格的限定

一、农业议题:中国的利益十分复杂,可以促成进一步自由化

农业问题的谈判仍然是各项区域和跨区域谈判的难点。即使是号称将覆盖几乎所有产品的 TPP,对处理高度敏感的进口产品(highly import-sensitive)也将允许 10~15 年的时间表。对某些特殊产品,TPP、RCEP 则可能遵循澳大利亚与美国的自由贸易区协定中处理糖和美韩自由贸易区协定中处理大米的先例,即作为完全的例外。

有争议的农产品包括奶制品、牛肉、糖和大米等。在这些产品上各主要国家的重要利益和分歧,如表5-3所示。

表5-3

农业问题上的利益分歧

产品	A类国家(出口利益)	B类国家(进口竞争)	中国
奶制品	新西兰(占全球1/4的出口)、美国、澳大利亚、欧洲(27国出口总量世界第一)	美国(第二大进口国)、日本、新加坡、墨西哥、韩国	全世界最大的奶制品进口国
糖	澳大利亚、泰国、南美	美国、日本、韩国	主要进口国
大米	泰国、美国、印度、柬埔寨、越南、缅甸、巴基斯坦	日本、韩国、马来西亚、欧盟	主要生产国、出口国和进口国
牛肉	美国、新西兰	日本、韩国	主要进口国

在奶制品上,新西兰、澳大利亚是传统出口大国,欧盟27国的出口量则占世界第一,中国则在近几年成为最大的进口国,美国的地位有些复杂,既是进口国,也是出口国。可以说,近十年来,奶制品贸易的增长都是由发展中国家的需求推动的,包括亚洲、拉美、中东和北非等国家对奶粉和蛋白的需求迅速增长,这也是发达国家最看重的市场。

目前,几乎所有的奶制品进口国都有高关税、较严格的配额和检验检疫程序。另外,包括美国在内,各进口国都有一些措施保护本国农场主免受进口品的冲击,最突出的就是国内定价补贴政策。日本和韩国对奶制品外国企业设有国内投资限制。相较于新西兰和澳大利亚,美国和加拿大更焦虑出口利益的扩大,因为,前者与许多亚洲国家签有包括奶制品在内的自由贸易区协定,而北美没有。

在澳美自由贸易区协定中,糖是被排除在自由化清单外的例外产品,澳大利亚是主要的出口国,而美国国内在糖上的保护势力和对奶制品一样强大。日本和韩国则一贯使用高关税、紧配额和投资限制来抵制糖的进口。在亚洲地区,因为东盟协定,泰国是糖的主要供应国,而澳大利亚、新西兰则因为高关税无法有效进入亚洲市场。例如,越南对来自东盟国家的糖的关税是5%,而对来自非东盟国家的糖的关税则40%。因此,糖的关税歧视问题在亚洲特别突出。

在大米问题上,与奶制品和糖不同,美国的态度是比较一致的,它努力促进大米市场的完全开放,并希望避免该产品成为TPP的例外。因为亚洲是大米作为主食的最重要市场,大米问题在亚洲的权重特别大,在东盟与中国、日本和韩国的自由贸易区协定,以及澳美自由贸易区协定中,大米都是作为例外产品。

有趣的是,除了澳大利亚、新西兰、秘鲁等国以外,即使是美国对大米也加诸高关税,越南和马来西亚的关税更是高达20%~40%。日本对配额外的大米征收的关税超过700%。日本、马来西亚和韩国仍然希望维持目前的高关税以保护本国农业,美国、澳大利亚、越南和泰国都是主要的出口利益国家。必须指出的是,即使一直实行高关税,日本和韩国的大米进口量占到全世界的8%(2011年)。

自2003年年底,美国出现疯牛病案例后,日本和韩国都禁止美国牛肉的进口。在韩美自由贸易区协定中有一附件,韩国许诺将逐步开放其牛肉市场,但直至今天仍然禁止从美国进口30月龄以上的牛。韩美自由贸易区协定要求韩国在协定实施的5年内要降低

95%对牛肉的关税。这一承诺有可能被复制于TPP中。

总的来看,在农产品问题上,各主要国家的利益分歧十分明显。农业几乎是所有国家国内保护主义最严重的领域,除了澳大利亚和新西兰以外,大多数国家对奶制品、牛肉、大米、糖、棉花等加诸高关税或配额管制。日本、韩国等小国因为本身农产品生产的高成本,更是惧怕进口产品的竞争力。①

而中国在此问题上的立场与美国有点类似,我们是所有产品的进口大国,同时在一些产品上又具有较大的出口利益。例如,奶制品进口上,我国国内消费需求增长很快,而大米的进出口情况则相对复杂得多。中国已经是小麦、玉米、奶制品等的最大进口国之一。总的来说,中国在农产品问题的基本立场是进口国,而且是其他出口国最看重的最大市场地国家。以促成农产品进一步自由化为筹码,争取中国在非农产品上的出口利益和服务贸易开放上的对价,是未来在WTO等平台的谈判策略。

二、纺织品与服装:不可避免逐步转走,中国将专于高端加工

纺织品与服装一直是中国竞争力最明显的产品,而随着全球产业的梯度转移,一些加工工序和产品生产转向东南亚国家,于是关于纺织品和服装的原产地规则成为谈判焦点。因为原产地规则涉及该产品是否属于"来自某一成员国"的产品,只有确定这一身份才能享受某项协定下的优惠待遇。

美国从1988年开始,其纺织品贸易政策的核心就是"纱线以进规则"(yarn forward rules)。在美国之后,对外签订的所有自由贸易区协定都采用了这一原产地规则。根据该规则,纺织品服装要想享受优惠待遇,从纺纱开始至产品完成的各道工序必须全部在成员国内进行。这种严格的原产地标准基本上排除了协定成员国之外的国家通过在区域内转口或设置"缝制"工厂的方式进入区域内市场,从而享受关税等优惠待遇的可能性。

纱线以进规则当时主要针对的就是中国。事实上,由于大多数亚洲服装和纺织品生产国家的纱线都来自中国,这条规则对这些亚洲国家来说也是根本限制性的。以越南为例,越南已经是美国纺织品市场的第二大供应商,而且在成本优势上已经超过了中国,但越南所用纱线主要来自中国和韩国,按纱线以进规则,即使有FTA安排它也不享受美国的关税优惠。所以,包括越南、马来西亚在内的重要纺织品生产国都反对美国的此项规则。越南提出"裁剪和车缝规则(cut and sew rule)",即将工序延后确认原产地。

但是,除了美国国内纺织品零售商外,纺织生产企业都强烈坚持纱线以进规则。他们指出,即使是越南这样的小国家,他们的纺织生产企业大多在国内有补贴,而且许多是国有企业,因此具有不公平竞争优势。另外,墨西哥、秘鲁和孟加拉国等国家也支持美国的纱线以进规则,以此抵御可能来自亚洲的竞争对手。

目前,在纺织品谈判中,可能取得的妥协是服装和鞋的关税的进一步减让。而美式原产地规则可能仍然会在相当长一段时间存在。作为纱线和纺织品生产大国,中国签订的各项自由贸易协定中,纺织品一直作为例外处理。一方面,我们必须争取在这些FTA中纺织品关税的进一步减让;另一方面,如果越南等亚洲生产国会取得原产地规则上的突破,它们可能对美国市场拥有比中国更大的竞争优势。总体来看,考虑到国内成本的上升

---

① OECD-FAO, Agricultural Outlook 2011—2020, 2011, Paris.

和竞争压力,中国在纺织品问题上的优势在未来3~5年可能会被明显削弱。

三、知识产权保护:涉及发展生物医药产业和数字产业的关键利益,中国应适当提高保护标准

知识产权保护谈判中最胶着的一项议题就是各国对生物医药产品的国内管理程序。美国和欧洲的生物医药企业意图在全球扩大市场,获得更多审批和更高强度的专利保护。一些企业提出,在区域性协定中应纳入对生物医药产品专利的特别保护,其中最关键的两项制度是数据排他权和专利连接制度(见表5-4)。这两项制度都涉及在国内医药管理过程中加强对专利的保护,杜绝仿制药的上市。①

表 5-4

知识产权保护标准上的分歧

项目	数据排他权	专利连接制度
WTO 的 TRIPS	并不要求各成员对数据的创制者一定期限的排他权	并不要求专利保护与医药的上市许可制度连接起来
2007年5月10日国会与行政机构协议"美国的新贸易政策"②	给予5年的数据排他权,期内禁止其他人使用该数据获得上市许可③	并不要求连接制度。各成员可以自愿设立连接制度,以在上市许可批准期内防止侵权
NAFTA	(同上)	同上(但实际上加拿大和墨西哥都有此制度)
韩美自由贸易区协定	(同上)	强制要求设立专利连接制度。在原始专利仍然有效期间任何成员不得给予仿制药以上市许可

美欧对医药的专利扩大保护做法,也引起一些批评,最主要的批评意见是这样的严格保护通过阻止低成本的仿制药上市,抬高医药市场的价格,也可能限制了一个国家自行制订临床试验数据的保护标准。但美欧认为,由于药品的前期研发投入巨大,对专利的保护也是对创新动力的保护。关键还是因为美欧是主要的生物医药产品的专利持有国。④

知识产权谈判的另一项敏感议题是"新数字经济体件下的著作权保护"问题。目前,国际上各大现有著作权协定和各国的普遍实践是50年的保护期。在澳美、韩美自由贸易区协定中采用了70年的保护期。但美国意图将之延长至公开发表后的95年或者职务作

---

① 在美国,药品的批准与上市由两个独立的职能部门所管制:美国专利商标局(United States Patent and Trademark Office,USPTO)和美国食品与药品管理局(Food and Drug Administration,FDA)。USPTO负责授予满足条件的新药一定期限的专利权,在这段期限内相应的仿制药不能随意上市与销售。而FDA的核心职能就是对申请注册上市的药品的安全性、有效性和质量可控性进行审查,防止药品的不安全、无效或欺诈性上市。

② The congressional-executive branch agreement, labeled "A New Trade Policy for America", sets out new language on labor standards, environmental provisions, investment and intellectual property rights to be included in new US trade agreements.

③ 美国国内对生物制剂的数据排他权期限长达12年。

④ USTR, Trans-Pacific Partnership Trade Goals to Enhance Access to Medicines, Washington, 2011.

品完成后的 120 年。但是，在新数字经济条件下，这种对传播的控制并不被大多数消费者所接受。

据计算，韩美自由贸易区协定的 70 年超长保护期预计给澳大利亚带来每年 8 800 万美元的额外支出。目前，美国、澳大利亚、智利、秘鲁和新加坡等都规定了终身加 70 年的著作权保护期。墨西哥则是终身加 100 年。中国、马来西亚、新西兰和加拿大则仍是 TRIPS 标准。

除了期限差别外，关于"合理使用"的界定各国也存在较大分歧。大多数国家认为关于合理使用的认定权利应当保留在国内法，但是，美国、欧盟和澳大利亚等都提出应当将其严格限定起来，以防止滥用。其中，平行进口权利在不同国家的接受度也不同，如新西兰是合法的，但美国则要求禁止。

在网络使用方面更多的问题引起争议。如"临时使用"问题，美国建议对著作在网络上未经授权的临时使用也应当视为侵权。而技术人员提出，许多计算机软件会自动拷贝临时文件并储备在服务器上，一些浏览器的高速缓存网址的功能也因此可能被视为侵权，这限制的范围实在太广了。美国甚至提出对所有试图突破某些技术保护的未经授权的规避行为都单独视为一种侵权，无论其成功与否。这意味着一些解码器也直接侵权。[①]

美国基于其《千年数据保护法》，还提出如果是数据侵权的，那么其网络服务提供商也可能承担其用户侵权的责任。这种将网络服务提供商与内容侵权者连坐的执法力度，也与一些国家国内法的要求完全不同。包括加拿大、墨西哥、马来西亚、智利等国家在内都仅要求网络服务提供商有义务告知其客户张贴了可能涉及侵权的内容。

美国还要求按所有侵权者的商业所得和私人所得进行赔偿，对即使没有所得的侵权者如果认定严重违法的，也将予以刑事处罚。大多数其他国家则区分商业侵权者和个人侵权者，一般也仅对商业营利所得予以罚没或加诸刑事处罚。总的来说，美国对网络侵权的执法力度并不被大多数国家所接受。

中国在知识产权上的立场一直比较弱。事实上，国内知识产权虽有三法，但都较为粗略，许多细则未能明确，执行力度也是堪忧。以网络著作权侵权为例，大量的内容侵权在所有门户网站上都存在，论坛和聊天工具的转帖等，都经不起最基本的著作权保护的推敲，更勿论美国的高保护标准。而且，中国还有许多特殊情况，如对图书杂志的进口管制等，都是软肋。中国不一定要以美国为蓝本，但有必要在提高著作权年限、扩大著作权保护范围、加大网络侵权的查处等方面有所作为；而在医药专利问题上，则应据理力争，与其他发展中国家一道反抗美式标准。

四、服务贸易与投资：最关键的仍然是开放，负面清单只是形式要求

服务贸易的进一步开放是 WTO 多哈回合最需要突破的领域，但是在这个问题上各国利益的分歧比货物贸易还要复杂。包括金融、电信、保险、电子商务等服务业的谈判一直是难点。目前，中国在服务贸易的开放方面的尝试是负面清单模式，这主要针对的还是商业存在，但是包括美国在内的一些发达国家还要求在自然人流动和跨境提供，尤其是金

[①] E. Keith. Maskus, Private Rights and Public Problems: The Global Economics of Intellectual Property in the 21st Century, Peterson Institute of International Economics, 2012.

融服务的跨境提供上进一步放开。

在2012年6月泄露的TPP投资一章的草案中,①尽管美国之前与TPP的所有成员都未签署BIT,TPP的草案仍然包括了很多美式BIT的条款,如对外国投资和投资者的强制的非歧视的义务、完全的保护和透明度要求等。

而且该草案禁止直接或间接地征收或国有化外国投资。如何定义"间接地征收"也是一个有争议的问题。美式BIT认为,只要是与征收效果相当的行为,如使经营完全无法进行下去,就被认为构成"间接征收"。而中国对外签订的BIT则设置了较多的条件,包括:十分严重且无限期;非出于公共利益;仅仅损害一项投资的商业利益的行政行为并不认为是间接征收。②

另外,美国对软件和视频等数字产品的跨境流通也十分关注,这关系美国的重大产业利益。很多国家禁止跨境数据提供,或者要求提供者必须在接收国设立有商业存在。一些国家则十分担心因此会引起的隐私权滥用和数据内容的不可控。作为中国最大的视频引进国,美国对中国市场的盗版问题和严格的审查制度常有抱怨,双方仅就这些问题在多个场合有过交锋。

而对欧盟来说,进一步推进服务贸易的开放,也是其参与TiSA和TTIP的主要动因。③ 如果中国希望进一步扩大与欧盟的合作,以扼制美国的全球布局,那么进一步开放服务市场是不可避免的。对中国来说审慎开放的金融领域,对欧盟来说也是同样相对保守的领域。在研究服务业开放上,中国应进一步考虑与欧洲联盟以对抗美国的可能。

结合目前在服务贸易领域谈判的情况,未来可能需要做出重大承诺的领域,除了金融业外,还包括海运、信息通讯技术服务、电子商务、计算机相关服务、邮政与速递服务、自然人流动、政府采购等。另外,在上海自贸区已经试验的负面清单改革,其下一步的实质要求是对国内行业许可与特许权流程的全面清理和缩减。

五、投资争端解决:ISD的适用应是非自动的

投资争端解决机制的主要分歧涉及是否设立以及如何设立投资者与东道国家的争端解决程序(Investor-Stated Dispute Procedures, ISD)。在NAFTA中包括了这样一项机制,允许外国投资者可以提起对东道国政府的诉讼,当时设计的考虑是因为美加投资者们抱怨墨西哥法庭的客观性和效率。这一机制也被认为限制了国家主权,而且可能给予外国投资者优于本国投资者的地位。

自NAFTA以后,美国在所有对外签署的协定中都包括了ISD条款,除了澳美自由贸易区协定,事实上,澳大利亚也是TPP成员中明确表示绝不参加ISD的国家之一。各国对ISD最大的疑虑在于,其适用法律的标准往往是美式的,如对"间接征收"的认定按美式标准很容易判定东道国违约。

---

① New Leaked TPP Investment Chapter Contains Special Rights for Corporations.
② China-Peru FTA, China-New Zealand FTA, etc.
③ 服务贡献了欧盟3/4的GDP和就业,欧盟占全球服务贸易的26%,而且欧盟对外投资中的半数是服务业。

中国尽管是《纽约公约》的成员国,但一直坚持并非自动适用ICSID,只有在特定政府合同中明确表示适用ICSID的争端才能提交ICSID。相对于美式ISD的设置,ICSID对于投资、投资者、合同义务、征收等的解释也相对严格。因此,中国对ISD的非自动性的保留也是必要的。

六、国有企业:最终还是公平竞争问题

国有企业的垄断问题不是中国独有,越南也有庞大的国有经济,日本最大的金融机构和保险公司都是国有企业,智利最大的铜矿公司Codelco是国有企业,就连新加坡也有两家规模很大的国有投资公司:Temasek和政府投资公司。在贸易投资协定中,关于国有企业的条款主要涉及其可能具有的不公平竞争优势。

在TPP的谈判中,美国力推的国有企业条款涉及投资和竞争政策两方面。美国提出"竞争中立(competitive neutrality)"的概念,认为应当防止国有企业在投资准入、融资便利、财政补贴和管制豁免等方面享有的特权。在这方面,OECD的《国有企业公司治理指南》一直被推崇为范本。

中国有世界上最大的国有经济,国有企业在许多行业的垄断是行政性的,如电信、电力、石油、采矿、烟草售卖等。在特定行业准入上的限制,在国内改革深入之前,在很长一段时间里可能是中国无法对外承诺开放的议题。但是,如果在准入后的管理上,如融资便利、财政补贴和扶持、项目审批和规则豁免等方面,对任何有据可查的国有企业享有的特惠进行梳理和全面削减,是靠近此议题国际趋势的必由之路。

七、环境:设定最低标准并要求严格执行

从美国对外签订的自由贸易区协定来看,典型的美式环境条款包括:①不得以降低环境标准的方式来吸引外资;②可以适用ISD等争端解决机制;③不得支持或参与非法猎捕和贸易、对濒危物种的贸易以及给危害性捕捞以补贴;④FTA的实施不得降低在多边环境协定中的义务。

美国往往还会要求在FTA之外双方再签订一项专门的《环境合作协定》。《环境合作协定》旨在提高双方在空气污染、垃圾处理、水质监控、化学物品管理、环境教育等问题上的合作。但这样的合作首先涉及的不是资金问题,否则本身仅是一种宣言和态度,而无法落实。

通过TPP,美国不仅希望消除因为环境标准不一致而可能造成的贸易不公平竞争优势或投资扭曲问题,也希望能进一步提高环保服务或技术在亚洲市场的进口量。目前看来,一项削减环保产品和服务关税的清单可能会包括在TPP附件中。至于新西兰等国希望加入TPP谈判的气候问题和减排责任,并不为大多数发展中国家接受。发达国家须首先承诺建立帮助发展中国家进行环境合作和环境能力建设所需的基金。

总的来看,各项FTA,包括TPP中关于环境问题的条款将限于环境标准对贸易与投资的扭曲问题,尚不涉及国家实质性的减排承诺。中国在对待环境问题方面应当持更开放的态度,因为环境问题与中国未来的生态重建是直接相关的。但是对环境问题是否适用ISD的问题,建议中国对此持保留态度,以免陷入被动。

八、劳工：结社、罢工和集体协商权须在形式上变通解释

劳工问题与环境问题进展是相似的。劳工保护尽管被纳入许多现有 FTA 和 BIT 文本中，但并没有实质性的义务，也不适用任何争端解决机制。但是，美国和欧洲都希望要求建立明确的劳动保护标准，并不能因为劳动保护标准而获得在贸易和吸引投资上的不公平优势。同样，美国希望将劳工问题纳入 ISD 中，这也遭到了大多数国家的反对。

在目前的 FTA 谈判，包括 TPP 中，劳工条款的处理基本参照国际劳工组织 1998 年的《工作基本原则与权利宣言》的内容。五项工作基本原则包括：结社自由；集体协商权利；禁止强迫劳动；禁止使用童工；禁止雇佣和职位上的歧视。这些原则中，结社自由即组织工会的自由应当如何解释，强迫劳动与劳动改造是否一致，与中国的现行实践中是否有差距，都有待进一步明确。事实上，中国东部和南部的工资集体协商制度起步很早，从 20 世纪 90 年代即已起步，集体合同的签订数每年递增。但是，中国模式的工资集体协商制度是自上而下的，政府甚至将此制度与各类对企业的先进奖励挂钩。中国的集体协商制度并不是目前美欧所主张的集体协商制度，美欧首先要求的是工会的资金来源、组织构成须完全独立于雇主，这与中国的情形是不符的。社会组织的完全第三方化是引进第三方监管的前提，中国下一步改革必须先厘清这个问题。

第二篇

一体化世界经济的运行

第六章 贸易自由化

贸易自由化是国际贸易自由化的简称,是指国家、地区间普遍出现的减少或消除国际贸易中业已存在的各种障碍的趋势与现象。第二次世界大战后,国际贸易领域出现了自由化趋势,贸易自由化成为世界经济的一个重要特征。国际贸易自由化不仅是世界经济一体化的基础,其本身还是世界经济一体化的先导。

第一节 国际贸易自由化的历程

国际贸易具有悠久的历史,它在几千年前的奴隶社会早期就出现了。国际贸易自由化的历史则短得多。因为国际贸易自由化建立在一定的经济社会基础之上,只有当世界各国相互紧密依存,国际贸易得到充分的发展和市场机制已经成为全球资源配置的基本机制的情况下,它才会出现并发展。国际贸易一产生就受到种种贸易障碍的约束,民族国家对国际贸易的干预一直没有停止过。这种约束在客观上阻碍了贸易的扩大与发展。随着人类生产力的提高和国际贸易本身的发展,贸易障碍越来越不适应社会经济发展的要求,人们迫切要求扫除国际贸易方面的种种障碍,以促进经济贸易的进步。19世纪西欧的一些发达工业国为了实行经济扩张,产生自由贸易的愿望,并在一段时间内推行了相对自由的贸易政策。但后来这种政策又被保护贸易政策所取代。1947年年初,《关税与贸易总协定》签订并于1948年1月1日生效,这是国际贸易自由化趋势出现的标志。此后,虽然自由化的历程有一些反复,但就总体而言还是逐步得到深化。1995年世界贸易组织的成立是国际贸易自由化新阶段的开始。

一、前自由化阶段

我们把从国际贸易产生到国际贸易自由化趋势出现这段漫长的历史时期称为前自由化阶段。

国际贸易最早出现于奴隶社会初期,奴隶社会生产力水平低下,自然经济占绝对统治地位,生产的目的主要是为了满足自身的消费需要,剩余产品有限,用于交易的商品就更少了。由于国家间交通运输不便,国际贸易规模很小,且主要局限于某些区域内部。即便如此,古代的国际贸易仍然对一些国家和地区的繁荣产生了很大的作用。古代欧洲的腓尼基依靠与地中海沿岸地区的贸易维持了一千多年的繁荣,之后雅典和罗马也享受了对外贸易所带来的巨大繁荣。值得指出的是,那时,雅典已征收进口税,而罗马不仅征收关税,而且对某些商品输入给予补贴,或禁止某些商品的输出,在自然障碍的基础上对商品的跨国流动增加了人为的障碍。

封建社会生产力有了提高,剩余产品相对增多,但其经济仍以自给自主的自然经济为主，商品生产与交换仍处于从属地位。此时的国际贸易虽然较奴隶社会有了较大的扩展，但规模和范围仍然有限。随着封建社会的发展，商品经济逐步繁荣，交通运输条件也有了改善，区内贸易不断扩展，推动了更大范围的区域贸易乃至东西方贸易的发展。14世纪，亚欧两洲的内部各分为几个贸易区，洲内贸易区间的贸易联系比较紧密，而洲际贸易规模仍然有限。亚洲只有丝绸、珠宝和香料等高价商品输往欧洲，出于敛聚财富等目的的考虑，封建统治者对一些进出口贸易活动进行干预，设置进出口障碍。中世纪欧洲的领主、城市和国王都对对外贸易征收关税，一次国际贸易往往要交纳无数次海关税和通行税，如14世纪莱茵河上就有约50处征收通行关税的关卡，真可谓关卡林立。中国在郑和七下西洋之后屡次海禁，海上对外贸易几乎无法进行。

16世纪地理大发现使被认识的世界猛然扩大，环球航线把世界各地联结起来，西欧开始积极进行海外扩张，世界上大部分地区沦为殖民地，越来越多的国家和地区被卷入国际贸易。西欧与其殖民地尤其是美洲、南亚和东南亚之间的贸易迅速发展，地位越来越重要，国际贸易范围和规模急剧扩大。此时，欧洲正盛行重商主义，对外贸易作为增加国家财富（其实只是指金银）的重要手段，力争贸易出超。政府采取多种措施增加出口，减少进口，如禁止某些外国商品尤其是奢侈品的输入和课征保护关税，以限制外国商品的输入；采用出口津贴、出口退税、降低或免征出口关税、禁止重要原料出口，以及独占殖民地贸易等措施，以促进出口。此外，还禁止金银输出、奖励输入。这些措施在客观上阻碍了国际贸易的发展，但对资本主义原始资本积累很有意义，推动了资本主义生产方式的建立与发展，对工业革命的产生起了促进作用。

18世纪60年代前后，起源于英国的工业革命逐步在欧美主要资本主义国家扩展开来，主要资本主义国家普遍建立了机器大工业，大大提高了社会生产力，剩余产品大大增加，对外出口成为实现资本主义再生产的重要条件，交通运输条件也得到很大改善，商品货币关系在世界范围扩大，不断有新地区新产品卷入世界贸易，整个国际贸易迅速扩展。英国首先建立了机器大工业生产，它在工业生产上大大领先于其他国家，其工业产品在美洲全部市场和欧洲部分市场上实际上处于垄断地位。1820年英国贸易占世界贸易的27%，一半以上的工业品在海外销售，成为"世界工厂"和国际贸易中心。随着经济力量的增强，重商主义的保护贸易政策成为英国经济发展和对外扩张的障碍。从19世纪20年代开始，英国逐步推行自由贸易的政策：降低进口关税，废除输出禁令，废除谷物法，取消谷物进口限制，取消对英国沿海贸易和殖民地贸易的垄断，准许其殖民地与外国建立直接的贸易联系，这样到1860年英国成为自由贸易的国家。受英国的影响，19世纪60年代英国与几个主要国家缔结了9项体现自由贸易精神的贸易条约，其他国家间也签订了一些类似的条约。荷兰、比利时等国相继成为自由贸易国家。世界上其他国家和地区受到了要求开放国内市场的压力冲击，连闭关锁国的中国也被坚船利炮打开国内市场。到1870年左右形成了统一的世界市场，产生了把各国生产、流通和分配融为一体的世界经济。

但是，就是在英国带动自由贸易的同时，美国等后起资本主义国家由于国内幼稚工业劳动生产率低，市场竞争力不强，采取设置障碍，并提高关税等手段，以保护这些工业。美国从19世纪初就开始提高关税，此后还通过明确的保护性关税法案，平均关税率保持在30%以上。德国在19世纪70年代后实施保护贸易政策，提高工业品进口关税。1870年后,英国经济开始走向衰落,在工业生产、国际贸易、海外投资和海陆运输等方面被美、法、德等国赶上,对自由贸易的热情逐步消失,悄悄地收起自由贸易的口号。第一次世界大战中各国对贸易的管制和干预进一步加强,战争结束后一些国家试图放宽管制,但经济危机使市场问题再度尖锐化,各国又恢复或继续保持对贸易的限制,大多数国家竞相提高关税以抵制别国加强出口的措施,许多国家还征收反倾销税。20世纪30年代资本主义世界经济危机使国际市场争夺更为激烈,贸易保护达到高潮,关税战进一步升级,美、英先后提高关税,德、日、意、法等国也纷纷实行禁止性的高额保护关税政策,大量采用数量限制、外汇限制、卫生检疫措施、繁琐的海关手续等新的保护措施。

二、"二战"后国际贸易自由化

(一)贸易自由化的出现与发展

贸易自由化与世界经济的发展波动密不可分,20世纪的两次贸易保护主义高潮都与世界经济的衰退有着密切的联系。1914～1939年是世界经济处于下降周期的阶段,贸易保护主义抬头,贸易自由化受到重创;1973～1986年,世界性经济危机再次导致贸易保护主义回潮,使贸易自由化发展的步伐一度趋缓。综观第二次世界大战以来的贸易自由化进程,形成四个明显的阶段。

第一阶段:1948～1973年,贸易自由化迅速发展阶段。

第二次世界大战后的贸易自由化以《关税与贸易总协定》的签订并正式生效为标志,与19世纪某些西欧国家推行自由贸易方式不同,它是以国家间通过多边或双边的贸易协定(以多边贸易协定为主)削减关税壁垒,抑制非关税壁垒,取消国际贸易中的障碍与歧视的方式进行的。这一阶段,《关税与贸易总协定》主持了六轮全球性的多边贸易谈判,大幅度降低了贸易关税,削减了部分非关税壁垒。期间,参与全球性贸易谈判的国家越来越多,所涉及的贸易领域也越来越广泛。到第六轮多边谈判时,共有占世界贸易总额约75%的54个国家和地区参加,就6万多项商品达成关税减让协议,使工业品全部应税贸易商品的关税率下降35%,影响贸易额为400亿美元。

在贸易自由化的推动下,这一时期的国家贸易的发展速度远远超过世界生产的增长速度,贸易已成为经济增长的发动机。1948～1973年间,世界工业生产年平均增长为6.1%,而世界出口量的年平均增长率达到7.8%。全球货物出口值(不包括社会主义国家)从1948年的533亿美元,增加到1960年的1 123亿美元,年平均增长6%,1960～1973年,出口量年平均增长高达8%。世界出口值按1970年的出口价格计算,1970年达到3 134亿美元,比1950年翻了两番,人均出口值达80.80亿美元,与1950年的30.70亿美元相比,也翻了一番多[①]。

第二阶段:1973～1986年,贸易自由化趋缓阶段。

这一阶段世界经济经历了石油危机、经济衰退和布雷顿森林体系瓦解后国际货币体系严重动荡等一系列的冲击,贸易保护主义思潮乘机兴起,许多国家重新实施贸易保护政策,使国际贸易自由化的步伐有所放缓。这一时期贸易保护的特点是,各种名目繁多的非关税壁垒的出现,如"自动限制出口"和"管理贸易"。然而,《关税与贸易总协定》所代表的

---

① 张汉林、刘光溪:《经济全球化、世贸组织与中国》,北京大学出版社1999年版,第22页。

贸易自由化的趋势仍在顽强地缓慢发展，从1973年开始进行的第七轮多边贸易谈判，即东京回合谈判，历时六年，谈判过程虽非常艰难，但最终还是取得了巨大的成就。这轮共有70个缔约方和29个非缔约方参加了谈判，关税减让和关税约束涉及1550亿美元贸易额，全部应税商品的关税削减25%～33%。

第三阶段：1986～1999年，贸易自由化快速发展阶段。

20世纪80年代中期开始，世界经济进入到新一轮高速增长时期。《关税与贸易总协定》从1986年开始了第八轮多边谈判，即乌拉圭回合，历时7年多，这是《关税与贸易总协定》成立以来议题最多、范围最广、规模最大的一轮谈判，也是取得成果最多的一次谈判。这次共有117个国家或地区参加，谈判不仅达成了广泛的关税减让与关税约束表，而且首次将服务贸易自由化纳入谈判。此次谈判共涉及减税产品贸易额12 000亿美元，减税幅度达40%，并应对20个产品部类的产品逐步实行零关税。发达国家和地区工业产品关税税率约束比例由谈判开始前的78%扩大为97%，加权平均关税率由6.4%降为3.7%；发展中国家和地区的工业产品关税税率约束比例由谈判开始前的21%上升为65%，加权平均关税率降为11%。

乌拉圭回合的另一大重要成就是开创了《关税与贸易总协定》推进全球服务贸易和投资自由化的局面，其直接的结果是达成了三项相关的多边协议，即"全球服务贸易协定"（General Agreement on Trade in Services—GATS）、"与贸易有关的投资措施"（TRIMs Trade-Related Investment Measures）、"与贸易有关的知识产权议题"（Trade—Related Aspects of Intellectual Property Rights—TRIP）。

第四阶段：1999年以来，贸易自由化波折阶段。

以1999年11月29日，世界贸易组织首脑会议在美国西雅图的召开为起点，贸易自由化遭遇到新的集团势力的阻挠。这一轮恰值世纪转换千年更替的"千年回合"起步之始就遭遇重大的挫折，来自世界各国非政府组织发动的抗议活动，使原定的会议议程无法实施，"千年回合"只能以流产而告终。尽管如此，世贸组织仍然秉持其50年来促进贸易自由化的精神，在2001年于多哈召开的部长级会议上，WTO的142个成员经过6天的艰难谈判，最终达成协议，确定并正式宣布新的全球贸易谈判的开始。新一轮谈判自2002年1月31日开始，谈判涉及原有协议的执行、农业、服务贸易、非农产品的市场准入、与贸易相关的知识产权、贸易与投资的关系、贸易与竞争政策的互动、政府采购、贸易便利化、WTO规则、争端解决、贸易与环境、电子产品贸易、小型经济体、贸易与技术转让、技术合作与能力建设、欠发达国家等19项议题，预计在2005年1月1日前结束，最终于2006年7月22日正式中止，虽然2007年多哈回合重启，但至今未果。然而，世界贸易组织的职能已远远超出了贸易的范围，而广泛涉及全球经济发展的诸多领域。多哈会议上，在启动新一轮全球贸易谈判之际，中国终于被吸收为世界贸易组织的正式成员，也使得贸易自由化所覆盖的地域更为完整。2003年，由世贸组织主持在墨西哥小城坎昆召开的全球新一轮谈判再度遭挫，发达国家和发展中国家针对贸易自由化走向的意见冲突高度激化。

（二）贸易自由化的表现

第二次世界大战后，贸易自由化是一次全面的自由化，几乎涉及对所有现存的人为贸易障碍的限制，内容十分广泛。

首先，是进出口关税的大幅度削减，世界工业品关税由1947年的40%降低到乌拉圭回合谈判结束时发达国家的 3.7% 和发展中国家的 11%,而且还将进一步降低,大多数国家和地区已经确定了今后进一步削减关税的时间表。

其次,进口限额、进口许可证、出口补贴、倾销和禁运等传统的非关税壁垒受到削弱,逐步降低,并走向规范化,对外汇的管制也得到逐步的放宽乃至取消,越来越多的国家实现本币在经常项目下完全可自由兑换(中国也于 1996 年年底做到了这一点),这无疑有利于国际贸易的发展。

第三,各国的贸易歧视被限制在一定的限度内,国民待遇与最惠国待遇得到越来越广泛的运用,已经成为世界各国普遍接受的国际惯例。

第四,发展中国家的贸易利益得到一定的照顾,不少多边国际贸易协定中都给予发展中国家优惠待遇,有优惠性例外安排或过渡措施。由发达国家给予发展中国家的普惠制待遇也使发展中国家有一个相对宽松的贸易环境。对发展中国家的这些优惠在一定程度上有利于发展中国家对外贸易的发展,也对国际贸易自由化有推动作用。

第五,适用自由化的贸易领域不断扩大,由一般商品贸易延伸到农产品和纺织品与服装等敏感商品贸易、服务贸易、与贸易有关的投资措施和知识产权等领域。

当然,贸易自由化具有不平衡性。其具体表现在:发达资本主义国家之间的贸易自由化超过它们对发展中国家和社会主义国家的贸易自由化;区域性经济集团内部的贸易自由化超过集团对外的贸易自由化;工业制成品的贸易自由化超过农产品和服务业的贸易自由化;工业制成品内部的生产用机器设备的贸易自由化超过消费用制成品的贸易自由化。

贸易自由化发展到今天已取得了许多成就,但它的发展远没有到尽头,今后仍将会继续向前发展和深化,并与生产一体化、资本国际化一起推动世界经济的一体化。在它前进的道路上会有形形色色的非关税壁垒,可能会遇到一些新问题或遭受挫折,甚至出现暂时的停顿,但贸易自由化的继续发展是不容置疑的。今后,贸易自由化发展的方式:一是完善贸易规则,尤其是世界贸易组织的协议。这不仅要明确进一步降低甚至取消关税壁垒,减少形形色色的非关税壁垒,取消贸易歧视,而且应该在保证规则的实施上采取更有力的措施,使各项贸易规则能切实得到实施;二是扩大规则的适用与管辖范围。这不仅应吸引更多的国家和地区参与这种贸易规则,接纳更多国家和地区加入世贸组织,而且应该把更多的贸易领域或与贸易有关的其他领域纳入到规则的管理框架之内。

第二节 《关税与贸易总协定》对贸易自由化的推动

关税与贸易总协定(General Agreement on Tariffs and Trade, GATT),简称《关贸总协定》,是 1948～1995 年 47 年间推动国际贸易自由化发展的最重要的多边经济贸易组织。在 47 年中,它主持了 8 轮多边关税与贸易谈判,形成一整套的、内容涉及国际经济贸易几乎所有领域的规章制度。在 1995 年初它被乌拉圭回合谈判成果之一的世界贸易组织取代之前,它一直是当代涉及世界经济贸易范围最广、影响最大、最深远的国际多边协定与经贸组织,素有"经济联合国"之称,与国际货币基金组织和世界银行合称为调节世界经济金融三大支柱。

一、《关税与贸易总协定》的成立与发展

《关税与贸易总协定》是适应战后美国等发达资本主义国家促进对外贸易发展、推行自由贸易的需要而成立的，是一个多边贸易组织机构。19世纪英国等西欧发达资本主义国家实现自由贸易的愿望主要是通过签订双边协议或实行单边自由贸易政策来实现的，这当然有较大的局限性。面对两次世界大战间世界范围普遍的贸易保护主义，国际联盟曾召开会议，试图缔结恢复自由贸易的多边协议，但未获成功。第二次世界大战前后，一国发展对外贸易仍以签订双边贸易协定为主要手段，这使它们不得不与许多国家分别签订双边协定，以发展对外贸易。

第二次世界大战后，世界面临着重建经济的艰巨任务，其中重要的一个任务就是建立适应当时政治经济形势的国际贸易秩序。要建立这种新秩序仅仅依靠双边协定是远远不够的，因为签订双边协定费时费力，一个国家要花很大的力量用于与其他国家分别谈判，并签订贸易协定。其实，这些贸易协定在相当多内容上是相同或相似的。在这种情况下，如果通过多边谈判签订多边协定以成立一个贸易组织就好多了，当时美国的建议是成立国际贸易组织。在美国的建议下，1946年2月联合国经社理事会召开了联合国贸易与就业会议，对美国所起草的《国际贸易组织宪章》进行讨论。1947年10月在哈瓦那举行的联合国贸易和就业会议上审议并通过了《国际贸易组织宪章》。该宪章涉及面非常广，包括经济发展与振兴、贸易政策、限制性商业惯例，以及解决争议规则的程序等。由于一些内容与某些国家国内立法相抵触，该宪章最终未能获得美英等发达资本主义国家议会的批准，使正式的国际贸易组织未能成立起来。而此前关于关税减让的多边谈判取得进展，1947年10月31日，美、英、法、中等23个国家在日内瓦签署了《关于关税减让的一般协定》，并把这个本来准备作为国际贸易组织宪章的附属协定的协定与宪章中关于贸易政策的内容含在一起形成了《关税与贸易总协定》。由于削减关税壁垒的协定要经各国立法机构批准后才能具有法律效力，并正式实施，而这种批准往往要花很长的时间，甚至有在某些国家得不到批准的危险。为了使总协定有关条款尽快生效适用，缔约国又于签订该协定的同日通过了《关税与贸易总协定临时适用议定书》。根据议定书的规定，关贸总协定于1948年1月1日开始临时适用生效。

《关税与贸易总协定》名义上只是个协定，而不是具有明确法律地位的组织，但事实上它成为在总协定基础上形成的一个国际组织。在成立之初，它的确只是一个临时适用的临时性协定，随着其影响的扩大和活动范围的扩展，其职能得到了加强，逐步成为一个专门性的国际组织。其主要机构包括：①缔约方全体，由所有缔约方派常驻代表组成，是关贸总协定的最高权力机构，对总协定一切重要事务有最后的决定权；②代表理事会，由缔约方常驻代表组成，是缔约方全体大会在休会期间的常设机构，有权任命专家小组并审议其报告，也有权成立工作组处理一些重要问题；③委员会，设在理事会下面，负责对一些重大问题进行长期和系统的考察。这种比较完善的组织结构使《关税与贸易总协定》具有较强的处理贸易问题和协调贸易纠纷的能力。

二、《关税与贸易总协定》对贸易自由化的贡献

《关税与贸易总协定》是国际贸易自由化要求的产物。在总协定序言中明确指出，缔

约方认为在处理它们之间的贸易和经济事务关系方面,应以提高生活水平,保障充分就业,保障实际收入和有效需求的巨大持续增长,扩大世界资源的充分利用,以及发展商品的生产与交换为目的。为此,应切实达成互惠互利协议,导致大幅度地削减关税壁垒和其他贸易障碍,取消国际贸易中的歧视待遇。这充分反映了贸易自由化的要求。在GATT存在的47年内,它的确极大地促进了贸易自由化的发展,成为当时国际贸易自由化的主要推动者,推动作用表现在以下三个方面。

(一)大幅度削减关税壁垒

大幅度削减关税壁垒是《关税与贸易总协定》最重要的成就。在总协定前言中已明确把关税减让列为总协定的重要原则。总协定通过主持全球多边关税和贸易谈判,促进缔约方在互惠互利的基础上削减关税,并带动一些非缔约方也削减关税。经过8轮多边谈判,世界整体关税在乌拉圭回合协议中,农产品的贸易关税也受到较大幅度的削减。

1. 第一轮多边关税贸易谈判。本轮谈判是在《关税与贸易总协定》正式签订以前举行的,于1947年4月至10月在日内瓦举行。与会23国达成了123项关税减让谈判协议,制定了包括关税减让和关税约束的两份减让表,并绘制成总表。所涉及关税减让的商品共计45 000项,使占缔约方进口值54%的应税商品平均降低税率35%,影响世界贸易近100亿美元,占当时世界贸易总额1/6以上。

2. 第二轮关税贸易谈判。这轮谈判于1949年4月至10月在法国安纳西举行,33个缔约方参加了谈判。达成关税减让协议147项,涉及关税减让商品5 000项,使占缔约方进口值5.6%的应税商品平均降低关税税率35%。

3. 第三轮多边关税贸易谈判。该轮谈判于1950年9月至1951年4月在英国的托基举行,共有35个缔约方参与。经谈判达成关税减让协议150项,涉及关税减让商品达8 700项,使占缔约方进口值11.7%的商品平均降低关税26%。

4. 第四轮多边关税贸易谈判。本轮谈判于1956年1月至5月在日内瓦举行,仅有28个缔约方参与。就近3 000项商品达成关税减让协议,使占参与谈判各缔约方应税进口值16%的商品平均降低关税15%,影响贸易额为25亿美元。

5. 第五轮多边关税贸易谈判(即狄龙回合)。本回合于1960年9月至1962年7月在日内瓦进行,有45个缔约方参加了谈判。就约4 000项商品达成关税减让协议,涉及贸易额49亿美元,占谈判方应税贸易值20%的商品平均降低关税20%。

6. 肯尼迪回合(即第六轮多边谈判)。该回合于1964年5月至1967年6月在日内瓦举行,共有占世界贸易总额约75%的54个国家与地区参与。就60 000多项商品达成关税减让协议,使工业品全部应税贸易商品关税率下降35%,分5年完成,每年削减1/5,影响贸易额为400亿美元。

7. 东京回合(即第七轮多边谈判)。东京回合谈判在1973年9月于东京开始,后移到日内瓦继续进行,历时近6年,于1979年4月结束这次艰难的谈判,70个缔约方和29个非缔约方参加了谈判。关税减让和约束表涉及1 550亿美元贸易额,全部应税商品关税削减25%~33%,部分农产品和热带产品贸易关税也在削减之列。按照协议,世界上9个主要工业市场上制成品的加权平均关税率由7%下降为4.7%。

8. 乌拉圭回合(即第八轮多边谈判)。乌拉圭回合谈判于1986年9月在乌拉圭开始,这是最艰难的一次谈判,历时达7年多,终于在1993年12月结束,117个国家或地区

(参加方)参与了谈判。这是《关税与贸易总协定》成立以来议题最多、范围最广、规模最大的多边谈判,也是成果最多的一次谈判。谈判达成广泛的关税减让与约束表,涉及减税产品贸易额12 000亿美元,减税幅度达40%,要求对20个产部类逐步实行零关税。要求发达国家取消医药、建筑设备、钢材、医疗设备、啤酒、家具设备、烈酒、木材、纸张和玩具等11个部门的关税。发达缔约国家或地区工业产品关税税率约束比例将由回合开始前的78%扩大为97%,加权平均关税率由6.4%降为3.7%,发展中缔约国家或地区工业产品关税税率约束比例由回合开始前的21%上升为65%,加权平均关税率降为11%。发达缔约国家或地区农产品税目约束比例由58%上升为99%,发展中缔约国家或地区则由17%猛增为89%。发达缔约国家或地区将在此后6年内减少农产品关税的36%,发展中缔约国家或地区将在此后10年内减少农产品关税的24%。该轮谈判的一些成果,不论是这里所说的削减关税壁垒还是下面将要说的消除非关税壁垒和其他方面的成果,要在世贸组织而不是总协定的管辖下实施,但由于该轮谈判是在《关税与贸易总协定》的主持下进行的,应该是《关税与贸易总协定》的贡献。

(二) 消除非关税壁垒

《关税与贸易总协定》在致力于削减关税壁垒的同时,还在消除形形色色的非关税壁垒方面取得了成效。总协定制定了大量旨在消除非关税壁垒的规定,采取了一些实际措施,使各种非关税壁垒的使用受到限制。

数量限制是世界各国使用得最为普遍的非关税壁垒措施,《关税与贸易总协定》自创立之初即提出取消数量限制原则。《关税与贸易总协定》第十一条明确规定对"数量限制的一般取消",申明"任何缔约方除征收税捐或其他费用外,不得设立或维持配额、进出口许可证或其他措施,或禁止其他缔约方产品的输入,或向其他缔约方领土输出或销售产品"。第十三条规定,应非歧视地实施数量限制,即若确有必要实施数量限制,应在非歧视、最惠国待遇原则的基础上实施。此后,又根据需要在东京回合谈判中达成《关于进口许可证手续的协议》,在乌拉圭回合谈判达成的有关协议中更明确要求各国以公开并可预测的方式实施进口许可证,确保实施的公正与平等。在有关协议中还同时重申了要逐步取消配额,如《服装与纺织品贸易协议》要求在该行业已失去竞争力的发达国家在10年内彻底取消对从发展中国家进口的纺织品和服装的配额制度。

倾销和反倾销也是重要的非关税壁垒措施。总协定规定,倾销应受到谴责,可以对倾销行为征收反倾销税。由于有些国家(主要是发达国家)把反倾销作为贸易保护的手段,总协定对此又作了重新规定,在乌拉圭回合谈判所达成的《非关税措施协议》中,对反倾销调查的程序以及反倾销措施的实施细则及期限等问题作出了详细的规定,并设立专门负责裁决反倾销案的小组,使反倾销措施逐步规范化。

补贴和反补贴也可以被认为是非关税壁垒。总协定允许受到出口补贴危害的缔约方实施反补贴措施。东京回合谈判所达成的协议禁止对初级产品之外的其他产品给予补贴,但对国内补贴没有明确的说明和规定。乌拉圭回合谈判所达成的协议把补贴分为应禁止的、可以诉讼的和不应诉讼的三类,对可以实施补贴的情况作了严格的条件限制,如规定凡人均GNP达1 000美元的国家不再有权对出口商品实施补贴。对反补贴措施也与反倾销一样,对反补贴调查的发起到裁决的执行整个过程都作了详细的规定。

随着国际贸易的发展不断涌现出新的非关税壁垒措施,这些措施往往钻总协定中已有规定的空子。这些措施即所谓"灰色区域"措施，它们一般是双边贸易干预措施，这些措施包括所谓"自动出口限制""有秩序的销售协定"和"双边自动限制协议"等。《关税与贸易总协定》力图堵住这些空子，经过艰难的谈判，乌拉圭回合谈判所达成的协议取得了一些进展，协议规定所有"灰色区域"措施都必须在世界贸易组织开始运作的一定期限内予以消除或置于合法的框架内。

此外，在乌拉圭回合有关协议中规定，一定数量以上的政府采购应公开向国内外招标。为了削减各种贸易技术壁垒，协议规定各国应采取一切合理措施向他国提供合理咨询及有关技术标准文件或资料。

（三）其他方面

《关税与贸易总协定》还在消除贸易歧视、增强贸易透明度、处理国际贸易纠纷以及促进发展中国家对外贸易发展等方面取得成效，并把更多的领域纳入多边贸易组织框架之内。这些都极大地促进了国际贸易的自由化。

1. 消除贸易歧视，增强贸易透明度。《关税与贸易总协定》十分重视消除贸易歧视，总协定规定，一缔约方实施限制性、禁止性措施或提供优惠待遇时，不得对其他缔约方实施歧视待遇。它还规定，缔约方之间应相互保证给予另一方的自然人、法人和商船在本国境内享有与本国自然人、法人和商船同等的待遇。为增加贸易透明度，总协定还要求缔约方政府实施有关过境货物的法律和规章时，必须予以公布，使缔约各方都可以了解到这些法律和规章，同时也阻止了不公开贸易造成歧视性贸易的产生，在一定程度上保证了贸易的公平竞争和扩大交易。《关税与贸易总协定》还定期汇总公布世界各国的贸易统计和投资数据，以增强贸易的透明度。

2. 处理国际贸易纠纷。GATT 有一套争端解决程序，为缔约方解决国际贸易纠纷和争取公正裁决提供了场所。依靠协商、专家小组调查以及缔约方全体的联合行动，总协定成功地处理了不少国际经济贸易纠纷，共处理大约 250 起争端，在保证各缔约方的合法权益、消弭缔约方间的贸易歧视，促进国际贸易顺利发展上很有意义。

3. 促进发展中国家的贸易和发展。《关税与贸易总协定》第三十六条明确指出了要促进发展中国家的贸易和发展，在一些协议中对发展中国家特别规定了优惠性的安排。根据东京回合达成的授权条款，发达国家向发展中国家和地区提供普遍的、非歧视的和非互惠的关税优惠（即普惠制）。之后签订的大多数协议特别是在乌拉圭回合中的协议都专门为发展中国家和地区制定了例外条款，规定了发展中国家实施发达国家所要实施措施的过渡安排或保障条款，从而照顾到发展中国家生产力水平较低的实际情况，在一定程度上有利于发展中国家和地区。

4. 把更多领域纳入多边贸易组织框架（不一定是 GATT 本身）。GATT 通过多边谈判还把纺织品、农产品和服务贸易以及与贸易有关的知识产权和投资措施等领域纳入多边贸易组织框架。尽管有些领域将纳入世贸组织而不是 GATT 的管辖范围，但协议主要是乌拉圭回合谈判的成果，所以，可以作为 GATT 的贡献。

20 世纪 70 年代以来，世界纺织品与服装贸易迅速增长，但管辖该贸易领域的仍然是自 1974 年开始生效的《多种纤维协定》。该协定其实是违背《关税与贸易总协定》基本原则的自动出口限制协定，它不仅允许实行配额制，而且允许进口国单方面实施进口限制。《多种纤维协定》越来越不符合发展中国家的利益要求，在发展中国家的极力争取下，乌拉圭回合协议制定了一个新框架,签订了《服装与纺织品贸易协定》,拟分三个阶段逐步实现多种纤维协定与《关税与贸易总协定》的一体化,促进服装与纺织品贸易的自由化。

在东京回合谈判中签订了奶制品和牛肉两个有关农产品贸易的协议,乌拉圭回合则在更大范围内取得突破。该回合协议要求把农产品贸易非关税壁垒转化为关税壁垒,降低进口关税,减少对农产品的国内补贴。

服务贸易是乌拉圭回合谈判的新成果,从而第一次把服务贸易领域纳入全球多边贸易组织框架。服务贸易蕴含面宽、种类繁多、发展迅猛,已占世界贸易总额的 1/4～1/3,是十分重要的贸易领域。乌拉圭回合谈判达成的《服务贸易总协定》以实现全球服务贸易自由化为宗旨,要求协定参加方作出取消市场准入条件、限制和进一步自由化的承诺,该协议把因各国劳动生产率差异而产生的比较利益推广到劳动力本身所具有的技术知识水平的相对优势,必将带动世界服务贸易乃至整个世界贸易的发展。

乌拉圭回合还首次把与贸易有关的投资措施和与贸易有关的知识产权纳入多边贸易框架。20 世纪 80 年代以来,国际直接投资急剧增加,对东道国经济的影响越来越大,东道国在采取鼓励措施的同时也施行了大量限制性的措施,导致对贸易产生损害或限制作用,这种作用与《关税与贸易总协定》有关规定不符。乌拉圭回合谈判试图解决这个问题,制定了《与贸易有关的投资措施协议》,要求各国取消与最终协议不符的、会引起限制和扭曲作用的投资措施,同时要求不得背离国民待遇原则和数量限制原则擅自采取损害外来投资的措施。发达国家、发展中国家和最不发达国家应分别在 2 年、5 年和 11 年内达到要求。随着科技革命的兴起,技术和知识日益成为经济发展的重要推动力,高科技产品和技术本身在国际贸易中的比重不断上升,各国实施产权的措施与程序主要以《巴黎公约》《伯尔尼公约》和《罗马公约》等有关知识产权的国际公约为依据。而这些公约对合理的国际贸易实际上产生了限制性影响,已不能满足国际贸易的要求。乌拉圭回合所达成的《与贸易有关的知识产权问题协议》在不违反《关税与贸易总协定》一系列基本原则的前提下,在与知识产权相关公约的原则协调的基础上,扩大了知识产权的涵盖面,强调加强保护机制的重要性和必要性,要求确保实施产权的措施及程序对合理的国际贸易不造成任何障碍,力求杜绝知识产权的国际侵权行为,使贸易商和投资者大大提高从事贸易与投资的兴趣。这样,更大范围的国际贸易领域被纳入有效的和有约束力的多边框架和规则中,世界贸易自由化向广度扩展了。

三、《关税与贸易总协定》的局限性

《关税与贸易总协定》自 1948 年生效以来,对国际经贸领域的影响日益扩大。其缔约方不断增多,到 1995 年年初,已达到 100 多个,说明它具有相当的吸引力。作为协调国际经贸关系的国际组织,它的贡献是有目共睹的。但是,随着世界经济、政治和科学技术的迅速发展与变化,总协定一些固有的局限性日益显露出来,大大地限制了它对国际贸易自由化的领导能力。总协定的局限性主要表现在以下三方面。

(一)地位不明确

《关税与贸易总协定》既没有像一般国际条约那样有明文规定的有效期,也没有通过各缔约方立法机构按法定程序予以批准而生效。从严格的法律意义上讲,总协定从未正式生效,其之所以具有一定的法律效力是因为有《关税与贸易总协定临时适用议定书》的签订。在法律上可以说,它从未真正获得国际组织的地位,因而对缔约方的法律约束力不强。自《关税

与贸易总协定》成立以来,屡次发生某些缔约方公然违背总协定的基本原则,以国内立法或行政措施推行贸易保护主义和对别国实行贸易歧视的案例,这与总协定地位不明确不无关系。正因为如此,乌拉圭回合谈判中同意以法律地位更为明确的世界贸易组织来取代它。

(二) 对世界贸易适用范围不够宽,规则不够严密

《关税与贸易总协定》成立之初只适用于商品贸易,其中还不包括商品中的农产品和纺织品与服装等敏感商品贸易。东京回合对某些农产品贸易达成协议,但对大部分农产品不适用。乌拉圭回合谈判把更多的农产品和纺织品与服装贸易纳入其框架。类似地,乌拉圭回合谈判前服务贸易、与贸易有关的投资和与贸易有关的知识产权游离于《关税与贸易总协定》之外,该回合谈判把它们都纳入全球多边贸易组织框架之内,不过,这个组织已经不是《关税与贸易总协定》而是世界贸易组织了。此外,《关税与贸易总协定》中某些规则不够严密。比如,所谓的"灰色区域措施"就是钻总协定规定的空子,一些缔约方通过双边安排强迫其贸易伙伴采取"自愿出口限制""有秩序销售"和"双边自动限制"等措施,以达到保护其国内市场的目的。东京回合达成的《乳酪产品协定》和《民用航空协定》仅有少数国家签署,各国尽量挑选签署对自己有利的协议,这也与总协定规则不够严密有关系,从而限制了协议的效力。

(三) 争端解决机制不完善

《关税与贸易总协定》为各缔约方解决国际贸易纠纷和争取公正裁决提供了场所,在这方面它的确如前所说的那样,取得了相当的成效。但总的来说其争端解决机制是不完善的,处理争端过程中它总是感到力不从心,以至于一些争端只好不了了之,挂起来了事。这种不完善表现在争端解决程序、解决时效和专家小组权威性等三方面。

1. 争端解决程序分散于总协定和个别协定中。总协定中规定的争端解决程序与以后多边关税贸易谈判中达成的新协议中的争端解决程序存在一些差异。在实际争端的解决中究竟应该适用哪一个就成为一个问题,容易产生新的争端。迫切需要一个完整而具实效性的多边争端解决程序。

2. 争端解决时效性不强,解决程序往往拖延时间很长。总协定虽然在原则上规定了应尽快解决贸易争端,且对专家小组完成工作的基本时间框架作了较具体的规定,但实际上由于各方面的原因,某些案件拖延数年也得不到解决。

3. 专家小组权威性不够。专家小组不是仲裁机构,无权作出裁决,它只负责调查研究并得出结论,向理事会提出解决争端的建议,同时力促双方协商妥协。更为麻烦的是专家小组关于争端解决的报告需理事会的一致同意才能通过,这使当事方往往动用否决权使之不能通过。

以上几方面的局限性日益突出,在新的形势下,迫切需要一个涉及面更广、地位更明确、争端解决机制更有力的全球多边贸易组织来领导国际贸易自由化的新发展。于是,建立统一的世界贸易组织的问题被列入乌拉圭回合谈判的议程并在最后文件中达成有关协定,世界贸易组织于是接过促进国际贸易自由化的"接力棒"。

第三节 世贸组织与国际贸易体系

世界贸易组织(World Trade Organisation,WTO),简称世贸组织,是当今最大的全

球多边经济贸易组织。它的成立是国际贸易发展史上的又一个重要的里程碑,它将继续推动世界贸易向自由化方向发展。与其前身——《关税与贸易总协定》不同的是它极大地促进国际贸易体系的法制化和规范化。自成立并正式运行以来,它已显示了强大的力量,是真正的"经济联合国"。

一、世界贸易组织的由来

如前所述,早在第二次世界大战后构造国际经济贸易秩序包括建立布雷顿森林体系之际,建立与国际货币基金组织相类似并与之相协调的国际贸易组织就在酝酿中,只是由于一些国家的立法机构拒绝批准相关的协定而使国际贸易组织被扼杀在摇篮中。由于作为妥协结果的《关税与贸易总协定》只是一个临时适用的协定,存在着内在的局限性,所以有关建立国际贸易组织的呼声一直不绝。联合国贸发会议曾多次讨论了建立国际贸易组织的可能性。1983年鉴于东京回合多边谈判取得成果,对国际贸易制度产生巨大影响,联合国第六届贸发会议专门研究了国际贸易制度的发展,提出了加强和改进这个制度的政策建议。

虽然如此,建立新的多边贸易组织的建议并未得到足够的重视。1986年乌拉圭回合谈判开始时,设定的15个议题中并没有建立世界贸易组织的问题,只是设立了一个修改和完善《关税与贸易总协定》体制职能的谈判小组——"体制功能谈判小组"。到1989年底《关税与贸易总协定》"体制功能谈判小组"仍未把多边贸易组织框架问题提出来进行讨论。但是,在回合谈判新议题中已涉及《关税与贸易总协定》旧框架及货物贸易以外的问题,如知识产权保护、服务贸易以及与贸易有关的投资措施等。这些重要议题很难在《关贸总协定》的旧框架内展开谈判,也很难由《关税与贸易总协定》旧框架来管辖。建立一个新的国际贸易组织的必要性逐渐引起注意。所以,当1990年4月《关税与贸易总协定》缔约成员国意大利首次正式提出建立一个多边贸易组织(MTO)的建议时,这个建议得到广泛的支持。意大利建议以多边贸易组织管理总协定条文和乌拉圭回合《服务贸易总协定》、与知识产权和投资有关的协议和其他协议及其附件,新的多边贸易组织的成立立即成为谈判的重要议题。经过一年谈判,于1991年底达成一份《关于建立多边贸易组织协定草案》,到乌拉圭回合谈判末期,如何执行乌拉圭回合协议及世界贸易组织应采取何种组织框架等问题成为各国关注的重点之一。1993年底根据美国的动议把多边贸易组织改名为世界贸易组织并经多次艰巨谈判正式达成《建立世界贸易组织的协定》,将乌拉圭回合所修改的《关税与贸易总协定》和新达成的各项协议,以及东京回合达成的部分协议统归世界贸易组织管辖。1994年4月15日摩洛哥马拉喀什部长会议上通过了这个协定。按照协定,世界贸易组织已于1995年1月1日正式成立并试运行,1996年1月1日它已彻底取代《关税与贸易总协定》,成为统辖货物贸易、服务贸易、与贸易有关的知识产权和投资等重要领域的国际经济贸易组织。

世界贸易组织成立以来得到不断发展,从1995年年初到2001年年底6年内其成员数由114个迅速增加到了144个,成员方贸易额已占全球贸易总额的90%以上,中国在经历了长达15年的艰难谈判之后,终于在2001年年末正式加入了世界贸易组织。世界贸易组织的成立是20世纪末国际贸易自由化取得的最大成就,它标志着规范化和法制化的世界贸易体系的建立,将对世界经济产生巨大的促进作用。

二、世贸组织对国际贸易体系法制化和规范化的促进

世贸组织最重要的职能是监督与管理其统辖范围内的各项协议和安排的贯彻与实施,乌拉圭回合谈判中所达成的所有协议和东京回合谈判中所达成的部分协议都要由它来监督管理。前面已经详细地说明了乌拉圭回合谈判在关税减让、非关税壁垒削减和贸易歧视的消除等方面所取得的进展。这些谈判的成果要由世界贸易组织来具体监督管理,必将更加有利于世界贸易的自由化,推动世界经济贸易的发展。世界贸易组织较之于《关税与贸易总协定》在国际贸易法制化和规范化上取得决定性的进展,今后的国际贸易或对国际贸易的管理将依"法"(即体现于世贸组织统辖下的各项协议的原则)进行。

(一)法制化和规范化的基础

世贸组织之所以能促进国际贸易体系法制化和规范化,与其在法律地位、机构组织和法律框架三个方面较之于《关税与贸易总协定》有很大的强化是不可分的。

1. 法律地位基础得到保证。世贸组织是根据缔约方成员政府和立法机构批准的国际条约所创建的常设国际组织,具有法人地位,对所有成员有较严格的约束力。它所统辖的所有协议都具有法律效力,要求其所有成员必须"一揽子参加"这些所有协议。这与东京回合协议所采用的自由选择参加的方式有根本性的不同,使成员的权利与义务更为平衡。

2. 组织结构完善。世贸组织作为一个机构,具有比较完善的组织结构。其主要机构包括:①部长级大会。由全体成员派代表组成,执行世贸组织的各项功能,是世界贸易组织的最高权力机构,对世贸组织所统辖的多边贸易协定的任何事务都有最高决策权。②总理事会。由所有缔约方派代表组成,是世贸组织的常设机构。它视情况需要召开会议,在部长级大会休会期间代为执行其职权,向部长级大会负责。其下分设了商品贸易、服务贸易及与贸易有关的知识产权三个理事会。每个理事会分别处理相关贸易领域的事务,三个理事会下还分别管辖一些部门委员会。总理事会之下还设有争端委员会、贸易与发展委员会、国际收支限制委员会和预算管理委员会等机构。③秘书处。负责处理世贸组织的日常事务,设秘书长。由总理事会委任一名总干事担任,由他再根据理事会的批准任免其他工作人员组成秘书处。这种组织结构似于联合国的组织结构,比《关贸总协定》更像"经济联合国",使之能够保持较高的运行效率,从而为促进国际贸易体系法制化与规范化提供了良好的组织基础。

3. 法律框架趋于完善。体现于1994年的《关税与贸易总协定》《服务贸易总协定》和乌拉圭回合谈判中所达成的一系列协议中的一些基本原则构成了世界贸易组织的基本法律框架。这些原则由若干规则及其一些例外所组成。原有的《关贸总协定》适用以下一些基本原则,即最惠国待遇原则、无歧视待遇原则、国民待遇原则、关税减让原则、互惠原则、取消数量限制原则和透明度原则等。世贸组织继承了这些有用的原则,并扩大这些原则的适用范围,使这些原来适用于货物贸易的原则的一部分适用于服务贸易和与贸易有关的知识产权和投资。此外,为更好地促进发展中国家的贸易与发展,还特别提出了对发展中国家和最不发达国家优惠待遇原则;为更好地解决贸易争端,有关协定和协议中体现了公正、公平等处理贸易争端原则。这些原则为世界贸易组织提供了比较完善的法律框架,是国际贸易体系法制化和规范化的重要基础。

(二) 法制化和规范化的具体表现

世贸组织推动国际贸易体系法制化和规范化最突出地表现在建立完善的争端解决机制、以投票表决为基础的决策机制和创立贸易政策评审机制等三个方面。

1. 完善争端解决机制。世贸组织主要从以下几个方面完善了解决争端的机制：

首先，解决了不同协议或协定中争端解决规则的协调问题。在乌拉圭回合达成的《争端处理规则程序谅解书》中综合了《关贸总协定》成立以来在解决贸易争端方面逐步形成的原则与程序，既适用于《建立世界贸易组织的协议》，又适用于各多边贸易协议与诸边贸易协议。谅解书中规定，如果单独的协议中所达成的规则和程序与谅解书中的规则和程序有抵触则以前者为准。这样，原《关贸总协定》未包含的服务贸易、与贸易有关的投资措施和与贸易有关的知识产权，以及农产品、服装和纺织品等敏感商品都纳入统一的争端解决机制，且在适用规则与程序的选择方面有明确的界定，可以有效地避免在适用规则与程序问题上出现分歧。

其次，是特别设立争端委员会，其下设立上诉机构和程序。原《关贸总协定》并未专门设立解决贸易争端的权威机构，解决贸易争端的职责由缔约方全体和理事会承担。世界贸易组织特别设立了专门负责解决争端的机构即争端委员会，该机构隶属于世界贸易组织总理事会，由1位主席主持。该机构还有自己的议事规则与程序，通常每个月召开2次会议听取成员方关于世贸组织规则和协议的投诉。争端委员会负责执行谅解书中的规则和程序以及有关协议中的磋商和争端解决条款。它有权成立专家小组，并通过专家小组和上诉机构的报告，监督对裁决和建议的履行，还可以依照有关协议授权中止各项减让和义务。上诉机构由7名经总理事会任命的成员组成。成员应当是确认的权威人员且具广泛的代表性。该机构接受对专家小组报告的申诉，由机构中3名成员对申诉作出审理并提交报告，报告中上诉机构可以维持、修改或推翻专家小组的裁决和结论。上诉机构的设置是世贸组织的一大创新，是世贸组织促进国际贸易体系法制化和规范化的重要标志。上诉程序与机构完善了争端解决程序，是新的争端解决程序的重要组成部分。

第三，是对争端解决各阶段确定了具体的时限。谅解书中规定，在接到一方提出的磋商请求之后，另一方应在10天内作出回应，双方在30天内开始进行磋商。若受请求方在10天内未作出回应或在60天磋商未果，则申诉方可以要求成立专家小组（如果争端双方另外规定了磋商的时间限制，则以所规定时限为准）。除非委员会一致反对，否则专家小组在要求下自动成立，在20天内确定其职责范围，30天内正式组成并开始工作。专家小组的审案一般在6个月之内完成，紧急情况应在3个月内完成，但无论如何审案时间不能超过9个月。对专家小组提出的审案报告由争端委员会进行表决，除非一致反对通过该报告或者有当事一方要上诉，否则报告自动通过。上诉机构一般应在60天内完成上诉，最多不得超过90天。除非一致反对，争端委员会应在上诉机构提出报告30天内通过其报告。严格的阶段性时限有利于及时解决各种贸易争端。

第四，是加强对裁决后执行情况监督的力度。谅解书中规定，在裁决报告通过后30天之内举行的争端裁决机构会议上，有关方面必须表明其执行裁决的意向。如果被诉方认为立即执行有困难，可以在一段合理的时间内执行。如果仍不行，则其需与申诉方谈判确定双方可接受的补偿。如果20天后仍无法达成谈判协议，则申诉方可要求争端委员会授权对另一方中止减让或其他义务作为报复。报复的威胁使败诉方必须认真考虑执行裁决,使争端解决机制和程序具有较强的效力。

可见,新的争端解决程序各环节衔接紧密,对所设机构人员挑选有详细规定,适用的有关法律概念严谨而明确,表现出突出的法制化特征。

从1991～1997年的实施情况来看,该机制运行良好。有关成员共向争端解决机构提交60余项申诉,其中大约1/4已结束裁决。10例申诉在专家小组成立之前得到磋商解决。与《关税与贸易总协定》相比其仲裁能力更强,效率也更高。引人注目的美日汽车贸易纠纷通过双边谈判得到解决,争端解决机制与程序的威慑力起了一定的作用。该机构作出相对公平且或多或少可执行的裁决,是发展中国家和地区保护自己权益的防线。它裁决的第一件申诉案是委内瑞拉等国反对美国的汽油税,结果美国同意修正其政策措施;中国香港有关部门将美国对中国香港纺织品限制案报送世贸组织裁决后,美国取消了对中国香港纺织品采取的限制措施;哥斯达黎加和洪都拉斯也使美国取消了对内衣进口的限制措施。由于争端解决机制的有效性,美国在照相机软片市场同日本发生贸易争端后已在DSB申诉日本,而没有像过去那样单方面宣布制裁日本的措施。

2. 以投票表决为依据的决策方式。世贸组织采用投票表决方式,每个缔约方在部长级大会和总理事会都有一票。由于规定部长级大会和总理事会对世贸组织协定和多边协议包括各种规则的例外的解释和决议要3/4绝对多数同意才能通过,过去被经常滥用的各种规则的例外很难使用。对弃权的时间也有严格的限制。缔约方不能再通过永久弃权以达到阻碍某些自由化措施通过的目的。此外,有关协议中的权利和义务的修改或免除要2/3多数通过,这有利于保证多数缔约方的利益。

3. 贸易政策评审机制。贸易政策评审机制也是世贸组织的创新。世贸组织的贸易政策评审机制是由全体缔约方参加的审议世界贸易组织成员贸易政策的论坛。评审的目的是敦促各缔约方遵守世贸组织的制度、纪律,尽到作为成员的义务,并通过对成员的经济政策与行为的评审,以提高透明度,更加顺利地发挥多边贸易组织的作用。按规定,成员一经接受评审,就必须在当年呈送首批详尽的报告,主要报告它所执行的经济贸易政策。规定对贸易额居世界前四位的国家每2年评审一次,排名第五至第二十的成员方每4年评审一次,对其余成员方每6年评审一次。评审在世贸组织总理事会定期召开的特别会议上进行,根据确定的评审目的,针对成员关心的外部环境、经济发展需求及政策目标展开讨论。讨论的主要内容是成员的各种贸易政策和行为,对成员的行为予以评估,包括给予其他成员无条件最惠国待遇、互惠与平等关税减让和禁止使用数量限制等的实施状况,以加强对国际贸易环境发展的监督。

三、世贸组织的发展前景

毫无疑问,世贸组织将进一步推动国际贸易自由化的进程,与国际货币基金组织和世界银行一道为世界经济一体化和增长起更大的作用。贸易体系的法制化和规范化,将继续减少国际贸易的关税壁垒、削减非关税壁垒,并进一步减少贸易歧视,把更多的贸易和与贸易有关的领域纳入其管辖框架,从而达到"提高人民生活水平,保证充分就业,大幅度稳定提高实际收入和有效需求,并扩大货物与服务的生产和贸易,扩大对世界资源的充分利用,保护与维护环境,实现世界经济持续发展"的目标。

当然,世贸组织也面临着一些问题和挑战。第一个潜在的问题是大国仍然操纵国际贸易的局势,而一些较小的成员方不能得到平等的发言权。一旦大国的经济出现严重问题,出于其短期经济利益的考虑,它们可能会采取违背世界贸易组织的基本原则的措施与政策,世贸组织对这个威胁没有太多的回旋余地。第二是乌拉圭回合谈判成果带来的利益在分配上不利于发展中国家和地区,发展中国家和地区在市场准入、农产品和纺织品与服装贸易自由化等方面的要求有许多没有得到满足,今后如何进一步切实给予发展中国家和地区优惠仍是一个需要解决的问题。第三是乌拉圭回合谈判中关于商品和服务贸易自由化的协议中仍有一些未尽事宜,如何继续把这些未尽事宜纳入世贸组织的框架仍是个难题。金融服务、海上运输服务、劳工流动和基础通讯等几个方面仍未达成全球性协议,完成谈判任重而道远,农产品与服装纺织品贸易也有待进一步自由化。第四是协商一致程序在 WTO 的实际运作中面临效率低下的问题。WTO 的几乎所有重要决定都是由全体成员以"协商一致"的方式作出,今天 WTO 成员数量已经扩大到 154 个,成员的类型和利益日益多样化、所处理的贸易议题争议性大大增加的情况下,围绕有关问题的协商和谈判不仅耗费时日,而且最终要作出决定也非常困难。第五是如何处理竞争政策、劳工标准、环境保护与国际贸易的关系问题。世贸组织未创建普遍的竞争政策规则,也没有禁止所有的垄断行为,各国甚至还没有就应从哪些方面讨论竞争政策达成共识,更不用说讨论如何把自由贸易原则运用到对垄断和兼并的管制上来。近来一些西方工业国指责发展中国家从较低的劳工标准(指工资和工作条件)和环境标准中享受了不公正的成本优势,担心从这类国家进口会对本国厂商造成压力并进而导致失业增加,甚至使全球环境恶化、生态系统遭到破坏,所以要求把贸易与劳工标准和环境保护挂钩。这当然遭到发展中国家的坚决反对,劳工标准和环境标准将成为长期争议的话题。第六是世贸组织管辖包括 16 条案文和 4 个附件以及一些部长会议的宣言、决议等广泛的内容,今后在其运作中可能会出现众多复杂的问题。这些问题大多要由总理事会和秘书处的总干事来处理,一些问题可能没有任何历史的借鉴和以往的案例可查。这就使对这些问题的处理面临很大的困难。最后一个问题是区域性一体化对全球贸易自由化的影响。迅猛发展的区域经济贸易集团以及某些双边安排缺乏一种监督和协调机制来遏制其排他性和对集团外国家的歧视性的不利影响,从而影响到多边贸易机制的运作,对全球多边贸易协议的实施产生不利影响。区域经济贸易集团总有一定的排他性,这种排他性可以在世贸组织中被作为例外而存在,也受到多边协议的约束,区域性经济贸易集团还可能会降低全球多边贸易谈判的吸引力,增加谈判的难度。如何协调区域贸易自由化与全球贸易自由化的关系成为今后世贸组织无法回避的问题。

2001 年 11 月在卡塔尔多哈召开的 WTO 第四届部长会议成功地发起新一轮多边贸易谈判,并因此命名为多哈回合。此回合谈判涉及内容众多,包括了非农产品市场准入(NAMA)、农产品补贴和市场准入、服务业继续开放、贸易便利化政策、执行现有协定等约 19 个议题。多哈回合谈判作为 WTO 成立以来的首轮多边贸易谈判,与乌拉圭回合虽然在谈判发起时间上相差 15 年,从乌拉圭回合结束到多哈回合发起也间隔了近 8 年,但两者之间的继承和延续关系仍然十分明显。这从两轮谈判的农业议题、服务贸易议题、工业产品市场准入议题以及 WTO 规则、争端解决机制、知识产权、特殊和差别待遇等谈判议题的比较上可见一斑。但多哈谈判议题上,与乌拉圭回合的关联并不仅仅体现为对后者的延续、深化和一般意义上的完善,更重要的是对乌拉圭回合相关成果中存在的不平衡、不公正加以纠正、扬弃和再平衡。最初多哈回合非常乐观地计划在2005年1月前完成所有谈判,但2003年9月的坎昆会议上由于各方分歧巨大未达成共识,此后的几次会议也都无果而终,2006年7月总干事拉米宣布中止谈判。之后,由于在非农产品市场准入和农产品等问题上取得重大突破,谈判重新开始。2008年制定了新的谈判基础文本,当年7月,发展中国家和发达国家围绕该文本展开谈判,最后由于在众多问题上的不同立场而谈判破裂。同年12月,谈判委员会对该文本再次修改,形成所谓的"拉米方案(Lamy Package)"。虽然2009年9月的20国峰会呼吁在2010年年底完成多哈回合的谈判,但到目前为止,没有任何实质进展,由于各方利益冲突和矛盾难以调和,多哈回合谈判已陷入困境。

多哈回合谈判的陷入僵局,反映出世贸组织当前所面临的困难与挑战,为世贸组织和全球国际贸易自由化的前景增加了一些不确定因素,但问题的解决正是世贸组织和全球国际贸易自由化发展的途径和动力源泉。在金融国际化和生产一体化的协助下,通过各国的努力,以上问题可以得到妥善的解决,国际贸易在世界贸易组织的指导下必将日益自由化、规范化和法制化。

第七章 金融国际化

金融国际化有时也称金融全球化，是当今世界经济一体化进程中一个重要的部分。它是指国家或地区的金融活动摆脱本国或本地区政府金融管制，在全球范围内寻求发展和扩张的一个过程。金融国际化是本国金融对外开放和走向世界的过程，是从一国角度而言的，而金融全球化则是大部分国家金融国际化的结果，也是世界性金融市场和金融体系的形成和发展过程，因此是从世界范围而言与金融国际化相对应的同一过程。

第一节 金融国际化的内容与发展

一、金融国际化的形成与原因

金融机构或金融资本跃出国界的历史可以一直追溯到19世纪，英国以债券形式向外国募集资金，之后，以英国银行为先驱，英、法、德、美、加各国的银行相继踏上海外扩张之路。19世纪末20世纪初，随着股票、债券等投资形式的产生，在工业化进程发展顺利的欧美各国间资本的国际流动已经发生，银行跨国，甚至跨洲开设分行，投资者购买国外的股票和债券。但是，就参与其间的国家而言，并未占到世界经济的大部分；就资本流动的过程而言，由于受制于交通、通讯等条件，相当不便。真正意义上金融国际化的源头发端于20世纪60年代，以欧洲美元为领先的境外货币的形成与流通，一个摆脱了国家金融管制的欧洲美元市场的诞生。

20世纪70年代，金融国际化在两个方面获得了新的推动力。一方面，大量石油美元寻求海外出路，刺激了跨国银行的境外融资活动。另一方面，工业化国家美国、英国、德国、法国、日本等先后取消了外汇管制，促进了资本的国际流动。但是直到80年代发达国家相继掀起放松金融管制和金融自由化浪潮，发展中国家也纷纷改革金融体制以吸纳国际资本，金融国际化才真正获得了全球范围的发展。并因此成为世界经济一体化的一个突出表现和实质内容。

金融国际化的成因主要有四点。

(一) 自由化政策导向为金融国际化提供了有利的制度环境

始于20世纪80年代初，并于80年代中期席卷全球的放松金融管制之风是推进金融一体化的重要驱动力。各国普遍取消或放松管制的核心目标有两个：一是打破国内金融领域各个不同部门间的限制壁垒，使各专业金融领域相互开放，彼此竞争。比如，在美国和日本，传统上证券承销被排除在银行业务之外，自由化运动则逐步放宽银行参与证券市场的限制。二是扩大国内金融市场对外国同行或其他外国投资者的开放度，允许外国金融或非金融机构更多参与和介入国内的金融活动。比如,1985年10月,伦敦"大震"①后,吸收更多数量的外国公司成为证券交易所的会员;1987年3月,巴黎的"小震"②使一些外国公司和国内外银行可取得证券交易所的会员资格;连一向高度管制的日本也在1987年5月,开放外国金融和非金融公司在日本组建合资证券公司和经营有关业务。

　　自由化措施的直接后果是外国银行在本国的资产迅速增加,证券、保险、信托、基金等各类投资机构进入国际市场的空间明显扩大,离岸金融中心竞相崛起,由政策和法律导致的市场分制趋于消除。

　　(二) 现代技术和信息革命为金融国际化提供了物质基础

　　现代技术,特别是计算机技术和电讯业的发展首先消除了各个分散的市场之间交易信息传递中的时间差而形成的障碍;新技术系统处理大量有关公司资信能使更多的借款者进入市场;新技术还提供了以低成本处理过去无法想象的大规模金融业务的方法。全球电脑联网使世界范围的即时交易成为可能,各金融交易所通过电子化技术交换合同、清算交易,地理上的距离几乎被消除。

　　(三) 金融创新为金融国际化提供了更广的空间

　　按照熊彼特的创新体系,金融创新可以归纳为以下五个方面的内容,即:①创新金融产品:以便利交易和分散、转移风险为主旨的创新交易品种与金融工具引发了金融活动的国际化倾向;②创新融资方式:以直接融资取代间接融资,不仅实现了融资主体与客体对降低成本,提高效率的目标追求,更因为减少了中介约束,而使国际融资规模大增;③创新金融市场:以离岸金融市场为典型的开放性金融市场的产生刺激了资本跨国界流动,筹融资业务国际化的趋势;④创新金融供给:以现代通讯与计算机技术为基础的创新服务拓展了金融供给的传统形式;⑤创新金融组织:以跨国银行和跨国金融机构为典型经历了业务方式、业务范围和组织设计等多方面的创新。业务方式的电子化在经营各环节普遍实现;业务范围扩展至传统管制未有涉及的账外交易;组织设计中增加了对风险监测及其管理的安排。

　　所有这些创新可以认为是金融产业迅速国际化的增长机制,包括利率、业务和市场自由化在内的金融体系的管制放松使金融同业,乃至跨行业的国内外竞争加剧。竞争压力一方面刺激了银行以及其他金融机构寻求和开辟新市场,另一方面为他们利用自由化进程步调不一,向海外转移竞争优势创造了机会。金融品种及其交易方式的创新则通过突破传统的国际信贷受品种、期限、方式、交易条件等约束,降低大规模融资成本,促进了资本的全球流动。而金融创新的主题之一,金融衍生工具则因其能将金融原生品的价格风险分离、转移和分散,而提高了市场的效率性,活跃了市场的流动性。

　　(四) 国际金融中心的形成及其对金融国际化的作用

　　国际金融中心是国际金融市场的集中地。以集中程度为标准,通常又有地区性国际金融中心和全球性国际金融中心之分。国际金融中心一般具有以下几个特征:①国内外金融机构云集其中,成为金融市场的活动主体;②金融交易异常活跃,因为资本管制极为宽松,交易便利且资金流动畅通;③金融工具丰富,除了传统的金融商品,创新业务品种

---

① 指1985年伦敦证券交易所的改革。
② 指1987年巴黎证券交易所的改革。

由此被开发应用,并向外传播;④金融制度完备,涉及金融交易、信息披露、市场监管的法规体系和管理规范已经确立,市场及机构的发展因而有所保障;⑤金融人才充沛,专业人才汇集此间。

伦敦、纽约和东京是目前世界上最大、最重要的三个全球性国际金融中心。它们的形成都是以内在经济和金融实力的扩张为基础,一方面,内在经济实力的扩张表现为国际储备规模增大,从而提升了本币的国际地位,增强了内在的金融供给能力;另一方面,内在金融实力的扩张直接反映于国际投资实力的加强和国际信贷规模的扩大,随着外在金融需求的扩展,这些市场的金融辐射能力也随即增强。20世纪70年代,与新兴工业化国家(地区)的崛起相伴随,一批地区性国际金融中心脱颖而出。中国香港和新加坡为其中两个主要的亚太地区性国际金融中心。它们的形成主要是受外部需求的刺激和政府政策的驱动。通过引进方式造就了发达国家已经显现的现代化国际金融中心的基本结构和内容。通过政策鼓励,构造良好的基础设施,充分利用两地在地理、时区上的优势,实现跨越,迅速崛起。

国际金融中心就其巨大的市场和交易集中能力而言,首先是金融国际化的重要依托。作为跨国界寻求资本供给和实现资本增值的重要场所,国际金融中心具有明显的积聚效应,使全球资本的流动性充分发挥,而这种流动性正是金融资产通过组合,转移风险,提高效益的基础。国际金融中心就其开放的政策与体制而言,又是金融国际化的助推器。国际金融中心的政策主张具有明显的示范效应,金融中心的自由化措施会对周边,乃至全球金融市场的管制约束形成强大的冲击。后起国际金融中心的出现既否定了西方学者曾经提出的国际金融中心单一化趋势的论断,改变了国际金融中心集中于欧、美、日发达市场经济国家的传统格局,同时又确立了国际金融中心分散化、多层次的分布结构。这种分布结构既以时(时区)空(地域)衔接为依据,又与经济区域、商业中心相交叉,从而使金融国际化的进程在全球范围内得以展开。

二、金融国际化的主要内容

金融国际化主要包括金融市场国际化、金融交易国际化、金融机构国际化和金融监管国际化四方面内容。

(一) 金融市场国际化

金融市场的国际化具有两层含义。第一层含义是指伴随着金融管制的取消或放松,国内仍旧分制的或已打破分割的金融市场向世界开放,居民或非居民享受国家的金融服务业市场准入和经营许可的待遇。外国金融机构在开放中更受优待。比如,日本在美国和德国的压力下,允许外国金融或非金融公司组建合资证券公司,但这一许可却并不适用于日本本国的公司。市场国际化的第二层含义是指不受或较少受管制约束的境外金融市场[亦称离岸金融市场(Offshore Financial Center)]的创设与发展。相对于面向国际金融交易的在岸市场来说,这种专门面向国际金融交易的离岸市场的形成与发展更能体现全球金融一体化的本质。

20世纪60年代,随着欧洲货币市场的形成,伦敦率先成为境外银行业务的中心市场。这个市场的特点是外汇管制宽松、境外存款人如用外币开户不受限制、无存款利率限制,经营业务的银行不必提留存款准备金,不受国外借款最高限额的约束,因而吸引了大量外币的流入和众多银行(尤其是美国银行)前来设立分支机构,从事离岸银行业务。70年代,一些发展中国家和地区(如巴哈马、巴林、开曼群岛、中国香港、黎巴嫩、荷属安的列斯群岛、巴拿马和新加坡)也纷纷设立离岸金融中心,以优惠的税收待遇、良好的保密性、无外汇管制和几乎无国际金融的法规限制吸引跨国银行在此经营国际金融业务。1981年12月,美国金融当局正式批准美国银行以及外国银行在美国的分行和经理处建立"国际银行业务设施"。实际上在美国国内创造了一个境外金融市场。1986年12月,日本也批准开放国际银行业务。离岸金融市场的广泛出现为国际流动资金创造了免受国家金融当局管制和约束的活动场所。据统计,自20世纪50年代起,离岸金融业一经产生就以惊人速度向前发展,资产规模由1959年的15亿美元发展到1969年的900亿美元。虽然在80年代中期有过放缓的趋势,但90年代以来离岸金融业的发展又重新出现了持续增长的势头。1993~2005年间,全球主要离岸金融中心的跨境资产从3.5万亿美元增长到9.1万亿美元。全球离岸金融中心在2010年就达到40多个,离岸金融市场不仅逐步成为全球金融业不可或缺的部分,而且逐步与在岸业务逐步融合。据估计,2008年全球约一半的金融交易发生在离岸金融市场,集中在离岸金融市场的财富达6.5万亿美元。① 由此可见,境外金融市场更具有国际化的内涵。

(二) 金融交易国际化

金融交易的国际化首先归因于市场的开放和大量适应跨国界投资的金融商品的应运而生。1982年发展中国家债务危机爆发之后,银行作为国际融资主导者的地位明显削弱。伴随着外汇管制和其他金融管制的逐步放松,国际金融市场上非中介化[亦称"脱媒"(Disintermediation)]趋势日益明显。经银行中介的国际借贷渐遭冷落,国际证券市场开始繁荣,并成为国际借贷的主要形式和渠道。由此构成了如国外学者所说的"以国际性债券急剧增加为特征的金融商品国际化"。②

形式多样的证券化筹资工具中除了传统的欧洲债券外,还包括各类融资票据,公司股票的异地上市,以存托凭证为形式的国际证券市场,以及金融衍生品,等等。围绕着这些证券化资本的跨国交易量及流动速度惊人。国际货币基金组织统计显示:1992年可交易证券的跨国持有额高达2.5兆亿美元。同年全球债券的日交易额2 000亿美元,全球股票日交易额300亿美元。③ 2015年中国A股的单日成交额最高达3 000亿美元。

(三) 金融机构国际化

金融机构的国际化包含两层内容。第一层是指国际金融市场上参与跨国界金融活动的机构的数量和种类扩大。这不仅是指跨国银行及其涉外分支机构的不断增长,而且更表现为与资本证券化趋势相一致的各类直接融资代理机构的数量膨胀。20世纪70年代以前,跨国银行是国际金融市场上的绝对主角,跨国银行通过其海外分支网络,既逃避了国内管制,又控制了境外货币和境外金融市场的主体运作。但是,与80年代国际金融市场的规模扩大相比,跨国银行在全球的扩张,尤其是分支行的网络并没有太多的增加。相反,非银行金融机构,特别是证券公司和金融服务公司自80年代以来在证券经营、投资组

---

① 巴曙松、郭云钊:《离岸金融市场发展研究——国际趋势与中国路径》,北京大学出版社,2008年8月。
② [日]岩田政一:《金融服务国际化》,《金融学刊》1995年第3期。
③ 《世界经济概览》特稿;第2页,插图1。转引自[英]《经济学家》1995年10月7日。

合管理和支持兼并收购等方面获得了空前的发展。在美、英、日各大证券市场上外国投资者高度参与的格局无疑是金融机构国际化的一个结果。1987年时,伦敦23家初级市场交易商中有14家系外国人拥有的公司。1992年,伦敦汇聚的外资银行已达520家,在那里的美国银行甚至超过在纽约的美国银行。在纽约,大约1/3的美国国库券由日本公司经营。在东京,同样约为30%～35%的国库券由外国公司经营。其中一家美国公司成为经营日本政府债券交易的第六大公司和经营债券期货交易的第三大公司。①

金融机构国际化的第二层内容是指实施跨国经营战略的金融机构的国际化程度的提高。传统上,以银行为先导的金融机构的跨国界投资多是追随国际贸易和本国跨国公司的海外扩资而进行的。最近10多年中,国际金融市场上的机构投资者却越来越以全球化战略为指导。它们一方面提高跨国资产的控制额;另一方面更多采用跨国收购同业或跨部门兼并的方式直接拓展在海外金融市场的经营份额,形成了诸如日本野村证券那样的"全球金融超级市场"、美国美林公司那样的"巨型零售经纪人商店",以及所罗门公司那样的"全球证券贸易商行"。②

(四)金融监管国际化

金融监管的国际化在一定程度上起因于金融自由化和金融创新,使政府控制国内金融市场的传统手段失灵。跨国界金融交易的规模扩展使制定更为一致的法规和监管标准的必要性更加迫切。国际金融监管的实践已在地区和多边两个层面上同时展开。

十个工业化国家的银行监管当局组成的巴塞尔委员会(Basle Committee)已成为银行业国际多边管理的重要机构。著名的1988年巴塞尔协定所制定的规则实际上已成为全球银行业共同遵守的准则。为加强金融监管应对金融危机,2010年又推出了巴塞尔协议Ⅲ。非经合组织成员国组成了多边层次的离岸金融中心银行业监管集团(Offshore Group of Banking Supervisors)③。在地区层面上,欧盟的银行顾问委员会(EC Banking Advisory Committee)、监管当局联络组(Contact Group of EC Supervisory Authorities)成效颇为显著。此外,还有拉丁美洲加勒比海的监管当局委员会(Commission of Supervisors Authorities of Latin America and the Caribbean)、海湾银行业监管合作协会委员会(Gulf Cooperation Council Committee of Banking Supervisors)等实施地区监管或制定地区监管立法的组织。

在证券领域,国际证券委员会(International Organization of Security Commissions)是目前唯一一家多边证券监管组织。该组织成立于1983年,目前有投票权的正式成员和附属、联系成员共115个,主要是证券监管机构、自律组织和有联系的国际组织。该组织不仅致力于保障投资人利益、银行业与非银行业之间的公平竞争,更关注衍生金融工具的国际风险管理和防止证券欺诈行为。1994年及1995年已会同巴塞尔委员会发布了向监

---

① 联合国跨国公司中心编《服务业的对外直接投资与跨国公司》,上海财经大学出版社1996年版,第121页。

② [美]丹尼尔·伯恩斯坦:《日元:日本的新金融帝国和它对美国的威胁》,转引自《新竞争者》,中国经济出版社,第62页。

③ 至1992年时成员有:巴哈马、巴林、巴巴多斯、百慕大、开曼岛、塞浦路斯、吉布提、中国香港、泽西、黎巴嫩、巴哈他、毛里求斯、荷属安的列斯群岛、巴拿马、新加坡、瓦努阿图等。参见联合国贸发会议《1992年贸易与发展报告》。

管当局汇报、披露交易及相关信息的框架性文件。

在会计领域,国际会计标准委员会是主要负责会计标准国际规范化的一个组织。该机构成立于1973年,成员包括各国的专业会计机构。尽管国际会计标准委员会本身不具有法律的约束力,但一些国家仍运用其标准要求国内企业。由于美国被认为是国际上会计标准最为详细的国家,因此,美国的金融会计标准理事会制定的标准通常被国际会计标准委员会作为参照样板。

在多边私人组织方面,国际金融协会(Institute of International Finance)是一家非营利性国际机构。其成员来自各国商业银行、投资银行和跨国公司。协会的功能是监督全球银行和金融服务规则并通过非正式对华将其成员的一致性意见传递给各国中央银行和监管当局。该协会经常利用工作组和专题小组收集信息,并以论坛方式让成员探讨监管的手段。

三、金融国际化的发展趋势

(一)金融国际化的规模不断扩大

金融国际化是制度创新的产物,它的产生是建立在金融体制更趋自由和技术创新基础上的。在当今普遍开放的全球政策背景下,其进程明显加快。根据世界银行统计,1988年全球上市公司总市值9.7万亿美元,2000年增长到32.2万亿美元,而到2014年则达到了66.5万亿美元。除了绝对规模外,全球金融交易量相对于国际贸易和世界产值的比重也呈上升趋势。1992年,全球外汇、债券和股票三个市场的日均交易总量为8 800亿美元,三大市场与主体——经合组织成员国的日均出口总值仅约100亿美元,日均生产总值500亿美元。1980~1992年间,上述三个市场的年均增长率分别为28%、11%和10%。同期,全球出口和经合组织国家的国内生产总值增长率分别仅4%与3%。① 1990年,全球股票市值占GDP的比重为28%,而2014年则高达108%,金融规模扩大的同时,国际化不断推进。

(二)各国的国际金融依存度进一步提高

国际金融依存度是指金融资产的跨国持有的程度。它包括国内金融资产被外国居民持有和国内居民持有外国金融资产两个方面。② 几乎所有的发达国家都基本实现了金融市场开放化,允许金融资产的跨国经营。表7-1至表7-3显示了主要发达国家国际金融依存度增加的趋势。

表7-1

美、日、德对外证券交易占国内生产总值之比

国别 年份	美 国	日 本	德 国
1980	10	10	10
1993	140	75	175

---

① 《世界经济概览》特稿,第2页,图1。转引自[英]《经济学家》1995年10月7日。
② 这里含外国企业,外国机构和外国政府所持有的。

表 7-2

政府债券的外国人持有比例

国别 年份	英 国	美 国	加拿大	德 国	法 国	瑞 典
1980	9	20	14	8	1	28
1992	18	19	22	27	43	45

表 7-3

养老基金中投资于外国证券的比例

国别 年份	英 国	美 国	日 本
1980	10	0.5	0.5
1993	20	6	9

资料来源：国际清算银行、国际货币基金组织：《世界经济概览》特稿，图 3。转引自《经济学家》1995年 10 月 7 日。

相当部分的发展中国家也逐步地开放金融市场，放宽对其金融机构与市场进行跨国经营的管制。尽管由于大部分发展中国家经济与金融发展程度相对低，但金融跨国化经营带来的积极效应，使它们进一步开放金融市场，从而提高国际金融依存度（见表 7-4 和表 7-5）。东南亚金融危机提醒发展中国家盲目地、非有序地实行金融开放，扩大国际金融依存度是不可取的；同样拒绝金融开放化和跨国化经营，也是不可取的。国际金融依存度应当与本国经济和金融发展程度相适应。

表 7-4

发展中国家外债占主要经济指标之比（百分比）

年份 项目	1995	2000	2005	2006	2007	2008	2009	2010
外债存量占出口比例	163.0	128.5	75.9	66.1	65.6	59.3	77.0	68.7
外债存量占 GNI 比例	38.8	37.8	26.6	23.9	23.2	21.0	22.4	21.0
债务服务占出口比例	18.0	20.9	13.0	12.4	10.2	9.1	10.8	9.8
短期外债存量占比	17.8	13.6	19.9	22.2	23.7	21.7	21.2	25.4
多边外债存量占比	15.0	15.4	14.9	13.0	11.6	11.3	12.2	11.9

资料来源：世界银行《全球金融发展 2012——发展中国家的外债》。

表 7-5

全球主要经济债务占 GDP 比重(百分比)

国家 \ 年份	2011	2012	2013	2014	2015(E)
世界	78.7	80.5	79.1	79.8	80.4
发达经济体	102.6	106.8	105.2	105.3	105.4
美国	99.1	102.4	103.4	104.8	105.1
欧元区	86.5	91.1	93.4	94	93.5
日本	229.8	236.8	242.6	246.4	246.1
新兴经济体	38.4	38.6	39.7	41.7	43.9
中国	36.5	37.3	39.4	41.1	43.5
印度	68.1	67.5	65.5	65	64.4
俄罗斯	11.6	12.7	14	17.9	18.8

资料来源：wind 数据库与 2015 年 IMF 财务检测报告。

(三) 新兴工业国在金融国际化中的作用增强

尽管发达国家仍是金融国际化的主要推动力，但新兴工业化国家或地区在这方面的作用也逐步增强。尤其是在金融危机后，由于发展中国家和转型经济体经济复苏相对较快，国内需求进一步加强以及南南相互投资的蓬勃发展，2010 年流入发展中经济体和转型经济体合计的外商直接投资，首次超过全球外商直接投资的 50% 大关。其中，流入发展中经济体的外商直接投资增加了 12%，达到 5 740 亿美元，占全球对外直接投资的 46.1%。同期，发展中经济体和转型经济体对外直接投资达到 3 880 亿美元，较 2009 年增加了 21%，其占全球对外直接投资的份额，由金融危机爆发之前，即 2007 年的 16%，上升到 2010 年的 29%。但毫无疑问，在金融国际化的各个方面，发达国家，尤其是美国、日本、欧盟中的发达国家发挥着主要的作用。根据联合国贸发组织统计，2010 年世界前 50 位金融跨国公司(按地理分布排序)仍被发达国家卷揽。然而，自亚太地区新兴国际金融中心崛起以来，金融国际化集中于发达国家的传统格局开始发生变化。尤其像新加坡和中国香港作为亚太地区国际金融中心的崛起，使金融国际化获得了全球范围的发展依托。据 2001 年的统计数据，新加坡证券交易所 500 家上市公司中有 19% 来自外，其市值占全部上市公司总市值的 41%，远高于东京的 2% 的外国上市公司比例。新加坡还作为全球第四大外汇交易中心，吸引了超过 150 家外国基金的参与运作。中国香港则是世界上第五大银行中心和外汇市场，第七大股票市场。20 世纪 90 年代以来，一些新崛起的发展中国家不断通过改革金融体制，投身金融国际化的潮流。新兴金融市场的地位逐步提高，它对金融国际化的作用趋于增强。

(四) 金融衍生市场日益成为金融国际化的前哨阵地

金融衍生市场是一种以证券市场、货币市场、外汇市场为基础派生出来的金融市场，它是利用保证金交易的杠杆效应，以利率、汇率、股价的趋势为对象设计出大量的金融商品进行交易，以支付少量保证金签订远期合同进行互换、掉期等的金融派生商品的交易市场。这一市场自1983年形成以来发展神速,交易工具已达1 200多种,全球交易额(按未了结的合约金额估算)1995年已达20万亿美元。① 利率期贷合约不仅盛行于欧洲货币市场、短期英镑市场,还进入了全球主体债券市场,如美、法、日各国的政府债券市场和英国的长期金边债券市场。这一市场正不断诱惑和吸引着国际游资和金融机构涉足其间,也导致20世纪90年代以来的世界经济繁荣明显带有虚拟刺激和信用扩张为动力的特征。至2007年年底,全球股票市值为62.7万亿美元,债券余额为78.9万亿美元,1 000家大银行的总资产规模达到90.2万亿美元,金融衍生产品的名义价值更高达674万亿美元。以上四者合计,全球金融资产的名义价值是实体经济的16.4倍,而在1998年时,这个数据仅为6.2倍,如表7-6所示。

表7-6

1990～2008年全球主要金融资产的变化

(单位:亿美元)

项目 年份	银行资产	股票市值	债券余额	衍生品价值	全球GDP	金融资产/GDP
1990	230 822	88 933	179 697	—	228 511	—
1991	243 735	105 887	196 555	—	240 455	—
1992	253 239	101 135	204 776	—	242 826	—
1993	269 474	129 478	221 748	—	248 874	—
1994	302 995	145 036	251 240	—	267 195	—
1995	320 996	171 236	274 455	—	296 384	—
1996	327 101	195 293	288 032	—	303 788	—
1997	332 114	217 211	287 871	—	302 525	—
1998	355 145	254 358	321 300	942 844	300 172	624%
1999	367 071	349 757	348 791	1 017 897	311 752	668%
2000	378 717	309 566	356 668	1 094 470	321 030	666%
2001	396 282	265 962	372 947	1 349 276	318 919	748%
2002	439 086	228 341	426 662	1 654 933	331 868	828%
2003	523 911	313 090	505 465	2 338 640	373 012	987%
2004	605 015	372 450	576 783	3 051 471	419 742	1 097%
2005	638 258	421 565	592 938	3 565 123	453 855	1 150%
2006	742 322	517 494	681 541	4 875 218	491 154	1 388%
2007	902 561	627 278	789 185	6 744 192	552 701	1 640%
2008	963 951	332 992	835 296	6 498 228	609 175	1 417%

资料来源:IMF、BIS、The Banker,银行资产指全球1 000家大银行资产。转引自朱民. 危机后的全球金融格局十大变化[J],国际金融研究,2010(1):16-22。

① 《新金融》1996年第6期。

四、金融国际化对世界经济一体化的影响

金融国际化既是世界经济一体化的一个重要内容,又是世界经济一体化的进一步发展的必要条件。

(一)高度一体化的国际金融市场成为连接各国经济的重要纽带

随着金融市场全球化,一批新兴国际金融市场崛起,全球性金融中心,地区性金融中心和大批离岸金融市场构成一个覆盖全球的金融网络,各个国家之间的经济和金融活动紧密地联系在一起。24小时交易的外汇市场在国际上提供了买方和卖方货币汇集在一起的机制,而这种货币的汇集与转换正是任何跨国界、跨币种区域界限的经济活动相互连接的基础。日益证券化的国际资本市场则提供了资本自由流动,达到有效配置的机制,因此,资本丰裕的发达国家的经济和机会丰裕的发展中国家经济得以汇合,互为依赖。高度一体化的国际金融市场为资本在全球范围内大规模的流动,提供了极大的便利。于是,国际直接投资迅速增长,在全球范围的资源配置中发挥着主导作用;间接投资以异乎寻常的规模膨胀,在跨国融资活动中制度、政策和货币的障碍越来越小。这表明国界对于资本的所有者和使用者来说已经不再具有什么重大的意义。

(二)不断增长的国际金融市场带动世界经济一体化向更高的层次发展

犹如生产国际化正改变着国际贸易和国际市场那样,金融交易的无国界化和金融产品的全球交易自由化正越来越显示独立的金融产业在世界经济一体化中的枢纽作用。金融机构全球化扩张所形成的国际网络,在瞬息之间能够调动巨额资金;各金融机构间的跨国联系,促使国际资本的价格形成,而不再单纯地考虑某一个国家国内的市场因素;跨国银行业务不但在适应国际化需要中日新月异,而且形成统一的国际规则,巴塞尔协议的资本充足率标准成为全球金融体系风险管理的共识;在金融交易中,国际融资工具不断翻新、金融创新层出不穷,为资本的国际流动消除了货币障碍;各国政府控制国内金融体系运作的传统手段、能力的减弱等,都证明了金融国际化对世界经济一体化趋势的推进作用。如果说国际贸易是世界经济发展的先导,跨国生产是世界经济发展的高级形式,那么,国际金融既是贸易发展的结果,又是跨国生产的基础,这就是金融交易国际化的地位和意义。

(三)金融服务国际化丰富了一体化世界经济的内容

一体化的世界经济是由贸易自由化、生产一体化和金融国际化三方面的内容交融组合而成。乌拉圭回合谈判与世界贸易组织的政策中不仅包含贸易自由化的内容,而且还涵盖了金融服务业自由化的内容。大量金融机构摆脱国外贸易追随者角色而通过金融服务活动,采用其特殊的形式实现价值增值。多层次国际金融服务的实践促进世界经济一体化向纵深发展。显然金融服务业的自由化成为贸易自由化在更高阶段上的表现。尤其值得注意的是,金融服务贸易总协定已经达成,建立一个消除金融服务领域国家障碍的新体制已被提到议事日程。可以预见,在国际金融中建立一个类似于国际贸易的自由体系,将成为国际社会的下一个目标。

(四)金融衍生品对世界经济的影响增大

金融衍生品市场自20世纪70年代初产生以来出现了旺盛的发展势头。这表明它具有深厚的社会经济需求,在世界上得到广泛的认同。由于金融产品较之农业和工业商品

有更广覆盖面,又由于国际金融在深化过程中金融资产进一步增长,再加上在金融市场中自由化趋势促使价格变动更为灵活,因此,金融衍生品交易获得迅速的增长。它所提供的未来价格信息,对于引导国际投资、生产、贸易和金融活动的运行,引导世界资源的配置,均产生了重要的价格导向作用,也为从事衍生品交易活动的投资者提供了避险工具。

作为转移风险的工具的金融衍生品存在着被利用为投机工具的可能性,它无疑会危及国际金融体系乃至整个世界经济的稳定。这种负面作用也是金融国际化所带来的衍生物,由于金融衍生品交易数额庞大,交易集中,跨国联网,如果交易对手任何一方的失手,就会在国际范围内引起连锁反应,波及整个国际金融市场,甚至殃及世界宏观经济。一种悲观的观点认为大量纯粹虚拟的金融资产所组成的金融泡沫,"正直接或间接地在'挖'世界经济物质基础流出的日益增长的收入"。① 这种结论当然有点危言耸听,但1994～1995年间,先后爆发的加州桔郡地方政府因衍生工具投机失败,宣告破产;英国巴林银行在衍生工具投机中巨额亏损等事件,给国际金融监管敲响了警钟。2007年始发于美国的次贷危机是由美国次级抵押贷款借款人违约增加,影响与次贷有关的金融资产价格大幅下跌,所导致的全球金融市场动荡和流动性危机。由于美国次贷产品被证券化后转卖给全球投资者,高度市场化的信用创造链相互衔接产生了特殊的风险传导路径,令次贷危机在2008年以后升级为全球信用危机,不仅对金融衍生品市场形成毁灭性打击,而且通过贸易和投资渠道,对全球实体经济产生重大冲击。2008年伊始,花旗和美林两家银行爆出2007年第四季度业绩巨亏和财务"黑洞",接着英国北岩银行因偿付危机宣告破产,之后,法、德、日等国的金融机构也相继陷入巨亏和破产困境。金融全球化加速了金融动荡从一国向另一国的传递,在次贷引发的损失规模究竟有多大尚未明了之时,金融机构都变得异常谨慎,不敢轻易放贷,从而使得国际金融市场上流动性严重紧缺,增大了金融市场的系统性风险,使市场交易、机制改善和产品创新进入低谷。伴随着信用创造价值链上的核心区——银行、保险和投资公司等一批欧美金融巨头的倒闭,美、欧多国金融业规模严重收缩,信用创造体系严重受挫。次贷危机首先造成全球金融市场动荡,继而引发原油、资源类商品价格超高位震荡,令全球贸易发展遭受阻力,投资信心疲弱,并最终波及实体经济,使世界经济在强劲增长5年后,从高位回落,拖累全球经济进入衰退状态。

第二节 国际货币市场

国际货币市场是进行一年以下的国际性短期资金交易的市场,根据不同的交易品种,可分为短期信贷市场,银行提供的短期信贷;短期证券市场,包括国库券(Treasury Bond)、可转让的银行定期存单(Negotiable CD)、银行承兑票据(Acceptance)和商业票据等的证券交易;贴现市场(Discount Market)、政府短期债券的买卖和银行承兑汇票(Acceptance)与商业汇票(Commercial CP)的贴现。

---

① 资料来源:[德]乔纳丹·泰纳鲍姆:《金融癌症:世界金融和经济秩序总危机》,《经济社会体制比较》1996年第11号。

一、国际货币市场的主要特征及其交易类型

1. 国际货币市场的主要特征：
(1) 尽管享有自由和不受管制，但具有高效率的机制以及得到确认的市场规则。
(2) 参与者具有很高的信用评估级别，一般不需要担保。
(3) 货币市场的很多手段是高度标准化的，但不排除根据需要提供特殊的便利手段。
2. 国际货币交易的交易类型：国际货币市场的核心经营者是商业银行，它们作为短期存款的借贷方参与全部品种交易。银行与各种不同的对象进行以下几种交易，如图 7-1 所示：
(1) 直接与非银行（客户）交易。
(2) 直接与其他商业银行（同业市场）交易。
(3) 通过经纪人与银行和非银行交易。
(4) 与中央银行交易。

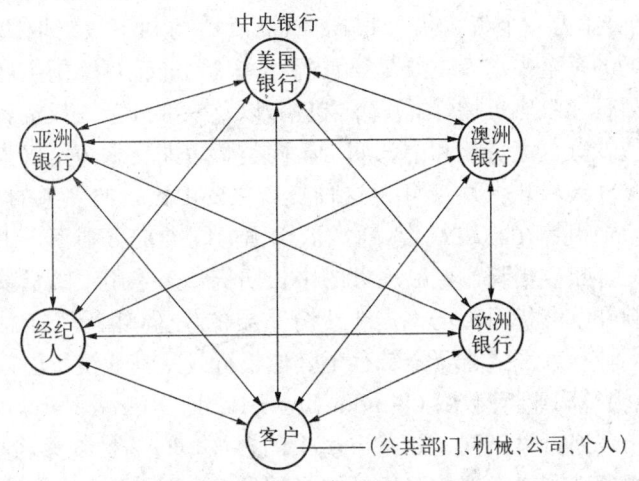

图 7-1 国际货币交易的类型

二、国际货币市场的运行方式及其作用

国际货币市场最核心的部分是欧洲货币市场以及由其延伸的亚洲货币市场。

欧洲货币市场（Eurocurrency Market）是形成于 20 世纪 50 年代的一个新兴的国际金融市场。它没有特别设置的市场机构，而是由众多经营欧洲货币存贷款业务的欧洲银行组成的一个国际资金信贷市场。

欧洲货币（Eurocurrency）特指在欧洲一国国境以外流动的该国货币资金，亦即欧洲各国商业银行吸收的除本国货币以外的其他国家的货币存贷款，现在，欧洲货币具有更广泛的含义，就是泛指存放在货币发行国境外既包括欧洲也包括其他国家银行中的该国货币。比如，欧洲美元就是指存放于美国境外的各国银行（包括美国银行的国外分行和附属机构）中的美元。欧洲银行（Eurobank）特指经营其所在国货币以外另一种或数种货币存贷款业务的银行。比如，设在伦敦的某家银行，如果它经营英镑以外的其他货币，那么，它就是一家"欧洲银行"。由于在发行国以外的该国货币的交易最先出现于欧洲，并且直至今日，全球大部分境外货币交易仍在欧洲进行，因此广义的欧洲货币市场实际是境外货币市场的统称。而狭义的欧洲货币市场则是指在欧洲各金融中心，如伦敦、卢森堡、法兰克

福和巴黎等地的境外货币市场。

（一）欧洲货币市场的运行方式

欧洲货币的存款是欧洲货币市场运行的基础。以最主要的欧洲货币欧洲美元为例，存款的产生有三种途径：①存款人将其在美国国内银行中的存款转移到国外银行；②外国出口商将其收到的对美国出口的货款存入其所在国银行；③客户在美国以外的外汇市场上买进美元后存入银行。欧洲货币市场上的存款种类主要包括：活期通知存款（Call Deposit）、定期存款（Time Deposit）、可转让欧洲美元存款单（Negotiable Eurodollar Certificates of Deposit）。

欧洲货币的存款利率与相应国家国内存款利率联系密切，通常会略高于国内存款利率，这是因为欧洲银行的经营费用较少，特别是没有存款准备金负担，而且离岸存款带有特殊风险，需要提高利率给予补偿。此外，各种欧洲货币的存款利率不尽相同，强势货币趋向于低利率，弱势货币则趋向于高利率。同一种欧洲货币也因不同的存款期限而有不同的利率。总体上，作为一个资金借贷市场，欧洲货币的利率最终取决于资金的供求关系。欧洲货币市场的资金供求者主要是：跨国商业银行、非银行跨国金融机构、跨国公司、一些国家的中央银行和政府机构、国际金融机构，以及一部分个人投资者。

欧洲货币的贷款分短期贷款和中长期贷款两类。短期贷款短至仅为数天（1 天、7 天、30 天），长至数月（90 天或 6 个月、1 年），这种贷款主要由银行向熟悉的客户提供，一般凭信用，甚至不签合同；利率由双方决定，通常低于国内同类贷款利率。中长期贷款为 1 年以上至 5 年、7 年、10 年或更长。金额庞大的中长期贷款多采用银团贷款形式。

银行同业存款在欧洲货币市场上居于十分重要的位置，银行资产总额的 2/3 和负债总额的 3/4 是以同业存款形式将资金转存至其他银行或从其他银行借入的。这一市场的基准利率是"伦敦银行同业拆息率"（London Inter-Bank Offered Rate，简称 LIBOR）。欧洲银行同业存款市场通过电讯网运转。市场上的参加银行为数众多，这些银行通过显示着大约 100 家主要银行利率行情的路透社电子屏幕，通过经纪人或者直接向同一欧洲货币中心的或不同中心的其他银行吸收与提供资金。

（二）欧洲货币市场的作用

欧洲美元市场是最早出现的欧洲货币市场。20 世纪 50 年代初，原苏联和东欧国家为免遭美国冻结其存款之危，将持有的部分美元存款从美国国内银行移至西欧银行，后者为赚取利润，将所接受的欧洲美元用作贷款，由此形成了欧洲美元市场。此后，随着欧洲各国相继放宽外汇管制，各国货币恢复了对外币的兑换，不仅欧洲美元加速发展，也引起了欧洲马克、欧洲英镑等欧洲货币的出现，带动了整个欧洲货币市场的繁荣。70 年代中期以后，大量石油美元寻求出路和浮动汇率制普遍确立后对外汇买卖的刺激加剧了欧洲货币市场的规模扩展和作用加强。

同传统的国际金融市场相比，欧洲货币市场最主要的特征就是由于基本上摆脱了各国金融管理当局的干预，其运行更遵循市场因素的决定，从而形成了一种相对独立和比较灵活的国际利率机制，进而推动了市场运行的高效率。

欧洲货币市场的作用表现为：

1. 为银行业规避本国管制提供了场所。20 世纪 60 年代以后，以美国银行为先导，大批银行在海外广设分支机构，利用欧洲货币市场所提供的巨大信贷机会，扩张国际银行业务,发展国际信贷联系。

2. 为短期国际资金的融通提供了便利,尤其是欧洲货币市场上的同业存款不仅是跨国银行弥补存贷余缺,调节币种头寸的一个重要资金来源,更起到了在全球范围内分配清偿能力的作用。因为,同业存款不仅发生在同一欧洲货币中心的银行之间,还经常发生在不同欧洲货币中心的银行之间,比如新加坡的银行也可以通过其涉外分支行在伦敦市场上取得或投放同业存款。

3. 一定程度上增大了信贷创造能力和货币的流通速度。由于欧洲银行吸收的存款无须提留准备金,可用于提供更多的信贷,欧洲货币市场比国内市场即便是开放的境内市场,具有更大的信贷创造能力。由于欧洲货币市场提高了金融票据兑换货币的效率,它促进了货币的国际流通。

4. 为信贷风险的国际蔓延提供了温床。由于欧洲货币市场不受任何国家政府的管制,高风险性金融经营活动就不受限制。在信用体系不稳定时,巨额的资金挤提和抽逃将由一家银行向多家有存贷关系的银行扩散,从而导致信贷风险的国际蔓延。

三、亚洲货币市场的运行方式及其作用

(一)亚洲货币市场的运行方式

从某种意义上说,亚洲货币市场是欧洲货币市场在亚太地区的延伸。它是由在亚太地区金融中心的国际银行进行境外货币借贷交易而组成的一个国际金融市场。亚洲货币市场中的境外货币共有亚洲美元、亚洲德国马克、亚洲法国法郎、亚洲瑞士法郎、亚洲比利时法郎、亚洲日元、亚洲荷兰盾、亚洲里拉、亚洲加元、亚洲奥地利先令、亚洲瑞典克朗,亚洲丹麦克朗、亚洲挪威克朗、亚洲葡萄牙埃斯库多等14种,但因交易额中约有90%为亚洲美元,因此,通称为亚洲美元,亚洲货币市场也称作亚洲美元市场。1968年10月1日,新加坡政府准许美洲银行在其本行内设立一个专门经营亚洲美元业务的机构。这一专门机构的出现标志着亚洲美元市场的正式成立。以后这一市场扩展到中国香港、马尼拉和东京等地。新加坡因此成为亚洲货币市场的中心,而中国香港则是亚洲货币国际银团贷款的基地。

亚洲美元市场的资金主要来自亚太地区一些国家和地区的中央银行、商业银行、大型跨国公司,以及一些非银行的金融机构。亚洲美元的运用早期多贷向西欧和北美;20世纪70年代中期以后,也投向亚太地区。

亚洲美元市场的业务包括:短期资金信贷,主要是银行同业间1年以内的可兑换货币的借贷和存放;亚洲美元中长期信贷,主要是银团贷款方式的中长期信贷、亚太债券的发售和交易;以及美元可转让存单业务。

亚洲货币市场上的借贷利率随欧洲货币市场的利率而变动。中长期贷款往往是在LIBOR的基础上加一定比例的加息率(Margin)。新加坡和中国香港市场上的借贷利率,以各自的同业拆借利率为主,即"新加坡同业拆放利率"(SIBOR)和"香港银行同业拆放利率"(HIBOR)。

(二)亚洲货币市场的作用

亚洲货币市场的作用主要表现为:

1. 金融市场分布的广泛性。作为新兴的境外货币市场,它的出现使得国际货币市场在地理分布上更具广泛性。国际货币的交易,尤其是外汇交易因亚太地区在时空上的衔接而具有更高的效率。

2. 金融势力的均衡性。这一市场的形成促进了亚太地区国际金融中心的崛起,推动了新兴工业化国家加入金融国际化行列的进程。以东京、中国香港、新加坡为主体的亚洲金融中心与欧洲、美国的金融市场比肩而立,使全球金融势力的分布更为均衡。

3. 金融支持的收效性。这一市场的存在加快了亚太地区的经济发展。通过提供金融支持和融资便利,它不仅缓解了本地区经济高速发展带来的资本短缺,而且为产业结构的提升培植了基础。

第三节　国际资本市场的特点及其运行机制

国际资本市场是进行 1 年以上的国际性中长期资金交易的市场,是国际金融市场的重要组成部分。这一市场按融通方式可分为国际银行中长期贷款、国际债券发行和国际股票发售等若干个市场。

一、国际资本市场的特点

国际资本市场当前的特点是:

1. 筹资证券化导致国际资本市场结构变化。最近 20 年中以国际债券和股票发行为主的直接融资在国际资本市场上逐渐取代以银团贷款为主的中长期间接融资,从而形成了筹资证券化(Securitisation)①的特征。显然,在国际资本市场中,银行信用作用减弱,证券市场角色增强,如图 7-2 所示。

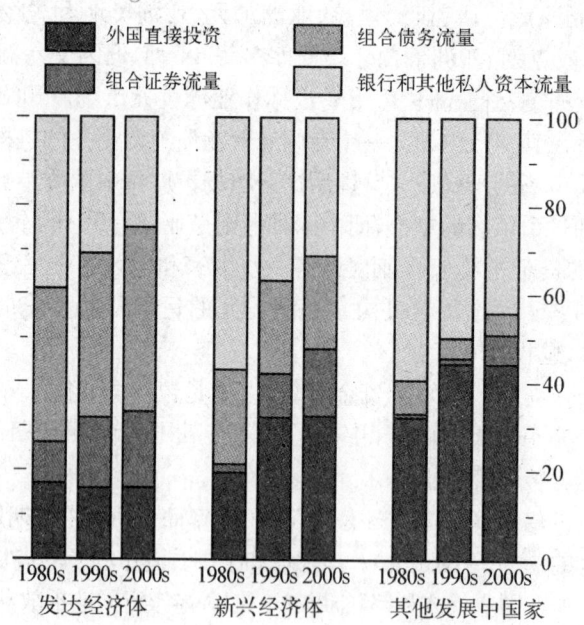

图 7-2　国际市场融资结构

资料来源:国际货币基金组织(IMF)《金融稳定报告》2011 年 4 月。

---

① 此处是指广义的证券化。狭义的证券化特指将非证券化形态的资产存量转变为可流通的证券资产,形成二级资产市场的过程,即资产证券化(Asset Securitization)。

传统的国际资本市场是以银行为主体的中长期借贷市场。中长期贷款包括银行同业的双边贷款和银团贷款(Syndicated Loans)两类。前者由一家银行向另一家银行提供,其规模、金额、期限、币种等都较灵活;后者是由一家银行牵头,组织多家银行共同对借款人提供的数额大、期限长的贷款。银团贷款是20世纪60年代在欧洲货币市场兴起后迅速发展起来的。70年代初,银团贷款在国际资本市场的交易中几乎占到60%~70%。80年代中,国际证券融资的规模超过了国际银行间信贷规模,成为国际资本市场的一个转折。此后,国际债券融资越来越盛行。加上国际股票、欧洲中长期票据等的发行增加,证券化筹资在中长期资金国际借贷中的角色明显加强。

2. 新兴资本市场的崛起不断扩展着国际资本市场的疆域。20世纪90年代起,东南亚和拉丁美洲中等收入发展中国家的金融改革为全球证券化融资推波助澜。当时,恰遇工业化国家普遍处于利率变动周期的低点,因而它们以高收益率和附有降低风险技术的创新债券的发行在国际资本市场占有了一席之地。如表7-7所示,非OECD国家国际资本市场融资活动的参与结构从1991年的7.5%增长到1995年的9.6%,此外,新兴股市亦影响着国际资金的走向。1993年,新兴股市的跨国投资额占全球跨国股票投资总额的34%。[①] 而根据中国证券登记结算公司的统计,截至2015年7月,QFII(合格的境外投资者)在中国A股的总开户数达922个,总市值4 700亿元。

表7-7

国际资本市场融资活动的参与结构(百分比)

(单位:亿美元)

活动 \ 年份	1991		1992		1993		1994		1995	
OECD国家	4 795	89.5	5 462	89.6	7 137	87.2	8 532	88.2	11 204	89.0
非OECD国家(地区)	403	7.5	410	6.7	811	9.9	944	9.7	1 200	9.6
国际开发机构	162	3.0	225	3.7	238	2.9	200	2.1	179	1.4
总额	5 360	100	6 097	100	8 186	100	9 676	100	12 583	100

资料来源:《金融市场趋势》第63期,1996年2月。

3. 机构投资者越来越成为证券化的国际资本市场的活动主体。当国际资本流动主要采取银行信贷形式时,跨国银行无可争辩地成为国际资本市场上的主角。随着国际信贷日益采取证券化的方式以后,非银行金融机构成为服务于证券市场的主要机构。据世界银行的统计,截至1993年年末,证券公司、各类基金、保险公司等机构投资者所控制的资产额达14万亿美元,成为全球跨国界间接投资的主力。基金行业近年来的异军突起尤为令人瞩目,不仅资金量和单位数增长迅猛,而且资产结构出现由投资于固定收益债务向股票和套期保值等金融创新产品的转移,也呈现由固定国内市场向海外市场变动的趋势。据美国投资顾问机构交流研究公司的资料,1993年世界养老基金总值近7万亿美元,其中11%投资于本国以外的市场。根据华尔街日报数据,2014年日本政府养老投资基金

---

① 经济合作与发展组织报告,1994年2月27日。

(GPIF)在日本股市、海外股市、海外债市的投资比例分别为12%、12%、11%,海外投资比重上升。

二、国际债券的发行与销售

债券是债务人向债权人发出的按期还本付息的书面承诺式借据。国际债券(International Bonds)是一个国家或地区以其他国家或地区货币为面值在境外市场上发行和流通的债券。

国际债券分为外国债券(Foreign Bonds)和欧洲债券(Euro-bonds)两类。外国债券是债券发行者在他国以该国货币为面值所发行的债券。欧洲债券则是债券发行者在他国以欧洲货币为面值所发行的债券。

国际债券从发行到上市流通要经过两个市场,即初级市场和二级市场。初级市场亦称发行市场,是由发行公司、投资银行、经纪人、证券公司等组成的发行国际债券的市场,作用是调查评定债券发行人的财务、信用状况,将债券批发出售给证券商和零售给投资者。二级市场亦称老债券市场,是对已发行的国际债券进行买卖交易的市场。

(一) 外国债券的发行与销售

外国债券主要在美国、日本、德国和瑞士等四国的债券市场上发行,其中以美国和日本的外国债券发行规模为最大。外国或非美国居民借款者在美国市场上发行的中长期美元债券称为"扬基债券"(Yankee Bonds)。扬基债券的发行多需要经过美国最主要的两个信用评估机构:穆迪投资服务公司(Moody's Investors Service)和标准普尔公司(Standard & Poor's Corporation)的信用评级(见表7-8),并且只有获得较高评级,才可望发行成功。

表7-8

标准普尔公司债券评估等级标准

AAA	投资级	属最高评级,还本付息能力极强
AA	投资级	还本付息能力很强
A	投资级	还本付息能力强,多少易受不利经济状况影响
BBB	最低投资级	具有充足的偿还能力,易受不良经济状况影响
BB	投机级	
B	投资级	易于遭受倒债,但目前还有能力还本付息
CCC	投资级	对投资者存在一些保障,但具有重大风险和不明确性
CC	高度投资级	
C		无能力偿付利息

债券评级之后,发行者根据自身状况和国际债券市场的状况,确定发行条件、发行费用和偿还方式。发行条件包括发行额、偿还年限、利率利息的支付期限、计算方法和债券的发行价格。发行费用包括承购手续费和承购银行实际支付的费用,如差旅费、通讯费、律师费、管理费、上市费等。偿还方式包括定期偿还、一次偿还、任意偿还和回购偿还等。扬基债券的期限为5~25年,每笔发行额一般为7 500万~15 000万美元,也有多达几亿美元的。

扬基债券的承购和经销通常由承购集团和经销集团负责。承购集团一般有60～150个成员,经销集团的成员中包括承购国的成员,共200～250个成员。这些成员一般是证券公司或投资银行。扬基债券通常在纽约证券交易所上市发行,但实际交易不仅遍及美国各地金融市场,而且还进入欧洲市场。

非日本居民在日本发行的日元债券称为武士债券(Samurai Bonds)。武士债券按发行方式分为公募和私募两种。日元公募外国债券没有特定发行范围,利率固定,可在市场上自由买卖,价格随市变动。日元私募外国债券只出售给少数特定的银行和机构投资者,不能随意转卖。公募的武士债券的发行通常由承购公司办理,并由承购公司选定30～40家金融机构经销。私募武士债券一般由证券公司或银行包销发行,并向金融机构推销。

(二)欧洲债券的发行与销售

欧洲债券的发行亦有公开和非公开两种形式。公开发行是指发行者与国际性大银行或证券公司商定发行条件,选定牵头银行,组成包销银团,然后由其向广大投资者推销,使债券在公开市场上流通买卖。非公开发行则是采取记名方式,由少数金融机构承销债券,不公开出售,亦不在市场上流通。

欧洲债券的公开发行一般由4～5家大银行牵头,组织一个世界范围的承销辛迪加(Underwriting Syndicate)。后者向债券发行人提出一个实盘后,债券即可发行。欧洲债券通常是在两个或两个以上国家和地区的境外市场(Offshore Market)同时发行。承销辛迪加往往会组织一个更大规模的债券认购集团,成员多为银行、证券经纪人和证券商等,由该集团先购进大部分所发行债券,然后转到二级市场上出售。

三、国际主要证券市场及其作用

(一)美国的证券市场

美国是当今世界上证券交易最为发达的国家,18世纪末,华尔街已经是世界领先的国际金融中心之一。第二次世界大战后,美国经济经历了历史上少有的繁荣,与美元地位的上升相同步,其证券市场随之跃升为工业化国家之首。1975～1987年,纽约股票交易所的交易量年均增长14%,行业收入年均复利增长20%,等于同期美国国内生产总值年均增长的2倍。自1792年纽约证券交易所正式成立后,华尔街就迅速成为世界领先的国际金融市场之一。1875年,纽约证券交易所(New York Stock Exchange,亦称纽约股票交易所)首次出现了股票"专家经纪人"。到20世纪初,该交易所每年有1亿股票转手。1984年,华尔街控制了全球近55%的股票发行,此后虽由于东京的崛起,纽约所占份额有所下降,但世界各国寻求资本的公司仍以在纽约上市其股票作为主要手段,机构投资者也以华尔街的投资作为其投资组合的必要组成。原因是美国证券市场的广度及深度均是其他金融中心所缺乏的坚实支撑。

除纽约证券交易所以外,美国还有目前发展最迅速的股票市场,即全国证券商协会自动报价系统(National Association of Securities Dealers Automated Quotations—NASDAQ system)。它是完全网络化的,经纪人和经纪人直接交易的系统。这个系统不使用专家经纪人,而依靠相互竞争的"市场主持人",即从自己的盘存中买卖某种股票的股票交易公司。全国证券商协会自动报价系统自1971年建立以来,发展迅速,年交易额达6 700亿美元,不仅成为美国第二大证券市场,且紧随美国证券交易所和东京交易所之后,成为世界第三大证券交易市场。

（二）英国的证券市场

第一次世界大战前,伦敦证券交易所一直是世界第一的证券市场。1698年,"伦敦城"(City of London)就出现了挂牌的证券交易。1773年,新乔纳森咖啡馆正式改为证券交易所。1802年,伦敦证券交易所正式批准成立。战后,伦敦虽然失去了世界最大证券市场的头衔,但却以创新和国际意识在国际证券活动中保持特殊地位及影响。

20世纪60年代,在欧洲货币创立之初,伦敦城便适时地以欧洲货币取代国际地位日趋下降的英镑,作为金融业务的新目标,并很快确立起欧洲货币贷款和欧洲债券发售的中心地位。迄今,伦敦仍掌握着欧洲债券初级市场75%的份额,其每年价值约为2 500亿美元。全球近100家证券公司通过伦敦安排欧洲债券的发售。

另外,自"大震"之后,伦敦证券交易所的国际性更有所加强。如今,该交易所中有150个成员系外国机构所有,它们的活动多是国际业务。1992年,全球跨国股票交易有近50%在伦敦交易所完成。外国公司的股票选择伦敦上市的数量是纽约的5倍,东京的4倍。同年,伦敦汇集的外资银行达520家,在伦敦的美国银行甚至超过了在纽约的美国银行[1]。世界各地有超过10万家国际投资者接入伦敦证券交易所的交易及信息系统。伦敦证券交易所是全球第四大证券交易所,2015年总市值达3.27万亿美元。

（三）日本的证券市场

日本跻身世界金融大国之列的历史并不长,但1984年实现金融市场自由化以来,东京作为国际金融中心后来居上的速度却很惊人。

东京证券交易所尽管晚于1878年才成立,但目前不仅雄居日本8个证券交易所之首,且居于全球第二的位置。1948年5月,日本的证券交易所历经战乱后重开,因为财阀的解体,促进了"证券业的民主化",个人投资者人数剧增。1955～1964年,日本出现了"神武景气"和"岩户景气"两次经济增长热潮,股票交易量迅速增长。1966年,一度停止的公共债和公司债也在东京、大阪两交易所重新上市。在经济高速成长期中,日本证券市场的"法人现象"得到发展,事业法人和金融机构的持股比例超过了个人持股。自1984年实行金融和证券市场自由化以来,日本的证券市场发展迅猛,几个主要市场的规模已达世界之最。如国债交易量从万亿日元升至万万亿日元。1986年,日本长期国债期货交易规模超过称雄世界10年的芝加哥商品交易所。1987年,日本股票交易市场规模一度超过了纽约股票市场。1988年年末,东京证券交易所的资本总额相当于国民生产总值的130%。同年,日本政府允许外国资本进入东京证券市场的场外交易。次年,又允许外国证券公司进入东京证券交易所。此时,后者的资本总额已相当于日本国民生产总值的130%,股票市场的成交金额居世界之首;当年,共有140多家外国企业在东京证交所上市。这标志着日本资本市场国际化迈出了一大步。日本的东京交易所也是亚洲最大的证券交易所,2015年其总市值4.9万亿美元,略高于中国上海交易所的4.49万亿美元。

（四）国际主要证券市场的作用

尽管纽约、伦敦和东京证券交易所的国际业务比重有所差别,但是,由于它们向国际的开放,即允许居民和非居民平等参与,因而三大市场的作用首先表现为它是跨国界

---

[1] 英中48国集团"伦敦——国际金融中心"1992年研讨会论文。

寻求资本供给和实现资本增值的重要场所。这一场所不仅对世界经济的扩张提供了直接的金融支持,而且更主要的是使全球资本的流动性得以加剧。这种流动性正是金融资产通过组合,转移风险,提高效益的基础。

国际主要证券市场对大规模跨国界兼并和收购起着推波助澜的作用。1988~1995年间,世界跨国兼并与收购总额增加了 1 倍①。与发达国家以往历史上三次兼并浪潮相比,这一轮兼并明显带有交易规模大(大多高达数十亿,上百亿美元)和形式多样(包括大吃大、大吃小、小吃大)的特征。这两大特征显然与 20 世纪 80 年代初以后迅速繁荣起来的国际证券市场有关。国际主要证券市场成为投资者跨国界寻找并购目标、大规模筹措并购资金直至并购成功后分散出售不盈利部分各个环节的积极呼应者。高风险、高利率债券的应运而生和杠杆并购的盛行均反映了国际证券市场的作用。

国际主要证券市场还推动了全球资本市场的管理协调和法律制定。以美国为例,异地股票在纽约证券交易所的上市直接受美国证券法的管制,其中公开财务、风险披露和审计标准与一些欧洲国家存在较大的差距。为了给予国际投资者共同的保护,欧盟不得不积极尝试管理条例的国际一致性。戴姆勒—本茨公司因此成为德国第一家,也是唯一一家采取美国证券法所规定的审计标准,从而获取在纽约证券交易所上市资格的大公司。类似实践将会有助于全球资本市场统一管理规则的形成和实施。

第四节　金融创新对金融国际化的意义

金融创新最先产生于美国,并很快成为全球主要发达国家的普遍现象。但是金融创新绝不只是发达的金融体系本身的孤立现象,它同时也是一种国际现象,是世界经济发展中的一些重要因素变化在金融上的反映,并且反过来对世界经济产生着影响。因此可以说,金融创新是市场经济和金融业高度发展的产物,也是金融国际化高度发展的产物。

一、金融创新的特点与趋势

金融创新是对发生在金融领域的管理制度、交易工具、融资方式等创新变革的总称。金融创新始于 20 世纪 70 年代。随着 1972 年布雷顿森林体系的瓦解。浮动汇率制逐步被各国所采纳,国际收支的变动加剧,全球商品价格、利率和汇率的波动显著,银行及其他信用中介机构所承担的风险不断扩大。寻求新的保值工具,以规避、转移和分散经营风险的努力由此而生。美国是金融创新的发源地,1971 年,美国试行可变利率存单,1974 年又开发出浮动票据和浮动债券,1975 年再创新出可变利率抵押贷款和浮动房地产抵押贷款,率先掀起了所谓的"金融革命"。

1. 金融创新首先是对传统金融管制的变革。20 世纪 80 年代,以美、英、日、德、法等国为首的发达国家相继推出金融自由化的举措,由取消存款利率上限为开端,随后是引入新的金融工具,向国内外金融机构放宽金融活动的准入许可,直至取消抑制证券交易的税收管制等。这些以自由化为导向的金融创新活动带动了整个金融体系的制度变革。银行和证券机构间业务界线趋于模糊,金融机构之间的存贷利差趋于缩小,利率、汇率等市场

---

① 联合国贸易与发展会议:《1996 年世界投资报告》,1996 年 9 月 23 日发布。

波动的压力趋于增强,管制不断被打破,金融活动的空间不断扩展。

2. 金融工具的创新能够便利交易和分散风险。交易工具的创新总体上可归于便利交易和分散风险两大类。一类是以便利交易,提高利润为目的的存贷款及支付形式上的创新。比如,最先由美国开发的货币市场互助基金(Money Market Mutual Fund)、超级可转让支付命令账户(Super Nows A/C)、货币市场存款账户(Money Market Deposit Account)等金融品种就是在取消利率上限后,银行推出的既有较高收益性,又具良好流动性的存款工具。而自动出纳机(ATM)、商品零售点终端 DOS、家庭银行网络(Home Banking)、电子支付清算系统(Chips 或 Chaps)、电子信息系统(SWIFF)等的相继推出则更是大大方便了金融交易及其结算。

交易工具创新的另一类是以分散风险为主旨的融资手段的创新。其主要产品有票据发行便利(NIFs)、利率和货币的互换(Interest Swap、Currency Swap)、外汇和利率的期权(Option)和期货(Futures)。后一类产品的价值是从基本金融资产的价值变动中"派生"出来的,因而被称为"金融派生品"(Derivatives)。投资者可以利用其对市场潜在动向的预测,转移或限制风险,但同时也可利用其进行投机活动。对于金融机构来说,这类产品的交易是属于"资产负债表"以外的项目,即所得的"表外业务"。20世纪80年代中期以后,这类品种成为金融工具创新的焦点。1991~1995年间,金融派生品交易额存量从10万亿美元升至20万亿美元。

3. 融资方式的创新突出表现为以证券化直接融资代替以银行为中介的间接融资。20世纪80年代中,各类商业票据的开发使用大大扩展了国际证券市场的规模。许多票据融资,如浮动利率票据(FRNs)、欧洲商业票据等虽由银行提供,却不同于传统的银行信贷,而更接近于债券市场上的融资方式。比如票据发行便利(亦称票据发行融资),银行按预先确定的价格或以提供备用贷款的方式,安排购买票据发行人尚未被市场认购的发行余额。通过这种融资手段,筹资者能够在维持周转基础上从证券市场上直接筹得资金。银行提供的备用贷款不仅使筹资者的短期票据变成了长期信贷,而且其成本通常比一般长期信贷要低。

而在既有的证券市场上,新型的股票、债券以及组合或融资也不断推陈出新。如可转换股票债券、浮动利率债券、双重货币债券、存款与债券的组合、存款与保险的组合、债券与保险的组合、债券信托基金、股票信托基金等。

在国际股票的发行和一部分国际债券的发行中,以存托凭证(Deposit Receipts 亦称存股凭证)形式取代异地上市成了一种新的热门形式。存托凭证实际是代表着某家非本国公司公开交易的股票或债券的一种可转让证书。以美国存托凭证(ADR)为例,它是指证券商在国外市场购入一家当地公司的股票(或债券),解往当地的证券托管银行,由托管银行通知美国的存券银行,后者即可向投资者发售该种股票或债券的美国存托凭证。相对于直接购买外国股票或债券,存托凭证的优势是结算期缩短、无须货币兑换、易于获得价格行情及上市预购等信息,故而方便跨国界交易。现在几乎所有的非美国公司(除加拿大)都采用存托凭证非普通股票的方法进入美国资本市场进行股本筹集、兼并和收购企业、实施股息再投资计划和职工股所有权计划。除美国存托凭证外,现已有欧洲存托凭证(EDR)、新加坡存托凭证(SDR)、香港存托凭证(HKDR)、中国台湾存托凭证(TDR)和全球存托凭证(GDR)等。

二、金融创新对金融国际化的作用

金融创新的意义远不在于银行和金融市场所创造的衍生工具本身,而在于世界金融乃至整个世界经济中所产生的一种新的机制,即避险机制,服务于传统金融从而服务于整个经济。它所具有的非生产性远远超过了传统金融的非生产性,但它却以间接的方式对现代生产性经济和市场运行产生着传统金融工具所无可替代的作用。

(一)金融制度创新使跨国界跨地区的金融活动趋于活跃

以利率自由化,业务自由化和市场自由化为导向的金融制度创新使金融同业及其跨行业(银行与其他金融机构间)的国际竞争加剧,激发了银行及其他金融机构寻求新市场、新投资盈利产品的热情。尤其是在自由化进程步调不一,存在着政策差异和不同规范的部分,自由化的制度创新为向海外转移竞争优势和内部化优势提供了机会。

(二)金融工具创新便利了全球性融资

直接融资工具的运用,降低了大规模融资的成本,促进了全球金融交易规模的扩展。大量创新的证券化融资突破了传统国际信贷中品种、期限、方式和交易条件等的限制,便利了融资,刺激了交易。而作为创新主题之一的金融衍生工具则由于能将金融原生品的价格风险分离、转移,提高了市场效率,降低了成本。同时,金融衍生品交易的活跃还带动了金融原生品市场的流动性。

(三)创新金融产品使金融风险在国际范围扩散的潜在压力增强

金融衍生品的杠杆特性,即只需少量保证金,可进行较大投资或投机的原理,加速了全球范围内投机资金的形成和流动,国际游资为追求高收益率,不断投身于所谓"套购""套利"等衍生品交易之中。而且,随着管制的放松,原先受制于安全性要求的机构投资者纷纷涉足高风险、高收益的投资品种。衍生交易品的投机功能和虚拟性被过分强化。一方面,现代技术和创新交易及清算方式使巨额交易变得容易和快捷;另一方面,世界范围的限时交易和信息即时披露使任何一个市场上抛售迅速在世界各地金融市场上蔓延。

(四)创新产品的负面效应催生出金融监管的国际协作

金融创新产品的投机功能被滥用已经造成多起金融机构在投资于这类产品过程中破产的事例。尽管大型投资机构和跨国银行几乎都设计了防范金融创新产品,特别是衍生交易风险的内部管理组织或系统,但由于金融市场已高度国际化,证券市场、证券商和交易所均跨国界开展业务,此类风险及其在世界范围的连锁效应提示任何一国的金融当局都难以独立有效地统一管理,因此,国际社会的协调监管尤显重要。

第五节 银行业的国际化

一、银行业国际化的发展与特点

(一)银行业国际化的发展

银行业国际化的发展过程从某种意义上说正是金融国际化形成和发展的历史。早在19世纪,发达国家的殖民扩张、商品的输出入,以及金本位制下较为自由的资本流动就导致了银行逐渐越出本国疆界,设立分支机构,从事国际汇兑、出口信贷、证券投资和国际结算业务,奏响了银行业国际化的序曲。

20世纪60年代,新生的欧洲货币市场吸引了以美国的花旗银行(Citybank)、美洲银行(Bank of America)和大通曼哈顿银行(Chase Manhattan Bank)为首的一批美国银行及其少数欧洲大银行在海外增设分支机构,转移国际业务,摆脱国内金融当局的管制。随之兴起的离岸银行业务可以说是银行业走向国际化的显著标志。离岸银行业务(Offshore Banking)是以所在国的非居民为业务对象的国际银行业务。性质上既不同于银行的国内业务,也不同于银行涉外分支机构办理的当地业务,而是一种经营主体在境内(或境内注册),经营客体即资金来源和运用均在境外(境外注册或具有境外身份)的业务。经营此类国际借贷业务的银行不受所在国金融以及外汇管理法规的制约。

20世纪70年代中,银行业务国际化的浪潮进一步波及世界各地,日益增多的美洲地区性中小银行、大量欧洲的银行、部分日本银行和一些国际联合银行在国际信贷市场上日趋活跃,尤其是在将石油输出有顺差国家的资金"回流"到石油消费有逆差国家(多为发展中国家)的石油美元再循环中大有作为。

20世纪80年代以来,银行业国际化发生了较大的变化。日本跨国银行崛起,使之成为国际银行业中的重要角色。日本银行不仅大量增加在国外的机构数,而且并不局限于充当日本储蓄中介的传统业务,以强大的实力参与同第三方之间的国际中介活动,直接有效地在其他发达市场参与竞争。与此相反,美国、英国和德国跨国银行的涉外机构则呈现出趋于减少的局势。这并不是说银行业国际化放慢了脚步。相反,银行业追随国际金融市场日益证券化的趋势,采取了更为多样化的国际扩张(见表7-9)。

表7-9

1985年100家最大银行的国外网络

	涉外机构总数	设在发达国家	发展中国家	计划经济国家	8个离岸金融中心
全部100家最大银行 (与1980年比较)	4 660 (147)	2 296 (114)	2 246 (-41)	118 (74)	606 (-29)
法国9家银行 (与1980年比较)	688 (224)	304 (87)	356 (119)	28 (18)	75 (35)
德国11家银行 (与1980年比较)	289 (-65)	176 (-35)	105 (-34)	8 (4)	31 (-3)
日本26家银行 (与1980年比较)	676 (110)	338 (52)	300 (23)	38 (35)	122 (12)
英国5家银行 (与1980年比较)	457 (-29)	204 (-4)	247 (-27)	6 (2)	62 (-7)
美国15家银行 (与1980年比较)	884 (-280)	364 (-123)	511 (-160)	9 (3)	115 (-44)

资料来源:联合国跨国公司中心:《世界发展中的跨国公司,趋势与前景》,1988年版。

20世纪90年代,银行业国际化有以下表现:

1. 伴随着经济全球化和金融全球化的发展,银行业并购步伐加快。仅1995~1998年3年间就发生了1500多起金融并购案,而且并购规模不断扩大,并购速度也不断加快。所形成的国际银行规模不断扩大,经营业务范围日益广泛,业务服务领域已遍及全球,对金融全球化产生了极其深远的影响。

2. 经过一系列银行兼并重组,国际大银行财务状况发生了巨大变化,这主要表现在银行的资产规模、一级资本规模、平均资本利润率、资产收益率以及资本充足率等都有不同程度的变化。2000年7月,《银行家》杂志根据1999年世界主要银行财务指标进行排名,对世界1 000家大银行进行了排名对比分析,从这1 000家银行整体发展状况来看,一级资本规模有所提高,总规模达到17 848亿美元,比1998年增加了6.5%,其中欧洲联盟银行占35%,日本和美国的大银行分别占20%和19%。从总资产变化情况看,20世纪末,1 000家国际大银行资产规模呈现逐年增加的趋势,1990~1999年银行资产总规模几乎翻了一番。1999年总资产367 070亿美元,较上年增长3.4%。其中,欧盟的银行占了43%,日本和美国分别占有21%和14%。1 000家大银行一级资本与总资产的比例由1998年的4.72%上升到4.86%,达到历史新高。

3. 国际信贷融资滞后于国际证券市场融资。世界各国银行业为适应形势变化,大量投资于债券市场,发展跨国批发性银行业务,并将其传统的信贷业务变为副业。1999年,发达国家主要银行对非银行机构净贷款额下降,仅相当于购买债券资金的15.5%。

21世纪前10年,世界银行业在振荡中前行,金融危机后,美国对全球银行业的主导地位正在削弱,而新兴市场银行业的影响力日渐增强,根据《银行家》杂志统计,2009年"全球金融500强"中,美国银行业的品牌价值上升仅为29%,低于亚洲的31%、欧洲的67%、中东的78%和南美的84%的品牌价值增幅,欧洲银行业整体低迷,2010年英国银行业一级资本和资产双双下跌,与此相反,中国银行业在此次危机中仍然处于良好的运营状态,2009年我国14家上市银行共实现净利润4 348.33亿元,同比增长16.45%,据英国《银行家》杂志统计,中资银行有52家入围全球1 000家大银行排行榜,数量超过英国、法国与瑞士,仅次于美国、日本和德国。与此同时,中国银行业国际化步伐加速,2009年,我国的银行在香港和澳门特区还有32个国家的经营机构超过了1 000家,海外资产超过1 970亿美元。

(二)银行业国际化的主要特点

1. 跨国银行本身的业务日益采取证券化的形式,在境外金融中心的银行机构的经营目标更类似于投资银行和其他非银行金融机构,而不仅仅是提供传统的信贷。

2. 跨国兼并和收购的交易不断增加。银行不仅通过跨国界的同业并购,迅速扩展在境外的市场份额,而且越来越多地涉足跨行业的跨国并购。例如,CS第一波士顿银行是于1988年由两个金融机构协商组建的,其中第一波斯顿是美国著名的投资银行,而瑞士信贷(Credit Swiss)则是瑞士著名的商业银行。20世纪80年代中,花旗银行先后与五家英国证券公司进行并购交易,组建证券公司。日本的住友、三和等几家银行凭借对英美银行或其他金融机构的收购及联合,迅速进入国内受禁的业务领域。

3. 由于证券化和电讯及计算机技术的发展,银行在国外的机构网络数的重要性趋于淡化,规模较小的银行甚至并不建立国际范围的分支网络,仅通过在银行间的同业存款也能向发展中国家提供贷款。

4. 跨国银行间的相互联系日益紧密,资金和信息的传递更趋便捷。世界银行同业金融电讯体(SWIFT)和银行同业清算支付系统(CHIPS)的创设为这种联系架设了桥梁。至20世纪80年代末,SWIFT的参与者已经从1973年成立之初,15个国家的239家银行扩展到50个国家的近1 200家银行,其主要功能是通过特殊的电讯联系,实现全球资金交易的即时完成;而CHIPS主要运用于美国银行及其海外分行之间的交易结算,作用是使外汇和欧洲美元交易的清算时间大大加快。

5. 跨国投资银行的全球扩张发展显著,有力地推动了资本国际化。特别是一些投资银行和证券公司在大规模跨国界兼并与收购交易中的积极活动,包括安排筹资、提供财务顾问等,使金融国际化在统一审计标准、财务立法、信息披露等多个方面有所推进。

二、国际商业银行的主要业务及其作用

商业银行是以吸收活期存款和经营工商业贷款为主的银行。英国原称"合股银行",西欧等地习惯上称为"信贷银行"。国际商业银行是拥有广泛的海外分行、子公司和其他附属机构,①经营当地和国际存款、信贷及其他相关业务的国际银行。

（一）国际商业银行的业务

国际商业银行的主要业务是如下:

1. 零售银行业务。这种业务是利用遍布世界各地的分支机构,吸收当地货币或外币存款,获取资金来源。

2. 批发银行业务。它是在国际市场上进行大规模资金借贷的业务。按业务对象又可分为国际贷款和货币市场业务两部分。国际贷款包括:①传统银行贷款,以本国货币为进出口商或外国借款者提供贷款;②当地贷款,以当地货币向跨国公司在当地的附属企业提供贷款;③境外市场贷款,以境外可兑换货币,采用辛迪加贷款方式②,在境外贷给本国或外国借款者,用作国际贸易、国际投资以及国际收支融通等。货币市场业务主要是银行间同业拆借。它是银行调节资金余额的主要手段。

3. 收费业务各种收费的金融服务。该类业务包括信托、投资便利和金融咨询等。

4. 外汇市场业务。它通过各种外汇交易,如即期外汇交易、远期外汇交易、货币期货交易、货币期权交易和调换等业务等,降低外汇风险。

（二）国际商业银行的作用

国际商业银行的作用主要体现为:

1. 国际商业银行既是构成金融国际化的重要组成部分,又是金融市场一体化的主要推动力量。它通过在海外设立分支网络,向境外转移金融业务,以避开国内金融和财政限制,不仅极大地刺激了境外货币市场的产生,而且推动了国际金融中心的崛起。

2. 国际商业银行通过涉外网络,为本国及其他国家的跨国公司融通资金,安排贷款,推动了国际直接投资及生产国际化的迅速发展。跨国公司不仅是国际商业银行信贷的最大获得者,也是国际商业银行资金的最主要供应者。这种相互依存,互为促进的关系成为金融资本国际化的重要支撑。

3. 国际商业银行间的交叉存贷(同业拆借)成为连接分散的市场活动的有效渠道。

---

① 1981年联合国跨国公司中心的专题报告中定义,跨国银行是指在"至少5个国家和地区设有分行或拥有其中大部分资本的附属机构"的银行。

② 辛迪加贷款(Syndicated Loans),指由一家或几家牵头银行发起组织一批参加银行,按共同贷款条件对一个借款户发放贷款。牵头行大都是大型跨国银行。

不仅同业市场通过资金存贷将各银行、各金融市场的活动联系在一起,而且更主要的是,在境外货币市场上同业存贷起到在全球范围内转移和分配资金的作用。

三、国际投资银行的主要业务及其作用

投资银行是以证券的承购、代销、买卖以及相关的金融服务为业务主体的金融机构。在英国它被称为商人银行,由以往从事国际贸易并兼营承兑业务的商人发展而来。日本称投资银行为证券公司,美国著名的投资银行实际也多是证券公司,如摩根·斯坦利公司(Morgan Stanley & Company)、所罗门兄弟公司(Solomon Brothers)、第一波斯顿公司(The First Boston Corporation)等习惯上都被称为投资银行。

(一)国际投资银行的业务

国际投资银行是在世界各地拥有广泛的分支机构,在国际证券市场上充当投资中介的银行。其主要业务如下:

1. 传统业务。从事初级市场上的资本保险和增值,其包括:代销,即在国际证券市场上直接收购并销售发行公司所提供的证券;承销,按照与发行公司签订的承销协议,进行支持性的承销新股或增资配股的业务,以保证发行公司在指定的日期内筹得协定数额的资金。

2. 二级市场的证券交易和经纪业务。这是在国际证券市场上国际投资银行最主要的业务之一。

3. 其他投资服务业务。诸如,资产管理、投资咨询、代理收购与兼并、衍生金融产品的设计和交易等。

(二)国际投资银行的作用

国际投资银行在日趋证券化的全球资本市场上作用显著,特别是:

1. 国际投资银行在国际股票发行与债券发售市场上大规模承购与批发经营的能力,加剧了全球证券交易的规模扩展和流动速度。一些新的地区性债券和全球债券[①]的产生和发售无不与国际投资银行的全球网络及其业务全球化密切相关。

2. 国际投资银行是跨国界兼并、收购的重要支持及推进者。国际投资银行凭借承销权优势和内部化优势成为母国乃至其他国家企业跨国界兼并和收购的顾问,是资金筹措、证券发行安排的主要代理者。

3. 国际投资银行成为新兴资本市场积极的参与者。20世纪80年代以来,国际投资银行积极拓展在亚太、拉美、东欧等地的资本市场业务,从而推动了国际货币市场向纵深发展。

四、银行业国际管理机制的形成与现状

与银行业的国际化进程相同步的是,早在20世纪60年代,有关银行业多边管理的创意即已萌发。当时所确立的多边管理目标有三个:其一是加强谨慎的监管;其二是开放竞争;其三是协调各国的管理机制,以杜绝不平等竞争。由于金融体系作为各国经济的枢纽,当时仍受到相对严格的管制,国际社会事实上更关注后两个目标(乌拉圭回合有关服务贸易的谈判成功被认为是最终达到了这两个目标)。至于谨慎的监管在1974年德国赫

---

① 在全世界的国际金融市场上同时发行,并可在全球多个证券交易所上市,24小时交易的债券,发行额一般须在1亿美元以上。

斯坦特(Herstatt)银行倒闭风波后发生才真正受到重视。

谨慎监管的目的:一是降低风险(银行倒闭的风险);二是减少银行亏损的成本(不仅考虑借贷双方的损失,而且考虑同业传递的产生)。监管的工具包括:限制银行获准的业务;确定银行资本和清偿的比率;制定许可证要求;内部监控;设立银行存贷款的担保和保险计划。

1974年9月,由国际清算银行发起,十国集团①成员的中央银行监督官员在瑞士巴塞尔聚会讨论跨国银行的国际监督与管理。1975年2月成立了常设监督机构——巴塞尔银行管理和监督实施委员会。同年,该委员会公布第一份"巴塞尔协定"。主要内容是按股权原则确定跨国银行海外分行及附属机构的管辖规则,明确跨国银行母国和东道国各自的监管责任,监管的核心是流动性、清偿力和外汇头寸。

由于各国监管体制的不同,主张东道国和母国分别实施监管,并且倾向于将母国政府居于主要监管地位的1975年协定很快暴露出不足。1983年第二份协定公布,进一步强调全面而充分的综合监管。其宗旨是任何一国的银行都不应摆脱国际监管。这一协定还明确提出,如果东道国对母国的监管不满,可以终止跨国银行在东道国的活动。

此后,金融自由化浪潮席卷各国,银行业国际化令金融监管机构难以应付。大银行对房地产、股票市场过热投机使价格猛涨,而在泡沫破灭后,积累了大量不良资产和呆账。整个20世纪80年代,美国共倒闭1 331家银行,是70年代的15倍。截至1990年银行坏账损失达创纪录的281亿美元。日本银行在资本比率较低的条件下一度极力扩张,至1995年7月,坏账总额超过50万亿日元。更为严重的是,银行开始越来越多地进入高风险的"表外业务",截至1995年3月,商业银行参与的场外(OTC)衍生交易未清偿额高达41万亿美元。由于银行间同业市场的联系紧密(截至1995年6月,国际银行同业市场规模达5.8万亿美元②),一家大银行的信用危机往往会通过国际网络传递给多家,造成整个国际银行业多米诺骨牌似的连锁风险。显然,保障国际银行系统稳定性迫在眉睫。正是在这样的情况下,1988年7月,"巴塞尔协议"正式通过并生效。

巴塞尔协议的核心内容是对银行资本资产比例的规定。"协议"首先将资本类别分为第一级和第二级。前者为普通股、某些优先股、少数信誉较好的附属机构中的投资;后者为贷款损失储备(限于风险加权资产的1.25%),从属债权(限于第一级资产的50%),以及其他优先股和可转换股。"协议"规定以上第一级资本率最少为4%,总资本率最低标准为8%。

表7-10

各国银行资本资产比率(第一层次)③

	日本	德国	意大利	英国	西班牙	美国	瑞典	法国	奥地利
1985年	2.49	2.83	4.37	4.62	5.18	5.47	5.62		
1995年	5	5.80		7.90		8.10	9.50	8	9

---

① Group of Ten,又称巴黎俱乐部,包括比利时、加拿大、法国、德国、意大利、日本、荷兰、瑞典、英国和美国。1984年4月,瑞士也加入其间。

② 《经济学家》1996年4月27日。

③ 《经济学家》1996年4月27日。

针对20世纪90年代初,巴林银行等倒闭连连的局面,巴塞尔委员会于1996年1月又公布了"资本金协议修正案"。其内容主要有三点:①区分了总体市场风险和与单个交易工具相关的特别风险;②分别给出衡量利率证券、外汇、商品期货和期权风险的标准模型;③增加第三层资本,即短期次级债务的概念,但未确定第三层次资本比率,而由各国金融当局灵活掌握此项标准。同时,委员会敦促商业银行和投资机构采取措施,提高内部管理水平,并针对一些国际大银行已建立的内部市场风险模型,设计了检测其有效性的"回归测试"。

　　作为2008年全球金融危机后的一项重要金融改革举措,巴塞尔委员会于2010年9月12日通过了全球银行业的资本新规《巴塞尔协议Ⅲ》。新协议规定,截至2015年1月,全球各商业银行的一级资本充足率下限将从现行的4%上调至6%,由普通股构成的"核心"一级资本占银行风险资产的下限将从现行的2%提高至4.5%,以加强抵御金融风险的能力。另外,各家银行应设立"资本防护缓冲资金",总额不得低于银行风险资产的2.5%,该规定将在2016年1月至2019年1月之间分阶段执行。

　　巴塞尔协议的签署国尽管有限,但并不影响协议的全球影响力。特别是1988年协议中所规定的资本充足比例要求很快成为国际银行业统一的规范和监管标准。为了降低外汇结算风险。一些国际大银行正努力建立一种外汇交易衍生物,以避免出现银行倒闭而留下巨额未结算外汇交易的事件。大通—曼哈顿银行提议的"差价合约"使外汇交易中需要转手的款项仅仅是达成交易到结算时两种货币的差价,从而大大减轻了风险的载体。与1988年的协议一样,"修正案"是银行业务多边监管的又一重要国际性成果。它将银行业国际监管的原有机制进一步扩展到了对金融衍生工具,尤其是银行充当中介或代理者提供的非资金业务范围。

第八章 生产一体化

生产一体化是以控制所有权为特征的国际直接投资的迅猛发展、企业的国际化生产向纵深推进,企业通过内部控制体系将不同国家的经济活动进行分工并有机结合,使分布于不同国别和区域的生产过程之间建立起高度依存关系的一种过程。既然生产一体化是由国际直接投资和企业的国际化生产所形成的。因此,研究生产一体化问题集中表现为研究国际直接投资与跨国公司。

跨国公司是世界经济一体化发展中最深刻的表现形式。它的发展过程是 20 世纪国与国之间的间接投资让位于直接投资的过程。跨国公司是生产一体化在企业组织形式上的微观基础,它已成为世界经济活动的主体。

第一节 国际直接投资的发展与特征

一、国际直接投资发生的原因

国际投资是一国的资本所有者对另一国所进行的投资。国际投资分为国与国之间的间接投资(证券投资)和国际直接投资两大类。这两类国际投资的实质性差别在于投资者对国外被投资企业是否具有实际控制权,因而国际直接投资比国与国之间的间接投资更深刻地包含着生产的国际关系。国与国之间的间接投资或曰证券投资,是一国资本所有者在另一国的企业中所进行的证券投资,对于投资者来说不产生任何特殊的权力。具体地说,与其他股东相比,它对这个企业没有更多的控制权。企业或个人进行证券投资主要是金融上的原因,例如这家外国企业的收益率更高更可靠,或者能使他们的收益多样化,以消除国内外多样化收益中可能存在着的负相关。

因为直接投资是一国的资本所有者对另一国的一个经济实体的购买或者控制,所以如果投资者给予外国这个经济实体的贷款对它具有决定性的影响,或者在投资者具有影响的这个经济实体中增加了其"赌注"(英国中央统计署英国国际收支中的定义),就属于这种直接投资。显然这种控制权特别产生于股权份额:只要对一个企业的股权达到一定比例,就会产生对这一企业的控制权。多少比例的股权可以产生控制权是以企业而异的,统计上归类于直接投资的国际资本流动也是因国而异的。对美国来说,投资企业拥有 10% 的股权就属于直接投资。

值得注意的是,国际直接投资的主体进行的是包括资本、人才、技术、管理方式等在内的一揽子资源的跨国界转移,并且这种国际转移是以对投资实体实施控制,从而确保预期利益最终实现为目的的。因此,控制权是直接投资的核心问题,而直接投资还可能没有实际的资本流动,这样便使直接投资问题更为复杂。例如,母公司对子公司提供管理技能、商业机密、技术、商标和市场销售指导,这都不包括资本流动。另一种情况是,母公司在东道国借得金融资本,加上其拥有的商标权和经营管理等非有形资产,便控制了子公司。只是这个子公司盈利后,才会进行利润再投资。这种在东道国借款投资的方式是跨国公司对付东道国没收可能的一个策略。

我国一些经济学家认为,第二次世界大战后直接投资迅速发展的主要原因在于:第一,生产力的高度发展使国内市场显得相对狭小,趋于饱和,难以发挥规模经济的效益,而直接投资又可以绕过他国的关税壁垒,进入他国市场。第二,科技革命的发展,使生产的国际化进一步发展,国际分工加深,生产过程在世界范围进行。生产过程的国际化又要求以国际投资来控制世界性企业的生产过程。第三次科技革命也带来了交通、通讯的现代化,管理的计算机化,以及运输价格的下降,这些条件为一国公司在世界范围组织生产带来了可能。第三,生产力的国际化导致了生产关系的国际化,因而产生了所有制形式的国际化,即以世界为范围的资本占有形式。跨国公司就是资本国际化和生产关系国际化的一个方面。第四,战后垄断组织发展,垄断程度加深,过剩资本更快增长,因此导致了巨型企业的进一步发展,促使对外直接投资的扩大。第五,发达资本主义国家鼓励对外投资,而民族国家发展经济的需要又吸引外国投资。上述这些宏观的生产关系矛盾运动分析符合马克思主义的观点,基本上是正确的。西方经济学家所作的微观分析也许可以进一步补充说明直接投资问题。每个理论都分别从一个侧面对直接投资问题作了一定的解释,又具有各自的局限性。①

国际寡头垄断论认为,国际直接投资的关键原因在于跨国公司在国际竞争中具有垄断性的优势。海默(S. Hymer)认为:世界跨国公司主要是美国的,而美国能到国外设立子公司,是因为其具有各种优势。这些优势包括先进技术、专利、巨额资金、广告术、管理能力等。这些优势超过了东道国竞争对手的优势,如熟悉本地消费者的爱好、了解企业经营的法律和制度、运输费节省、情报灵活、决策迅速等,因而在总体上反而居于优势。因为子公司可以通过跨国公司内部转移的途径获得母公司的上述优势,这样就抵消了不利因素而使总优势有余。金德尔伯格还把大规模生产的经济效益和纵向联合的经济效益等作为这方面的优势。赫希(S. Hirsch)强调了巨型企业开发新产品的能力,因为其在研究与开发方面具有强大的资力。

可以看到,国际寡头垄断论侧重分析的是跨国公司直接投资形成的条件,而不是它的原因。就这些条件构成竞争优势而言,当然是正确的。但这一系列有利条件的比较显然以国别而异即母国与东道国的条件对比,而不能认为是处处适用的,例如很难说美国与西欧相比,何者在这些方面具有绝对的垄断优势。

产品周期理论认为,产品生命周期的发展规律,决定了企业需要为占领国外市场而在国外进行投资。维农(R. Vernon)指出,产品在其生命周期的各个阶段各有其特点。在产品的创新阶段,创新国本国占有优势。如果这个创新国国内市场大,那么最有利的是安排

---

① 参见 S·H·海默:《跨国公司:一种激进的研究》,剑桥大学出版社 1979 年版;S·赫希:《国际竞争的产业区位》,牛津大学出版社 1967 年版;R·维农:《产品周期中的国际投资与国际贸易》,载《经济学季刊》第 80 卷,1966 年,第 190~207 页;R·E·凯夫斯:《跨国企业和经济分析》,剑桥大学出版社 1983 年版;C·N·海宁等:《国际金融管理》,麦格劳·希尔公司 1978 年版。

国内生产,也可出口满足国外需要。当然,研究与开发资金多的国家,最有可能发展新产品,所以它们往往是产品创新阶段的发生国。产品继而进入成熟阶段,这时的主要特征是产品稳定,国外市场日益扩大;消费的价格弹性加大,迫切需要降低成本;边际生产成本加边际运输成本逐渐超过了产品在国外生产的平均成本,如果还存在国外劳动力价格的差异,那么在国外生产就更为有利;在此同时,国外也出现了竞争者,并开始仿制这种产品,所以创新国的技术优势出现了丧失的危险。这时,为了维持市场,阻止海外竞争者,就需要到海外去建立分、子公司及附属机构。这时的投资往往是在与母公司需求相似的国家。产品最后进入标准化阶段,这时生产已规范化,价格竞争成为主要方面,因而一产品的相对优势已不再是技术,而成了劳动力。所以,这种生产在工资低、劳动密集的国家就更有优势,这只要求公司到这些国家去投资。由此可见,跨国公司的国际投资是一种"防御性"活动,即维护其在世界市场中的地位,以阻止别人去投资。特别是对于技术知识容易迅速扩散的产品,更需要保护自己研究与开发投资的收益。产品生命周期的缩短也使国际投资加速发展。

这种投资理论与国际贸易的动态理论有密切关系。它指出了产品发展的各个阶段上各生产要素重要性的不同,导致了优势转移规律。所以这一理论的侧重点是在世界市场上排除竞争者的产生,即争取最有利的生产条件,使所有权优势与区位优势相结合,它所强调的是这种条件的变动性。另外,它有意义的范围主要是建立在技术基础上的工业品,而且以大规模生产时可以采用大量劳动力的产业为主。当跨国公司形成以后,很难说这一过程一定从母公司开始转向子公司,甚至还可能相反。

投资的有机构成说(美国产业协议局所持观点)认为,竞争市场在扩大,企业要生存的前提就是继续增长;到海外投资,就是为了在日益扩大的市场中维持自己的地位。从投资本身的规律来说,现有投资的获利能力要想得到维持,就必须进行新的投资,否则就会降低现有投资的报酬。扩展投资,对外投资,目的不是为了短期内的利润,而是为了防止未来市场份额被竞争者占领。以美欧关系为例,共同市场建立后,美国更加热衷于发展跨国公司,这就是一种防御战略,因为这可以保护美国的国内外投资收益。

这一理论,是从企业的长期投资报酬率上来考虑的,是一种竞争分析。它说明了企业在长期占有市场和长期利润上的考虑,即跨国公司的投资动机。说明了为什么跨国公司可以在一定条件下放弃短期利润目标和局部利润。但是这一理论主要说明了跨国公司投资的动机的一面。这种投资为什么是可能的,为什么未来的竞争者不能进行这种投资,则还是产品生命周期论与国际寡头垄断论说明了一些原因。

分散风险论,其中包括以对外投资分散风险说和以产品多样化分散风险说两种。斯蒂芬斯(G. V. G. Stevens)指出,厂商投资的分散风险原则与个人一样,总是要求在一定的预期报酬下,力求风险极小化。但个人主要投资于金融资产,如政府公债、股票、公司债券等,而厂商则主要投资于不动产,如厂房、设备,包括位于不同国家和地区的工厂。马克维奇(H. M. Markowitz)指出,有效的投资选择是资产的多样化,即分散化,各种投资报酬间的相关程度低或为负,就可以使预期的报酬与报酬的变动之比值较大。根据凯夫(R. E. Caves)的理论,通过企业活动的多样化即产品的多样化可以分散风险。多样化就是使产品发生差异。使同一产品在不同地区进行生产称为横向差异,使同一地区生产出有所区别的产品称为纵向差异。采用这种适应广泛需要的战略就能分散风险。

投资分散化理论反映了资本总是要求尽可能稳定而高的利润,作为资本追求利润的本性,它可以是资本多向投资的动因之一。但是跨国公司的直接投资总是与某种产业特别是与跨国公司的有关产业相联系的,纯粹的资本追求利润的动因还不能说明直接投资的产业流向。产品多样化作为跨国公司战略也必须取决于投资分散化的条件。

此外,还有把对外投资归结于政府政策刺激的理论。这一理论指出,美国的税法允许利润留在国外,这样就促进了再投资;这种政策发展中国家也是欢迎的。这一理论当然说明了直接投资的一方面的条件和原因,但所说的只是外因。

二、当代国际投资的多向性和非对称性

当资本主义从自由竞争发展到垄断以后,在主要资本主义国家中出现了大量的"过剩"资本。由于国内的垄断给新的投资造成了困难,因此为追求高额利润,资本便向后进国家输出,这便是国际投资的最初模式。当然,在此以前的自由竞争资本主义阶段也有个别现象。

在最初的国际投资模式中,资本由先进国家向落后国家流动是最基本的特征。现在一个世纪过去了,国际投资的这种模式发生了重大变化。在流向问题上的重大变化是:资本更多地流向发达国家,而不是后进的发展中国家。由此而来,发达国家成为国际直接投资的主要场所。20世纪70年代以来,随着欧、日跨国公司的崛起,及其对美国市场的大举进入,美国独霸国际直接投资领域的局面大大改观,发达国家之间的国际直接投资双向对流明显加强。这其中,尤以产业内国际直接投资对流的发展揭示了当代国际直接投资的新动态。80年代末以来,这种投资对流更加广泛,发展中国家不仅大大提高了吸引国际直接投资流入的数额,而且,以亚洲"四小龙"为首的新兴工业化国家,以及少部分中等收入的发展中国家也开始加入全球直接投资输出的行列。1990~1995年,发展中国家(包括新兴工业化国家及地区)吸收国际直接投资增长达198.84%,同期,它们向海外的直接投资增长达164.04%,随后发生的亚洲金融危机导致发展中国家的比重不断下降,1999~2001年间,发展中经济体的比重只有23.8%。近年来,随着国际生产和国际消费向发展中和转型经济体的转移,它们吸收外资的规模和比重开始恢复性上升,尤其在金融危机后,由于发展中国家和转型经济体经济复苏相对较快,国内需求进一步加强以及南南相互投资的蓬勃发展,2010年流入发展中经济体和转型期经济体合计吸收利用的外商直接投资,首次超过全球外商直接投资的50%大关。其中,流入发展中经济体的外商直接投资增加了12%,达到5 740亿美元,占全球对外直接投资的46.1%。同期,发展中经济体和转型经济体对外直接投资达到3 880亿美元,较2009年增加了21%,其占全体对外直接投资的份额,由金融危机爆发之前,即2007年的16%,上升到2010年的29%。虽然发展中经济体和转型经济体整体对外投资在增加,但国家间存在着显著的差异。来自南亚、东亚和东南亚以及拉丁美洲的投资者,是推动发展中经济体和转型期经济体对外直接投资强劲增长的主要力量。其中最大的来源地是中国香港和中国内地,2010年上述两个地区对外直接投资的增长都超过了100亿美元,分别达到760亿美元和680亿美元的历史新高。

全球资本流动自20世纪80年代以来,一直保持稳定增长。在1990~1995年间,相对于全球固定资本总投资和世界生产总值,国际直接投资的流量增长了1倍。1986~

1990年,国际直接投资流入、流出额的年增长率分别为24.7%和19.8%,同期全球固定资产形成总额及生产总值的年均增长率分别为10.6%和10.8%;90年代初期国际直接投资增长较为缓慢,直接投资流入及流出额的年均增长降至12.7%和8.8%,仍是同期全球固定资产形成总额及世界生产总值年均增长率4.0%和4.3%的1倍多。1998年之后至2000年,国际直接投资增长加速。2001年出现突然回落,原因在于当时全球几乎所有地区都发生了经济同步下滑现象。美国经济从2001年3月份起进入衰退;受美国经济影响,欧盟15国经济增速大幅放缓;本来就疲软的日本经济更加低迷;正在从金融危机中复苏的亚洲经济增长放慢;拉美地区经济遇到严重困难,2001年年末阿根廷的经济危机引发了政局动荡。"9·11"事件不仅打击了美国经济,也给世界其他地区的经济造成严重影响。2001年全球资本流动规模下降;2002年略有恢复;2003、2004年,均呈现快速增长;2004年,全球资本流动规模高达9 600亿美元;2005~2006年,发达国家、发展中国家都保持加速增长的态势;到2006年年底,国际投资已恢复到2000年水平;2007年,企业利润率、股市价格以及跨国并购快速增长,使得世界范围内的外商直接投资流入量与流出量分别达到1.83万亿美元和2万亿美元;2005~2007年,外商直接投资流入、流出额的年增长率分别达到45.1%和45%的新高,远高于同期全球固定资产形成总额及世界生产总值;2008~2009年,受经济和金融危机影响,全球直接投资迅速下降;2009年,外商直接投资流入、流出额均不足1.2万亿美元,降幅达32.1%和38.7%;2010年,随着各国政府开始出售金融危机期间收购的银行和其他企业的股权,并购活动的回暖推动外商直接投资缓慢回升,流入、流出额分别增长5%和13.1%。虽然2010年全球外商直接投资流入量有所增长,但总量仍比危机前的平均值低15%左右,比2007年时的最高值减少了近37%。总体看来,投资仍然落后于全球工业生产和贸易的复苏。2012年后大幅下降,2014年外商直接投资增长率为-16.29%,投资与增长陷入了恶性循环,如图8-1所示。①

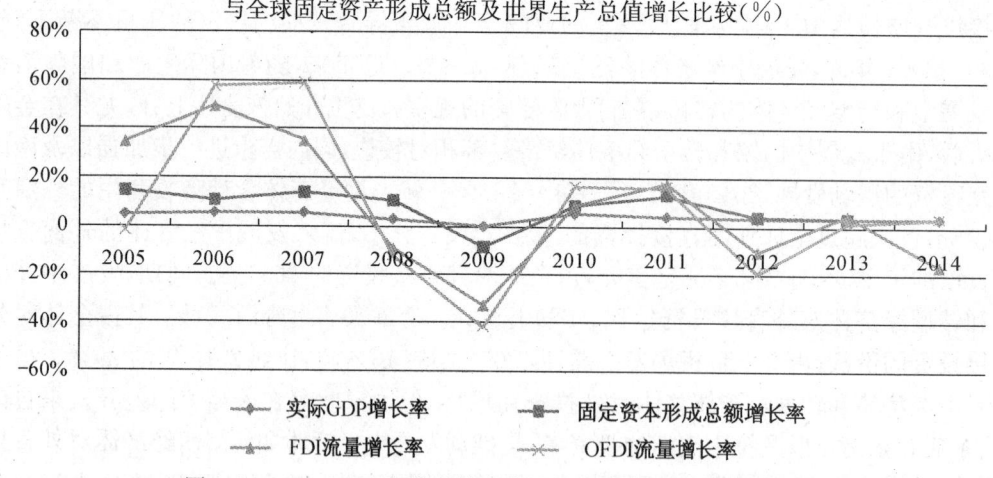

图8-1　2005~2014年世界外商直接投资流入、流入额年增长率
数据来源:根据联合国贸易与发展会议 http://www.unctad.org 外商直接投资/跨国公司数据库整理得到。

---

① 联合国贸易与发展会议:《世界投资报告》及其网站 http://www.unctad.org 数据库整理计算得到。

2010年,发展中经济体作为直接外资接受方和对外投资方的重要性都进一步增加。随着国际生产与近期的国际消费都转移至发展中和转型期经济体,在追求效益和寻求市场的项目上,跨国公司对这些国家的投资越来越多。2010年利用外商直接投资最多的东道国排名中,排名前20位的东道国中半数为发展中和转型期经济体,而2009年只有7个。2010年,20大投资经济体中有6个是发展中和转型期经济体,其直接外资流出量占全球总量的29%。2012年后,对外直接投资增速虽有所下降,但其幅度低于外商直接投资。许多来自发展中经济体和转型经济体的对外直接投资项目,有70%投向了发展中经济体和转型经济体内部。近年来,国内快速的经济增长、充裕的金融资源以及强烈收购海外自然资源和战略资产的动机,使得那些来自金砖国家的跨国公司,特别是大型国有企业,成为重要的对外直接投资者。新兴市场跨国公司的活力与发达国家跨国公司,尤其是欧洲跨国公司放缓的投资步伐形成了鲜明对照。后者的外向投资水平仍然仅有2007年最高水平的一半左右。联合国贸发会议(UNCTAD)构建的东道国利用外商直接投资的业绩指数排名[①],也反映了全球外商直接投资正转向流入发展中经济体和转型期经济体。作为一个整体,发达国家利用外商直接投资的业绩指数小于1(当一国吸收利用的外商直接投资占全球的份额等于该国GDP占全球的份额时,该指数等于1),而相比于经济危机前的2005~2007年,经济危机后,该指数一直在下降。与发达国家形成鲜明对比的是,发展中国家利用外商直接投资的业绩指数都大于1,且2005~2010年一直都在增加,如图8-2所示。其中,向发达国家的投资增长达35%,反映出国际直接投资与经济增长区域或国家的紧密联系,以及国际投资的多向性。而在这个多向的国际资本流动中,在各类国家之间,在发达国家与发展中国家之间,流量分布又是极不均衡的,特点又是不一致的,因而又存在着非对称性。1980~1995年间,相对于全球固定资本总投资和世界生产总值,国际直接投资的流量增长了1倍。1986~1990年,国际直接投资流入、流出额的年均增长率分别为24.7%和19.8%,同期全球固定资产形成总额及生产总值的年均增长率则分别是10.6%和10.8%;1991~1994年国际直接投资流入及流出额的年均增长降至12.7%和8.8%,仍是同期全球固定资产形成总额及世界生产总值年均增长率4.0%和4.3%的1倍多。然而,迅速扩展的国际直接投资来源及流向的分布呈非均衡性的集中状:1995年,10个最大的东道国吸收的外商直接投资约占世界总流量的2/3;同年,5个最大投资国的投资输出约占世界对外投资总量的2/3。

联合国贸易发展委员会将海外直接投资总存量视为通过生产网络深化全球经济一体化和专业化进程的基础。从1990~2010年的20年间,全球外商直接投资(FDI)总存量由4.2万亿美元增长至39.5万亿美元。尽管在此期间发展中国家作为直接投资接受方和对外投资方的重要性都进一步增加,但在上述存量中发达国家占到74%。过去20年的另一变化是来自发展中国家的富有活力的跨国公司作为外国投资者的崛起。在亚洲,新加坡、中国和马来西亚的公司居主要地位;而在拉丁美洲,来自巴西、阿根廷、智利和墨西哥

---

① 利用外商直接投资的业绩指数:一个国家或地区吸收利用的外商直接投资占全球直接外商直接投资的份额,与该国或地区的GDP占全球GDP的份额之比。该值大于1,表示一个国家或地区吸收利用了相对于其经济规模更多的外商直接投资;该值小于1,则表示一个国家或地区吸收利用了相对于其经济规模更少的外商直接投资。

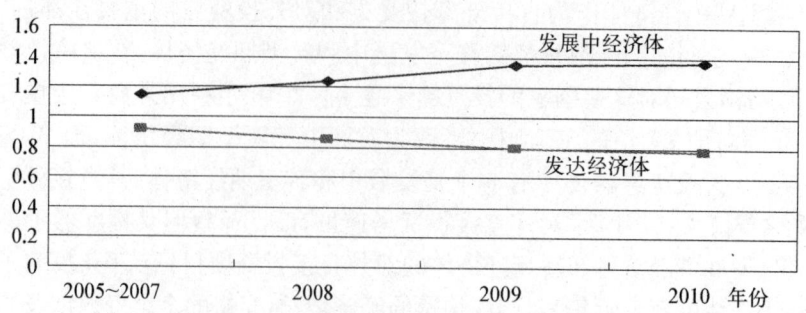

图 8-2 发达国家和发展中国家利用外商直接投资的业绩指数(2005～2010 年)
数据来源：① UNCTAD。根据外商直接投资/跨国公司数据库整理得到。
② 联合国贸易与发展会议：《2011 年世界投资报告：国际生产和发展的非股权形式》，经济管理出版社。

的公司则占有较大比重。1990～2010 年，发展中国家内向 FDI 存量占国内生产总值的比重由 13.4% 增长至 29.1%，外向 FDI 存量占国内生产总值的比重则由 4.1% 增长到 15.7%，仍远小于发达国家比重，发达国家内向 FDI 存量占国内生产总值比重由 8.7% 增长到 30.8%，外向 FDI 存量占国内生产总值比重由 11.1% 增长至 41.4%。2012 年，发展中国家 FDI 流入量占全球比例 52%，首次超过了发达国家。如图 8-3 所示，从 1995 年到 2014 年发展中和转型经济体 FDI 流量与固定资本形成总额的比例也高于发达因家，尤其是 2001 年到 2011 年转型经济体呈高速增长状态。

特别是 20 世纪 90 年代以来，国际直接投资的区域性群体状扩张和积聚规律加强，以美、日、欧三极为核心的国际直接投资地区群格局明显形成。英国与美国在国际直接投资流动中的统治地位在战后又维持了 20 年，如今这一特征正被以北美(尤其是美国)、欧盟和日本为中心的国际直接投资大三角结构所取代，发展中国家则以地理区域和历史上的投资联系为基础，聚集在大三角成员的周围。如果把大三角核心层的形成看作是世界经济三足鼎立的实力反映的话，核心层与其外围构成的第二层直接投资则反映了区域一体化的投资创造和投资积聚效应。

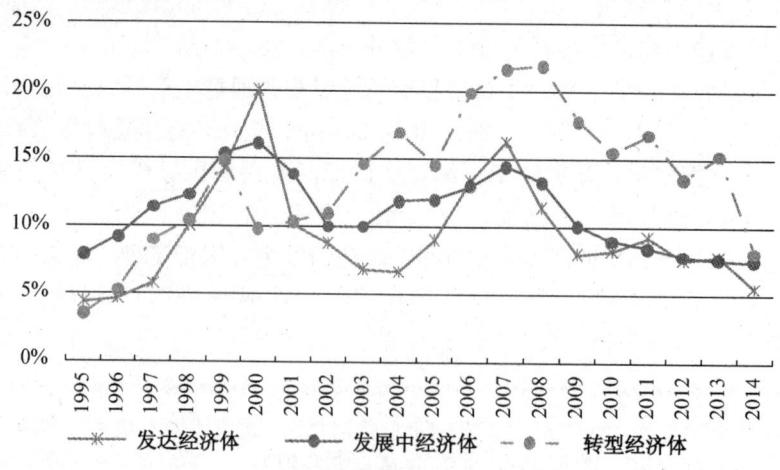

图 8-3 FDI 流量占固定资本形成总额比例

在投资形式方面,主要的特征是跨国兼并与收购已经成为当今国际直接投资的最主要方式,竞争与联合并举的创新形式趋向广泛。1986~1996年,全球跨国兼并及收购额从390亿美元增至2 750亿美元,据联合国贸发会议1997年7月发布的《1997世界投资报告》,1996年的这一数字已经占到当年全球直接投资总额3 500亿美元的79%,从而显示了跨国兼并与收购已经超过新建形式的绿地投资,成为当今国际直接投资的最主要方式。在信息技术、生物技术、新材料、汽车制造和化工等高技术行业股权或非股权形式的"跨国战略联合"日趋增多。这种联合不仅在地理模式上灵活变动:美国与欧洲、美国与日本、欧洲与日本,而且在主体模式上一反常态:竞争对手之间、多国巨头之间战略结盟,母国概念不再重要。2005~2006年,跨国并购和绿地投资稳步增长;2007年,跨国并购投资额超过绿地投资额,成为世界投资最主要的形式,格外活跃的跨国并购活动,很大程度上可以反映跨国公司在不断加强它们在全球范围内的经营整个行为。正是由于在世界主要地区的经济连续数年强劲增长、跨国公司整体盈利水平提高和企业竞争压力加大等诸多因素的推动,包括跨国并购在内的全球企业并购总交易规模,均在2007年创下历史最高纪录。进入2008年后,在次贷危机引发全球金融市场动荡的情况下,各国企业并购的直接与间接融资环境都变得艰难起来。数据显示,2008年共有1 309宗并购交易被取消,价值9 110亿美元。由于很多国家认为绿地投资经济意义和效益都超过并购,因为它们会增加净资本、增加就业,而不只是改变现有资产的所有权,对绿地投资相对限制较少,绿地投资受影响较小,依然在2008年保持增长势头。受金融危机和全球经济低迷等因素影响,2009年绿地投资和跨国并购都出现了下滑,不过绿地投资仍是世界最主要的投资方式;2010年随着亚洲企业在国际并购中所占份额的增加,并购市场已变得越来越全球化。从各个经济部门的情况来看,与金融服务、房地产、建筑和基础材料等麻烦不断的部门相比,一些表现强劲的部门,如能源、公用事业、医疗保健和制药并购活动更为频繁,带动跨国并购交易值上升了36%,但仍然只有2007年最高值的1/3左右。与此同时,受全球产能过剩、国际市场需求不稳以及新的投资热点尚未形成等制约,绿地投资持续减少,但绿地投资额仍超过跨国并购投资额,如图8-4所示。

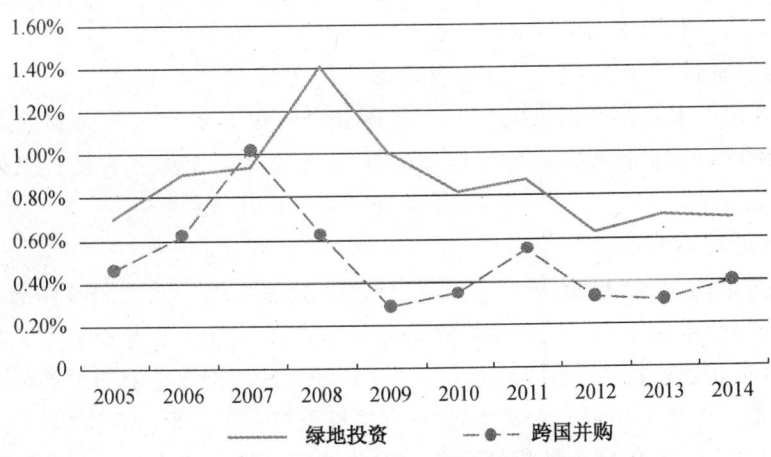

图8-4 2005~2014年世界绿地投资和跨国并购投资走势比较

数据来源:联合国贸易与发展会议。根据外商直接投资/跨国公司数据库整理得到。

上述国际直接投资特征的成因至少有以下几个方面。

（一）资本在利润和风险的综合权衡中选择流向

资本不但要求尽可能高的利润，而且希望获得这种高额利润的风险尽可能小，这样就产生了投资环境差异问题。发展中国家的低工资、资源天赋虽然是高额利润的重要来源，但是从投资环境的综合条件看不一定同时也是有利的。这个投资环境，一方面是经济的，如基础设施、职工素质等；另一方面是行政的和政治的，如行政效率、税收外汇制度、政府对外资的政策以及社会政治的安定等。在这些综合因素下，优越的投资环境常常在发达国家而不是在发展中国家，这就在很大程度上决定了资本的流向。经济发展水平的相似性，在现代国际投资中重要性正在提高。这种相似性决定了基础设施的发展水平，居民购买力和消费结构以及熟练劳动力的来源等。政治环境的相对稳定与否，国有化可能性的大小及其政策，常常是发展中国家能否吸引外国投资的重要因素。

（二）资本与产业、产品的联系决定了相对过剩的含义

资本的过剩是相对的，这种相对性不只在于资本输出国国内还有不少可以提高民众生活水平但利润率不高的投资渠道，而且表现在对特定的产业和产品生产的相对过剩。这种相对过剩存在的同时是另一些产业的资本的相对稀缺。资本是与一定的生产技术、产品及其销售渠道联系在一起的，资本所有者更容易把资本投向自己所熟悉的产业和产品上。因此，具体的某个产业和产品的资本在国内便会出现相对过剩，导致流出；相反，可能另一种产业和产品生产的资本却相对不足，而导致流入，这样便出现了各国总资本的双重流向。

（三）现代技术工业和制造业的高速发展吸引了资本

采掘业曾经是先进国家向后进国家投资的主要领域。由于战后现代技术和现代工业的高速发展，这些产业首先需要的是大量资本，而对资源和非熟练劳动力的要求次要一些，这决定了国际资本的主要流向。这些现代产业的资本密集度在发达国家比在发展中国家更高，因此导致前者可吸引更多的资本。

（四）技术发展、竞争加剧刺激了投资形式的创新

20世纪70～80年代中期，由于一些东道国的政策限制，合资及非股权形式的直接投资一度颇为盛行。80年代末以来，投资形式的多样化和创新则主要受市场竞争加剧、技术发展和追求效率等因素的左右。跨国兼并收购相比绿地投资显然是更快速进入海外市场的形式；非股权方式的跨国战略联盟比起合资经营显然具有更大的灵活性和效率优势。

（五）后进国家发展后的资本积累

如果绝对地运用集中垄断→资本过剩→输出的规律，那么就无法解释发展中国家的资本流出，因为很难说这些国家已发展到垄断资本主义阶段。随着资本主义在这些国家中的发展，资本积累达到了一定规模。但就"过剩"而言，两种意义上的过剩都不是。由于这些资本较难与新技术和新产业联系起来，直接投资有一定困难，而且更多的发达国家资本的流入，也缩小了本国资本的投资场所。这些国家的资本流出，主要是石油盈余资金、贷款和证券投资。就直接投资来说，可以认为这是发展中国家与发达国家进行世界性生产竞争的表现，而不是国内资本过剩。

三、国际投资的影响

国际投资的影响,应当从世界范围、投资国和东道国三方面分别加以分析。

国际投资,无疑是资本的国际化,从而是资本与劳动关系的国际化。只要是资本,总是有对劳动剥削的本性,因此国际投资是剩余价值生产的国际化,是剩余价值瓜分的国际化。

国际投资,也是资本主义生产关系的国际化。但是,这又不一定意味着资本主义生产方式对世界的绝对统治和扩大。在发达资本主义国家,资本的相互渗透中不包含国家经济地位的任何变化,投资是资本与劳动关系的交叉。在民族资本主义国家,国际投资产生了资本对本国劳动的剥削,但外国资本也在不同程度上受着东道国的控制,甚至存在着被国有化的风险。在社会主义东道国,合资或独资企业作为社会主义公有制的补充,也同样受到各种法律条例的制约。所以总起来说,现代条件下资本的国际化不是资本统治的国际化,但国际范围的资本关系不同于一国范围的资本关系。

国际投资是生产要素国际配置的优化。一定的生产需要一定的要素比,虽然不是唯一的,甚至是可逆的,但要素比总不是任意的。各国生产要素与生产的非比例性,一产业中的资本供给与需求的非一致性,都产生了要素组合的非比例性,产生了要素的相对富裕和相对稀缺差别,导致了要素报酬的递减。根据赫—奥—萨理论,要素通过产品流动,而在实际上它是间接的、"产品化了的"流动,但这毕竟是一种理论上的抽象,这一理论只是用作解释国际贸易发生的原因,并不等于可否定要素直接流动的可能性和必要性。要素通过国际流动而达到较优组合的要求是客观存在着的。在资本、劳动力、土地、资源、技术和管理诸生产要素中,资本的流动是诸要素中较为便利的流动,且其可以带着技术、管理要素而向资源、土地要素靠拢,甚至向流动性较小些的劳动力要素靠拢。所以在正常的情况下,国际投资总是可以带来世界较优的要素组合,从而给世界经济带来总效益的提高。在第二次世界大战后不少国家的例子中,外国投资产生了经济飞跃的"奇迹",在另一极,可以说也产生了高额利润的"奇迹"。因此,可以认为,这些效益均来源于要素组合的国际优化。

这里借用国际经济学的方法对国际资本流动的影响作一个简单的分析,采用的是两国模型,一种商品,并假定世界资本总存量不变。如图8-5。MPK_A 表示资本在 A 国的边际产出,它等于 A 国的资本收益(rental 租金或曰要素价格)。根据边际收益递减规律,资本越多,则租金越低。MPK_B 相应地是 B 国的边际产出和资本收益线。在没有资本流动时,假定 A 国的资本存量为 O_AK,B 国为 O_BK,并假定不存在所谓要素价格均等化,那么资本租金在两国分别为 r_A 和 r_B。现假定资本流动,则必然从 A 国流向 B 国,以获得更大收益。这样,资本租金便会在 A 国提高而在 B 国下降,直到最后两国相同。这时两国的资本存量分别为 O_AK' 和 O_BK'。这一过程中包含着世界收益的增加,△CED 即世界总收益的增加。

资本的这种流动对两国产生的产出和收入的影响也随之发生。在资本流动前,A 国的资本家所得为 O_AKCr_A,即资本存量乘以资本租金。A 国产出的其余部分即 MCr_A 为劳动所得。MPK_A 以下部分即 O_AMCK 为 A 国的总产出。发生资本流动以后,A 国的劳动收入下降到 MEr'。而在 B 国,劳动收入从 NDr_B 增加到 NEr',因为其有更多的资本投入运转。A 国的资本家通过资本流动获利(假定他们仍为流到 B 国的资本的所有者),其

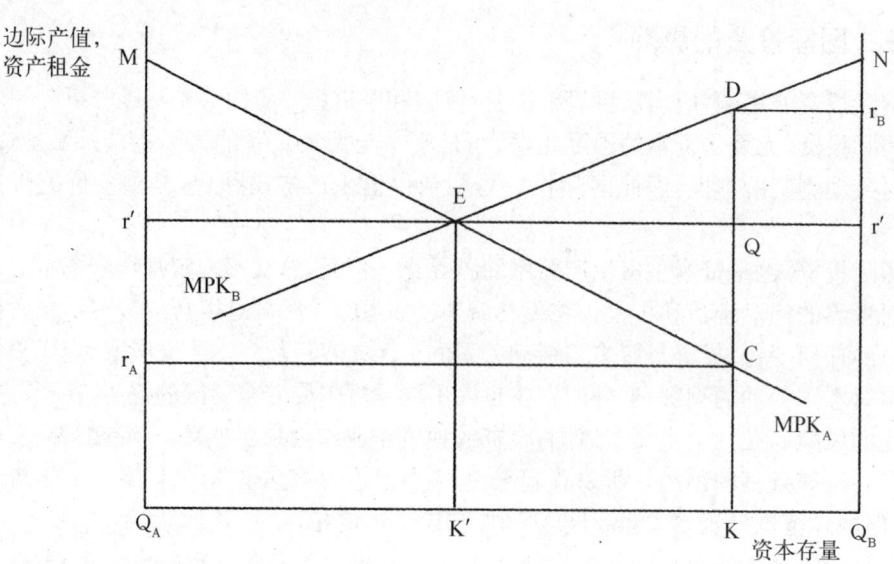

图 8-5　国际资本流动的影响

收益增加为 $O_AK'Er'$，而 B 国的资本家收益从 O_Br_BDK 下降为 $O_Br'QK$。资本流动后两国的生产和收益情况是：A 国生产 O_AMEK'，而收入为 $MEr'+O_AKQr'$；B 国生产为 O_BNEK'，而收入为 $NEr'+O_BKQr'$。虽然 A 国输出资本而生产减少，但其收入增加，其中 EQC 是由 B 国转到 A 国的。B 国则产出和收入都有增加。所以资本的国际流动会影响世界的生产和收入。

这一分析方法，从资本配置的优化这一点上说是正确的。但是它的根本错误是把资本的收益只看作由资本本身所产生的，而不是由劳动所产生的。资本的国际流动是通过更有效地利用生产要素而达到产出的增加的。事实上，A 国的资本流向 B 国，意味着 B 国的更多的劳动力投入生产。世界总产出的增长正是由这些劳动力的增加和资本配置的优化带来的。

从世界总体上看国际投资，还不能具体阐明国际投资的效应。投资国与东道国的利益既不是相等的，也不是对称的。在这个世界上，利益只能是国民利益，或者是通过跨国公司体现的国民利益。

对于投资国来说，直接投资当然有利而是首要的，高额利润是首要的。直接投资刺激了设备的直接出口（特别是当投资在机械工业落后的发展中国家时是这样），加上部分利润的汇入，它对国际收支产生的是积极影响。同时，由于资金外流，直接投资对国际收支在短期内也会产生消极影响，并导致国内某些部门的投资不足。

对外直接投资可能带动商品输出，因为很多情况是母公司向国外子公司提供机器设备、零部件和原材料；但同时又可能减少商品的出口，因为子公司在国外销售直接替代了母公司的产品出口。如果投资国母公司是为了占领市场，防止外国的潜在生产，那么投资可以从影响相关零部件、相关产品的出口上使总出口增加。对于进口的影响，如果发达国家的直接投资投向发展中国家的采掘业并以此得到廉价的原料，那么在等量进口下可能减少本国原从其他国家进口所付的价格。如果是为了利用国外廉价劳动力生产零部件，仍输入国内生产成品,也可以因此而减少本来需要进口的成品。美国关税委员会(后改为国际贸易委员会)1972年的一项研究表明了跨国公司与进出口的关系:在美国,制造业跨国公司的对外投资明显带动了出口,石油工业中的跨国公司积极影响和消极影响相抵消(对国际收支而言),而在采矿业和冶金业中,直接投资带动的是进口。

资本的输出也意味着工作岗位的输出,因而具有造成失业的影响(对输入国则有创造就业机会的影响)。但是由于输出资本是投资国的过剩资本,所以这一影响也不是绝对的,输出资本不一定意味着输出工作岗位。进一步的分析又表明,东道国的生产可能向投资国出口或向第三国出口,或者替代了原来从投资国的进口,那么资本的输出确实可能给投资国造成失业影响。与这一影响相反的还存在着另一种影响,那就是随着东道国的生产和就业水平的提高,其进口也可能增加,当然包括从投资国的进口,这又产生了增加投资国生产和就业的影响。所以,简单地讲输出资本是否会减少就业是不行的。以发达国家(主要是美国)的实际情况看,对外投资是利用发展中国家的廉价的非熟练劳动力,所以资本输出首先造成投资国非熟练劳动力的失业增加,但进一步造成的影响则是非劳动密集型产品出口的增加所引起的熟练工人、技术人员和管理人员就业的增加。所以总的效果是就业结构的改变。

对于东道国来说,当代国际投资不同于殖民时代,经济关系不是在政治统治下形成的。在第二次世界大战后初期20年左右时间里,投资国跨国公司对东道国有较强的地位。随着发展中国家民族独立和国际组织的发展,相互关系起了相当大的变化,不少国家在国际投资中更多地取得了主动地位。总起来说,在国际投资中,东道国利弊均有,两者何者为主及其差之大小主要取决于东道国的政策、策略和发展战略。

直接投资对发展中国家东道国来说,主要作用是填补储蓄与外汇缺口。由于发展中国家收入水平低,因而储蓄率较低,同时资本—产出率较高。为达到一定的经济增长率(等于储蓄率除以资本产出率),这样的储蓄率就显得太低。这个储蓄缺口就是投资缺口,它需要用外部资金来填补。直接投资就起着这种填补缺口的作用。达到一定经济增长率的另一条途径是降低资本—产出率,但降低资本产出率的办法是提高技术和管理水平。国际直接投资可能伴随着技术和管理,因而可以起到这一作用。除储蓄率过低外,由于发展中国家普遍的外汇短缺状况,一般都存在着外汇缺口,不能满足进口投资设备的需要。所以直接投资也填补了这一缺口。

在对就业的影响方面,虽然一般来说跨国公司是为了寻求廉价劳动力,把劳动密集型产业转移到发展中国家去,因而直接投资有增加东道国就业的作用。但由于非熟练劳动力的低效率,跨国公司又可能较少利用当地劳动力,而从降低生产成本上考虑更多采用资本密集型生产方式。这与发展中国家的就业战略相比,又有减少就业机会的影响。

在外汇方面,虽然在短期内直接投资对东道国的国际收支有积极影响,因为外资流入,但从长期来看,跨国公司利润汇出会造成巨大的外汇负担,特别是一些跨国公司在几年到十几年内就要收回投资。

外国投资也可能引起本国投资。当外国投资投入到基础设施,如交通、通讯等时,就会促使更多的国内投资。当外资流入工业部门时影响则小些,但仍会通过增加需求和示范作用而刺激国内投资。

就弊端而言,发达国家在发展中国家投资的利润率高于在发达国家投资的利润率,东道国承受着沉重的盘剥。新兴工业部门和主要工业部门可能为外国资本所控制,并且本国的整个经济受到投资国跨国公司经营战略的影响,经济结构也会产生新的问题,例如更加依赖于几种主要原料和燃料的生产。同时污染严重、高耗能产业可能在后进国家发展起来。技术上也将依赖于跨国公司。至于发达国家间的相互投资则情况有所不同。

第二节 跨国公司:一体化世界经济中的企业组织形式

国际直接投资的结果是跨国公司的形成和发展。跨国公司是在多国拥有或控制价值增值活动的一种企业,它有别于一般国内企业的两大特征是:①跨国组织并协调多项价值增值活动;②在内部化市场中处理价值增值所需的、跨国界的生产和交易活动。跨国公司发展的历史可以追溯到19世纪。然而,只是在最近20多年中,跨国公司才真正获得了充分发展和大规模扩张的动力。这种大规模扩张使得跨国公司承载并连接着当今世界经济的各项主要活动,如国际投资、国际贸易、国际金融与技术的创新与开发等。由此,跨国公司在投资、贸易、生产和组织管理等方面的发展构成了与宏观的世界经济一体化过程相对应的微观基础。

一、跨国公司的含义

凡是在两个或两个以上国家控制有工厂、矿山、销售机构和其他资产,在一个决策体系下从事国际性生产和经营活动的企业,都称为跨国公司,其中包括由两个以上国家共同创办和经营的以前被称为多国公司的企业。

从历史角度看,跨国公司的产生,首先是发达资本主义国家资本输出的结果。正如资本主义创造了现代企业组织管理一样,资本主义也创造了跨国公司这一世界性的企业组织形式。跨国公司是一种跨越国界的企业组织形式。这种企业组织形式,是在一个国家设立总部,在多个国家设立分支机构和生产点的巨型企业系统;它是从世界市场范围规划生产,在地理上更有效地组织要素投入,使产出更靠近销售市场的一种合理的企业组织形式;它是生产和市场竞争在世界范围展开的结果;它是在现代生产力(运输、通讯、大规模生产和分工)条件下才成为可能并与之相适应的。因此,只要有条件和需要,这种企业组织形式对任何一类实行开放经济的国家都是有用的。

例如,在总公司下包括国内分部和国外分部的组织结构;公司总部从全球角度协调整个公司生产和销售的全球性组织结构,其中又包括职能、产品、地区和混合的四种分部形式;管理集权的母公司中心体制;管理分权的多中心体制;介于两者之间的全球中心体制等。

跨国公司意味着企业组织与国界的交叉,这是世界经济作为复合型市场经济的一个矛盾产物。大公司的扩展,大企业的组织,在经济规律上是不以国界为限的,只要有"经济效益",它就有穿越国界的内在要求。既然世界分为国家是一个客观存在,那么企业组织也就只能跨国界地存在。这是企业发展的内在逻辑,竞争的内在逻辑,价值规律和国际价值规律的内在逻辑。经济效益和价值规律对企业扩展的作用,与国家界限是无关的。这是从最广义上分析跨越国界的企业产生的原因。这个一般规律在资本主义条件下就表现为剩余价值规律的国际作用。所谓"经济效益"即超额利润,对市场的长期占领,寻求更低的生产成本和更好的销售条件。总之,关于国际投资发生的各种原因也就是资本主义企业寻求超额利润的途径——长期的或短期的,全局的或局部的。由于资本和技术是跨越国界组织企业的决定性条件,所以跨国公司便首先在发达资本主义国家中产生、发展,并迄今在世界上占据主要地位。由于世界经济的特殊性质,跨国公司总是要求由母国的母公司去控制其在其他国家的分、子公司。

正因为跨国公司是一种企业组织形式,所以它虽然产生于发达国家,但发展中国家也可以利用。这是生产力突破国界的表现,反映了生产国际化的一般规律。这个一般规律就是,任何国家都有比较优势,即使是发展中国家也可以利用他国的各种有利条件。从经济开放而言,开放应是双向的,不仅是引进,而且要走向世界,进入世界经济。

二、跨国公司的所有制形式

跨国公司的企业所有制形式经历了以独资建立子公司为主,向因地制宜地采用独资、合资形式发展,在20世纪80年代末以来更倾向于引入非股权安排形式,而且非股权安排的方式不断创新。

跨国公司所有制形式的不断拓展、创新,反映了跨国公司在全球一体化生产过程中不断地适应不同的经济环境。

弗农(1981)进行了不同所有制形式的成本、收益分析(见表8-1)。

表 8-1
国外企业的成本和收益观点,根据与当地企业联系的形式排列
(1是最低成本或收益,4是最高成本或收益)

	许可协定	外国—当地合资企业	外国合资企业	独资附属企业
成　本				
其中:1. 承担管理的成本	1	2	3	4
2. 对多国企业其部分的战略和经营灵活性的限制	4	3	2	1
3. 执行协定条款的成本	4	?	?	1
收　益				
其中:1. 向母公司支付的金额	?	?	?	?
2. 向母公司支付的稳定性	4	?	?	?
3. 对母公司的政治安全度	4	3	2	1
4. 对母公司知识存储的贡献	1	2	3	4
5. 对母公司商标和商号的价值上的贡献	1	2	3	4
6. 当地销路对母公司未来的可利用性	1	2	3	4

引自R·弗农,L·威尔斯:《国际企业的经济环境》,上海三联书店1989年版,第130页。

这一分析较完整地反映了不同所有制形式对不同经营环境的适应性。这些不同形式的所有制安排组合能保证跨国公司在特定环境中实施一体化的生产目标，所获得的收益最大，而代价最小。

这一系列所有制形式并非跨国公司一出现就设计定型的，而是跨国公司在发展实践过程中不断创新的结果。早期的跨国公司往往通过收购或直接新建的形式建立全资子公司，这成为西方发达国家老牌跨国公司长期采用的方式。这类公司往往在资本、技术、管理、市场等方面处于垄断地位，而这恰恰是相当部分的中小国家尤其是战后新独立国家所不愿接受的。许多东道国对外资都有种种的限制政策，如多数国家完全限制跨国公司介入有关国计民生的行业部门，或者限制跨国公司拥有多数股权；许多发展中国家在本国的主要战略性资源工业部门、幼稚民族工业部门中限制跨国公司可能的垄断地位；更有一些国家自身经济社会的动荡使跨国公司当地化经营面临较大风险。面对这些情况，战后相当部分跨国公司在所有制形式方面力求突破，建立了合资性质的海外企业，包括达到控股比例的合资企业，或未达到控股比例但附加管理权合同的合资企业，以及只拥有少数股权的合资企业等。

非股权安排形式在20世纪60年代以后才发展起来，发展初期的主要目的是迎合新独立的广大原殖民地发展中国家对民族经济和资源主权的重视。它是跨国公司努力适应不同经营环境以实现生产国际化的又一制度创新。其具体形式包括许可证合同、交钥匙工程、提供成套设备合同、管理合同、生产加工合同、合作经营企业、补偿贸易、联合销售等。70～80年代，这一形式的跨国经营达到了第一次发展高潮。跨国公司的国际化生产成功地超越了社会制度的差异，以各种非股权安排方式沟通了西方资本主义发达国家同苏联、东欧社会主义国家间的生产联系与合作。1980年，跨国公司在苏联、东欧国家的生产合同就超过了2 000项。进入90年代，非股权安排又成为跨国经营中普遍使用的一种降低投资风险和管理成本的国际化经营方式。21世纪，国际生产的非股权经营模式日益重要，2010年产生了2万多亿美元的销售额，主要是在发展中国家。其中合约制造和服务外包占1.1万亿～1.3万亿美元，特许经营占3 300亿～3 500亿美元，许可经营占3 400亿～3 600亿美元，管理合约占约1 000亿美元。非股权经营模式在发展中国家创造大量的正式就业，往往可对GDP做出重大贡献，在某些国家达到GDP的10%～15%。

三、跨国公司的投资体制

跨国公司的投资体制由内外两部分组合构成。内部投资主要是跨国公司母公司与分公司、子公司间的资金流动，而外部投资则涉及跨国公司母、子公司与外部市场（外部机构）间的资金流动。跨国公司子公司的资金来源至少有以下几种渠道：

1. 从母公司获得股权或贷款形式的资金。
2. 自身未分配的利润和折旧提成：一旦子公司已经投入营运并有所盈利，就可能通过这种收益再投资，扩大经营。
3. 从母国的资本市场或金融机构获得外部融资。
4. 从东道国或国际市场获得外部融资：既可从东道国的银行借款或出售债券；也可直接在国际资本市场上获得贷款或债券化融资。

近年来，跨国公司的投资结构中呈现出外部化的倾向。也就是说，跨国公司的投资更多来源于本公司系统外,包括直接从各类资本市场的证券化融资,或通过银行乃至国际银团获取贷款。联合国的报告称,目前,跨国公司外部投资约为其内部投资的4倍。该组织目前统计的国际直接投资额实际上只包括内部投资部分,即跨国公司母公司向海外的投资额、海外分支所得收益的再投资额和海外分支向母公司的借款额,如果将跨国公司海外分支在投资当地或通过其他商业机构、国际资本市场的融资也计算在内的话,这一数字将可增加4倍。

更为重要的是,与以往跨国公司的外部资金多来源于母国资本市场或母国金融机构在投资当地的海外分支机构的情形不同,如今跨国公司外部融资的范围有所扩大、形式也更趋多样。这一方面是因为,随着世界范围的金融自由化和资本证券化,资本市场获得了全面的发展,即使是投资于发展中国家的跨国公司,也有可能在当地的新兴市场获得融资;另一方面20世纪80年代发达国家群起追逐金融创新之后,国际资本市场的融资品种不断丰富。各类商业票据的开发使用大大扩展了国际证券市场的传统外延。许多票据融资工具虽然由银行提供,却不同于传统的银行信贷,而更接近于债券市场的融资品种,如票据发行便利(NIF)。而在既有的债券市场上,股票、债券以及组合融资新品迭出,如可转换股票债券、幅度利率债券、双重货币债券、存款与债券的组合、存款与保险的组合、债券与保险的组合等。存券凭证(DR)则部分取代了普通股票或债券的国际上市。

四、跨国公司的经营战略与经营结构

跨国公司经营战略与经营结构的更迭反映了生产一体化的发展进程。在跨国公司发展的最初阶段,国际化生产只是国内企业在国外生产部分的代名词,分散在各东道国的子公司大多独立运作,只以当地市场为独立的服务目标。母公司主要通过所有权控制其与分散在不同市场上的多个子公司间的联系,母公司也通过转移技术和提供资本来保持与子公司的联系。独立子公司尽管也同投资当地的供应商、分包商或金融机构有所联系,但这些联系与母公司系统的价值增值无关。独立子公司战略的动机只是获取子公司所在地的市场、原料。跨国公司的先驱——拜尔、诺贝尔和胜家三家企业在海外的子公司与母公司生产完全相同的产品,即化学制品、炸药和缝纫机。这种所谓的母、子公司经营一个共同产品的横向分工经营机构,几乎是第一次世界大战前唯一的跨国公司经营结构。这种横向分工结构的基本特征是达成产品生产区位多元化,即由跨国生产部分替代国际贸易。至今这种经营模式仍为相当部分大跨国公司所采用,尤其是饮料、食品行业的跨国公司都强调在全球不同市场中提供质量乃至软服务完全一致的标准商品。横向分工经营结构的优点在于:母公司可以相当顺利地将成熟的技术和良好商誉在内部转让给众多子公司。由于公司技术、商誉在企业内部表现为某种意义上的公共产品,这意味着一旦母公司将成熟的技术和商誉通过横向转移方式与不断增加的子公司分享时,整个企业在开发行销成本基础上将获得较母公司独占技术所能获得的收益远为巨大得多。

随着现代技术所带来的跨国协调成本的降低、投资政策壁垒的消除和区域经济集团化的加强,跨国公司将经营战略由实行多国经营调整为区域经营战略,即将子公司的目标向更广的区域市场延伸,形成了区域一体化的国际生产体系。区域一体化的跨国生产网络是由设在某一地区各东道国的子公司和作为供应商与分包商的非跨国公司系统的其他公司结合构成。20世纪90年代初,欧共体宣布于1992年建成欧洲统一大市场之后,刺

激了许多跨国公司在欧洲实施区域一体化战略。英荷尤尼莱佛公司将分散在欧洲的16个分支组合为"欧洲莱佛",统一负责整个区域的产品开发、销售和分销;法国汤姆逊公司则在区域范围内调整生产布局,其分布在德国、法国、西班牙和英国的分厂各负责一类产品的生产,各装配厂不再单独向零售商出售,而是将产品交由区域性营销分支统一负责,相应的,这些分厂的原材料和零部件供应也在区域基础上统一安排。与此同时,非欧洲的跨国公司也加速了在欧洲的区域一体化,美国保洁公司通过建立欧洲商标组群来协调它在欧洲的各个分支;奎克公司在布鲁塞尔建立欧洲总部,将财务、采购的功能集中于此,并负责地区范围的战略协调。

尽管跨国公司可以通过其集中于区域基础上的生产网络向全球市场扩张,并且目前大多数跨国公司的确只实行区域经营战略,但是,跨地区的一体化因素正被逐步引入跨国公司,尤其是在特大规模的跨国公司或全球公司的经营战略之中,集中的研究与开发、集中的中间投入品筹供、集中的财务和金融安排等形成了公司职能跨地区的全球一体化经营战略。

由此,跨国公司体系内的分工状态从最初的跨国公司母国国内与国外之分,转变为地区范围、甚至是全球范围内增值链上下或水平之间的分工。沿产品线的垂直结合使跨国公司通过母子公司、子公司间这种上下游的内部供求关系,得以全面控制交易成本和原材料供应,乃至市场最终需求的可靠性。这种垂直结合的经营结构从行业层次迈向了工序的层次。跨国公司内部母子公司间不同工序的垂直分工结构有助于跨国公司更灵活地综合利用不同区位的要素禀赋,即将研究与开发部门置于技术、知识密集地区,把不同生产工序按技术密集、资本密集、劳动力密集等要求布置于相应的地区,从而获得最好的综合产出效应。

五、跨国公司的组织结构及其变革

生产一体化的一个直接后果是大型跨国公司或跨国集团在全球范围内的迅猛扩张,并以数量众多、规模庞大的分公司、子公司的建立为其具体表现。与跨国公司经营战略不断向区域一体化、甚至全球一体化转移相适应,如今在大型跨国公司或跨国集团内就不仅包含了公司(集团)总部——地区总部(或产品总部、职能总部)——子公司那样的纵向联系,还包括各地区总部之间、各产品总部之间、各职能总部之间、各子公司之间的横向联系。与生产一体化相适应的组织变化包含两个方面:其一是企业内组织结构的更新;其二是企业间相互关系的调整。

(一)跨国公司的组织结构

跨国公司最初采用的一种组织结构是母子结构。这一结构要点是:母公司对海外子公司采取持股公司的控制方式;通过个人访问与海外子公司维持松散的、非正式监督的联系,并不确定正规的组织联系;除了定期按股权收取红利外,基本上很少控制和决策子公司的经营活动。随着子公司数量和经营规模的扩展,国际部结构应运而生。国际部结构的要点是:母公司通过在母国总部设立国际部,确立了母公司与海外子公司之间正规的组织联系和正式的报告程序;子公司高层的经营决策须向国际部领导汇报,从而排除了由母公司经理个人控制海外子公司的非正规性。这一形式在20世纪30年代出现后到60年代成为以美国为代表的西方国家大型跨国公司的主要企业组织形式。据1970年的一项调查显示，被调查的美国公司的56%采用了国际部形式。这一形式的不足在于，公司内国际部仅有一个，而协调国内经营的部门占绝对多数。所以这时的跨国公司只不过是"本国中心"跨国公司，还并不是具有全球一体化经营生产意识的跨国企业。所谓"全球中心"跨国公司的出现是在60年代中期，这类跨国公司真正在严格意义上实践了全球一体化生产经营原则。在它的经营活动中已少有母国和东道国之分，故而也少有母国利益考虑，公司利益高于一切。至此，国际部结构被全球分部门结构所取代，世界性组织管理初现雏形。全球分部门结构可分为两类：一类是以产品、地区或职能各单项为划分依据的组织结构；另一类则是混合型的组织结构。全球分部门结构的突出贡献是：母子公司的联系中不再受国内、国外地域割裂；但是，此时的管理与控制仍是单向和一维的（仅限于母公司与下属各部门之间），并列的产品、地区、职能各分部门间仍缺乏相互联系。

(二) 跨国公司组织结构的创新

网络管理的形成是跨国公司内部组织结构的一大创新。从金字塔形的等级制向网络形一体化制的过渡显示适应信息技术和其他外部环境变化的组织革命。网络管理的核心是通过人力资源、软技术和信息在跨国公司全球系统内的自由流动，开发新型的管理关系。它有别于传统组织管理的重大突破是：①摒弃了以往母公司与子公司间等级分明、各子公司间界限分明的僵硬模式；②将组织管理的范围向外延伸，供应商、客户、竞争者、甚至连传媒机构都成为网络管理所需调动的目标。

与此同时，各类总部的职能提升也是跨国公司不断适应分布更趋广泛、资源流动更趋密集多向的国际化经营需要，最大限度挖掘价值增值潜能，强化竞争力的内部组织创新。据联合国贸发会议《2003年世界投资报告》，世界范围正呈现跨国公司总部不断增加，并寻找新的选址的趋势。现存的三种跨国公司总部分别应和了当代生产一体化的几个特点。地区性总部是跨国公司适应区域经济一体化特点的一种组织设计。它的权限是处理地区范围内的决策与协调，是一种给跨国公司地区经营以更大自主权及更大协调能力的组织机制，常为特定市场或当地市场导向性跨国公司所采用。产品或生产性总部是跨国公司适应全球化生产布局特点的一种组织设计。它的职责权限涉及全球范围内的特定产品或特定生产线，多为目标市场多样化的跨国公司所采用。功能或职能性总部是跨国公司适应全球化经营特点的一种组织设计。它的职责权限同样涉及全球，但目标是特定功能或职能，如国际采购、国际营销和售后服务、国际R&D等。

六、跨国经营与现代企业的制度创新

世界各国的市场经济的发展过程表明，企业制度与市场经济的演变和发展之间存在着十分密切的关联，而跨国公司则又与一国市场经济向外延伸、与世界范围市场经济的发展之间存在着十分密切的关联。发达的市场经济产生了发达的现代企业制度，开放型的市场经济或曰世界市场经济产生了跨国公司这种国际化的现代企业制度。

(一) 现代企业制度形成中的三大变革

企业是市场经济的产物。商品经济发展使个体手工业者建立起工场，为市场的生产使这种生产经营实体成为经济活动的主体。可以说，没有企业也就没有市场经济，在个体小商品生产者基础上只能是简单商品经济。资本主义的历史意义在于，资本所有者与劳动力所有者结合于一个生产实体之中，这就是市场经济意义上的企业的起源。企业的形成从一开始就表明了它的两个要点:第一,企业是市场经济活动的主体;第二,企业是生产要素的组合。就资本与劳动的组合而言,要素所有权的明晰是企业内部产权关系的基本特征。当然这只是就企业的初始特征而言的。企业在其发展中更复杂多样的产权关系产生于资本所有权的多样化和企业法人财产权的复杂化,以及企业与外部经济人的产权关系。市场经济从一开始就确立的财产私有制度和企业法人制度为产权关系的明晰奠定了基础。在现代市场经济中现代企业制度不是从无到有建立起来的,而是从低级到高级发展过来的。公有制经济中建立现代企业制度的含义与此并不相同。

在现代企业制度的发展中有三次重大的变革。第一次是股份公司的出现。生产规模的扩大使个别资本无法满足企业的资本需求,股份公司创造了通过筹集社会资本于一个企业的形式,克服了现代大工业发展快于个人资本积累的困难,也使市场经营的风险限于出资人所出资本的范围内,有效地规避了市场经济的风险。大规模生产的经济效益是股份公司的产生的生产力原因,以投资股份化作为资本要素的配置方式是市场经济发展的一大进步。股份公司的制度意义在于产权找到了股权的表现形式,而公司作为独立法人的地位进一步明确。很难想象,如果没有股份公司这一企业组织形式,市场经济的生产力发展可以达到今天的水平。第二次变革是管理革命,这一革命使所有者和经营者相分离,企业的经营纯粹变成一种专门职业,而不再是资本所有者自身的附属职能。管理要素的突起是市场竞争越来越复杂,从而市场经济越来越成熟的表现。管理革命的制度意义在于所有者的产权与企业对法人财产的经营支配权可以分离。第三次变革是跨国公司的发展,其结果是企业超越国界,超越政治制度与意识形态,尤其是超越经济制度,使处于不同国家之中、不同发展水平和不同经济制度下的生产经营过程联系在一起。这一变革是生产力越出国界的反映,也是市场经济国际化的表现。通过跨国公司进行国际化经营,其实质是市场经济生产方式的国际结合。跨国公司的意义不是表面上经营领域的扩大,它的制度意义在于产权关系的国际化,企业法人地位的国际化。相应地产权关系与企业法人问题也产生了一系列新的内容。严格地说,三次变革并不存在着先后顺序关系。三次变革的高潮虽有先后,却几乎是并行发生的。股份公司一旦出现,所有权和管理权的分离就开始了。企业的跨国界经营至少可以追溯到20世纪初,大发展则在第二次世界大战以后,管理革命的高潮是20世纪60年代。跨国公司也不一定以股份制为企业形式。问题是,三次重大变革之所以重要,在于它们从不同角度显示了现代企业制度的内容。

(二) 跨国公司的制度创新

从现代企业制度角度研究跨国公司,其意义在于跨国公司具有企业制度创新的内在功能。跨国经营发生的基础就在于制度创新。跨国公司从企业制度上实现着创新,使一切创新归结为制度创新。因此对跨国公司创新的研究具有制度上的意义。

现代市场经济的活力来自不断变化发展的市场,而要适应这种市场,就需要有企业不断地创新,以在竞争中始终处于优势地位。现代企业制度的发展本质上是一个创新过程,这一点在跨国公司尤其明显。跨国公司的发展表明,它完全符合熊彼特关于创新的五个基本特征。创新是现代经济增长的源泉。20世纪后半期的世界经济增长是与企业的创新行为分不开的,而从世界范围来看这种创新机制又是与跨国公司分不开的。

1. 产品创新,即引入一种新的产品或提供产品的更高的质量。对于投资国来说,跨国公司的进入,子公司的建立,往往伴随着该国市场出现一种新的产品或一种更优质的产品。没有这种产品优势,跨国公司就难以进入一个新的市场。一产品在其生命周期的各个阶段先后在不同国家作为新产品而存在,跨国公司依据各个阶段的产品生产要素的特点,使它先后在不同的市场上体现产品的创新。R·维农的产品国际转移理论提示了创新国如何维持产品在每一阶段上的优势。跨国公司的投资体制和组织体制正是与这种产品的国际转移相适应的。S·赫希强调巨型跨国企业开发新产品的能力,因为它更具有研究与开发的资金实力。巨型跨国公司通过掌握这种研究与开发能力不断进行产品创新,而把生产过程放在海外子公司进行。这就是产品创新的体制保证。

2. 生产方法创新,即对于同一产品采用不同的生产方法。生产方法的创新不是指技术性的变革,而是指经济性的变革。就资本技术密集型生产方法与劳动密集型生产方法比较而言,同一种产品可以采用不同的要素组合进行生产,跨国公司的企业制度是服从于最优生产方法的企业制度。最优的要素投入结构是决定性的,在世界的什么地方生产取决于何种要素投入结构最为经济。跨国公司通过海外子公司的建立从企业组织方式上来实现最优的生产方法。跨国公司通过水平的或垂直的一体化经营,扩大了本企业的生产规模,降低了生产成本,获得内部规模经济;同时还通过国际专业化生产,在全球范围利用生产要素的价格差异,实现外部规模经济。后一种生产方法创新作为广义的生产方法是一般国内企业所没有的。

3. 市场创新,即开辟一个新的市场。这不是一般意义上的市场拓展。跨国界经营的主要目的之一在于跨越贸易障碍,开辟市场。投资的国际安排,与东道国的合作方式和产权关系,往往是以东道国国内市场为目标的,有时也以更广的地区市场为目标。许多本来不存在需求的市场,可以由于跨国公司的进入而被创造出来。跨国公司的市场创新还包括对潜在市场的保卫和长期开发。市场内部化从一个更深的层面上说明了跨国公司的市场创新,即不利用现存的世界市场,而建立企业的内部市场。产权经济学揭示了市场不完全下交易成本的增加,企业的作用在于通过内部交易减少市场交易的成本。技术、专利、管理等知识以及半成品等中间产品的市场交易成本很高;妨碍了国际贸易的发展。当跨国公司把这些交易控制在企业内部以后,市场交易成本被降低了。在这里,市场创新是用子公司间的内部市场取代与其他公司之间的外部市场。由于内部市场的建立,跨国公司控制了长期供求关系,维持了中间产品市场的差别价格,实行了公司的内部划拨价格。跨国公司的成立表明,这些收益超过了国际化经营的风险与超额成本。市场内部化很显著地体现了跨国公司通过制度创新实现市场创新的特征。

4. 供给创新,即获得一种原料或半成品的新的供给来源。在这一点上向原料生产国的投资最为明显。通过这种方式确保全球经营中的原料供给。另外,现代跨国公司在母国常常只是总装厂,而零部件生产全部分散在世界各地。跨国公司通过少量投资建立海外子公司,保证了原材料和零配件的稳定供应。这种供给创新也完全是通过制度创新来实现的。

5. 组织创新,即实行一种新的企业组织形式,包括建立一种垄断地位。跨国公司在国际化经营中,创造了母公司对子公司的各种控制方式,从而在各个国别和地区形成不同程度的垄断。不论总公司采用何种组织结构,都是为了更有效地进行全球性的生产经营安排,地区的直至全球的市场优势或垄断。新的企业组织形式是通过自己的垄断优势来实现的。根据S·海默的理论,投资的发生在于市场的不完全,包括产品市场的不完全和要素市场的不完全。前者指产品差别、商标、销售技术与操纵价格等的垄断优势,后者指对专利与技术诀窍、资金与管理技能等各种生产要素的控制。跨国公司正是利用这种市场的不完全性形成与发展的,即利用两类市场的不完全性进行跨国界投资,达到建立子公司、从组织上保证跨国经营的目的。为了解决全球的管理问题,跨国公司又创造了多种企业组织结构,这方面创新的内容比国内企业要多得多。

总之,由于跨国公司是在全球这样一个更为复杂激烈竞争的市场上运作,它也就自然在更深更广的意义上进行着创新。正因为这样可以说,没有创新就没有跨国公司,跨国公司的创新机制更集中地体现了现代企业的制度特征。

(三) 从技术创新到企业制度创新

跨国公司的形成与发展是由技术上的创新所带来的企业组织制度上的创新。在对跨国公司的研究分析中,许多作者强调了当代科技革命对这一发展的影响及其决定作用,即分工的加深,运输能力的增强和通讯能力的提高,但是却没有充分重视这些技术创新对企业组织制度变迁的历史意义。现代企业制度的起点清晰地显示了技术创新对企业组织制度创新的决定性影响。现代企业制度的历史起点可以划在19世纪40年代,铁路公司的出现是它的典型标志。铁路的巨大运输能力为现代工业奠定了基础,然而它的历史价值绝非仅仅是一种交通工具的革命,因为它还带来了一场企业组织制度的革命。铁路公司所需的巨大投资额是当时任何一个企业主或家族式合伙制企业所无法承担的。同时,大量投资人也不可能亲自去管理和经营这种具有高度技术和管理要求的铁路。这就产生了两方面的需要。一是有一种迅速集结大量社会资本的方式;二是由少数有专业技术和管理知识的人来代表大量投资者管理铁路公司。这一发展的结果是,投资只能采用股票的方式来进行,合伙公司成为专业投资公司。同时出资者与铁路的管理逐步脱离,而专业管理者可能并不拥有或者只拥有很少铁路公司的股票。铁路公司在企业组织制度上创新的含义在于:第一,经营管理人员是以薪水收入为主的;第二,公司的内部组织机构变得复杂而有系统;第三,发展了社会筹资方式,即股票和债券等金融工具;第四,把有限责任的公司制度推到了一个新的水平,传统合伙制无限责任和存在散伙风险的问题得以解决,股票可以转手,而公司可以永存。铁路公司是当时从传统企业组织制度向现代企业制度进化的典型,类似的情况也发生在其他现代大工业企业中。一个简单而共同的规律是,如果家族制的企业不能满足技术和生产力发展的要求,现代公司制度便产生了。

同样的规律发生于20世纪跨国公司的发展中。技术创新再次导致了企业组织形式的创新。决定跨国公司大发展的技术与经济的原因在于:

1. 生产与技术的复杂化使分工加深要求跨国经营。现代技术和产品的复杂性常常使个别国家的企业无法承担全部生产过程或在经济上不合理;现代产品的大规模经济效益更加明显。在国际水平分工加深的同时要把生产经营仍然掌握在本公司手中以降低交易成本实现市场内部化,就要求进行跨国投资。

2. 新产品国际市场的开拓要求国际投资。现代新技术新产品新产业大量涌现,高级复杂产品的开发需要大量投资,也相应地要求在全球市场收回投资。技术创新企业必须不但赢得本国市场,而且赢得国外市场。这往往需要直接控制在他国的生产过程,跨越关税壁垒,于是直接投资和跨国兼并就成为必要。

3. 有效保证国际供给来源要求跨国投资。技术革命使发达工业国更多集中于产品的开发与最终阶段的生产,半成品供给的国际化程度大大加深,在国内经济中产品按阶段分工的相似要求也相应产生了。通过跨国投资实现对产品生产阶段的国际合作和对稳定供给的控制,正是起源于这种垂直的国际分工。

4. 后进国家的发展需要从先进国家引进较新产业与产品,实现技术进步。现代技术与产品的进步日新月异,从先进国家引进技术成为后进国家发展的关键环节之一。先进国家可以通过技术贸易、专利转让等转移技术,但在许多情况下通过投资及合作实现部分控制更为有利。

5. 新产品的竞争需要国际经营。新产品的不断涌现要求跨国公司不但实行开拓进攻战略,而且实行防御战略,保护潜在市场。同时不同产品之间的可替代性又要求跨国公司实行多样化的经营战略,导致多领域投资。

这场技术创新和技术进步是全球性的,相应地只有企业的跨国经营才能适应。这就是跨国公司这种企业组织制度创新的终极原因,也由此产生了这种新型企业组织制度的全部复杂内容。跨国界的股份合作、产权组合、在他国注册经营的法人、全球化的产品分部制、职能分部制、地区分部制等组织结构,生产、经营、销售的全球一体化的跨国公司。上述各种生产力国际扩展的要求导致的一个中心问题就是一国公司在他国创建一个新的法人,拥有部分或全部产权。组织制度上的各种创新都是这一特点和经营范围扩大到全球的结果。

(四) 现代世界经济与现代企业制度

1. 跨国公司是与一体化的世界经济相对应的企业组织形式。进入20世纪,世界经济完全形成,通过国际投资进行跨国经营也随之开始。20世纪50年代以后,世界经济一体化不断加深,不仅地区性的一体化组织相继出现,而且全球性的一体化机制不断完善。如果说地区一体化主要消除了地区贸易障碍的话,那么全球一体化则创造了世界范围的投资、生产与贸易的环境与机制。许多论著证明了20世纪后半期跨国公司大发展的原因,但更深入一层考虑就可以发现,跨国公司是一种与一体化世界经济相对应的企业组织形式,正如一个国家的经济制度决定了其相应的企业制度一样。世界经济全球一体化不断加深的标志是,全球贸易协定不断降低关税,使全球市场朝一个整体的方向发展,使企业的全球市场规划更为有利。固定汇率制度和在管理浮动汇率制度下各国政府对汇率的协调政策,减少了汇率的不稳定性,创造了国际投资的稳定环境。政府间的税收协定避免了双重征税使跨国经营更加有利。国际投资的保护协定和鼓励外来投资的规定越来越趋于接近规范,使全球各投资环境差距缩小。而且,各国对外来投资的鼓励政策还常常使外国投资者更为有利。世界经济一体化从很大程度上降低了国界对国际经济活动的障碍。企业经营活动跨越国界也就越来越便利。所以跨国公司是世界经济的产物,是在世界经济一体化的发展中发展的;反过来,跨国公司一经发展,生产的国际化也进一步发展,世界经济的一体化程度也进一步加深。跨国公司在世界经济发展史中的这种地位证明,它不仅是一种企业的经营战略的问题,而且是一个与全球经济体系一同发展的一种企业制度问题。跨国经营作为一个普遍现象,跨国公司在国际生产与贸易中的统治地位都证明了这一点。中国要适应一体化的世界经济的历史性趋势,必须采用跨国公司的企业组织形式。

2. 当代国际分工已越来越多地与跨国公司的国际经营结合在一起。在传统认识上,国际分工常常是一国比较优势的结果,是一国发展战略的体现。这种判断也许对于一个比较内向型的经济来说仍然是有一定的道理。一个国家一旦实行比较大的开放度,它的比较优势往往就被纳入大跨国公司的全球规划之中。这时国家的比较优势转变为跨国公司的产品布局或生产阶段的布局。一个国家(特别是后进国家)的发展战略也只有较有效地利用跨国公司投资和国际市场开拓,才能更顺利地实现。反过来,对一个开放型经济来说,国际化经营也是开放型战略的必要组成部分。

由此可见,当代国际分工早已超出了商品交换式的贸易性传统分工形式,而进入了一个生产布局式的投资性分工形式。这种分工形式是离不开跨国公司的国际化经营的。跨国公司在现代国际分工中从企业制度上建立了国际分工模式。要成功参与当代国际分工,就要充分利用跨国公司这一企业组织形式。

3. 当代国际竞争战略是全球战略,跨国公司是国际竞争的主体。在传统的国际竞争上,产品质量、价格及销售方式等是竞争的主要因素,竞争是产品之间的竞争,国家之间的竞争。但是,跨国公司在全球范围规划生产经营,使竞争内容从产品竞争转变为经营竞争,竞争领域发展为包括生产定位到市场开拓的全面竞争,即寻找最有效利用生产要素的全球生产布局和规划全球销售市场。现代许多产品已经很难说是哪一个国家的产品,它可能是在一国或几国研制,由某公司提供品牌,在另一国或几国生产,而同属于一个跨国公司。在这一点上国家的界限模糊了,跨国公司作为主体的地位上升了。现代世界市场的特点是许多产品与其说是某一国的产品,不如说是某一个跨国公司的产品;某国产品的含义只是在某国最终完成的意思,品牌才表明产品的公司。因此,国际竞争在空间意义上是国与国之间的竞争,在产品意义上则是跨国公司之间的竞争。这一点分析告诉我们,要真正作为一个国家赢得国际竞争,必须在企业制度上采用跨国公司的形式,包括本国建立海外子公司。

第三节 跨国公司对世界经济的影响

跨国公司在19世纪末、20世纪初的出现对世界经济的影响是深远的,表现在跨国公司超越了原先国际贸易、国际金融、信贷资本流动,以及国际移民这些简单的单一要素流动模式,是一种综合了资本、技术、管理、人才等众多要素的、整个生产行业的跨国转移,甚至包括了某种意义上生产关系的跨国转移。它的兴起使世界经济的性质发生了变化,具体表现为世界经济诸领域的变化。

一、跨国公司发展对国际贸易的影响

传统上对跨国公司全球化生产经营的国际贸易影响的认识是:由于跨国公司最初动因是避免贸易壁垒、接近原料地或市场区,跨国公司将产品的国际贸易替代为生产行为的国际转移,所以很大程度上是对国际贸易的一种替代。显然,这样的分析过于简单。跨国公司对国际贸易的创造及促进使得当代国际投资和国际贸易呈现出互为关联、互为补充的状态。这种创造和促进既涉及跨国公司与外部企业的贸易,也包括对内部贸易的作用,事实上,跨国公司一方面犹如一般企业,由母公司或子公司直接从事世界范围的进出口,另一方面跨国公司又在公司系统内进行着技术、物品和服务的交易。

大量实证研究表明,与一般国内企业相比,跨国公司具有更高的贸易倾向,跨国公司及其海外分支所占进出口的比重超出其所占销售的比重。这不仅是因为跨国公司通常集中在贸易密集的行业,而且也因为其生产分布跨国化所必然引起的机器设备、原材料和零部件等的进出口。由此,一方面,在跨国公司的母国,跨国公司成为进出口的主要创造者:1987年,美国制造业进出口的4/5为美国跨国公司及其海外分支所创造;同年,英国的情形也相差无几;1983年,日本跨国公司占出口的41%,占进口的57%。另据贸发会议估计,2010年外国子公司在全球的销售额和增值分别达到了33万亿美元和7万亿美元。它们的出口额超过6万亿美元,约占全球出口总额的1/3。另一方面,跨国公司的海外分支借助于公司拥有的国际销售网通常是投资当地或投资东道国最主要的国际贸易创造者[①]。对泰国、韩国等亚洲发展中国家的个案分析显示,投资初期,由于与当地供应商较少联系,与当地企业相比,外来投资企业的进口倾向明显较高;之后外来企业出口占其总产出或占其销售的比率均高于当地企业。外来企业对东道国的制造业出口作用尤甚。

(一) 企业内贸易

企业内贸易构成了跨国公司超乎一般国内企业对当代世界贸易的突出贡献。据联合国的统计,目前约1/3的世界贸易为跨国公司的内部贸易。企业内跨国界的贸易活动是跨国公司国际化经营中的重要组成。所谓企业内贸易(intra-firm trade)是指跨国公司系统内,母公司与子公司、子公司与子公司间的贸易。这种贸易虽然同样引起商品的跨国界交易,但是交易双方实际是同一所有者,交易的价格也由公司内部确定,这种贸易既具有国际贸易的特征(跨越国界),也含有内部转移的因素(在公司内进行),事实上是通过企业跨国化的组织机制将世界市场内部化了。因此,内部贸易的发展不仅改变了国际贸易的原有范畴,而且使得当今的国际贸易进一步向中间投入品和知识产品推进。某些研究认为,就企业层面而言,内部贸易还是反映国际化程度的重要标志,如内部贸易比重高,反映企业生产国际一体化程度高,而内部贸易所占比重低,则企业范围的国际一体化程度低。

在跨国公司生产一体化不断深化的过程中,内部贸易的内容和结构发生着相应的变化。在多国战略时期,内部贸易的主体是母公司向子公司输出必要的设备;在简单一体化时期,子公司因其在(公司系统内)价值增值链上所处的位置,与母公司保持单向或双向的贸易联系。处在下游的子公司,主要是从母公司进口(筹集)中间投入品;处在上游的子公司则主要向母公司出口(供应)零部件。进入区域一体化和复合一体化时期后,子公司与子公司间的贸易联系大大增强。

企业内部贸易的产品结构主要是一系列构成"你的产品即我的投入品"的上下游关系的最终产品的组合,其次是一系列处于同一生产过程不同工序的中间产品组合。基于这样的产品结构,企业内部贸易往往发生在那些技术密集度适中、技术成熟性高的生产行业,即按产品生命周期理论描述的处于成熟阶段的产品生产最易形成内部分工和内部贸易。因为这类产品生产技术成熟,适于对生产过程甚至工序进行分割,且这种分工可能达成不同工序间技术密集度的差异,部分工序仍是技术密集型的,部分工序已可标准化、适

---

① 参见 Eric D. Ramstetter 主编:《亚洲发展中国家的外商直接投资与亚太地区的结构变化》,Westview 出版社1991年版。

于劳动密集型生产。所以可以通过将各生产过程分布于不同要素禀赋国家再经企业内国际贸易获得最佳效率。表8-2是美国跨国公司在20世纪70~90年代中内部贸易的有关数据,子公司与子公司间进出口在其全部贸易中的比重上升尤其体现了最近10多年来,全球市场经由跨国公司子公司网而内部化的事实与意义。

表8-2

美国制造业跨国公司内部贸易及其结构分类(百分比)

项目 年份	母公司内部出口占总出口之比	母公司内部进口占总进口之比	海外子公司内部出口占总出口之比	海外子公司内部进口占总进口之比	子公司间出口占内部出口之比	子公司间进口占内部进口之比
1977					30	37
1983	33.8	37.9	55.2	82.8	40	53
1993	44.4	48.6	64.0	85.5	44	60

资料来源:据联合国《1996世界投资报告》,第104、第105页,表Ⅳ-2、Ⅳ-3内数据整理。

(二)产业内贸易

产业内贸易(intra—industry trade)是指国与国之间的对外贸易中,对范畴的贸易产品属于《国际贸易标准分类》同一类别的产品同时出口与进口,即由于同一这类产品相互具有相当程度的消费替代性,相当接近的技术密集度和相当程度的生产替代性(要素投入比率和规模接近)。正因为产业内部贸易产品具有这些特点,这一类型贸易的动因便无法用传统国际贸易理论来解释。有关产业内部贸易全面动因的研究尚存分歧,但关于规模经济的动因解释已达成了共识,一般认为,当在某些国家间不存在要素禀赋差异时,规模经济对特定产品生产成本的影响仍然可以促成国家间的比较优势。它促使要素禀赋相同的国家间通过各自致力于差异产品(但仍属同类产品)分工生产的规模生产,互为市场实施产业内部贸易,从而共同获得规模收益。

因此,以规模经济为动因的产业内部贸易要求那些即使是要素禀赋相同无法达成传统比较优势的国家组群也进行生产分工。跨国公司的经营活动显然为这样的分工提供了基础。首先,实施横向分工或生产工序垂直分工经营结构的跨国公司自身的国际化发展就有助于形成同一产业内部的中间产品和最终产品的规模生产和流动,也就形成了不同国家间实施产业内部分工的基础。其次,跨国公司的全球化经营的成功有赖于跨国公司的厂商优势,而产品或技术的专有性则是厂商优势的核心。在当前激烈竞争的经济环境中,开发全新的专有技术或产品的难度越来越大,跨国公司更倾向于通过对已有产品的改造形成差别化产品来保持厂商优势。因此可以说,跨国公司直接对产品差别化作出了贡献,而产品差别化恰恰是产业内部分工与贸易发展的基石。随着一个产品的完整生产过程在时空上被分离,作为最终产品组成部分的原材料、中间产品、半成品与零部件会在不同国家间流转,导致零部件和中间品贸易获得迅速增长。因此,零部件贸易的规模扩张和占比增长成为跨国公司影响当代国际贸易的突出标志。1992~2003年,世界零部件贸易额从1992年的4 000亿美元增至2003年的10 000多亿美元,年均增幅3.4%,如图8-6所示;同期,世界零部件贸易占全球制造品贸易的比重从17%增至23%,对同期全球制造品贸易增长的贡献达 1/4①。10 个 OECD 国家专业化于商品生产的特定环节或阶段的垂直专业化程度,从 20 世纪 70 年代的 16% 上升到 90 年代的 20%②。美国制造业跨国公司的大部分贸易属于中间品贸易,1999 年,美国母公司 92.4% 的出口是海外分支再加工的投入品③。

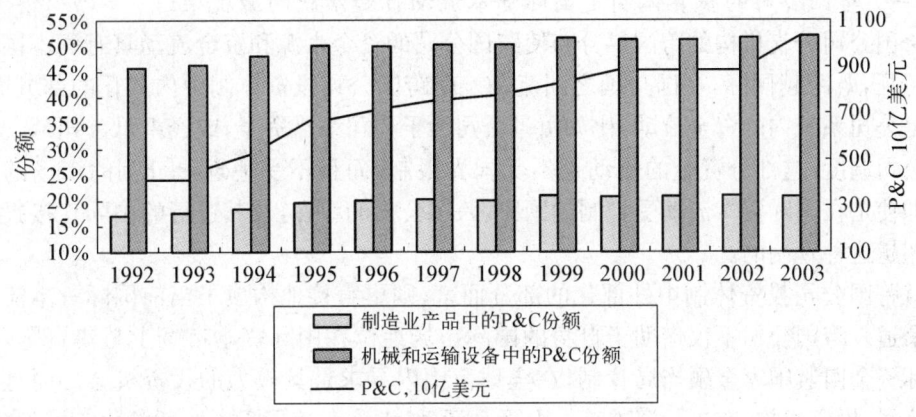

图 8-6 全球零部件贸易增长状况(1992~2003 年)

资料来源:Authukorala, Prema-chandra and Yamashita, Nobuaki 2005, Production Fragmentation and Trade Intergration: East Asia in a Global Context, figure 1.

(三)服务业跨国公司的发展与服务贸易

20 世纪 70 年代以来跨国公司结构变动的一个显著特点是服务部门企业的迅速国际化。银行业是这一浪潮的排头兵。1971~1976 年间,全球前 50 位的银行在海外的分支机构数目增长超过 60%,有近 3 000 个。保险公司、广告公司、会计及各类咨询公司也都成为跨国生产无形化浪潮的中坚。这一浪潮的最初原因在于这些服务部门的主要客户——制造业的大公司相继拓展了国际业务。实施国际化生产当然要求服务业紧随,甚至超前在全球范围内提供各种支援。而当服务业公司跨出国门后,马上发现面临了一个远为广阔的新市场。随着一批新兴工业化国家的出现和发展中国家普遍的经济国际化,服务业跨国企业认识到它们不仅可以为传统客户国际化经营提供支援,而且还可以为来自发展中国家的新客户提供有关进入本国市场的各种服务。所以,这类服务业跨国公司成为新兴的服务贸易的开拓者。

总之,跨国公司的兴起发展对国际贸易的影响是多层面的,既有对国际贸易规模扩

---

① Authukorala, Prema-chandra and Yamashita, Nobuaki 2005, Production Fragmentation and Trade Intergration: East Asia in a Global Context.

② 产品内垂直专业化的程度(vertical specialization share)是将一国进口品分为用于国内最终消费与用于出口品生产两个部分,使用进口品用于出口的价值对出口额的比率来定义,参见 Hummels D., Ishii J., Yi K. M., 2001.

③ 统计样本涉及 1 456 家美国企业母公司与其 8 014 家分支机构的数据,这些分支机构跨 105 个东道国的 52 个制造业领域。参见 Gordon H., Raymond J. Mataloni and Mattew J. Slaughter(2002), Vertical Specialization in Multinational Firms.

展的支持,更有对国际贸易性质与结构的变化积极影响。可以说,国际贸易孕育了最初的跨国公司,而跨国公司的发展又使国际贸易的面貌彻底改观。

二、跨国公司发展对国际资本流动的影响

(一) 跨国公司的投资体制是国际资本流动日趋活跃的微观渠道

跨国公司分支机构的跨国界分布使跨国公司的资金来源和资金流动具有资本国际流动的特征,既跨越国际,在国与国之间流动。就跨国公司投资体制中内部化的部分而言,由于是公司系统内的资金流动,比如由母公司为子公司筹措资金,或经由母公司从子公司向子公司调度,这部分资金的流动是不受国界限制,而且不受地理上分割的市场的限制的。即使是在国际资本流动受管制的国家,跨国公司的存在,及其进行的国际直接投资仍然是超越这种管制的。

就跨国公司投资体制中外部化的部分而言,则更直接地构成了当前国际资本流动的重要渠道。跨国公司不仅借助于自身的国际市场地位在国际资本市场上募集资金,刺激了国际资金回避国家金融当局管制,在全球范围内寻求最具效力的投资机会。而且自组财务公司、投资机构,在国际资本市场上平凡活动,大大激活了资本的证券化。另外,跨国公司的投资体制对投资东道国的资本市场发育、发展乃至成熟具有有效的促进作用,全球新兴资本市场的崛起显然离不开跨国公司在当地的分支机构的扩展。

(二) 跨国公司与国际资本流动的规模和特征

随着服务业跨国经营的发展和跨国公司本身操纵的流动资金的扩大,跨国公司的运行对国际资本流动的影响远远超出了单纯的直接投资范畴,直接成为国与国之间接投资的关键参与者。全球范围的大规模兼并和收购与跨国金融机构的国际化筹融资安排能力、国际范围的信用支撑能力直接相关。由于近年的跨国兼并与收购更多是采用股权转换实现,规模庞大的跨国兼并和收购交易依赖并刺激了股权资本的相互渗透,紧密联系,使各类股票、债券的国际发行比重逐年上升。2010 年,超过 30 亿美元的跨国兼并与收购交易有 43 例,其中最大的一例是美国卡夫食品有限公司用 188 亿美元收购英国吉百利食品有限公司。① 巨额跨国兼并与收购案多发生在能源经销、航空航运、电讯、医药和金融服务等高技术、现代化产业。

为维持企业的正常运转和公司内部贸易的正常开展,跨国公司拥有巨额的现金和流动资本。20 世纪 70 年代初跨国公司拥有的短期流动资本已达发达国家央行外汇储蓄的 2 倍之多。鉴于跨国公司内部更为频繁和畅通的资本转移,资本流动速度得以加快,整个国际资本流动规模倍增。

跨国公司同样是国际证券市场的关键性力量。当中长期资金的国际借贷主要采取银行信贷方式时,跨国商业银行无可争辩地是国际资本市场上的活动主体。随着国际资本日益证券化,投资银行、非银行金融机构和各类新生的投资机构转而成为证券化倾向明显的国际资本市场上的主角。据世界银行的统计,截止到 1993 年,证券公司、各类基金组织、保险公司等机构投资者所控制的全球资产达 14 万亿美元,扮演着全球跨国界间接投

---

① 根据联合国贸易与发展会议《2011 年世界投资报告》,Bos Annex table 1.7 Cross-border M&A deals worth over $3 million completed in 2010 数据整理得到。

资的主力角色。全球上市公司的总市值与GDP的比重从1993年的58.02%上升到2014年的94.56%,大公司对国际资本流动的影响日益增强。金融机构的跨国经营不仅仍然是国际贸易持续扩张的金融基础,而且更是跨国公司向全球化运行的坚强后盾。绝大多数跨国公司都是国际主要证券市场的上市企业,股票市场、债券市场成为跨国公司筹措资金的重要场所。跨国公司也不放过机会来利用国际资本市场实施多元化经营、充分发挥巨额短期闲置资金效用。套期保值、套汇、套利,甚至纯粹的金融投机都是跨国公司生产性活动后的惯用经营手法。

三、跨国公司对世界经济一体化的影响

跨国公司的兴起和发展不仅在一般意义上对世界经济格局以及传统的贸易、投资等领域形成重大影响,更推动了世界经济的一体化。

世界经济形成的起点是18世纪工业革命推动下世界市场的形成。19世纪第二次工业革命将社会生产力推向一个更高的阶段,不仅商品而且资本、劳动力、技术等生产要素得以在全球范围内流通,并依资源要素禀赋展开了生产的国际分工,传统意义上的世界经济得以形成。但在某种程度上,这一世界经济仍不过是各个国家经济的简单汇总。20世纪初跨国公司兴起,尤其是第二次世界大战后第三次科技革命所带动的跨国公司生产国际化的空前发展,为世界经济走向成熟即达成全球一体化做出了重要的贡献。

跨国公司实施的生产国际化超越了一般意义上的生产国际分工。生产国际分工是世界经济形成的标志之一。生产国际分工的基本出发点,就是通过不同国别、区位上的生产分工,充分发挥资源要素的比较优势,从而在全球范围内降低成本提高生产效率。具体而言,生产的国际分工是在考虑了原材料的供求及价格,劳动力、资金、技术等生产要素供求以及交通运输成本的基础上,在生产过程中形成的将各类产品生产配置于全球范围内该生产所需的资源要素禀赋综合优势最佳的区位上,从而实现最高生产效率。随着生产国际分工的深入,分工越来越细,这意味着生产的专业化程度越来越高。这一动向的结果一方面是更彻底地降低生产成本提高效率,从而提高全球经济福利;另一方面则是交易成本的相应提高。这里尤其指厂商在销售产品时由于信息不对称导致的额外支出。举个例子说,由于生产的专业化分工程度越来越高,厂商往往集中于特定制成品甚至特定部件或工序的生产并为此消耗大量科研开发费用,但是由于专业化分工的不同,下游的厂商或最终消费者对特定产品的开发生产代价认识不足(信息不对称),导致了生产商为了实现产品价值而花费更多的代价向市场宣传解释该产品,从而增加了交易成本。此外,由于资产专用性以及市场交易条件等原因也会导致交易成本的提高。提高生产效率的同时,也导致了交易成本的提高。特别就世界经济而言,专业化分工在国际层面上展开,交易成本问题便更突出了。

跨国公司所倡导的生产国际化的内涵则是企业内部的国际化分工,即通过在全球范围内构筑公司网络,将生产国际分工内在化,使之成为跨国公司内部母、子公司间,子公司间的专业化分工关系。因此,跨国公司内部国际生产分工同样可以实现一般国际生产分工最大生产效率的目标。同时,由于各零部件、中间产品的供求方在所有权上的联系,跨国公司得以通过公司内部国际贸易实现产品流通,即跨国公司将部分的一般国际市场交易也内在化了。企业内部贸易的好处就在于它最大程度上确保了交易的开展和产品价值

的实现,从而最小化交易成本,弥补了一般生产国际分工的缺陷。总之,企业内部国际分工和企业内部国际贸易作为跨国公司生产国际化的两个方面是统一的。跨国经营使企业内部分工国际化,确保了生产效率,企业内部贸易既联结了生产过程又降低了交易成本。

为保障生产国际化的顺利实施,跨国公司在企业制度和经营战略上也达成了一系列创新,包括适应生产国际化要求的所有权安排、企业内部管理结构、生产组织模式以及"全球中心"的经营战略、转移定价等。

跨国公司所倡导的生产国际化以及相关的企业制度创新开辟了世界生产的新格局,这一方面有助于世界经济一体化的推进,另一方面也确立了跨国公司本身作为与一体化的世界经济环境相对应的微观经济主体地位。在跨国经营的最初阶段,企业的国际化生产只是简单和有限的,企业只将有限的活动配置在有限的海外分支点上,而且各个海外分支生产点只服务于当地的市场,相互间并无必要的联系。随着企业生产国际化的深化,传统的各生产点互为独立的组织方式经历巨大变革,跨国经营的分支机构在数量和地域覆盖上极大地扩展,在组织安排和管理体制上无国界规划,运作于任何东道国的任何子公司都在公司内部分工的基础上,与其他子公司保持密切的依存关系的动态过程。由此,生产一体化的微观层面得以形成。

而在宏观层面上,随着跨国公司及其分支机构间多形式的联系,一种以价值增值链为纽带的跨国生产体系逐步建立,整个生产过程的国际关联和国际分工构成了国与国经济联系的新纽带。当越来越多的国际生产被重新纳入一种新的国际一体化生产体系时,越来越多的世界经济活动也正经历一种根本性的结构变化——向更深层次一体化过渡。就程度而言,一体化可以有"浅度"一体化和"深度"一体化之分,"浅度"一体化主要表现为商品和劳务的国际贸易以及国际资本流动,而"深度"一体化则延伸到对商品和劳务的生产,并促进有形和无形贸易的增长①。

所以说,跨国公司的发展对世界经济的根本性影响在于以自身的运作在微观层面上直接推进全球一体化,同时以本身的迅速发展对宏观层面上的全球一体化提出了进一步的需要。

---

① 联合国跨国公司中心:《1993 世界投资报告》,对外贸易教育出版社 1994 年版,第 149 页。

第九章 跨国公司与世界生产体系

跨国公司是生产和资本高度国际化的产物。如果说企业是现代市场经济活动的细胞,那么跨国公司就是世界经济活动的细胞。实施全球化经营战略的跨国公司在全球范围内拥有、控制并协调价值增值活动,在内部化市场中处理价值增值所需的跨国界生产和交易活动,从而对当代国际分工和世界生产体系产生重要影响。读者通过对跨国公司的全球化经营行为和战略布局的分析,不仅有助于认识当代世界经济一体化的微观基础,更有助于理解当代世界生产体系变革的形成机理(动力机制)。

第一节 跨国公司的全球化经营及其特征

一、跨国公司的经营属性

全球化经营是指企业以利用地区或全球规模经济,并实现更高程度的专业化职能分工为战略目标,在全球范围配置其经济资产,协调多国或多区域的生产、营销、科研和组织活动,形成企业内部一体化的一种经营模式。

对当代跨国公司是否正成为全球性经营企业,学术界争议不断。日本学者大前研一(Kenichi Ohma)在《无界的世界》(The Borderless World)中指出,国家是公司的基地还是特性来源已经不再重要,廉价的电脑通讯、日益降低的对外国直接投资的关税壁垒、更相似的口味的传播、跨越国界的潮流和标准,迫使企业在世界市场上竞争,而不再是局限于某一个国家。于是,在一个主要经济体中拥有母公司、在一批海外市场拥有全资分支机构的跨国公司旧理论已经过时,而代之以"无国籍的世界公民"和独立于母国的"全球竞争者"。大前研一认为,全球性公司是脱离了母国身份,且基本上是全球规模经营的非国家实体。依此观点,国家成为全球性企业取得最大效益的主要障碍,政府管制权反映了狭隘的地方利益,并形成堡垒,从而阻碍了全球性企业所努力实现的成本最小化和消费者选择最大化①。

迈克尔·波特(Michael Porter)则坚持,公司要在世界范围内竞争必须首先在激烈的国内竞争中胜出。他用"全球化企业"和"多国企业"区别定义实施不同经营战略的跨国公司。多国公司是在许多国家拥有关联企业和商业活动,但很少或完全没有战略性地联结其经营。而全球性公司则追求统一战略,并用此战略协调在不同国家的经营。当全球性

---

① [美]爱德华·M·格莱汉姆:《全球性公司与各国政府》,北京出版社2000年版,胡江云等译,第38~39页。

经营企业的战略运转良好，整个公司就将从有效协作中获得比各个点效益之和更大的整体效益。与其相近，伊夫·多兹和帕拉哈拉德用跨国公司全球活动的一体化（Global Integration）区别于当地化经营（Local Responsiveness）①。

格莱汉姆认为，波特所说的多国公司在现实中实际是很难确认的，而大前研一的观点似乎更为超前，"在我们仍不完全一体化的世界里，企业仍然是具有不同引力的中心，这些引力给予企业一个可定义的国民身份。尽管通用汽车公司和本田公司都是在几个国家生产的企业，但从企业利益和经济利害关系的权数来看，通用汽车公司显然是美国公司，而本田公司则是日本公司"②。

霍恩比等英国学者则提出了界定全球性企业的三个标准③：第一，对全球性企业来说，世界就是它的市场所在。它基本上销售一个世界性的产品，只是根据当地国家环境进行少许改动，可口可乐和麦当劳就是在全球按照一定的标准销售全球性产品。福特在全球范围内推出 MONDEO 车型也属此列。第二，对全球性企业来说，世界就是它的生产机构。它在世界任何地方建立生产设施，而不与任何特定国家联系在一起，因而，没有显著的民族特色。第三，对全球性企业来说，世界就是它经营运作的地方。它的主要业务不再完全由总部完成，主要功能都分散了，可以在世界任何地方融资、营销和研发。

二、跨国公司经营战略的演变

跨国公司经营战略的更迭反映了生产国际化的运行阶段。在生产国际化的最初阶段，国际化生产只是国内企业在国外生产部分的代名词，分散在各东道国的子公司大多只以当地市场为目标，跨国公司母公司则控制着分散在不同市场上的多个子公司，即实行多国经营战略。此时，尽管跨国公司的生产活动因跨越国界而具有国际性，甚至因跨越多国而具有世界性，但是，因为其散布在世界各国的分子公司在海外各分支点所生产的产品主要供应当地市场或返销母国，世界各国的生产过程之间并不具有内在的生产关联性。

随着现代技术所带来的跨国协调成本的降低、投资政策壁垒的消除和区域经济集团化的加强，跨国公司使其地理上分散的国外分支机构和不完整的生产体系转向区域性，甚至全球性的一体化生产和分销体系，从而形成了区域化经营战略和全球化经营战略。当跨国公司进入区域一体化，甚至全球一体化经营阶段，分散在海外各地的子公司不再是独立运作或仅与母公司发生联系，而是保持着与母公司及其他分公司、子公司间高度一体化的联系。每一个海外投资企业所服务的对象不再是分散、独立的海外某个市场，而是整个跨国公司体系所占据的区域市场，甚至全球市场。

欧共体宣布于 1992 年建成欧洲统一大市场之后，刺激了许多跨国公司在欧洲实施区

---

① [美]伊夫·多兹、帕拉哈拉德·C·K：《跨国使命：寻求经营当地化与全球一体化之均衡》，华夏出版社 2001 年中译版，王文彬等译，第 16~17 页。

② [美]爱德华·M·格莱汉姆：《全球性公司与各国政府》，北京出版社 2000 年版，胡江云等译，第 47 页。

③ [英]温·霍恩比、鲍伯·甘米、斯图而特·沃尔：《企业经济学》，华夏出版社 2003 年版，戚自科、汪凌译，第 302 页。

域一体化战略。英荷尤尼莱佛公司(Unilerve)将分散在欧洲的 16 个分支组合为"欧洲 LERVE",统一负责整个区域的产品开发、销售和分销;法国汤姆逊公司(Thomson)则在区域范围内调整生产布局,其分布在德国、法国、西班牙和英国的分厂各负责一类产品的生产,各装配厂不再单独向零售商出售,而是将产品交由区域性营销分支统一负责,相应的,这些分厂的原材料和零部件供应也在区域基础上统一安排。与此同时,非欧洲的跨国公司也加速了在欧洲的区域一体化,美国保洁公司(P&G)通过建立欧洲商标组群来协调它在欧洲的各个分支;奎克公司(Quaker)在布鲁塞尔建立欧洲总部,将财务、采购的功能集中于此,并负责地区范围的战略协调。

20 世纪 90 年代中期后,全球化因素不断被引入跨国公司,尤其是大型规模跨国公司的经营战略之中。海外各生产点互为独立的传统组织方式经历巨大变革,集中的研究与开发、集中的中间投入品筹供、集中的财务和金融安排等,形成了公司职能跨地区的全球一体化生产体系。如在研究与开发方面,丰田公司在美国进行研究与开发,在美国设计全球销售的汽车模型;福特公司则由欧洲福特牵头,把分散在欧洲和北美多个点的研究、开发与设计联网集中。在筹供与采购方面,美国电话电报公司将主要投入品——纸张的全球采购功能集中在比利时的子公司,有效利用国际价格波动来规划全公司的采购及库存;在财务与融资方面,瑞士航空公司的收益会计由印度孟买的一家子公司统一负责,后者运用母公司的技术,按照每天经营的附单,对公司全球范围的收益和应收款追踪处理;西门子则由德国总部负责对各地子公司或地区总部进行统一的制度化金融管理。跨国公司体系内的职能分工从最初的国内与国外之分,转变为地区范围内增值链上下或水平之分,并向全球范围内增值链上下或水平间的分工过渡。于是,跨国公司通过内部控制体系将不同国家的经济活动进行分工,并有机结合,使分布于不同国别和区域的生产过程之间建立起高度依存的关系。现在,不仅跨国公司的国别属性难以确定,其产品的生产国属性也难以辨别,一种以价值增值链为纽带的跨国生产体系由此形成。

各类总部的形成及其职能的提升也是跨国公司不断适应分布更趋广泛、资源流动更趋密集多向的国际化经营需要,最大限度挖掘价值增值潜能,强化竞争力的内部组织创新。跨国公司对总部的组织设计不受国家界限的约束,没有国内与国外的割裂。现存的三种跨国公司总部分别对应着当代生产一体化的几个特点。

地区性总部是跨国公司适应区域经济一体化特点的一种组织设计,它的权限是处理地区范围内的决策与协调,是一种给跨国公司地区经营以更大自主权及更大协调能力的组织机制,常为特定市场或当地市场导向性跨国公司所采用。产品或生产性总部是跨国公司适应全球化生产布局特点的一种组织设计,它的职责权限涉及全球范围内的特定产品或特定生产线,多为目标市场多样化的跨国公司所采用。功能或职能性总部是跨国公司适应全球化经营特点的一种组织设计,它的职责权限同样涉及全球,但目标是特定功能或职能,如国际采购、国际营销和售后服务、国际研究与开发等。

三、全球化经营的三个维度

与传统多国经营不同的是,全球化经营的跨国公司不仅通过海外布点在同一股权下实现生产各环节的全球分工,也通过非股权的海外分包实现全球分工,从而突破股权联系这一必要边界,更为广泛地介入各国的生产体系。全球化经营的现实复杂性需要用一个包含了空间布局、所有权安排和交易机制的三棱镜加以观察,才能准确透视其形成原因和发展规律。运用空间区位(Locational dimension)、所有权(Propetary ownership dimension)、交易机制(Transactional dimension)三维框架分析全球化经营旨在突破从贸易、投资或管理理论单一视角予以分析的现有范式,从多个视角揭示跨国分环节生产的决定机理和发展影响。

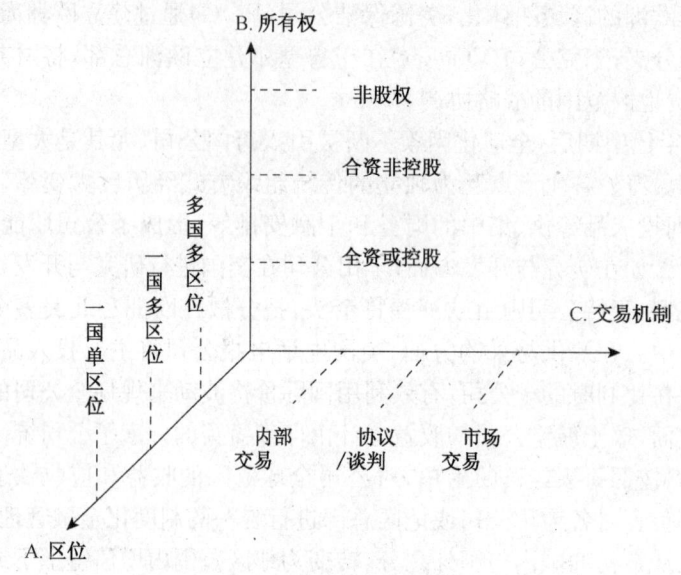

图 9-1　全球化经验的三维框架

图 9-1 是对全球化经营进行分析的一个三维框架。其中,区位维度显示从高度当地化的国内单一区位到高度国际化的国际多区位的不同生产布局特征,是衡量产品生产的地理集中度是高度当地化还是高度国际化的一个维度。事实上,这一维度同时还可以判断资源供给的来源是当地化的还是全球化成分的。但与传统国际投资中的区位分析不同,这里的区位点既可以是跨国公司的海外子公司,也可以是非跨国公司系统内服务于跨国公司的分包商。因此,产品内国际分工的区位广度实际是突破传统企业边界的,但又因与分包商之间相对固定的联系和相对充分的信息交流而与一般的国际贸易相区别。

所有权维度显示从全资控股到非股权联系的不同所有权安排,是衡量跨国分环节生产中各类资产的产权集中度是股权联系下的生产链(Chain of production)国际分段设置,还是非股权联系下的国际化外包的一个维度。对跨国生产的传统分析隐含着一个基本前提,即生产一体化的控制权来源于所有权,跨国公司进行的是股权投资,是以控制所有权,参与经营为根本目的,跨国公司总是倾向于保持对整个生产链的控制,以保护产权技术和专利。但在产品内国际分工中,跨国公司在以股权方式建立海外分子公司之外,又延伸出横向和纵向的非股权的海外分包或称外包安排,从而推动了与以往企业内贸易并非完全一致的产品内贸易和供应链管理交易。

交易机制维度显示从内部化到完全市场竞争的不同交易机制特征,是衡量跨国分环节生产的协调与定价是企业内部的还是外部市场决定的一个维度。依照经典的跨国公司理论,跨国生产中交易内部化的动机主要来自于两个方面:其一是克服技术外溢引致的损失;其二是降低市场不完全引致的交易成本增加①。但在产品内国际分工中,跨国公司放松了内部化要求,特别是在制造性环节大量采用中等程度的控制模式②,谋求全球广度扩张中的交易收益。

三维分析框架不仅揭示了各个维度的作用点和影响因素,而且有助于清晰认识三个维度间的相互关系和相互作用。以最简单的标准来区分产品内国际分工的三个环节③,即研究开发环节、生产制造环节和销售及售后环节后,我们会发现这三个环节在三个维度上的选择及决定因素并非一致。比如,生产性制造环节更容易受规模经济和成本的影响,对控制权和交易机制的选择趋向灵活;而技术性研究开发环节更容易受保护技术专利的动机影响,为了防止技术泄露风险,对所有权和交易机制的选择更具控制性,见表9-1。

表9-1

产品内国际分工的三维选择

产品内各环节	区位维度	所有权维度	交易机制维度
研究开发环节	高度集中 (创新要素的供给能力)	高度控制 (保护技术专利,获取垄断利润)	内部协调 (防止技术溢出风险)
生产制造环节	高度分散 (降低成本、规模经济)	中等程度控制 (开发合作能力,降低协调成本)	准内部,非完全市场交易
销售及售后环节	相对集中 (贴近市场)	高度控制 (转移利润)	内部协调

因此,各环节的要素密集度虽然是一个决定因素,但协调成本构成了国际生产分工的另一个重要决定变量,当通过外部市场的谈判和交易成本大于内部协调成本时,内部化分工占据主导,当通过外部市场的谈判与交易成本小于内部协调成本时,则外部化分工占据主流。因此,将生产过程更为细化地分别安置在不同国家的不同区位,其获利的机会不仅来自于对各个区位密集要素的充分利用,更来自于协调成本减少所提供的收益④。

此外,产品生产每个阶段或价值链不同环节不仅存在要素密集度差异,而且其对应的技术外溢风险及市场交易成本也并不相同。价值链两端的技术含量较高,前端为硬技术含量,后端为软技术含量,溢出的风险远高于中间的制造环节,特别是最低端的加工环节。于是,技术密集环节的高度集中和内部化动力远高于生产性环节。另外,考虑到管理协调成本,研究开发资源通常集中在少数地区,如硅谷、新竹等若干个高技术集群区域,因此,

---

① Peter J. Buckley and Mark Casson:The Future of the Multinational Enterprise,25th Anniversary Edition,Palgrave Macmillan,2002,pp. 36-45.

② Anderson 和 Gatignon 认为,相比于全资或大部分股权拥有的高控制模式,契约式联营或合同性生产的控制程度只是中等的,参见 Erin Anderson and Hubert Gatignon(1986), Modes of Foreign Entry: A Transaction Cost Analysis and Propositions, Journal of International business Studies, Vol. 17, No. 3,P. 170.

③ 这三个环节内还可区分子环节,且不同产业不同产品内的国际分工可能更为复杂多样,但为方便分析起见,概要为三个环节。

④ Duncan Simester, Marc Knez:Direct and indirect bargaining costs and the scope of the firm, The Journal of Business,April 2002,pp. 283-304.

研究开发环节面临较少的协调成本;而低端制造活动因配套性制造或服务在公开市场上可得性的增强,其选择余地很大,分散生产后的协调成本将远大于收益,导致内部化生产和外部采购可能具有同样的效率。而在技术密集环节,这一情况却正好相反。

第二节 影响跨国公司经营战略的因素与环境

很少有企业在创立初期就具有清晰的全球化战略。全球化经营战略的形成是一个逐步发展的过程,取决于跨国投资企业的内因和外因两个方面。

一、垄断优势、不完全市场与寻求效率

垄断优势、不完全市场和交易成本是以往跨国经营决定因素分析中最核心的三个微观概念。如果说不完全市场是企业选择跨国直接投资的外部因素和外在动因,那么,垄断优势就是企业跨国经营的内部因素和内在条件。这种不完全性可能发生在要素或中间品市场,也可能是信息或技术市场,甚至是金融或货币市场①。

跨国公司理论的开创者海默在他的论文中将产业组织理论应用于分析国际化生产,认为由于要素流动市场上的不完全性,某些拥有垄断优势②的企业具有通过地理上的扩张,并且是跨国界的扩张,充分利用或培植垄断优势的能力。海默认为,存在着四种类型的市场不完全:①产品和要素流动市场上的不完全。在要素市场上,这种不完全性的主要表现是在特殊的管理技能、获得资本市场的便利和受专利制度保护的技术差异;在商品市场上,这种不完全性来源于产品特异、商标、特殊的市场技能或价格联盟。②由内部或外部规模经济导致的市场不完全。③由政府干预经济而导致的市场不完全。④由税赋和关税导致的市场不完全。跨国公司是提升垄断能力,绕过市场缺陷以改善国际资源配置的一种手段。但是,他并未论及效率。

彼德·巴克莱(Peter Buckley)、马克·卡森(Mark Casson)和阿兰·拉格曼(Alan M. Rugman)仍以不完全市场为跨国经营的前提,但他们强调的是技术、产品质量和技能等信息市场上的缺陷,强调直接投资的真实动机是寻求效率,而不是寻求利润③。他们认为,正是由于技术和信息市场上的不完全性使企业在让渡其中间产品时难以保障自身权益,也无法通过市场来合理配置其资源,以确保最大经济效益。为此,企业需要从内部化

---

① 在邓宁于1974年主编的《经济分析和跨国公司》一书中,美国经济学家阿利伯(R. Z. Aliber)发表了《技术与技术分析》一文。在该文中,阿利伯提出了安全通货论,分析了货币变量对跨国公司对外直接投资的影响。他以20世纪70年代前,美国的国际储备货币地位使得美国跨国公司能以有利条件获得借款,购买外国资产为依据,论证了安全通货和有利汇率是跨国公司堪与东道国企业相竞争的重要因素。

② 垄断优势包括技术及管理优势、资金优势、规模生产优势、信息、市场声誉及销售优势。

③ 利润最大化在新古典经济学派看来是企业从事跨国经营的目标所在。此后,后新古典论者则认为,由于市场的非完全竞争状况,企业无法追求利润的最大化,只得以超出机会资本的股东资本为追求目标。同时寻求销售最大化,增加市场份额,挤占竞争对手的市场地位等其他目标。行为论者提出,由于无法把握利润最大化的条件,避免引起政府的过分关注和吸引新的竞争者,企业将只追求"满意的",而非"最大的"利润。

市场上寻求效率,需要将市场建立在公司内部,以内部市场取代外部市场,以克服由失效和不完全性导致的外部市场高昂的交易成本。

弗农的产品周期理论分析了企业选择建立跨国生产分支,而不是出口产品、出售专利或许可权等其他国际商业活动形式的决定因素。随产品周期的运动,企业的优势渐次降低,当企业的产品降至非优势阶段时,跨国生产比其他方式更为有利。这一理论的动态研究法极有价值,但实证检验却只适用于它所产生的20世纪60年代末、70年代初的美国制造业企业。

邓宁认为,上述每种理论都提示了对跨国生产中某个部分或某个问题的解释,但没有一种理论能对截至20世纪70年代的跨国公司的全部活动和特征作出全面解释。这不仅是因为各理论的出发点及关照点有限,而且也是因为跨国公司的复杂性和动态性使然[1]。邓宁提出,在国际要素的流动中存在着两组市场不完全:其一是结构性市场不完全,它来源于国际化生产企业因所有权优势而获得的市场垄断地位,以及政府干预所形成的竞争性障碍。这组分析基本上秉承了海默、金德伯格对市场不完全的论述。其二是交易性市场不完全。它来源于国际化生产企业因内部化优势而获得的特殊效率,外部市场的成本越是大,国际化生产企业协调分散活动的相对效率越是高。因为许多所有权优势是无法分割,无法在公开的外部市场上进行交易的,这一分析与巴克莱、卡森、拉格曼的论述相仿。

跨国经营三要素论实际是综合垄断优势论和内部化论的产物,在折衷论三要素中,垄断优势(Ownership-specific advantage)和内部化优势(Internalization advantage)直接来源于直接投资的垄断优势论和内部化论,而区位优势(Location-specific advantage)则并无先论[2]。当然,邓宁无疑是从赫克歇尔—俄林理论将区位因素与比较优势相结合的论述中得到启示,邓宁将直接投资的区位优势分解为自然禀赋优势和投资环境优势。前者是自然赋予的区位资源,邓宁把它称作"李嘉图式禀赋"(Ricardian type endowments)[3];后者则是人为创造的区位资源,包括文化、法律、政治及制度环境、市场结构、政府规章和政府政策。区位因素(Location-specific assets)是邓宁折衷体系中的一个亮色,也因此突破了将直接投资的动因分析仅基于厂商理论的基本范式。对政府作用的忽视在约翰·邓宁(John Dunning)的折衷论中得到了根本的扭转,从而确立了一种能对各种扩张动机的

---

[1] 邓宁认为企业从事跨国经营的动机不尽相同,理论解释也不同。他以投资目标将跨国公司分为三类,即自然资源寻求型、市场寻求型和效率寻求型。认为前述各理论可分别适用于一类投资。在20世纪90年代的论著中邓宁又补充了第四类:战略资产寻求型。参见 John H. Dunning and Rajneesh Narula: Foreign Direct Investment and Government (Catalysts for Economic Restructuring), Routledge Studies in International Business and World Economy, 1998-03-01, p. 138。

[2] 有关区位因素的分析在20世纪50年代已经产生,它先是运用在用数据按重要性等级来区分各国对外来直接投资吸引力的研究之中,后又被集中运用于统计数据分析加拿大和欧洲国家吸引美国投资的主要因素的研究之中。但是,在邓宁1970年创立折衷论之前,区位因素始终未被作为直接投资的动因而作系统的理论研究。

[3] John H. Dunning: Multinationalm Enterprises And The Global Economy, Unwin Hyman published 1992, p. 77. 自然禀赋常常是长期积累、不易改变的一个静态因素,不妨用一个更为形象的词语来代替,即硬环境。而政策、法律、政治和制度等因素则具有易于改变,并可能在短期内变化的动态特征,因此,常常被称之为软环境。

跨国公司有所解释的国际投资理论范式(Paradigm)。但折衷论创立后的20多年中,跨国公司发展的外部环境不断变化,企业结构也经历了相应的转型,这期间,邓宁不断在原有理论基础上加入新的内容,包括对政策因素的分析,对经济发展阶段的分析等。

二、竞争优势、规模经济与开放式创新

对跨国公司的传统分析隐含着两大基本前提:其一,跨国公司进行的是股权投资,是以控制所有权、参与经营为根本目的的,而区别于间接投资;其二,跨国公司通过内部化交易机制可以克服市场不完善所引致的交易成本,实现效率最大化。但现实是,今日的跨国公司并不满足于简单的内部一体化,在以股权方式建立海外分公司、子公司之外,又延伸出横向的非股权形式的跨国战略联盟、跨国战略协作,纵向的非股权式海外分包,或称外包。

在管理学者看来,经济学家对企业跨国经营行为的解释至少存在三个漏洞:一是经济学家关注到研究开发和服务贸易,但很少关注分销、营销,尽管后者的成本占生产总成本的比例事实上很大;二是经济学家通常视协调是无成本的,而现实中管理协调的技能和知识不仅稀缺,且具有很大的经济价值;三是经济学家通常视国家为市场、产品和技术的最优约束,但企业的战略目标实际上正不断改善着市场、产品和技术,企业边界之外的合作关系已经成为企业发展的内生而非外生因素。

在跨国公司向区域和全球一体化经营体系转变的进程中,企业的传统边界日益模糊,甚至被打破,企业与生产者和消费者之间的关系发生了巨大的转变。包括20世纪80年代前盛行的依照世界地理区域组织的企业被依照全球生产基地组织的企业所取代;僵硬的巨量生产日益为灵活的全球化分散生产所取代,一些小型企业专门服务于跨国公司,成为准系统内企业;规模经济和范围经济仍然存在,但其组织形式趋于灵活,非股权方式的企业间合作日益盛行;永久全时工人随着生产区位的变换,越来越为临时工或远程就业所取代;一些海外生产点只是公司系统内部分中间品的消费者和另一部分中间品的生产者,不再具有独立的功能。于是,在对跨国经营新战略、新动机和新进展的分析中,竞争优势、规模经济和协调成本等概念被不断引入。波特把产业分析模式引入企业竞争力研究,将企业竞争力归因于企业之外的市场力量及市场因素。波特认为,企业全球性竞争优势的来源广泛地根植于四个因素:①传统的比较优势;②规模经济或超出单一国家市场所能达到的规模或累计产量的学习曲线;③产品歧异化;④市场信息与技术的公共品特性(一旦初始成本投入后,能被无成本地重复使用的产品,如技术革新)[①]。以比较优势来看,当一个国家在制造某一产品中拥有显著的要素成本或要素质量优势时,这些国家将成为这类产品的生产基地,而这些国家中生产这类产品的企业将具有极为有利的国际竞争地位。以规模经济来看,如果企业具有超出主要国家性市场规模的产品或服务的规模经济能力(包括后勤规模经济、营销规模经济),就能通过集聚的生产和全球扩张来实现其成本优势。以产品歧异性来看,生产成本的优势通常不如产品差异有价值,因为任何新而低廉的资源、更简单的生产方式都会削弱原有的成本优势,而拥有某些独创性和品牌声誉的产品则更能维持其市场优势。

---

① 迈克尔·波特:《竞争战略》,华夏出版社2001年中译版,陈小悦译,第269～272页。

其实,当我们注意到与一般国内企业相比,参与国际竞争的企业,特别是参与国际直接投资的企业不仅是在多国组织和协调多项价值增值活动,而且是在内部化市场中处理价值增值所需的跨国界的生产和交易活动这一特征,我们就可以发现,尤其是在要素趋于自由流动的经济全球化背景下,在全球范围内整合内外部资源的分工能力是这些企业持续增长、赢利和保持国际竞争力的重要基础。全球化运作成为企业获取并维持国际竞争优势的必由之路,而全球化运作的核心在于进行全球化分工。古典的企业理论早就揭示了,企业之于一般手工生产和家庭作坊的全部意义在于社会化分工,而现实的意义是将分工的范围跃出国界,将分工的环节深入价值增值的各个链接点上。

但更多的学者则将企业竞争力归因于企业的内部能力,内部能力表现为两个方面:一是企业在市场上所表现出来的直接来源,如产品成本、质量、差异化和品牌形象;二是决定直接来源的间接来源,如人才优势、管理优势、技术优势和创新优势。普拉哈拉德(C. K. Prahalad)和加里·哈麦尔(Gary Hamel)用"核心能力"定义企业组织中的积累性学识,特别是有关如何协调不同生产技能和有机结合多种技术流派的学识[1],并认为,与企业外部条件相比,企业内部条件对于企业占据市场竞争优势具有决定性作用;企业内部能力、资源和知识的积累是解释企业获得超额收益和保持市场地位的根基,是企业生存成长的最基本单元及企业生命体的基因。

企业拥有特殊资源被认为是企业跨越国界,在世界范围进行投资或经营活动的最基本要件。这种特殊性不仅是相对于本国其他企业,而且必须是相对于投资当地企业的。马库森(James R. Markusen)称之为"企业特定资产"(Firm-specific Assets),是企业拥有或能够获得的,而东道国国内企业没有或无法获得的资产及所有权,这些资产主要是无形资产,包括技术优势、企业规模优势、组织管理优势和融资便利优势等;并且这些企业同时具有在遍及全球的分支公司网络内转移上述优势,以减少外部交易成本的"战略性资产"。

巴雷特和古肖(Bartlett and Ghoshal)从效率(规模和专业化)和效力(对市场需求的反应)两个维度上分析企业的全球化战略。图尔曼和林德奎斯特(Tallman and Lindquist)则在他们的"产能驱动模式"中提出了一个"产能的发挥/建设"和"国际化/全球化"两维矩阵。虽然这两种理论运用了不同的方法对全球化战略加以分析,但是两者的"理想"模式中存在着共同点,也就是掌握本土知识并提高市场反应能力,同时利用全球化带来的成本效益。同时,两者也都提出了同样的告诫:必须具有高度的组织架构能力,保证有效稳定的全球化组织结构;维持这样的组织结构是昂贵的,只有在收益大于成本的前提下方才可行,所以这对于依靠成本优势的行业来说可能并不适合。适合采用这种模式的公司包括高科技行业,或是以创新为核心的行业[2]。

桑多斯、多兹和威廉姆森(Santos, Doz and Williamson)指出,在这个已形成创新链或者说开放式创新的时代,企业可以通过外包和整合其他地区的知识,以更低的成本进行更多更高价值的创新。他们把这样的公司称为"超国家创新者"。它的挑战是如何运用不同来源的知识,然后将它们加以整合。一个成功的例子是著名跨国企业诺基亚。另一个成

---

[1] Hamel, Gray and C. K. Prahalad (1994), Competing for the Future, Boston, Harvard Business Review Press.

[2] 参见蔡苇如:"全球化体验",http://www.ceibs.edu-c/students/studentlife/7066-2.shtml.

功实施全球化战略的重要因素则在于"软性"方面,包括文化和公司结构的建造能力,也就是说,设计能够有效地整合全球运作的公司结构的能力。正是这些软性方面,在很多情况下决定了一个全球化战略的成败。

第三节 跨国公司经营战略变化对当代世界生产体系的影响

世界生产体系是建立在国际分工基础上的各国商品与服务的生产联系及组织关系。20世纪80年代以来,随着全球化的深入和跨国公司的大发展,世界生产体系经历了巨大的变革。一方面,跨国公司、其遍及全球的分支机构,以及为其服务的分包商和当地供应商共同构成了当今国际化大生产的主体;另一方面,由跨国公司主导的垂直专业化分工渗透到各国生产体系内部,构成了各国产业联动发展的全球化生产新格局,带动世界生产体系经历了组织关系、空间布局、股权结构、治理模式和交易机制等一系列变革,也因此引发了国内外学者和国际机构越来越多的关注。

一、世界生产体系变革动因的主流解释及其评述

学术界对于世界生产体系变革的动因存在着三大类解释。第一类解释认为,技术发展和技术创新是本原的推动力,并且尤以信息、通讯和网络技术的革命为核心力量。尽管在解释信息技术如何作用于世界生产体系的变革过程时,持这一观点的学者之间也存在差异。大部分技术本原论的支持者认同:信息革命和互联网的运用是通过降低交易成本和协调成本,来推动全球化生产体系的建立。如卡森(Cassen)、邓宁(Dunning)和坎特维尔(Cantewell)等都认为,信息革命和技术创新大大降低了跨国生产的协调成本,从而使得生产的世界性布局不断扩大。曼纽尔·卡斯泰尔(Castells)指出,信息技术革命引发的数字化排除了生产和服务之间的障碍,服务的提供和消费能在任一时间点和空间点上进行,从而催生了模块化生产的组织结构,促进了在地理上分散经营的一体化,网络上的协调合作取代了原始的产权等级式的管理模式。①

但技术派学者中也有人认为,信息革命是通过扩大技术规模和增加创新风险来作用于全球生产体系和分工格局的建立。如柯布林(Kobrin)就认为,在诸如半导体、空间技术、通讯和制药等领域,是因为成本、风险和技术复杂程度日益增加,令局限于单个国家、单个企业的研发活动无力承受,而导致今天的资本主义需要在全球范围内、在密集网络组成的企业管理架构下对生产和消费的所有阶段进行分解,并且企业的产品只有在全世界销售才能使其巨额研发成本得以分摊②。

第二类解释认为,制度因素,尤其是市场管理制度和政府干预制度的变化与调整,才是世界生产体系变革的主要决定力量。比如,阿明和特里福特(Amin and Thrift,1994)是

---

① [美]曼纽尔·卡斯泰尔著:《信息化城市》,江苏人民出版社2001年版。
② [英]尼尔·胡德、斯蒂芬·扬主编:《跨国企业的全球化经营与经济发展》,中国社会科学出版社,2006年版。

从制度环境和政策调整角度解释变革的成因。米利亚(Mirza)在讨论东亚生产网络形成时,强调东亚各国外向型发展战略及其政策设计的作用。米特卡(Mytelka)以汽车业和电子业为例,论证了地区外资政策竞争对生产模式和跨国公司投资布点的动力作用。恩赖特(Enright)强调以公司和工业区域性集群为基础的区域性发展政策是跨国产业集群形成和发展的重要推动因素①。

第三类解释认为,跨国公司经营战略的更迭是世界生产体系变革的推动力。比如,钱德勒(Chandler)从企业微观运作模式转化的角度解释当代生产过程的全球分工结构。联合国跨国公司中心(UNCTAD)提出跨国公司从简单一体化到复合一体化战略的转变才是加深各国生产者之间联系的驱动力,尤其是大型跨国公司或全球公司的全球一体化生产和分销体系,对各国生产者之间的组织和分工关系产生重要影响②。

综上可见,国内外学者基于不同视角对世界生产体系变革的动因已进行了众多的研究,但一般偏重于一个或多个影响因素的论述、解释和分析。技术本原论揭示了世界生产体系变革的基础条件,但忽视了将条件转化为现实的动力主体的作用,没能回答由谁去利用这种条件或由谁去实现这种转换的问题。制度本原论揭示了动力主体有效作用的环境因素,但忽视了这些政策的形成恰恰是源于作为世界生产的组织者——跨国公司及其与母国和东道国政府间相互博弈的结果。

当然,对于跨国公司与母国和东道国政府间的谈判或博弈关系,以往也有不少学者进行过研究。比如,20世纪70年代初,弗农(Vernon)、弗兰科(Franko)、斯托普福德(Stopford)、刘易斯(Lousi)和莫兰(Moran)等一批跨国公司研究者都曾将组织间的谈判模型引入政府与跨国公司关系的分析之中,开创了政府对跨国公司干预理论的研究新视角。20世纪80~90年代,国际商业学者格拉德文和沃尔特(Gladwin and Walt)、贝尔曼和格娄斯(Behrman and Grosse)、莱克雷和莫里森(Lecrew and Morrison)、柯布林(Kobrin)等进一步丰富和发展了东道国与跨国公司谈判地位的影响因素与决策关系研究③。但这些研究主要在于揭示政府与跨国公司力量对比的决定因素和变化趋势,由于其所处的并非是全球化时代,或由于其只是分别考察跨国公司与东道国关系和跨国公司与母国关系,因而并未能对全球化背景下跨国公司及其与母国政府、东道国政府,乃至多边机构间多层次、多阶段相互作用和多角博弈的关系进行系统论证。

二、世界生产体系变革的动力主体与动力因素

技术、制度和企业对当代世界生产体系变革的动力主体与动力因素,如图9-2所示。

科学技术和管理技术的创新从降低成本、便利网络构成、服务远程提供和生产切割多个方面为生产体系的变革与重组提供了物质基础和技术条件。一方面,移动通讯、电视会

---

① [英]尼尔·胡德、斯蒂芬·扬主编:《跨国企业的全球化经营与经济发展》,中国社会科学出版社2006年版。
② 联合国跨国公司与投资司:《1993世界投资报告:跨国公司与一体化国际生产》,对外经贸大学出版社1994年版。
③ 金芳:《双赢游戏:外国直接投资激励政策》,上海高等教育出版社、上海社会科学院出版社1999年版。

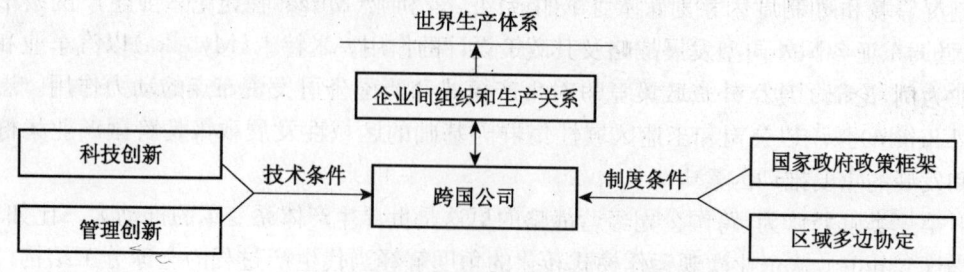

图 9-2 世界生产体系变革的动力主体与动力因素

议、电子信件和因特网技术的普及应用使协调地理上非常遥远的世界分散生产活动变得可行且有效;借助于互联网,企业从产品设计、生产投入的在线定购到外部采购、市场营销,再到财务管理的全过程都可以通过网上传送实现更有效率的跨国界联系。另一方面,企业通过对大量信息进行管理和传递,生产流程得以被数字化编码,被分解成独立的步骤,模块化生产①应运而生,令整合全球制造的专业化机会增加,而成本则降低。以往由纵向一体化公司亲自执行的许多非核心业务,得以由世界各地的小规模弹性专业化公司和大型分包商来完成。这些具有不同国别属性的企业,虽与发包公司没有股权联系,却具有生产联系上的从属性。

而从外资政策自由化到特殊目标的政策支持性计划或项目为区域及全球生产网的形成无疑提供了重要的体制基础和制度条件。例如,美欧发达国家分别实行的鼓励企业将劳动密集型生产活动转移到国外进行的"生产分享计划"(production sharing scheme)和"海外组装计划"(offshore assembly provision),对 20 世纪 80 年代美欧企业向墨西哥和加勒比海地区以及东南亚国家转移纺织服装加工和电子产品加工活动具有直接的促进作用②。而发展中国家为了承接国际产业转移,启动的开发区计划和产业联系项目等,也对特定生产环节在特定区位的集聚式发展产生有效推动和激励。比如,爱尔兰于 1998 年启动的致力于扶持一个生产和创新网络的"国家联系项目"(National Linkage Programme),就直接导致了国际软件业跨国外包活动在爱尔兰的快速聚集③。而 20 世纪 80~90 年代中国沿海城市的加工贸易区建设大潮更是中国快速崛起,成为世界加工基地的政策动力。

---

① 20 世纪 60 年代末,当 IBM 试图发展大型计算机系统时,发现工作日益复杂,于是将整个系统分割成若干块,称之为模块(Modular)。中央设计者只负责设计规则,而设计各个模块的任务则交给下面的团队。后来,这些模块不一定由公司内部的团队来完成,可以交由独立的外部公司去做。同一模块可以由许多团队来竞争,将竞争中最好的模块绑在一起。这样一个体系的发展会非常快,而不同的连接方式甚至还可能发展出新的体系。这就是所谓的模块化生产,是产业组织的一种新方式。

② 美国于 1963 年实行"生产分享计划",该计划规定,如果厂商全部或部分利用美国出产的部件或中间产品,在海外进行产品组装或最终工序的操作,则这类产品返回美国市场时,其中包含的美国原产部件或中间品可享受免税待遇。参见卢锋:"产品内分工:一个分析框架",北京大学中国经济研究中心工作论文 C2004005。

③ UNCTAD: World Investment Report 2001: Promoting Linkages pp. 173-193. http://www.unctad.org.

尽管技术和制度因素对世界生产体系变革产生了催化剂作用,但是就变革发生和发展的动力主体而言,受逐利本能和扩张本能驱使的企业才是关键的推动者,实施全球化经营战略的跨国公司更是其中的主角。正是这类企业在新技术和新政策背景下,积极进行经营模式和竞争关系的创新,才根本性地改变了各国企业间组织和生产的传统关系,引发了世界生产体系的多重变革。这种创新的形态和方向有时甚至超越了各国政府在以往年代所能接受的底线。比如,从制造到服务的大范围跨国外包活动已成为美国国会争议的焦点,甚至引发新的立法限制动议。而且也正是这种创新激发了对信息技术更为充分深入的探索和运用,比如,为了降低成本,加强在国外建厂和密切注意整个价值链上各种要素节约方面的努力,区域,甚至全球性的集中采购由此应运而生;又比如,实行即时供货(just-in-time)管理和质量控制目标,加强与供货商和分包商及生产与装配间联系,以形成技术创新的双向流动;再比如,寻求效率和市场扩张还导致企业间一些更具战略性的全球协调——借助因特网所建立的24小时不间断运作的全球研发模式;对全球范围内不同顾客的定价进行协调;以及促进技术从总部向子公司转移或者在子公司间转移等。

三、世界生产体系变革的特征

传统的世界生产体系运行在一个由国家和地区构成的国际市场内,是基于民族国家生产过程之上的国际贸易和国际投资的结合体。伴随着全球化经营成为世界范围跨国公司微观运作的主流模式,并且将越来越多的地方性公司卷入其全球协调网时,当代世界生产体系运行在一个地区与国土边界日益弱化的全球市场内,从生产主体的组织方式到所有权联系,从空间分布到治理结构,无不呈现出脱离传统的国际分工模式,而紧密一体化的特性。

(一)层级制生产组织体系取代公司独立的组织体系

20世纪70年代,国际经济的组织方式经历了从市场到分级结构体系,从贸易到跨国公司组织架构范围内国际性生产组织的演变[1]。福特汽车欧洲公司的出现不仅打破了空间高度集中的流水线作业式"福特主义"经典模式,而且开创了产品生产体系国际化的先河,其结果是不仅诞生了在欧洲许多国家生产零部件,然后集中在德国、英国和西班牙进行整车组装的"世界汽车",而且也形成了后来为众多公司效仿的企业内部跨地区、跨国家的垂直一体化生产组织体系。

20世纪90年代,内部纵向一体化的企业组织关系尽管仍然存在,但生产体系的国际化同时还超越了企业的边界,纵向一体化公司亲自执行的许多活动,现在正由小规模的、弹性专业化公司和分包商来完成。世界范围内出现了不同企业间的层级制关系。在电子产业,从产品定义者、标准制定者、核心技术开发及掌控者到生产主导者、加工制造者,再到产品组装者,这些原本独立的企业之间尽管没有股权联系,却具有"领导"和"从属"的关系。在汽车产业,品牌制造商控制和管理庞大而复杂的生产流通网络,处于整个产业价值链的中心。而其他非核心的零部件或子系统组件如汽车玻璃、仪器仪表、轮胎、变速器等

---

[1] 斯蒂芬·戈别林:"跨国公司全球化中的贫穷国家"《跨国企业的全球化经营与经济发展》第六章,中国社会科学出版社,2006年中译版,第138~163页。

上万个部件的生产则分散给众多的联系厂商,各个联系厂商专注于价值链环节的特定职能,处于从属地位。这些联系厂商可能是独立的企业,也可能是从属性子公司,但都受到不同程度核心企业的控制,具有"受控制的供货商"属性,企业间的组织联系表现为分层次的金字塔型结构。

在其他产业,居于上层的"领导企业"(lead firms)不一定是传统的纵向一体化的制造商,甚至不一定参与最终产品的制造。他们可能处于制造的上游或下游(如服装业中的时尚设计商或自有品牌零售商),也可能是关键部件的供给者(如计算机行业像英特尔一样的微处理器公司和像微软一样的软件公司)。领导公司区别于跟随企业或从属企业的标志就是他们对主要资源的控制(如产品设计、新技术、品牌或消费者需求),这些资源是该产业大部分利润的源泉。

(二) 以价值链为纽带的世界生产体系取代以股权为纽带的国际生产体系

跨国生产的传统战略从本质上而言是一种股权控制战略。国际化经营的基本模式总是倾向于通过控制所有权,保持对整个生产链的控制,实施对产权技术和专利的保护,以谋求垄断利润。但当代世界生产网络已经超越了股权连接这一纽带,演变为专业化于价值链上特定环节的跨国公司,其遍布于各东道国的子公司和作为供应商与分包商的非跨国公司系统的其他公司交织构成。分布于不同国别和区域的生产过程之间的高度依存关系更多来源于共处于某一产业或某一产品的价值链,而不是共处于某一股权体系,从而形成了由价值增值链为纽带的世界生产体系。

非股权式离岸外包成为国际生产体系加速向世界生产体系转移的重要承接形式。这不仅是指外包的地理范围不断扩大,外包的环节和项目不断增加,而且,在全球价值链布局中,跨国公司与不存在股权联系的零部件供应商之间建立起较之于一般市场联系更加密切和更为长久的关系。跨国公司通过对承接其分包业务的主要供应商的技术转让、培训供方工作人员、提供与业务有关的信息和给予资助,使原本非系统内的生产商变成了准系统内企业,使得原本处在国家边界内的一般厂商无须跨国却已实现了生产的国际化(就其生产标准、服务对象、利润实现而言)。

处理世界范围外包业务的合同制造商和合同服务供应商的兴起从两个方面进一步推动了这一变革。其一,与一般外包企业不同的是,合同制造商本身也是跨国公司,在全球安排研发和生产,为不同的客户提供产品,从而成为外包扩展的重要推力。其二,虽然合同制造商以生产其他公司的产品著称,但与普通贴牌企业不同的是,合同制造商还为其主要客户开发新产品,并承担与产品制造相关的其他业务,如物流、订购,以及产品的售后服务[1],从而使面向全球的供应链得以形成。

(三) 依据功能性布局的全球分散生产取代以世界地理区域布局的集中式生产

企业的职能主要包括:研究与开发、生产资源的筹供、零部件的加工、营销、售后服务,以及行政职能等。与以往企业保持所有职能,并且在国际化过程中在不同投资地平行复

---

[1] 电子行业著名的合同制造商伟创力公司(Flextrons)在拉美、东亚、东欧建立了8个工业园,主要提供大规模的生产加工能力,并具备良好的基础设施,具有高效的物流配送能力。在北美和西欧则有设计及工程中心。参见《2002世界投资报告——跨国公司与出口竞争力》,中国财经出版社2003年版,第130页。

制所有职能不同,如今,以产业发展周期为模式的世界生产转移演变为在新产业发展或新产品研制的初期就在国际范围布局。价值链分解带动了生产分离和各生产点专业化于价值链上特定环节的功能性布局特征,取代了以往依照国别或地区投资布局,各国或各地区的投资点相互独立,自成一体的集中生产格局。随之而来,一些海外生产点只是公司系统内一部分中间品的消费者和另一部分中间品的生产者。例如,IBM 根据各地性质相异的需求及其比较优势,将研究(R)、开发(D)、制造(M)和服务(S)分布在不同国家。英特尔将半导体成本结构中高附加值部分(硅片生产与加工)留在美国,而将制造设施放在以色列和爱尔兰,将劳动密集程度较高的装配和测试活动安排在马来西亚、菲律宾、哥斯达黎加和中国。

随着功能性投资布局的集聚,早先的地理体系被产品价值链三大功能体系所取代。形成了服务于世界市场的区域或全球加工基地、制造基地、研发基地和采购或营销基地。比如,在电子制造业,技术创新活动比较集中的西欧和北美往往成为设计和工程中心,除日本以外的东亚国家和地区则作为加工和制造基地。在建筑陶瓷业,意大利 Sassuolo 建筑陶瓷集群控制着全球陶瓷产业价值链中的高端环节——建筑陶瓷的研发设计、机械装备和流通环节的品牌化;中上端釉材和瓷砖设计由西班牙 Castello 集群和巴西 SC 陶瓷集群控制,中国佛山的陶瓷集群则处在低端的加工制造环节。在马达行业,日本京都的马达集群控制着超过马达总价值 50%的高增值环节——PC 板研发和生产;大阪轴承集群控制液压轴承;在高增值零部件生产中,依此为新加坡——测试;泰国——产品研制和加工;马来西亚——板壳;菲律宾——组装和板壳;中国平湖——组装。[1]

(四)高端主导式治理结构取代产权控制式治理结构

层级制体系、功能性布局和跨国外包制度不仅打破了跨国公司多国分散经营的传统格局[2],而且赋予跨国公司对于更广泛的多国生产体系的治理权力,造就了世界生产体系中治理结构的演变。全球化之前,跨国公司基于产权优势的国际化生产治理结构演变为占据价值链高端的企业基于增值优势的高端主导式治理结构。各行业的价值链构成并非完全相同,因而居于高端的企业属性不尽相同,但其治理的模式却是一致的,那就是借助于行业标准和规范,跨国界组织与协调价值链各环节的价值创造,并控制价值在各厂商间的分配。

在汽车、飞机、计算机、半导体及重型机械等传统所谓的资本技术密集行业,生产的进入壁垒很高,寡头型的大制造商居于价值链高端,他们在协调生产网络中居于中心地位,向前控制原材料和配件供应商,向后与分销零售密切联系,对整个产业的价值链实施控制。比如,汽车产业,6 大整车企业在全球所占有的市场份额为 60%,前 16 家零部件企业在全球市场所占有的销售额为 40%。一个全球性的汽车工业大体系正处在这些品牌制造商的直接控制之下,并按照他们的意愿向前推进。

而在服装、鞋、玩具、手工艺品等传统所谓的劳动密集型行业,生产的进入壁垒很低,造成高度竞争和全球分散的工厂体系。而设计及市场营销方面的进入壁垒却很高,因而

---

[1] 张辉:《全球价值链下的地方产业集群转型和升级》,经济科学出版社 2006 年版,第 123 页。
[2] 指的是跨国公司在多个国家市场上设厂生产各市场所需的产品,分、子公司的生产并非是专业化,每个分公司都是一个利润中心,同母公司发生垂直关系,而不同其他分、子公司发生联系。

品牌设计者(如耐克)和大型零售商(如沃尔玛)在全球价值链中占据着高端地位。品牌持有者并不建立自己的生产设施，而是利用合约进行生产，包括借助零售商来监管国际分包过程中的一些环节，如采购投入、组装、质量控制、从不同供应商处接货等，从而对全球生产体系实施治理。

第十章 生产要素的国际流动与全球化经济的运行机制

从理论上讲,世界经济理论应追溯到世界经济形成之前,即国际贸易发生并成为研究对象之时。因此,以主张国际贸易的古典贸易理论绝对优势论与比较优势论可以被看作世界经济理论的起点。但是,这些理论一般被作为国际经济学的起点与理论基石,而世界经济研究则是从国别经济研究开始的。如果说国与国之间的贸易联系的"国——际"特征是国际经济学的标志,那么世界经济学应当以对世界的整体研究为特征。马克思研究了世界市场,列宁研究了帝国主义争夺殖民地的战争基础是垄断资本主义,这些理论的"世界"特征表明其是世界经济学的理论起点。但是在最初的研究对象中,外国经济等同于世界经济,这也与当时世界经济全球化未充分展开相关。

对外开放以来,我国世界经济理论工作者为世界经济学的学科建设作出了不懈的努力,对世界经济各专题的研究改变了学科的面貌,主题广泛涉及贸易自由化、金融国际化和生产一体化,尤其是对经济全球化表现及趋势的研究使世界经济学科领域得到了较为清晰的界定。然而,在经济全球化深入发展的今天,这一学科的建设不但被提出了更高的要求,而且也有了新的条件。经济全球化正在逐步把一个全球化经济呈现到我们面前,使我们能够像对待国民经济研究一样的思路来研究世界经济。从经济全球化的微观机理出发,分析这一微观机理如何形成世界经济的宏观表现,是世界经济学(本质上是全球化经济学)的理论范畴与研究对象,也是全球化经济的基本运行机制。

第一节 世界经济学的发展与理论建设的现实需要

一、世界经济学在中国的发展

世界经济学在我国的发展可以追溯到改革开放之初。20世纪80年代初,以钱俊瑞为代表的老一代经济学家提出了建设世界经济学的课题。这是我国对外开放在理论上需要的反映,中国迫切需要认识世界经济的特点与规律为开放战略的推进提供理论指导。在老一代经济学家的努力下,我国许多高校建立了世界经济专业。以《世界经济学》为书名的教材接连出版,体现了我国世界经济专业的理论与教学工作者对这一学科体系所作的探索。

从总体上看,已有世界经济学体系的基本特征是从国际分工或经济全球化出发,全面涉及国际贸易、投资、金融、跨国公司与区域经济一体化等现实世界经济中的各种现象。尽管各种教材并不完全一致,但总体特点是梳理和描述现实世界经济的基本现象,在不同程度上吸收了国际经济学的理论成果,但又形成了与国际经济学体系与对象的显著差别。

尽管各种教材的叙述方式不同,但研究对象的清晰定位为学科的建立提供了最有力的依据。国际分工或经济全球化、一体化理论被许多教材作为这一学科的基本理论。但是,与国际经济学丰富的国际贸易与投资理论相比,世界经济学要显得苍白得多,以至于人们开始怀疑它存在的理由。

理论是对现实的抽象与梳理,理论的发展应当建立在现实发展的基础之上,尤其像世界经济学这种以现实世界经济为研究对象的学科更是这样。世界经济学是关于世界范围经济运行内在规律的学科,应反映世界经济的最新现实,即经济全球化,揭示其形成机理与运行机制。

二、世界经济的现实变化

经济全球化是世界经济发展的现实表现,从经济学抽象的思维方式来讲,世界经济学科的研究对象也就是"全球化经济"——一个"全球化了"的经济体。这样的一个经济体,其形成和运行的最主要因素是什么,决定了世界经济学的理论切入点。

全球化经济的最重要基础是国际直接投资,而不是国际贸易。国际贸易各经济体相互间的产品交换,不论贸易自由化达到如何高的程度,各个经济体的运行是相对独立的。然而国际直接投资却不同。国际直接投资是一个国家的资本(以种种生产要素为形式)向另一个国家的流动,在此基础上形成生产过程,因而,是两个国民经济的更深度的联系与结合。

从投资与贸易的关系来看,今天世界上越来越多的贸易本身就是国际直接投资的产物,由跨国公司投资创造的一国出口和公司内贸易日益超越各国在本国比较优势或要素禀赋基础上形成的贸易,投资成为贸易发展的原因,既是经济全球化的表现,也是经济全球化更深刻的基础。

国际直接投资的本质是以资本为载体的生产要素的国际流动。这里所说的生产要素包括货币资本、技术、品牌、专利、经营管理方法、营销网络、管理与技术人才等,这些要素从投资国流出,而作为东道国所提供的生产要素则是土地、劳动力、激励政策和经营环境等。

在这里,我们清晰地看到投资与贸易的重大区别:贸易是生产的国际分工,各国经济相对独立;投资是要素的国际合作,各国经济相互融合。FDI使不同国家的不同生产要素相结合,使生产的国际分工转变为要素的国际合作,是世界经济运行特征的一个历史性变化,是全球化经济形成更重要的条件,超越贸易自由化。世界经济学理论要研究全球化就需要基于要素流动展开。

国际直接投资这一决定全球化经济运行的现象表明,经典贸易理论不再适用分析全球化经济:比较优势理论基于各国相对劳动生产率,单一劳动要素观;即使扩展到多要素,也仍然是基于两国全要素生产率的相对差异决定贸易,不包含要素流动对生产率的影响。要素禀赋论基于要素不流动,各国生产和出口本国富裕要素密集型产品。要素流动可使一国改变要素禀赋结构从而改变生产贸易结构。要素流动后形成的贸易不再是一国原有的比较优势,显性比较优势取决于要素流动情况,落后国家可以出口高技术产品,进口原材料。资本稀缺国家可能出口资本密集型产品。按进出口结构不再能体现国家发展特征。

国际直接投资的这一全球化经济的基础性现象也决定了传统的国际分工概念要抛弃。要素流动下的世界经济是要素合作型的国际专业化。分工概念中的"工"侧重劳动力不确切,其中的"分"也不反映他国流入生产要素。国际直接投资下的世界经济不能再用传统国际分工概念来描述,而要提出"要素合作型的国际专业化"。

三、要素流动是经济全球化的本质特征

国际直接投资在当今全球化经济中的基础性影响,决定了世界经济学这一以全球化经济为研究对象的学科,其理论切入点是"生产要素的国际流动",或简称"要素流动"。

从生产要素层面或曰思维方法研究世界经济是经济全球化本身发展显示的新特征的要求,也使我们从理论上进入到了一个新的层次,区别于以往的国际经济学方法。国际经济学最初分析国与国之间贸易的成因,这时,一个国家被看作一个整体,国家的差异在于不同产业的劳动生产率不同(古典学派)。此后,产业贸易理论指出两国同一产业间可能贸易,研究进入了产业内而到了产品的差异性上。产品内贸易理论指出一个产品的各个零部件可以贸易,产品生产可以进行价值链分工。理论又向深度方向进了一层,但事实上只是进入到中间产品,仍然没有把产品或中间产品再分解为生产要素。经济学分析市场运行机制是从供求理论、价格理论出发的,所有经济规律是基于产品价格机制的规律,产品没有被分解为要素分析,生产要素在这一理论体系中最关键是被假定为充分流动——在国内充分流动,而不存在跨境流动。然而,今天全球化经济的最基础机制就在于生产要素的跨境流动,舍此没有当代世界经济的基本特征。因而,无论是从国际经济学来说,还是从经济学来说,世界经济学从要素层面出发进行研究都是必然的和必要的。

生产要素的国际流动是经济全球化的本质。这是因为:第一,生产要素的国际流动既包含了要素的流动,也包含了产品的流动;要素流动必然是生产地发生变化,进而又导致最终产品贸易的扩大。第二,要素的国际流动从生产经营的源头起形成了国与国之间的经济联系,其深度要超越以最终产品的国际贸易为内容的国际联系。第三,要素流动是广义的,它包括了货币资本,也包括了技术、人才、经营管理、信息、市场营销网络等,正是其广义性深化了国际经济联系。第四,要素流动是产品流动的发展,因为跨境投资往往是为了跨越贸易障碍,包括关税等市场障碍和运输等自然地理障碍,从而发展了国际商品贸易关系。要素流动超越了商品流动,也主导了商品流动。世界贸易组织将《关税与贸易总协定》从产品的自由贸易扩展到知识产权保护和投资政策等广泛领域,要求其他成员方开放投资的市场准入,体现了经济全球化发展的要求。

要素的不同在于要素自然属性的差异,不存在高级与低级之分,不能说资本要素一定是比劳动力要素更为高级的要素。但每一种要素也有低级与高级之分,如不同的劳动力、不同的技术是有差异的。

要素的流动性是有差异的,有的要素流动性强,如货币资本、技术专利;有的流动性弱甚至完全不流动,如自然资源、土地;有的流动性强弱受国家政策影响,如尖端技术。劳动力的流动是世界经济中的重要现象,但是在大多数国家政策中,往往鼓励高级劳动力的流入,而限制低级劳动力的流入。要素流动性的这些差异决定了全球化条件下要素国际组合的特征,即流动性强的要素向流动性弱的要素所在国家流动而不是相反。这就决定了在其他条件相同的情况下,发达国家的资本技术向以土地、自然资源和劳动力为主要要素

的发展中国家流动。这是经济全球化给发展中国家的一种特殊的机遇。在生产要素国际流动中,跨国公司是主体,外资是载体,从而引进跨国公司以集聚高级要素成为发展中国家战略的核心,跨国公司分支机构约一半进入了发展中国家①。如果政府能够创造适合于高级易流动生产要素向本国流动的经济社会环境,那么就会推动这种要素的集聚。从这个意义上可以说,对一个发展中国家来讲,是否真正抓住经济全球化的历史机遇,就在于能否使自己低级的低流动性的要素成为吸引高级的高流动性要素流入的有利条件。形成这些条件的关键,是政府创造有效有利的经营环境,以吸引外国高级要素。②

第二节 世界经济学的基本理论问题

生产要素的国际流动是当代全球化经济的运行基础,这一具有基础意义的特征深刻影响了当代世界经济的运行机制,使世界经济的运行发生了深刻变化,分析这些机制与变化是认识全球化经济的关键。从生产要素的国际流动出发,我们需要深入研究以下十个理论问题。

一、国际直接投资与经济全球化的关系

世界经济发展史表明,生产要素的国际流动超越国际贸易是经济全球化发展的基础。

目前,在国际经济学与世界经济理论研究中,大部分研究把各国发挥比较优势进行国际分工,即国际贸易及其自由化视作经济全球化的基础和原因,这些研究忽略了国际直接投资的更基础性的作用。世界经济发展史是一个从国际贸易不断发展到国际直接投资不断发展的历史。问题的关键不在于两者的数量及其增长速度,因为即使同样以货币计量仍具有不可比性。问题的关键在于,在当代世界经济中,国际直接投资对国际贸易具有重要的推动作用。尽管投资经常具有跨越边境而替代贸易的意义,但同时却因为其具有深化国际分工的作用而创造了贸易,现代产业组织理论与企业内贸易理论,异质企业贸易模型和企业内生边界模型等都证明了这一点。这些理论虽然通常被作为贸易理论,而事实上这些贸易现象的形成正是跨国投资的结果。

然而,国际直接投资与国际贸易毕竟有着重大区别:贸易是生产的国际分工,各国经济相对独立;而投资则是生产要素的国际合作,各国经济相互融合。国际直接投资使不同国家的不同生产要素相结合,使"生产的国际分工"转变为"要素的国际合作",是世界经济运行特征的一个历史性变化,是全球化经济形成更重要的条件。从国与国之间融合的深度上看,投资自由化对经济全球化进程的影响和意义已经超越了贸易自由化。

因此,世界经济发展史就是从贸易性质的世界市场发展到国际直接投资性质的全球化经济,从而相互独立的国民经济发展到相互融合的全球化经济。只有从国际直接投资及其影响的视角才能深刻认识当代世界经济。

---

① 联合国贸发会议(UNCTAD)报告《2005世界投资报告》,第13页。
② 关于经济全球化的首要特征是要素流动的分析,参见:张幼文等著:《世界经济学:理论与方法》,上海财经大学出版社2004年版;张幼文:《当代国家优势:要素培育与全球规划》,远东出版社2003年版。

要素流动使国际贸易流向与结构发生重大变化。从数量上看,贸易的创造效应与替代效应并存。产业转移和集聚创造贸易,国内市场开放减少了原来的进口贸易;从结构上看,要素流向决定了贸易的产业性质,使落后国家可能生产出口技术密集型产品。

国际直接投资的内涵是要素的国际流动从而要素合作下的生产,完全不同于基于一国要素禀赋或比较优势的生产国际分工基础上的国际贸易。要素流动超越产品贸易是当代全球化世界经济的本质特征。

二、生产要素国际流动的原理与世界经济不平衡的成因

种种生产要素的性质不同及其流动性差异决定了当代世界经济的一系列重要特征。国际直接投资的本质是以资本为载体的生产要素的国际流动。在经济学意义上,生产要素一般分为劳动力、资本与土地三大类。然而,从企业生产投入和经营的过程看,生产要素则不仅包括土地、劳动力与货币资本,同时也包括特定产品、技术、品牌、专利、经营管理、营销网络等。

除了对生产要素的自然属性划分外,还应对其按质量水平划分,即其质量的高低:劳动力有低级加工型劳动力,也有高级技术与经营管理人才;土地在农业意义上的肥沃性差异,在工商业意义上有地理位置差异;技术有先进与一般之分,品牌有知名度不同,专利有复杂度及其经济价值差别,经营管理体系及国际市场销售网络等都有水平差异。要素的质量属性决定了要素的价值。

不同类型和不同质量的生产要素在国际流动上也是不同的。在空间意义上,土地是绝对不流动的,流动的只是其产权或使用权;而其空间不流动性又决定了其他要素相对于其而流动。资本、劳动力原则上是可流动的,但事实上国家的开放制度决定了资本流动的可能性,准入的产业资本可流动,而限制、禁止的产业不能流动。高级技术型人才各国都努力吸引,而一般劳动力大部分国家不接受流入,除非缺乏劳动力的国家。技术、专利是最易流动要素,但有些技术被看作敏感技术而限制对特定国家流出,有些国家因需要产业保护而抵制先进技术流入。要素流动性差异是全球化经济中要素流向的决定性因素。

除了生产要素自身流动性差异外,决定要素流动的还有经济环境与经济全球化发展本身,前者可称为经济要素,后者可称为全球化经济要素。一个国家能够吸引外资以流入,一是取决于其国内经济发展条件,更规范的市场经济制度,更透明的政府管理体制,更大的本地市场购买力,更成熟的产业配套体系等,是外资企业在东道国的发展条件,决定了跨国公司对投资地的选择。同时,一个国家的开放水平或者说其融入经济全球化的程度,决定了其对要素流入的开放度。更优惠的对外资的政策激励,更符合于国际投资规则的公平竞争环境,更规范透明的投资者权益保护制度,更大领域的产业市场准入等,体现了一国融入经济全球化的程度,决定了要素流入的条件,是一个国家构建的开放型经济要素或曰全球化经济要素。

要素的自然属性及其流动性差异,加上各国构建的经济要素、全球化经济要素的差异,导致过去二三十年中世界要素流动的方向性特征,即从发达国家向新兴经济体流动成为主流。流向上的这一特征是世界经济发展不平衡的微观基础,因为要素流动的直接结果是生产地的转移,同时贸易的创造又使东道国出口能力提升,而投资国需要进口。因此,要素流动这一微观机制是当代世界经济许多重要现象的成因。由此带来的贸易不平

衡不应当也不能够用汇率调整来平衡。

三、全球化经济的要素流动与国际贸易理论的发展方向

以要素流动为基础特征的全球化经济形成使传统贸易理论不再适用，而新发展起来的贸易理论正日益接近于要素流动所带来的新现实，虽然人们把它们称为贸易理论。

比较优势理论不再适用于直接分析全球化经济。比较优势理论基于各国相对劳动生产率，是单一劳动要素观，不适合分析多要素跨国组合为基本特征的全球化经济；即使扩展到多要素两国模型，其核心思想仍然是基于两国全要素生产率的相对差异决定贸易，不包含要素流动对相对生产率从而对贸易的影响。当然，其"相对"即比例思想仍然是经典的，但现在这种比例正是产生于要素流动。要素流动后形成的贸易不再是一国原有的比较优势，显性比较优势取决于要素流动情况，落后国家可以出口高技术产品，现实贸易数据普遍证明了这一点。

传统要素禀赋理论也同样不再适用于解释当代世界经济的基本现象。要素禀赋论基于要素不流动，各国生产和出口本国富裕要素密集型产品。要素流动可使一国改变要素禀赋结构从而改变生产贸易结构。资本稀缺国家可能出口资本密集型产品。按进出口结构不再能体现国家发展特征。

新贸易理论论述了规模经济与不完全竞争，发达国家之间的产业内贸易得到了解释，而今天不同发展水平国家间产业内贸易形成的基础正是要素流动。产业内贸易的形成可能是同样发达水平国家间企业的战略选择，但是在不同发展水平的国家间却正是由跨国公司投资下形成的。发展中国家和新兴经济体自身没有条件通过投资实现与发达国家的产业内贸易，而跨国公司投资却可能将其产业扩张，形成产业内和企业内贸易。

要素价格均等化定理说明了国际分工与贸易会导致各国异质生产要素获得相同的相对与绝对收入。这一过程在理论逻辑上是可以成立的，但在实践中是一个长期过程。这一理论的结论是自由贸易导致各国贫富差别消除。原因一方面是完全竞争和自由贸易条件不完全存在，其假设前提各国技术水平相同不存在。今天世界发展差距减少的原因恰恰在于后进国家引进稀缺生产要素使充裕要素得到使用，从而增加了收入，而不是完全靠基于要素禀赋的国际贸易。要素禀赋理论的推论是"产品的国际流动可以代替要素的国际流动"，但世界经济发展的实际正好相反，是要素流动代替了产品流动，或者扩大了产品流动。

新贸易理论高度重视要素分析是正确的，包括自然资源要素论、技术要素论、人力资本说、研究与开发要素说、信息要素说。其对要素的分析都说明当代贸易不同于以前的贸易。但是这些理论忽略了要素是如何形成的，其更多注重的是本国条件下形成，而忽略了国际流动形成的现代路径。

规模经济与不完全竞争市场理论解释了贸易及其结构形成的原因，但正是跨国公司直接投资是形成这两个状态的最现实途径，而非本国特别不是发展中国家自身条件下的发展的结果。

产业组织理论与企业内贸易理论所证明的正是国际投资所创造的新的贸易现象。新新贸易理论提出了异质企业贸易模型和企业内生边界模型。产生于21世纪初的贸易理论，同样基于国际投资，即要素流动。这些理论本身就是研究公司内贸易，即企业全球化生产模式，因而恰恰是投资决定的贸易。其解释了贸易发生的原因，证明了投资创造贸

易,是要素流动机制下的贸易现象。

由此可见,贸易理论的发展都在日益接近于跨国投资,即要素国际流动的客观现实,其对现代贸易现象的解释既否定了传统贸易理论,又证明了要素流动的基础性意义。问题是这些理论作为贸易理论是对贸易现象的解释,而这些贸易现象的形成正是跨国投资。可惜的是,这些理论都努力在推进贸易理论,却忽略了用现实世界真正发展起来的国际直接投资,即要素流动理论来替代贸易理论。

当代世界经济是"要素合作型国际专业化""国际分工"这一传统概念已经不能确切地表达这一事实。要素流动下的世界经济是要素合作型的国际专业化。分工概念中的"工"侧重劳动力不确切,其中的"分"也不反映他国流入生产要素。国际直接投资下的世界经济不能再用传统国际分工概念来描述。

四、跨国公司投资决策与要素国际流动的动因

跨国公司投资理论实质上指出了要素国际流动的动因与特点,指出了世界要素市场的机制。跨国公司是全球要素合作的组织者。从全球化生产及资源配置的意义上讲,跨国公司的作用就是主导要素流动的国际投资。跨国公司在现代世界经济中的各种决定性比重说明了其在世界经济中的地位,说明了其是全球化经济运行的主角。跨国公司全球战略深刻影响着当代世界经济运行的特点。

寻求廉价劳动力是当代国际投资的主要动因之一。这一投资决策决定了资本、技术等向发展中国家流动。统计表明劳动力成本的国际差异如何决定了跨国公司投资。这一类国际投资直接影响了相关产品的国际市场价格,从而使形成价格的机制从基于一国既定的要素成本转变为生产地国际转移。

各种不同的跨国投资理论都从企业决策的角度说明了投资的必要性和依据,其结果是不同意义上的要素国际流动。要素国际组合是跨国公司的各种投资决策的一般原理,因而跨国公司的投资经营决策决定了全球化经济中的要素配置。垄断优势论、内部化理论、国际生产折衷论、产品生命周期论和边际产业扩展理论等,这些不同的跨国公司投资理论的共同点是由要素价格国际差异决定的要素配置。与生产要素一起,经济要素和全球化经济要素共同决定着要素流向从而影响全球化配置。

跨国并购是一种特殊形式的要素流动。在绿地投资下,要素发生了空间流动,而产权不流动,外商仍然是该要素的所有者。在国际并购情况下,要素未发生空间流动,但产权发生了国际转移,因而是另一种意义上的国际流动。

要素流动分析方法不仅使我们看到了全球化经济的微观基础,而且指出了全球化经济中的市场结构。产品市场、服务市场与金融市场是我们对市场的一般分类。事实上,跨国并购的意义与货币、证券市场等金融市场有着重要区别,因为交易者所关心的不是买卖对象的货币价值,而是其所包含的各种生产要素的价值;不是为了通过金融市场过程实现盈利,而是为了未来使用所获得的生产要素而盈利;不是一种单纯的金融,而是一种借助金融手段实现的生产行为,因而要素流动才是本质。

五、要素价格与全球化经济中的收益分配

国际贸易与国际投资中各国的收益差异或曰利益分配是国际经济学与发展经济学长

期探索的问题,但没有得出一般的原理与结论。但是,要素价格决定原理却有效地揭示了在全球化经济中的分配规律,从而能够有效说明不同类型国家参与全球化的收益差别,进而也启示了收益相对较低国家的战略取向。

稀缺性是经济学分析的基础性概念,商品的相对稀缺度决定了供求关系从而决定了商品价格。同样,要素的稀缺性决定了要素的供求关系,从而决定了要素价格即要素所有者的收益。在同一国家中,不同要素具有稀缺性差异;在不同国家中,同一要素也具有稀缺性差异。稀缺性在商品价格决定中的意义同样决定了要素价格从而决定了要素收益。

全球化经济中的特殊性在于,要素的流动性差异影响着要素价格和要素收益。流动性强的要素能作出流动与否的选择,而流动性低的要素则相对处于被动地位,从而难以因流动而改变其稀缺度。技术从充裕国家向稀缺国家流动,因其稀缺度提高而提高价格,而低端劳动力因无法跨国流动而只能接受低稀缺度下的低价。这一原理决定了发展中国家作为土地、低端劳动力等低流动性要素所有者,在吸收高流动性要素中处于收益必然低的不利地位。传统贸易理论没有回答发展中国家不利地位的真正原因,而要素流动原理却清晰地揭示了这一点。

在今于的世界经济中,各种要素相对稀缺度是不同的。高级要素相对稀缺、低级要素相对充裕,这一总供求关系决定了全球化经济中国际收益差异的基本特征。不同类型经济体在人均资本、专利数等各种要素存量上的差异是全球化发展收益差异的基础性原因。在这里即使没有垄断、国际不平等交换、信息不对称等因素,国际收益差异的结果同样会存在。

除了要素的自然属性对流动性差异外,经济要素与全球化经济要素也起着决定性的作用。一国经济要素的充裕(成熟的市场环境、完善的产业配套能力、高效的政府服务等)会成为对外部要素流入的引力。同时,一国经济的开放度则会减少要素流入的障碍。东道国尽管在不流动要素上处于地位,但同时却又可以通过经济要素与全球化经济要素获益:产业关联拉动了国内发展,税收提高了政府收入。经济要素与全球化经济要素经常作为公共产品而获得收益。要素贸易条件理论试图分析一国的贸易收益,然而在要素国际流动条件下已经不再适用,要素价格原理才是国民收益的基础性原理。

六、全球化经济中国家发展水平与经济实力的评估

要素流动的直接结果是,当代世界各国的国内生产总值(GDP)不再是本国生产要素的产物,而是多国生产要素共同的产物,由此导致了一切基于 GDP 统计分析的变化,尤其是国家出口竞争力、发展水平评估与国民收益的变化。

要素流动深刻影响了国民经济现有统计的意义。现行国民经济的各类主要指标都基于要素不流动条件,其中的两大问题:一是不反映要素流动实际情况;二是不能反映要素流动的影响。除了资本流动本身反映的是要素流动。但资本流动统计也只反映货币意义上的资本流动,而不反映其中所包含的各类要素流动。当一个国家的生产在日益增大的动力是建立在外国要素基础之上时,传统的"国民经济"概念已经发生了根本性的变化。

从国际经济的角度讲,需要重新思考 GDP 国际比较方法及其意义。GDP 统计的内在意义发生了变化。由于增加值由各国生产要素共同创造,新创造价值的分配归各国要素所有者,因此,GDP 已不能真实反映增长对本国国民的福利意义。GDP 是地理上的产

出概念,产出中包含所有要素的报酬,且稀缺要素价格更高,报酬率更高,资本流入国GDP增长更快,但相对国民净收入增长却不如GDP增长,事实上相对更低。相应地,要素流出国的GDP相对较低,但未计算其在境外的资本增值从而财富增长。GDP统计使两类国家实际的相对收入差距被掩盖。资本流入国增长更快,但国外要素要求获得相应更高收入。国民财富的实际差距在扩大。未汇回利润和未撤出资本不易看清这一问题。同时,流入国因更多要素投入中也包括本国要素增加投入。我们既不能把流入要素创造的GDP看作本国的GDP,把未汇出的收益看作本国的收益,也不能简单否定流入要素对本国增长的作用。需要客观比较世界各国现统计的GDP中来自非本国要素的比重,同时统计本国要素在境外创造的增加值,在此基础上分析一国国民真实的财富增长。因为我们需要分析基于要素所有权的GDP的结构,包括对未汇回本国的要素收益,因此传统的国民生产总值(GNP)也不能说明问题。

要素流动使现行贸易统计的意义发生了变化。现行贸易统计体现的是商品与服务的跨境流量,反映了生产与服务提供者作为企业注册地的国家属性,却不能反映企业的要素结构及其国民属性。由此形成的贸易与要素不流动条件下贸易的性质不同,它不能反映一国的比较优势及各种意义上的分工地位。从进出口结构中体现的一国比较优势与分工地位是在要素流动条件下形成的,不再是本国要素禀赋结构或比较优势的表现。贸易规模和贸易顺差都不再反映一国从贸易中的利益,增加值贸易统计正确避免了出口规模不准确反映一国实际出口能力的现象,反映了当代世界经济的分工深度,为我们在属地分析基础上进一步进行属权分析创造了条件。

经济全球化要素流动要求我们重建国家竞争力的分析方法。传统方法中国家竞争力是基于产业结构、贸易结构等进行分析的。但今天一个开放型经济的贸易竞争力部分来自于外资企业。一个跨国公司的竞争力是这个公司主要投资者所属国家的竞争力,而不是其所在地国家的竞争力。因此,一个开放型经济体的竞争力不能简单用其产业结构或贸易结构来评估,而需要分清产业及企业的国民属性。

对于跨国公司与东道国竞争力的关系能否说"不为我所有,但为我所用"呢?从生产要素的产权及其收益归属上讲是不合理的,从国家竞争力的结构与来源上讲也是不合理的,但是从国家综合竞争力的形成,国民经济的增长从而收益增长上讲又是不应当否定的,因为跨国公司的进入通过产业关联和市场机制拉动了国民经济增长,提高的国民收入和综合竞争力。

从要素流动与国民收入的变动趋势讲,由于高低端要素收益的差异,不同国家财富积累的速度形成差异,这一差异又构成培育高级要素的条件,从而形成正反馈,在缺乏正确战略的情况下可能拉大国家收入水平的差距。

如果说要素流动是当代世界经济的基础性特征,那么一国吸收要素的能力就是国家的核心能力,即要素集聚能力。贸易竞争力不再是当代国家竞争力的标志,因为一国贸易出口是不同国家要素的组合。

七、开放型经济要素流动激励政策的经济效益

在以要素集聚作为国家核心能力的国际竞争下,要素流入激励政策即鼓励资本流入成为经济发展的政策重点。新兴经济体普遍有较高的外资流入量,且外资是出口的主力。

发展经济学已经从出口激励政策研究向资本引进政策延伸。

由此产生的新问题是，开放型经济的要素激励所引起的要素扭曲。激励要素流入政策正效应是增加一国经济发展中的要素投入总量，是经济增长的条件。用生产可能性曲线表示是外移。但激励政策必然同时导致扭曲，在这里首先是资本价格的扭曲，生产中资本与劳动比更多使用资本。同时内资与外资得到不同激励，内资有被挤出效应。扭曲导致国民经济实际福利降低。但是这种扭曲是在全球经济条件下，与一国的扭曲不同。在一国扭曲导致生产可能性曲线内移，但在全球条件下看一国，资本总量增加，生产可能性曲线外移。但各国引资的竞争还是导致全球资本实际收入上升，劳动收入相对下降。

重要的是在以资本流入激励发展战略达到一定阶段时，应致力于扭曲的消除和发展政策的转型。政策激励下的扭曲对一国经济长期发展不利。激励政策的成本为东道国承担，劳动收入增长相对不足，社会支出增加。激励政策在产生增长效益的同时，也因为扭曲与负外部性提高了社会成本，降低了本国引进外资的总收益。

在全球范围内国家间的引资竞争会导致全球资本价格扭曲，在一国范围内各地区间的引资竞争也会导致对资本的加倍激励。这就形成了国内的扭曲。各地的发展竞争中的政策竞争使中国付出了巨大环境成本，迅速消耗了土地资源，降低了财政收入，降低了引资的总收益。

从发展战略上讲，以激励政策增强要素流入的集聚能力只是发展的初级阶段，即政策性开放阶段。更高级的阶段是体制性开放阶段，即以体制的透明、高效、法制化、国际化等条件形成对要素流入的引力，以更强的国内市场购买力与配套能力吸引要素流入，形成在非政策差异下的非扭曲的高效增长。

八、要素流动与全球化经济的增长特征

全球化的要素配置带来了增长的规模经济与报酬递增。要素流动促进了全球经济增长，其成因是要素总投入量的增加，产生于闲置要素投入使用（如发展中国家的劳动力、土地），跨国公司母国充裕要素资本获得投资机会。自20世纪末起，世界经济增长极大地得益于资本流动量的增加。

由于要素流动导致生产的相对集中，一国一地的生产供应世界市场，形成规模经济。包括单个企业的规模经济，产业在开发区集中的产业规模经济。同时，价值链分工使分工深化，更因提高了专业化水平而提高了经济效率。

要素流动通过影响一个国家的要素结构而影响增长。要素流入国要素总量增加，结构发生变化，改变了可用要素结构从而影响产业发展结构。高端要素流入会增加本国该要素的总供给，从而降低该国原稀缺要素的价格与收益，不利于该国稀缺要素的成长。引进技术含量高的外资不利于东道国技术进步，低端劳动力得到更多就业机会而同类技术收益下降。换言之，本国稀缺要素密集型产业实现了增长，但却不利于发展。

要素流动使国际贸易、投资与全球可持续发展问题出现新的格局。全球化使可持续发展真正变为全球性问题，不再是一国局部的问题。当前已经显现的问题是，一批国家以开放形式实现高度发展，还有相当一部分国家未发展，世界自然资源的供给已经出现"瓶颈"，显现出不可持续性，资源价格上涨是标志。从现状看，世界其他发展中国家难以继续走新兴经济体道路。世界范围可持续发展的道路在于，只能以科技进步解决自然资源不

足问题,而不同于单个国家确保外部供给。但是,要素流动可提高落后国家的技术水平使之向低消耗经济转变,有利于世界的可持续发展。

要素流动条件下,世界经济均衡发展也产生了新问题。2008年的金融危机显示的世界经济失衡来自新兴经济体更快发展,贸易顺差,而流出国贸易逆差。新兴经济体承担了世界生产职责,供给全球消费,由于输出国没有发展起新兴产业和有效使用出口收入,必然导致贸易不平衡。这种失衡是不应当用汇率来调整的,因为如果做这种调整,那么也就是消除了要素流动的动力。流入国汇率升值使出口收益下降,从而降低了资本与劳动收入。资本流入国是用两国要素生产,以出口供两国使用,所以出口必然大于进口。同时,流入国同时开放国内市场又减少了进口需求。所以,当今世界经济增长的不平衡状态与国际直接投资单向流动之间存在着密切的关系。

全球不平衡也对国际货币体系改革提出了要求。危机后国际货币体系改革方案中的一条是关于对贸易不平衡国家汇率调整的要求,经常项目不平衡国家超过一定比例应进行汇率调整。这一方案是不合理的和不可行的。一国对多国贸易,两国间的不平衡调整可能造成对第三国的反向变化。特别是这种调整违背要素流动产业重新分布在一个时期内必然不平衡的基础,所以是反全球化的。

九、要素流动与全球化经济的制度安排

当前经济全球化的趋势明显表现出投资超越贸易成为全球化主题的趋势。从区域一体化看,合作主题已经从注重贸易自由化转向注重国际投资,即要素流动。区域经济一体化的谈判重点已经从货物贸易的自由化转变为更大领域的投资开放,转变为服务贸易开放即投资准入或曰要素流动。

双边投资协议谈判已经成为当代国际合作的主题。这些谈判不仅通过负面清单要求各国扩大准入领域,更通过对各国公平竞争和外资权益保护的协议来确保投资的真正开放,事实上是要求各国遵循制度意义上的透明、规范,以此构造开放的投资环境。

世界贸易组织(WTO)多哈发展议程的困难与该组织的决策谈判机制相关,也与全球化主题的深化相关。从关税与贸易总协定出发,WTO的主要功能是贸易自由化与相应的争端解决机制。知识产权问题与投资问题都由贸易问题延伸,但这一组织在已有体制下难以根本解决,无法适应新一轮全球化的需要。当前,双边投资协议谈判聚集在投资的制度性开放和投资领域扩大的制度性安排,也正预示着未来全球性协议即全球性制度安排的主题。

十、引资战略、产业战略与要素培育战略的比较研究

发展中国家的发展战略必须基于时代特征,由此才能适应时代机制,利用外部条件。

在发展经济学的最初探索中,比较优势战略被广泛认同为开放型发展战略的基本要点,发挥本国的比较优势以发展出口是解决双缺口实现发展的关键。从历史经验看,这一结论仍然是正确的,或者说对于不基于要素流动而可能发展起来的本国产业,这一战略也仍然是正确的。

但是,在要素流动的当代条件下,忽略要素流入对发展的积极作用使传统比较优势战略显示出局限性。因为,比较优势战略是基于本国现有比较优势而制订的,其忽略了要素

流入对形成与改变比较优势的影响。或者说，单纯依靠本国要素禀赋建立比较优势，战略上存在着很大的局限性，甚至因为缺乏资本与国外市场而无法启动。当注重引进外资发展出口时，那么，这一战略的本质就已经发生了变化，已经不是比较优势战略了，而是要素引进战略了。在这种情况下形成的比较优势，如由此发展起来的资本密集型产业和技术密集型产业是不能称为本国的比较优势产业的；如果把这些产业的发展思路称为"发挥本国廉价劳动力比较优势"战略，那么，战略已经是要素成本战略，即靠低级要素吸引高级要素的战略，而不是比较优势战略原来意义上的基于本国要素的产业战略。

当代新兴经济体的成功发展战略已经证明，开放的核心是在引进外资即要素流入下的贸易发展战略，而不是依靠本国要素的出口导向战略。

从发展的本来意义即产业进步来看，要素引进战略事实上把发展分成了两个阶段：第一个阶段是建立由外资流入形成的产业，包括出口产业与内销产业。这一阶段的产业升级不是严格意义上的结构进步，因为这只是外资建立的在本国存在意义上的产业进步。这一阶段的资本积累为第二阶段发展准备了条件，那就是可能基于本国资本实现技术进步与产业升级，由此才完成完整意义上的经济发展。

这样也就提出了从第一阶段向第二阶段转变的关键，即要素培育。仅仅有第一阶段实现的资本积累是不可能直接进入第二阶段的。资本积累要转变为培育本国高级要素的条件，包括教育投资形成高级人才，技术创新形成自主专利与品牌等，这些都可称为要素培育，只有这种要素培育才能改变本国的要素结构，从而在要素合作的全球化中具有本国的产业主导地位，实现真正意义上的发展。因此，要素培育是要素引进战略升级的关键，也是发展转型的核心和发展的基础。

人们常把当代国际竞争称为科技竞争，是正确但又不完整的。先进科技是高级要素之一但不是全部。上述要素分类已经说明种类要素都有高级低级之分，而一国在国际价值链分工中的地位则取决于其要素水平。因此，当代世界的竞争是国家间的要素培育竞争。

要素培育也可能采取要素获取模式，即不是完全依靠本国条件从零起点培育高级要素，而可能部分地通过国际并购迅速获得先进企业的品牌、技术与国际市场网络等高级要素，在此基础上实现发展。也可以采取部分购买并在此基础上进行二次创新的方式，培育自己的高级要素，实现产业创新与分工地位升级。对已经引进的外资企业采用本土化战略，也是提升本国要素结构的可行路径。

上述分析表明，对要素流动是全球化经济本质特征的揭示，不仅可以使我们找到了分析当代世界经济的最优视角，从微观到宏观各个层面上看清各种新现象的本质，而且使我们看到了发展战略升级的方向与道路。

第三篇

一体化世界经济的持续增长与平衡发展

第十一章 世界经济的增长

自工业革命以来,世界经济从整体上一直呈增长的趋势,尤其是第二次世界大战结束到1973年爆发石油危机为止,世界经济更是呈现高速增长的势头,西方发达国家进入经济繁荣的黄金时代。自20世纪90年代以来,世界经济又出现新的增长,广大发展中国家尤其是新兴经济体对世界经济的增长作出了重要贡献。

世界经济一体化推动了世界经济的增长。经济全球化已成为增长的重要特征,国际贸易的增长、国际投资的扩展和国际经济合作的加强促进了经济的全球性增长,国际经济的协调机制保证了经济全球性增长的持续和稳定。

第一节 世界经济增长的历史轨迹

一、世界经济增长的回顾

自工业革命以来,世界经济整体上一直呈增长的趋势,尤其是第二次世界大战结束到1973年爆发石油危机为止,世界经济更是呈现高速增长的势头,西方发达国家经历了经济繁荣的黄金时代。自20世纪90年代以来,世界经济又出现新的增长,广大发展中国家尤其是新兴经济体对世界经济的增长作出了重要贡献。经济全球化推动了世界经济的增长,并成为世界经济增长的重要特征。国际贸易的增长、国际投资的扩展和跨国生产的发展促进了世界经济的增长,国际经济协调机制保证了世界经济增长的持续和稳定。世界经济增长与经济全球化成为相互促进的两个过程:全球化促进经济增长,经济增长又推动全球化不断深化。

世界经济增长是指世界实际产出能力(包括商品生产和服务提供能力)的长期上升。世界经济增长具体表现为世界生产、贸易和投资等方面的增长。按照世界银行《世界发展报告》的指标体系,世界经济增长可用国内生产总值(GDP)、农业、工业和服务业的增加值、出口、投资等指标的变动情况来衡量。更加总括地反映世界经济增长水平,一般用世界GDP和人均GDP两个指标。

18世纪世界经济的年均增长速度为0.5%,19世纪提高到1%,20世纪前半期上升到2%。第二次世界大战以后,由于科学技术的重大进步,在世界范围内,生产力有了空前的发展,从20世纪50年代至70年代初全球经济年均增长速度超过4%,1950~1973年被称为战后"黄金时代",其中1965~1973年间年均增长速度高达5.3%。1973年10月,中东战争爆发,石油输出国组织大幅度提高油价,引发了世界性的石油危机,占世界总产出约一半的西方7个主要发达国家相继发生经济危机。由于发达国家及时进行了经济政策协调和经济结构调整,同时许多发展中国家和地区,特别是亚洲发展中国家和地区经济增长加快,其后10年间世界经济仍保持3%的年增长水平。

进入20世纪90年代后,世界经济整体增长比较平稳,1991～1998年年均增长率2.5%,但各类国家的增长水平出现较大差异。主要工业化国家经济增长率较低,1991～1998年工业化国家年均经济增长率2.2%;发展中国家和地区经济增长率较高,1991～1998年中低收入经济体年均经济增长率3.2%;1991～1998年亚洲新兴经济体高达6%;经济转轨国家和地区经济出现多年的负增长,如1991～1998年俄罗斯年均经济增长率－7.8%。进入21世纪,经济全球化进程明显加快。21世纪前10年,世界经济虽然遭两次危机的侵袭,但总体继续向前发展。2001年,世界经济总量以国内生产总值衡量为32.2万亿美元,2010年为62.9万亿美元,10年增长近1倍。2001全球几乎所有地区都发生了经济同步下滑现象。美国经济从2001年3月份起进入衰退;受美国经济影响,欧盟15国经济增速大幅放缓;本来就疲软的日本经济更加低迷;正在从金融危机中复苏的亚洲经济增长放慢;拉美地区经济遇到严重困难,2001年年末阿根廷的经济危机引发了政局动荡。"9·11"事件不仅打击了美国经济,也给世界其他地区的经济造成严重影响。2004～2007年世界经济稳步增长,2008年受金融危机影响,增长率降为1.7%,2009年出现10年来首次负增长,2010年在新兴市场带领下,世界经济出现复苏,增长3.8%,据世界银行预测,全球经济增长在2017年将温和回升至2.7%。与此同时,发达国家和发展中国家经济实力此消彼长,世界经济格局经历了历史性变迁。高收入经济体在1998～2007年增长率较低,年均为2.6%,并且在2009年出现－3.4%的负增长,在此期间亚洲新兴经济体保持6%以上增长,2008年经济危机后,新兴市场经济体保持较强的复苏势头,2010年绝大多数新兴市场经济国家从衰退中恢复,部分国家和地区保持较快增长,成为全球经济复苏的重要力量,见图11-1。以中国和印度为代表的亚洲新兴市场经济国家继续引领世界经济增长。在中、印两国的带动下,其他亚洲新兴市场经济国家均呈现较快的增长速度。

世界经济增长,还可以从人均GDP增长率来考察。战后,世界经济增长以1973年石油危机爆发为界可以分为两个阶段。1950～1973年世界人均GDP年增长率为2.9%,1973年石油危机爆发之后,世界人均GDP一直低于这一增长率。1970～1980年世界人均GDP年增长率为1.87%,之后1981～1990年降为1.47%,其中,拉美经济降幅最大,出现负增长,20世纪80年代是拉美"失去的10年"。1991～2000年世界人均GDP年增长率回升至1.7%,21世纪前10年,世界经济遭受两次危机的侵袭,人均GDP年增长率降为1.6%。2011～2014年继续下滑至1.26%,世界经济复苏不明朗,如表11-1所示。

表11-1

1970～2014年人均实际GDP增长率(百分比)

年份 区域	1970～1980	1981～1990	1991～2000	2001～2010	2011～2014
世界	1.87	1.47	1.70	1.60	1.26
发达经济体	2.58	2.63	2.35	1.08	0.93
发达经济体:美洲	2.41	2.63	2.78	0.97	1.29
发达经济体:亚洲	2.78	3.83	0.69	0.88	0.73

续 表

年份 区域	1970~1980	1981~1990	1991~2000	2001~2010	2011~2014
发达经济体:欧洲	2.65	2.17	2.39	1.12	0.49
欧盟	2.72	2.18	2.40	1.12	0.46
G8	2.62	2.75	2.14	1.13	1.14
发展中经济体	3.51	1.41	3.01	4.67	3.45
发展中经济体:非洲	1.54	−0.95	0.73	2.87	0.64
拉美与加勒比地区	3.50	−0.30	1.44	2.33	1.63
发展中经济体:亚洲	4.04	3.39	4.29	5.99	4.59
东亚	5.80	7.99	6.61	7.73	5.87
南亚	1.04	2.19	3.30	5.45	3.21
东南亚	4.72	2.46	2.61	3.99	3.68
G20	1.85	1.81	1.87	1.68	1.70
新兴经济体	4.40	1.50	2.68	2.67	3.71
亚洲新兴工业化国家	6.00	5.09	3.35	3.27	2.22
最不发达经济体	−0.26	−0.36	2.02	4.49	2.29

资料来源:根据联合国贸易和发展会议 UNCTAD/ Statistics/Economic trends 数据整理。

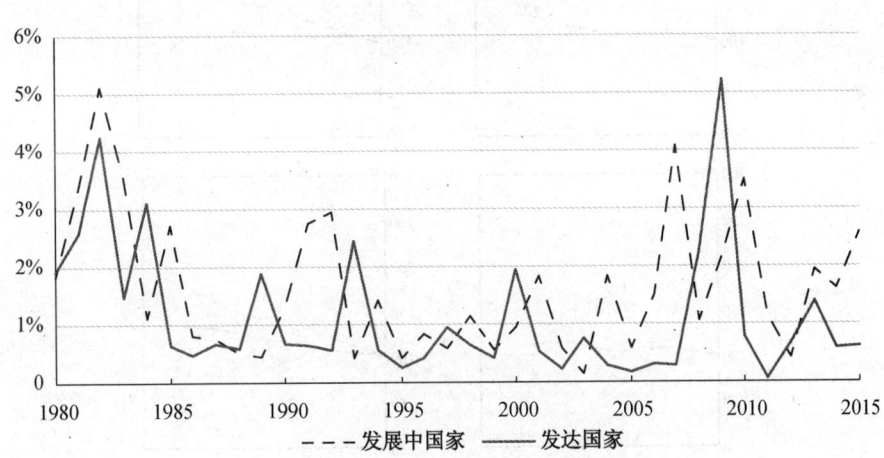

图 11-1　发达国家与发展中国家 GDP 增速对比

从图 11-2 所示的各地区人均 GDP 增长率变化的曲线比较来看,除亚洲地区之外,1950~1973 年各地区人均 GDP 增长都快于 1973~1992 年的 GDP 增长,因此,有人称"1950~1973 年是空前繁荣的黄金时代",而 1973 年以后的时期"是一个盛衰无常的时代,在这一时期世界经济大部分在低于潜力的状态运行。"①

从图 11-2 可以看到,1973 年以后亚洲人均 GDP 增长与 1950~1973 年基本相同,其他地区都有不同程度的下降。如非洲人均 GDP 下降大约 8%;东欧人均 GDP 下降最明显,达到 1/3。②

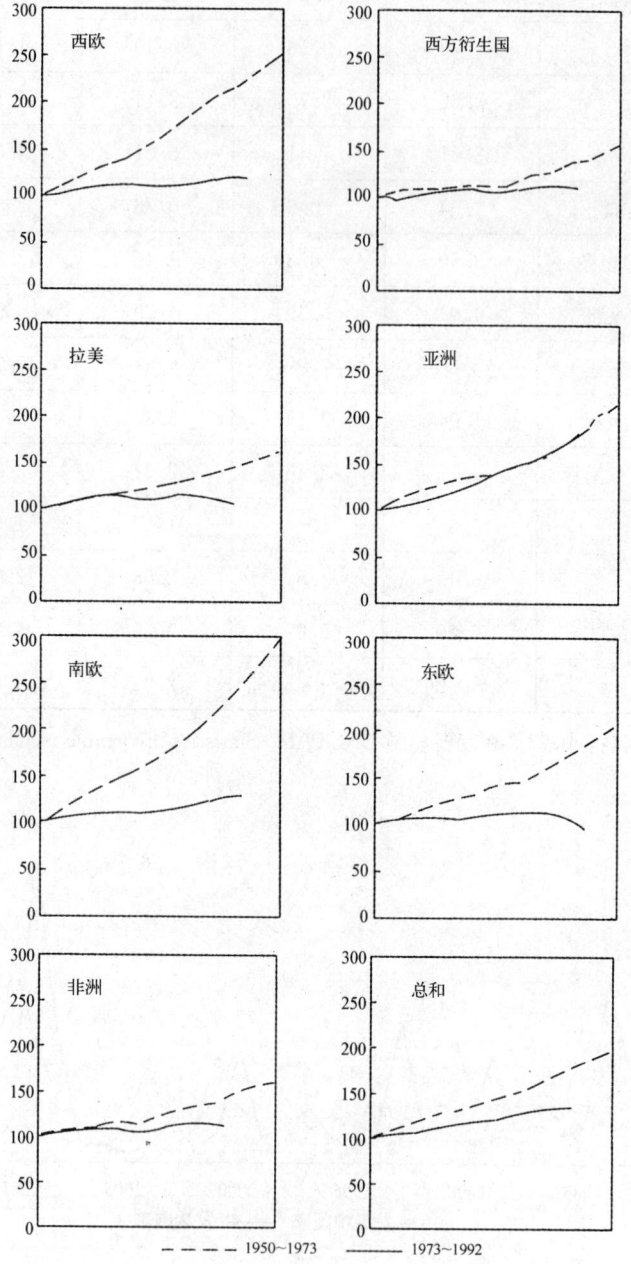

图 11-2　1950~1973 年和 1973~1992 年,按地区人均 GDP 增长比较③

---

① 麦迪森:《世界经济二百年回顾》,改革出版社 1997 年版,第 44 页、第 48 页。
② 麦迪森:《世界经济二百年回顾》,改革出版社 1997 年版,第 48 页。
③ 麦迪森:《世界经济二百年回顾》,改革出版社 1997 年版,第 52 页。

二、发达国家经济增长的历史轨迹

在第二次世界大战前,在1913~1938年的25年间,西方世界工业生产总共增长了52%,年平均增长率不到1.7%;而第二次世界大战后,在1946~1970年的25年间,西方世界工业生产增长了大约4倍,年均增长率高达6%。

战后发达国家经济增长具有明显的阶段性。西方发达国家经济的年平均实际增长率,20世纪50年代为4.1%,60年代为5.1%,70年代为3.4%,80年代为2.7%,1991~1998年为2.3%;1998~2007年为2.6%。2008年美国次贷危机逐步升级为全球金融危机后,发达国家受影响较大,实际增长率降为0.4%;2009年出现二次世界大战以来首次负增长,增长率为-3.4%;2010年出现触底反弹,实际GDP增长率为2.7%,2011年稍有回落,降为2.2%。人均国内生产总值实际增长率50年代为2.8%,60年代为4.0%,70年代为2.3%,80年代为2.1%,1991~1998年为1.6%。2001~2010年世界经济遭受两次危机的侵袭,发达国家受影响较大,人均GDP年增长率降为1.6%。战后西方世界经济增长大致可分为四个阶段:50~60年代为高速增长阶段;70年代为滞胀阶段;80年代为深刻危机继之以低通胀低增长的阶段;90年代以来,发达国家特别是美国出现了低通胀高增长的现象,如美国实际GDP增长率,1990年为1.8%,1996~2000年分别为3.6%、4.4%、4.4%、4.2%、5.2%,而1991~1998年通货膨胀率年均为2.2%。21世纪伊始,世界经济形势急转直下。美国、欧盟和日本等主要发达经济体同步急剧下滑,这是20多年来的第一次。2002年起,世界经济进入新一轮增长周期,至2007年连续6年保持4%以上的高增长。2008年世界经济剧烈动荡,美国次贷危机逐步升级为全球金融危机,并严重影响到实体经济,导致世界经济步入衰退,2009年出现二次世界大战以来首次负增长,增长率为-3.4%,2010年起从衰退中逐渐恢复。但到2015年止,世界经济复苏并不明显。

第二次世界大战后西方世界经济最显著的特征是实际GDP增长率呈逐渐下降的周期性波动状。由于发达国家主导世界经济,发达国家经济增长的历史轨迹大致决定了世界经济增长的历史轨迹。实际GDP增长率:1966~1973年间,世界为5.2%,工业化国家为5.0%;1974~1990年间,世界为3.0%,工业化国家为2.7%;1991~1998年间,世界为2.5%,工业化国家为2.3%。1998~2007年,世界为3.9%,工业化国家为2.6%。2008年、2009年受金融危机影响,世界经济增长放缓,降为1.7%和-2.2%,发达经济体为0.4%和-3.4%。2010年出现触底反弹,世界为3.8%,发达经济体2.7%。2011年,受主要发达经济体的经济发展状态拖累,世界全球经济复苏放缓,世界为3.2%,发达经济体为2.2%。

第二次世界大战后资本主义世界经济发展最显著的特征是国民生产总值实际增长率呈逐渐下降的周期性波动状。其中又以20世纪70年代初美国宣布美元与黄金脱钩和石油涨价为分水岭,表现为截然不同的两大发展阶段:前一阶段经济增长迅速,失业率和通货膨胀率都较低;后一阶段为停滞和低速增长阶段,失业率高,伴随着或高或低的通货膨胀率。由于发达国家主导着世界经济,它的历史演变决定了世界经济的历史轨迹。因此,发达资本主义经济增长的历史轨迹大致上决定了世界经济增长的历史轨迹。

三、发展中国家经济增长的基本状况

第二次世界大战后,发展中国家经济增长率在 20 世纪 60~80 年代间曾出现下降的趋势,这一趋势到 90 年代有所逆转。中低收入经济体实际 GDP 增长率,1966~1973 年为 6.2%,1974~1990 年为 3.8%,1991~1998 年为 3.2%,1998~2007 年为 5.1%。发展中国家实际 GDP 增长率,2008 年为 5.6%,2009 年为 1.9%,2010 年为 7.3%,2011 年为 6.3%。而人均实际 GDP 增长率,1970~1980 年为 3.51%,1981~1990 年为 1.41%,1991~2000 年为 3.01%,2001~2010 年为 4.67%,2011~2014 年为 3.45%。

战后发展中国家的经济增长,在 1973 年前各国差异相对较小。1966~1973 年,发展速度最快是东亚、中东与北非,实际 GDP 年平均增长率为 7.8%;其次是拉美,年均增长率为 6.2%;撒哈拉以南非洲,年均增长率为 4.5%;增长最慢的是南亚,年均增长率为 3.6%。

1973 年以后,发展中国家经济增长差距拉大,逐渐分化。发展中国家经济增长的热点是东亚、拉美和石油出口国,1973~1982 年间年均经济增长率分别为 8.1%、4.3% 和 4.7%。但是,进入 20 世纪 80 年代后,石油价格大幅度下降,石油输出国经济遭受严重损失,而拉美国家则陷于债务危机,1983~1990 年间年均经济增长率分别仅为 1.7% 和 1.5%。1974~1990 年,东亚及亚洲"四小龙"的经济增长始终保持强劲,年均增长率高达 7.5% 和 8.1%。撒哈拉以南非洲经济陷入困境,1972~1982 年间年均增长率仅为 2.2%,1983~1990 年间更下降为 2.0%。

20 世纪 90 年代,东南亚爆发金融危机,经济增长速度下降,甚至出现负增长。1997 年,泰国作为金融危机的源头,首先出现负增长(1997 年,-1.7%;1998 年,-10.2%)。1998 年,金融危机扩散,亚洲新兴经济体亚洲"四小龙"、印度尼西亚、马来西亚和菲律宾均出现负增长,分别为-2.3%、-13.0%、-7.4% 和-0.6%。但引人注目的是,1999 年上述国家均走出负增长困境,进入恢复性增长。

由于发展中国家的经济低增长率和人口高增长率及高通货膨胀率,战后 60~80 年代时期,发展中国家与西方工业国的经济差距不仅没有缩小,反而急剧扩大。其具体表现为:①在世界国民生产总值中的份额下降。1950 年发展中国家占世界总人口(24.17 亿人)的 67%,占世界总产值(26 300 亿美元)的 17%;1980 年,发展中国家人口占世界总人口(43.33 亿人)的 75%,占世界总产值(117 200 亿美元)的 20%;1989 年发展中国家人口占世界总人口的 84.2%,但所占世界国民生产总值的份额仍为 20%。即在长达 40 年的时间里,发展中国家在世界人口中所占的份额增加了 17.2 个百分点,而在世界国民生产总值中所占的份额仅增加了 3 个百分点[①]。②在世界贸易中的地位下降。在出口方面,1950 年时世界出口总额为 587 亿美元,发展中国家为 222.42 亿美元,占 37.9%;1970 年,世界出口总额为 2 901 亿美元,发展中国家为 694.11 亿美元,占 23.93%;到 1990 年,世界出口总额为 33 099 亿美元,发展中国家为 8 520.46 亿美元,占 25.74%。即 1950 年到 1990 年的 40 年间,发展中国家在世界出口总额中所占的份额下降了 12 个百分点;其中 70 年

---

① 世界银行:《世界发展报告》(1984,1991)。

所占份额上升是因为发展中国家石油及初级产品出口国组织反抗不合理的国际价格体系,联合起来提高了石油及初级产品价格。在进口方面,1950 年,世界进口总额为 601.9 亿美元,发展中国家为 202.09 亿美元,占 33.63%;1970 年,世界进口总额为 3 003 亿美元,发展中国家为 717.80 亿美元,占 23.90%;1990 年,世界进口总额为 18 420 亿美元,发展中国家为 5 102.52 亿美元,占 27.70%。即在 40 年间发展中国家占世界进口总额份额下降了近 5 个百分点。进入 21 世纪后,发展中国家顺应经济全球化深入发展和国际产业分工转移的趋势,越来越多的发展中国家快速发展,形成了各具特色的经济发展道路和发展模式,逐渐成为世界经济增长的重要引擎。①在世界国民生产总值中份额不断上升。1980~2003 年,发达经济体占全球 GDP 的比重平均为 80%,而新兴和发展中经济体只占 20%,自 2004 年起,新兴和发展中经济体的整体增长速度加快,特别是金砖国家①经济的高速增长,与发达经济体的差距开始逐步缩小,占全球 GDP 的比重大幅提升。2003 年,新兴和发展中经济体 GDP 占比仅为 20.4%,2004 年上升为 21.5%,2006 年达到了 26%,2008 年进一步上升到 31%,2010 年达到了 33.5% 左右,IMF 公布 2015 年该比重达到 40%。若以购买力平价(PPP)衡量,新兴和发展中经济体在全球经济总量中的份额会更突出一些,2009 年占全球 GDP(PPP)的 46.2%,2010 年为 47.1%。②经济增长率较高,对世界经济贡献不断上升。1990~2000 年和 2000~2010 年这两个 10 年期间,世界实际 GDP 年均增长率分别为 1.7% 和 1.6%,而包括新兴市场国家在内的发展中国家分别为 3.01% 和 4.67%,均明显高于世界平均水平。全球金融危机后,全球经济"双速"复苏,全球经济增长力量正从发达经济体向新兴和发展中经济体转移。国际货币基金组织(IMF)公布的数据显示,2005~2009 年,新兴经济体与发展中国家对世界经济增长的贡献率达到 75%。2010 年,发达经济体的 GDP 平均增长 3%,而新兴和发展中经济体则达到了 7.2%。2011~2015 年,这种趋势并没有改变,世界经济还出现了低利率,低增长和高债务的不利组合。IMF 预测这种复苏速度不平衡的状况还将继续。③发展中国家宏观经济情况比较乐观:财政赤字相对较低、公共债务在可管控范围内、银行系统稳定、周期性失业人数不多、增长动力强劲。相反,许多发达经济体正面临着严重的挑战,如政府赤字严重、公共债务庞大、银行系统问题严重、失业率高、增长乏力等。根据 2009 年 9 月《经济学人》杂志设立的"全球政府债务钟",到 2009 年年底,全球各国负债总额突破 36 万亿美元,前 10 个债务最高的国家负债总额占全世界全部债务 79.09%,除中国和印度外,其他 8 个均为发达国家;这 8 个国家的政府债务总额达到 28 万亿美元,占全球全部债务的 74.4%。也就是说,当前的全世界政府债务中,绝大部分债务是发达国家的。

第二节 世界经济增长的原因

从 1950 年开始,世界经济开始进入一个高速增长的阶段,这个阶段一直持续到 20 世纪 70 年代初,其持续时间之长,范围之广,增长速度之高,都是世界经济史上所前所未有

---

① 传统"金砖四国"(BRIC)引用了巴西、俄罗斯、印度和中国的英文首字母。由于该词与英语单词的砖(Brick)类似,因此被称为"金砖四国"。南非加入后,其英文词将变为"BRICS",并改称为"金砖国家"。

的,被经济学家们称为世界经济发展的"黄金时代"。推动第二次世界大战后世界经济高速增长的原因是多方面的,一方面,第二次世界大战后,以国际货币基金组织、世界银行和关税及贸易总协定为三大支柱而构成的战后世界经济体系为世界各国的经济发展提供了一个比较协调、稳定的国际环境;另一方面,从发达国家的国内情况看,也由于各国政府干预、调节经济的能力大大增强,对世界经济的增长也起到了一定的促进作用。科技革命在第二次世界大战后稳定的国际环境下,通过一体化不断加深的世界经济的传递效应和加速效应,充分发挥出了其内在潜力,为经济发展提供了强大的推动力,成为第二次世界大战后世界经济高速增长的一个主要因素。国际贸易的增长,国际投资的发展和国际协调的加强等一体化因素都是世界经济增长的原因。

一、科技革命是经济增长的源泉

首先,科技革命使各国劳动生产率普遍提高,从而大大促进了生产力的发展。

从表 11-2 我们可以看出,在 20 世纪 50~60 年代各国工业生产的增长中,劳动生产率提高的因素约占 60%~80%,而劳动生产率的提高主要是依靠科技进步。据统计,在 20 世纪初,西方资本主义国家国民生产总值的增长有 5%~20% 是靠科技进步实现的,到 70 年代上升到 60%,80 年代后达到 80% 以上。正因为如此,在战后科技革命的推动下,世界各国特别是发达资本主义国家的劳动生产率大大提高,并导致经济的迅速发展。战前 1917~1938 年的 25 年间,资本主义工业生产增长 52%,年平均增长不到 1.7%;而第二次世界大战后 1946~1970 年的 25 年间,资本主义工业生产增长大约 4 倍,年平均增长 6% 左右。

其次,新科技革命促进了整个世界经济结构的调整以及部门内部结构的变化。科学技术的发展,不仅使传统部门进行调整和改造,而且开创了许多新兴工业部门,使整个产业结构发生了重大变化,第一、第二产业的产值和就业人数,在整个国民经济中的比重相对下降,而金融业、商业、运输业、电讯、科研、教育、文化等第三产业的产值和就业人数迅速上升。到 20 世纪 70 年代后期,有些发达国家非物质生产部门在国民经济中所占比重已超过物质生产部门所占比重。

表 11-2

部分国家工业生产的增长和劳动生产率的提高

(年平均增长百分比)

年份 国别	1951~1960		1961~1970	
	生产增长	劳动生产率提高	生产增长	劳动生产率提高
美 国	4.0	3.0	4.9	3.6
日 本	16.7	11.1	13.6	10.2
西 德	9.5	7.1	5.8	2.4
意大利	9.1	7.0	7.2	6.9
法 国	6.1	5.7	6.0	4.0
英 国	3.3	2.0	2.8	3.0
苏 联	11.4	7.4	8.6	5.2

资料来源:《世界经济统计简编(1978)》。

科技革命不仅带动和引起了产业结构的变化,而且促进了工业部门内部结构的变化,从而导致一大批知识密集型、技术密集型的新型工业部门迅速崛起。随着科学技术的发展和工业化进程的深入,知识和技术在投入中的地位日益增加,科学技术逐渐成为推动经济发展的重要力量,这不仅表现为一大批高新技术产业的出现,还表现为高新技术对传统产业的武装和渗透。第三次科技革命的一个重要结果是信息产业或者信息经济的形成。据统计,20世纪80年代中后期,信息部门的产值占国民生产总值的比重,发达国家约在45%～65%,发展中国家在15%～30%。90年代以来,世界各国之间的技术贸易更是日趋活跃,参与的国家日益增多、技术贸易额逐年增加,技术贸易已经成为世界经济发展的重要一翼,备受各国的关注。根据联合国商品贸易统计数据,世界技术出口交易额在2000年超过万亿美元,达到1.15万亿美元,并呈持续递增之势,到2007年达1.86万亿美元;美国的技术出口交易额2009年达到1 415.19亿美元,是1970年23亿美元的62倍;日本70年代技术出口仅有5 000万美元,2009年猛增到992.1亿美元。同时,世界技术交易不仅在发达国家之间进行,在发达国家同发展中国家之间及发展中国家相互间都在全面展开。越来越多的发展中国家认识到经济发展必须依靠科技进步,引进吸收外来先进技术,是缩短同发达国家技术差距的必由之路。特别是,随着科技投入的增加,技术积累进程加快,不少发展中国家在世界技术市场上已不单纯是买家,它也有能力向国际市场提供自己的技术产品。近年来,亚洲"四小龙"一方面积极引进发达国家的先进技术,一方面向起步较慢的发展中国家转移某些成熟的产业技术,它们已经成为世界技术贸易市场的一支重要力量。据统计,目前全世界整个高技术、新技术产业的产值已超过1.8万亿美元,国际贸易额接近7 000亿美元。技术贸易在一个更高更深的层次上加强了各国经济之间的相互依存和相互联系,把世界经济一体化推向一个新的阶段,从而推动世界经济的增长。

再次,新科技革命推动国际分工的深化,促进国际贸易和国际资本的流动,从而推动世界经济的增长。从历史的角度看,国际分工本身是随着社会生产力的发展、科学技术的进步而不断演进和深化的。科学技术的巨大进步及其在现代工业生产中的广泛运用,使得世界市场的形成成为一个客观需要,这时世界各国之间就开始建立起了一种以商品交换为中心的国际分工体系,世界各国经济由统一的世界市场为纽带而联结成为相互影响相互依存的整体,因此,这一阶段又可称作为商品的国际化阶段。当资本主义由自由竞争的资本主义向垄断资本主义的过渡完成后,由于资本的相对积聚和集中同时要求资本突破本国范围向外寻求更高的投资利润,因此,资本输出就成为一种客观趋势,国际投资活动取代国际商品贸易活动而占据了国与国之间经济交往的主导地位,资本的国际化成为国际分工层次加深的一个主要标志。贸易和资本的国际化推动了世界经济的增长。

第三次科技革命在促进各国传统产业部门进行结构调整的同时,推动了一批高度知识密集与技术密集产业的产生和发展,而这些又使得世界各国在经济上的相互依赖性大大增强,如巨型飞机、航天器、原子能电站、大规模集成电路以及新型汽车等产业的发展,从原材料供应、产品设计、制造到产品销售等各个环节,往往都不是一国所能完成的,它需要许多国家的资源和技术的配合与协作。任何一个国家,无论其资源多么丰富,资金多么雄厚,技术多么先进以及市场有多大,都不可能在一国独立地进行现代生产和完成产品的销售。同时,现代科学技术的发展,为经济国际化的发展提供了交往工具。交通、通讯技术的发达使产品、信息的传递速度大大加快,成本大大降低,这就为生产国际化创造了很好的条件。如美国的波音747客机,有450万个零部件,是6个国家的1.1万家大企业和1.5万家中小企业协作生产的。美国三大汽车公司之一的福特汽车公司,在比利时生产传动装置,在英国生产发动机和液压装置,在美国生产变速齿轮系统,然后装配成拖拉机销往世界各地。所以,产品及其零部件的国际性专业化、协作化的生产,使不少产品逐渐成为世界性商品,而且更重要的是,它使得不断加深的经济国际化过程进入到生产一体化这样一个更高的层次。生产一体化为世界经济的增长提供了客观条件。

二、国际贸易的发展对世界经济增长的推动

世界经济的发展历史特别是最近一个世纪来世界各国的经济增长和发展的历史已经证明,国际贸易已越来越成为国际经济联系的主要形式,它将越来越多的国家纳入世界市场,成为世界经济这个有机整体的不可缺少的组成部分。

从历史的角度看,国际贸易是随着资本主义生产方式的发展而发展的。到第一次世界大战前夕,国际贸易在许多国家的经济中已占到非常重要的地位。但是两次世界大战加上20世纪30年代的资本主义大危机使得国际贸易的扩张受到严重影响,国际贸易量有时甚至出现绝对下降趋势。

国际贸易真正取得迅速发展是在第二次世界大战以后。在战后的几十年中,无论就贸易量来说,还是就贸易结构或参与国际贸易的国别范围来说,都超过以往几年的发展。第二次世界大战前的1913~1938年,世界出口平均年增长率仅0.7%,而第二次世界大战后1950~1984年,平均年增长率高达6.7%。

表11-3

国际贸易年平均增长速度(百分比)

年份	1937~1950	1950~1960	1960~1970	1970~1975	1975~1985	1985~1990	1990~2000	2000~2008	2009~2014
出口	6.8	6.5	25.7	9.2	11.2	12.3	6.9	13.7	4.1
进口	6.2	6.5	25.5	9.1	11.3	12.2	7.0	13.4	3.7

资料来源:根据联合国贸易和发展会议 UNCTAD/ Statistics/International Trade 数据整理。

从表11-3可以看出,20世纪70年代中期以前,国际贸易的增长速度呈加速提高的趋势,这与同一时期世界经济总体高速增长趋势是完全吻合的。70年代中期到80年代初,尽管增长速度比70年代前半期低,但仍高于第二次世界大战后其他时期的增长速度,只是80年代中期国际贸易的增长速度才慢下来,然而,这种放慢增长的趋势在此之后不久即得到扭转,自80年代后期,国际贸易重又显示新的发展势头。1985~1990年的世界贸易量仍保持了10%以上的高速增长;1990~2000年间,受1998年亚洲金融危机影响,世界贸易量出现下降,国际贸易年均增长较之前有所下降,降为6.9%。2000~2008年世界贸易量快速增长,年均增幅达13.5%。2009年受美国次贷危机引起金融危机影响,世界进出口额急剧减少,这一趋势至2014年仍未有效好转,2009~2014年的进出口平均增速

创历史新低,其中,出口增长 4.1%,进口增长 3.7%。

表 11-4 显示,1950 年,世界对外贸易总值仅占世界国内生产总值的 8.3%,到 1980 年,对外贸易发展迅速,已占到世界国内生产总值的 22.1%,此后 1990 年略有下降。从 20 世纪 90 年代以来,以信息技术为核心的新科技革命迅猛发展,经济全球化以及全球性产业结构调整步伐加快,世界贸易进入高速发展期,贸易额一路飙升,2000 年全世界出口总额达 79 808 亿美元,占国民生产总值的 24.8%,21 世纪以来,出口在世界经济中的比重不断上升,2010~2014 年,全球出口占 GDP 的比重均在 45% 以上。

表 11-4

对外贸易在世界经济中的地位

年 份	1950	1960	1970	1980	1990	2000	2010	2011	2012	2013	2014
世界国内生产总值（亿美元）	7 519	14 235	30 324	109 996	219 207	322 403	654 230	724 426	736 993	756 411	774 509
世界对外贸易总值（亿美元）	821	1 326	3 220	24 266	43 067	79 808	149 015	179 654	181 476	185 453	186 890
对外贸易比重*（百分比）	8.3	9.3	10.6	22.1	19.6	24.8	22.8	24.8	24.6	24.5	24.1

* 世界对外贸易总值与世界国内生产总值的百分比。

资料来源:《国际贸易和发展统计手册》,1985 年,第 2 页和第 430 页;联合国贸易和发展会议 UNCTAD/ Statistics/Economic trends、世界银行国民经济核算数据整理。

第二次世界大战后国际贸易的增长快于整个经济的增长速度,这实际上已表明贸易已成为增长的重要动力。第二次世界大战前,国际贸易的增长速度一般说来慢于世界生产增长速度,如 1870~1900 年间国际贸易年平均增长 3.2%,生产增长率为 3.7%。1900~1913 年间国际贸易增长率为 3.8%,生产增长率为 4.2%。1913~1929 年间国际贸易增长率为 1.8%,而生产增长率则为 2.7%。第二次世界大战后上述情况发生了逆转。从整个世界范围来看,1950~1960 年间,世界国内生产总值年平均增长率为 6.6%,而进出口平均增长率为 8.8%;1960~1970 年间,前者为 7.9%,后者为 9.4%;1970~1980 年前者为 11.3%,后者为 19.1%;1990~2000 年间,前者为 2.73%,后者为 6.75%。2001~2010 年间,前者为 2.53%,后者为 10.85%。从主要国家出口贸易额及国内生产总值的增长速度来看,前者大大快于后者。1951~1980 年,美国、日本、联邦德国、法国和英国的出口贸易额平均年增长率分别为 10.7%、18.4%、16.5%、12.8% 和 10.3%;而同期它们的国内生产总值的增长率是 3.3%、8.1%、5.0%、4.5% 和 2.4%。

从表 11-5 中可以看出,主要贸易国家的对外贸易从 20 世纪 60 年代后几乎都超过同时期国民经济的增长速度。对于亚洲和南美新兴的工业化国家和地区而言,国际贸易的高速发展已成为带动整个经济增长的强大动力。在经济高速增长年代,出口增长速度数倍于整个经济增长的速度。

表 11-5

对外贸易与经济增长速度比较（百分比）

项目	1960～1970年		1970～1980年		1980～1990年		1990～2000年		2000～2008年		2009年		2010～2014年	
	国内生产总值	出口	国内生产总值	出口	国内生产总值	出口	国内生产总值	出口	国内生产总值	出口	国内生产总值	出口	国内生产总值	出口
美国	4.5	7.8	3.0	18.4	3.0	5.7	3.2	7.2	2.3	7.7	−3.5	−18.8	2.2	8.34
日本	12.4	17.5	4.5	20.8	3.7	8.9	1.4	4.1	0.6	8.3	−6.3	−25.7	1.5	6.0
德国（西德）	4.4	11.4	2.9	19.1	2.0	—	2.2	3.9	0.9	13.9	−5.1	−22.6	2.0	6.6
英国	2.9	6.3	2.0	18.5	2.5	5.9	2.2	5.5	1.7	7.8	−4.9	−23.2	2.0	6.1
中国	4.6	1.3	8.3	20.0	7.8	12.8	10.0	14.5	8.4	26.9	9.2	−15.9	8.6	15.1
巴西	5.3	17.2	8.6	21.7	3.0	5.1	1.7	5.9	3.3	18.7	−0.6	−22.7	3.2	9.0
印度	3.6	3.7	3.3	17.3	5.7	7.3	5.6	9.5	7.2	22.4	9.1	−15.2	7.2	14.1

注：市场价格 GDP 年增长率基于不变价本币计算。总额计算基于 2000 年不变价美元。

资料来源：根据联合国贸易和发展会议 UNCTAD/Statistics/Economic trends、世界银行国民经济核算数据整理。

三、国际投资对世界经济增长的贡献

资本积累之于经济增长的重要作用早已是经济学的基础共识。对国民经济而言，资本的国际流动使得一国的资本积累可以超国界完成，对世界经济而言，正如日本经济学家小岛清所言："劳动和资本在国与国之间的自由流动是更直接地、完全竞争地合理利用世界资源的最好办法。"[1] 20 世纪 80 年代以来，资本要素的国际运动趋于广泛，表现为跨国界资本流动的数量和速度空前活跃，资本国际联系的形式更趋多样。表 11-6 显示了作为国际资本流动主体的主要工业化国家最近 20 多年来国与国之间投资的相对增长状况。

表 11-6

国际直接投资和证券投资总量占国内生产总值百分比

年份	1970～1974	1975～1979	1980～1984	1985～1989	1990～1995
比利时卢森堡	……	3.4	5.1	14.3	41.5*
加拿大	1.7	3.4	3.6	6.1	7.2
丹麦	……	0.6	0.9	3.5	7.2
法国	……	1.3	2.1	4.1	7.2
德国	1.2	1.3	1.7	5.2	6.3
意大利	0.9	0.3	0.6	1.7	5.7

---

[1] 小岛清：《对外贸易论》中译版，南开大学出版社 1987 年版，第 414 页。

续表

年份	1970～1974	1975～1979	1980～1984	1985～1989	1990～1995
日本	……	0.6	2.6	5.9	3.7
荷兰	7.3	4.7	6.0	10.9	11.1
挪威	……	5.6	0.4	6.6	2.1
葡萄牙	……	0.4	1.0	3.6	6.3
西班牙	……	0.7	1.2	3.1	6.7
瑞典	1.0	1.2	1.7	5.0	7.0
瑞士		4.5	9.4	14.7	12.8
英国	3.6	4.0	5.4	14.4	11.9
美国	1.0	1.5	1.4	2.9	3.3

* 此处为1990～1994年数字。

资料来源：国际货币基金，《世界经济展望》1997年5月。

20世纪50～60年代国际直接投资的增长低于世界贸易的增长。尽管美国在欧洲和拉美大量投资，产品出口始终是国际竞争的主要内容。70年代国际直接投资的增长超出了世界贸易的增长，然而导致这一变化产生的主要原因并非是由于国际直接投资的过快增长，而是因为国际贸易增长的减缓。当时国际贸易的年增长率由1945～1970年间的8%回落到5%。70年代的危机严重打击了世界贸易，一方面各国市场增长缓慢；另一方面由于失业增加，进口障碍明显增多，如技术标准和自愿限制进口协定等。

而国际直接投资却似乎并未受到增长减缓的影响。相反，在此期间生产的国际化进程继续发展。资本的国际流动为国际化生产提供了两个必要的前提，即：①可支配资源的国际流动性，这种流动性不仅是不受国界限制，而且不受地理上分割的市场的限制；②生产布局的全球性，这种全球性既含有数量和地理分布上的广泛性，更具有使遍布于全球（或地区）的各生产点有机联系，互为依存的含义。国际资本市场的大发展给具有国际规模的公司提供了新的投资机会，而那些经济活跃的发展中国家则为新的投资方式，尤其是国际分包和技术转让，提供了理想的试验场所。

始于20世纪80年代中期的国际直接投资的快速增长使生产的国际化具有与贸易国际化同等重要的作用，事实上，此后以来，国际贸易的活力很大程度上来源于生产的国际化，据联合国贸发大会的统计，目前世界产品和服务贸易的1/3是由跨国公司及其子公司的公司内贸易实现的，而另有1/3则涉及跨国公司及其子公司的公司外贸易。自80年代中期以来，全球国际直接投资总额的增长率比工业化国家国内投资的增长率高出一倍。90年代中期，国际化生产在全球国内生产总值中所占比重已达6%，并显示将不断增加。

与国际直接投资不同，国与国之间的间接投资的增长轨迹与实际经济的周期不相吻合。当20世纪80年代末、90年代初，发达国家经济普遍陷于衰退之中时，国际证券投资的发展并未受到影响（同期，国际直接投资额则有所回落），这使得人们有理由相信，国际证券投资的行为表现有其自身的规律。作为一种短期的、易于流动的国际投资形式，国际证券投资对相关变量的反映更加明显。一国国内资本生产率的提高很快会带动较大的证券资本流入，一段时间后才会吸引较大的国际直接投资。此外，80年代中期以后，由于美元汇率大幅度下跌,使货币升值国家或地区,如日本和西欧诸国债券实际收益率相对提高,很快反映为投资者大量收购日本和德国的债券,同期,美国投资者对货币贬值国澳大利亚和新西兰的证券投资则呈弱势。由于国际证券投资中专业化倾向的加剧,投资决策受预期分析的影响更加明显。汇率、通货膨胀率,以及由此决定的资本实际收益率的预期已成为影响国际股票和债券价格走向的重要变量。

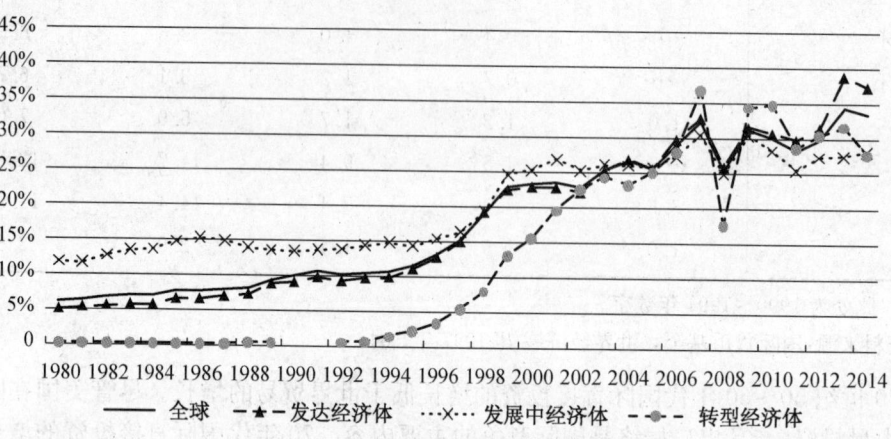

图 11-3 各主要经济体 FDI 存量占 GDP 的比重

从图 11-3 可以看出,20 世纪 80 年代 FDI 存量占 GDP 的比重不断上升,全球综合看从 1980 年的 5.95% 上升到 2014 年的 33.61%,其中,发达经济体上升最快,从 1980 年的 4.90% 上升到 2014 年的 37.36%,说明 FDI 对经济增长非常重要。

四、国际经济协调促进世界经济的增长

国际经济协调,简单地说,指的是国家宏观经济调控的国际化,因而它是经济国际化发展到一定程度后的产物。从历史上看,国际经济协调开始真正出现和发挥作用是在第二次世界大战以后,以美国为首的主要资本主义国家为确立战后国际经济秩序,推动建立了以布雷顿森林体系为名的国际货币体系和以"关税和贸易总协定"为内容的国际贸易体系,从而使世界经济在一种相对稳定、协调、统一的环境里增长和发展。这样通过各国达成一致协议,按共同行为准则行事的国际经济协调,又称"机构性协调"。20 世纪 70 年代西方国家的普遍经济"滞胀"以及布雷顿森林体系的全面崩溃,世界经济的动荡不断加剧,一般的机构性协调已远远不能应付越来越频繁发生的突发性、临时性国际经济问题,所以针对性和适应性较强的"特定性协调"就成为十分必要。如 1973 年石油输出国对石油进行大幅度提价导致"石油危机"后,西方发达国家间进行了一系列频繁协商,采取了共同节能(包括控制消费,发展替代能源,发展节能技术等)措施,并为此建立了国际能源署。这对于后来扭转石油市场的供需形势,促使油价大幅度下跌起到了重大作用。

在不断加强的国际经济协调趋势中,资本主义大国政府间的政策协调显得格外引人注目,自 1975 年开始的西方发达国家"7 国首脑会议"和"7 国财长会议"不断发展和完善,到 1985 年已成为制度,它们在国与国之间经济活动和经济政策的协调中发挥着越来越重要的作用。1982 年年底,来自 24 个工业国的经济学家在华盛顿共同商讨经济复苏的协

调方案,提出美、英、日、法、德等国家采取一致行动刺激经济,控制货币发行量,降低通货膨胀率。1985年9月的纽约广场饭店5国财长及中央银行行长会议在经过协商后签署了著名的"广场协议"决定联合干预外汇市场,迫使定值过高的美元贬值。会后各国政府、中央银行分别以正式和非正式的形式降低贴现率,协调财政开支,使美元汇率向合理的方向变动。由于美元汇率的大幅度下跌,加上通货膨胀率较为稳定,这就为发达国家共同降低利率提供了机会。1986年的东京7国首脑会议,提出以经济指标监督方式评估各国经济目标及前景,以便及时解决可能出现的不协调现象。接下来,经济合作与发展组织通过自己办的《世界经济展望》杂志对主要发达国家宏观经济政策变化的影响进行研究,并对宏观经济协调提出可供参考的方案。1987年2月,美国、日本、英国、法国、联邦德国、加拿大6国在巴黎举行财长会议,正式确认利用主要经济指标对经济发展提出解决发展上的不协调的合作方案,同时会议说明采取一系列政策措施,包括美、英、法、加拿大削减财政赤字,联邦德国和日本扩大内需,以纠正世界经济失衡现象,摆脱20世纪70年代以后出现的"滞胀"局面。

国际经济协调尽管不是开始于"滞胀"时期,但20世纪70年代西方经济的普遍"滞胀"却给国际经济协调的有效发挥作用提供了一个良好的契机。可以这样说,80年代后西方国家通货膨胀趋势减缓,经济逐渐复苏,在相当程度上应归功于西方各大国间在宏观经济政策和活动上不断磋商和协调的结果。世界上尽管存在着各种不同社会制度,但不同经济发展水平的国家和地区,是完全有必要也是有可能在许多世界经济问题上共同进行协调的,事实已经充分证明了这一点。随着世界经济一体化的逐渐加深,世界各国和地区之间的经济联系不断加深,国际经济协调将继续在各国和地区内部经济以及世界经济的总体运行中扮演越来越重要的角色,而且国际经济协调的机制日益完善,形式趋于多样化,从而对世界经济的增长起着推动的作用。

第三节 一体化与世界经济增长

世界经济一体化是一个客观的经济过程。在其发展的不同阶段,一体化会呈现出不同的特征,但是,从总体上看,世界经济一体化程度的提高意味着世界各国和地区之间经济融合程度的提高,一国的经济增长和经济发展越来越离不开来自其他国家的商品、技术、资金、市场等,国与国之间的经济联系日益频繁、紧密、便捷。反映各国共同利益需要的全球范围内的国际经济协调本身就是世界经济一体化不断向前发展的一个重要标志,同时它又成为经济一体化发展到较成熟阶段后所出现的一个必然结果。世界经济的增长与一体化已成为相互促进的两个过程:经济增长由一体化而得到促进,表现出新的特点;而一体化也因经济增长的推动而不断加深。

一、国际贸易的增长与世界经济一体化

国际贸易通过世界市场实现了国与国之间商品、技术和劳动的交换,它的规模和结构体现着世界各国之间的经济联结程度。所以,从某种程度而言,国际贸易的发展水平体现了经济国际化的发展水平。事实上,在整个20世纪中,除了第一次、第二次世界大战期间由于战争的破坏以及1929~1933年资本主义经济大危机以外,国际贸易始终保持着旺盛

的增长势头。进入20世纪90年代以后,这种热势头仍没有停止,1990年世界贸易总额达3.7万亿美元,相当于1950年的47倍。在此之后,除1998年、2001年世界进出口有所下降外,到2008年,世界贸易都保持良好增长势头。2008年世界贸易总值达20.03万亿美元,较1990年增长441%。2009年受美国次贷危机引起金融危机影响,世界进出口额急剧减少,下降20.3%,2010年在新兴市场带领下,世界经济出现复苏,世界贸易也随之增长18.6%。据世界贸易组织前不久发表的世界贸易评估报告显示,1994年世界商品出口额首次突破4万亿美元,达到41 820亿美元。而据联合国的有关统计数字,自20世纪80年代中期以来,世界贸易的增长速度远远超过世界总产出的增长速度。1994年世界贸易增长率达9%,高出同年世界经济增长率近2倍。2010年,世界商品进出口增长率达21.29%,高出同年世界经济增长率近5倍,见图11-4。同时,在各国国民生产总值中对外贸易占据了相当大的比重。根据世界银行统计,2008年全球商品贸易占GDP的比重首次超过50%,2009年起虽有下降但始终在45%以上,2014年为48.79%,可见国际贸易对世界经济仍然至关重要。

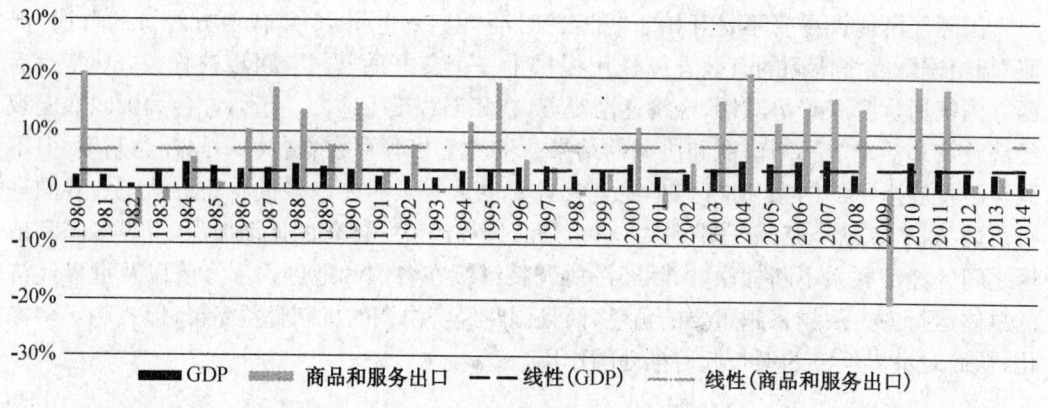

图11-4 出口与GDP增速对比

资料来源:世界银行数据库。

在国际贸易的地区分布中,在20世纪90年代中期时,发达国家仍占据绝对优势,例如在1994年的世界进出口商品总额中,西方7国就占据了50.8%。但是,发展中国家近年来在国际贸易中的崛起正引起全世界的广泛关注。据国际货币基金组织1994年"贸易方向统计年报"表明,1993年同1990年相比,工业发达国家的出口只增长3%,进口没有增长;而发展中国家和地区的出口增长了24.3%,进口增长了32.7%。从1990~1993年间,世界贸易进口增长额有60%来自经济持续增长的发展中国家。在世界工业品出口市场中,发展中国家的工业制成品所占份额,从1970年只占3%上升到1993年的22%。在1991~1993年间,美国对发展中国家出口的年均增长率为12%,而向其他工业发达国家的出口,年均增长率仅为2%。最近10年,新兴和发展中经济体在国际贸易中的地位不断上升,发达国家不再拥有绝对优势。根据联合国贸发组织2010年的《联合国统计手册》,2009年,发展中和转型经济体出口总量占全球比重已增长到43%以上,进口总量占世界比重也超过40%。2007~2009年,发展中经济体和转型经济体对外贸易顺差达6 408亿美元,发达经济体贸易逆差为8 058.5亿美元,新兴经济体的外汇储备占全球的2/3。

根据表 11-7 所示,1980~1990 年期间,发达经济体对外出口增速几乎是发展中经济体和转型经济体的 2 倍,而 1990 年之后,发展中经济体和转型经济体出口增速逐渐超过发达经济体,2000~2005 年发展中经济体出口增长 14.3%,转型经济体高达 19.8%,发达经济体则增长 9.5%。2009 年受金融危机影响,世界贸易大幅萎缩,发展中经济体下降幅度较发达经济体和转型经济体小,且以中国为首的新兴经济体对西方的资金支持和商品需求,直接拉动了全球经济复苏。2010 年金砖国家商品出口均增长 30% 以上,美国和欧盟商品出口分别增长 21% 和 12%,低于世界平均水平。

表 11-7

1980~2014 年不同经济体出口增长率(百分比)

项 目	1980~1990年	1990~2000年	2000~2005年	2005~2010年	2011年	2012年	2013年	2014年
世界	6.0	6.7	11.4	6.3	19.9	0.9	2.5	0.3
发展中经济体	3.2	9.0	14.3	9.2	22.7	4.1	2.6	0.6
转型经济体	3.7	6.7	19.8	9.4	33.1	1.5	−1.8	−5.5
发达经济体	7.2	5.9	9.5	4.1	16.7	−1.9	2.8	−7.6

资料来源:联合国贸易和发展会议《UNCTAD Handbook of Statistics 2015》。

与国际贸易的总体发展势头相适应,20 世纪 80 年代初以来各大区域内部贸易高速发展,又成为当前国际贸易趋势变动的一个重要特点。目前,各大地区之间的内部贸易已占世界贸易的 75%,仅西欧、北美和亚太地区的地区内部商品贸易就占世界贸易的 50%。据联合国有关统计资料,从 1980~1992 年,欧共体区域内出口占其出口总额的比重从 55.8% 上升到 62.4%;北美区域内出口占其出口总额的比重从 26.7% 上升到 33.8%;东亚内部贸易比重从 1980 年的 33% 上升到 1992 年的 48%。到 2000 年,东亚内部贸易的比重预计将上升到 70%。自 1980~1991 年,亚太地区内部贸易的年均增长率高达 9.51%,不仅高于同期世界贸易年均 5.61% 的增长速度,而且也高于同期亚太地区贸易总量年均 7.42% 的增长速度。从 1985~1990 年,日本同东亚其他国家和地区的贸易额占其外贸总额的比重从 27% 上升到 29.8%。同期,日本同美国的贸易额所占比重从 33% 下降到 27%。"四小龙"出口的 2/3 以上面向东亚国家,进口的约 50% 来自东亚国家,而对美出口占其出口总额的比重则从 80 年代中期的 40% 降至目前的 25%。另外,据《日本经济新闻》报道,1994 年,东盟各国对本地区的出口比 1993 年增长 20%~80%。今后东盟将采取降低区域内关税等措施进一步扩大区域内部贸易。西欧的贸易有 70% 以上是在西欧内部进行的。北美地区的内部贸易 10 年来一直稳定在占其外贸总额的 30% 的水平上。

经济区域化是当今世界经济一体化趋势不断加强的首要表现。国际贸易区域化一方面形成了世界经济的集团化竞争结构;另一方面体现了全球贸易的自由化趋势在某种程度上是世界经济一体化发展阶段和发展道路。近年来,双边和区域优惠贸易协定(PTA)快速发展。据 WTO 2011 年报告显示,在 2010 年,全球有将近 300 项优惠贸易协定(明示或未明示)生效,平均算来,每个 WTO 的成员方都要成为 13 项协定的当事方,见图 11-5。

1. 为适应世界经济的重要变革,这些优惠贸易协定不断深化。逐步演变为更深层次

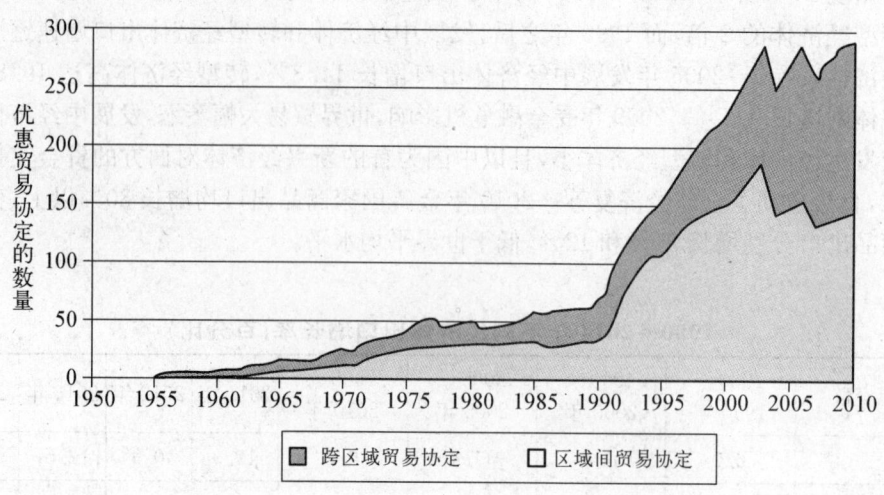

图 11-5　1950～2010 优惠贸易协定（明示或未明示）统计

资料来源：WTO《2011 世界贸易报告》。

的一体化，超出了关税和其他边境措施的范畴——越来越多地涉及国内政策，诸如有关服务和投资、知识产权保护以及竞争政策的规定，所以也被称为"深度 PTA"。

2. 跨区域合作成为区域经济合作新的热点。各国加入优惠贸易协定的趋势日益加快，范围越来越广，超越了地域的范畴，跨区域的优惠贸易协定快速发展，区域经济合作开始主要发生于有地缘优势的相邻国家和地区之间，如北美自由贸易区（NAFTA）、欧盟（EU）、东盟（ASEAN）等。随着区域经济合作的发展，周边可用的资源逐渐减少，再加上信息通信技术的发展，跨洲的经济交流趋于便利。据 WTO 统计，21 世纪以来，约有 1/2 的区域贸易安排发生在跨洲国家之间。如欧盟与墨西哥与达成了自由贸易协定，与南非签署了《南非与欧盟贸易、发展与合作协定》，与拉美南方共同市场（MERCOSUR）双边自由贸易区的谈判正在进行中；美国和约旦签署双边自由贸易协定。

最近 10 多年来国际贸易发展中另一个值得注意的现象是国际贸易的商品结构发生了重大变化。从国际贸易商品结构来看，服务贸易规模不断扩大，但发展趋缓。自 20 世纪 60 年代以来，由于各国政府逐步放宽了对服务贸易的限制，国际服务贸易得到了迅速发展。1960～1970 年，服务出口总额翻了一番；1970～1980 年，又增长了 5 倍以上；到 2000 年，世界服务贸易出口额已经达到 1.4 万亿美元。服务贸易在整个国际贸易中所占比重，在 70 年代和 80 年代约占 1/5，进入 90 年代后则增至 1/4 以上。1990～2000 年，年平均增长率达 7.0%，而且大多数年份增长速度高于货物贸易的增长速度。进入 21 世纪后，在经历新世纪短暂而轻微的波动后，世界经济在 2002～2008 年保持强劲增长，各国服务贸易活动频繁，世界服务贸易发展迅速，进、出口保持两位数增长。据 WTO 统计，世界服务贸易 2004 年超过 2 万亿美元规模扩大至 2.13 万亿美元，2007 年突破 3 万亿美元增加到 3.29 万亿美元。据统计资料显示，世界服务贸易出口额由 1 万亿美元增加到 2 万亿美元大约用了 10 年时间，而从 2 万亿美元增加到 3 万亿美元仅用了短短 4 年时间。2008 年下半年起，受美国次贷危机影响世界经济形势发生变化，2009 年世界服务贸易出口下降 12%，为 1983 年来首次负增长，2010 年随着世界经济转好，世界服务贸易出口恢复到8%的增长。2000~2010年世界服务贸易进口额从2.87万亿美元增长到7.17万亿美元,增长了1.5倍,出口额则增加到3.67万亿美元,是2000年的2.55倍。与90年代服务贸易发展速度超过货物贸易,占世界进出口比例不断上升的情况不同,进入21世纪后,服务贸易增速放缓,与货物贸易基本保持同步增长,2000~2005年间,两者年均增长10%;2005~2014年间,两者年均增长8%,世界服务出口额占世界进出口比重也由20世纪90年代的25%降到20%左右。

在国际服务贸易构成中,运输和旅游等传统服务贸易所占比重相对下降,通讯、保险、广告、租赁、管理等新型服务贸易所占比重不断提高,特别是知识产权、技术转让、数据处理、咨询等知识含量较高的服务行业发展更快,使服务贸易结构向知识密集型转变。20世纪90年代初期,在世界服务贸易的构成中,国际运输服务占38.5%,国际旅游占28.2%。其他服务占30.8%。经过20多年的发展,这种结构已经发生变化。截至2010年,国际运输服务比重由38.5%下降到21%,国际旅游的比重降为25.5%,其他服务的比重由30.8%上升到53%。2005~2010年,全球运输业年均增长率为7%。旅游业年均增长率为6%。而金融服务,电信服务业的增长率为9%,增长速度方面的差异正体现了世界服务贸易的商品结构高级化趋势。

表11-8

2000~2014年世界服务贸易占世界贸易的比重

项目 年份	世界服务出口额 (10亿美元)	世界商品出口额 (10亿美元)	服务出口占世界贸易的比重 (百分比)
2000	1 435	6 186	18.8
2001	1 460	5 984	19.6
2002	1 570	6 272	20.0
2003	1 795	7 294	19.7
2004	2 125	8 907	19.3
2005	2 415	10 159	19.2
2006	2 755	12 083	18.6
2007	3 290	13 950	19.1
2008	3 780	16 070	19.0
2009	3 350	12 490	21.1
2010	3 665	15 238	19.4
2011	4 170	18 338	18.5
2012	4 350	18 496	19.0
2013	4 645	18 954	19.7
2014	4 940	19 002	20.6

资料来源:WTO数据库。

二、国际投资的增长与世界经济一体化

19 世纪末 20 世纪初,由于第二次科技革命所带来的生产力的巨大发展,再加上资本主义从自由竞争向垄断过渡完成,发达资本主义国家开始向国外输出资本。自此以后,国际投资在各国经济中的地位日益重要,发达国家把对外国际投资视作占领国外市场,提高本国产品国际竞争力,保持经济增长和繁荣的战略之一。而大部分的发展中国家则由于经济基础薄弱,资金缺乏,它们通过改善投资环境,提供各种优惠措施等来积极吸引外资加入本国市场,以此作为发展对外经济交往,振兴民族经济的重要举措。因此,从第二次世界大战以来,国际投资一直呈现出不断活跃和加强的趋势,到 2007 年,世界对外直接投资总额已达 2 万亿美元。资本国际化的这些新动向是经济一体化的具体表现。

第一,国际直接投资的增长速度在经过 20 世纪 80 年代中后期的高速增长后,从 90 年代初开始有所下降,但累计总额却在不断扩大。据统计,1985～1989 年国际直接投资年平均增长速度为 21.06%,其中 1985 年和 1988 年,分别高达 30.81% 和 30.50%。这种高速增长的原因主要是由于发达国家对外直接投资的速度加快。而进入 90 年代后,同样的,由于受发达国家经济增长速度减缓的影响,国际直接投资的速度开始下降,但累计仍在扩大,到 1992 年年底已高达 20 000 亿美元。国际直接投资在 21 世纪前 10 年经历"过山车"式的发展。2001 年全球几乎所有地区都发生了经济同步下滑现象,国际直接投资流出额由 2000 年的 1.2 万亿美元下降到 2002 年 0.54 万亿美元,2003 年、2004 年恢复平稳增长,而 2005 年又有小幅回落,2005～2007 年,发达国家、发展中国家都保持加速增长的态势,2007 年,企业利润率、股市价格以及跨国并购快速增长,使得世界范围内的外商直接投资流入量与流出量分别达到 1.83 万亿美元和 2 万亿美元。从图 11-6 也可以看出,OFDI 流量在达到 2007 年的高点后,受金融危机影响大幅下降,但危机后,不断恢复,目前基本稳定在危机前的水平。

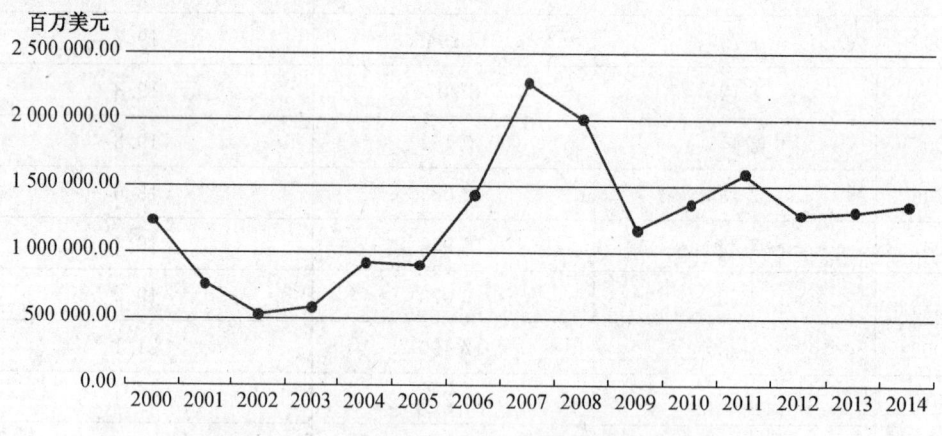

图 11-6 2000～2014 年全球对外直接投资额(OFDI)

资料来源:联合国贸易和发展会议:《世界投资报告 2011——国际生产体系中的非股权经营模式》。

第二,国际直接投资的流向结构在 20 世纪 80 年代向发达国家倾斜。国际直接投资在 20 世纪较长一段时期内都是从发达国家流向发展中国家,而现在这种情况已发生了根本性变化。国际直接投资主要不再是流向发展中国家而是发达国家,发达国家接受了世

界上80%左右的直接投资,而发展中国家只接受了20%左右。发达国家间的相互投资即双向投资尤为明显。1988年,美国、日本、欧共体这3家之间的投资占世界对外直接投资总量的39%。而发展中国家接受的对外直接投资却由70年代的占世界全部对外直接投资的1/3下降到80年代末的1/5左右。近年来,国际直接投资的流向向发展中国家倾斜。随着国际生产和国际消费向发展中和转型经济体的转移,它们吸收外资的规模和比重开始恢复性上升,尤其在金融危机后,由于发展中国家和转型经济体经济复苏相对较快、国内需求进一步加强,以及南南相互投资的蓬勃发展,2010年流入发展中经济体和转型期经济体合计吸收利用的外商直接投资,首次超过全球外商直接投资的50%大关。其中,流入发展中经济体的外商直接投资增加了12%,达到5 740亿美元,占全球对外直接投资的46.1%。同期,发展中经济体和转型经济体对外直接投资达到3 880亿美元,较2009年增加了21%,其占全体对外直接投资的份额,由金融危机爆发之前,即2007年的16%,上升到2010年的29%。2014年,发展中经济体和转型经济对外直接投资占全球对外直接投资的比重上升到了39%。

第三,国际直接投资的部门结构向第三产业倾斜。从产业的角度来看,从第二次世界大战结束到20世纪80年代中期的40年间,国际直接投资主要是投向第二产业,即加工制造业。从80年代末期开始,第三产业成为国际直接投资的重点。伴随第三产业在发达国家以及整个世界经济生活中作用的不断提高,发达国家对商业服务业和加工制造业的比重也发生了明显的变化。在1992年20 000亿美元的国际直接投资累计总额中,投在第一产业约占20%,第二产业约占40%,第三产业约占40%。而在2009年19.2万亿美元的国际直接投资累计总额中,投在第一产业的约占7.8%,第二产业的约占23.7%,第三产业的约占66.0%。而且,从长远的趋势来看,今后几年在第三产业的国际直接投资会继续保持比较强劲的增长势头。

第四,国际直接投资主体多元化。在20世纪70年代以前,国际直接投资是发达国家的专利,发展中国家则由于自身经济的落后和资金的匮乏很少对外投资。但是,自70年代以来,特别是到了80年代以后,随着一些发展中国家经济的迅速崛起,发展中国家的对外投资开始为人们所瞩目,世界上越来越多的国家相继加入到对外直接投资的行列,其中尤以新兴工业化国家和地区特别是亚洲"四小龙"表现突出,成为继美、欧、日之后第四个重要的资本输出者。国际资本流动单向性、垂直性的格局已不复存在。当然,这仍然没有改变当前国际直接投资中发达国家占据绝对主导地位这一历史格局。1990年全球对外直接投资总额中,美、日、西欧占据了80%,其中美、日、英、法、德5国就占去了70%。2010年,20大投资经济体中有6个是发展中和转型经济体。目前,其直接外资流出量占全球总量的29%。2010年超过30亿美元的大宗交易,有7项(占总数12%)涉及发展中经济体和转型经济体,而2009年仅有2项(占总数3%)。

第五,国际直接投资的方式发生变化。伴随着西方国家兼并收购风的日益盛行,收购和兼并外国企业已成为近年来各国所采取的主要对外直接投资方式。跨国界收购和兼并企业被认为是绕过贸易壁垒,节省创建企业时间,迅速地进入他国市场的有效手段。1992年,全世界企业收购与兼并交易为1 810起,交易总额达726亿美元,比1991年的544亿美元增加了34%。20世纪80年代以来,日本企业大量地购并美国企业,掀起"购买美国"的狂潮。1989年,日本公司收购,兼并美国当地企业的数目达174个,比1988

年增加44个,收购资金也由127亿美元增加到137亿美元,占当年日本对美直接投资的52.7%。同时,欧美企业间的收购与兼并活动也在不断增加,1987年,英国在美国通过收购进行的直接投资达292亿美元;1989年,美国兼并西欧企业的成交额达158亿美元。2010年全世界跨国并购交易为5 405起,交易总额达3 388.3亿美元,是1991年544亿美元的6倍,比2009年的2 497.3亿美元增加35.6%。2014年全世界绿地投资达6 955.8亿美元,较2009年的9 522亿美元下降26.9%,不过,绿地投资仍是世界最主要的投资方式。

第六,国际证券市场的一体化和国际化步伐加快。由于通讯及电脑手段的突飞猛进,全球主要金融市场已经联为一体,实现了24小时全天候交易,从而打破了不同地区金融市场原来所碰到的"时差障碍",使任何一种金融工具的交易,24小时内都可以在任何市场内实现,这使得国与国之间证券交易的联市成为可能。证券市场的国际化与证券市场的一体化是一对相互影响,相互促进和推动的因素。从目前来看,证券市场的国际化主要体现在以下几方面:证券市场分布的多元化、证券公司会员的国际化、证券发行与交易的国际化和证券价格变动的国际化等,它们使得国与国之间接资本的流动大大加快,从而以资金融通的方式加强了世界各国的经济联系。

三、跨国化生产的增长与世界经济一体化

生产一体化或曰跨国化生产,即资源配置、生产组织和市场销售的全球化、国际化,它是通过跨国公司的国际经济活动来体现的。在第二次世界大战后的1/4世纪里,跨国公司充当了经济全球化的先锋。期间,世界工业和世界贸易分别保持5.6%和7.3%的年增长率,而跨国公司每年的平均增长率则为10%。同期,非跨国公司每年的平均增长率仅为4%。然而,这一时期跨国经营的繁荣局面仍然多限于资本主义世界。由于两大体系的割裂和新兴的民族主义国家的干扰,资本主义的市场力量并未能在全球获得普遍的控制权,跨国公司基本上仍限于采用各个击破的多国经营战略,不存在全球范围扩张的手段和机会。直到20世纪80年代之后,跨国公司才真正获得了充分发展和大规模扩张的动力与空间,其数量及其影响与日俱增。全球跨国公司母、子公司数分别从1980年的1 100家和98 000家增加到2005年的77 000家和770 000家,25年间分别增长了600%和685%。这一时期,跨国公司不仅在海外设立或并购生产性分子公司、销售或售后服务性机构,而且进一步建立研究型机构,投资类型日益丰富。2005年,全球国际直接投资的总流入额已升至9 160亿美元,尽管这一数字远低于高峰年份2000年的14 000亿美元,但较之1982年的590亿美元,已增长了1 452%[①]。据联合国贸发会议2011年发布的《世界投资报告》统计,全球跨国公司海外销售额从1982年的2.2万亿美元增长到1990年的5.5万亿美元,再到2005年的19万亿美元,2010年,进一步提高至33万亿美元,占世界贸易的1/3。2010年全球跨国公司在国内和国外创造的生产总值约为16万亿美元,约占全球GDP的1/4。

跨国公司产生和发展有着多种因素,一方面它反映了世界经济运行中的某些普遍规律;另一方面它又同特定条件下的国际政治、经济环境有着密切的关系。但是,无论如何,

---

① UNCTAD,World Investment Report 2006, pp. 3-10.

跨国公司在国际经济活动中地位的迅速崛起，极大地推动了目前正日益成熟和深化的世界经济一体化潮流，并在其中发挥了积极的主导作用。因为跨国公司的对外直接投资受利润率驱动，超越各种社会制度、经济制度差异所造成的障碍，促使处于不同社会制度、经济制度，不同经济发展阶段的国家之间相互渗透和相互融合，同时，跨国公司利用其资金、技术、设备、管理等方面的优势，带动货币资本、生产资本和商品资本的国际流动，促使各国之间的经济联系更加紧密；另外，跨国公司在制定经营战略时从全球的角度考虑，在全球范围内统一安排生产、销售、财务、研究开发和人事，在提拔主要经营管理人员时不计较国籍，使公司的国籍淡化，从而培养了一大批国际性人才，促进了国与国之间的人才交流。据统计，目前跨国公司在国内外直接雇佣的职工已达7 300万人。所以，种种迹象表明，跨国公司正在成为一支前所未有的全球性经济力量，从生产环节来看，产品的设计、生产在公司遍布全球的分支企业中进行；从销售环节来看，公司的销售市场以及用户分布在世界各个角落；公司利润和资金也在各国各地分配、筹集、调拨。这些都标志着跨国公司的"超国家"的全球化特点经营政策日趋明显，它为世界经济的进一步国际化、一体化创造了良好的条件。

跨国公司在全世界范围内的对外生产和直接投资活动，对世界经济的增长和发展也起到了积极的作用。从理论上看，跨国公司的对外投资是一种企业行为，它服从和服务于利益最大化原则，因而资本总是从收益率低的地方流向收益率高的地方，这样从全世界范围来看，它促进了各国和地区资源的优化配置，使有限的人类资源发挥了其最大效用，推动了世界经济的增长。如果更具体地分析，跨国公司对母国经济和东道国经济起到了积极的作用。一方面，跨国公司设在世界各地的子公司，将会把大量的利润汇回母国，改善和加强其国际收支地位，增加本国的税收，推动母国的商品输出，促进生产增长。另一方面，对于东道国而言，跨国公司的投资有助于弥补东道国建设资金的不足，对一些投资风险较大的开发性领域的投资，可同实力较强的跨国公司共担风险，促进东道国新兴工业部门的发展；同时跨国公司的进入还有利于东道国培养各种科技和管理人才，有利于发展出口产品，增加外汇收入，创造较多的就业机会。

第四节 新一轮工业革命的内涵、趋势与影响

2008年金融危机以来，全球经济复苏分化，增长乏力。发达国家为恢复经济增长，反思金融系统过度"杠杆化"带来的风险，把培育实体经济竞争力作为应对危机的长期战略之一，提出了各种方案。例如，美国推出了"再工业化"战略，德国提出了"工业4.0"战略，欧盟正式启动"地平线2020"科研计划，日本推出了"i-Japan战略2015"。与此同时，新兴经济体也积极出台了各种产业规划和政策，力促本国产业转型升级。例如，中国推出了"中国制造2025"战略，俄罗斯发布了《2018年前信息技术产业发展规划》，印度推出了"印度制造"政策。在这一背景下，美国未来学家杰里米·里夫金提出的"第三次工业革命"引起了广泛关注。从历史的角度看，历次危机都为新一轮科技创新和工业革命提供了产生的土壤，而那些及时把握住了历史机遇的国家和企业最终都凭借新优势站在了时代潮流的前列。因此，研究科技革命和工业革命的内涵及其发展趋势，将有助于我们更好地理解世界经济格局演变的动力机制。

一、工业革命的内涵及其划分依据

迄今为止,人类社会已发生了多次工业革命,但学者们并未就具体发生次数达成一致。大家都比较认同的是,工业革命发生的动力在于创新,而创新的源泉来自科技革命。因此,学者们一般将科技革命作为界定工业革命发生次数的标志。

这里列举了历史学家、科学家、未来学家和经济学家的代表性定义。表11-9将不同学者对工业革命发生次数的判断作了比较。

表11-9

工业革命概念与发生次数

提出人	工业革命的概念	发生次数
斯塔夫里阿诺斯[①]	社会生产力表现出"进入自驱动的发展的起飞"的特征	两次
杰里米·里夫金[②]	每当新型通信技术与新型能源系统交汇之际就会引发新一轮工业革命	三次
约瑟夫·熊彼特[③]	每次工业革命就是一次技术创新活动的高潮,每一个长周期都包括一次工业革命及其消化和吸收过程	四次
何传启[④]	工业革命(或称产业革命)指的是"人类的生产方式和产业结构的巨大变化"	四次

历史学家斯塔夫里阿诺斯教授认为,工业革命共有2次。第一次工业革命大致发生在18世纪80年代,第二次工业革命开始于"二战"前后。

第一次工业革命的一个显著的经济标志是生产力发生了"一个进入自驱动的发展的起飞"。机械化工厂体系生产组织模式的确立,使人们能够以极低成本进行大批量商品生产,"以致它不再是依赖原有的需要,而是创造出其自己的需要。"[⑤]

第一次工业革命又可划分为两个阶段:

第一阶段:1770~1870年。人类在能源领域、生产领域、通讯领域和交通运输领域的进展成为这一时期工业革命的代表性成果。

第二阶段:1870~1914年。在这一阶段,科学开始主导工业化进程,大规模生产技术得到改善和应用。科学对工业的影响日益广泛和深远。在科学理论的指导下,人类发明了炼钢法、内燃机、无线电报、烈性炸药。石油工业得以迅速发展。科学理论从此成为工业发生革命性演进的主导力量。

[①] [美]斯塔夫里阿诺斯:《全球通史(第七版)》,董书慧等译,北京大学出版社2005年版,第485页。

[②] [美]杰里米·里夫金:《第三次工业革命新经济模式如何改变世界》,张体伟,孙豫宁译,第2章,中信出版社2012年版。

[③] [美]约瑟夫·熊彼特:《经济发展理论》,商务印书馆1990年版。转引自张兵:《论中国经济长周期波动的特殊性》,载《南方经济》,2006年第9期。

[④] 何传启:《第六次科技革命的主要方向》,载《中国科学基金》,2011年第5期。

[⑤] [美]斯塔夫里阿诺斯:《全球通史》,董书慧等译,北京大学出版社2005年版,第485页。

第二次工业革命开始于"二战"前后。第二次世界大战中的军事技术的进步,带动了后来的工业发展,包括核能、机器人、航空、基因工程、信息革命等。

未来学家杰里米·里夫金采用了与斯塔夫里阿诺斯表述不同的划分方法。根据他的定义,每当新通讯技术和新能源技术融合时就将发生工业革命。因此,他认为工业革命可以划分为三次:

第一次,19世纪,蒸汽动力与印刷术相结合产生了蒸汽印刷机,并代替了手工印刷。此时,城市核心区和工厂大量出现,生产方式是集中式的。

第二次,20世纪头10年,电视、电话、广播技术的出现以及石油、电力等新能源得到使用。城郊房地产业及工业区繁荣发展,生产方式仍然是集中式的。

第三次,20世纪90年代中期,互联网和可再生能源出现了,两者的结合将催生新一轮产业革命。以互联网为代表的分散式生产方式将引发一系列产业变革。

经济学家约瑟夫·熊彼特认为,每次工业革命就是一次技术创新活动的高潮,每一个长周期都包括一次工业革命及其消化和吸收过程。长波周期的根源正是以工业革命为代表的技术创新活动。根据熊彼特的推算,经济长波与工业革命具有如下对应关系:

第一长波(1783~1842年)"工业革命时期",此时机械开始大量使用。

第二长波(1842~1897年)"铁路化时代",蒸汽机和铁路得到推广。

第三长波(1897~1953年)"电气、化学和汽车的时代"。

熊彼特在1950年去世前预测第四波将从1953年开始,这一时期,核技术、电子学、石油化学得到长足发展[1]。

中国科学院的何传启研究员认为,产业革命已经有四次。[2] 其动力机制分别是:18世纪中后期,蒸汽机和机械发明为代表的第一次技术革命推动了第一次工业革命。19世纪中后期,电力和运输革命推动了第二次工业革命。20世纪中期,电子技术和自动化推动了第三次工业革命。20世纪中后期,信息技术和网络化推动了第四次工业革命。

比较以上不同学者对工业革命的定义和发生次数的界定,可以看出,熊彼特与何传启的划分是比较一致的。尽管斯塔夫里阿诺斯把一般文献中的"第二次产业革命"归为第一次产业革命的第二阶段,表述方式不同,但从时间阶段的划分和代表性特征看,该分类与国内外文献中的常见分类是比较一致的。

但是,里夫金的定义和阶段划分是值得推敲的。例如,他认为第一次工业革命是印刷机与蒸汽能源结合,以蒸汽印刷机为代表。但是,将信息和能源这两个特定领域的变革作为工业革命发生的原因,而将化学、工业领域的创新忽略不计似乎过于勉强。

再比如,他提出第三次工业革命的五大支柱:第一,向可再生能源转型;第二,将每座建筑转化为微型发电厂,收集可再生能源;第三,采用氢和其他存储技术,以存储可再生能源;第四,利用互联网技术共享每座建筑物生产的能源;第五,使用电动汽车,并借助上述联网技术获取所需电力。每个支柱都在讲新能源,信息技术领域的变革却没有提及,这与他对工业革命的定义是不符的。尽管第四支柱与信息技术有关,但这里只是互联网技术

---

[1] 岛中雄二:《"环境革命"将助世界经济触底回升》载日本《经济学人》周刊2012年7月31日,见参考消息网站:http://finance.cankaoxiaoxi.com/2012/0810/76433.shtml,2012-08-10。

[2] 何传启:《第六次科技革命的主要方向》,载《中国科学基金》,2011年第5期。

在能源分配方面的应用,而并非信息技术本身的变革。显然,信息技术的变革是一个更加广大范畴。

二、新一轮工业革命的发展趋势

在科学技术革命的影响下,新一轮工业革命已经初现端倪,其对世界经济的影响将表现在以下几个方面。

(一)绿色、智能和可持续的发展方式将成为主流

自第一次工业革命以来,科技革命对工业革命的先导和引领作用日益增强。时任全国人大常委会副委员长、中国科学院院长的路甬祥院士在接受《人民日报》记者专访时指出:"在今后的10~20年,很有可能发生一场以绿色、智能和可持续为特征的新的科技革命和产业革命,科技创新与突破将创造新的需求与市场,将改变生产方式、生活方式与经济社会的发展方式,将改变全球产业结构和人类文明的进程。"[1]

可持续发展是当前人类社会的基本矛盾决定的。200多年的工业化历程在极大促进了经济增长的同时,也造成了自然资源的枯竭,生态环境的破坏。因此,广大发展中国家的工业化必然面临实现摆脱贫困、现代化和经济增长目标与自然资源供给能力和生态环境承载能力有限的矛盾,而且这个矛盾将变得日益尖锐。这使得发展中国家不能再重复历史上少数国家走过的老路,必须要探索新的经济发展模式,新的生产方式和生活方式。

科技革命有可能在信息、生命和空间科技三个方面发生,并扩散到能源和物质科技方面。[2] 其中,信息科技的革命将使人类更便利地获取知识和信息,从而更好地满足人类文化生活。生命科技革命将实现人体器官和组织的"再生",甚至通过人机合一而实现人体的"永生",人类健康长寿的愿望将得到很好的满足。空间科技和物理学的革命将使人类实现宇宙旅行和移民,人类的生存空间将大大拓宽,开发太空将不再是梦想。

(二)生产方式从大批量生产向个性化定制生产和分散式就地生产转变

随着数字化制造的发展,规模经济变得不再明显,而小批量、多样化的生产方式更符合范围经济的特征。以3D打印机为例,因为购置设备和打印材料的投入是固定的,而驱动打印机工作的程序却可以根据需求随意设置,从而可以打印出所需的各种形状的产品。吸引人们作出购买行为的是产品的个性化和适用性,而非价格的低廉。而要更好地满足人们的个性化需求,生产过程就必须更加贴近当地市场,从而使生产过程进一步从集中化向分散化演变。与此同时,企业的商业模式从做大做强向做强做优转变。[3] 借助互联网技术的发展,企业获取收益的方式将发生转变。企业通过将其创造的价值分为基础业务和增值业务两部分,并借助数据分析,实现充分的市场细分,对基础业务实施免费或低价战略,对增值业务实施高价战略,从而降低成本,获得收益。

(三)信息技术的快速发展

信息技术投资增加的同时,信息产品价格不断下降,信息技术相关产品销售对经济增

---

[1] 赵永新:《中国不能再与科技革命失之交臂》,载《人民日报》,2009年9月8日,第9版。
[2] 何传启:《第六次科技革命的主要方向》,载《中国科学基金》,2011年第5期。
[3] 姜奇平:《互联网时代的商业模式创新》,载《互联网周刊》,2012年第7期。

长的贡献度不断增加①。从技术的生命周期来看,大数据、3D打印正处于期望膨胀期,而云计算正处于泡沫破灭期,很容易出现投资过热,如过早形成产能,有可能引发产能过剩,导致泡沫。②

第一,大数据技术进入期望膨胀期。Gartner报告指出,当前,大数据技术正日益受到市场的关注,但该技术已进入了期望膨胀期,即将进入漫长而痛苦的泡沫破灭期。经过泡沫的基础阶段后,大数据将进入成熟增长,据Gartner估计,该技术在目标客户中的认知度目前只有1%~5%,2015年,掌握全面处理大数据技术的企业将比对此完全没有准备的竞争对手在财务表现上超出20%左右。

第二,3D打印技术正接近预期膨胀的顶点。3D打印技术诞生于20世纪80年代末,当时主要用于工业设计中的原型制作。近年来,随着技术进步和成本下降,该技术被推广到商业、教育和消费领域。目前,多色3D打印机价格在1.5万美元,单色3D打印机约1万美元。企业可以以适度的投资换取设计和开发效率的大幅度提高。从发展趋势看,该技术目前正接近预期膨胀的顶点,其价格有望不断下跌。从市场成熟度看,该技术仍处于"青春期",目标客户的接受度为1%~5%,但市场正处于快速发展中。

第三,云计算技术处于向谷底滑落阶段。云计算技术是一种基于互联网的信息技术服务。目前,该技术已经从预期膨胀的顶峰向泡沫破灭的谷底滑落。目标市场认可度为5%~20%,正处于接近主流市场的早期阶段。从发展前景看,云计算技术涉及多个组成模块,某些模块并不成熟。因此,要采用该技术前必须经过充分的技术成熟度评估和风险评估。

第四,未来10年将迎来高度关注的技术。人体机能增进、量子计算、全息显示、3D生物打印、移动机器人、物联网等技术当前正处于萌芽期,主要以实验室研究为主,还少有商业力量介入,因此,需要大量的资金支持和商业运营知识的支撑。如果政府能够基于恰当扶持,那么,受益企业将可能比竞争对手获得领先优势。

三、以信息技术为主导的科技创新对经济的特殊影响

(一)奥肯悖论现象

在经济增长的同时,失业率并没有下降。以美国数据为例,美国自发生次贷危机以来,GDP增长率从2009年的-2.2%恢复至2011年的4%,但是2011年失业率却仍然保持8.9%的高位。③ 无独有偶,在1982~1991年,失业率与GDP增长率的背离情况也非常显著。因为,信息经济主要的要素投入是知识密集型和资本密集型的,需要的是高技能的劳动者,因此,这个领域的技术进展对增加制造业一线劳动者就业及其他低端劳动者就业的吸纳能力有限。这种特征与第一次和第二次工业革命对就业的影响是截然不同的,

---

① 陈漓高、齐俊妍:《信息技术的外溢与第五轮经济长波的发展趋势》,载《世界经济研究》,2007年第7期。

② 福布斯中文网:哪些技术正热得过火?http://www.forbeschina.com/review/atlas/004187_1.shtml,2012-10-22。

③ GDP数据来自美国经济分析局网站:http://www.bea.gov/,2012-12-20;失业率数据来自美国劳工统计局网站:http://www.bls.gov/,2012-12-20。

众所周知,早期的工业革命是促成了劳动力大量从农业部门转移到了工业部门,实现了劳动生产率的大幅度提高和工人收入的提高。

(二) IT 消费化

将出现消费者比企业和政府更早采纳新技术的现象。① Gartner 公司 2012~2013 年技术成熟度报告介绍了 48 项 IT 技术,其中有 13 项都是接近消费者以及与消费者互动有关的技术②;有 8 项是与分析、理解和利用消费者行为有关的技术③。这种消费者居于技术变革的主导地位的现象反映了来自消费领域的新技术和新模式正日益对企业产生影响的新趋势。这种新趋势与过去那种以企业的 IT 部门作为信息化主导者的模式是有显著区别的。这种新趋势的发展得益于云计算、大数据、移动终端等技术的发展,这些技术使得公司员工能够不依赖于公司的办公设备来完成工作,工作与非工作时间的界限更加模糊。同时,企业也能够更好地满足相应客户的需求。

早期的工业革命主要发生于生产领域,如改进生产工艺,发明新机器,提高劳动生产率等。但消费化潮流要求企业基于对消费者需求深刻理解的基础上作出创新,而非通过提高劳动生产率降低现有产品的成本。在消费化的背景下,企业要想赢得竞争,就更应该重视对消费者和用户的需求的研究。技术创新应以顾客需求为中心,而非片面追求技术的先进性。

(三) 创新周期递减的负面影响

技术创新周期递减指的是原始创新诞生后,该领域的后续技术对原有技术的替代呈加速度发展的趋势。张文辉(2004)研究发现,从机械打字机到电动打字机的出现经历了 192 年,电动打字机到早期文字处理机经历了 58 年,而从文字处理机到个人计算机的出现只经历了 10 年时间。④ 同样,从煤气灯、白炽灯、荧光灯到 LED 灯,照明技术发展周期也呈现递减趋势。而在信息技术时代,"摩尔定律"则是创新周期递减规律的集中体现。创新周期递减规律的存在加剧了厂商间的竞争,使厂商难以长期获得垄断利润。而这又导致了投资结构的变化,即投资者更急于获取短期利润,因而增加企业扩张阶段的投资,而对启动期的投资往往不足,导致基础创新得不到足够的资金支持,而模仿性创新泛滥,人们满足于对现有技术的小修小补,而非根本性变革,经济增长动力不足,因而,进入熊彼特长波的投资和投机过渡阶段,而这恰恰不利于创新的可持续发展。⑤ 以美国网络泡沫为例,1999~2001 年美国网络泡沫破灭前后,风险投资对启动期的投资总额和增长率都小于扩张期的同期值,如表 11-10 所示。

---

① Jackie Fenn, Hung LeHong, "Hype Cycle for Emerging Technologies", 2011, http://www.gartner.com/.

② 这 13 项技术包括:软件应用商店、增强现实、自带设备办公、消费级车联网、游戏化、家用健康监护、HTML5、网络电视、多媒体平板、移动 OTA 支付、近距离无线通讯(NFC)、NFC 支付、虚拟世界。

③ 这 8 项技术包括:活动流、大数据、复合事件处理、众包、内存分析、预测分析、社会分析、文本分析。

④ 张文辉:《技术创新生命周期的生物经济学研究》,载《社会科学》,2004 年第 9 期。

⑤ 苏延华:《美国新经济周期的形成机制》,载《国际关系学院学报》,2002 年第 5 期。

表 11-10

美国风险投资阶段比较 1999~2000 年

项目	1999	2000	变化率
启动期	$3 666 192 000	$3 156 137 600	−16.16%
早期	$11 375 210 500	$25 354 579 000	55.14%
扩张期	$29 489 407 500	$59 117 420 800	50.12%
晚期	$10 204 522 800	$17 598 109 800	42.01%

资料来源：PricewaterhouseCoopers：Money Tress Reports，https://www.pwcmoneytree.com，2012-12-22.

信息市场高沉没成本的特征有可能进一步放大商业投机行为，因而，进一步增强了经济增长的动力。① 所谓高沉没成本，指的是信息市场具有高固定成本、低边际成本的特征。厂商为了赢得竞争往往会预付大量的资本投入研发，并积累大量的技术储备。高沉没成本意味着如果厂商一旦停止生产，这些资本就无法再收回，从而导致大量社会资本的占压。在经济萧条阶段，由于资本的相对短缺，投资者对信息技术的基础性研究投资更加谨慎，从而使真正具有革命性影响的技术无法得到资金支持。同时，如果政府的救市措施没有对投资的方向进行很好的区分，导致资金更多地流向了能够带来短期收益的扩张性投资。最终，必然使信息技术难以真正实现突破性进展，无法真正带来生产率的大幅度提高，从而导致经济复苏无法建立在比较坚实的基础上。

---

① [美]卡尔·夏皮罗、哈尔·瓦里安：《信息规则：网络经济的策略指导》，张帆译，中国人民大学出版社 2000 年版。

第十二章 世界经济增长中的周期问题

世界各国经济发展中都存在着长短不一、性质各异的波动,这些波动往往会表现出周期性。在一体化趋势不断加强的世界经济中,也有着类似的周期性波动,尤其在发达市场经济国家间更是如此。世界经济的周期性和周期的同步性反映了一体化世界经济中增长波动的规律。研究和把握这一规律,对于加强国际经济协调,促进世界经济稳定、持续的发展和更有效地对本国经济进行调控都具有重要的意义。

第一节 世界经济的周期性与周期的同步性

一、世界经济的周期

世界经济周期,指的是整个世界范围内经济的波状变动。世界经济是不同国家和地区经济的有机结合,所以,世界经济周期的形成和发展也是基于以下两个原因:一是各个国家和地区有自己的周期;二是各国之间在经济上紧密联系,其经济发展会相互影响。当然,这里所要研究的世界经济周期,主要指的是发达市场经济国家的经济周期。因为发达国家经济在整个世界经济中具有主导作用,它们之间的相互影响有较大的相关性。发展中国家在独立前就被纳入发达国家的经济体系之中,在独立后并没有完全摆脱发达国家对它们的影响,也不可能对世界经济产生很大的影响。即使是过去中央计划经济的国家,也大多不同程度地转向了市场经济。所以,在日趋一体化的世界经济中,发达国家的市场经济主导着世界经济的周期。这就是说,研究了发达国家的经济周期,也就是研究了世界经济中的最根本的周期问题。

对于周期有不同的划分,通常可以将周期分为四种类型:一是长周期,周期平均间隔为 45～60 年,亦称康德拉季耶夫周期;二是中周期,周期间隔为 15～25 年,也称库兹涅茨周期;三是马克思主义的周期,周期间隔为 7～11 年,它与设备投资关系密切,也称设备投资周期;第四则是平均为 3～4 年的短周期。

二、周期的同步性

在这里研究的重点是周期在发达国家间的同步性。因为发达国家经济周期的同步性,更表明了这种周期问题的世界性。

世界经济周期同步性指的是发达市场经济国家的经济周期的长度和变化规律的一致。这里的经济周期指的是商业周期,是马克思主义的周期。

周期性的规律表明,一国只要市场经济有了长足的发展,就会不可避免地陷入周期性波动。而随着国际贸易和国际金融的发展,各发达国家之间的经济联系日益密切,使各国的经济周期趋同,于是经济周期的同步性便出现了。

1825年,英国首次普遍的生产过剩周期性危机产生,带动西欧和美国引起类似的危机,世界经济周期的同步性也首次产生。

19世纪70年代以前的前资本主义时期,周期同步性由表12-1可以看到(以英美为代表):

表12-1

经济周期及危机和衰退持续时间(年)

a 英国

周期(年)	经济扩张时间	危机时间	衰退时间	周期时间
1827~1837	8	1	2	11
1838~1848	5	3	3	11
1849~1858	8	1	1	10
1859~1868	6	2	2	10
1825~1868	28	8	8	44

b 美国

周期(年)	经济扩张时间	危机时间	衰退时间	周期时间
1827~1838	8	2	2	12
1839~1848	4	5	1	10
1849~1858	6	2	2	10
1859~1867	5	1	3	9
1827~1867	24	10	9	43

资料来源:高敦编:《美国商业循环》,第746页、第750页。

这一时期是世界经济同步性形成的初级阶段,同步性很明显,它是由英国在世界经济的中心地位以及主要资本主义国家奉行自由贸易政策决定的。

19世纪末到20世纪上半期,世界经济周期的同步性依然存在,但有所减弱,如表12-2所示。

表12-2

危机扩张和衰退的持续时间(1865~1940年)

a 美国 (单位:月)

1)周期划分(年)	2)扩张	3)危机	4)衰退	5)周期
1868~1878	52	65	18	135
1879~1885	36	38	0	74
1886~1894	69	17	23	109
1895~1904	67	23	36	126

续表

1)周期划分(年)	2)扩张	3)危机	4)衰退	5)周期
1905～1908	33	13	0	46
1909～1914	31	23	24	78
1915～1921	54	18	7	79
1922～1932	70	43	27	140
1933～1938	50	13	0	63
1868～1938	462	253	135	850

b 英国 (单位:月)

1)周期划分(年)	2)扩张	3)危机	4)衰退	5)周期
1869～1879	54	81	0	135
1880～1886	42	42	0	84
1887～1894	51	53	0	104
1895～1901	64	15	0	79
1902～1908	52	17	17	86
1909～1914	49	21	0	70
1915～1921	60	15	27	102
1922～1932	59	37	38	134
1933～1938	61	12	0	73
1869～1938	492	293	82	867

资料来源:高敦编:《美国商业循环》,第750～751页。

这段时期周期同步性有所减弱的根本原因是,各发达国家相继进入垄断资本主义时期。由于各国发展不平衡,国家对经济的干预增强,贸易保护主义盛行,使世界经济的传递机制减弱,从而影响世界经济发展周期的同步性。

战后,世界经济周期同步性又有了一些新变化。

日本经济学家藤野正三郎研究得出图12-1。

显然,在20世纪60年代前,循环的先后顺序是美、欧、日,而进入60年代后出现欧、美、日和日、欧、美的顺序。从图中可以看到,第二次世界大战后世界经济周期既有同步性,也有不同步性。其不同步性的原因在于,战后各国调整过程结束的时点不同,因而发达国家出现周期循环有先后顺序。更主要的缘由是各国普遍加强了经济的干预和调节以及区域经济集团化的形成。这两个因素使经济周期在国与国之间的传递增加了屏障。从70年代初起,周期重新出现同步,其原因则在于,各国经济结构趋于一致;科技革命成果广泛普及和应用;各国经济相互依赖的加深;各国经济政策上的协调,等等。这是世界经济一体化趋势对经济周期同步性影响的结果。

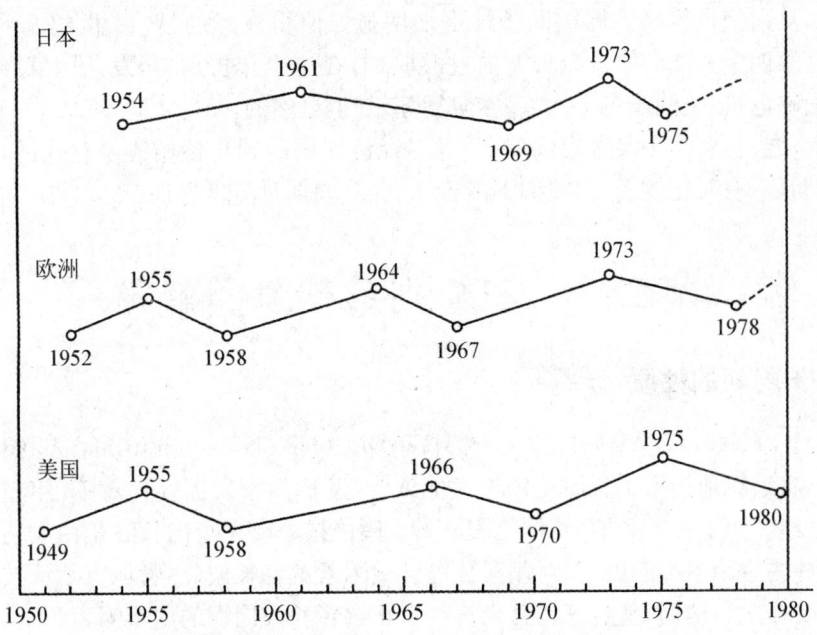

图 12-1 "二战"后日、美、欧中期循环的时间

进入 20 世纪 90 年代后,随着世界经济一体化趋势的增强,周期的同步性又进一步加强了。这主要表现在最近一次发达国家的经济周期与危机上。这可见表 12-3。

从表 12-3 中可以看到,尽管发生衰退和复苏的时间不都是同年份,但发达国家之间的波动明显有联动的效应。

表 12-3

发达国家 GDP 增长率比较(百分比)

年份 国别	1989	1992	1995	1998	2001	2004	2007	2009	2010	2014
美 国	2.5	2.6	2.5	4.5	1.1	3.6	1.9	−2.7	2.9	2.4
日 本	4.7	1.1	1.9	−2.0	0.2	2.7	2.4	−6.3	5.1	−0.1
德 国	3.6	1	1.7	1.9	1.2	1.2	2.7	−4.7	3.6	1.6
法 国	3.7	1.4	2.0	3.4	1.8	2.5	2.3	−2.7	1.5	0.2
英 国	2.2	−0.5	3.1	3.8	2.5	3	2.7	−4.9	1.3	2.9
意大利	2.9	0.9	2.9	1.4	1.8	1.5	1.5	−5.2	1.3	−0.4
加拿大	2.4	0.8	2.8	4.1	1.8	3.1	2.2	−2.5	3.1	2.4

注:市场价格 GDP 年增长率基于不变价本币计算。总额计算基于 2000 年不变价美元。
资料来源:根据世界银行国民经济核算数据整理。

从某种意义上说,近年来周期的同步性得以强化是世界经济一体化发展的一种表现。其深层次原因是,贸易自由化和金融国际化的进一步发展,资本在国与国之间流动进一步加强,尤其是当前生产一体化趋势的增强,跨国公司活动的频繁,使各国之间的经济联系更加密切,从而使世界经济周期同步性更加明显。值得注意的是,19世纪90年代末20世纪初,是第四个长波向第五个长波的过渡时期,在这个转折点上,发达国家经济同时出现衰退,面临危机,又同步走出低谷,转向复苏,是很自然的。

总而言之,自资本主义发展到现在,世界经济周期的同步性始终是存在的,尽管有时程度较为明显,有时比较弱,但我们不能否认,经济周期具有世界性。

第二节 长周期的性质和解释

一、长周期的性质

1925年,苏联经济学家尼古拉·康德拉季耶夫(Nikolai Kondratiff)在其著作《长波周期》中第一次系统地提出了长周期理论。他认为,发达国家发展存在着50年左右的长周期,并且已经经历了三个周期(具体见表9-4)。康德拉季耶夫指出长波是由发达国家经济运行中某些内生因素引起的,反对用科技等外生因素解释长波(尽管他也承认技术革新对经济的重要作用);然而,他自己也并未找到真正解释长波周期的内生因素。

20世纪70年代,荷兰经济学家雅各布·杜金对长波的各阶段进行了修正并补充。见表12-5。

表12-4

康德拉季耶夫提出的长波时间

(单位:年)

	上 升	下 降
第一次长波	1789~1895,1810~1817	1810~1817,1844~1851
第二次长波	1844~1851,1870~1875	1870~1875,1890~1896
第三次长波	1890~1896,1914~1920	1914~1920,(?)

表12-5

雅各布·杜金提出的长波时间

(单位:年)

	繁 荣	衰 退	萧 条	复 苏
第一次长波	1783~1803	1815~1826	1826~1837	1837~1847
第二次长波	1847~1866	1866~1875	1875~1884	1884~1893
第三次长波	1893~1913	1921~1929	1929~1938	1938~1944
第四次长波	1949~1967	1967~1975	(?)	(?)

斯科特·埃里克森对五次长波作了具体分析[①],并从技术基础上提出了各次长波的

---

① 斯科特·埃里克森:《时代之间的过渡》,载《未来学家》1985年第4期。

支配力量。见表12-6。

表12-6

各次长波的支配力量

	第一次长波	第二次长波	第三次长波	第四次长波	第五次长波
工 业	纺织	铁路	汽车	电气化	信息
原材料	棉花	铁	钢	塑料	硅
能 源	水	木柴	煤	石油	太阳能
通 讯	陆上	电报	电话	电子	太空
国 家	法国	英国	德国	美国	美国

西方经济学家对西方经济波动提出了其他类型的周期,如库兹涅兹周期(15～20年)、朱格拉尔周期(10～11年)、汉森周期(8.35年)、基钦周期(3.5年)等。但是,为什么康德拉季耶夫的长波周期能和其他多种周期在同一过程运行,它们之间的关系又如何呢?

其实,长波周期是和其他类型周期性质不同的。生产力是决定世界经济发展的主导力量,而科学技术正是生产力中的主导,因此,长波周期是由科技力量所决定的。重大的技术革命,推动了世界经济长波的运动。

二、长周期的解释

长波周期必然和各种周期有着某种程度上的联系。在这方面已经有大量的研究成果。

运用傅里埃级数,可以发现,把长波分解为一系列谐波,分周期的长度与各种类型的周期,是吻合的①。各个分周期为:$T_1=50\sim60$年(康德拉季耶夫周期45～60年);$T_2=16.7\sim20$年(库兹涅兹周期15～25年);$T_3=10\sim12$年(马克思周期和朱格拉尔周期7～11年);$T_4=7.14\sim8.57$年(汉森周期8.35年);$T_5=5.56\sim6.67$年;$T_6=4.5\sim5.4$年;$T_7=3.84\sim4$年;$T_8=2.9\sim3.52$年(基钦周期3.5年)。找谐波的方法一直继续下去,谐波的周期和振幅都很小,这就是发达国家经济运行中的无数微观涨落。我们可以由此得出结论:长波的傅里埃级数就包含着经济系统波动的主要谱系,从而引起发达国家经济系统一系列大小不一的周期波动,这就是我们已观察到的那些经济周期的微观涨落,长波周期只不过是它们叠加的自然结果。

任何一个经济系统都是与外界交换物质、能量、信息的开放系统,它有可能形成相对有序的"耗散结构",这种系统有一定的抗干扰能力,其能力的大小是由系统的稳定决定的。因此,微小的扰动可能被经济系统吸收,不至于引起社会经济剧烈的结构性变化。但那些中等波动具有较大的能量,由于发达国家经济系统不能有效地抵抗这些波动,因而经济系统会出现明显的失调,表现为经济危机。不过,这些表现为库兹涅兹周期、朱格拉尔周期等的中期波动具有不确定性,这是因为当经济系统内部产生的周期扰动表现为具体的宏观波动时,它会被系统不同程度地吸收。只有当系统稳定性恰好不能抵御的临界周

---

① 沈华嵩:《论长期波动》,载《世界经济》1985年第8期。

期以上的波动才会引起社会经济的明显振荡。由于长波的扰动能量来自科技革命带来的生产力变化,它的能量很大,是发达国家经济系统的稳定性远不能抗御的,因此,长期波动发生是比较确定的。

1978年,曼得尔(E. Mandel)试图对长周期作一个马克思主义的解释①。他认为,利润率的变动是长波周期的根本原因。他从马克思提出的影响利润率的因素出发,论证了经济的波动。同时他还认为,只有资本主义发展中所有矛盾具体形式共同起作用,其中包括一些非经济因素的作用,才能解释长周期的发生。

熊彼特的"创新理论"是解释长波周期的最重要的一种理论。"创新"是指"企业家所实行的一种对生产要素新的结合"。技术上的发明者不一定是创新者,只有敢于冒风险、把新发明引入经济中的企业家才是创新者。具有这种素质的创新者是动态经济中的经济主体。在熊彼特的创新二阶段理论模式中,创新是静态均衡的打破,经济周期是生产者从既无利润又无损失,到因创新而盈利,又到创新被模仿,垄断被打破的周而复始过程。事实上,在马克思经济学中,这是企业为获得超额利润而改进技术、管理的过程。在熊彼特创新四阶段的现实模型中,创新浪潮引起的所谓第二次浪潮,其中包括生产资料需求的扩大,银行信贷的扩张,新工厂的建立,对消费品的需求的增加,投资机会的增多以及投机的出现。在第二次浪潮中,可能出现失误和过度投资行为(这时是繁荣时期),而且第二次浪潮不能使经济具有自动调整和恢复均衡的能力。因而当经济出现衰退后,接着出现的是萧条阶段。虽然投机消失了,但正常的经济活动也遭到了破坏。第二次浪潮对创新的反应消失后,经济的失衡病态又要求一个复苏阶段,然后才能走向繁荣。这就构成了经济周期的四阶段。

由于不同的创新的时间长度不一,对经济的影响程度和范围也不同,而且大的创新需要许多小的创新构成,因而经济就会产生多种周期。其中最主要是长波周期、朱格拉尔的中周期和基钦的短周期。三者的关系是:长周期制约着中周期,中周期波动的剧烈程度,取决于长周期所处的阶段;中周期与短周期的关系则相似。

美国经济学家华·惠·罗斯托则是用初级产品和工业品的相对价格来解释长波周期。他认为,初级产品和工业品价格的高低,会影响初级产品的供应量,会对经济的波动产生直接的影响。当人们对初级产品需求巨大时,会刺激后继产品的生产;而后继产品的生产,则又会推动初级产品的需求,其价格会上升;为了扩大初级产品的供应,投资向这个部门转移。这时,长波处于上升阶段。当初级产品供给过多时,利润下降,人们会向工业品市场进行投资;此时初级产品的价格下跌,人们对其投资减少。由于初级产品是经济发展的起点部门,因此,经济增长就受到了制约。这时,经济处于长波的下降期。直到初级产品的供给少到利润率开始上升的时候,经济才开始复苏。

英国苏塞克斯大学教授克·弗利曼的劳工就业长波论颇具特色。他的长波理论以熊彼特的长波技术论为基础,在把技术创新当作长波发生的主要原因同时,强调技术创新对劳动力就业的影响,从创新与就业的关系研究长波。他认为,技术创新产生新兴产业,推动长波进入上升浪。在新兴产业发展阶段,对劳工需求很强烈,工资上升,收入也上升,经济进入持续发展期。当新兴产业进入衰退期,又没有新的技术创新时,长波进入下跌期。

---

① E·曼得尔:《资本主义发展和长期波动——一个马克思主义的解释》,剑桥出版社1978年版。

这时,对劳工的需求急剧减少,工人大量失业,经济进入衰退期。费利曼的理论核心是如何在经济不景气期间减少失业,增加就业。

荷兰学者冯·丹因则提出了以创新寿命周期为基础的长波理论①。他认为技术创新经过介绍阶段、扩散阶段、成熟阶段和衰落阶段四个阶段。这四个阶段构成了创新寿命周期,而长波周期主要由创新寿命周期所决定。他还认为,创新寿命周期存在着中观经济层次,与创新寿命周期的四个阶段相对应,宏观经济层次的长期波动也出现四个阶段:繁荣阶段、衰退阶段、危机阶段和复苏阶段。

英国曼彻斯特工业大学的J·兰格里什则用"信心周期"来解释长波周期。当信心周期处于上升阶段时,工程技术人员对自己的设计充满信心,创造性成果很多,经济发展迅速,处于上升期;反之,则处于长波的下降期。

美国经济学家内森·罗森堡和克劳迪奥·费里希塔克对长波理论提出了批评②。他们认为,长波理论的成立必须满足一系列逻辑上相互联系的必要条件,其中包括因果关系、同步性、经济领域内的相互作用以及周期性。同时,要说明长周期的产生根源在于技术变革,必须证明技术革新率的变动决定了新投资率的变动,必须证明一系列技术革新的连锁影响是以总产量和总就业率的形式表现出来的。因此,为什么会产生技术革新,这对长波理论又是关键。对此,必须研究其因果关系。关于同步性,长波理论必须说明技术革新的进程所包括的一系列主要变量——发明、革新、技术扩散途径、投资活动等之间的极其复杂的联系,说明这些变量是以一种与长周期特殊的同步性要求相一致的方式相互作用的。仅仅证明采用新技术导致周期性的波动是不够的,还必须说明技术革新为什么导致这样长度的一个周期,而且为什么长时期的经济扩张又会为长时期的经济停滞所代替。在经济领域中,技术革新要受到后向联系的影响,即其所引起的二次投资高潮的技术革新大大超过原先发生技术革新的部门;同时也依赖前向关系,即革新对其他投入要素的替代能力,其占总成本的比例以及使产品成本下降的幅度。因而,不搞清楚部门间的技术关系和随之发生的宏观经济影响,长波理论只能是一种未经验证的假说。关于周期性、技术革新发展过程的周期性出现具有一种历史偶然事件的性质,而不是内源性因素造成的技术革新率的波动,没有有力的依据表明革新发展过程是有规律地出现③。

如果说长波源于技术革新,那么首先要证明技术革新率的变动决定新投资率的变动。显然,技术革新提高了生产和管理的水平,提高了投入产出比例,使利润率上升,从而决定了新投资率的变动。其次要证明新投资通过"乘数"作用,使一系列的技术革新以总产量和总就业率的形式表现出来。而技术革新的根源又在哪里呢?美籍德国经济学家格哈德·门施认为是"技术僵局"导致了技术革新。"技术僵局"就是长期萧条和大危机。它促使政府和企业寻找新的技术,而基础技术创新则为下一次经济发展高涨奠定了基础。曼彻斯特工业大学的约翰·兰格里什认为,技术革新关键在于科学技术发展的"信心周期"。如果许多人——发明家、技术人员、设计师等等都相信新时代即将到来,那么,通过自我预

---

① 冯·丹因:《时间中的创新波动》,《世界经济中的长波》,第21～22页。
② 内森·罗森堡和克劳迪奥·费里希塔克:《长期波动和经济增长:批判性的评价》,载《美国经济评论》1983年5月号。
③ 《美国经济评论》1983年5月号。

言的机制,就会使新时代早日来临。苏塞克斯大学的克里斯托夫·费里曼认为,技术革新是由重整军备和战争需要的压力引起的。费里曼等人提出的模式是:技术创新是在"科学推动"和"需求拖拉"因素的综合作用中产生的,任何一方都不可以单独引起技术创新①。

尽管对于世界经济长波现象的种种理论解释都没有完全令人信服,但是,长波周期的重要标志仍然是科学技术的重大突破。上述表12-6所列举的各次长波的支配力量证明,长波周期是科学技术划时代的飞跃的产物。科技革命带来的生产力变化对经济系统稳定性的冲击是最大的,因此,将长波周期产生的根源归因于科技革命也就毫无疑义了。

长波周期理论起源于统计资料的归纳,从目前的情况看,这种周期是否还存在呢?从经济形势看,"整个20世纪90年代基本上是第四个长周期向第五个长周期的过渡时期"②。20世纪50~70年代,发达国家经济增长速度很快,处于繁荣期,可以说是第四个长波的上升期;70年代以后,发达国家出现了"滞胀",而在70年代末80年代初和80年代末90年代初分别发生了两次衰退危机,可以说是第四个长波的下降期。从表12-3来看,尽管发达国家经济已经开始复苏,但目前的增长速度还是比较缓慢的,尚未真正进入第五个长波的上升期。但从科技革命方面看,目前信息产业的科技革命正在迅速形成,在21世纪,世界有望进入以信息革命为主导的第五个长波的上升期。

第三节 世界经济周期同步性的根源和影响

一、世界经济周期同步性的根源

封闭经济中,经济周期的产生有其固有特性;而在开放的世界经济中,经济周期的同步性,也就是它在各国之间的传递。从根本上讲,经济周期的同步性原因在于世界经济的一体化,在于各国之间经济的紧密联系。正是由于一体化的世界经济的整体性,才促使各自的周期趋同。

当然,从一些非经济因素看,它们也是世界经济周期同步性的重要原因,如科学技术、地理环境、政治局势等外生因素。但作为世界经济学的周期同步性问题,这里主要从一些经济内生变量进行分析。

由于世界经济一体化和各国经济之间的紧密联系是同步性的根本原因,而各国经济则通过国际贸易、国际金融及其资本、劳动力等生产要素在各国之间的流动来形成一个整体,所以,我们结合这几个因素具体分析世界经济周期同步性的原因。

国际贸易在推动经济国际化中,起着举足轻重的作用。同时也在一国经济周期向他国传递和扩散中起着纽带作用。单个国家国民经济发生周期性波动,该国的进口、出口必然也会发生周期性波动,而这就会影响他国经济的需求和供给,他国经济也会随之波动。经济周期就会在他国传递和扩散。

下面用图表模型具体分析③:

---

① 戴维·迪克森:《技术与兴衰周期》,载《科学》杂志1982年2月25日。
② 姚廷纲:《90年代的资本主义经济危机和周期》,《世界经济》1991年第1期。
③ 薛敬孝:《资本主义经济周期——理论与预测》,人民出版社,1992年版,第244~246页。

第十二章 世界经济增长中的周期问题

在两国经济模型中，A 国进口等于 B 国出口，B 国出口等于 A 国进口，我们设定如下简单经济模型：

$Y_A = C_A + I_A + X_A$ ……………(9-1) $[C_A = f_1(Y_A)$ ……………(9-1.1)]

$Y_B = C_B + I_B + X_B$ ……………(9-2) $[C_B = f_2(Y_B)$ ……………(9-2.1)]

$X_A = M_B$ ……………(9-3) $[M_B = f_3(Y_B)$ ……………(9-3.1)]

$X_B = M_A$ ……………(9-4) $[M_A = f_4(Y_A)$ ……………(9-4.1)]

$Y_A = C_A + I_A + M_B$ ……………(9-5)

$Y_B = C_B + I_B + M_A$ ……………(9-6)

其中　Y——国民收入；

　　　I——投资；

　　　X——出口；

　　　M——进口；

　　　C——消费。

下标 A、B 分别表示 A、B 两国。

根据这一模型，对国际贸易带动经济周期国与国之间传递，引起同步性这一机制进行简单模拟分析。

表 12-7

经济周期的国际贸易传递机制

时期	A 国 $C_A=0.5, M_A=0.1, S_A=0.4$				B 国 $C_B=0.55, M_B=0.25, S_B=0.2$			
	ΔC_A	ΔM_A	ΔX_A	ΔY_A	ΔC_B	ΔM_B	ΔX_B	ΔY_B
1				100				
2	50	10		50			10	10
3	25	5	2.5	27.5	5.5	2.5	5	10.5
4	13.75	2.75	2.625	16.375	5.775	2.625	2.75	8.525
⋮	⋮	⋮	⋮	⋮	⋮	⋮	⋮	⋮
合计	112.5	22.5	12.5	225	27.5	12.5	22.5	50

表 12-7 中的 C、M、S 分别表示边际消费倾向、边际进口倾向，Δ 表示增加额。

假定在时期 1，A 国国民收入增加 100（因为投入增加或者技术提高），则 A 国时期 2 的消费要增加 50，所以，国民收入又增加 50。同时，进口增加 10，即是 B 国出口增加 10，所以，B 国国民收入也增加 10。在时期 3 中，A 国消费又增加 25，进口增加 5，又要影响到 B 国的出口，使 B 国出口增加 5。B 国在时期 2 增加了国民收入 10，因此，B 国消费增加 5.5，加上出口增加 5，国民收入一共增加 10.5。如此下去，B 国的国民收入会不断增长。在此同时，B 国进口的增加也会使 A 国的出口增加，导致国民收入增加。国际贸易的传递机制是两国互相制约和影响的。如果 A 国经济衰退，国民收入减少，同样也会使 B 国的国民收入减少。由此，我们可以看到国际贸易在经济周期国际传递中的重要作用。

当然，国际贸易机制在经济周期国际传递中作用的大小，取决于多种因素：各国政府的反周期经济政策的实施，国际贸易的运输成本以及各国的关税和贸易壁垒。另外，国际贸易机制的作用过程需要经过一段"时滞"，所以有时各国经济周期的同步性也不是很明显的。

在国际金融方面，国际收支差额及其调整也是经济周期呈现国际性的一个重要原因。

假设整个世界的初始状态是在经济高涨阶段,各国的国际收支也大体平衡。由于某些因素,某国(A国)首先进入经济衰退期,投资减少,需求不足。此时,世界其他国家由于对A国出口减少,其国际收支必然会出现逆差。如果用外汇储备弥补逆差赤字,其余国家也许能维持经济的高涨。但最终的逆差将迫使它们经济进入收缩阶段,因为出口减少造成的需求下降是难以弥补的。相反的,在经济萧条时期,如果有一国经济首先复苏。该国的国内需求开始扩大,进口也增加,带动了其他国家出口的增加,国际收支的顺差不断增加。其他国家的国际收支顺差必然要以资本输出的方式进行调整,一方面增加了别国的资本供给;另一方面也扩大了自身的国内需求。总的结果就是各国经济共同走向繁荣。

当然,上述分析中对他国经济发生影响的大国必定是实力较强的国家。事实上,美国在很多情况下充当了这一角色。战后初期美国拥有大量的国际收支顺差额,而西欧国家经济则处于萧条期。美国通过"马歇尔计划",输出大量的资本和商品以调整其国际收支顺差,同时也促进了西欧经济的发展。再如20世纪80年代初期,美国因巨额的收支赤字而采取高利率政策,不仅阻碍了自身的经济繁荣,也使日本和西欧经济的复苏受到影响。

资本在国与国之间的流动,也影响各国经济周期的运行。首先,它影响各国的可用资金量和国际收支状况;其次,各国间的贸易流向、贸易结构和贸易总量也会随之变化。资本国与国之间的流动,把经济周期从一国带到另一国。正如哈伯勒指出的:"如果把繁荣与萧条看作一种病害的话,那么,传播这种病害的最有力的带菌者是跨越国界的资金流动"。①

如果一国经济处于繁荣时期,它的国内需求有膨胀的倾向。该国经济扩张对资本的需求必然是超过国内资本的供给的。这样,其他国家的资本就流入该国,加强它的经济扩张。同时,其他国家伴随着资本的流出也会增加出口和获得较高的资本收益,它们的经济也进入扩张期;反之,如果一国经济的萧条也会带动他国经济的衰退。类似的作用也是由资本的流动完成。这样,资本的国与国之间流动就使各国的经济周期趋于同步。

与国际贸易机制发生作用的条件类似,资本流动发生作用也需要流动国之间的经济联系紧密,资本流动所受限制较小,等等。如果资本的国际流动不是对各国经济周期变化而作出的反应,而是投机或逃避风险,那么,这种资本流动则会加剧世界经济波动。

劳动力国与国之间转移对同步性的作用也是不可忽视的。劳动力作为一种生产要素,通过它的流动影响各国劳动力的供给和收入水平,对经济周期产生影响。处于经济扩张时期的国家往往会吸收劳动力。这对于劳动力流出国而言,是有助于缓解失业状况,增加工资收入,促进国内的需求增加,使经济趋于繁荣的;反之,经济萧条国家也会通过这种劳动力流动的传递促使他国经济走向衰退。

劳动力的国际流动在现实中是较难实现的,因此它对周期同步性的作用也有限。但在一体化趋势加强过程中,它的作用会得到加强。

跨国公司的发展也是世界经济周期呈现同步性的一个重要原因。跨国公司是作为一个载体,把雄厚的资金、先进的科学技术和管理经验带到各国。跨国公司对经济周期所发生的作用,是在微观层面上使贸易、资本流动、劳动力流动等机制的作用得以实现。跨国公司的发展战略是全球战略,它的生产、销售等各个环节遍布世界各地,使各国的经济联

---

① 哈伯勒:《繁荣与萧条》,中央编译出版社,2011年版,第262页。

系加强。跨国公司往往会把一国的经济周期带到另一国。例如,美国的经济周期进程,会通过跨国公司的生产经营活动,尤其是美国跨国公司在西欧各国的经营政策的改变,给西欧各国的经济周期进程带来重大影响。

世界经济周期同步性的根本原因在于世界经济的一体化。贸易自由化、金融国际化和生产一体化在周期同步性形成过程中起着关键作用,而跨国公司则是这些作用的载体。

二、世界经济周期同步性的影响

世界经济周期同步性主要是由一些经济内生因素所引起的。它导源于世界经济一体化,反过来又对世界经济一体化产生重大的影响。

由于经济周期呈现同步性,一国的经济发展,不仅要取决于国内的情况,而且需要考虑整个国际大环境。一国的国民经济已经和整个世界经济密切联系起来,其经济发展的各个环节都带有一定的世界性,各国在生产、交换、消费等方面相互渗透,相互依赖。如果一国发生经济危机,往往会涉及周边国家乃至整个世界。这说明各国之间经济联系和依赖程度日趋增强。由于世界经济周期的趋同,各国往往对经济所处周期的阶段认同比较一致,对于相应政策的采用也就趋于一致,因此,大大加强了国与国之间协调关系的必要性。

如果一国或某些地区发生涉及面较大的经济危机,国际社会往往会通过协调机制,采取措施,帮助危机发生国家或地区克服困难。东南亚金融危机发生后,国际社会进行协调,提供援助便是佐证。

总的来说,各国经济以相同的形式出现周期性波动表明世界经济一体化的趋势加强。

第四节 金融危机后世界经济的重大主题

始于2008年的一场金融危机是当代世界经济发展史上的一次重大事件,其深刻影响了世界经济的结构与走向,一系列新的重大主题摆到了世人面前,多个领域发展的新趋势开始显现。这些重大主题与发展趋势体现了当代世界经济的主要特点。

当前这场危机将是世界经济发展史上的一个重要节点。世纪之交一二十年世界经济发展出现了一些重大变化,而这场危机使发展中积累起来的矛盾突发性地暴露出来。在今天的世界经济中,至少有以下五个重大主题需要高度关注。

第一,世界经济格局正在发生重大变化。危机发生以来,以金砖国家为代表的新兴经济体保持了高速增长,而以美国为代表的发达国家增长低迷乃至出现负增长。增长重心的转移进一步改变了两大板块在世界经济中的比重,影响了两类国家在世界经济中的地位与作用。新兴经济体在日益显著的意义上成为世界经济增长的主要动力。增长格局的变化直接导致了贸易格局的变化,新兴市场在全球贸易流向上日益凸显,流量比重上不断提高,国际贸易的主导力量正由发达国家逐步转向新兴经济体。新兴经济体曾经是国际直接投资的主要吸收国,而近年来已经开始转变为投资的来源地,全球跨国并购的格局开始发生变化。就全球产业分布格局而言,新兴经济体在接受了传统产业转移后实现了工业化,制造业发展的主体地位已经形成,发达国家面临着再工业化的新课题一时却又难有作为。危机严重冲击了发达国家的金融业,建立在衍生产品过度膨胀基础上的金融业严重受损,金融创新与扩张能力严重削弱,加强金融监管控制金融风险成为政策主题,而新兴经济体的基础金融开始发展,金融力量开始提升。

第二,世界经济实现再平衡成为重大课题。导致这场危机的直接原因是美国次级债及金融泡沫,而它的宏观基础则是世界经济中的不平衡性,其中最重要的是发展不平衡从而贸易不平衡。在全球化进程中,中国、印度等新兴经济体的崛起改变了世界原有的产业布局,打破了长期以来形成的国际分工格局。由于这一发展是在产业的国际转移和重新布局下形成的,新兴经济体承担了传统制造业的生产分工。如果发达国家在产业向外转移后不能及时发展起一批新兴产业和服务业,那么就必然带来两类国家之间贸易上的不平衡。新兴经济体的发展是世界历史的进步,贸易的这种不平衡本身是全球化发展特点的结果。然而这也使原来国与国之间贸易必须平衡的机制、体制乃至观念都受到冲击,在不能实现平衡时又简单地把问题归结为汇率水平等。美国与新兴经济体之间整体上存在着贸易不平衡,而非只与中国不平衡。这种不平衡虽然也与美国的老龄化和低储蓄率相关,与新兴经济体的人口红利和高储蓄率相关,但更重要的还在于全球化的产业转移。发展与贸易的这一不平衡又导致了虚拟经济与实体经济发展的不平衡。新兴经济体发展起来后的大量货币财富回流到美国,其中包括新兴经济体的外汇储备和美国资本在新兴经济体投资中的赢利。但是,美国没有把这些集聚的资金投资到新产业的开发上,而是过度发展金融衍生产品,形成金融泡沫。次级债和金融泡沫破灭是本次危机的导火索,而其基础则是虚拟经济的过度膨胀及其与实体经济发展的背离。

第三,以产业创新实现经济增长成为各国的战略重点。这次危机起源于房地产次贷,而房地产泡沫则是由于90年代信息技术革命带来一轮高增长后缺乏新的增长点和动力源,从而出现了前一轮增长的主导产业已经完成,而后一轮增长的主导产业尚未形成的低谷,特别表现在发达国家中。因此,世界真正走出危机有赖于新一轮产业突破,特别是在高新产业中出现主导性产业,因为传统产业已经供给过度。因此,目前各国采用扩张性的财政货币政策只能缓解短期需求不足问题,却不能形成长期增长的条件。从整体科技开发能力和经济创新机制上看,这种产业突破最有条件的仍然是在美国,但是美国整体国力的下降和更偏向于拯救大金融机构的政策却又不得不使人们对此产生怀疑。

第四,国际货币体系改革再度受到关注。现行国际货币体系是第二次世界大战后建立的,有积极的稳定作用但也存在着重要缺陷,其根本问题就是一个主权国家的货币承担了世界货币的职能,使该国的经济和货币问题成为世界性问题。这次金融危机再次显现了这一体系的根本缺陷,从而使改革更为迫切。从危机的成因和传导看,美元本位制助长了美国金融危机向各国传递;从危机的影响看,美元危机构成了对国际货币体系的威胁;从应对危机的政策看,美国量化宽松政策下的美元泛滥诱发了世界性通货膨胀,形成了对其他国家货币升值的压力,从而引发货币战;从美元作为国际储备货币看,美元贬值预期削弱了美元的国际地位,从而动摇国际货币体系。各种可兑换货币在国际货币体系中的地位与作用是与相关国家的经济实力及其国际地位相对应的,发达国家之间的力量变化曾经导致了欧元、日元等货币国际地位的上升。今天新兴经济体的崛起同样也提出了这一问题。能否建立超主权储备货币,多元货币下的国际货币体系如何运行,能否建立汇率稳定机制避免汇率战等都是国际社会需要回答的问题。

第五,国际社会关注在全球治理中加强合作。金融危机迅速向世界各国传递表明,当代世界经济中各国已经高度相互依存。经济全球化大大增强了世界经济的整体性,迫切需要高水平的全球治理,因而需要各国增强合作。但是,现行的全球治理制度基本上是第二次世界大战以后形成的,是发达国家从发达市场经济的特点、原则和价值取向出发建立的。随着一大批国家走上发展道路,特别是新兴经济体的崛起,改变了世界的经济结构,使得现行治理结构显现了其滞后性。从原来西方七国首脑会议商议国际重大事务,到危机期间形成了20国集团,证明了新兴经济体崛起后全球治理必须包括这些国家共商国际事务的要求。危机发生以后贸易保护主义盛行,甚至出现了一国企图用国内立法对他国汇率施压的行为,世界迫切需要更公正合理的规则与制度约束。然而人们也看到,世界贸易组织多哈回合谈判将近十年依然无果,这一代表着全球贸易制度化管理的组织面临着发展前景的不确定性,正对全球治理提出了一个严峻的课题,世界难以想象一旦谈判失败对国际贸易秩序意味着什么。

第十三章 当代世界经济格局的变化

世界经济发展的不平衡性是当代世界经济的一大特征,这种不平衡表现为由生产力发展水平的差异而形成的国家经济层次性;也表现为同一层次国家经济发展状况的差异性;更表现为各国经济在增长速度上的差异性。

正是在不平衡发展中,世界经济逐步走向一体化。这种发展趋势的一个重要含义,就是各国经济体制正在向市场经济体制靠拢,从而形成国际经济的新的结构,造成世界经济格局的变化。

第一节 当代世界经济发展的不平衡

世界经济发展不平衡是指世界各国经济增长和实力发展的不平衡。当代世界是由不同社会经济制度、不同发展阶段和经济发展水平的100多个国家和地区组成的有机整体。按照生产力发展水平和市场经济发达程度不同,世界上可划分发达国家、新兴工业化国家、发展中国家和经济转型国家等不同层次的经济。所以,世界经济发展的不平衡既包括这些不同层次国家之间的不平衡;也包括发达国家经济发展的不平衡和发展中国家经济发展的不平衡;还包括转型经济国家发展的不平衡,等等。这种不平衡的发展既可反映生产力水平和市场经济发达程度的差异,也可表现为经济增长速度和经济发展时间先后的差异。

一、世界经济发展不平衡的表现

世界经济发展的不平衡首先表现为各种类型国家经济之间的生产力差异。在世界经济这一有机整体中,不同类型的国家经济就是以生产力不同发展程度为划分标准的。生产力发展水平的差异形成了世界经济的不平衡性。因此,这种不平衡是同各国生产力增长和发展不平衡的过程相联系的。南北经济不平衡是世界经济不平衡最突出的表现,生产力水平的差异是造成发达国家与发展中国家不平衡,即南北经济不平衡的根本原因。

在当代条件下,一国生产力水平是通过几个主要指标反映的。比如,国民生产总值是反映一国经济总规模和经济发展水平的综合性指标;人均国民生产总值则反映了一国平均生产率水平和人均的收入水平。又如,产业结构是衡量一国经济实力的重要指标,也反映着一国生产力发展的程度;劳动生产率也是衡量一国生产和社会发展水平的重要因素。再如,国际收支平衡状况是反映一国经济实力强弱,国际竞争能力大小的指标;而科技和教育发展程度更是一国生产力发展的决定因素。上述各种因素不同反映了各国生产力的差异,形成了发达国家、新兴工业化国家、发展中国家和转型经济国家等多种类型或层次的经济,从而造成了世界经济发展的不平衡。

世界经济发展的不平衡又表现为各种类型国家经济在增长机制上的差异。在世界经济发展的过程中,不同国家在实现经济增长的时间先后和增长速度上,存在着明显的差异,使世界经济呈现出不平衡增长的特征。通常,生产力水平高的国家,经济增长速度相对快于生产力水平低的国家。而世界经济的增长往往是通过增长机制的作用,将率先实现工业化国家的经济增长,传导到其他国家。如19世纪,世界经济增长首先由英国扩展到西欧各国,再扩展到海外殖民地国家。第二次世界大战以后,世界经济增长则是由美国扩展到西欧和日本,再扩展到世界其他国家和地区。可见,世界经济一般是沿着由高增长率国家向低增长率国家的方向扩展的。正是世界经济增长是一个相互传导和连续扩展的过程,而不是同时发生的,所以,各国经济增长无论在时间上还是在增长率方面必然是有差异的,从而表现出不平衡的发展状况。

世界经济发展的不平衡还表现为各种类型国家经济在原有同一层次上产生分化。第二次世界大战后,在发达国家中,美国一度处于经济实力上的领先地位,由于德国和日本经济的飞速增长,大大削弱了美国的经济地位,随着欧共体的兴起和日本经济实力的增强,形成了美、日、欧三足鼎立的格局。近年来,美英等国走出经济发展的低谷,出现经济复苏和增长的好势头,而德国和日本则步入经济的衰退时期。由于发达国家在世界经济中的主导地位,发达国家经济彼此消长正反映了世界经济不平衡发展的态势。

20世纪80年代末期以来,经济全球化开始加速发展,与此同时,世界经济的不平衡发展问题也越来越突出,这不仅体现为发展中国家和发达国家之间经济差距的拉大,还表现为同一国家群体内部的经济差距扩大,甚至是同一国家中收入分配在不同经济集团之间的差距趋于扩大。由于社会制度、经济体制和复杂的历史背景等原因,发展中国家群体相比发达国家在组成上更加复杂和多元化,内部差距远比发达国家内部要大。其中最突出的就是已经接近发达国家水平的新兴工业化国家或地区和非洲撒哈拉沙漠以南许多欠发达国家之间巨大的差距。据联合国的统计,全世界最富有的1/5人口和最贫困的1/5人口的人均国民收入相比,1960年为30∶1,1997年为74∶1;前者占有全球国内生产总值的86%、出口市场的82%和外商直接投资的68%,而后者只占以上各项的1%,只消费世界财富的1.3%,这一比重较30年前又减少了一半[①]。2005年世界上最富有的1/5人群占据了全球个人消费总量的76.6%,最穷困的1/5人口仅占消费总量的1.5%。这说明,迄今为止的全球化是不平衡的,它加深了穷国和富国、穷人和富人之间的鸿沟。因此,虽然世界经济经历了战后半个多世纪的高速稳定增长,但是发展中国家相对落后的程度是更加严重了。

二、世界经济不平衡发展的原因

世界经济不平衡发展的根本原因在于各国生产力水平和市场经济发展程度的不同,而其具体原因则很多,最主要的如下。

(一)科技革命对各国经济发展的影响

在世界范围内,科技革命表现为由中心向外围波浪式扩散推进的特点。就是说,在同一时间点上,不同国家因处在不同的科技—产业革命阶段,导致国与国之间在经济技术发

---

① 联合国计划开发署:《人类发展报告》,1999年。

展水平上的落差。这一落差不仅是国家间经济发展水平差距的最重要成分,也是影响国与国国际分工格局和利益分配的核心因素。

第三次科技革命首先推动了所有资本主义国家的经济发展,也促进了广大发展中国家的经济增长。但科技革命对各国的影响程度有着较大的差异。在发达国家中,技术革命对一些技术相对落后的国家的作用就比对一些技术水平原先较高的老牌资本主义国家大得多。后起的资本主义国家由于原有技术水平比较低,因而能更多地吸取和运用国外的先进技术来加快本国的经济发展;同时由于设备陈旧、工艺落后,在更新设备和技术改造方面无沉重包袱,因而能够更快地运用新技术成果,将其直接转化为生产力。而新技术的运用在多大程度上提高劳动生产率,与其原有的劳动生产率水平有密切关系。同样运用一种先进技术,对原有劳动生产率低的国家来说,其提高劳动生产率的幅度就更大些。这就是第二次世界大战的战败国德国和日本,在百废待兴的经济基础上运用新技术使经济实力迅速崛起的原因。

值得一提的是,技术发展方向和运用侧重的不同也带来不同的后果。作为战败国德国和日本军事上受到遏制,因而全力以赴搞经济建设,将新技术运用于民用方面而不是军事方面,使新技术革命对经济发展产生直接的促进作用;而战后,美国将新技术大量运用于军事方面,以达到称霸世界的目的。因此,技术革命对美国经济的积极影响受到制约。这也许是德国和日本的经济实力增强,美国经济地位下降的一个深层次原因。随着冷战的结束,美国抓住信息技术革命的机遇,加快信息化的进程,使其经济率先摆脱资本主义世界的经济危机,出现了经济持续增长的势头。与此相反,陷入经济危机较晚的日本和德国在信息化进程中落后于美国,因此,近年来,经济处于萧条之中。可见,技术革命的影响是发达国家经济不平衡发展的主要因素之一。

技术革命对发展中国家也产生深刻的影响。广大发展中国家在经历了20世纪80年代因债务危机而遭到严重挫折之后,由于吸取和运用先进国家的科学技术,经济开始加速发展。20世纪90年代以来,其经济增长已超过发达国家。尤其是东亚经济发展神速,在很大程度上得益于先进技术的引进和使用。而有些发展中国家闭关自守,拒绝吸收和运用国外的先进科学技术,不仅难以改变贫穷落后的面貌,而且加剧了世界经济不平衡的发展局面。

(二)国内经济政策对各国经济发展的影响

各国的经济政策不同也是世界经济发展不平衡的主要因素之一。一个国家是发展军用产业还是民用产业反映了一国的产业政策。在冷战期间,有的发达国家重点发展军事产业,虽然暂时也能改善商品实现条件,但从长期来看必然会影响其国内经济的正常发展,从而阻碍经济增长,削弱经济实力。美国在冷战期间的产业政策所导致其经济实力下降的史实便是一大佐证。然而,有的发达国家把更多的注意力放在发展各种新兴工业部门和基础工程设施方面,为新的生产力发展创造物质条件,从而大大加快了经济增长的速度。20世纪90年代前,日本经济高速发展就是这一产业政策导向的结果。不过,之后美国经济增长率和国际竞争又超过日本,其经济实力有所增强,这是因为美国在冷战结束后调整了产业政策,大力发展信息产业,其信息技术和其他高新技术产业的发展领先于日本;反观日本,自1991年"泡沫经济"破灭后,经济结构调整滞后,经济一直不振,所以不仅经济增长极其迟缓,而且经济实力大为削弱。由此可见,资本主义发展不平衡规律在新的历史条件下仍然起着作用,而且表现出新的消长状态。

发展中国家的经济政策对其经济发展不平衡也大有影响。第二次世界大战后,发展中国家先后实行进口替代和出口导向的政策。尽管这两种政策都对发展中国家的经济增长起过积极作用,但将两者相比,不难发现,实行进口替代政策不如实行出口导向政策更能推动经济增长。因而,发展中国家往往因实行不同的经济政策而造成经济发展的不平衡。现在,越来越多的发展中国家更重视把进口替代和出口导向这两种战略有机地结合起来,实行综合发展战略,从而使本国经济更迅速地增长。大量事实表明,一些发展中国家运用战略与政策得当,经济发展的成效显著;而另一些发展中国家则运用战略与政策不当,却出现经济衰退的结局。墨西哥和东南亚金融危机就是例证。显然,发展中国家经济发展出现不平衡的状况与其经济政策的影响不无关联。

(三)各国贸易增长和投资水平不同对各国经济发展的影响

战后,国际贸易增长迅速,尤其是发达国家,其出口增长率往往超过其国内经济的增长率。这种情况对缓和发达国家国内市场的矛盾,促进其经济增长起了积极的作用。

从出口贸易的增长实际情况来看,发达国家之间出现不平衡的态势,即日本、德国等出口增长率一直较高,而美国出口增长率则相对低下。于是,在它们之间产生经济发展不平衡的局面。尤其是美国与日本之间大打贸易战,日本较高的出口增长率,使其在日美贸易中,总是处于顺差的有利地位,因而,影响到美国经济的增长。通常出口贸易增长速度快和比重大的国家,其国内经济发展也相对迅速,其经济实力地位亦呈上升趋势;反之,则相反。在发展中国家中,实行出口导向政策的国家出口增长率比实行进口替代政策的国家通常来得高,因此,这些国家的出口贸易带动了经济的发展,其经济增长速度往往快于进口替代国。

各国进出口商品结构的差异,对经济发展也有不同的影响。在出口中初级产品比重低,工业制成品比重高,而在进口中初级产品比重高,工业制成品比重低的国家,其得益程度就比较高;反之,则相反。前者以发达国家居多,后者则以发展中国家居多,这也从一个方面反映了发达国家与发展中国家经济发展的不平衡。

从各国投资情况来看,固定资本更新和扩大是经济发展的物质基础。不同的投资水平往往导致经济增长速度的差异。在发达国家与发展中国家之间,前者的投资水平高于后者,因此,南北经济发展的差别是显而易见的。在同一层次的国家经济之间,新兴工业化国家的投资水平高于其他发展中国家,因此其经济增长速度快于一般的发展中国家。在发达国家中,有的大国由于国内生产与资本过剩,大量向外投资,导致国内固定资本投资率比较低,影响了国内经济的发展。比如,战后美国把大量过剩资本投向西欧和日本,致使国内固定资本投资低下。据统计,1960~1968年美国固定资本投资仅占国民生产总值比重的16.8%;而同期日本固定资本投资占33.1%,德国占25.6%。这种差别是引起当时日本和德国的经济发展速度快于美国的原委之一。

(四)环境、资源和人口对经济增长的影响

环境、资源和人口等全球性问题又是造成世界经济不平衡发展的重要原因。有些国家或地区有比较优越的地理环境,如亚洲"四小龙",在地理上都是海岛或半岛,有较长的海岸线,良好的深水港,海上交通发达,为它们同西方发达国家发展经济贸易关系,发展外向型经济提供了十分有利的条件。相反,有些内陆国家地理环境险恶,交通不便,对外经济贸易活动受到严重阻碍,造成经济的落后,世界上大多数最不发达的国家集中在地理环境极差的撒哈拉以南非洲。有的国家得益于丰富的资源,为经济发展提供了极为有利的条件,如绝大多数的石油生产国是利用石油资源致富的发展中国家。但并不是资源丰富都能取得经济的发展。有的发展中国家虽然有比较丰富的资源,也有一定的工业基础,但它们因不合理利用资源,或仅利用一两种资源片面发展畸形的落后产业,因而,不是导致资源急剧下降或生态严重的破坏,就是成为单纯的原料或初级产品的生产和出口国,经济的发展遇到很大困难。与此相反,不少发达国家或新兴工业国家资源并不丰裕,甚至资源十分匮乏,但它们能够大量引进和合理利用国外的资源,发展国内经济。由此可见,合理利用资源与否是关系到经济能否发展的大问题。人口问题更是世界经济不平衡发展的关键问题。发展中国家人口增长过快严重制约着经济增长。人口增长率快于经济增长率是最不发达国家经济落后的根本原因。由于环境、资源和人口问题主要发生在发展中国家,因此,它们对经济增长的影响大于发达国家。尽管发展中国家经济在总体上得到很大的发展,但受全球性问题不同程度的影响而造成经济不平衡的发展。总的来说,石油生产国和新兴工业国的经济增长快于其他发展中国家;单纯原料和初级产品生产或出口国的经济增长低于石油生产国或新兴工业国,又快于最不发达的国家。

第二节 发达国家的经济特点及其在世界经济中的地位

发达国家是指生产力高度发展,市场经济极为发达的一些西方国家。通常也称为工业发达国家。一般认为,"经济合作和发展组织"(OECD)的成员国,就是发达国家。①

发达国家主要分布在西欧和北美,它们之所以成为经济发达国家,是有一定的历史原因的。由于早期的工业化革命,这些国家较早地进入了市场经济发展历程,经过多年的发展加上对外扩张和殖民统治,积累了较为雄厚的经济实力。

一、发达国家的经济特点

与其他类型国家相比,发达国家经济具有以下几个主要特点。

(一)生产力水平高度发展

首先,生产力水平高度发展表现在发达国家以国民生产总值和人均国内生产总值反映的社会财富巨大。与新兴经济体国家、发展中国家和转型经济国家相比,发达国家的国民生产总量和人均国内生产总值都要高出许多。现将美国作为发达国家的代表,与新兴经济体韩国、发展中国家埃及以及转型经济国家俄罗斯相比较,可以看到这一点,如表

---

① "经济合作和发展组织"最初包括24个成员国,根据加入的时间顺序依次为:加拿大、美国、英国、智利、丹麦、冰岛、挪威、土耳其、西班牙、葡萄牙、法国、爱尔兰、比利时、德国、希腊、奥地利、瑞典、瑞士、荷兰、卢森堡、意大利、日本、芬兰、澳大利亚和新西兰。20世纪90年代以来,又有包括墨西哥、捷克、匈牙利、波兰、韩国、斯洛伐克、智利、斯洛文尼亚、以色列、爱沙尼亚10个国家先后加入,因此目前共有34个成员国。

尽管韩国在1996年也加入了"经济合作和发展组织",但按习惯称它为新兴经济体国家,而不列入发达国家之列。

13-1所示。

表 13-1

各种类型国家国内生产总值和国民生产总值情况表(2015)

国 家	人均国民生产总值(国际元)	国内生产总值(亿国际元)
美 国	52 549	168 902
韩 国	34 387	17 405
俄罗斯	23 895	34 984
埃 及	10 250	9 380

资料来源:世界银行数据库。

从表 13-1 看,美国远高于其他类型国家的国内生产总值,尤其是人均国民生产总值足以反映发达国家生产力水平的高度发展,需要说明的是有些国家尽管国内生产总值并不低,但由于人口众多,人均国民生产总值却很低,因此,它们不能列入发达国家的行列。这就是说人均国民生产总值所反映的人均生产力水平更具有意义。

其次,发达国家的国民经济结构日趋先进。这主要表现为在国民经济结构中非物质生产部门的比重上升和新兴产业在经济增长中的作用增大。

发达国家的产业结构先进化表现为经济结构中物质生产部门所占比重下降,非物质生产部门所占比重提高。表 13-2 以美、日、德为例可以看到这一变化。

表 13-2

主要发达国家产业结构统计(百分比)

国别 \ 年份产业	1988年占GDP比重			1998年占GDP比重			2008年占GDP比重		
	农业	工业	服务业	农业	工业	服务业	农业	工业	服务业
美 国	2.04	29.62	68.34	1.30	24.10	74.60	1.24	21.41	77.35
日 本	2.63	38.96	58.42	1.89	33.30	64.82	1.47	28.01	70.52
德 国	1.77	38.10	60.12	1.24	30.93	67.83	0.89	29.64	69.46

资料来源:世界银行数据库 http://data.worldbank.org/data-catalog/world-development-indicators。

从表中可以看到,20 世纪 80 年代以来,美、日、德三国农业和工业部门产出占 GDP 比重均呈现出不同程度的逐步下降的趋势。而服务业产出在 GDP 的比重则都有提高。因为伴随着生产力的发展,人民生活质量进一步提高,促进了服务业的迅速发展,所以,这种结构的变化反映了发达国家生产力水平的高度发展。

产业结构的先进化还表现在一些新兴部门对经济增长带来的贡献。第二次世界大战后,新技术涌现,引起诸如电子计算机、原子能、空间技术、化学、合成材料等新兴工业部门的建立和发展;而原来一些传统的工业如钢铁、汽车、纺织业等则成为"夕阳工业"。在建立和发展新兴产业的同时,发达国家逐渐将这些"夕阳工业"向发展中国家转移。20 世纪 90 年代以来,以信息技术为中心的科技革命正在蓬勃发展,信息产业已开始成为发达国家经济新的增长点。

再次，生产社会化程度较高。科学技术和生产力的发展，既改善了国民经济结构，也推动了社会分工向纵深发展，提高了生产的社会化程度。而当今发达国家的生产社会化，不仅在其国内程度进一步提高，而且走向整个世界。如波音747飞机，它的多达450万个零部件由6个国家的1 500家大企业和15 000家小企业制造，然后组装而成。

（二）健全的市场经济运行机制

从经合组织的成员国看，无一例外地采取了市场经济的运行模式。当然，发达国家市场经济模式呈现多元化的特征。如美国的多元市场经济模式；德国的社会市场型经济模式；日本的政府主导型市场经济模式；法国的有计划型市场经济模式；还有瑞典的福利计划型市场经济模式等。不管是哪一种市场经济模式，它都是以市场机制为主导的经济运行体制。

发达国家的市场经济有以下几个特征：

首先，市场机制和市场体系比较健全。市场机制主要包括供求、价格和竞争机制等。在发达国家中，市场机制犹如"看不见的手"对自然、人力和技术资源配置，对整个经济运行过程发挥着根本性的作用。在发达国家中，市场体系的日趋完善，不仅表现为商品市场，主要包括生产资料市场、消费资料市场得到了充分发展；而且也表现在要素市场，主要包括货币市场、资本市场、劳务市场、技术市场和信息市场也得到了充分的发展。与此同时，市场体系的时空结构也逐步完善，这不仅表现在空间上开拓了地方市场、国内统一市场和世界市场，而且，在时间上开拓了现货市场、期货市场等。此外，市场体系的完善还表现在市场交易过程的有序性和规范化上。因此，发达国家的市场运作效率较高，交易成本较低。

其次，市场主体明确。在发达国家中，各自利益独立、产权明晰、自主经营的法人实体（企业）成为市场主体。作为市场主体，企业具有决策自由权、经营自主权、盈亏自负性和竞争平等性。各个企业一律面向市场，在机会均等和公平竞争的条件下，实行优胜劣汰。

再则，市场机制运行的保证体系较为完善。发达国家根据市场体系和各国的实际情况，均制订相应的市场运作规则，建立经济立法和监管体系，并运用有关的法律和法规，利用有效的经济监管手段，维护市场经济的正常运行，保证市场的公平竞争，保护消费者的权益。

正因为发达国家的市场经济运行机制十分完善，所以在世界经济一体化的趋势中，其他类型的国家多向发达国家靠拢，正在发展和健全市场经济体制，从这一意义上说，世界经济一体化就是市场经济一体化。

（三）国家宏观调控功能日趋完善

发达国家在运用市场机制作为经济运行机制的同时，常常把国家的宏观调控作为弥补市场缺陷的政策工具。因为即使在完善的市场体制中，也由于市场经济中生产和消费的外部效应，公共产品外部性所导致的"搭便车"现象，以及信息不充分或不对称所造成较高的交易成本而存在市场失灵的可能。所以，发达国家通常采用财政、税收、金融、信贷等间接调控手段进行宏观调控。其目标就是促进经济增长、稳定物价、充分就业和对外经济均衡。发达国家的经济调控，从实质上讲，也是一种经济计划。这些调控是对市场的补充，所涉及的范围相当广泛。

在所有调控体系中，社会保障体系是发达国家的一个重要调控组成部分。社会保障体系是使发达国家市场经济运行的一个重要保障。

（四）经济日趋国际化

发达国家经济的国际化首先表现在市场的国际化上，发达国家的外贸依存度都比较高，其对外贸易总额在世界贸易总额中占据很大的比重。从要素市场上看，金融市场的国际化主要表现为实行金融自由化。发达国家从20世纪80年代开始迈出金融自由化的步伐，从利率自由化到金融业务的自由化，已形成基本框架。于是，各种形式的资本在发达国家基本实现了自由流动，国际金融业超越传统贸易融资范围。国际金融中心交易繁荣，成为其国内金融市场在国际上的延伸，使国内金融市场成为国际市场的一部分并与国际市场联成一体。此外，劳务市场、技术市场等的国际化程度也很高。

从生产一体化来看，跨国公司作为世界经济走向一体化的微观主体，主要产生于发达国家。因此，跨国公司对外投资都来自发达国家，据统计，进入20世纪90年代，来自发达国家的对外直接投资占世界累计总数的90%左右。可见发达国家经济国际化程度之高。

与经济高度国际化相适应的是，发达国家经济宏观调控的国际化。发达国家为了达到其经济内外平衡的目的，需要对其国际经济活动制订相应的政策，进行调控和干预。例如，对汇率制度的选择、对进出口关税管制、外汇管制、外贸管制等等。由于这些调控和干预的外部效应，它往往要求各国之间互相协调，并通过国际协议、国际会议或国际组织进行解决。

二、发达国家在世界经济中的地位

发达国家经济的特点，也决定了它在世界经济中的地位。

（一）发达国家经济在世界经济中处于主导地位

由于发达国家生产力水平高度发达，它们的国民生产总值在整个世界经济总产值中占有绝对优势的份额。下面以美国、日本和德国为例，我们可以看到三者GDP占世界总产值很大的比重，如表13-3所示。

发达国家很高的国民生产总值反映了它们拥有很大的商品市场容量、丰厚的资本、先进的科技水平和管理经验。因此，它们在世界经济中居于主导地位。发达国家一方面向发展中国家提供其短缺的资金和生产技术及其管理经验；另一方面又利用其市场吸收发展中国家的原材料和初级产品。发达国家经济波动通过贸易和投资影响着发展中国家的经济波动，也决定着整个世界经济的发展趋势。

表13-3

美、日、德 GDP 占世界产值的比重

（单位：百万美元）

年 份	全世界总量	美国		日本		德国	
		总量	比重	总量	比重	总量	比重
1970	2 808 026	1 011 563	36.0%	203 736	7.3%	184 508*	6.6%*
1992	23 060 560	5 920 199	25.7%	3 670 979	15.9%	1 789 261*	7.8%*
2009	58 228 178	14 256 300	24.5%	5 067 526	8.7%	3 346 702	5.7%
2014	77 845 107	17 348 075	22.3%	4 602 367	5.9%	3 874 437	5.0%

带 * 数据为统一前联邦德国数据。

资料来源：世界银行数据库。

(二)发达国家在整个国际分工中处于支配地位

国际分工既有水平分工,又有垂直分工。两者交叉形成当代国际的分工体系。从发达国家之间来看,它们的分工表现为横向的水平分工;而从世界经济整体来看,它们与发展中国家之间的分工则表现为纵向的垂直分工。每一次科技革命的发生,每一次产业结构的升级都首先发生在发达国家,而发展中国家总是成为产业转移的承受者。因此,发达国家是整个国际分工的支配力量。随着信息革命的深入,竞先发展信息产业的发达国家更是决定了当今国际分工的新格局。

(三)发达国家成为推动世界经济一体化的决定力量

首先,发达国家的市场经济发展历史悠久,运行机制健全,体系十分完善。它具有开放化、自由化和多元化的特点,对其他国家经济具有很强示范效应。随着发达国家市场运行机制和市场体系的国际化,其他类型的国家也纷纷采取市场经济的运行形式。这就为各国经济交往关系奠定了一个平等竞争的基础,也为世界经济一体化创造了市场的条件。

其次,由于发达国家的经济国际化,使其通过国际贸易、国际投资和国际金融等渠道,把各国民族经济紧密联系起来。特别是一些发达国家的跨国公司和跨国银行,打破国界,将先进的生产技术、管理手段以及大量的资本带到了世界各个国家和地区,从而推动了经济全球化的进程。

再次,由于发达国家经济宏观调控的国际化,使世界经济一体化的进程得以稳定发展。

发达国家经济的高度国际化对于相互依赖的世界经济起着主导的作用。它们为了协调各国的经济关系,在不少国际经济协议、国际会议或国际组织中扮演最主要的角色。而这些国际性的经济协议、会议和组织往往是推动世界经济一体化进程的重要保证。如世贸组织、世界发展银行和国际基金组织以及区域性国际组织欧盟、北美自由贸易区、亚太经济和合作组织等在国际经济协调中起着关键性的作用。

总而言之,由于发达国家经济在世界经济中的主导地位,以及发达国家完善的市场经济和强烈的经济国际化,决定了发达国家在推动世界经济一体化中扮演了主导的角色。

第三节 发展中国家经济的特点及其在世界经济中的地位

第二次世界大战后,世界经济格局的一个重大变化是,发展中国家经济的兴起和发展,对世界经济产生了重大的影响,极大地改变了世界经济力量的对比。尤其是进入20世纪90年代以来,其经济增长快于发达国家,更推动了世界经济的发展,也提高了发展中国家在世界经济中的地位。

一、发展中国家经济的特点

当今世界上大约有160多个发展中国家或地区,总人口以及领土面积都占世界总量的绝大部分,而绝大多数的发展中国家或地区的前身是殖民地或半殖民地的国家和地区。1990年3月21日纳米比亚共和国成立,标志着非洲最后一个殖民地获得独立。这样,战后新独立的国家达到94个,加上第二次世界大战前已建立独立国家在内,原属于殖民地半殖民地的亚非拉地区,共有130多个国家取得民族独立。它们的领土面积为7 774万平方千米,占世界总面积的58%;目前人口约58亿人,占世界总人口的80%以上。这些政治独立的亚非拉国家,最初被称为"欠发达国家"或"不发达国家"。由于"欠发达"或"不发达"概念,不能确切地反映不断发展变化的亚非拉国家的实际情况,进入20世纪60年代,"发展中国家"的概念逐步取代"不发达"或"欠发达"的概念。广大的经济比较落后的亚非拉国家被称为发展中国家。与发达国家相比,发展中国家经济具有自身的特点,现分述如下。

(一)在不同的经济制度下发展市场经济

由于本身社会历史条件的差异和所处国际环境的不同,特别是由于民族解放运动的领导阶级的不同,在取得政治独立以后,发展中国家选择不同的政治和经济制度,走上了不同的经济发展道路。其中少数国家,如中国、朝鲜、越南、古巴、老挝等走上了社会主义的发展道路,因此,一度模仿苏联选择了高度集权的计划经济模式;而绝大多数国家在民族资产阶级领导下,建立了资产阶级政权,走上了资本主义的发展道路,因此,实行了以市场经济为模式的资本主义制度。前者被称为发展中的社会主义国家;后者被称为"民族主义发展中国家"。

在民族主义发展中国家中,有些国家在独立后也曾推行民族社会主义政策,模仿苏联模式,实行集权的计划经济制度。然而,由于执行错误的路线,社会经济发展受挫,也在很大程度上削弱了社会主义对发展中国家的吸引力。所以,更多的发展中国家在发达资本主义国家的"援助"和鼓动下走上了资本主义的道路。即使一些曾经实行高度计划经济模式的民族社会主义国家在冷战结束前后也纷纷选择以市场经济为基础的民族资本主义制度。

值得注意的是,一些发展中的社会主义国家在坚持社会主义制度的前提下,进行经济改革,实现由计划经济向市场经济的转轨。除极少数国家之外,绝大多数的发展中国家都选择了市场经济体制。目前,不管是社会主义国家还是广大的民族资本主义国家多在建立和发展市场经济。

(二)采取不同的发展战略实现工业化

发展中国家在取得政治独立以后,在推行企业国有化和土地制度改革的同时,都把发展民族经济放在头等重要的地位。从整体上看,发展中国家的特点是人口众多,资源丰富,土地辽阔,有着巨大的发展潜力,但长期以来,受殖民统治的压迫,广大发展中国家生产力水平低下,经济贫穷落后。为了改变这种状况,变农业国为工业国,它们一般都把实现工业化作为发展经济的主要目标。在发展工业方面,多数国家利用本国占优势的资源,着重发展以农、矿、原料为基础的加工工业。有的国家实行进口替代的发展战略,着重发展面向国内市场的进口替代产品的工业,限制进口国外商品,节约外汇,保护国内市场。而有的国家实行出口导向的发展战略,着力发展面向海外市场的出口商品的生产,发展出口工业,利用本国丰富的原料和低廉的工资,生产在国际市场上具有竞争力的商品,鼓励出口,限制进口,增加外汇,为工业化发展积累资金。现在,越来越多的国家实行进口替代与出口导向相结合的发展战略,推进工业化的进程。也有的国家借鉴社会主义国家优先发展重工业的战略,建立大规模的国有重工业企业。

与此同时,为了克服本国资金不足和技术落后的状态,绝大多数发展中国家先后实行不同程度的对外开放政策。不少国家建立经济特区或自由贸易区，大力引进外资和先进技术。有的国家规定各种优惠待遇，积极鼓励外资投入；有的国家实行利用与限制外资的政策，在外资经营范围、股份比例、利润汇出、市场经营等都作出限制性的规定；而有的国家特别强调引进能够吸收较多劳动力的适用技术和适合本国条件的中间技术等。与闭关自守政策相比，对外开放政策有助于发展中国家加快工业化的进程。眼下，除了极少数国家之外，绝大多数的发展中国家开放国门，走向世界，将自己融于一体化的世界经济之中。有些发展中国家通过工业化进程成为新兴经济体国家就是得益于对外开放和利用外资。

（三）经济发展不平衡

从国内来看，发展中国家经济发展不平衡主要表现为工业和农业的不对称发展，经济发达地区和落后地区的显著差异等。为了改变贫穷落后，许多发展中国家在较长一段时间内集中发展工业，并把工业发展过分集中于城市和经济发达地区，忽视了对农村和落后地区的开发，从而造成工农业之间和城乡之间以及地区之间的差距扩大，使发展比例失调和经济结构的矛盾更加突出。农业落后，基础工业和服务设施发展缓慢等已成为发展中国家经济的"瓶颈"，阻碍其经济持续增长和协调发展。

从国际上看，发展中国家经济发展不平衡主要表现为各国经济增长和经济实力存在明显的差异，有的经济发展较快，有的经济发展缓慢，不仅差距有扩大的趋势，而且逐渐形成了不同类型的国家。就发展中的民族主义国家来说，按其经济发展状况来看，大致可以划分为新兴工业国、石油生产国、经济有一定发展的原料生产国和经济最不发达国家。其中新兴工业国经济发展相当快，人均国民生产总值一般都接近或超过10 000美元，即达到中等的发达国家标准。而最不发达国家人均国民生产总值仅在500美元以下。1981年9月在巴黎召开的联合国首次最不发达国家问题会议上，列出最不发达国家有31个；仅过1年就增加到36个，截至2015年，全世界经联合国批准的最不发达的国家达到了45个，可见，最不发达国家有增加趋势。

从地区来看，亚洲经济增长势头强劲，自20世纪90年代以来更是蓬勃发展，一直以高于发达国家两倍以上的速度在发展，尤以东亚表现最为突出。1995年东亚的GNP增长8.5%，而同期亚洲为7.2%，世界经济增长则为3.7%。但在经历了20多年之久的经济持续高速增长后，东亚从1996年起增长速度已减慢。尤其在东南亚金融危机出现后，经济增长受到阻碍。拉美经济发展不稳定，90年代初连续4年保持3%以上的稳定增长，但受墨西哥金融危机的影响，1995年拉美的GNP平均增长率下降为2%，其中有些拉美国家呈现负增长。非洲经济在90年代初一度呈下降趋势，到1994年开始回升。非洲经济增长率1990年为3%，1991年为2.3%，1992年为1.5%，1993年仅为1%，1994年出现转机，经济增长率为2.6%，1995年上升到3%。不过，由于非洲人口增长率一直居高不下，人均GNP增长率一直负增长，到1995年才呈现正数，但增长甚微。由上可见，发展中国家经济发展是很不平衡的。

（四）对外依赖严重

发展中国家的经济命脉通过国际生产体系、贸易体系和金融体系，继续受到发达国家的影响和控制。发达国家利用世界市场和不平等的贸易方式等，掠夺发展中国家的资源，攫取高额垄断利润，并转嫁经济危机和货币危机等。许多发展中国家基础工业薄弱，制造业十分落后，不少工业制成品需要依赖进口，尤其是机器设备和部分中间产品以及中高档耐用消费品,在对外贸易中对发达国家的依赖程度较高,从而使其经济受到发达国家的控制,并经常遭到世界市场波动的冲击。

与此同时,发展中国家共同面临资金和技术不足的问题。国外资金是许多发展中国家一个重要的投资来源。因此,外资的利用不仅影响着发展中国家经济增长速度,而且决定着它们的工业化进程。从整体上看,发展中国家在先进技术、人才和经营管理方面对发达国家有很大的依赖。尤其是随着信息化进程的深入,发展中国家与发达国家在高新技术方面的差距将进一步扩大,从而使这种依赖进一步加深。

发展中国家经常成为发达国家转移危机的承受者,如20世纪60年代以后,西方发达国家发生过4次比较严重的经济危机,在危机稍后时期都对发展中国家产生强烈的震荡。90年代两大世界性的金融危机,即墨西哥金融危机和东南亚金融危机,都发生在发展中国家,既表明它们同发达国家乃至世界经济的依存关系加深,也反映了它们对世界经济严重依赖的负面效应,从而成为世界经济危机的受害者。

二、发展中国家在世界经济中的地位

(一) 发展中国家的地位

与发达国家相比,发展中国家生产力水平较低,经济基础薄弱,特别在科学技术、现代管理技能、对资源的利用等方面远远落后。人均国民生产总值低下是反映发展中国家经济状况的主要标志。据统计,20世纪80年代低收入国家人均GNP与发达国家竟相差几十倍,到90年代,这种差距进一步扩大。此外,人口负担沉重,失业问题严重,劳动生产率低下,生活贫困也是低收入的发展中国家的典型表现。从整体上说,发展中国家在世界经济中只能处于从属位置,在垂直的国际分工体系中也处于依附地位。这里既有历史原因,即留有殖民主义掠夺和压榨的累累伤痕;又有外部因素,即不合理的世界经济格局的存在和发达国家对其转嫁危机,致使其经济环境不断恶化;还有内部原因,如片面追求工业高速增长,宏观经济政策的失误等造成经济生活的大起大落。

不过,从纵向上看,发展中国家在几十年中也取得了一定的经济成就,因此,在世界经济中的地位不断地得到提高,对世界经济的作用也不断地增强。

(二) 发展中国家对世界经济的作用

战后,发展中国家经济增长率在相当时期内都高于发达国家,这是不争的事实。20世纪50年代发展中国家经济增长率为4.7%,60年代为5.6%,70年代为5.8%,均高于同期发达国家的增长率。尤其在经历了80年代挫折之后,发展中国家的经济加快发展。自1993年以来,发展中国家作为一个整体,其国内生产总值的年增长率约为5.5%,比发达国家高一倍以上。发展中国家经济的振兴,是它们从过去的挫折中吸取经验教训,实行改革开放政策的结果。这标志着发展中国家在世界经济中发挥越来越重要的作用。

发展中国家资源丰富,拥有发展经济的巨大潜力。例如,发展中国家的石油储量占世界总储量的63.8%;铁、铜、锌、锡等矿物储量分别占世界总储量的40%～70%。世界上已知的50多种稀有金属中有40种左右全部或大部分出产在发展中国家。发展原子能、电子工业和宇航事业等的重要资源,像铍、铌、钴、锗、铋等稀有金属几乎全部依靠发展中国家供应。许多农产品和经济作物更是发展中国家的特产。因此,从整体上说,发展中国家经济是世界经济不可缺少的组成部分,对世界经济的发展起着不可忽视的作用。发达国家的经济发展乃至世界经济的发展在很大程度上依赖于发展中国家所提供的丰富资源。当发达资本主义国家经济发生"滞胀"时,发展中国家尽管也减缓了经济增长的速度,但它们拥有大量的石油储量,利用"石油冲击"所带来的石油价格上涨,促进了石油输出国的经济发展,从而增强了发展中国家在世界经济中的实力。

在世界经济中,不仅发达国家之间、发展中国家之间相互联系,而且发展中国家与发达国家之间也相互依赖。当今各国经济就是存在于一个相互联系和依赖的世界经济之中,任何一种类型国家经济都不能脱离世界经济而自行发展。如果说仅有发展中国家对发达国家单方面的依赖,那么,这是不完整的世界经济。从世界经济角度来看,发达国家不仅依赖于发展中国家丰富的资源,而且也依赖于发展中国家的广阔市场。特别是在经济全球化的进程中,如果没有广大发展中国家的积极参与,那么,世界经济一体化就难以发展。北美自由贸易区和亚太经济合作都是发展中国家与发达国家大力合作的产物。亚非拉地区出现的区域经济一体化趋势更是广大发展中国家积极投入的结果。

三、发展中国家要素贸易条件的恶化

最常用的贸易条件定义是一国出口商品与进口商品的价格指数之比。出口与进口价格指数分别为每一商品价格指数的加权平均数,即:$P_x=\sum x_i p_i$,$P_m=\sum m_i p_i$,其中 x_i 和 m_i 分别为第 i 种商品在出口总值和进口总值中的比重,P_i 为第 i 种商品的报告期价格对基期价格的比率。则贸易条件为:

$$T=P_x/P_m$$

这一定义为"商品贸易条件"(Commodity terms of trade),也就是价格贸易条件。

许多理论分析认为,价格贸易条件的长期恶化是发展中国家的普遍现象,但实际统计却显示了无规律的变动。

进出口商品价格的形成包含多种因素,在价格的变动中不完全反映要素投入量的变化,因而 T 不能真正反映一国对外贸易在实际投入上的交换比的变动,或曰本国出口产品生产中单位要素的投入所能获得的进口商品的量的变动。要素贸易条件可以弥补这一不足,即引进生产率变动指数,调整商品贸易条件。当只考虑本国出口产品生产的劳动生产率变化时,有"单方要素贸易条件(Single-factoral terms of trade)":

$$S=T \cdot Z_x$$

其中 Z_x 为本国一定时期的出口产品生产率指数,一般大于 1。Z_x 越大,表明本国单位要素投入所能获得的进口数量越多。当同时考虑本国与贸易伙伴国的生产率变动时,有"双方要素贸易条件(double-factoral terms of trade)":

$$D=T \cdot Z_x/Z_m$$

其中,Z_m 为进口产品的生产率指数,即贸易伙伴国的生产率变动。

要素贸易条件的变化表明各国出口商品的实际投入要素交换比的变化,即真实资源成本交换比的变化。由于生产率指数一般不等于1,且各国不一样,所以要素贸易条件往往不同于价格贸易条件。在单方要素贸易条件中,即使 T 小于 1,如果 Z_x 足够大,仍可有本国要素贸易条件的改善。在双方要素贸易条件中,如果本国生产率增长速度慢于外国,即使有

T大于1,仍可能有D小于1,即要素贸易条件恶化,按资源成本计算本国趋于相对不利。

作为实例,令 $P_x=1.10, Z_x=1.05, P_m=1.00, Z_m=1.10$,其含义是明确的,则有 $T=1.10$,表明一定商品量的出口所获的进口商品量增加10%。又有 $S=1.15$,即单位要素投入所获进口商品量增加15%。再有 $D=1.05$,意味着单位要素投入所获进口商品中的投入要素量增加5%,要素贸易条件的改善小于价格贸易条件指数。若取 $Z_m>1.16$ 还会有要素贸易条件的恶化。

如果一国在发展中产品的投入价值的比重上升,增加价值的比重下降,那么生产率指数就小于1,要素贸易条件恶化。例如,增加价值比重从25%降为20%,则劳动生产率指数为0.9375,设价格贸易条件及外国劳动生产率指数均为1,则要素贸易条件为0.9375,出现恶化。如果增加价值比重相对于外国上升幅度小些,则要素贸易条件也会恶化。例如,本国增加价值比重从25%升为30%,外国从30%升为40%,则生产率指数分别为1.07和1.17,设价格贸易条件改善为1.05,仍有要素贸易条件恶化为0.96。

增加价值比重及其变动的这种特征,正是发展中国家贸易商品的特征。

以人均收入的增长为标志的一国经济发展轨迹中,要素投入量及其变动规律明显不利于低级产业而有利于高级产业。即不利于以低级产业产品为主出口的发展中国家而有利于以高级产业产品为主出口的国家。统计研究显示,在各个不同的人均收入水平上,均有资本系数,农业高于采矿业,采矿业又高于制造业,同时又有劳动系数的同样特征。这表明在后进产业结构和贸易结构中,包含着更高比重的要素投入。然而更重要的还在于这种要素投入比重的变动趋势。在农业和采矿业中,随着人均收入的增长,资本系数增长,它表明以这类产业的生产和出口为生的后进经济发展中资本要素投入比重的提高,虽然制造业在总体上资本系数也提高,但提高速度慢得多。从人均收入140美元提高到2 100美元,农业中的资本系数提高到2.03倍,采矿业中提高到2.25倍,而制造业总体只提高到1.17倍。再看劳动系数。在同样人均收入的增长区间内,农业每100万美元产出所需的工人数量降到8.31%,采矿业降到4%,而生产资料制造业更快速降到3.6%,机械制造业降到3.5%。再以低级制造业和高级制造业相比,食品加工业只降到15%,消费资料制造业只降到6%,均慢于生产资料和机械制造业。资本系数上升速度和劳动系数下降速度的差别表明,后进国在经济的发展中,因为产业结构从而贸易结构的落后,结果是投入要素比重的提高。然而价格贸易条件无规律变动的事实却表明,要素贸易条件恶化的内在事实被价格贸易条件的大致不变的现象所掩盖,价格贸易条件扭曲了要素贸易条件。

价格贸易条件变动的统计表明,发展中国家贸易条件并无长期恶化的趋势,而是处于两种方向变动的波动之中。而且这种统计数据所显示的是全部商品贸易的实际价格记录,由于世界市场价格变动的复杂性,综合指数甚至还掩盖了初级产品和某些发展机制所决定的连价格贸易条件都可能恶化的内在趋向。

在人均收入比较低的阶段,产品增加价值的增长速度比较慢,只有在人均收入达到较高水平时,增加价值的增长速度才比较快。统计研究显示,一国增加价值的增长速度与其经济发展阶段的联系:人均收入在100～140美元时,增加价值的年增长速度为3.81%,140～280美元时为4.80%,280～560美元时为5.84%,明显低于560～1 120美元时的6.30%和1 120～2 100美元时的6.52%、2 100～3 360美元时的6.21%。这一事实表明,在人均收入较低阶段,生产从而国际贸易中所实现的增加价值的发展速度相对不利,在这一时期,越是经济相对后进,越是在不断增大的要素投入比上进行着国际贸易,实现着相对比重越来越小的增加价值率。而且可以看到,低人均收入阶段的时期大大长于较高人均收入阶段时期。只有到人均收入达到一定阶段(1 120~2 100美元)时,增加价值的年增长率才相对有利。简而言之,在贸易实现增加价值及其发展速度上,处于初级产品生产阶段的国家不利于发达国家,而半工业化国家则更有利于发达国家。

第四节 新兴经济体的特点及其在世界经济中的地位

在20世纪,新兴经济体的崛起已经成为世界经济中最引人注目的变化之一。新兴经济体具有发展和增长的双重含义,一方面是指从传统经济体制向市场经济体制的过渡;另一方面是指工业化带来了空前的经济增长率。新兴经济体是一个动态和扩散的范畴。因为随着时间的推移,早期的新兴工业国可能步入发达国家的行列;而原来落后的发展中国家也有可能进入新兴工业国。如果按照目前的发展状况来划分,新兴经济体主要是指以韩国、新加坡、中国香港和中国台湾"四小龙"为首的东亚和东南亚的部分国家或地区,以及以巴西、阿根廷和墨西哥等为代表的部分中南美洲国家和地区。尽管这些国家或地区工业化的过程扎根于民族社会,各国或地区都有不尽相同的工业化道路,但它又是一种全球性的现象,它的形成是世界经济体系作用的结果。反过来,它的发展又对世界经济体系的结构调整产生影响。新兴经济体在世界经济一体化过程中担负着承上启下的作用。

一、新兴经济体发展的特点

新兴经济体是一个由不同的国家和地区组成的群体。它们在人口、面积、资源、文化、政治、社会和经济政策上都大相径庭,见表13-4所示。然而,它们都有一些共同特点:快速和相对持续的经济增长,出口导向型的发展战略,以及日益增强的工业生产的多样性。这是人们普遍视其为工业化成功的依据。

表13-4

新兴经济体基本情况一览表(2009)

国家或地区	人口(亿)	面积(万平方公里)	GDP(亿美元)	人均GDP(美元)	2000~2009年增长率(%)
巴西	1.932	851.2	15 720	8 251	3.6
墨西哥	1.120	195.8	8 749	7 880	2.2
阿根廷	0.401	276.7	3 087	7 665	5.4
韩国	0.487	9.9	8 325	17 110	4.2
中国香港地区	0.070	0.1	2 154	29 882	5.2
新加坡	0.050	0.1	1 822	36 758	6.5
中国台湾地区*	0.232	3.6	3 922	16 977	—

* 中国台湾地区资料来自网络数据。
资料来源:《世界发展报告》(2011)和世界银行数据库数据整理。

(一) 快速和持续的经济增长

从历史角度的考察,新兴经济体呈现阶梯式的增长。早在20世纪30~40年代,为应付经济大萧条和第二次世界大战造成的经济混乱,墨西哥、巴西和阿根廷掀起了进口替代工业化的第一次浪潮,并在战后成功地引导了外资投入,实现了从矿产、石油和农产品向汽车、化工、机械和药品等进口替代的转变。50~70年代,墨西哥的实际GDP年均增长率在9%以上。相比之下,东亚新兴经济体的增长道路是在战后才真正开始的,在美国资本的大量涌入下,60年代"四小龙"开始了劳动密集型产业为支撑的令人瞩目的增长,1963~1972年中国台湾地区的GDP年增长率达到了10.8%,韩国也在8%以上。

进入20世纪80年代以后,"四小龙"在钢铁、石油、化工、造船、汽车制造、计算机等重工业方面取得了成功,克服了原料有限、技工缺少、市场狭小的不利因素,成功地保持了经济递增的节奏。而拉美由于转型慢、外债多等多重原因,增长速度要稍慢一些。1965~1968年间中国台湾和韩国的GDP平均增长率为9%,同期巴西和墨西哥分别是7.2%和4.6%;而1980~1987年中国台湾地区和韩国分别实现了8.6%和7.5%的增长率,巴西只有3.3%,墨西哥则徘徊在0.5%。但是,与发达国家70~90年代3%的年均增长率和发展中国家4.3%的增长率相比,新兴经济体在整体上的平均增长率仍相当高。

(二) 及时采用以出口导向为主的发展战略

自1965年起,新兴经济体先后采用了出口导向为主的发展战略,掀起了出口浪潮。当时,它们大多数的海外销售总额在10亿~16亿美元之间,最少的韩国仅2亿美元。但30年后,新兴经济体显然已在世界名列前茅,近十几年来则更是一路保持领先。由于东亚的"四小龙"较早地采取出口导向的发展战略,因此,其国际贸易发展迅速。2009年中国香港地区和韩国的出口总额分别高达3 299亿美元和3 625亿美元,新加坡为2 698亿美元;拉美地区长期以来受到"中心外围论"思潮的影响,采用了进口替代的发展战略。这一战略尽管对其经济发展起了一些积极作用,但与出口导向的发展战略相比,存在较明显的消极作用。因而拉美国家从20世纪60年代后期开始鼓励出口,向外向型经济转变。由于起步晚,它们的对外贸易尤其是出口贸易水平明显低于"四小龙"。2009年墨西哥和巴西出口总额,分别为2 297亿美元和1 530亿美元;而阿根廷则虽落后一截,也有558亿美元,见表13-5。对外贸易依存度在这些新兴经济体有所不同。如2009年韩国的出口是其GDP的44%;专以转口贸易为主的中国香港地区和新加坡则分别高达153%和148%。而在拉美三个国家和地区中,这一比例仅为10%~26%,"四小龙"比拉美的新兴市场国家更多地依靠对外贸易,主要是与这一地区面积狭小、资源贫乏且地理环境有利于开展对外贸易活动有关。显然出口导向的发展战略推动了新兴经济体的对外贸易,进而促使其工业化进程的快速发展。

表 13-5

新兴经济体的出口

国家或地区	出口(亿美元)			出口占 GDP 的百分比		
年　份	1965	1987	2009	1965	1987	2009
中国台湾地区	5	508	—	18	48	—
中国香港地区	11	485	3 297	51	97	153
韩　　国	2	472	3 635	7	39	44
新加坡	1	286	2 698	103	144	148
墨西哥	11	209	2 297	5	15	26
阿根廷	15	64	558	9	9	18
巴　西	16	262	1 530	8	9	10

资料来源：根据《世界发展报告》(1989 年、1996 年和 2011 年)整理。

（三）日益增强的工业生产多样化

新兴经济体发展过程中的核心是制造业。1987 年，制造业在 GDP 中的比重，中国香港地区是 22%，中国台湾地区高达 39%，其他新兴经济体则分别在 25%～31% 的范围内，这显然高于美国(20%)和其他工业化国家，甚至高于日本(29%)。而在世界上主要工业化国家，服务业超过制造业的趋势已经十分明显。

长期以来，"四小龙"的出口一直是以制造业产品为主，而拉美新兴工业国这方面比重始终不到一半，但生产产品的多样化反映了拉美国家自然资源的丰富和均衡发展的产业结构。"四小龙"为了应付海外市场不断增长的贸易保护主义压力，以及地区、国内工资成本的上升，近年来也逐渐将制造业向技术密集型产业转移，特别是高科技产业已经在"四小龙"的经济中占有越来越重要的地位。值得注意的是，服务业在新兴经济体 GDP 中的比重也大幅上升，均达到了 60% 及以上水平。这标志着其工业生产多样化的构成转型，见表 13-6 所示。

表 13-6

新兴经济体 GDP 的产业分布(百分比)

项　目	农　业		工　业		服　务　业	
年　份	1980	2009	1980	2009	1980	2009
巴　西	11	7	44	29	45	66
阿根廷	6	10	41	32	52	58
韩　国	15	3	40	36	45	61
墨西哥	8	4	33	38	59	58
中国香港地区	1	0	31	8	68	92
新加坡	1	0	38	26	61	74

资料来源：根据世界银行《世界发展报告》(1996 年、2010 年)整理。

二、新兴经济体在世界经济中的地位

尽管由于工业化道路不同,新兴经济体在近二十几年相继遇到了外债危机以及墨西哥和东南亚金融危机等事件的冲击,但部分国家或地区经过调整进入了稳步回升期。

(一)新兴经济体在世界经济中地位上升

在经过多年经济持续高速增长后,新兴经济体实力大增。以其整体规模度量,1994年总计有3.6亿人口,占世界总人口的6.4%;土地面积1 336万平方千米,占世界总面积的10%;其GDP总数超过2万亿美元,占世界经济的8%;年出口总额接近6 000亿美元,占世界出口总额的13.8%。由于新兴经济体贸易和投资实力的增加,它不仅成为世界重要的生产者之一,而且也成为重要的投资者之一,同时也是最大的新兴市场之一。美国政府制订的《国家出口战略》中的十大新兴市场,新兴经济体占有5席。新兴经济体在世界经济中的地位由此可见一斑。新兴经济体人均国民生产总值介于发达和发展中国家之间,使其在世界经济结构中处于重要的中间地位。

经过几十年的发展,新兴经济体跟随西方发达国家经济周期波动的情况正在减少,其抗周期能力迅速增强。根据《世界发展报告(2011)》的经济体分类,韩国为OECD高收入国家,中国香港地区、新加坡为其他高收入国家(地区),巴西、阿根廷和墨西哥为上中等收入国家。从经济总量看,巴西以20 869亿美元位列世界第七,墨西哥以10 397亿美元位列世界第十四,韩国紧随其后,以10 145亿美元位列世界第十五。这表明新兴经济体在世界经济中的重要作用将继续稳步上升。尽管东南亚金融危机影响了部分新兴市场国家的经济发展,但这并没有改变其在世界经济中的重要地位。

(二)新兴经济体已经成为国际贸易和投资的重要主体

新兴经济体较强的开放性,使其在国际竞争力增强的同时,在国际贸易中开始扮演越来越重要的角色。2014年,金砖国家的出口总额占全球贸易总额的18.1%。自1975年以来的35年间,亚洲3个新兴市场国家的出口和进口平均增长率均超10%,出口增长率略高于进口。进入21世纪以来,这些国家的进口增长率开始超过出口增长率。中南美洲的3个新兴市场国家的国际贸易状况与之相类似,只是增长率低于亚洲3国(地区),但其平均增长率也较高,在5%~10%之间。

与此同时,新兴经济体也成为国际投资的重要主体。以"四小龙"为例,一方面,在近20年中普遍采取了大力吸引外商直接投资的各种优惠性政策,改善投资环境,完善经济立法和法规,1982~1993年利用外资从106.88亿美元增加到501.13亿美元。另一方面,伴随自身经济实力的增加,它们也已经成为国际经济中重要的对外投资者。长期作为资本净流入者的"四小龙",到1993年其利用外资为501亿美元,而仅对东亚地区的直接投资就已经达到902亿美元。从1982年的28亿美元增加到1992年902亿美元,增长31倍,规模已经超过日本(568亿美元)和美国(382亿美元),成为该地区的外资最大提供者。表13-7显示:从资金来源上看,美国和日本是亚洲"四小龙"的主要资金来源国。

新兴经济体的成功使开放型战略成为其他发展中国家借鉴的典范。

表 13-7

投向东亚"四小龙"的外资来源

(单位:亿美元)

年份/来源	美 国	欧共体	日 本	"四小龙"
1982	35.12	23.34	25.35	3.27
1986	61.80	33.07	54.44	5.14
1990	110.86	70.50	121.71	10.68
1993	154.50	99.68	159.12	20.29

资料来源:转引自《90年代东亚地区的形势和格局》,原载《世界经济》1996年第6期。

(三)新兴经济体在世界经济一体化的进程中扮演重要角色

客观地说,尽管目前新兴经济体从整体上看,仍是一个比较分散的势力,但由于其经过战后的高速发展,已经具备了较充裕的资金和先进的技术实力,尤其是其工业生产的多样化,使其在任何产业合作和区域集团中都处于特殊位置。它既是发达工业国转移先进技术的目标,又是向后进国家进行投资和贸易的主体。它为发达国家向后进国家的"大资本引入"提供了多角度的信息条件,在国际经济分工中扮演着承上启下的重要角色,在国际经济传递机制中,成为重要的"二传手"。正是新兴经济体作为一个群体的出现,在发达和发展中国家间形成了一个产业顺畅转移、技术适时传递的中介。他们以自身的崛起为世界经济的整体增长作出直接贡献,也为缩小发展中国家与发达国家经济的差距作出重要贡献。因此,新兴经济体在目前各种区域性组织基础上与任何一方的联合,都将加快全球经济一体化的进程,改变世界经济的整体格局。

三、新兴经济体的全面崛起

新兴经济体[①]的全面崛起是进入21世纪后世界经济中出现的最重要现象,并且是具有历史性影响的现象。这同时也提出了一个要求我们思考的新问题,即新兴经济体的国际地位及其战略选择。这一问题既具有时代性、理论性,也具有战略性。

---

① 尽管迄今尚未有达成共识的界定,但新兴经济体(Emerging Economy)主要是指发展中国家和转型经济国家中少数经济快速增长、收入较高和增长潜力较大的经济体。不同机构和不同研究者有时还使用新兴市场(Emerging Market)和新兴市场经济体(Emerging Market Economy)指代这一类经济体。新兴经济体作为一个整体广泛引起世界的关注,是从"金砖四国(BRICs)"概念的提出开始的。2001年高盛经济学家吉姆·奥尼尔首次提出由巴西、俄罗斯、印度和中国组成的BRICs概念后,新的新兴经济体组合词相继问世。如2005年年底高盛又推出新钻11国(Next-11,简称N-11)的概念,包括巴基斯坦、埃及、印度尼西亚、伊朗、韩国、菲律宾、墨西哥、孟加拉国、尼日利亚、土耳其和越南。2007年日本学者门仓贵史在《经济学人》杂志中提出展望五国(VISTA)的概念,成员为越南、印度尼西亚、南非、土耳其和阿根廷。危机后这一趋势得以加强。2010年,博鳌亚洲论坛提出新兴11国(E11)的概念,指G20中的中国、巴西、印度、俄罗斯、阿根廷、印度尼西亚、韩国、墨西哥、沙特阿拉伯、南非和土耳其。灵猫六国(CIVETS)的概念由汇丰集团迈克尔·盖根于2010年4月提出,开始指哥伦比亚、印尼、越南、埃及、土耳其和南非。美国《华尔街日报》9月29日的报道结合金砖四国推出了新的"灵猫六国"(CIVITS),成员为中国、印度、越南、印尼、土耳其和南非。

第十三章 当代世界经济格局的变化

新兴经济体的崛起是世界经济中的一个历史性现象。这些国家是发展中国家中的一批发展明星,而不再是个别现象。同时重要的是其发展在这次危机中又一次地出现了历史性的跨越,其地位的急剧上升成为本次金融危机中世界经济的一个重要现象。这是世界经济结构变化的反映。这一变化是20世纪60年代大批发展中国家独立后世界经济史上的又一次重大变化。

从20世纪80年代起,经济全球化与产业结构调整的浪潮极大地改变了世界经济的发展面貌,一批新兴经济体开始崛起,其经济增长率大大高于同期世界平均水平。新兴经济体国家的共同特点是抓住了经济全球化与产业调整的历史机遇,发挥了本国的比较优势。这些国家的发展以不同的方式为世界经济作出了贡献。以"金砖四国"(BRICs)为例,巴西和俄罗斯为世界提供了原材料与能源,印度和中国为世界提供了廉价的软件服务和制造业产品。中、印两国还被认为是仅次于美国的全球最具投资吸引力的国家。规模因素在四国的发展中构成了显著的经济优势,国内市场潜力巨大,对外购买力与投资吸收能力迅速上升,使四国的发展成为世界经济的重要拉动力和积极的稳定因素。2000~2008年间,"金砖四国"对于全球经济增长的贡献从16%提高到30%,其中,2007年全球45%的增长来自"金砖四国",而发达世界的G7国贡献度却由1990年的70%下降到40%;2007年,中国对于全球经济增长的贡献超过所有其他单一国家,甚至整个欧盟。2007~2008年,"新钻11国"的贡献也由1%增长到11%。①

成功的经济增长不仅迅速提升了新兴经济体在世界经济中的地位,为广大发展中国家提供了成功的发展经验,而且在一定程度上影响了世界经济格局。以金砖国家为例,各国以各自不同的发展结构使世界产业布局和贸易流向发生了重要变化,改变了世界的经济版图。1995~2009年,G7在全球贸易总额中的份额从48.2%下降到了36.6%,而BRICs的份额则从5.7%上升到13.5%。2000~2009年,G7在全球外汇储备余额中的占比从30.43%降至16.6%,而BRICs的占比则从13.3%上升至39.4%。巨大的外汇储备和不断上升的经济实力在一定程度上导致世界金融结构的变化。作为成功发展的新兴经济体的发展成就为广大发展中国家摆脱贫困实现发展增强了信心,提供了多方面有益的经验。

共同的发展要求推进了新兴经济体的国际合作。新兴经济体有着与发达国家不同的发展要求,在许多情况下更接近于发展中国家的发展需要。现行的国际经济体制是在发达国家控制话语权之下形成的,许多方面不适合于新崛起的新兴经济体。如金砖国家充分认识到在国际事务中加强合作的必要性。经过数年的探索后,2008年5月和6月,中国、俄罗斯、印度和巴西四国外交部部长和国家首脑先后在俄罗斯叶卡捷琳堡会晤,分别发表了外长《联合公报》和首脑《联合声明》。在一系列重大国际经济问题上四国表明了相同的态度。在世界经济体制问题上四国认为,只有在一个公正的全球经济体系内,充分考虑各国利益,才能实现世界经济长期可持续发展,解决当今时代紧迫的全球性问题。在最不发达国家发展问题上,四国支持在全球伙伴关系基础上加强对话,推动实现国际社会商定的发展目标,特别是千年发展目标;支持国际社会在抗击贫困和饥饿方面的努力,强调

---

① Jim Q'neil and Anna Stupnytska: The Long Term Outlook for the BRICs and N-11 Post Crisis, Global economic Paper No: 192, December 4, 2009.

南南合作是传统发展援助的补充。国际社会需要加强向受金融危机最严重影响的最贫困国家提供流动性支持的力度,发达国家应兑现援助承诺,进一步向发展中国家增加援助、减免债务、开放市场和转让技术。四国愿意在关键的社会领域加强合作,增加国际人道主义援助,降低灾害风险,还发表了全球粮食安全声明。在能源、环境等可持续发展问题上四国积极合作,提出要加强多边努力,实现能源生产国、过境国和消费国之间的利益平衡;支持有关能源项目,包括加大能源的可及性,提高能效,发展和应用符合可持续发展要求,包括生物能源在内的新能源与可再生能源等。支持在《联合国气候变化框架公约》和《京都议定书》框架下加强国际合作,共同应对气候变化,落实《巴厘行动计划》。在金融领域中四国的合作日益提升。四国呼吁所有国家和相关国际组织积极落实二十国集团领导人伦敦金融峰会共识,承诺推动国际金融机构改革,使其体现世界经济形势的变化;要求国际货币基金组织7%的份额和世界银行6%的份额现在就转移到新兴经济体。四国运用其较为充裕的外汇资源已开始为国际货币基金组织(IMF)提供贷款和购买债券,充实IMF资金,帮助支持新兴市场的可利用信贷。四国本国货币的国际地位都不高,同时巨大的外汇储备要求保值增值,因此,四国对国际货币体系的改革和汇率的稳定有着相同的强烈需求。

新兴经济体的国际合作对世界经济的影响正在增强。金砖国家的合作正以循序渐进、积极务实、开放透明的方式不断推进,在许多方面四国"用一个声音说话",其主张不仅符合新兴经济体的共同利益,而且符合广大发展中国家的共同利益。金砖国家代表了世界经济的新生力量,其合作的增强更清楚地表明世界的多极化趋势是一个客观的进程。在金融危机后世界经济格局的形成和国际货币体系的改革中,金砖国家将具有更多发言权。在诸多国际政治问题上,四国也同样表明了共同立场。因此,金砖国家合作的增强对于推动建设一个持久和平、共同繁荣的和谐世界是十分积极而有益的。新兴经济体发展目标的相似性增强了合作的需求,而发展特征的差异性又增强了互补的利益从而稳固合作的基础。

人们往往更多地注意到新兴经济体的增长速度。但重要的是量变到质变,新兴经济体与其他国家地区的差别不再只是增长率等指标的数量差异,而是关系到全球经济的格局和机制的问题,关系到全球治理这一世界经济的新课题。新兴经济体的崛起改变了世界经济格局,也使全球治理问题进一步凸显:现行国际经济体制形成的过程是由发达国家主导的,IMF、WTO、世界银行、国际货币体系等都以不同内容体现了发达国家的这种主导性。提出完善全球治理的国际体制机制主张是新兴经济体发展的内在要求。新兴经济体崛起的影响具有双重性:一方面是发展实现的民族利益日益提高,另一方面是相应需要承担的国际责任日益增长。新兴经济体不再能回避国际事务,而需要积极参与全球治理。

从格局变化意义上讲,新兴经济体的崛起意味着世界经济从发达国家与发展中国家的两极转型为三极,其中新兴经济体是世界经济中的二传手,既是发达国家产业转移的主要方向,也是跨国公司投资的主要对象。新兴经济体在新的意义上成为世界经济的发展动力:不再只是全球增长中的比重的提高,而是其进口占发达国家GDP的部分的提高。

就新兴经济体自身的发展而言,发展战略的升级也是其在更高发展阶段上的新主题。这在很大程度上说明发展到了转折点,不再能简单延续启动发展的战略与政策体系,相反,一个新的发展阶段已经开始。新战略的一个重要特点是,不能再只是从自身特点出发和利用国际条件,而是要从国际格局变化出发,从自身在世界经济体系中的地位出发。发展升级并非简单意义上的从引进来到走出去,而是全面参与国际经济,从单向到双向。出口能力的提升如何转变为进口需求与能力的提升是转型的关键之一,改变高储蓄率是发展阶段意义上的问题,以进口能力提升技术水平与产业升级是发展的一条重要路径。新兴经济体在发展中与现行全球治理结构的矛盾决定了,其应当积极参与全球化的制度建设,而不是简单利用国际条件。必须考虑外部环境变化的双重性和政治与经济两个环境。国际条件不再是简单地利用、抓住机遇,而且还是需要改善。战略基点需要从"抓住机遇"上升到"参与建设"。

新兴经济体国家出现贸易顺差是当前发展阶段的必然现象,我们必须从经济全球化的历史条件出发。由于贸易投资的高度国际化,不平衡会从原来的短期转变为中长期,当然不是永久的。一方面,新兴经济体通过引进外资,以外贸拉动经济增长是一种基本发展模式。另一方面更重要的是,发达国家通过投资把制造基地放到新兴经济体中,就必然导致新兴经济体出口大大高于进口。与此对应的是发达国家直接投资流出大大超过流入。必须指出,这些出口顺差中包含了发达国家的巨大收益,在新兴经济体产权的扩大,本国公司货币收入的增长。美国的国债与新兴经济体的外贸顺差都有客观原因,并将是长期的。在经济全球化以国际投资,即生产要素合作为基础的这一格局下,低端不流动要素的收入表现为一国的出口顺差,而高端高流动性要素的收入则表现为另一国的投资收入。面对经济全球化下的要素合作从而生产国际化和国际贸易大发展,贸易差额不再是一国对外经济关系得失的正确表现。继续以贸易平衡的传统理念来评价贸易得失,显然是不合时宜的。

第五节 转型经济的特点及其在世界经济中的地位

所谓转型经济,从广义上说是指由传统的高度集中的计划经济向市场经济体制过渡的经济,主要是指由苏联分裂出来的加盟共和国及其东欧国家。具体地说,它包括由苏联分裂出来的波罗的海沿岸3国和独联体12个国家,由南斯拉夫分裂出来的5个国家,捷克斯洛伐克分裂的两个国家,再加上波兰、匈牙利、保加利亚、罗马尼亚、阿尔巴尼亚等,共计27个国家。转型经济国家是世界经济体系中一个独特的构成部分。转型国家的前身是实行计划经济体制的社会主义国家。尤其是第二次世界大战后,东欧社会主义国家的崛起曾经被认为以市场经济体制为特征的资本主义体系的衰败和分裂。这些国家在实行几十年以计划经济模式过程中,先后进行了向市场经济转轨的改革,一直到苏联和东欧社会主义的解体,实现了制度上的变迁,也实现了向市场经济的转轨。苏联的加盟共和国,除波罗的海三国之外,从解体到实行经济一体化,组成了独联体。这种现实的选择,如果仅从经济转型的这个角度来看,是世界经济在更高层次上的一体化的表现形式。

转型经济国家在几年步履维艰的转轨过程中,都经历了严重的社会经济危机,也初步取得了一些成效,从而形成其不同其他类型国家经济的特点,并在世界经济中产生一定的影响。

一、转型经济的特点

从20世纪80年代末和90年代初,苏联和东欧国家普遍开始了计划经济向市场经济的转轨进程。苏东的经济转轨具有以下几个特点。

(一)形成以私有化为基础的多种经济成分的所有制结构

转型国家在所有制改革方面,打破国有制的垄断结构,明确提出国有资产私有化的政策。从1990年起,它们陆续颁布了一系列确保私有化改造的法规,并采取了由"小私有化"向"大私有化"发展的分步骤战略方针,首先,从"小私有化"开始,建立包括私人经济在内的混合经济。所谓"小私有化"就是将原收归国有的部分私人财产归还原主;把部分国营商店、饮食服务业、中小企业及其未完工程项目和农场通过拍卖、租赁等形式实行私有化。然后,在完成"小私有化"后,再通过建立股份制公司,吸收私人资本,实现大型国有企业私有化,改变经济结构,形成以民营为主体的多种经济成分并存的所有制结构。

国有企业私有化被认为是向市场经济过渡的关键性步骤。截至1994年年底,东欧国家在很大程度上都建立了以私有化为基础的所有制结构。其私营经济产值占GDP比重有大幅度提高,如捷克达到65%,匈牙利、波兰、斯洛伐克达到56%左右;即使是起步稍晚的俄罗斯也达到了50%左右,而到2014年,私营经济产值占GDP的比重高达70%。

(二)由计划经济向市场经济过渡

以前,苏联和东欧形成了一种高度集中的计划经济体制。它的特点是:①国家机关是经济管理的主体,企业是国家机关的附属品;②整个国民经济运行靠高度集中的指令性计划运转,完全排斥市场机制的作用;③国家管理经济以行政手段为主,排除市场经济杠杆的作用。尽管这种体制曾发挥过积极作用,但其弊端越来越成为阻碍经济发展的桎梏。于是改革传统经济体制已成为经济发展的关键。从20世纪50年代起苏东国家就开始了经济体制的改革,但始终没有成功。苏联和东欧解体后,才实现向市场经济的演变。

在建立市场经济的转轨过程中,转型国家都将价格改革作为经济体制改革的根本性任务,并从1989年起陆续制定和实施了改革的纲领和稳定经济的政策措施。其主要内容是:①放开价格,建立自由价格制度,为建立市场经济机制创造必要条件;②实行紧缩的财政和货币政策,控制财政赤字,紧缩银根,减少或取消政府财政补贴,稳定货币,克服通货膨胀;③放开外贸,取消国家干预,实行外贸体制改革;④创造条件,将本国货币变为可自由兑换的货币;⑤控制居民收入增长速度。

大多转型国家力图以较快的速度实现向市场经济的转轨,尤其是俄罗斯提出了被称为"休克疗法"的激进改革计划,其基本方向就是实行"完全的市场经济"。根据这一计划,1992年1月,俄罗斯揭开了向市场经济过渡的序幕。

(三)转轨过程中付出沉重的代价

苏联和东欧地区向市场经济过渡中都先后付出一定的代价,甚至付出相当沉重的代价。几乎所有转型国家都出现经济危机。在1991~1994年中,27个转型国家先后有40次年通胀率达到三位数,而其中没有一个国家的物价上涨指数低于两位数。如1990年,匈牙利的通胀率为277%;捷克斯洛伐克为124%;苏联国家平均达到117.6%。转轨初期,经济大幅度衰退,就全部转轨国家而言,其GDP 1991年下降11.6%,1992年下降

15.2%,1993年下降9.4%,1994年下降10.2%,到1995年年末,其国民经济整体水平只相当于1989年的66%,其中独联体较东欧和波罗的海国家更甚,其GDP只相当于1989年的1/2,致使大量人口失业,人均收入下降,大多数居民陷入贫困。在转轨过程中,苏联和东欧国家,尤其是俄罗斯确实是经过了痛苦的历程。

俄罗斯经济转轨的成本十分巨大。尽管它原有的经济发展模式已经陈腐,但并非能毕其功于一役的。据苏联年鉴统计,1986~1990年同1951~1955年相比,国民收入年增长率由11.4%下降到1.8%。进入20世纪90年代后,让人玩味不已的是,苏联国家经济更呈现负增长的态势。俄罗斯在转轨的头几年,经济出现连续大滑坡,尽管到1995年出现了一些转机,但仍未能完全走出颓势。21世纪以来,俄罗斯经济开始出现稳步增长迹象,近10年来维持了5%~10%的较高速度的增长。但受世界金融危机的影响,2009年以来又出现较严重的负增长情况。

(四) 转轨因绩效各异而使经济发展不平衡

苏联和东欧各国在经历了阵痛之后已出现了分化。从经济增长速度和业已形成的经济模式考察,它们已经分为各种不同的经济类型。从1993年起,波兰、罗马尼亚、阿尔巴尼亚、斯洛文尼亚等率先走出低谷;接着,波罗的海三国以及其他大多数东欧国家依次进入经济增长状态。到1995年,中东欧11国平均增长率已达到5.3%;而独联体国家除亚美尼亚、吉尔吉斯斯坦、摩尔多瓦之外仍处于经济衰退状态,俄罗斯则负增长为4%。到1996年大多数转型国家经济停止负增长,但俄罗斯继续下滑。由此可见,苏联和东欧各国出现经济发展不平衡的局面。造成这种差异的主要原因在于,转轨之前东欧国家经济改革起步较早,自由化程度也较高,并在转轨过程中多采取稳步的政策措施;而苏联不仅转轨起步较晚,而且采取激进的改革措施,致使经济剧烈震荡。

对于大多数东欧国家和波罗的海三国来说,经济仍将保持发展的势头。这是因为它们普遍采用有效的紧缩政策,使通货膨胀大多降到20%以下,其中有的国家降幅更大,像捷克已降到10%以下;与此同时,这些国家市场经济体制已具雏形,市场规范逐步形成,并且在企业重组和改造方面已见成效,如波兰等国通过破产兼并、调整结构、加强管理,使国有大中型企业的增长超过私有企业的增长。所以,经济形势好于独联体国家。

面对经济连年下滑的局面,俄罗斯对经济改革政策进行了调整。改革目标开始从自由市场经济偏向社会市场经济;放弃"休克疗法",选择中间路线;改变私有化政策,提出"非国有化"口号等。俄罗斯经济改革政策的调整21世纪以来的稳定增长起到了一定的积极作用;但鉴于几十年集权式计划经济留下的历史包袱和改革之初"休克疗法"所带来的弊端,俄罗斯经济尚不具备进入稳定增长期的内部条件,受2008年世界金融危机影响俄罗斯经济出现负增长便是明证。因此,苏联和东欧转型国家经济不平衡发展的状况还将存在下去。

二、转型经济在世界经济中的地位

转型国家由计划经济向市场经济转变的过程使世界经济在新的市场体系上达到一体化,是一个跨世纪的发展。这些国家在转型之前是"经互会"的成员,长期游离于国际货币金融和贸易体系之外。"经互会"是苏联和东欧国家组成区域性国际经济组织,它通过协商达成指令性计划,规定各国在区域性国际分工中承担的角色和生产商品的结构、贸易流量和地区流向,带有很强烈的计划色彩。经互会解体后,各转型国家在市场基础上发展对外经贸关系,不仅参与国际分工,成为国际贸易的一个重要组成部分,而且形成了一个国际资本流入的热点地区,对世界经济的一体化进程起到了一定的推动作用。例如,在对外贸易方面,苏联对外贸易总额的60%是在"经互会"内实现的。1991年,俄罗斯与其他加盟共和国之间进口下降了46%,出口下降了29%;1993年,俄罗斯与原"经互会"其他成员国之间贸易额只占其对外贸易总额的16%。随着经济的逐渐稳定和复苏,这些转型国家的对外贸易也开始回升。波兰和捷克的产品已打入欧洲市场,1995年波兰对外贸易总额比1994年增加了20.3%,俄罗斯1995年的外贸总额也比1994年增加了16%达1 357亿美元。这些转型国家已成为世界多边贸易体系中的重要成分。

第六节 全球化经济的要素分布与收入分配

经济全球化全新而复杂的运行机制要求我们运用新的理论与方法去分析其内在的利益机制,从而认识全球化冲击的性质。对于发展中国家的相对不利性,也必须从对新的运行机制的分析上进行解释。也只有这样才能建立趋利避害的战略对策。

经济全球化的主要特征不仅是贸易自由化的提升,而且更重要的是生产要素国际流动的增强。乔治·华盛顿大学普拉卡什和印第安纳大学哈特认为:"经济全球化是一系列导致要素、中间与最终产品以及服务产品市场的经济活动跨越地理界限形成统一整体,并使跨国界价值链在国际循环中地位不断上升的过程。"[1]国际货币基金第一副执行董事、经济学家费希尔(Stanley Fischer)认为:"全球化是在商品和服务跨国界交易及国际资本流动数量和形式不断增加、在技术扩散广度和速度不断提升基础上所形成的日益加深的各国在经济上的相互依赖。"[2]因此,全球化经济与知识经济的新要素结构,要素国际流动的增强,要素收益服从稀缺度的规律,决定了经济全球化的利益分配机制。

一、国际竞争与全球化的隐性冲击

经济全球化对发展中国家的冲击是广泛的,也是深刻的。它既会导致发展中国家的严重经济困难,也可能造成发展中国家长期落后。在对这种冲击的研究中,人们往往更容易注意到它的直接显现形式,而忽略它的间接隐蔽形式。研究经济全球化对发展中国家的隐性冲击,不仅有利于在更深层面上把握全球化,而且有利于发现发展中国家在全球化中的不利性,从而正确制定长期发展战略。

经济全球化对发展中国家的冲击,首先是易于看到的显性冲击。如由市场开放带来的本国产业的生存危机。发展中国家的弱小的现代制造业在强大的国际竞争压力下可能迅速崩溃;由企业破产与产业倒闭而导致的失业迅速增加;由本国生产萎缩引起的政府收入的严重下降和政策对本国经济调控能力的明显削弱;由竞争失败导致的本国产业结构

---

[1] Aseem Prakash and Jeffrey A. Hart, eds. Globalization and Governance. First published 1999 by Routledge London p. 3。

[2] Helmut Wagner, ed. Globalization and Unemployment. Published 2000 by Springer Heidelberg p. 19。

的长期落后，从而工业现代化目标的丧失；由金融开放和金融危机导致的全面经济混乱，其中包含着国民财富的大量流失，等等。

经济全球化的结果将是形成一个更完整的世界经济体系，从而更深刻地影响国际分工。"比较优势"存在的永恒性决定了国际分工对各国都有利的必然性；即使有某种不利，也只是一国为深化国际分工进行结构调整所会付出的代价。比较利益本身不是动态的，更没有考虑随着社会生产力进步而发生的产业结构的进步。因此，经典的国际经济理论仍然没有回答从长期来看全球化对发展中国家的相对不利性。正如比较优势理论只说明了国际分工的必然性而未能说明这种分工的利益分配一样，经济全球化可能深化国际分工，仅此而言可能对各国在总体上有利，但它的利益分配关系却同样是未知的。全球化冲击的性质，不仅在于这种冲击可能对发展中国家构成结构进步中的困难，而且在于分工深化中的利益分配。

邓宁等提出了最浅层次和最深层次全球化两个概念。前者是一个国家的某个经济实体与另一国家的某个经济实体就某一种产品从事跨国贸易，而后者是指一个经济实体与全球范围内的大量经济实体通过一个增值链网络进行交易，且交易具有多样性和复杂性，并高度协调以服务该实体的全球利益。因此，从微观上看，全球化表现为企业在全球各大洲和主要国家拥有或控制子公司，参与增值业务联盟和网络，在最适合的地方获取劳动力、资本、原材料和中间产品，并在各主要市场销售其产品和服务；而宏观上，全球化表现为一国金融、贸易和投资关系的区域多样性，并且由此而产生的增值构成其 GDP 的相当比重。邓宁认为，大多数国家和企业都介于最浅层次和最深层次之间，但其跨国经济活动的趋势是朝着越来越一体化的方向发展。[①]

经济全球化发展到今天，发展中国家在发展道路上走到今天，使我们已经不能仅仅从贸易竞争上看全球化的冲击，从而不能仅仅从产业生存上看发展中国家所受的冲击了。一个明显的事实是，跨国公司全面进入发展中国家，在发展中国家中形成了一大批现代产业。如果从国际分工的角度看，这些国家也已经在一个新的层次上参与了国际分工，因为出口产品的产业结构已经提升。但是很明显，除了就业以外，发展中国家没有真正获得产业进步的主要利益。至少发展经济学所指出的各种好处，如技术进步、人才培养、外部经济、学习曲线等，在许多产业中是不明显的，或者是有限的，经过较长时期才逐步体现的。因此，出口商品结构的进步夸大了发展中国家在经济全球化中的利益。全球化的直接冲击绝不是发展中国家所受冲击的全部。

在要素禀赋理论提出以后，国际分工的结构以劳动和资本富裕度的差异为依据，不再似比较优势论以劳动为单一要素的劳动生产率为依据。要素富裕是获得国际分工利益的原因。然而正是这一正确的理论，隐含了各国国际分工地位的差异和全球化条件下的隐性冲击。

以要素为基础的国际分工体系决定以要素为基础的国际利益分配，由不同要素国际组合形成的国际生产要求实行以要素为基础的分配结构。要素价格取决于该要素的稀缺程度。微观经济学的这一基本概念是完全正确的，也是仍然有意义的。但是如果

[①] John H. Dunning and Khalil A. Hamdani, eds. The New Globalism and Developing Countries. Published 1997 by United Nations University Press Tokyo pp. 13~14.

我们运用这一方法,从企业经营的角度看,从全球经济运行的角度看,就可以从新的概念上来定义要素,为全球经济分析提供一个比较规范的研究方法。由此我们需要分析的生产要素,不仅是劳动力、资本,而且更重要的有国际销售渠道、国际经营管理和全球企业网络等。

在发达国家跨国公司对发展中国家的投资关系中,这种以要素为基础的国际分配至少表现出以下几个特征:

第一,发展中国家劳动力富裕而资本稀缺,资本收益必然高,而劳动力收益必然低。发达国家资本在发展中国家的投资中处于比发展中国家劳动力更为有利的谈判地位,这决定了其获得更高收益的有利地位。发达国家资本从发展中国家所获得的收益,必然高于其在本国或其他发达国家的收益,否则跨国公司不会冒巨大的国际政治经济风险而进行国际投资。发展中国家劳动力的大量供给使得其价格只能维持在一个较低的水平上,从而为资本收益创造了巨大的扩展空间。雅克·阿达认为,发展中国家在涉及它们与国外的金融关系时,则没有任何类似的调节手段,只有拒绝偿债,但这就意味着被淘汰出国际金融体系。由于当地储蓄不足或没有足够的出口能力而需要外来资金,这些国家客观上要依赖贷款。不论是所需资本数量、投资性质或贷款条件,所有这些决定北—南资本流动的参数都不受发展中国家自己左右。[①] 杰伊·梅热也认为:全球贸易和投资规则的制定权控制在发达国家手中,且又完全是为掌握资本要素的跨国公司服务。[②]

第二,对于从封闭走向开放的发展中国家来说,国际销售渠道即市场要素是特别稀缺的。发展中国家利用外资发展起出口加工型企业,跨国公司以掌握国际销售渠道实行与发展中国家东道国的合作方式。发展中国家获得的只是劳动力价格收入,政府税收也因为了吸引外资而控制在很低的水平上甚至完全减免。跨国公司通过产品包销控制着出口价格,国际市场销售渠道使跨国公司获得了巨大的利润。从生产经营的广义要素上讲,这是跨国公司拥有国际市场要素的结果。

第三,国际经营管理是经济全球化条件下的一个日益重要的要素。发展中国家缺少市场经济的经营管理经验,特别是面对国际市场的经营管理经验。跨国公司在发展中国家的投资经营管理人员的收益远高于东道国职工和一般管理者,是国际经营管理要素在发展中国家稀缺性的结果,因此使企业的收益向跨国投资者转移。在合资企业中,跨国投资者的各种非现金投入中大量实现了国际经营管理的收益。在外商独资企业中外资则更因限制了发展中国家劳动力收入而大量获得了国际经营管理收入。

第四,全球企业网络是另一种特殊要素,这一网络是由发达国家跨国公司所掌握的。对于东道国单个被投资企业来说,这是一种企业的外部合作关系,是发展中国家所没有的资源。与国际销售渠道一样,跨国公司也要求获得与这种自己所拥有的网络相对应的收益。转移价格就是获得这种收益的形式。通过高进口低出口的转移价格跨国公司把利润从东道国转移出来,获得了更高的收益。企业网络还有一个重要的功能,那就是在产品的价值链上,跨国公司自己完全控制了高增加价值的生产环节,而把低增加价值的环节放到了发展中国家中,使整个全球生产网络的增加价值结构向发达国家有利的方向倾斜。

---

① 雅克·阿达:《经济全球化》(中译本),中央编译出版社 2000 年 3 月版,第 192 页。
② Jay Mazur. Labor's New Internationalism. Foreign Affairs Vol. 79, No. 1 2000, pp. 79~93.

以上分析表明，从由要素禀赋决定的国际分工中可以看到，国际投资越是发展，跨国公司与发展中国家的收益分配差距也越大。试设想国际要素流动的另一种形式：发展中国家的劳动力向发达国家流动。由于发达国家劳动力的相对稀缺，发展中国家的劳动力可能获得远高于在本国的收入，发展中国家由此可能获得比现在更有利的地位。尽管发展中国家劳动密集型产品的出口也影响到发达国家非熟练劳动收入的下降，但其程度相对较小。据克鲁格曼测算，美国非熟练工人收入的下降，其中只有20%是由于贸易自由化造成的，主要根源是美国国内生产率增长缓慢和技术进步导致对非熟练工人需求的下降所决定的。① 事实上发展中国家的优秀人才不断向发达国家流动，获得了较高的收入，而发展中国家却付出了人才流失的代价，导致了发展的更大困难。一般劳动力的自由流动毕竟不是现行国际要素流动的主要形式。发达国家的政策基本上限制了发展中国家一般劳动力的流入，而鼓励本国充裕要素向国外的流出和优秀劳动力的流入。以美国为首的发达国家只鼓励人才和基础人才的流入，这不仅增强了发达国家的优势要素，还大大加剧了发展中国家人才的稀缺程度。其他要素的以上分析也可以得出相似的结论。在这个意义上完全可以说，国际投资越是发展，国际收益分配的差距也将越大。

克鲁格曼还指出，作为全球化动力的技术进步导致劳动力需求结构发生变化，即对熟练劳动力的需求增加，而对非熟练劳动力需求下降。② 罗德瑞克指出，全球化所导致的贸易和投资壁垒的减少加重了能跨国流动的要素（如资本和熟练劳动）与不能跨国流动要素（如非熟练劳动）的不对称，削弱了后者相对前者的议价能力导致其需求弹性增大。③ 马修·斯劳特通过对1961~1991年间美国制造业各行业对熟练劳动和非熟练劳动需求弹性的实证分析，证实了罗德瑞克的观点，从20世纪60年代初70年代中期，非熟练劳动的需求弹性在0.5左右，而到1991年上升到1.0，而熟练劳动的需求弹性始终在0.5~0.8之间，并呈缺乏弹性的趋势。④ 虽然这些分析是针对发达国家而作出的，由于发达国家与发展中国家在劳动力结构上的显著差别，加上熟练劳动力的流动性，这一影响显然也成为不同国家间收入差别的重要原因。

与全球化的隐性冲击相比，发展中国家所受到的隐性冲击是不易注意的、长期作用的和影响更为深远的。但是，隐性冲击正是经济全球化条件下的主要形式，因为国际投资和跨国经营是经济全球化的主要表现，而产品的贸易和竞争只是国际经济的传统形式。全球化的隐性冲击最终会通过收入差距的扩大反映出来。收入差距在发达国家与发展中国家之间表现得尤为明显，且不断拉大。在过去的40年间，最富的20个国家与最穷的20个国家的收入差距已翻了一番，在过去的30年中发达国家人均GDP增长率始终高于发展中国家，发达国家所占有的全球财富总值也远远高于发展中国家。尽管从总体上发展中国家贫困人口的比重已经下降，收入低于1美元/天的人口比重从1987年的28.3%下

---

① Aseem Prakash and Jeffrey A. Hart, eds. Globalization and Governance. First published 1999 by Routledge London p. 14.

② Paul Krugman Technology, Trade and Factor *Prices*. Journal of International Economics Vol. 50 No. 1 2000 p. 51~71.

③ 丹尼·罗德瑞克：《全球化走得太远了吗》（中译本），北京出版社2000年版，p.5。

④ Matthew J. Slaughter International Trade and Labour-demand Elasticities Journal of International Economics Vol. 54 No. 1 2001 pp. 27~56.

降到了1998年的24%,收入低于2美元/天的人口比重从1987年的61%下降到了1998年的56%,但仍有40个发展中国家的40亿人口在过去的30年中人均收入增长为负数或接近于零,而且除东亚和中东外,贫困人口的绝对数还在不断增加。①

当然,对发展中国家在全球化中隐性冲击的分析,绝不意味着开放更为不利。相反,开放度较高的发展中国家仍然获得更好的发展。全球化通过对增长的影响,在发展中国家的减贫中发挥了重要的催化作用。比较开放的国家和较为成功地加快一体化步伐的国家,其增长业绩最好,而实施内向政策的国家,其增长率不佳。研究表明,贸易对GDP的比率提高1%,收入水平提高1.5%~2%。一体化通过促进增长提高,能够对减少贫困发挥强有力的积极影响。②

二、知识经济的要素分布与发展中国家的弱势地位

由于知识经济和经济全球化的平行发展,知识经济的要素结构也同样通过全球化的分工变化影响着利益分配,从而使发展中国家处于明显的弱势地位。

知识经济对于工业化经济是一场历史性的变革。这场变革导致了经济运行中占主导地位的要素的重大变化。与工业化经济相比,知识经济使某些要素凸显,其中包括:①知识型劳动力要素。直接生产过程中劳动力具有的是"知",而在研究与开发中的劳动力更多具有的是"识"。正是一个国家知识型劳动力质量与数量的区别构成了这一个国家的产业结构特征。②知识要素。研究与开发重要性的日益提高,使它从作为企业生产的一部分中分离出来,成为社会分工进而国际分工的一部分。③信息要素。经济的信息化不仅会改变一国的产业结构从而改变其国际分工地位,而且会改变该国的经济运行方式,从而改变该国的经济运行方式及其在国际竞争中的整体竞争力。④金融要素。由于风险投资成为高新技术产业发展的主要投资形式,社会对这些产业的金融支持力决定了这些产业发展的可能性,一个国家风险投资的能力决定了这个国家发展知识经济的能力,从而在长期中影响着其国际分工的地位。⑤创新能力要素。创新在很大程度上是一种制度的产物,经济制度可能激励创新,培养出大批企业家,也可能抑制创新,使大量具有创新才能的人被埋没。创新能力会从根本上改变一国在国际经济分工中的地位。⑥核心技术要素。分工的深化已经使一个产品的核心部件的生产与其他部件及整体产品的生产相分离,在很大程度上决定着一国的分工地位。与此同时我们也发现,工业化时代经济要素地位的下降或在性质上发生变化:一般劳动力因全球化而过度供给更甚,土地与自然资源要素在知识经济下不再重要,资本在国际市场上已易于获得,生产性管理已有了规范流程。

对知识经济要素的分析指出了国际分工的发展趋势和发展中国家的另一种弱势地位。

例如,在知识型劳动力方面,国际差异是显著的。发达国家的这一资源优势明显高于

---

① The World Bank: Poverty in an Age of Globalization, October 2000, 网址: www.worldbank.org/html/extdr/pb/globalization/povertyglobalization.pdf.

② The World Bank: Poverty in an Age of Globalization, October 2000, 网址: www.worldbank.org/html/extdr/pb/globalization/povertyglobalization.pdf.

新兴市场经济体、转型经济和发展中国家(地区)。每百万人中平均从事研究与开发的科学家、工程师人数,日本为4 909人,瑞典为3 826人,美国为3 676人,澳大利亚为3 357人。远高于中国的454人,泰国的103人,印度的149人,巴西的168人。① 事实上在这一数量统计的背后也还存在着质量的差异:在发展中国家中的工程师平均水平一般还会低于发达国家,所以实际的差距更大。

又如,在知识要素方面,研究与开发的支出占GDP的比重,发达国家普遍高于新兴市场经济、发展中国家与转型经济。如1985~1995年统计,美国为2.5,日本为2.9,英国为2.2,法国和德国均为2.4,而新兴市场经济、发展中国家和转型经济中除韩国2.8,新加坡1.1外,其余均低于1。无论是居民还是非居民的专利申请数,发达国家也普遍高于发展中国家和转型经济。非居民在新兴市场、发展中国家和转型经济中申请的专利数较高,显然是发达国家进入这些市场,需要得到保护的体现。这不构成后者的科学技术要素。②

再如,教育是形成知识要素的基础。公共教育的支出和预计受教育的年数在发达国家一般高于其他国家和地区。尤其显著的是高等教育占相应年龄组的百分比发达国家大大高于其他国家和地区。高收入国家平均为69%,世界平均为26%,低收入国家平均为6%,中等收入国家平均为23%。③

同时,在信息化的发展水平上国际差距也是巨大的。1996年,每千人拥有的电话主线数量,高收入国家是世界平均的4倍,低收入国家的49倍;1997年,每千人拥有的移动电话数,高收入国家是世界平均水平的4.7倍,是低收入国家的189倍;同年每千人拥有的个人电脑高收入国家是世界平均水平的4倍,低收入国家的120倍;每万人互联网用户数高收入国家是世界平均水平的5.9倍,低收入国家的3 391倍。当然值得注意的是,在这些指标中,新兴市场经济比发达国家的差距并不是很大,按单个国家、地区看有些甚至高于发达国家,新加坡、韩国、中国香港和马来西亚都接近发达国家的水平,这是信息革命进程中的一个重要特点。④ 互联网是现代信息经济的一个标志,一个国家所拥有的互联网网站数在很大程度上体现了这一国家进入信息经济状况。1998年,每万人拥有的互联网网站数,芬兰为996.56,美国为974.97,新西兰为468.73,澳大利亚为413.92,远高于新兴市场经济体、转型经济和发展中国家(地区):中国香港为108.02,匈牙利为73.15,捷克为63.79,韩国为33.95,中国内地为0.16。⑤

在对国际分工关系的一般分析中,理论上往往指出发展中国家从事农业、一般制造业,而发达国家从事现代工业,从而发展中国家处于国际分工的不利地位。但是这一分析在现代已经不能完全说明问题了。由于经济发展的成就,不少发展中国家已经形成了现

---

① 资料来源:世界银行:《1998/99世界发展报告——知识与发展》,中国财政出版社1999年版各国统计年份分别为1990~1997年。世界银行:《世界发展指标——1999》,中国财政出版社2000年版。
② 资料来源:世界银行:《世界发展指标——1999》,中国财政出版社2000年版。
③ 资料来源:世界银行:《世界发展指标——2010》,中国财政出版社2011年版。
④ 资料来源:每千人电话主线和每万人因特网用户数:世界银行:《1998/99世界发展报告——知识与发展》,中国财政出版社1999年版;每千人移动电话和每千人个人电脑数:世界银行:《世界发展指标——1999》,中国财政出版社2000年版。
⑤ 资料来源:世界银行:《1998/99世界发展报告——知识与发展》,中国财政出版社1999年版。世界银行:《世界发展指标——1999》,中国财政出版社2000年版。

代制造业并有了较强的出口能力,而发达国家经济结构的提升的结果是现代服务业在国际分工中地位的形成,研究开发成为发达国家参与国际分工的主要方式。因而在一个新的意义上发展中国家仍然处于国际分工的低层次的弱势地位。

在世界工业生产的国际分工中,高科技产品出口占全部工业产品出口的比重,反映了一国在知识经济时代的国际分工地位。1998年新加坡这一比重为58.95%,爱尔兰为44.55%,美国为32.96%,荷兰为29.99%。在新兴市场经济体中,有的十分令人瞩目,其中包括菲律宾71.45%,马来西亚54.49%,泰国30.62%(1997年),韩国26.77%,中国香港地区20.61%。但大部分新兴市场经济体、转型经济和发展中国家(地区)水平很低:中国内地14.53%,俄罗斯9.15%,印尼9.74%,巴西9.21%。①

从通信和计算机服务的出口占服务总出口的比重看,发达国家一般在40%以上,其中日本和德国在50%以上,而新兴市场经济体、转型经济和发展中国家(地区)除了少数几个以外,一般均在40%以下。值得注意的是1997年马来西亚为55.06%,菲律宾为82.02%,巴西为55.57%,反映了发展的重要动向。②

从保险和金融服务的出口中,我们同样可以看到发达国家的比较优势。1998年比利时的保险和金融服务出口占服务总出口的17.52%,英国为15.82%,加拿大为11.2%,美国为6.32%,同年中国仅为1.71%,韩国为0.8%,印度为1.97%,俄罗斯为0.75%。由于发达国家的服务出口在总出口中的比重本身较高,所以保险和金融出口在服务出口中的较高比重意味着其在总出口中的更高比重。③

国际分工发展史表明,体现先进生产力和生产方式的要素始终表现出其较高的稀缺性。新的生产力总是要以新的生产要素为支撑的,而生产力发展的永恒需求和内在动力使新的生产要素表现为稀缺。生产力发展的需求决定了后进国家对体现先进生产力要素的强烈需求,从而使这种生产要素因其更高的稀缺性而在国际分工中居于有利地位。美国对世界经济的主导地位是建立在知识经济要素基础之上的。知识经济的发展是多种新的经济要素的结果,美国因为这些要素的充裕而赢得了进入知识经济的时代跨越。由于资本要素的相对下降,新兴市场经济、转型经济和一些发展中国家发展起了资本密集型产业,甚至积累了资本仍然不能在世界经济中占有主导地位。当代世界经济的发展又证明,拥有知识经济要素是实现国际分工中主导地位的原因。知识经济的成就大大加强了美国的国际地位,而这种国际地位的基础是在国际经济结构中的主导地位。持续10年多的经济增长增强了国力,但更重要的是经济结构的提升。经济的信息化显然是世界各国的发展方向,在信息产业中的领先地位决定了美国在当代和今后相当长一个时期中的国际经济主导地位。最后我们也看到,知识经济的生产要素在当代具有显著的稀缺性。各国在知识经济发展中与美国的差距表明,这些国家在发展知识经济中存在着严重的要素不足。

与要素结构不均衡相联系的,是国际分工结构的不均衡。新兴的附加价值高的产业只掌握在一部分国家手中。在全球化经济中,产业结构的国际差异比以往更大。因为全球化经济是信息经济、服务经济、也是高技术产业经济。这些新的经济成分的附加价值大大高于传统产业,而这些知识经济成分却一般集中在发达国家,或者集中在投资于发展中

---

①②③ 资料来源:世界银行:《1998/99世界发展报告——知识与发展》,中国财政出版社1999年版。世界银行:《世界发展指导——1999》,中国财政出版社2000年版。

国家的发达国家跨国公司手中。高科技产业,由于其高附加值,使国与国之间发展差距将进一步扩大,并形成更深刻的不平等的依存性;信息产业是知识经济中的主导力量,它使经济运行方式发生革命,更强化了信息革命发生国家的国际主导地位;金融业的巨大国际发展差距使美国的金融力量对世界居于强大的统治地位。现代意义上的国际分工,不再是浅层次上的产业的国际分工,而且包括大量深层次上的产品分工,即一产品的各个零部件由各国生产制造。但是,发达国家往往控制着具有核心技术意义的主要零部件的生产制造,而发展中国家即使形成了最终产品的生产线与生产能力,有最终产品较高的本地化水平,也仍然不拥有对产品的主导地位。

三、全球化经济的要素收入分配

根据以上的分析,这里试提出"全球化经济的要素收入分配论"来指出发展中国家相对不利的性质。

(一)全球化经济的新变化

要素价格决定于要素稀缺性的要素收入论和生产结构决定于要素禀赋结构的要素禀赋论,在全球化经济中至少发生了下列几个重大变化。

第一,要素收入的分配转变为国家之间分配。经济学上的要素收入论是一般微观经济分析的原理,它并不涉及国际经济问题。因此,它指的是某一要素所有者的收益和不同要素所有者之间的分配关系,而不是国家之间的分配关系。从国际经济分析来讲,收益仍然是要素所有者的,但是不同的是每一要素所有者都是一定国家的所有者。要素所有者转化为以国家区分的要素所有者群体。当要素拥有情况的差异表现为国家差异时,要素收益的差异也就成为国家收益的差异,要素收入分配也就成为国际分配。

第二,开放经济改变要素供应量从而改变要素价格。在要素收入论中,决定要素收益差异的要素稀缺性是由一国的要素总量所决定的,在封闭经济中和在一定时期中这是一个不变量。因而要素价格也就相对决定了。全球化对使国民经济成为开放经济,要素具有国际的流动性。

第三,要素收入的国际分配是通过要素的国际流动实现的。一国的充裕要素流到另一个该要素为稀缺的国家,获得比在本国更高的收益。典型的是,资本从资本富裕国家流到资本稀缺国家会获得更高的收益,发展中国家的劳动力流入发达国家也可以获得高得多的收入。

第四,要素的国际流动不会完全消除要素收入的国际差异。要素的国际流动会改变各国原有的要素禀赋结构和要素的稀缺性,在一定程度上改变要素的价格,但这不会从根本上改变要素收入的国际差异。对经典要素禀赋理论的一项著名的推论,是要素价格的国际均等化,即要素国际价格差别的消失。这一推论是完全科学的,但这只表明一种长期的趋势,而不表明只要有要素的国际流动就会消除要素价格的国际差。正因为有要素价格的国际差,才会有可持续的国际要素流动。一方面,经济发展不断创造出新的要素需求结构,使要素差异不可能消除。另一方面,财富积累的国际差异不断加大着发达国家的资本富裕度和发展中国家的相对稀缺度,使国际要素流动成为持续的需要。

第五,要素的国际流动并不完全消除国际贸易。仅仅从要素禀赋论出发,一个逻辑的结论是要素一旦流动,国际贸易就会消除。国际投资在现实中常常是跨越贸易障碍的途径。在全球化经济中,国际要素流动下的生产面对的是全球市场,所以要素流动是生产的国际配置,从而在一个新的国际生产布局下形成新的国际贸易。即使就本来意义上的国际贸易而言,生产力的不断发展和产品的不断更新始终创造着新的国际要素流动的必要性。

第六,全球要素价格由全球要素稀缺性决定。在全球化经济系统中,一定的时刻具有相似于封闭的国民经济的要素比,从而有一定的要素稀缺性和要素价格。

第七,要素收入转变为国民收入。经济学隐含的假定是一个经济主体是一种要素的所有者。在全球化经济中我们并不假定一个国家只是一种要素的所有者。每个国家都可能拥有多种要素。重要的是,各种要素的相对稀缺性决定了这一国家在全球化经济中的要素地位,从而这一国家在全球化经济中基本的分配地位。

(二)全球化经济的新挑战

"全球化经济的要素收入分配论"试图从一种角度回答经济全球化挑战的实质。可以看到,这一理论解释了为什么经济全球化对发展中国家是相对不利的。由于这一分析是从经济学的规范分析和被公认的重要理论原理中得出的,因而是可靠的和可信的。这里我们可以看到,由要素禀赋结构所决定的全球化挑战的严峻性在于:

第一,要素结构是由一个国家的发展水平所决定的,它不是在短期中可以轻易改变的。在对发展中国家发展战略的研讨中,经常有人提出实现动态比较优势以改变发展中国家的分工地位。这一思路显然是正确的。但是,新的产业优势必须基于另一种要素供给。于是问题又归结为要素供给的改变。但这是一个相当困难的环节。在从劳动力密集型向资本密集型转变的过程中,由于资本流动的相对便利,发展中国家在短期内可以改变资本不足的状况,但其中的收入分配关系没有本质的变化。因为不论采用国际贷款还是采用直接投资的办法,资本总是要获得其相应的收入。在知识经济条件下,不仅各种新要素的稀缺性大大增强,拉大了要素分配的差距,同时这些要素有些难以流动(例如国民经济信息化、经济制度),拥有这些要素是发达国家的特征在短期内还会改变。

第二,要素禀赋的差异决定了各国参与全球化体系的利益的大小。由于全球化经济遵循按要素稀缺性分配收益的原则,而发达国家拥有主要稀缺要素,因而获得更高的收益,发展中国家处于相对不利的地位。

第三,全球化挑战的核心在于与全球化同时发展的知识经济。全球化经济的要素收入分配论是从知识经济的特征上提出的。显然,知识经济不是美国的专利,但现实却显然由美国所主导。以美国为首的少数发达国家在拥有知识经济的核心要素上具有绝对的优势,使得发展中国家全球化的挑战归结为知识经济的挑战。

第四,由知识经济所决定的国际分工新格局将具有深远的历史影响。知识经济是人类生产力从农业经济进入工业经济后的又一次巨大的历史性跨越。正如在工业革命中落后的大部分国家处于国际分工中的不利地位曾长达数百年一样,在知识经济革命中落后的国家在国际分工中的不利地位也将延续一个相当长的历史时期而难以改变。

第五,要素收益的国际分配规律中存在着发展的国际差异的正反馈机制。可以发现,除了发展战略上的原因外,由知识经济所表现出来的要素禀赋的国际差异是国家发展水平差异的结果。然而可怕的是,知识经济核心要素的国际差异会由于收益的国际差异而进一步增强。因为这些要素本来就是一国较发达而有更多教育科研投入的结果。按要素稀缺性的国际分配会加强国际财富积累的差异,从而进一步增强发达国家在知识经济核心要素上积累的速度。

以上分析表明,全球化经济与知识经济的特殊要素结构决定了,发展中国家在经济全球化中处于利益分配的不利地位。要改变这种地位,必须致力于改变自己的要素结构,按照全球化与知识经济的特征规划生产要素的全球组合与发展战略,而不是简单地持续传统的富裕要素密集型的产业发展与国际分工战略。

这一走出传统比较优势发展战略的结论与波特的"国家竞争优势"是相似的,以上要素分析与其"钻石理论"所指出的国家优势的关键要素也是一致的。国家竞争优势理论否定了以劳动生产率和要素禀赋为基础的比较优势战略,强调来自"集群"和政府的国家竞争优势。集群是一群相互关联的公司、供应商、关联企业和专门化的制度和协会;公司竞争力的微观基础层面是指公司战略的性质、制度环境、基础设施和政策等。政府不应致力于产业政策,而应改善生产率增长的环境比如改善企业投入要素和基础设施的质量和效率,制定政策以支持企业的升级和创新。国家优势关键要素包括企业战略、企业结构、同业竞争;相关与支柱性产业;生产要素;以及需求条件。[①] 这里从新的广义要素观揭示了发展中国家的弱势地位,从而否定了传统的比较优势战略。要素广泛涉及企业制度、企业经营环境、国家竞争力的制度因素、国家创新制度、知识经济的核心要素和信息基础设施的供给,等等。发展中国家只有从这些意义上的要素出发才能真正形成自己的国家竞争优势,改变在全球化与知识经济中的弱势地位。

---

① 迈克尔·波特:《国家竞争优势》,华夏出版社 2002 年 1 月版。

第十四章　世界经济增长中的全球性问题

随着一体化世界经济的发展，一个制约可持续增长的问题摆在人们面前。这就是经济的增长受到资源、环境和人口等全球性问题的制约。工业革命前，由于世界经济增长缓慢，资源、环境和人口问题对其约束作用并不明显。自18世纪工业革命以来，人类社会的科学技术文化得到巨大发展，人类广泛进行改造自然的活动，大规模开发利用自然资源和无偿利用自然环境，世界经济获得迅速增长和巨大发展。到了20世纪70年代，环境、资源（如能源和粮食危机）、人口等全球性问题与世界经济的增长和发展构成尖锐的矛盾。在国际上还出现了"世界末日"式的预测，要求停止全球经济的增长。实际上，资源、环境和人口问题是由于工业革命后过度依赖不可持续的生产和消费模式所引起的。为了解决这些问题，世界经济应走向依靠科技进步与资源节约的可持续发展的道路，重新构建资源、环境、人口与经济增长的依存和约束关系，实现资源、环境、人口和经济的协调发展。如果说对一个国家来说，它的增长总是可能获得外部资源，因而由资源约束所导致的持续增长问题不具有绝对性，那么对于整个世界来说，这一问题就具有绝对性了。从这个意义上说，持续增长问题尤其是世界经济中的特殊问题。

第一节　全球性问题的出现及其认识

当今世界经济发展面临的全球性问题有诸如发展中国家与发达国家经济发展水平存在巨大的差距，以及环境、资源和人口等问题，如果说发展中国家与发达国家经济发展水平存在的差距属于南北关系问题，那么，环境、资源和人口问题则是主要表现为世界经济总体增长与约束条件之间的关系问题。前者是一体化世界经济演进中所遇到的不平衡发展问题；而后者则是一体化世界经济发展过程中所遇到的可持续发展问题，两者都对世界经济发展产生影响。有关不平衡发展的章节已论述了南北经济差异问题，这里所提的全球性问题仅指资源、环境和人口等问题。

一、全球性问题的出现

开始于18世纪的工业革命是人类历史上的一个里程碑。在此之前，人类改造和利用自然的规模很小，全球经济发展十分缓慢。从1500～1820年，世界GDP的年均增长率为0.33%；人均GDP年增长率仅为0.04%。工业革命带来了世界经济的高速增长。从1820～1992年，世界GDP平均每年以2.17%的速度增长，人均GDP年增长率为1.21%，相当于1500～1820年间的30倍。经济的增长既表明人类改造和利用自然的能力提高，也更增强了人类进一步改造和利用自然的能力。

人类改造和利用自然的活动必须依赖于一定的社会物质条件。在诸多的社会物质条件中,地理环境、自然资源及人口因素等有着重要的影响和制约作用。它们是社会生产和社会生活的物质前提和必要条件。人类一方面开发和利用自然创造了空前巨大的物质财富和前所未有的社会文明,也促进了人口的增长;但另一方面,由于长期过度开发和不合理利用自然而造成生态破坏、环境污染和资源短缺等问题,以及人口增长过快带来了粮食、能源、环境和生态等危机。到20世纪70年代,长期积累的这些问题终于爆发出来,波及全球,形成难以治理的"综合顽症"。它们不仅在程度上而且在本质上不同于人类历史上曾经出现的瘟疫、地震、洪水等外因造成的局部性、短暂性灾难,这些全球性、长期性的问题已成为当今一体化世界经济发展的重大障碍。

首先,环境的恶化成为阻碍世界经济发展的不利条件,人类利用自然资源创造物质财富的同时,也给环境带来了不良影响。发达国家在发展经济的同时大量使用污染环境的能源,成为污染物的主要排放者;发展中国家在工业化道路上更是付出了污染环境的代价,从而造成废弃物大量堆积,空气污染严重,臭氧层破坏,气候变化异常,酸雨蔓延,自然资源减少,生态环境恶化的局面。这不仅危及人类的健康和生存,而且也影响一体化世界经济的可持续发展。

其次,资源短缺成为制约世界经济发展的重要因素。由于经济的高速发展,全球有限的资源面临巨大危机。特别是发达国家是一次能源的主要消耗主体,美国成为世界上能源消耗的第一大国。广大发展中国家在工业化道路上不合理地开发和消耗自然资源,也加重了世界上资源短缺的情形。其主要表现为:水土流失,森林锐减,水源危机,矿产资源减少,生物多样性降低,等等。它已成为一体化世界经济持续发展的重要障碍。

再次,人口膨胀也成为世界经济持续发展的主要障碍。2011年全球人口已突破70亿。人口过快增长既加剧自然环境的恶化,又导致世界资源的加速消耗。尤其会困扰发展中国家的经济发展,将使南北经济差距进一步拉大。发达国家人口老龄问题也将成为制约其经济增长的问题。可见,人口增长与经济增长的不协调,已经阻碍了世界经济的可持续发展,从而影响到世界经济一体化的发展进程。

二、对全球性问题的认识

在20世纪70年代初,环境、资源和人口等全球性问题爆发的时候,人们对这些问题的讨论热烈起来,其中既有"世界末日"的悲观论调,也有"资源不可能耗尽"的乐观看法。然而,现在越来越多的人认为,解决这些全球性问题是一个长期的过程,对此,只要世界各国共同重视,联合行动,世界经济仍然可持续地增长。

梅多斯等人可能是最早讨论这个问题的经济学家。他在受罗马俱乐部委托于1972年完成的《增长的极限》报告中,用世界模型对影响经济增长的人口增长、资本投资、环境污染、资源耗竭和粮食供应等五个指数增长的因素进行了预测。其结论是,由于人口增长引起粮食需要的增长,经济增长引起不能再生自然资源的耗竭速度加快和环境污染程度的加深,这对人类来说,迟早会产生危机。为避免这种"危机",应该实行零增长或控制增长和促进技术进步的政策。

《增长的极限》所预测的暗淡前景引起激烈的争论,招致众多批评与责难。受罗马俱乐部委托,梅萨克维克等人于1974年提交了名为《人类处于转折点》的报告。报告认为,在21世纪中期以前,世界局部地区可能会发生区域性的经济崩溃,人类必须进行全球性的联合行动,停止无变异的增长即指数增长,转变为有组织的增长,并控制人口增长。另一位美国经济学家在《未来的经济增长》一书中认为,对继续增长的最大威胁是人口的增加,而近期的严重问题则是能源问题。丁伯根也受罗马俱乐部委托于1976年提交了一份颇为乐观的预测报告,他否认自然资源即将枯竭,但承认人口压力仍然存在,发达国家与发展中国家发挥各自的比较优势,通过扩大国际贸易这一有效途径,可以更有效地利用自然资源和发展世界经济。1977年由美国总统卡特授意作出的《公元2000年的地球》报告中则认为,可能会发生规模惊人的世界性问题,环境、资源和人口的压力正在加剧,为此,必须进行前所未有的全球性合作。

列昂惕夫在受联合国委托提交的报告《未来的世界经济》中认为,20世纪内持续的经济增长和加速发展不存在不可克服的物质条件的障碍,其主要的限制在于政治、社会和制度方面。西蒙在《最后的资源》一文中认为,梅多斯等人杞人忧天,指出梅多斯等人的技术分析法往往与历史实际进程相差甚远,并提出采用历史外推的方法进行预测。他的结论是资源不可能耗尽,人类生态环境日益好转,恶化只是工业化进程中的暂时现象,粮食在未来将不成其为问题,人口在未来将自然达到平衡,经济增长可以持续下去。

世界经济20多年的发展证明,悲观主义的"世界末日"论调并未变成现实,因为它低估了科技进步和社会进步的速度和潜力;但是,乐观主义的观点认为,只要凭借技术进步和市场调节就能自然解决人类的发展问题,则高估了科技进步对全球性问题的作用。实际上,对资源紧缺、环境恶化和人口增长过快等问题,虽然各国作出了一些努力,并取得了一些成效,但目前的现实情况是,全球正处在有史以来生态环境和自然资源遭受破坏最为严重的时期,资源、环境和人口问题不但没有得到解决,反而有可能恶化。人们越来越认识到这些问题的全球性。如果一国缺资源,它可以向别国进口,但对于全球来说,资源的短缺不可能通过贸易形式从外部加以解决。这些全球性问题是由于过去不可持续的生产模式和消费模式、人口数量空前增加、社会和经济不平等所引致的,因此必须改变以往的经济增长方式,采取积极的国际性对策,保护和发展人类社会生产和社会生活的物质条件,满足人类不断增长的需要,提高人类的生活质量,调整人类的生产行为、消费行为和繁殖行为,以保证一体化世界经济的可持续发展。

三、对全球性问题的国际协调

自20世纪80年代末以来,对资源、环境和人口等全球性问题的协调已成为国际经济协调的新内容。随着经济活动尤其是各国工业化进程的全面推进,自然环境、资源和生态及其人口增长问题越来越突出,使人们的生产条件和生活质量受到严重的影响。这在发展中国家表现得尤为明显。由于这些问题具有全球性特征,世界各国必须在紧密合作、协商一致的基础上才能找到解决的途径。

环境、资源和人口等问题之所以成为全球性问题,其原因就在于表现出全球性或国际性的特征。从资源和环境来说,首先,人类共同享用或拥有的一些全球性资源和环境,如大气和海洋等一旦受到一个国家行为的影响,便会危及所有其他国家;其次,某些资源或生态环境尽管归一国所有,但它们对国际社会具有价值,如热带雨林或一些特有的生态栖息地及其独特的物种,一旦受到破坏所产生的危害决不限于当事的一国,而是波及其他邻近国家乃至全世界;再则,几个国家分享的共同资源受到一个国家行为的危害或被滥用,便产生区域性矛盾和冲突,大多数超越边界的污染问题就属于这一类,包括跨国界的河流或区域性海洋的污染以及酸雨等产生的环境问题。至于人口问题,更是表现为区域性和国际性的特征。人口增长过快不仅给发展中国家带来诸多的困难,而且也给全世界造成极大的压力。所以,这些带有全球性特征的问题,并不是某一个国家或某一个地区所面临的简单问题,而是要通过全世界所有国家的共同合作才能解决的复杂事情。

虽然这些全球性的问题已引起国际社会的普遍关注,国际组织和不少地区性组织也将其列入议事日程,但实质性活动的成果并不多见。联合国环境规划署是解决全球性环境问题的倡导者,为国际环境问题建立有关的法律制度方面作了较大的贡献。然而,这些法规制度的实施却困难重重。因为没有一个超国家的权力机构专门对国际环境问题进行管理,国际上往往遵循主权国家之间合作的共同准则,采取谈判和劝导的方式来解决这类全球性问题,所以,显得费时且低效。如制定联合国海洋法公约足足花了10年时间进行讨价还价的谈判,而在谈判结束10年之后公约还没有生效。即使各国对解决某些国际性问题达成了共识或协议,也往往因不能共同接受治理这类问题的费用分担方式而难以采取具体行动。可见,与其他国际问题相比,这些全球性问题的国际协调更为艰难。

尽管如此,世界各国已越来越认识到整治环境,保护资源,控制人口增长对经济长期发展的重要性。《1992年世界发展报告》以近10年来全球性环境、资源问题为专题,提出了"可持续发展"问题。当前,一体化正是世界经济发展的总体趋势,"可持续发展"问题也是世界经济一体化一个特殊的内容。国际经济协调的出发点就是要解决环境、资源等全球性问题,确保世界经济可持续发展。这是世界经济一体化的约束条件,这一问题不解决,世界经济一体化就无法持续下去。

第二节 环境问题

围绕在人类周围的自然界以及经济、政治、文化等社会背景和条件都可称为环境。这里所说的环境仅仅指自然环境。它包括人类赖以生存的土地、水、大气、生物等。自然环境通过种种物质循环和能量循环而保持稳定,当外力作用超过环境自我承受和调节能力时,则环境就会失衡和恶化。所谓环境问题就是人类的社会生活和生产活动致使周围环境的结构和状态发生变化,并反过来对人的生存和发展条件产生不利影响的状况。现代意义上的环境问题是全球性的问题,它影响的是全人类的生存与发展。这些问题主要有温室效应、臭氧层的破坏、酸雨、海水污染和生态破坏等。在20世纪后半期,环境问题日益突出并迅速全球化,引起越来越广泛的关注,与资源、人口等问题一起形成一体化世界经济进一步发展的障碍。

一、环境问题的产生及其严重性

环境问题自古有之,一旦人类能够制造简单工具和驯化动物、培植作物,环境问题就有可能出现。不过,在人口不多,生产规模不大的时代,人类社会扩大再生产活动对自然环境的影响是有限的,即使出现了环境问题,也可通过迁徙来解决。这时期的环境问题只是局部的,对人类生存与发展影响不大。

工业革命后,随着大工业的形成,人口的增加,人类改造利用自然环境和自然资源的规模和程度的扩大,环境问题也就突出起来。人类直接消耗大量资源,并把产生的废弃物重新排放回自然界;大规模砍伐森林和开荒改变或破坏了原有的生态系统,这使区域性环境问题频繁地出现,表现为不同程度的环境污染或生态破坏。20世纪以来特别是第二次世界大战后,工业化国家由于工业急剧扩张,城市增多和人口剧增,其环境的问题日益加大。自20世纪30年代起,工业化国家先后发生了"八大公害事件"。[①] 这些事件都直接对发生所在地产生巨大伤害,引起世界的震惊。但此时即使是工业化国家所关注的也只是一些点状或团状的环境污染问题,工业化国家一方面依靠其经济技术力量大力治理污染,如通过高烟囱和除尘设备把黑烟变白烟或无烟,净化生活和工业污水,控制有害物质的排放;另一方面把一些污染巨大的工业生产转向发展中国家或地区。

然而,发达国家并未摆脱环境问题的困扰,进入20世纪70年代后,它们认识到环境问题不再仅仅是区域性问题,而是全人类共同面临的全球性问题。世界经济一体化的趋势使各国经济利益紧密相连和相互依存,而环境问题的全球化也正是这种相互依存和相互影响关系的突出表现。原先的区域性环境问题也随发展中国家工业化的发展而迅速扩散成为全球性问题。环境污染和生态破坏问题的全球化,引起国际社会的关注,任何一个国家期望通过产业转移来解决国内的环境问题都会遭到国际社会的反对。

总起来说,环境问题具有严重性、全球性和综合性的特点。

环境问题的危害严重性已越来越被人们所认识。污染的环境严重破坏了人类生存和发展的社会物质条件。因为环境的污染导致一些宝贵的自然资源耗费或无法利用;温室气体的过度排放引起地球的温室效应,致使海平面上升而淹及沿海的城市和农田;臭氧层破坏增强了紫外线的辐射,使人类更易受到伤害;土地的退化和沙化使农作物产量下降,从而出现食物匮乏等。这些情况表明,环境问题对人类生存和发展会产生不利的影响。

这种危害的严重性特别表现为环境问题的全球性。人类不可能对这一全球性问题寻求外部解决的办法。也就是说,人类只有一个地球,不可能将全球化的环境问题转移到其他星球中去,或者寻找地球的替代物来逃避环境问题所带来的危害。这就向人类敲响了警钟:只有在地球上治理和解决好环境问题,人类才能够在地球上更好地生存和发展。

这一问题的严重性在当代还表现为环境问题的综合性。以往的环境问题大多比较单纯,比如某地排放污染物的主要受害对象可能只是森林、草场、湖泊、农田,危及的可能只是某一地区的动植物或人类的生活条件。这种单纯的环境问题也就比较容易解决。现代的环境问题则往往具有综合的特性。同一地区可能同时出现诸如森林减少、土地退化、气候变暖、酸雨频降等问题,其危害事关自然环境、人类健康、生态平衡、经济增长、社会稳定等一系列问题。对现在的环境问题,只能采取综合治理的办法,过去那种治标不治本的办法则显得无济于事。

二、主要的全球性环境问题

环境问题分为环境污染和生态破坏两大类,前者包括大气污染、水污染、土壤污染和污染衍生的环境效应,如温室效应、臭氧层破坏、酸雨等;后者包括森林破坏、物种灭绝、草原退化、土地沙化、盐碱化和水土流失等。

---

① 指的是比利时马斯河谷事件、美国多诺拉事件、伦敦烟雾事件、洛杉矶光化学烟雾事件、日本水俣事件、日本富山事件、日本四日事件和日本米糠油事件。

(一) 环境污染

环境污染中全球性比较突出的是污染衍生的环境效应和水污染中的海洋污染。

1. 温室效应。地球大气是一个稀薄的气体层,大气中一些成分可以吸收部分红外辐射,并阻挡地球热量向宇宙扩散,这种作用称为温室效应。温室效应气体主要有二氧化碳、甲烷、水蒸气、臭氧等。它们的温室效应对保持地球气温必不可少,如果没有这种效应,地球气温将比现在低40℃,处于冰雪世界,昼夜温差加大,生命难以生存。反过来说,如果温室效应过强,也会危害生物的生存和发展。由于温室气体浓度加大产生过强的温室效应,会使地球温度上升,任何国家也逃脱不掉地球温室效应的影响。事实上,大气中温室气体浓度在近几十年中确实在增加,其中无疑有人类日益扩大的经济活动的影响,仅1957~1987年间人为的温室气体排放量就比过去增加了2倍,谁也无法阻止温室效应的"跨国旅行"。

二氧化碳是主要的温室气体,人为排放量也最大。工业革命之前,大气中二氧化碳浓度一直较为稳定。现代大机器工业的发展把大量埋藏于地下的煤炭、石油、天然气和油页岩开发出来作为燃料使用,把固定于这些矿物燃料中的碳以二氧化碳的形式排放出去;石灰和水泥工业也把固定于碳酸盐中的碳以二氧化碳的形式排放出去;加上植被的减少,使其通过光合作用吸收二氧化碳的能力下降。因此,大气的污染程度日趋严重。从工业革命至今大气中二氧化碳的浓度由270ppm增加为350ppm,增加了约30%。目前,全球每年73亿吨排放量中约55亿吨是人为排放的。过去10年,在人为排放温室气体的温室效应中,二氧化碳占55%。目前,大气中二氧化碳浓度每年增加约1.5ppm。如不加以控制,据预测,到2020年由于能源消耗增加,人为排放量还会增加45%~90%,大气的污染将进一步加剧。

氯氟烷烃也是一种温室气体,是破坏臭氧层的主要气体。虽然它在大气中浓度极小,但由于它温室效应作用力是同一浓度二氧化碳作用力的1万倍,其影响是巨大的。在过去10年内,在人为排放温室气体的温室效应中氯氟烷烃占24%,居第二位。

甲烷主要来自稻田、沼泽和湿地以及海洋湖泊或反刍动物和其他生物活动场所。同一浓度甲烷所引起温室效应作用力是二氧化碳作用力的40倍。由于农业的发展尤其是现代化大规模养殖业和水稻种植等的影响,甲烷人工排放增加,大气中浓度由工业革命前的0.7ppm上升到目前的1.65ppm,近10年其浓度大幅上升,每年约上升1.1%。在过去10年内,在人为排放温室气体的温室效应中占15%。

温室气体还有氧化亚氮,它既是天然产生的,又是人为产生的。目前,每年释放的2 000万~2 500万吨氧化亚氮中由于燃烧矿物、沼气、施用含氮肥料而人为排放的有580万~1 600万吨。其温室效应的作用力是同一浓度二氧化碳作用力的100倍。在过去10年内,在人为排放温室气体的温室效应中占6%;目前,它在大气中浓度为0.3ppm,以每年0.2%~0.3%的速度增加。

地球平均气温在过去一个世纪中上升了0.5℃,有模型预测,若以上几种温室气体以目前速度增长,到21世纪,全球气温将上升2℃~5℃,人类将面临有史以来的最热天气。高温对全球气候包括大气环流和降雨产生巨大影响,以降雨为例,地表水蒸发加大,空气湿度加大,在条件适宜时会导致大量降水,形成火灾;而条件不适宜时,极易产生旱灾。更为严重的后果是,可能导致极地高山部分冰雪融化,使海平面上升。一般认为,全球海平面可能会上升1.0m以上,这对人类生存和经济活动特别是农业生产产生巨大的不利的影响。此外,气候变化带来的降雨量增减或地区性重新分配、森林的推移、物种优势的变化,以及对生产布局产生巨大的负面影响和自然灾害等一系列生态环境变化,可能大大加剧现有全球资源、人口和消费之间的失调。

2. 臭氧层破坏。臭氧存在于大气平流层中,它一方面是一种温室气体,可调节地球气温;另一方面能阻止过量的紫外线到达地球表面,一般可过滤掉70%~90%太阳紫外线,从而保护人和地球上其他生物免遭过量紫外线的伤害。臭氧在平流层一定高度上遍布,成层状,所以有臭氧层之说。自1958年对臭氧层进行观察研究以来,发现高空臭氧层有减少的趋势,20世纪70年代以来这种趋势更为明显。

破坏臭氧层的主要化学物质是氯氟烷烃和氧化亚氮。氯氟烷烃是一种强力温室气体,它基本上是人工排放的。由于它广泛用作制冷剂、发泡剂、清洗剂、喷雾剂、灭火剂以及溶剂等,随着现代工业的发展和现代化生活的到来,其排放由无到有,由少到多,迅速增加,20世纪80年代末全世界每年增长5%。当它进入平流层后,受强紫外线照射与臭氧发生链式反应,一个氯氟烷烃分子可能破坏成千上万个臭氧分子,破坏性极大,并且由于氯氟烷烃性质稳定,能在大气中存留达100年之久。因此,目前已存留于大气中的氯氟烷烃的危害可持续一个世纪。产生温室效应的氧化亚氮对臭氧层也有很大破坏作用。

人类活动使臭氧的减少是明显的。已出现平流层臭氧浓度的全球性下降。1985年,在南极上空首次观察到"臭氧空洞",南纬60度到39度臭氧减少5%~10%,南纬19度至北纬19度近赤道区减少1.6%~2.1%,北纬40度至64度减少1.2%~1.4%。而如果平流层臭氧减少10%,地球表面紫外线辐射强度将增加20%。这将对人类健康、其他生物乃至整个地球生态系统产生严重后果,植物生长速度下降20%~50%,叶绿素含量减少10%~30%,有害突变频率增加20倍,农林牧业将因此而减产,整个水生生态系统将受影响,人类皮癌发病率增加26%。如果臭氧含量减少20%,水域中藻类全被杀死,完全打乱原有的平衡。如按1974年氯氟烷烃使用增幅,则在今后50年内臭氧量将会减少14%,人类社会的生存和发展将受到巨大的危害。

3. 酸雨。酸雨指的是酸碱度小于5.6即PH值<5.6的雨、雪或其他形式的降水。酸雨也是大工业尤其是重化工业的产物,无论在什么地方,燃烧未脱硫的矿物燃料都会释放二氧化硫和氮氧化物,其中以发电厂和机动车辆的释放最为突出。这两种化学物质以气态可随大气流飘至千里之外,遇到适合的条件就以复杂方式与化学物质反应形成硝酸、亚硝酸或硫酸、亚硫酸,最终被雨水、降雪等带到地面来。二氧化硫与氮氧化物极易转移,致使酸雨问题成为国际问题,发展中国家重化工业的发展以及全球机动车辆的增多,导致酸雨问题的全球化。酸雨改变湖泊河流的化学成分,破坏水生生物系统,破坏作物与森林,仅欧洲就有大约5 000万公顷森林毁于酸雨,它还破坏建筑物,使土壤中甚至饮水管道系统中的有毒金属析出,危及人类的健康。在类似伦敦和重庆这样多雾的地方,二氧化硫和氮氧化物与水雾作用形成酸雾,酸雾对人体健康特别是呼吸系统健康的危害更大,是八大公害事件中的英国伦敦烟雾事件的元凶。

4. 海洋污染。大气环境问题是以大气的强流动性而导致大气污染全球化程度的不一样,海洋污染是通过水的循环流动产生的环境问题。水的流动性大的特点以河水尤为突出,但河水污染只表现为上游对下游的危害。水污染的国际性危害是通过海水流动来传递的。海水流动性虽不及河水那么直接,但海洋面积占地球表面71%,且海水循环流动,能在很大范围内混合和传输污染物,海洋污染全球性更明显。目前,海洋污染已引起广泛关注。

海洋污染主要来自陆源性污染物排入,海上生产活动以及直接向海洋倾废,其中对海洋环境影响最大的污染物是石油、有机营养盐类以及重金属等。估计由于陆地和海洋作业、海上运输和油轮泄漏等人类活动每年约 1 000 万吨油进入大海。此外每年还有约 2.5 万吨氯联苯、25 万吨铜、390 万吨锌、30 多万吨铅、5 000 吨汞排入大海,流进海洋的悬浮物质和溶解盐类更高达 200 亿吨。海洋是废弃物的最终归宿,大量向海洋倾泻废弃物和污染物已对海洋生态系统特别是海洋生物构成威胁。

(二) 生态破坏

生态破坏是指一定时期内生态系统物质循环和能量流动平衡状态的破坏。其表现或是生态系统某些部分消失而导致平衡失调,系统崩溃;或是能量流动受阻,物质循环中断。生态破坏的种类大多数都与生物资源和土地资源密切相关,这里仅以物种灭绝为例。

生物多样性是组成复杂生态系统的基础,也是生态平衡的重要保证。物种灭绝使生态系统某些部分消失,从而破坏了生态的平衡。在自然界长期进化过程中,类似恐龙灭绝的事件已出现过六次,每次都是生态系统的灾难性崩溃。人类出现以后还没遇到过这种毁灭性的自然灾难,但不断有物种灭绝,只是这种灭绝十分缓慢且是自然淘汰,通常属于生态平衡的要求。工业革命前因人类活动而导致的物种灭绝很少,但工业革命后,当人类活动在强度和广度上加剧时,生物的生存环境被破坏了,如森林减少、土壤退化、水体成分改变,致使物种灭绝速度大大加快。新石器时代以前哺乳动物每百年灭绝 0.01 种,新石器时代每百年灭绝 0.08 种,而在 20 世纪的 100 年中(每年约灭绝 1 个物种)要比历史上千百万年来的平均速度快了 100~1 000 倍。而根据联合国生物多样性大会对物种灭绝速度的估测,认为当今地球每小时就有 3 种生物灭绝,也就是 1 天灭绝 72 种生物,1 年灭绝 26 280 种生物。如果让这种情况延续下去,我们可能会面临类似于恐龙灭绝那样的灾难,那就是多年以来生物学家们一直在告诫世人的,我们正在经历一场由人类引起的第六次物种灭绝。对于这种人为酿成的灾难性后果,需要通过国际社会的合作来加以控制。

三、关于环境问题的国际对策

在 20 世纪 60 年代发达国家由于出现严重的污染问题,首先行动起来,治理环境污染,定于 1970 年 4 月 22 日为第一个"地球日",旨在呼吁国际社会关注污染问题。此后,1972 年 6 月 5 日联合国第一次人类环境会议在瑞典首都斯德哥尔摩举行,113 个国家代表与会,会议通过了《斯德哥尔摩宣言》,呼吁各国政府和人民为保护和改善人类环境,造福后代而共同努力,并把每年的 6 月 5 日定为"世界环境日"。联合国专门成立环境规划署以促进和协调世界各国环境保护工作。

30 余年来的实践证明,有关的国际行动是有效的。但在解决环境问题上,各国的合作还不够,这主要是因为环境问题具有公共产品的性质,治理温室效应等需减少能源消耗从而降低经济增长率,而其他一些国家可能"搭便车"。由于全球环境日益恶化,经济发展问题也十分恶化。对此,1992 年 6 月 3 日在巴西里约热内卢举行了联合国第二次人类环境会议,又称联合国环境与发展大会,183 个国家代表和 70 个国际组织与会,有 102 位国家元首或政府首脑亲自出席,成为"地球峰会"。会议达成了《里约环境与发展宣言》和《21 世纪议程》两个纲领性文件,指出必须对环境与发展进行综合决策,并在全球和各区域实现持续发展,减少和消除不能持续的生产和消费方式,推行与改善自然环境相适应的人口政策,开展科学技术合作,建立一个开放的国际经济制度。会议签署的《气候变化框架公约》,要求控制人为温室气体的排放;签署的《生物多样性公约》,要求保护和合理利用生态资源和生态系统等。这次会议取得了巨大的成果。

就温室效应而言,主要问题是温室气体人为排放量的增加,因此,治理的对策就是控制和减少全球温室气体的排放,主要是二氧化碳和氯氟烷烃的人为排放量。从世界范围着手控制这一问题是最近10年才真正开始的。1988年,第43届联大会议上通过了保护气候的决议,并为此成立了政府间气候变化委员会;1992年6月里约环发大会上签署了《气候变化框架公约》,该公约敦促各缔约国政府采取具体措施,减少导致温室效应气体的排放量以防止地球气温上升,要求到2000年温室气体排放量应控制在1990年的水平上。在此后的柏林第一次缔约国大会上,确认工业国应在2000年以后采取更严厉的措施,以减少排放量。但减少二氧化碳排放会减少能源消耗,从而可能在一定时期内减慢经济增长速度。虽然1997年12月通过了《气候变化框架公约》的补充条款《联合国气候变化框架公约的京都议定书》(简称《京都议定书》),为各国的二氧化碳排放量规定了标准,即在2008~2012年间,全球主要工业国家的工业二氧化碳排放量比1990年的排放量平均要低5.2%。但各国对如何减少大气污染排放,并没有明确的对策,特别是作为全球第一大二氧化碳排放国的美国,布什政府于2001年3月宣布拒绝批准《京都议定书》,使得《京都议定书》所确定的第一阶段目标的完成成为未知。但好在截至2005年8月,全球已有142个国家和地区签署该议定书,其中包括30个工业化国家,批准国家的人口数量占全世界总人口的80%。国际社会已经有了一个开端,达成一个共识,即应努力减少温室气体的排放。这就为进一步进行环境保护的国际合作,并采取更有效的全球行动打下了基础。

国际社会对保护臭氧层十分重视,曾召开过多次国际会议,先后通过了《关于臭氧层行动世界计划》(1977年)、《保护臭氧层维也纳公约》(1985年)、《消耗臭氧层物质的蒙特利尔议定书》(1987年)等,分别规定了消耗有关受控化学物质的限制,从国际贸易方面入手限制非缔约国的生产与消耗。由于技术发展,替代氯氟烷烃的物质问世,以及经济援助和技术转让,世界保护臭氧层的行动取得了初步成功。保护臭氧层的国际合作从舆论准备、确定原则到签订协议和采取联合行动,用很短的时间就顺利完成。这是国际环保合作中的成功例子。

对于生物物种灭绝,1992年联合国环发大会上通过了《保护生物多样性公约》,要求各国保护生态环境,或广泛建立生态保护区等,以保护一些濒临灭绝的生物物种。对于海洋污染问题,国际社会拟订控制陆源污染海洋的全球性公约,以便对占全部海洋污染80%以上的陆源污染实施有效控制。此外,各国内部进行的治理污染、保护环境的活动也是全球行动的一个组成部分。

一项对15个亚、非、拉、北美、西欧和东欧国家的调查表明,大多数公众把降低环境对健康的危害放在比提高生活标准更优先的地位。可见,全球环境意识日益加强,这将为保护环境的国际合作提出更高的要求。

第三节 资 源 问 题

资源问题是又一个全球性问题,20世纪70年代,石油危机引发了人们对全球性资源短缺的担忧,土地、水、能源、矿产等耗竭或不足的可能性始终是世界经济增长与发展的一大潜在制约因素。人类如果要走可持续发展的道路,就要解决资源问题;反之,世界经济只有走可持续发展的道路,才有可能为解决资源问题创造有利的条件。

一、全球性资源问题的出现

从广义上讲,资源不仅包括土地、矿产、水、森林、草场,而且包括资金、市场、信息、劳动力等。而通常说的资源问题仅指狭义的资源,即自然资源。从这个意义上讲,资源是指在一定社会经济技术条件下,能被人类开发和利用以提高自己福利水平或生存能力的,具有某种稀缺性的自然物质或自然环境。自然资源种类很多,根据能否再生,可分为可更新资源与不可更新资源以及用之不尽资源三类;根据用途,可分为生产性和生活性两类资源;从生物学角度可分为生物和非生物资源,等等。

自然资源,从经济学角度看是人类生产和生活的物质基础,是生产力的物质要素。资源具有有效性与稀缺性两个重要的本质属性。资源有效性主要是指其能够产生经济价值的特性。不论这种开发和利用价值是历史的、现实的还是潜在的,它已经或正在或将会提高人类的福利。资源的有效性是构成一个国家经济实力的重要因素,也是反映人类文明的重要条件,人类所有的社会经济活动都离不开资源。资源的有效性刺激人类去改善物质生活,创造物质文明,而不断地开发和利用自然资源,发现和挖掘新的资源。正是在资源有效性的驱动下,人类利用资源从地表扩展到地下,使社会从农业文明走向工业文明,而今资源利用已延伸到了海洋和空中,人类社会达到更高的文明程度。资源的有效性并不表明它的取之不尽、用之不竭,不同类型资源都有其不同程度的稀缺性。不可更新的耗竭性资源如地下矿产等往往表现为储量的有限性;可重复利用的非耗竭性资源如太阳能、风能、水能、潮汐能等则常常表现为容量的有限性;可再生的耗竭性资源如土地资源、生物资源等又总是表现为自然再生能力的有限性。总之,资源又一个特性就是稀缺性。资源的稀缺性迫使人类不断地发掘新的资源,寻求替代资源,探索资源高效利用的途径。随着经济的高速增长及其对资源需求的扩展,资源的稀缺性日益表现为资源不足的问题。也就是说,资源的供应不能支撑经济的发展和人们生活水平的提高。资源问题可以表现为储量不足、自然再生力不足或容量不足。

人类发展历史上不断遇到资源问题。工业革命前人类处于农业文明时代,所利用的资源几乎是土地资源、生物资源,差不多未利用地下资源,此时的资源问题是局部性的,仅表现为资源自然再生能力的不足。这些问题可以通过人口迁移等简单的方式得到解决。工业革命后,人类掌握了大量消耗资源的近代科学技术手段,资源范围空前扩大,不可更新的地下资源如煤炭、铁矿、铜矿、石油、天然气等纷纷进入社会化生产和生活过程,支撑着世界经济尤其是工业化国家经济迅猛增长与发展。这些资源成为工业文明的重要物质基础。人类的生产、生活方式的循环周期与自然韵律相隔离开来,人类开始开发和利用几十亿年来尚未利用的太阳能。随着工业文明迅速膨胀,人类对自然资源的需求也迅速增大。不过,在工业化过程中发达国家或地区的资源问题影响范围和程度并不大,往往可以通过地区间或国与国之间的贸易方式,甚至通过殖民侵略进行掠夺资源的方式加以解决;与此同时,人类又可以开发和利用新的资源和替代资源,积极回收再利用资源。因此,在工业革命后相当长的一段时期内,由于少数发达国家成为工业化国家,而大多数发展中国家仍处在农业生产阶段,因此,这一时期自然资源对世界经济的增长和发展无太大的影响。

但是,到了20世纪70年代,资源问题与环境问题一样成为全球性的问题。1973年底由于中东战争爆发,导致石油输出国组织大幅度提高原油价格,对世界经济产生巨大的冲击,形成第一次石油危机。没多久,又出现了第二次石油危机。与二次石油危机几乎同时发生的是,粮食、原料、土地、水、森林等资源短缺的问题,也随着越来越多的国家走上工业化的道路而暴露出来。人类开始重新认识资源问题。在世界经济一体化的进程中,资源问题对经济增长速度和经济发展方式的影响越来越大,这就促使人类为解决资源问题而寻求一条可持续发展的道路。

二、主要资源状况

(一) 土地资源

土地是人类赖以生存的基础,从严格意义上说,它是一种非生物资源,但从广泛意义上说,土地作为一种资源包含土地本身和地面上的生物资源。土地资源指人类已经利用和可以开发的土地的数量和质量,是人类最基本的资源。人类的生产和生活以及繁衍行为都必须凭借土地资源,它是人类创造物质财富的重要源泉。地球陆地面积1.495亿平方千米,而适合人类居住的面积更少。随着科学技术的进步,建筑、耕作技艺的提高,人类历史上一直在不断开发新的土地,获得新的土地资源,地理大发现后这种趋势更为明显。时至今日,除南极冰雪大陆(约1 400万平方千米)、高山、戈壁、沙漠之外,地球上可供利用的土地即土地资源已基本上为人们所利用,人类甚至还通过填海造地来增加土地量。

农用土地资源是最重要的土地资源,全球土地资源适用于农业的最多只有32亿公顷,不足地球陆地面积的1/5,其中绝大部分优良土地已经开垦为农用地或用于建筑城市、修建道路和建造工厂。目前,世界上实有12.7亿公顷耕地和1亿公顷水果树等多年生植物用地,占世界土地总面积的11%左右。20世纪70年代早期每公顷耕地平均可供2.6人粮食,而现在每公顷平均供应4.6人粮食。水土流失、荒漠化、积水和盐渍化等环境问题严重威胁着农用土地资源。水土流失危及世界大部分地区,在过去45年中约有12亿公顷土地遭受严重侵蚀,其中有3%以上的土壤已彻底丧失了生物功能。全球每年流失土壤达250亿吨,高出世界土壤再造速度数倍。世界荒漠化现象日益加重,荒漠化土地达3 600万平方千米,近20年来全球荒漠化吞噬的土地面积相当于美国可耕地面积之和。世界每年有600万公顷左右的土地荒漠化,在32.7亿公顷旱地中有20亿公顷(约占61%)受沙漠化影响。由于不适当施用化肥使土壤养分损失和土壤板结,浇灌土地使积水加重和盐渍化加深。全世界水浇地的1/10即2 100万公顷耕地因积水而使生产力下降20%,2 000万公顷耕地受盐渍化危害,每年由于积水和盐渍化而损失20万~30万公顷耕地。从总体来说,由于以上因素的危害,世界上13.7亿公顷农用地中每年损失500万~700万公顷耕地。据联合国统计,20世纪70年代全世界人均占有耕地为0.37公顷,2005年为0.217公顷[①]。耕地不足的问题将日趋严重。

森林植被是地球生态系统最关键的因素,但令人担忧的是,地球上的森林面积正以惊人的速度减少。历史上地球森林面积曾经达到过76亿公顷,覆盖率将近60%,此后不断减少,19世纪减少到55亿公顷,到1985年只有41.47亿公顷,世界森林覆盖率也降至

---

① 《2010世界发展指标》,中国财政经济出版社2010年版。

31.3%,已接近30%的警戒水平。目前,森林砍伐速度越来越快,年增长率已由20世纪80年代初的0.6%上升到90年代的每年2%。遭受破坏最严重的是热带雨林,以每分钟20公顷速度消失。据有关统计,全世界现仅有20亿公顷的森林。由于重新造林的工作进展缓慢,无法抗拒森林面积减少的趋势。

(二)淡水资源

淡水曾被人们看成是"取之不尽,用之不竭"的自然资源。但时至今日,淡水资源污染和水资源短缺加剧。淡水的稀缺性已为世人所认识,淡水成为一种重要的资源。地球上水的总量估计可达13.6亿立方千米,但这些水大部分是海水,淡水又主要以极地冰层形式存在,目前社会经济技术条件下可称为淡水资源的仅占全球水量的0.0091%,即仅有约126 000立方千米。这些淡水蕴藏在江河湖泊或浅层地下。如果仅从数量上考察,全球淡水资源总量不小,人均约25 000立方米,但考虑到淡水资源分布的不平衡,淡水的稀缺性就明显了。许多地处沙漠半沙漠地区的非洲、西亚国家人均水资源不足1 000立方米,而亚马孙河、刚果河、鄂毕河、叶尼塞河、加拿大的马更些河和美国的育空河等地区蕴藏的大量淡水远未得到利用。同时,由于降水时间分布不均,加上地表调蓄功能减弱,造成雨季或湿季水白白流失而干季或旱季则无水可用的情况。

由于工农业大规模迅速发展,农业用水增长了7倍,工业用水增加了20倍,加上世界人口激增,世界淡水需求量也就迅猛增长。1995年全世界淡水年消耗量为4 130立方千米,世界上有100多个国家存在不同程度的缺水问题,40多个国家的水源严重匮缺。2000年全球淡水使用量达到6 000立方千米,2010年约为8 700立方千米。根据联合国统计,全球淡水消耗量比20世纪初以来增加了6~7倍,比人口增长速度高2倍。估计到2025年,全世界将有近1/3的人口(23亿)缺水,波及的国家和地区达40多个。同时,水污染也严重影响水资源的使用,全球每年有上千立方千米淡水受污染而不能使用。许多国家受污染的地表水达70%,全世界约有40%的河流已受到污染。20世纪80年代初,全球约有8亿人因缺清洁的淡水而染上各种疾病,每天因此而丧生的人口多达2.5万人,目前全球有14亿人缺乏安全清洁的饮用水,即平均每5人中便有1人缺水。

(三)能源

人类告别茹毛饮血的时代是以用火烧烤食物为标志的,薪柴成为人类使用最早的能源。自那以后,能源一直是人类文明的重要基础。今天,能源更成为工业文明的命脉,其中石油被称为"现代工业的血液"。目前,人类社会广泛使用的能源有石油、煤炭、天然气、油页岩、水能、风能、核能、太阳能和薪柴等。今天的能源结构与工业革命前的能源结构相比有很大的差异。现阶段世界的能源利用结构主要由石油、煤炭、天然气、水力和核能构成。其中石油居主导地位,占世界能源总消费量的38%,煤炭占30%,天然气占20%,水力占7%,核能占5%。

随着近代工业的发展,特别是近几十年来,世界矿产资源消耗急剧增加,其中能源矿物的消耗量最大。20世纪以来全世界能源消费量迅速增加。能源危机问题已迫使人类加紧开发新能源和重视对能源利用的研究,否则后果不堪设想。目前人类广泛使用的石油、煤炭和天然气等能源的储量是有限的,已知石油全球储量为4 550亿桶,煤炭为50 000亿吨,天然气$3.23×10^{16}$立方厘米,如果全球消费量按年平均增长率呈指数增长,已知全球储量石油可维持20年,煤炭111年,天然气22年。如果考虑到全球储量还有增长的余地,假设储量为目前已知储量的 5 倍,而全球消费量仍按年平均增长率呈指数增长,则石油可维持 50 年、煤炭可维持 750 年、天然气可维持 49 年。因此,至少未来几十年后能源结构会有改变,石油、煤炭和天然气等能源将会匮缺,人类只能开发和使用这些能源之外的水能、风能、地热、太阳能等新兴能源,这些新兴能源一般可以永续开发和利用,而且清洁无污染;但其稳定性不足,在某一定时段内容量有限。目前,水能、风能的开发和利用率已比较高,人类正在开发潜力巨大的太阳能和潮汐能。从理论上讲,核能的全球储量更为巨大,不少人认为核能会成为今后世界主要能源,但核能不仅面临核废料的处理等问题,而且还有其安全性问题。

(四)非燃料矿产资源

非燃料矿产资源是地球在漫长历史中通过种种物理、化学作用而集聚形成的。它们具有耗竭性的特点。非燃料矿产资源主要有铁、锰、铝、铜、铅、锌、钨、锡、金等金属矿和石墨、石棉、硫、磷等非金属矿。从理论上讲,地壳中这些矿产的总储量极为丰富,但是由于开采品位与可开采深度的影响,实际资源量远不是那么可观(见表 14-1)。

表 14-1

世界几种资源储量和消耗年数

(单位:吨)

资源	已知全球储量①	储量消耗年数②	全球潜在资源量③	地壳中该元素总量④
铝	1.17×10^9	55	3.519×10^{12}	1.99×10^{18}
铁	1.0×10^{11}	173	2.035×10^{12}	1.392×10^{18}
锰	8.0×10^8	94	4.2×10^{10}	3.12×10^{16}
铜	3.08×10^8	48	2.12×10^9	1.51×10^{16}
镍	6.67×10^7	96	2.59×10^9	2.13×10^{16}
锡	1.95×10^6	61	6.8×10^7	4.08×10^{13}
铅	9.1×10^7	64	5.5×10^8	2.9×10^{14}
锌	1.23×10^7	50	3.4×10^9	2.25×10^{15}
铬	7.75×10^8	154	3.26×10^9	2.6×10^{15}
钨	1.32×10^6	72	5.1×10^{10}	2.64×10^{13}
汞	3.34×10^5	41	3.4×10^6	2.1×10^{12}
银	1.56×10^5	42	2.8×10^6	1.8×10^{12}
铂	1.22×10^4	85	1.2×10^6	1.1×10^{12}

① 本栏数字摘自《资源与我们》,第 112 页。

② 本栏数字出处同上,其消耗年数计算方法为假设全球储量扩大 4 倍,而年消耗量按指数增长所能维持的年数。

③、④本栏数据摘自《公元 2000 年的地球》,第 59 页。

从表中可以看出,全球潜在的资源量比较可观,然而,如果假设全球储备量扩大 4 倍,而年消耗量按指数增长,那么,除铁铬之外,其余矿产都不能维持 100 年以上,形势并不令人乐观。矿产资源是工业发展的基础,随着工业化进程的进一步发展,人类对这些资源的消耗也将日益扩大。因此,对矿产资源的合理开发和利用问题被提到议事日程上来。

三、合理开发和利用资源

人类文明是建立在大规模利用资源的基础之上的。局部地区的资源问题可以通过进口大量资源予以解决。这正是日本和亚洲"四小龙"等资源匮乏的国家发展经济的成功之路。它们的成功为世界上资源不足的国家与地区提供了合理利用资源,提高经济效益的经验。

然而,摆在人类面前更多的是全球性的资源问题,它不可能通过引进资源的途径加以解决。事实上,大多数发达国家无不大量地引进资源,成为大量消耗资源的"瘾君子",不仅难以解决局部性的资源不足问题,而且加剧了全球性的资源短缺问题。广大发展中国家尽管人口众多,但人均资源消耗量远远低于发达国家。由于资源的开发和利用受生产力水平的约束,发展中国家合理利用资源的程度不高,随着经济的发展,它们对资源的需求也大大增加。从资源分布来看,发展中国家的实际状况并不平衡。有的本身资源就贫乏;而有的却相当丰富。但由于开发和使用的不合理,导致某些自然资源的短缺和环境的恶化,从而阻碍社会经济的发展。所以,资源短缺与环境问题一样,成为束缚世界经济进一步发展的全球性问题。

资源是一个历史的范畴。在不同历史阶段下,社会经济和技术条件的不同,资源的范畴并不同。一般来说,随着社会经济和科学技术的发展,自然资源的种类会不断增加,比如,已发现的矿物有2 000余种,其中被开采的不到200种,最重要的矿产资源大约40多种。显然,可开发和利用的矿产资源会随着科技进步和经济发展而进一步增加。从这一意义上说,资源问题不会对世界经济的发展产生根本性的逆转作用。但是,这是有前提条件的,即必须依靠科技的进步。更合理、更有效地开发、利用自然资源,保护自然资源,走可持续发展的道路。

首先,要依靠先进的科学技术对自然资源进行综合利用。这是提高经济效益,改善自然环境,实现人口、资源、环境的良性循环的重要手段。由于科学技术和生产力的发展,人类对自然资源开发和利用的广度和深度不断扩大。要利用科学技术,充分发挥自然资源的潜力,提高资源的利用效率,以使用最少量的资源,生产并创造更多的物质财富。要利用先进的科学技术,为开辟新能源提供可能。目前,已有十几种新能源和再生能源可代替现有的矿物燃料。这是科技进步在开发和使用能源方面获得的成果。利用先进的科学技术,还可以变废为宝,既节约能源,又化害为利,减少污染,改善环境。比如,利用科技手段,可以对废物进行分类,据资料统计,日本回收利用废物率达到65%。利用科技方法还可处理废水或废物中的有机物、细菌和病毒等,如美国已找到分解烃类的细菌,生产出能分解剧毒甲苯汞的细菌,并研制出能分解塑料、尼龙、玻璃等物质的"超级生物";又如,我国试制成功了分解洗衣粉的假单胞杆菌凝胶"污水处理管"等。

其次,合理开发和节约使用自然资源。这是资源短缺问题对人类提出的根本要求。自然资源的合理开发利用是一种社会经济现象,它受自然资源本身特性和变化规律的支配,也受社会经济条件和科学技术手段的制约。人类要遵循自然资源自身的质量和可更新周期等规律,合理开发和使用土地、森林、水等可更新资源,使其能够永续利用,如果肆意滥用、乱砍滥伐、过度浪费,只能破坏生态平衡,导致资源枯竭,从而阻碍经济发展,影响人类生产和生活的物质条件。如地下水或地表河流被人为地用枯后,需要用几十年或更长时间的恢复。水土流失1厘米,自然恢复则需要100~200年。某一自然资源一旦从地球上消失,便有可能永不再生。因此,人类要合理开发和节约使用自然资源,使其开发利用的程度与资源的再生能力相适应。在这方面,有两种极端的观点值得注意。一种观点认为,全球潜在的大多矿产资源储量只能维持数十年乃至百年以上。这是基于一种技术预测的方法所得出的较为悲观的结论。它先估计地球上资源的数量与质量,预测未来的开采和使用技术,然后,计算出不同成本可获得的资源总数以及世界年消耗量按指数增长率,据此确定某资源可以储存的时间。尽管用这种方法预测未来资源总数存在显而易见的难度,但这种方法得出的悲观结论,至少能提醒人类注意资源问题。另一种观点,从历史上看,矿产资源不仅价格呈下降的趋势而且从来没有因短缺而阻碍经济的发展,至于未来的资源问题,只要依靠技术进步和市场价格的调节,就会有替代资源或低价位的矿产资源被开发和利用。这种用历史预测方法得出的结论过于乐观,对资源不足的问题视而不见,是十分危险的。

再则,开展国际合作,建立严格的法规制度。这是解决资源问题的主要途径。自然资源是全人类的共同财富,合理利用和保护自然资源是全世界的共同事业。可喜的是,国际社会已日益重视资源问题,已制定了100多项保护自然资源的公约与协定。世界上60多个国家已经作出决定,拟在1985年倡议的保护热带森林行动计划的基础上,制订各国的保护森林行动计划,以规范和指导森林的管理。1990年6月,国际蒙特利尔议定书缔约国在伦敦召开的国际性会议上一致同意,到2000年逐步淘汰受控氯氟烃,以保护自然环境和自然资源。1992年6月3日在巴西里约热内卢举行的联合国环境与发展大会上,签署了《关于森林问题的原则声明》等,要求保护和合理利用森林资源。这一些国际性的联合行动说明国际社会对资源问题的重视和治理已有了一个良好的开端。

第四节 人口问题

人口问题是人口发展与社会经济发展的关系问题,当代的人口问题主要表现在由于人口数量增长过快而发生的人口与自然资源利用和经济发展的不协调问题。人口问题已成为一个全球性的严重问题,它不仅加重了环境和资源问题,而且与这两大问题交织在一起,对世界经济的发展产生巨大的负面影响。人类必须正确对待人口再生产,抑制人口过快增长,才能保证世界经济的持续发展。

一、世界人口的增长

人口的增长取决于人口的自然增长率的上升,但更主要地取决于社会生产力的发展。自17世纪起,伴随着资本主义生产方式的确立,世界生产力得到迅猛发展,从而使世界人口进入了不断增长的新时期。世界人口的发展可分为三个阶段。

(一)17世纪工业革命前,世界人口增长缓慢

人类大约在300万年前从动物界中分离出来,形成最初的世界人口,到公元前100万年,世界人口1万~2万人,公元前10万年即旧石器时代后期为300万人口,到中石器时

代达到1 000万人口,新时期为5 000万人口。到公元前500年,世界人口首次突破1亿人;到公元元年世界人口为2.3亿人。公元元年至1650年间人口年增长率为0.06%~0.3%,这一期间世界人口增长呈缓慢上升势头。由于生产力低下,生活条件和卫生条件很差,世界各国的人口出生率和死亡率都很高。公元1 000年时世界人口达到3.4亿人,到1650年已达到5亿人口左右。

(二)工业革命至第二次世界大战,世界人口增长速度明显加快

自17世纪50年代起,世界逐步进入了产业革命时代,欧美各国确立资本主义方式,生产力水平快速提高,人口数量剧增。从年增长率看,1650~1750年为0.3%,1750~1800年为0.44%,1800~1900年为0.6%,1900~1930年为0.8%。1750年世界人口为7.28亿人,1800年为9.06亿人,1850年为11.7亿人,1900年为16亿人左右。在1650~1900年的250年期间,世界人口增长了2倍多。而到了1930年世界人口达20.7亿人。由于工业化国家经济迅速发展,生产产品的增加,医疗卫生条件的进步,人口非正常死亡显著减少。工业化国家人口出现高出生率和低死亡率,进入人口高增长率的阶段,如1850~1900年间工业国人口出生率38‰,死亡率29‰,增长率9‰。而同一时期,广大殖民地国家仍处于高死亡率和高出生率的阶段,人口增长率低于工业化国家。

(三)二战后世界人口迅猛增长

第二次世界大战后,由于科技革命的进一步发展,世界经济的大幅度增长,特别是发展中国家由于医疗保健事业的长足进步,人口死亡率大大下降,因此,全球人口增长速度更为迅猛。发展中国家人口出生率高,但死亡率却大大降低,进入低死亡率和高增长率阶段,而与此同时,发达国家则出现低死亡率和低增长率的状况。由于发展中国家人口基数大,全世界人口增长速度较之以前更为惊人,1950~1987年间年均增长18.9%,世界人口由24.9亿人增至50亿人,翻了一番。1998年世界人口进一步增加到60亿人,2011年世界人口突破70亿人,在不到1/4世纪的时间内,世界人口又增加了20亿人。目前世界人口仍以每天25万人速度增长。人口的过快增长已引发世界性的社会经济问题。

二、人口问题的严重性

对人口增长过快的担忧早在工业革命后的英国就曾出现,这反映了当时英国国内人口增长过快已产生了负面作用。18世纪时马尔萨斯认为,由于人口以几何级数增长而生活资料以算术级数增长,两种增长必然不平衡,因而,他主张用晚婚、独身、晚育和不育等预防和抑制方法来降低出生率,否则失业、疾病、饥荒等灾难便会发生。历史没有发生马尔萨斯担忧的事情,当时的科技进步与经济发展,加之英国向外的移民政策,解决了英国人口过多的问题。

20世纪70年代以来,人类又一次产生了对人口增长过快的担忧,与马尔萨斯时期不同的是,这次担忧的是人口的爆炸问题已成为全球性问题,对人类生存与发展产生了更严重的影响。

人口增长与经济增长的关系是复杂的,经济发展决定人口发展,但人口发展的快慢等对经济发展有极大促进或阻碍作用。在技术有新突破、资源富裕而环境状况良好的条件下,人口增长可以促进经济增长。但人口的过度增长可能会导致资源的短缺和环境的恶化,阻碍经济的增长,从而影响人类生存与发展的物质条件。

20世纪下半叶,世界人口增长给耕地、淡水资源、能源、城市居住用地、交通运输造成很大压力,使不少有限资源的利用程度达到警戒界限,也使环境的状况更加恶化。如果人口继续激增下去,开发利用自然资源和环境的规模的频率仍不收敛,那么,能源问题、环境问题、生态问题等将进一步困扰和威胁人类的生存和发展。

人口激增对环境资源库的第一个冲击是增加对粮食的需求和住房的要求,其结果是导致构成全球经济发展基础的四个生态系统——耕地、草场、森林、渔业因超负荷而出现退化,从而打破生态平衡。

人口激增还大大增加了人类对能源的需求,尤其加大了对不可再生性资源的压力,减少了人类以科学技术逐步解决资源问题的回旋余地,从而使全球性的能源和环境问题日趋严重。

人口问题已成为当今一个严重的世界问题。发展中国家人口增长过快影响其经济的发展。随着世界经济一体化的发展,一个国家的人口问题及其由此造成的经济问题往往会通过国际经济的传递机制,影响到其他国家。世界人口增长的不平衡是导致世界经济增长不平衡的一大原因。

三、解决人口问题的重要性

由于发达国家与发展中国家情况不一。大多数发展中国家遇到的是人口过快增长的问题,而一些发达国家却为人口负增长而困扰。但从整个世界来看,全球人口增长过快的问题是矛盾的主要方面。发展中国家理应控制人口增长,实施计划生育,使人口发展与经济发展相协调。而发达国家应慎用鼓励人口增长的政策。只有这样,才能争取在未来世界中保持人口的基本稳定,从而促进世界经济的持续增长与发展。

(一)人口与环境问题

自然环境与人口构成了相互影响又相互制约的关系。从自然环境对人口增长的作用来看,首先,自然环境给人类生存和发展提供了最初的生活资料和劳动资料,也提供了最初的劳动对象,从资源角度来说,自然环境提供了人类需要的生物资源和非生物资源,两者又构成一个完整的生态系统,人类就是生存在这个生态系统中,人类社会成为这一系统的组成部分。其次,一定的生态系统是人类生存和发展的自然物质基础,生态系统的变动,对人类的生存和发展产生重要影响,人口的发展依赖于一定的生态平衡,如果生态失衡严重,就会影响人口的发展。再则,自然环境为人类提供生产和生活的场所,不同的环境对人类的劳动、生活和心理产生直接的作用,而且对人口的地理分布,人力资源的配置也有很大的影响,从而成为制约人口增长过程的重要因素。

从人口发展对自然环境来看,首先,人类在适应自然环境的同时,为自身的生存和发展而改造和利用自然,从而对大自然生态系统产生巨大的影响。其次,人类有征服自然的能力,但在物质生产和科学技术的发展水平尚未达到征服自然的条件下,人类自身的发展一定要适应自然环境的承受能力,以保持生态系统的平衡。再则,人类不惜饮鸩止渴,以环境恶化来满足自身的盲目增长,其结果必然陷入人口过度增长与环境恶化的恶性循环之中,最终导致贫困的境遇。

既然世界人口的发展受制于自然环境,而自然环境又受人口增长的影响,那么,人类就要考虑自身发展与环境之间客观存在的依赖关系,根据自然环境所提供的物质条件,保持和调节人口与环境相适应的比例关系,决不盲目地发展自身,要使人口的适度增长与环境保护处于良性循环之中。在这方面,发展中国家更要注意控制人口过度增长,以防止由此带来的环境恶化问题。由于人口过度增长,广大发展中国家或地区为了生存不得不对森林进行大规模的采伐,通过毁林造田,种植粮食,以满足人口增长的需要。但森林面积急剧减少,使一些珍贵的食物资源的植物消失,恶化了人类自身生存和发展的物质条件。由于人口过速增长,广大发展中国家运用落后的耕作方式进行掠夺性种植,或采取粗放型经营手段进行过度的放牧,致使绿色植物遭到严重破坏,大量良田的土质退化,甚至沙漠化或盐碱化,从而导致耕地减少,对人类自身的生存和发展构成威胁。由于人口增长过快,加剧淡水资源的污染,不少发展中国家居民难以获得安全饮用水,18亿人口不得不饮用受污染的水,受到疾病的威胁,从而影响人类自身的增长。

由此可见,人口过度增长是构成自然环境恶化的根源之一。对此广大发展中国家只有控制人口过速增长,才能从根本上解决环境问题。

(二) 人口与资源问题

人口与资源问题最集中地表现为人口与粮食资源的关系上。俗话说,"民以食为天",人口的增长必然需要与之相适应增长的粮食资源。在粮食资源上,发展中国家的问题尤为突出。在20世纪80年代,发展中国家的粮食总产量的增长速度虽然高于发达国家,但由于人口增长过快,人均粮食产量却低于发达国家。多年来,世界粮食的基本格局一直是发达国家粮食有余,发展中国家粮食紧缺。80年代,全世界大约有数千万人处于饥寒交迫之中,目前仅非洲就有1亿多人口吃不饱肚子。可见,全球的饥民人数不断增多。长期食不果腹的人数已增至5.5亿人左右,占世界总人数的11%,其中每天有4万人死于饥饿或营养不良引发的疾病。正由于人口增长速度超过粮食增长的速度,发展中国家粮食短缺成为日趋严重的问题。

由于人口的膨胀,土地资源日趋恶化,人均占有耕地日趋减少。20世纪70年代时人均占有耕地0.37公顷,2005年为0.217公顷①。20世纪70年代每公顷耕地需养活2.6人,2005年则需养活4.6人。可见,人口增长与耕地不足的矛盾越来越尖锐。由于人口增长过度,生产粮食的耕地因素明显恶化,导致粮食危机,严重威胁人类自身的发展。

人口的过度增长也促使水资源的短缺。缺水问题最突出的是中东地区。那里的人口每年平均以3%的速度增长,淡水资源的消耗也日益剧增,已使缺水问题到了危机的边缘。缺水状况的恶化又导致气候的反常,造成干旱周期加速和旱期延长,更加剧了水资源枯竭。专家们认为,如果人口增长势头不能遏止,中东地区数十年来开发水资源和保水工程的成果将在近30年内化为乌有。

为了满足自身的增长,作为生产者和消费者的人类需要不断地开采和消耗能源。随着人口剧烈的增长,人类对能源的消耗急剧增加,其中能源矿物和金属矿物消耗量尤为巨大。20世纪初世界能源消耗量每增加1倍大约需要50年,但由于人口的膨胀,目前这段时间已缩短到15年左右。显然,能源危机与人口过度增长有着紧密的关联。

总之,资源问题的一个重要原因就是人口膨胀。如果人口增长过度问题不能得到控制,那么资源问题造成的全球危机将提前到来。

---

① 《2010世界发展指标》,中国财政经济出版社2010年版。

(三）人口与经济增长问题

人口增长与经济增长存在相互依赖和相互制约的关系，如果两者关系不协调，就会妨碍一个国家的繁荣和社会的进步。世界上出现的最紧迫的问题，如能源问题、环境问题、生态问题以及粮食问题等，可以说都是来源于人口与经济发展关系的不协调。人口增长与经济增长的关系如此重要，已引起世界大多数国家和国际社会的高度重视。

人们注意到人口增长趋势对世界经济的影响，尤其影响发展中国家经济的发展。

比如，发展中国家城市人口急剧扩展，据统计，目前其人口比例将占总人口的45%①。随着人口的膨胀，发展中的国家城市也大大膨胀，形成一系列的"城市病"，如人口拥挤、交通堵塞、住房紧张等，严重地影响了城市居民生产和消费活动，从而阻碍城市经济的进一步发展。由于人口的膨胀，城区的扩大，需要占用大量土地的资源，造成耕地的日趋缩小，影响到粮食生产，使人口与粮食的矛盾更为突出，从而制约城市经济的进一步发展。

又如，由于人口增长过快，发展中国家用于扩大再生产的资金普遍不足，造成投资的减少，使许多重要的经济部门难以进行设备更新和技术改造，经济增长乏力，严重阻碍了工业化的进程。

再如，由于人口增长快于经济的增长，发展中国家不得不花费大量外汇进口粮食或消费品，以满足不断增长的人口消费的需要。据联合国粮农组织分析，发展中国家的粮食进口数量在20世纪90年代年均增长5.6%，且呈加速增长之势。1995～2000年发展中国家年均进口价值810亿美元的粮食，随着进口粮食数量的逐年增加，再加上多种因素推动粮食的国际价格持续走高，发展中国家进口粮食所花费的外汇更是加速增加。正因为大量资金用于现时过度增长的人口需要，一些发展中国家本已十分困乏的财政更加拮据，因此，拿不出更多的钱用于农业投资，使落后的农业经济得不到发展，从而导致日益严重的粮食危机。

总起来说，人口增长过快将进一步困扰发展中国家经济的发展，世界人口增长的不平衡也将进一步拉大南北经济的差距。

尽管发达国家不存在人口增长过快的问题，但存在因人口出生率降低而导致人口老龄化的问题，人口老龄化会影响到人力资源的不足，从而阻碍经济的进一步发展。

随着世界经济一体化进程的深入，世界各国的经济相互依赖和相互影响的程度将进一步加深，人类只有保持人口与经济的协调发展，保持南北经济的和谐发展，才能使世界经济在一体化进程中得以健康地运行。如果人口问题不解决，世界经济难以持续地发展。

---

① 《2010世界发展指标》，中国财政经济出版社2010年版。

第十五章　要素流动的结构与全球经济再平衡

在过去的40年中,国际直接投资推动了经济全球化,极大地深化了国际分工与合作。然而,今天人们面对一个不平衡发展的全球化经济,全球化的可持续发展面临着新的挑战。生产要素国际流动的结构分析有效地揭示了经济全球化的推进过程与全球化经济的运行特征,揭示了当前全球化经济不平衡的成因,并启示着走向全球化经济可持续发展的道路。

第一节　要素流动的结构与经济全球化的生产布局

20世纪70年代起,跨国公司的崛起与国际直接投资的快速增长,世界经济的特征发生了变化。国际直接投资在全球流动的过程中,与之一起流动的还包括技术、人才、品牌、营销网络等生产要素。以跨国公司为主体,国际直接投资为载体的要素流动成了世界经济运行的本质特征,从根本上改变了世界经济的运行方式和发展格局。生产要素从流动状态上可以分为易流动要素(包括货币资本、技术、品牌、管理方法、营销网络等)、不易流动要素(包括一般劳动力)和不流动要素(包括土地、矿产资源等)。另外,从生产要素的形成成本、一定阶段上的供求关系以及分析时特定的时间空间三个层次上把要素分成高级要素和低级要素,这种等级差异既表现在不同要素间,也存在于同种要素间。[①] 要素的等级能通过其获得的附加值和流向表现出来,一般情况下,高级要素附加值高、易流动,低级要素获得附加值低、不易流动或不流动。迈克尔·波特将生产要素分为初级生产要素和高级生产要素,初级生产要素是指天然资源、气候、地理位置、非技术工人与半技术工人、融资等;高级生产要素则包括现代通信的技术设施、高等教育人力(如电脑科学家和工程师),以及各大学研究所等。一个国家的生产要素中只有极少数是先天得来的优势,绝大多数需要长期技术开发,而且所需的投资情况又有很大差异。初级生产要素在竞争优势中的重要性在减弱,高级生产要素的重要性在加强。这里的高级生产要素、初级生产要素,即和高级要素、低级要素有相近之处。稀缺性决定了要素的相对价格,在现实经济中生产要素往往处于不平衡分布的状态,发达国家拥有的高级要素相对集中,这些要素在新兴和发展中国家则是稀缺的、昂贵的。但是,逐利的驱使加上高级要素的易流动性使得这

---

① 不同要素具有差异性比如同一国家地区的技术、资本与一般劳动力的区别;不同国家地区的同一要素也具有高低之分,比如都是服装品牌耐克和其他品牌就有很大的差异。

些要素具有天然的跨国流动动力。国际直接投资的本质是生产要素的国际流动——货币资本、技术、品牌、管理方法、营销网络等生产要素随着跨国公司的国际直接投资活动进行跨国流动。在要素的国际流动中,总体特征是高级易流动要素向低级不易流动要素所在地区和国家流动,低级要素充裕国家成为高级要素流入的集聚地。这种流动形成了三个层面上的结构特征。

一、要素流动的国家结构

国家结构即国家综合要素结构①,要素流动由发达国家向发展中国家流动为主,特别是向实行开放型发展战略和国内市场化较快的国家流动,使后者形成高速增长并以出口拉动本国经济的发展道路。一国的开放政策是要素流入的前提条件,在经济全球化的背景下,世界经济非同寻常地融为一体,对外开放有利于发达国家高级要素的流入。这种流入改变了开放国的国家综合要素结构,同时还会通过溢出、扩散效应影响该国的经济发展,因此,综合要素结构改变对一国经济的发展具有基础作用。根据《2012年世界投资报告》数据统计,2011年发达国家的直接投资流出量为1.24万亿美元,占全球FDI流出量的73%。② 另外,通过《2011年世界投资报告》的数据显示,2010年发展中经济体的直接外资首次接近全球总流入量的一半,其直接外资流出量也创造了历史最高水平,大部分资金流向其他南方国家。③ 发展中国家和转型经济体近年来FDI的流入量在不断上升(见图15-1)。随着FDI的流动变化,发达国家的高级易流动要素和流入国的低级不易流动要素相结合的同时,各国的综合要素结构也发生了变化。流出国由于高级要素的转移引起相关产业的劳动力、技术、资本等得到释放间接优化了国家要素结构,流入国则由于高级要素直接优化了要素结构。罗伯特·吉尔平(1987)指出,"通过技术转让和知识扩散,霸权国家向发展中国家提供工业化和经济发展所必要的技术和专门知识"。实际上,这种扩散效应即高级要素通过跨国公司的国际直接投资从发达国家流向新兴国家的过程。世界银行统计表明,2007年美国的劳动力构成中接受过高等教育占61.1%,墨西哥为17.3%,巴基斯坦为24.2%;美国每百万人中的研发人员平均数为4 673、德国为3 535、巴基斯坦为160、中国为1 077。④ 发达国家人才在劳动力中的占比较高,研发人员的比例也较高,说明他们拥有更多的高级要素。相反,在总劳动力数量上,中国、印度、巴西等国家比美国、德国、法国等发达国家有明显的优势。如果将世界经济比作一个圆环,发达国家位于环心,向外依次是新兴经济体、发展中国家,那么,生产要素的国际流动是高级要素从环心向环外扩散的过程。

---

① 综合要素结构是指一国国境内各类生产要素存量水平之间的相对比例关系,这些要素既包括本国的也包括国外流入的。它强调是地域上的概念,一国的综合要素结构随着要素国际流动而发生变化。

② UNCTAD, *World Investment Report* 2012, New York and Geneva: United Nations, 2012, p.169

③ UNCTAD, *World Investment Report* 2011 *Overview*, New York and Geneva: United Nations, 2011, p.iv

④ 世界银行数据库. http://data.worldbank.org/indicator/

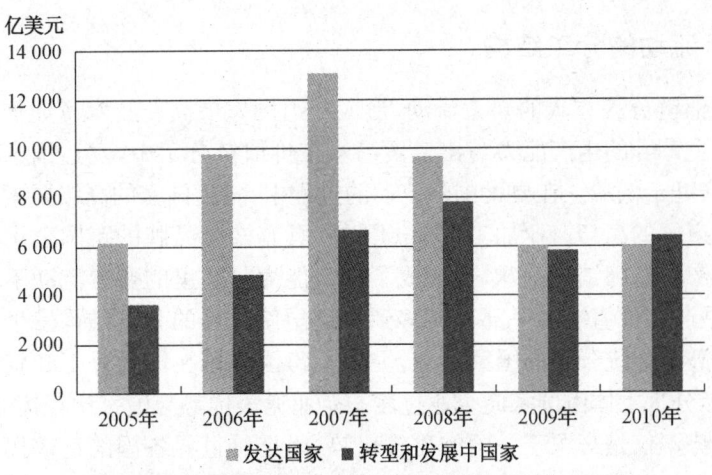

图 15-1 发达国家及转型和发展中国家 FDI 流入变动

二、要素流动产业结构

在生产要素国际流动的同时,产业结构也发生了变化。传统产业而不是新兴产业出现大规模国际转移,传统产业生产向部分新兴经济体集聚,同时,前一轮产业革命进入后期,发达国家出口能力下降。根据经济周期理论中的康德拉基耶夫周期理论,大约每 50 年世界经济出现一轮繁荣衰退的长周期。从 20 世纪 80 年代起的经济繁荣在次贷危机后开始转向,以信息技术为特征的产业革命进入了后期。在传统产业转移而新兴产业没有形成出口能力的情况下,发达国家出口能力下降。这种转移类似于弗农(Vernon)提出的产品生命周期理论,发达国家的成熟传统产业的产品生产转移到新兴国家,这些产业转移是伴随着跨国公司的投资行为,是一种主动式的要素组合,是和各个国家的要素禀赋相适应的。另外,某些具有污染性质的传统产业由于受发达国家环境标准的限制被迫转移到新兴国家。如家电业、炼钢产业,前者由于产品在发达国家步入衰退阶段转移,后者由于污染严重生产集中到了新兴国家。因为跨国公司的投资目标是获得利润,当传统产业在发达国家需要的成本大于新兴和发展中国家时,将其转移出去就是适宜的。并且,新兴和发展中国家具有传统产业所需要的土地、一般劳动力、能源等不易流动的生产要素。相反,新兴产业更多地需要资本和高级技术人才,而这些是新兴和发展中国家所稀缺的,新兴产业转移出去缺乏进一步发展的"土壤"。美国经济学家森(Sen,1984)认为,劳动力密集部门的比较优势过去曾是发达国家经济增长的源泉,现在迅速转移到新兴国家并为其提供了出口机会。但是,伴随着传统产业的大规模国际转移,要素流入和流出国的产业结构发生变化,新兴经济体出现了传统产业占主导的结构,而发达国家则以服务业占重要地位。当前,国际贸易中仍然以传统产业的制造品为主,发达国家的出口能力出现了下降,世界经济凸显了贸易失衡。例如,根据统计数据显示,在 1978 年改革开放前,中国的对外出口以初级产品为主,初级产品占出口商品总值的比例在 50% 以上。1978 年,初级产品出口占中国出口的 53.5%,工业制成品出口占 46.5%。1990 年,初级产品和工业制成品比重转变为 25.6% 和 74.4%,工业制成品在出口产品中的比重大幅提高。①

---

① 中央政府门户网站. http://www.gov.cn/test/2009-09/11/content_1415347_3.htm.

三、要素流动的分工结构

以形成价值链分工方式的要素流动,形成东道国发展高新技术产业加工贸易或传统产业的品牌化生产等的生产能力与出口贸易。在价值链分工中,发达国家处于价值链的高端,新兴国家处于低端。在要素国际流动的过程中,发达国家的高级要素流动到新兴国家能够形成东道国的高新产业加工贸易。另外,具有知名品牌的跨国公司通过在东道国其他代工厂生产后贴牌销往全球,也形成了出口能力。这里的要素流动不是带动整个产业的转移,只是产品价值链的一部分转移到东道国使世界的分工结构发生了变化。全球价值链分工打破了传统分工的国家边界,突出了跨国公司在国际分工和贸易中的主导地位,推动了国际分工主体由国家向企业过渡。企业竞争优势与国家比较优势发生了分离,企业的竞争优势不仅是来源于一国的比较优势,而且是世界各国的比较优势。跨国公司的投资行为带来的要素虽不是东道国所有,但却为可为东道国所用。在要素国际流动的过程中,东道国以其特有的禀赋优势参与到全球的价值链分工中,也改变了本国的要素结构。同时,一方面由于存在"干中学"效应,另一方面由于流入产业的获利效应导致东道国其他企业的效仿,这些都有利于东道国发展高新技术加工贸易,从而提高东道国在分工结构的地位,改善价值链分工。世界经济的分工结构从中心—外围阶段、垂直分工阶段、水平分工向要素合作阶段深化,新兴国家集聚了发达国家的资本、技术、品牌、人才、跨国生产经营网络等,这些国家的出口成了全球要素组合。比如可口可乐的配方在美国而灌装基地遍布世界各地;麦当劳、肯德基依靠其品牌在各国生产出不同口味的产品;丰田的研发基地在日本而组装工厂分列在中国、墨西哥、巴西等国家。

要素流动的结构在变化的同时也改变了经济全球化的生产布局。新兴和发展中国家成了传统产业的中心,发达国家主要发展新兴产业。在全球的生产布局中,发达国家是高级要素的所有者,获取了较高的收益,而主要的产品出口国却获得了较少的收益。虽然这种布局和收益是不平衡的,但是整体上却推动了世界经济的进步。

因此,经济全球化的历史条件使新兴国家从根本上改变了发展战略,既不是采用发展本国比较劣势产业的进口替代战略,也不是采用发展本国比较优势产业或扶持比较优势产业的出口导向战略。而是以引进外资拉动出口弥补外汇和资金双缺口的"规模型出口拉动战略",可以简称为"出口拉动",而非出口导向战略,不是通过若干产业的进步拉动结构进步式的发展。传统的发展经济学将出口导向和进口替代作为落后国家发展的两种模式,这两种模式都是从产业的角度上,通过发展相关出口产业或者进口替代产业提高经济发展水平。"出口拉动"通过引进外资解决了缺外汇和缺资金的双缺口,并且在拉动经济层面上不仅指产业上的拉动,还是规模上、总量上的拉动。引进外资在扩大出口同时,也促进了东道国相关产业的发展。虽然相关产业有了改善,但是高级要素仍然掌握在发达国家中,真实的产业结构进步并没有在规模扩大中实现。

并非所有发展中国家都能够有效实现上述发展,只有成功构建经济要素与全球化经济要素的国家才能实现要素流入式的发展。前者是指无法计入企业成本但又对企业的决策产生重要影响的国内相关因素,在外延上具体包括一国经济的市场化水平、市场规模、生产配套能力、要素的相对丰裕度、基础设施、区位因素、政府的经济管理能力等;后者是指一国的经济开放度、双边或多边的贸易投资协定等有利于推动全球化的政策和制度安排。因此,经济要素和全球化经济要素是生产要素国际流动的制度保障、必要条件,东道国只有采取相应开放制度并有国际环境配合才能成为主要出口国,才能通过"出口拉动"发展经济。

第二节 全球化经济的生产布局及其贸易效应

三层结构意义上的要素流动结构形成了三重生产布局与贸易流向效应,并决定着全球贸易不平衡的原因。

一、开放型新兴经济体出口竞争力提高

开放型的新兴和发展中国家实现迅速发展,其更快的市场化与生产率提升,注重出口的发展战略加上廉价劳动力与资源环境低成本导致原本具有比较优势的产业更高的出口竞争力。采取开放型的新兴和发展中国家为要素流动提供了条件,跨国公司以降低生产成本为主要目标的战略使他们将高级要素迅速地转移到这些国家,使这些要素和东道国闲置的廉价低级要素相结合。这种结合和东道国在封闭条件下发展相比,不但有技术优势还有管理优势,并且可以很快投入生产,激发出东道国内在的发展潜力,实现快速发展。中国改革开放后30多年经济的高速发展,在一定程度上即得益于外国直接投资,使得资本、技术、管理等和中国的劳动力相结合形成出口加工贸易,"出口拉动"成为中国经济增长的重要动力。许宪春等(2007)利用投入产出表统计分析我国单位出口对产出的拉动在2002~2007年有大幅提升。[①] 根据2012年中国统计年鉴显示:1980年中国的工业制成品出口额是90.04亿美元,进出口总额181.19亿美元;2011年与此对应的出口额是17 978.36和18 983.31亿美元,工业制成品的出口增长了200倍,而进出口总额仅增长了105倍,其中机械与交通设备增长速度最快达到了1 070倍。2011年,外商投资企业出口额为9 952.3亿美元,超过了该年出口总额的一半。[②]

二、全球消费和生产的不平衡转移

虽然传统产业生产地转移与集聚,但消费依然是全球性的,因而转入国必须出口。特别是转出国已经形成的相关产品消费需求通过转移获得低成本生产必然要求进口。产业转移总的来看具有两方面的效果:一是在短期由于产业转移,转入国之间会产生竞争,甚至恶性竞争;二是在长期随着转入国经济的发展,由于该国财富增加导致增加本国产品需求的同时也增加对转出国新的需求。当前经济全球化持续的时间并不长,产业转移主要还体现在前一种效应上。要素流动带来的传统产业转移仅仅是生产的转移,由于产业转型是长期性的而消费具有刚性。新兴国家生产的产品必然是销往全球,而发达国家生产转出的同时需求并没有转出,因此必然是进口。根据美国商务部的统计,2012年美国的

---

① "中国2007年投入产出表分析应用"课题组:《出口导向经济模式的形成、问题与前景》,《统计研究》,2011年第2期,第4页。
② 数据来源于中国统计局网站:http://www.stats.gov.cn/tjsj/ndsj/2012/indexch.htm.

进口品中工业用品额占进口总额的32%,其次为最终消费品占23%。中国的海关数据统计2012年以进出口总值计算:美国、中国香港地区、日本、韩国、德国是中国的主要出口国;日本、韩国、中国台湾地区、美国、德国是主要进口原产国,出口方和进口方都为发达国家。

三、加工贸易的迅猛发展

加工贸易大发展下,发展中东道国进口零部件或委托生产加工,最后出口,其出口必然大于进口。当前的贸易不平衡是结构性的失衡,要素流动形成了新兴和发展中东道国成为加工厂,这种"两头在外,中间加工"的模式必然是东道国顺差,进口国逆差。例如,丰田公司将研发中心设在日本,而将汽车外壳、轮胎、玻璃等零部件的生产放在日本以外的其他国家,并在不同的国家设有组装厂进行出口。中国、墨西哥、埃及等都有丰田的组装车间,这些车间从世界各地进口零部件,然后组装出口或者销往国内。东道国在贸易中仅获得了加工费必然是贸易顺差。这种加工贸易形成的顺差是结构性的,不是汇率调整所能消除的。它依靠东道国的开放政策和经济禀赋以及跨国公司的全球战略,导致贸易不平衡不断扩大。

在上述过程中,要素流动有贸易创造与贸易替代的双重效应,两者都导致了贸易不平衡的扩大。贸易创造提高了东道国的出口能力,贸易替代则通过允许国内市场销售替代了东道国的进口需求,减少了总进口。

在产业向外转移后,发达国家虽然发展起现代服务业,但向新兴国家出口服务有限,且服务贸易大量采用商业存在的模式通过市场准入进入对方国家。这类服务贸易由于没有统计在经常项目下不形成贸易出口,因此,当前的不平衡并没有完全表现出真实情况。并且,发达国家跨国公司在东道国投资后利润汇回有限,增大了东道经常项目的顺差。因此,这几个方面综合起来,新兴国家的顺差在统计上呈扩大的状态而发达国家的逆差被有所高估。

第三节 全球发展协调与后全球化时代的主题

一、全球经济不平衡的表现

要素流动的上述结构特征所导致的生产配置必然导致出口贸易增长的不平衡,这是全球化经济不平衡的成因。全球经济不平衡的表现是多方面的,主要包括以下三点:一是贸易的不平衡。以美国为首的多数发达国家持续贸易逆差和以中国为首的多数新兴和发展中国家贸易持续顺差。二是虚拟经济与实体经济的失衡。随着金融创新和金融发展,全球虚拟经济发展迅速,通过金融扩张拉动实体经济发展被扩大化,虚拟经济量和实体经济量以及两者的增长速度存在明显的失衡。三是经济增长与资源不足。全球经济的快速增长追逐有限的资源造成了经济增长与资源供给的失衡。其中,贸易不平衡既是基本表现也对其他方面的不平衡有深刻的影响。新兴国家在对外贸易快速发展获得大量外汇的同时,金融并没有同步发展,外汇储备缺乏有效的投资途径而流回美国,美国利用其发达金融市场并将这些资金进行全球配置。在上述过程中,金融的过度创新导致全球的虚拟经济与实体经济失衡。另外,这种贸易不平衡也带动了东道国经济的高速增长,但是资源供给的有限性又使得其与增长出现了缺口。最后,贸易不平衡背后的基础动力是生产要素的国际流动。要素流动的结构变化形成了传统产业从发达国家向新兴国家的转移。

因此,要解决当前的经济失衡必须从要素流动所导致的生产配置变化入手。首先,应对全球不平衡需要国际协调,但是当前应对危机的国际政策协调只能用于调节商业周期性质的总需求,并未针对危机的成因,因而是无效的。其次,汇率调整不能消除由全球化生产贸易重新布局构成的不平衡。加工贸易不可能是平衡的贸易,因而,任何汇率调节是没有意义的。如果汇率要调整到新兴经济体一般贸易平衡并消除加工贸易顺差,那么,新兴经济体的全部成本优势就将消失甚至成为劣势,传统产业转移就需要回流到发达国家,全球化产业转移就要逆转。这种逆转国际要素价格差的汇率必然严重背离国际价格比,而形成严重的汇率扭曲,导致资源错配,阻碍世界经济增长,不利于所有国家。

全球经济失衡是经济全球化发展中的一个阶段性现象。面对世界经济历史性进步中发展的不可持续性,积极的应对不是中止或逆转全球化,而恰恰应当是积极地推动全球化,以新一轮全球化实现世界经济的再平衡和可持续。新一轮全球化的核心是双向、多元和全方位。所谓双向,就是从发达国家向新兴经济体投资扩大到新兴经济体与发达国家相互投资;新兴经济体从单纯出口拉动增长扩展到以进口促进发展。所谓多元,就是更多主体参与全球化的进程,更多发展中国家参与贸易投资自由化;更多跨国公司在新兴经济体中发展起来;发达国家发展起新兴产业以同样承担生产职能,把国际价值链分工扩大到新的更高水平的产业链分工。所谓全方位,就是市场机制与全球治理相结合,增强国际组织的作用,增强各国的政策协调,加强对虚拟经济的金融风险的监管,以减少全球化的波动与冲击;加强对初级产品市场供给与价格波动的调节,推动新材料与新能源的革命,以适应更多国家发展的需求。解决全球经济失衡的国际协调,需要新一轮全球化式的结构进步和要素流动。新一轮全球化是对全球化提出的新议题,它不是全球化的终结,也不是否定全球化,相反它是全球化的新阶段,是经济全球化下要素流动的必然趋势。

二、全球经济的再平衡的启发

根据以上分析,从要素流动的结构对全球经济再平衡得到以下启发。

(1) 发达国家应致力于发展起一批新兴产业并形成出口能力,在一个新的水平上形成出口能力减少逆差。发达国家由于拥有先进的技术和高端人才,是新兴产业的集聚地,但是这种产业并没有形成出口能力。在传统产业转向新兴经济体的情况下,发达国家要扭转当前的贸易失衡必须致力于发展本国有优势的新兴产业。新兴产业在发达国家能够兴起的基础还包括经过参与全球化后的新兴经济体获得了较快的增长,具有了一定的财富基础,各国的基础设施也发生了一系列的变化但创新能力还欠缺,对新兴产业的产品具有较强的需求。托马斯·弗里德曼(Thomas L. Friedman)[①]2010年在夏季达沃斯论坛上表示美国仍然是富有活力和创新能力的国家,美国的技术创新能力强于任何时代。硅谷是全球最重要的电子工业基地、高新技术工业密集区。德国在纳米技术、激光技术、电

---

① 托马斯·弗里德曼(Thomas L. Friedman)是畅销书籍——《世界是平的》的作者。

动车等领域都处于世界领先地位。① 美、德、日、英等国都在金融危机后推出了相关的新兴产业发展规划。② 而这些新兴领域在新兴国家也有市场,新兴国家通过进口发达国家相关的产品或者技术是便捷、可行地满足新需求的途径。

(2) 新兴经济体扩大进口量,减少储蓄。从全球的储蓄消费状况看,新兴经济体拥有较高的储蓄率,发达国家具有较高的消费率。这种模式导致新兴经济体生产、出口、再投资的循环,并将剩余资金投资发达国家资本市场;发达国家消费、对外投资。伯南克(Bernanke,2005)曾将经济失衡归因为亚洲国家的高储蓄流入到美国的资本市场。③ 储蓄对于一个国家一定程度上具有积极的意义,但是过度的、持续的高储蓄说明资金未能有效利用,不利于国家经济的健康发展。新兴国家在取得快速发展后,国民财富显著上升,但是这部分资金大部分以储蓄的形式积累起来。在全球化进一步深化的背景下,新兴经济体应合理利用前期积累的财富,通过扩大进口量,提升经济的整体水平。

(3) 新兴经济体扩大进口技术与先进装备减少贸易顺差,形成国内新产业与新需求,发达国家应消除对新兴经济体这方面的出口限制。全球经济失衡中新兴经济体的持续顺差主要以购买发达国家国债的形式回流到发达国家,没有有效利用出口创造的外汇,是失衡的一个重要方面。根据经济发展规律,当经济总量增长到一定阶段,提高经济增长的质量逐渐受到重视。在提高增长质量缺乏相关高级要素的情况下,新兴经济体扩大对技术和先进装备的进口实际上是主动引进高级要素,有助于提升本国的产业结构,形成新产业。与此同时,随着新产业的发展,相关产业链也不断完善,进口国的新需求不断涌现,两者相互促进。新兴产业的发展有利于提高国家经济增长的质量也有利于减少贸易顺差。另外,新兴经济体扩大技术和先进装备的进口,也为发达国家发展新兴产业提供了市场。当然,这需要发达国家消除对新兴经济体在先进技术和装备上的出口限制,打开堵塞贸易的渠道。

(4) 发达国家应进一步开放国内投资市场,新兴经济体有效使用外汇储备扩大对发达国家投资。虽然国际直接投资替代国际贸易成为世界经济运行的主要特征,但是国际直接投资主要在发达国家间和发达国家向新兴经济体进行流动。根据《2007年世界投资报告》显示发达国家的跨国公司是 FDI 的最主要来源,它们占全球外资流出的84%。④ 国际直接投资流动的不平衡加剧了全球经济的失衡。新兴经济体合理有效地利用外汇储备,增加对发达国家的投资,既有利于解决国际直接投资流动的失衡,也有利于提高外汇的收益率,提高本国的竞争力。发达国家虽然主张市场经济、自由经济,但是在国内投资市场开放上仍比较谨慎,如2011年2月,中国华为收购美国3Leaf遭到美国外商投资委员会否决,其理由为这笔收购可能威胁美国的国家安全;同样的理由,中国三一集团在美国建风力发电厂的投资项目也被叫停。中国改革开放为外资打开了大门,取得了双赢式

---

① 俞章云:《德国发展战略性新兴产业的借鉴意义》,《浙江经济》,2011年第23期,第41页。
② 宋宗宏:《发达国家推进战略性新兴产业发展的启示》,《广东经济》,2011年第2期,第32页。
③ Ben S. Bernanke, "The global saving glut and the U. S. current account deficit", At the sandridge lecture, Virginia association of Economics, Richmond, Virginia, 2005.3.10.
④ UNCTAD, World Investment Report 2007, New York and Geneva: United Nations, 2007, p.16.

发展,同理,发达国家开放本国的投资市场才能促进新兴经济体对其投资,实现要素的对称流动。

(5) 新兴经济体扩大新兴国家间及其与一般发展中国家的投资,形成世界产业的新一轮布局,从而转移自身的过剩生产能力,形成后者的出口能力。在发达国家的传统产业随着要素流动转移到新兴经济体的过程中,新兴经济体间形成了在传统产业尤其是制造业上的竞争,甚至恶意竞争。新兴经济体间在经济上不论供给结构还是需求都具有相似性,相互投资能增加新兴经济体整体需求,减少依赖,减少不平衡,对再平衡有积极意义。而新兴经济体和一般发展中国家间具有较高的互补性,新兴经济体将积累的资金投向其他新兴国家和一般发展中国家,不但能够扩大市场还能创造市场、创造供给。虽然这类投资渠道具有很大的潜力,但是由于基础设施、政治环境等因素限制关于此类的投资协议、投资项目并不多,然而这个趋势是不变的。

(6) 控制发达国家虚拟经济的发展,减少金融资源回流,以减少金融风险,增强实体经济,从而增大出口能力。贸易不平衡导致了虚拟经济与实体经济的不平衡,在经济全球化的环境中,全球的金融联系日趋紧密,一国发生金融危机能够很快传染到其他国家。加强全球的金融监管,建立健全全球金融体系是实际经济体系面临的一个重要课题。在国际货币体系中,美元唯一国际货币的特性,使得这一体系存在天然的缺陷。金融资源的回流给发达国家过度发展虚拟经济提供了条件,增加了金融风险。控制发达国家的金融过度创新,减少金融风险,减少其对实体经济的损害,发挥其正面意义,引导资金有效地推动发展实体经济,增强实体经济实力,这样既有利于扩大出口,又有利于世界经济的稳定。

第四节 中国参与全球再平衡与发展战略的调整

2012年,中国的出口额为2.05万亿美元,外汇储备3.3万亿美元,作为世界第一出口大国与外汇储备大国,中国应在全球不平衡的调整中承担责任。中国的第一出口大国以及占全球1/3外汇储备的现状,都说明中国是形成全球贸易不平衡中的典型国家。中国2012年GDP为52万亿元,作为世界第二大经济体,中国经济的不平衡也是全球经济失衡的重要构成之一。中国是世界贸易大国与世界经济联系密切,中国如何调整发展战略对于全球经济再平衡有重要的影响。

一、进出口平衡拉动,以进口提升结构水平和技术水平

中国参与全球经济再平衡的首要问题是国内发展战略调整,变出口拉动为进出口平衡拉动,并以进口作为提升结构水平和技术的战略之一。国际收支平衡是一个国家长期发展的目标,平衡拉动的着力点在于扩大内需和进口。李克强总理强调以扩大内需为战略基点加快推进经济结构调整,扩大内需最大的潜力在城镇化。从需求方看,一方面,在世界经济处于疲软状态、外部需求不足的情况,内需是中国经济发展动力的选择;另一方面,扩大内需是中国经济发展阶段的必然,是实现可持续发展的选择。依靠出口拉动经济增长的过程积累了发展内需的基础,中国世界1/5的人口是全球最大潜力的市场。中国的消费占收入的比重远低于发达国家,扩大内需首要的是提高居民的消费倾向。政府通

过增加基础设施建设、提高居民的社会保障水平等手段降低老百姓的储蓄动机。另外,我国的城镇化明显滞后,也低于世界平均水平。在城镇化过程中,随着产业结构的升级,城市人口增加、收入提高,必然增加消费需求包括对进口需求的增加。有关方面数据表明,2010年我国农村居民消费水平为4 455元,城镇居民为15 900元,城镇居民消费水平是农村居民的3.6倍。按此测算,一个农民转化为市民,消费需求将会增加1万多元。城镇化率每年提高1个百分点,可以吸纳1 000多万农村人口进城,进而带动1 000多亿元的消费需求,而相应增加的投资需求会更多。目前,我国农民工总量达2.4亿人,其中外出农民工约1.5亿人,农村还有相当数量的富余劳动力,城镇化蕴涵的内需潜力巨大。30年前,中国通过改革开放吸引了外资,当前积累的大量顺差,在于这些资金没有形成购买力,因此,需要加大进口向国际收支平衡过渡。出口的最终目的是增加国家财富、拉动就业、提升国家综合实力等。在解决了资金短缺与外汇短缺后,中国应该有效利用外汇购买本国经济发展需要的进口品,促进本国经济的长足发展。中国从"出口拉动"战略向平衡拉动转化,不仅有利于世界经济的再平衡,还有利于中国经济转型,降低经济的对外依存度,促进经济内生式增长。

二、从要素引进转向要素培育

"出口拉动"是中国改革开放的必然阶段,当前中国参与世界经济需要从要素引进向要素培育转变。"出口拉动"通过引进外资解决了双缺口的同时也引进了一系列的生产要素,中国作为一个经济大国需要以要素培育替代单纯引进式战略,形成新一轮增长拉动产业。要素培育作为一项战略需要更多主动性的政策、制度激励。首先,要加大自主创新能力。科技是第一生产力,只有具有产权的科技才能获得较高的收益。中国虽然是一个制造大国,但是并不是一个创造大国;虽然每年的专利申请数量居世界前列,但是真正成为在世界上有竞争力的技术不多。政府加大对自主创新的投入力度并完善相关的机制体制,企业增加对自主创新的重视,吸引人才,形成良好的创新氛围都有利于自主创新能力的提高。其次,要积极推动对外投资和高端装备进口,有效使用外汇资源,获取高新技术、资源、管理方法与国际生产经营销售网络等高级要素。政府通过购买可以缩短研发时间,发挥后发优势。利用国外的高级要素,构建我国的高端价值链分工地位,改变加工贸易为主的分工姿态。将高级要素与我国的要素禀赋相结合,不断形成主导产业,以主导产业带动相关产业的发展,扩大分工水平。在获得高级要素的同时,既减少了低端的不平衡,又解决了全球经济失衡。再次,积极调整中国的发展战略,充分利用我国的地域差异,调整经济发展格局。鼓励中西部地区吸收东部的传统产业,将传统产业与中西部的土地、资源、劳动力等生产要素相结合,激发比较优势潜能;东部沿海地区相对于中西部地区具有培育高级要素的优势,政府通过充分利用人才、科技能力、管理水平等培育高级要素,大力发展新兴产业。在长期,东部沿海培育高级要素形成新产业后,再通过要素流动使东中西部地区相协调,推进经济发展格局的变化。经济发展格局的变化不但能够扩大产业和增加需求,而且有助于减少出口,减少贸易顺差,推动经济再平衡。

邓小平曾说过,没有一个国家能够关起门来搞发展。在经济全球化的背景下,也很难有哪个国家的发展能够脱离世界经济。中国作为世界第二大经济体,作为一个负责任的大国,其着眼于平衡发展的战略调整对全球经济再平衡具有积极的意义。

第四篇

一体化世界经济中的相互依赖与国际协调

第十六章　世界经济中的相互依赖

在一个成熟的世界经济整体中,每类国家都作为这个整体的一部分而存在,它们各自的存在和发展都是对方存在和发展的前提。随着世界经济一体化的发展,世界经济中的相互依赖越来越密切。这种相互依赖具有历史必然性和进步性。

任何一个开放的经济体,都处于与世界经济的相互依赖之中,所不同的只是依赖的性质、程度和内容。相互依赖因对称性和均衡性的差异而存在着多种类型。在当代世界经济中,国际经济传递机制是相互依赖的一种主要形式。

第一节　相互依赖的产生

一、相互依赖的内涵

世界经济中的相互依赖指的是:一个国家的经济发展取决于其他国家的发展和政策;一个国家的发展和政策又影响到其他国家的经济发展。

世界经济中的相互依赖,起源于世界市场和资本主义生产方式。"资产阶段,由于开拓了世界市场,使一切国家的生产和消费都变成为世界性的了。……过去那种地方的和民族的自给自足的闭关自守状态,被各民族的各方面的互相往来和各方面的互相依赖所代替了"①,"造成以全人类互相依赖为基础的世界交往",是历史中的资产阶段时期所负有的"为新世界创造物质基础的使命"②。资本主义生产方式造成了世界经济中的相互依赖,其必然性存在于生产与消费的世界性之中。资本主义生产方式所呼唤出来的巨大生产力,要求这种世界性的生产和消费。这种相互依赖,是新世界的物质基础,因而在历史上是进步的。

相互依赖的实质是世界范围的商品经济的整体性。商品经济的一般原理告诉我们:商品生产者不是为自己而生产,而是为他人而生产;商品生产者从自己的商品中实现价值,然后从其他商品生产者那里取得等价的商品供自己消费,这种社会分工是人类进步的标志,生产者也就因此而依赖于他人,依赖于整个社会。商品的物质区别是交换的物质动机,它使商品所有者互相依赖,因为双方都没有他们自己需要的物品,而有别人所需的物品。因而商品经济中本身就包含着人们的相互依赖。但是在一国国界范围内,资源、劳动力、技术等的有限性限制了商品经济向更高水平发展。商品交换的内在要求不承认国界。一旦商品经济冲破国界,它所包含的这种相互依赖的内在因素,也就成为世界性的了,展

---

① 马克思、恩格斯:《共产党宣言》,《马克思恩格斯选集》第1卷,第254~255页。
② 马克思:《不列颠在印度统治的未来结果》,《马克思恩格斯选集》第2卷,第75页。

开为世界各国间的相互依赖。

随着商品经济所包含的这种内在因素的展开,人类的、以国家为单位的相互依赖也就表现出丰富的内容。它不仅包含人们的生产和消费间的相互依赖,而且展开为生产过程的相互依赖;一个国家的生产以另一个国家的生产为前提,不仅表现为生产过程的垂直的相互依赖,而且表现为生产各要素资本、劳动力、土地、资源、技术等的水平的相互依赖。只有当一国从别国取得本国相对稀缺的生产要素,生产过程才能开始。而所有这些相互依赖,既然取决于商品经济的内在必然性,那么也就必然包括生产力和生产关系这两个方面:它取决于各国的天然禀赋和优势,以及在发展过程中所形成的各种优势,同时又取决于特定的生产关系。由资本主义发展所造成的这种相互依赖,会在资本主义的各个阶段上形成适合其发展的特定内容:对外部原料和市场的依赖、投资场所的依赖、廉价劳动力的依赖,于是相互依赖表现出各种特殊性。

二、相互依赖的本质

由商品经济而决定的商品生产者的相互依赖,本质上就不是使用价值的相互依赖,而是价值的相互依赖。如果说一个小商品生产者出售商品主要是为了购买他的其他生活品的话,那么资本主义商品经济就不一样了。资本主义生产的目的是获得更多的价值,更多的剩余价值,因而资本家之间的相互依赖是以剩余价值为内容的相互依赖。这是小商品生产与资本主义商品生产的根本区别之一。世界经济中的相互依赖同样如此。一个封闭的自然经济,如果说已经形成了自给自足的独立体系,那么,它开放的主要目的就不是为了某种它所缺乏的使用价值,尽管国际交换可带来使用价值的多样化。一国在国际交换中达到的是国民价值的增值,即使这一价值的承担者是该国同样能够生产的,这就是国际价值规律的作用。在国际交换中可以达到按国民价值计算的增值,这是世界经济中的相互依赖的更为独特的内容。不说明这一点,就无法解释为什么一个可以不依赖于他国的能自给自足的自然经济反而愿意变成一个需依赖于他国的、受制约于国际分工体系的开放经济。

第二节 相互依赖的定性和定量分析

世界经济的相互依赖的内涵所表明的是,国与国之间在经济上的依赖是双向的。尽管如此,但它并不意味着相互依赖的双方是对称的和均衡的。除了对称的和均衡的相互依赖之外,还存在着不对称的和不均衡的相互依赖。

一、相互依赖的定性分析

在对称的和均衡的相互依赖中,各国处于同等地位。当各国的经济发展水平相当,相互依赖是由于生产的国际化而形成的时候,就属于这一种。双方对另一方依赖在内容上相似,程度上相近,就是这种对称和均衡。发达资本主义国家间的相互依赖就属于这种情况。在这种性质的相互依赖下,双方的经济独立性均较强,虽然这种国际联系和相互依赖给各自带来了利益,但是各自的经济发展并非首先取决于这类依赖。在发展中国家之间,尽管经济发展水平相近,依赖具有对称性,但由于各自的发展水平均较低,较少存在着相互投资与贸易的机会,经济发展也不首先取决于这种依赖。

在不对称的和不均衡的相互依赖中,各国处于不同等的地位,一方是主导性的依赖;另一方则是附属性的依赖,或曰依附。虽然作为矛盾的双方各以另一方的存在为自己存在的前提,但是其中一方是矛盾的主要方面,居于主导地位;另一方是矛盾的次要方面,居于受支配地位。从经济上说,前者是强国,后者是弱国。帝国主义与殖民地附属国的相互依赖就是这种情况。帝国主义国家向殖民地输出资本,获取高额利润。没有殖民地,帝国主义便不成其为帝国主义,垄断资本便没有出路,帝国主义国家的财富积累就大大减少。在这一过程中,帝国主义国家居于控制、支配殖民地国家的地位。与此同时,殖民地经济又是完全畸形的,从属于帝国主义国家的经济的,具有极大的依附性。这种相互依赖不但在所谓"分工"中是不对称的,而且在政治和经济地位上也是不均衡的。当代发达资本主义国家与发展中国家间的相互依赖是从历史上帝国主义国家与殖民地附属国的关系演变过来的,这种不对称和不均衡在总体上说有所缩小,但对大部分发展中国家来说还没有根本消除甚至没有多大变化,因而仍然属于这种性质的相互依赖。

二、相互依赖的定量分析

除了定性分析外,相互依赖也可以做定量分析。一国的国民生产总值中进出口贸易所占比重以及两者的发展速度之比是相互依赖的数值指标。这种指标包括以下几个类型。

(一)两国(或两类国家)间的相互依赖程度

两国或两类国家间的进出口总额与它们的国内生产总值之和之比,可以表示两者之间的相互依赖程度,即:

$$\frac{M_A + X_A + M_B + X_B}{GDP_A + GDP_B}$$

这里,M_A、X_A、M_B、X_B 分别为 A、B 两国或两类国家的进出口,GDP_A 和 GDP_B 分别为两者的国内生产总值。有数字表明,非产油的发展中国家与发达国家的这一数值,1970 年为 0.0141,1977 年为 0.0325,表明相互依赖程度(或曰相互依存度)的上升。

(二)一国对世界的依赖程度

相互依赖是两者之间的彼此依赖,一国对所有其他国家的相互依赖,就是一国对世界的依赖。这可以用一国国际贸易进出口总额占其国内生产总值的比重来表示,即:

$$\frac{M+X}{GDP}$$

符号意义同前,以全世界为例,世界出口贸易总额与各国国内生产总值之比,1960 年为 12.2%,1980 年为 21.8%,2014 年为 47.4%。这不仅表明世界各国依赖程度的加深,而且可以作为一国对世界依赖程度的比较值。

(三)一国对世界依赖程度的发展

一国对世界依赖程度的发展,可以直接用不同年份的第二类指标表现,也可以用一国国际贸易的年增长速度与国内生产总值的年增长速度相比。速度之比大于 1 表明对世界依赖程度的增大,即国内的生产和消费对国外资源和市场依赖的加深,据测定,剔除通货膨胀因素后全世界从 1960~1980 年国内生产总值年均增长 4.4%,而同期出口贸易额年均增长达 6.7%。

从 1960~1980 年的国际贸易统计来看,世界各国的相互依赖程度加深较快。按上述第二类指标(但仅计出口),即出口在本国国内生产总值中的比重,达到40%以上的国家和地区数,1960年为全世界国家和地区总数的8.7%,1970年为19.5%,1980年为23.6%;反过来,这一比重在10%以下的国家和地区数,从1960年的27.1%下降到1980年的16.1%。近30年来,这种相互依赖程度更进一步加深。

对外依赖程度的定量分析虽然具有数字比较的明显特征,但它不能反映相互依赖的对称性和均衡性上的差异。对外依赖程度完全取决于进出口贸易的量,而这个量是价值量,不反映使用价值,从而不反映一国在其经济结构的哪一方面对外依赖。简而言之,外贸比重大的国家并不一定是处于非对称和非均衡的相互依赖的不利地位;反之亦然。从世界实际情况看可能正好相反,外贸比重大的国家大部分是发达国家。同时需要指出的是,这三类指标都是从贸易角度而论的,显然具有一定的局限性,因为国际经济关系不仅表现在贸易往来而且表现在资本往来。在现代经济中这一点特别重要,外资与本国资本之比或与全部投资之比可以反映这一方面的依赖。

第三节 国际经济传递机制

早在140年前恩格斯就指出:在现代世界中,文明世界所发生的一切必然影响到其余各国。英国发明的新机器,会在1年以后夺去成百万中国人的饭碗。这事实上说明了世界经济中的传递机制。从当代世界经济的发展水平来看,恩格斯当时所说的波及性的传递只是通过廉价商品的输出实现的,当代的传递机制和渠道要比这复杂得多。

一、国际经济传递的渠道

当代世界经济的传递机制表明,国与国之间在经济上的相互依赖不仅表现在商品、资本、技术、劳动力等实物形态上,而且表现为各国经济在波动和发展上的相互传递的无形形态。这种无形形态的相互依赖要比实物形态的相互依赖更为深刻。这种依赖是宏观经济上的相互依赖,在很大程度上又表现为政府经济政策上的相互依赖,因而这种传递机制造成了国际经济协调与合作的客观要求。

所以,传递是多方面的。广义地说,就是世界经济或特别有关国家的经济对一国经济发生影响。在西方经济学中,主要是指国与国之间关于通货膨胀、失业和经济周期等的传递。关于传递的速度、渠道和传递的程度,是这一理论要研究的主要内容。

国际经济传递机制是通过多种渠道发生的。

(一)国际贸易传递渠道

一国经济可以分为开放部门和非开放部门两个部分,前者与世界市场直接有联系,后者与世界市场没有直接联系。世界市场价格对一国经济影响的传递过程是:世界市场的价格变动首先导致一国开放部门的相应价格变动,因为原材料、零部件的投入成本变化,然后又引起国内非开放部门的相应价格变化,从而发生整个价格水平的变化,最终导致产量和就业水平的变化。在这种传递中,一国的开放部门在国民经济中的比重越大,则世界市场价格变动对国内经济的影响也越大。同时,一国的进出口总值在世界市场上所占的比重越大,某种商品在世界市场上的总供给或总需求中的比重越大,则受世界市场价格机制传递的作用也越大。当然在这里,一国政府采取的特殊政策可以减缓该国经济受传递冲击的程度。如果一国实行外贸的国家统制和价格的集中管理,则这种传递作用的影响要小得多。

(二) 货币与资本传递渠道

在货币与资本方面,传递渠道更多。首先有信贷关系的传递渠道。当世界其他国家发生经济衰退时,一国的短期信贷被抽回,企业就会发生支付困难,金融市场同样也开始紧张。如果世界其他国家因经济衰退而拖欠债务也会发生类似情况。在国际货币信贷关系极端密切的当代,这一渠道十分重要。其次有利息率差异的传递渠道。当国际金融市场的利息率与一国利息率有差距时,国际资本便会流入或流出,随之又影响其他国家的资本供给和利率,这将导致各国的通货膨胀率与世界的通货膨胀率一起浮动。由于利率差的经常存在,国际游资数额巨大,这一渠道也不容低估。第三是各国货币政策的传递渠道。当一国通货膨胀率高于世界其他主要国家的通货膨胀率时,国内货币供应过多,信用较松,资本流往国外,对国际收支产生逆差影响。当该国国内采取紧缩政策后,通货膨胀率下跌,资本不再外流,但本国的通货膨胀已传到国外。当世界其他主要国家的通货膨胀率高于国内时,资本流入国内,产生盈余影响。为了避免资本的过多流入,该国便扩大信贷和货币流通量,使国内通货膨胀率与世界一致,这样世界通货膨胀就传递到了国内。第四是汇率传递渠道。如果一国宣布货币对外贬值,以扩大出口,减少进口,那么就把失业传递到了他国。

在这些传递中起决定性作用的,是国内外资本的交叉程度,即在本国的外资数量和本国在国外的资本数量,包括本国银行中国外存款的比重和构成,本国拥有的外国有价证券和外币的数额和构成,以及本国与他国政府对资本流出入所持的政策,本国国内利息率与国际金融市场利息率的差异大小,汇率贬值的幅度。一国金融市场的发达程度也是重要因素之一。如果一国的资本流出入由国家高度集中管理,国内又基本上没有金融市场,则在国际经济传递中影响要小得多。

(三) 劳动力国际流动的传递渠道

劳动力的国际流动比商品与资本的国际流动要小,而且它与经济的周期波动关系不很密切,但是传递仍然是存在的。在外籍工人人数较多时影响就会明显。这种传递是通过工人的工资水平的传递和失业人数的转移而发生的。政府的劳动力流动政策对这一传递的作用影响较大。

二、国际经济传递机制的模型分析

现在从一个国民收入均衡水平相互影响的两国模型来看国际经济传递机制。

图 16-1 中有(a)到(h)八个部分,其中(b)、(e)、(f)均为 45°转换线,Y 为国民收入,I、S、M 分别为投资、储蓄和进口,L 为净贷款,脚标 a、b 分别表示美国和英国。现在要看图(d)中的 E_b(即英国的收入均衡水平线)为什么是美国收入水平的函数。说明了这一点也就说明了这种传递机制。从图(c)开始,假定美国的收入水平为 Y_a,并假定英国是美国的唯一贸易伙伴。因而进口曲线 M 表明了美国对英国的进口需求,这一进口需求即英国的出口。图(c)的纵轴与图(a)的投资曲线 I 成一线,所以,当把 M 值向上投影到图(a)时,便可得到英国的 I+X 值,即投资加出口需求。因为 I+X=S+M,所以在 S+M 线上便可找到英国的均衡收入水平 Y_a。再看图(d),该图把英美两国的国民收入联在一起,点 j 同时表示了两国的国民收入水平。曲线 E_b 即英国的收入均衡线,就是对美国收入水平 Y_a 的不同假定所得到的点 j 的轨迹。再看图(d)中的 E_a(即美国的收入均衡水平线)为什么是英国收入水平

的函数。理由同 E_b 的推导完全相同,只是采用图(e)、(g)、(h)进行分析。在图(g)中,假定某个英国的国民收入为 Y_b,从而确定了其对美国的进口需求线 M。从图(g)投影到图(h),便得到美国的 I+X 线,即 S+M 线。通过图(e)的转移,便可在图(d)中得到点 K 的轨迹线 E_a,即美国的国民收入均衡线。由此可见,一国的国民收入的增加,会通过国际贸易渠道引起另一个贸易伙伴国的国民收入的增加。这就是国民收入增加引起进口需求增加的结果。

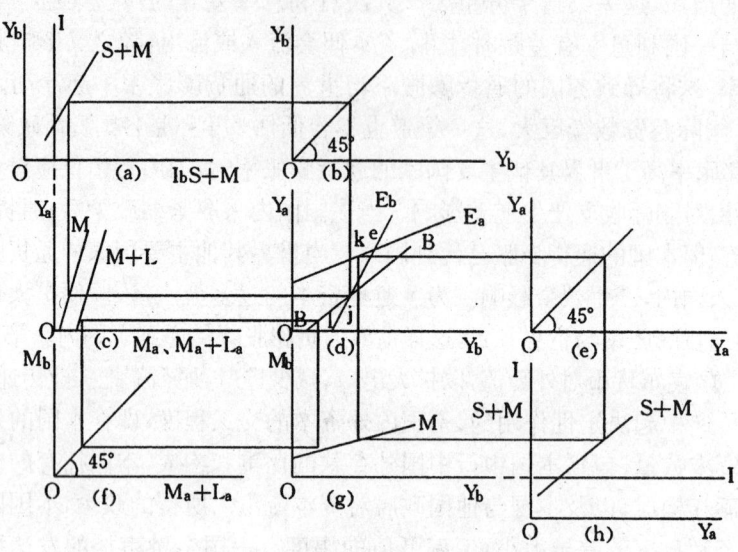

图 16-1　国民收入均衡水平的相互影响

如果把图(d)抽出来,并去掉 BB 线,便可得到图 16-2。假定最初时英国的国民收入为 Y_b^1,而美国的国民收入为 Y_a^1,因而英国达到了均衡而美国没有达到,还低于均衡水平。由于美国的产量还低于对美国产品的总需求,Y_a 便从 Y_a^1 上升到 Y_a^2。如果 Y_b 未变,仍在 Y_b^1 上,则美国国民收入的增加又提高了对英国产品的总需求,使英国的国民收入从 Y_b^1 增加到 Y_b^2。如果 Y_b^2 未变,便同样发生上述情况。最后一直达到 E_a 和 E_b 线的相交点,即两国同时达到均衡水平为止。如果初始状态在 Y_a^5 和 Y_b^5 时也一样。

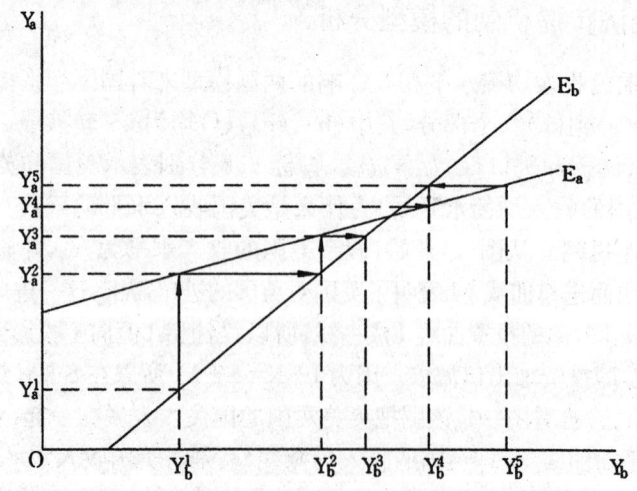

图 16-2　各国国民收入均衡水平的相互联系

现在我们重新来看图 16-1(d)中的 BB 线。BB 线是使两国的国际收支平衡的点的轨迹。在我们的两国模型中,美国的进口 M_a 等于英国的出口 X_b,而英国的进口 M_b 等于美国的出口 X_a。美国国际收支的平衡条件是 $X_a=M_a+L_a$,即出口等于进口加上净贷款。因为 $X_a=M_b$,所以 $M_b=M_a+L_a$,此即图(f)的 45°线的依据。一国的净贷款 L 是其资本项目差额的负值,等于另一国的净贷款,所以 $L_a=-L_b$,图(g)中省略了$-L_b$。所以美国的国际收支平衡条件又可写成 $M_b=M_a-L_b$ 或 $M_a=M_b+L_b$。很明显,后者又成了英国国际收支的平衡条件。但是,这一两国国际收支的平衡等式,并不是在两国的国民收入的任何水平下都能达到的。只是在全部可能组合中的一部分组合可以保证这一等式的成立。

图(d)中的 BB 线是从图(c)、(f)和(g)导出的。该线显示了使两个贸易伙伴国的国际收支达到平衡的各国国民收入的各种组合。在图(c)中对应于某个 Y_a 的是某个 M_a+L_a,通过图(f)便有图(g)中的 Y_b。这个 Y_b 能够产生 M_b,与上述 M_a 和 L_a 平衡。这就是图(d)中的点 1,BB 线所表示的一个国家的变化影响到另一个国家的情况与以上不同,它是指其贸易伙伴国如果要保持国际收支平衡,那么国民收入也要发生变化。因为如果前一个国家因经济扩展而增加进口,国际收支就会不平衡。如果后一个国家进口有相等的增加,才会保持平衡。在 BB 线以下部分,因为 Y_a 太低,因而美国国际收支有顺差;在 BB 线以上部分,因为 Y_a 太高,美国进口超过英国进口,因而英国有顺差。汇率的变动会使 BB 线移动。

三、从国际价值规律分析传递机制

在价格传递机制中,传递国或世界市场价格的提高,可能是由于供求差引起的国际价值量的提高,也可能是由于传递国或其他国家的通货膨胀所引起的。在前一种情况下,受传递国生产投入中转移价值量的提高,自然引起产出价值量的提高和价格的变化,并进而引起相关下游产品的价格提高,劳动力成本的提高和整个价格水平的提高。在后一种情况下,受传递国的汇率相对低估,在国际交换中发生国际价值流失,从而也就是国民价值的流失。因而在本国生产中为进口商品而付出的国民价值量增大,即转移价值提高,从而产出价值上升,价格上涨。

在汇率传递渠道中,在非劳动生产率和通货膨胀的原因下,一国的货币贬值,扩大出口,国内就业增加,国民价值总量增大,但在国际交换中有价值流失。他国有价值流入,从而对劳动力需求减少,造成失业。在信贷关系的传递渠道中,经济衰退造成价值实现的困难,通过货币流通的减缓,使其他国家其他商品的价值实现也发生困难。在利率和货币政策的传递渠道中,传递是货币总量只代表待实现的商品价值总量规律的反映,至于由工人的工资水平引起的传递,是更直接的劳动力价值的传递,因为商品价值只是劳动力价值的一个函数。

一国的国民收入水平是他国的国民收入水平的函数的分析,正是国际等价交换规律的结果。一国国民收入的变动,不论其个别产品的国民价值是否与国际价值背离,其结果总是为总产品的国际价值量的变动。如果进出口倾向一定,则进出口量也就发生变化。投入世界市场的价值量的增减,相应地也就产生从世界市场取得的价值量的增减。这个世界市场的国际价值的增量,是他国提供的国际价值的增加,从而是一国国民价值、国民收入的增加。

第十七章 国际经济协调

所谓宏观经济政策的国际协调(The International Coordination of Macroeconomic Policies),简称"国际经济协调"或"政策协调",是指以各个国家或地区的政府或国际经济组织为主体,在承认世界经济相互依存的现实的前提下,就汇率政策、贸易政策、货币政策和财政政策等宏观经济政策在有关国家之间展开磋商、协调,或适当修改现行的经济政策,或联合采取干预市场的政策行动,以减缓各种突发事件和经济危机所形成的冲击,维持和促进各国经济的稳定增长。

国际经济政策协调的含义与国际经济合作的含义稍有不同,一般来说,国际经济合作所覆盖的范围更加广泛,而且它强调通过扩大技术交流和信息共享、加强进出口贸易和跨国界资本流动等形式的国际经贸活动,来实现有关国家经济福利的共同增长。与之相比,政策协调则更强调在利益发生冲突或无法确保有关国家的经济福利能同时达到最大化的情况下,对这些国家的财政、货币和汇率等宏观经济政策进行国际协调,以寻求在各协调国家均能接受的前提下使协调国家整体经济利益趋于最大化。

第一节 国际经济协调的背景及其理论分析

一、国际经济协调产生的背景

随着一体化程度的不断加深,西方主要资本主义国家经济政策的外部性越来越明显。而由于世界经济发展的不平衡性,这些国家经济政策的选择往往相互矛盾,并通过其外部性表现出来,导致世界经济的动荡和危机。在20世纪70年代,先是频繁爆发的美元危机,导致战后维持了20多年的布雷顿森林体系的崩溃(1973);紧接着在1973年末至1975年是战后最严重的经济衰退的到来;再就是1973年和1979年两次石油危机的冲击;而1979~1980年世界范围的通货膨胀的加剧,更是标志着战后曾一度高速发展的资本主义经济已深深陷入"滞胀"困境。

进入20世纪80年代后,在经济思想方面,传统的凯恩斯主义长期占据的统治地位也为更加保守的货币主义和供应学派所取代,然而,这一切并未能使各国经济出现多大起色,整个资本主义经济继续处于动荡不稳之中:1979~1982年资本主义世界经济又一次发生严重的衰退;1982年8月后又爆发了一场严重威胁国际金融秩序的全球性债务危机;1985年起,作为资本主义头号强国的美国开始成为世界上最大的债务国,在某种程度上美国不得不依靠外国的资本来弥补其连年出现的巨额财政赤字和维持国内经济增长;1987年11月美国纽约股票交易所的道·琼斯工业指数的狂泻,又触发了一场震撼全球的股市危机。除此之外,在国际金融市场上,利率变动不已,汇价更是剧烈波动;而西方国家之间的贸易摩擦不断加剧,保护主义甚嚣尘上。

正是在这种危机不断的时代背景下,"宏观经济政策的国际协调"开始盛行起来。

当然,国际经济的协调,并非只是在20世纪70~80年代才出现的一种新现象,实际上,战后初期建立的国际货币基金组织就是一个专门协调各国货币金融事务和有关经济政策的国际机构;而由23个缔约国于1947年达成的《关税与贸易总协定》,虽然在当时并没有直接发展成为一个国际性组织,但在这个国际协议的框架下开展的八轮多边贸易谈判,在协调了各国贸易政策的基础上,拆除了阻碍国际贸易发展的关税壁垒,为世界经济的快速增长起了相当大的推动作用。另一个涉及国家之间在区域联合的范围内加强彼此经济协调的典型案例是1958年建立的欧洲共同体。欧共体从建立初期的8国发展到成立欧洲联盟时的12国到目前拥有27个成员国的欧洲联盟,虽然其发展过程中充满了挑战,也存在着不少问题,但总体上仍是成功的,在区域一体化的道路上始终处于先导者的位置。欧洲联盟获得成功的原因是多方面的,而成员国的宏观经济政策的协调,无疑是欧洲经济一体化进程顺利推进的根本保障之一。

然而,上述协调都表现为在国际机构、多边协议的框架下或区域经济一体化过程中的国际经济政策协调。而协调的另一种形式,即西方发达国家的政府领导人在对国际经济相互依存关系达成共识的基础上,为使世界经济能够顺利运转,面对面地直接进行政策方面的磋商和协调,则是到了20世纪70年代以后才频繁出现的。自1975年起,每年举行一次的西方7国首脑会议,标志着当今世界上最发达的资本主义国家已在最高层次上确立了定期协调的体制。而在较低一级的层次上,西方发达国家的财政部长和中央银行总裁的会晤则更加频繁,协商更为密切。这样就构成了政策协调的一般展开形式。通常的情况是:首脑会议为国际经济的协调指定方向和明确原则,然后通过部长级层次的政策协调来具体推动和落实对世界经济事务的协同操作,或者对国际货币金融市场进行联合干预,以实现既定的协调目标。

二、国际经济协调的理论基础

西方发达国家之间的宏观经济政策协调是在资本主义经济动荡不稳、危机不断爆发的背景下盛行起来的,这看起来似乎带有偶然性;其实不然,从更深的层次来分析,它是战后世界经济相互依存性不断加深的必然产物。西方经济学家对国际经济相互依存问题进行了研究。较权威的要数美国学者理查德·库珀(Richard N. Copper)。他早在20世纪50年代末60年代初,就开始研究欧洲经济的一体化进程,并于1968年发表了专著《相互依存经济学:大西洋共同体的经济政策》(The Economics of Interdependence: Economic Policy in the Atlantic Community)。

在当今的世界上,国际贸易获得了飞速的发展,各国金融市场之间的联系日趋密切,而以跨国公司为载体的国际化生产更是在不断扩大,世界经济相互依存的特征日益突出,尽管理论分析表明,各主权国家的政府都能通过国内货币政策和财政政策的调整来实现其内部经济和外部经济的平衡;但使情况变得异常复杂的一个重要原因是:世界经济相互依存关系的不断加深,任何一国或一个地区的经济波动都有可能在短时期内传递到其他国家或地区,甚至酿成世界性危机;而与此同时,各国政府制订和实施的宏观经济政策在很大程度上也能相互影响。特别是作为资本主义头号强国的美国,其经济繁荣与萧条更是直接关系到整个世界经济的盛衰;美国政府的宏观经济决策对其他国家有着举足轻重的影响。当然,欧洲和日本等其他西方国家以及发展中国家的政策行为反过来也会对美国的经济运行产生一定程度的影响。世界经济相互依存和各国经济政策产生"溢出效应"的典型事例有:1981年原西德政府大幅度地提高利率,增加税收,结果使得西欧各国陷入衰退。又如,美国政府在20世纪80年代初所采取的经济政策导致国内出现高财政赤字、高利率和高汇率并存的现象,而通过汇率等经济机制的作用,这又影响到有关国家的贸易收支和国际资本流动,从而"溢出"到世界各国,再如,1986年美国突然对木材进口征收关税,使加拿大的木材业陷入困境等,不一而足。宏观经济政策的国际协调,正是在世界经济一体化进程趋于加快,国与国之间的经济联系日益密切、西方大国经济政策的"溢出效应"明显加大的条件下,又开始受到各国政府和经济学家的重视的。

如果说国际经济相互依存的理论能说明宏观经济政策协调产生的背景或必要性的话,那么,揭示国际经济协调的结果或可能性的理论则是博弈论(The Theory of Game)。博弈论又称"对策论",它是由匈牙利的著名数学家约翰·冯·纽曼(John Von Neumann)创立的,这是一种关于博弈的理性行为的理论,主要分析局中人在某种竞争的条件下,"当成果无法由个体完全掌握,结局要视群体共同决策而定时,局中人为了取胜而应采取何种策略"。最初,该理论只是运用于棋弈、桥牌和战争中的策略制定和选择。1994年,冯·纽曼又与奥斯卡·摩根斯顿(Oskar Morgenstern)合著《博弈论与经济行为》,开创性地将这一理论运用于经济领域。1994年,美国加州大学伯克莱分校的约翰·豪尔绍尼(John Harsanyi)和美国普林斯顿大学的约翰·纳什(John Nash)及德国波恩大学的莱因哈特·泽尔滕(R. Selten)三位经济学家,因扩展和深化了博弈论在经济行为分析中的运用而获得了当年的诺贝尔经济学奖。

博弈论在经济学中的运用最先集中在微观领域。特别是在有关垄断竞争行为及其影响的分析中,博弈论精辟地推断了在各种行为形式(Behavior Patterns)的假设条件下市场趋向均衡的过程,博弈论在微观经济学中的成功应用对宏观控制乃至国际经济协调与合作富有启示意义。我们知道,垄断竞争的重要特征之一,就是市场上存在着少量的参与者,各家厂商的价格和产量决策能相互影响、彼此作用。而在当今的世界经济舞台上也存在着少数几个发达的资本主义大国,它们的对外贸易额、资本流动量及国民生产总值在整个世界经济中所占的比重都很大。不仅如此,这些国家经济的相互依存性及政府宏观决策的彼此作用也非常引人注目。

一般来说,每个国家都有一个包括就业、产出和物价水平的社会经济福利函数,而政府管理经济的目标,就是要恰当地选择特定政策工具并确定其量值,以使社会经济福利极大化;或者说,使各种损失的组合极小化。然而,在世界经济相互依存性不断加深的情况下,一国的政策行为会影响到别国的社会福利函数。这样一来,各国的宏观经济政策制定或选择过程就好似一局博弈。博弈论所揭示的,就是局中人在各种状态下(如结盟或非结盟),如何作出决策来尽可能地使自身利益或结盟整体的利益达到最大化。

西方经济学家中最先尝试着将博弈论引入宏观决策分析和国际经济协调理论之中的要数施西托夫斯基(Scitovsky)和哈里·约翰逊(Harry Johnson),他们于1942年、1953年分别撰写的有关贸易关税与报复的文章,就是较早从博弈论的角度对国际贸易冲突进行的一种探索性分析,而里查德·库珀在其1968年发表的专著中也对欧共体的经济政策协调作了策略性分析。20世纪70年代末,日本经济学家滨田宏一(Koichi Hamada),在其所著《国际货币相互依存性的政治经济学》[The Political Economy of International Monetary Interdependence]对货币领域的国际协调(特别是对国际货币体制的选择)进行了策略分析,他还设计出一般均衡的动态模型,演绎了各国的宏观经济决策当局在三种不同行为模式的假设条件下,国际经济达到均衡的过程,并比较了三者的国民福利结果。①

当然,博弈论在宏观经济分析中的应用并不意味着它能够直接消除或解决国际经济交往中所产生的各种矛盾或利害纷争,也不意味着它能帮助各国形成一个最优的经济发展战略;但是,它确实有助于人们理解国际经济相互依存的条件下各种利益冲突局面所包括的利弊得失结构,并能为各国之间的宏观经济政策协调设计一个更好的博弈规则,提供坚实的理论依据。

概而言之,国际经济协调作为一种政策实践,也有其丰富的理论基础,它主要涉及冲突的策略选择和进行合作的"帕累托改善"性质。目前,这些课题正成为西方经济学家研究的热点之一。

第二节 贸易政策的国际协调

第二次世界大战以后,随着世界经济的迅速恢复和发展,西方资本主义国家对外贸易政策中的自由主义倾向日益明显;但在这期间,贸易保护主义也时有回潮,有时甚至将有关国家拖至"贸易战"的边缘,所幸的是,在缓解有关国家的矛盾冲突、避免"贸易战"的爆发和推动贸易自由化的进程中,贸易政策的国际协调起了非常重要的作用,而国际多边贸易协定的签署则在很大程度上有效地解决了各国在进行政策选择时所面临的"囚徒的困境"(Prisoner's Dilemma)的难题。

一、国际贸易政策协调的重要性

假定世界上只有两个国家:美国和日本;而两国在对外贸易上也只有两种政策选择:自由贸易和保护主义。另外,假定两国政府对其实施的特定贸易政策的结果可用一定的数值来反映其满足程度,请见表17-1。

表17-1中横向表示日本所采取的特定贸易政策,纵向则是美国的贸易政策选择,方框内包括了两国贸易政策在特定条件下的效用情况;在每个方框内,左下角代表美国,而右上角代表日本,每个国家选择的特定贸易政策都在另一国实施何种性质的贸易政策为不确定的情况下发生作用的。

---

① 滨田宏一推论的三种均衡是:1. 科诺—纳什均衡(Cournot—Nash Equilibrium);2. 施塔克尔贝格—纳什均衡(Stacklberg—Nash Equilibrium);3. 纳什交易均衡(Nash Bargaining Epuilibrium)。这三种均衡分别对应了垄断市场分析中的科诺解法(Cournot Solution)、施塔克尔贝格解法(Stacklberg Solution)和纳什交易解法(Nash Bargaining Solution)。其中,纳什交易解法及其达到的均衡是最为多见的合作性非零和博弈(Cooperative Non-zero-sum Game)解法。

表 17-1

贸易政策满足程度

美国＼日本	自由贸易	保护主义
自由贸易	日:10 / 美:10	日:20 / 美:-10
保护主义	日:-10 / 美:20	日:-5 / 美:-5

从表 17-1 中可看出，不管日本采取什么样的贸易政策，在美国，始终会存在贸易保护主义的倾向，因为假定日本实行自由贸易的政策，而且它又能容忍美国的贸易保护主义，那么，美国就能获得最大的利益（满足程度的数值为 20）；反之，如果日本也实行贸易保护主义，那么，日美之间就会爆发"贸易战"，其结果则是两败俱伤（满足程度的数值都为-5）；但是，这还不算是最坏的结果，因为美国政府通过市场保护毕竟满足了国内某些利益集团（如进口替代产业）的需要。假定同第一种情况正相反，美国实行自由贸易，而日本进行贸易保护，那么美国的政策损失还要大（-10）。

表 17-1 所揭示的更有启迪意义的情况是：假如美、日两国政府都实行自由贸易的政策，那么两国从进入对方的市场所获得的好处要大于开放本国市场所失去的利益；换言之，两国的经济福利都会有所提高（满足程度的数值都为 10），随之而来的一个问题是：既然两国都采取自由贸易的政策会实现福利经济学中所谓的帕累托改善（Pareto Improvement），那么开放市场、实现自由贸易的谈判通常为何如此艰难呢？答案是：导致两国都采取自由贸易政策的情形具有一种内在的不稳定性。这是因为各国在选择贸易政策的过程中，始终存在着要使其经济利益和政治利益极大化的动机；具体地说，就是在别国实行自由贸易的情况下，突然改行保护主义政策能使本国在短期内获得最大利益。所以，各国的政策制定者或决策者在不能确定其伙伴国政府是否会严格守信、忠实履行诺言的情况下，一般都不会轻易地对某项国际约束作出承诺。国际贸易政策协调过程中的这个难点问题，就是博弈论分析中著名的"囚徒的困境"①所要揭示的含义。

所以，尽管在理论上可以充分证明，自由贸易对各国来说是最好的贸易政策，但在实践中，贸易保护主义倾向随时有抬头的可能。因为在缺乏充分的信息沟通和有效的政策协调的情况下，假如每个国家的政府都从其自身的利益出发，那么，往往会将贸易保护主

---

① 博弈论所演绎的"囚徒的困境"又称"囚徒的两难"，指的是这样一个事例：两个被隔离拘禁的囚犯都坦白交代，因所犯的罪行确凿，处罚会比较严厉，假如两人订立攻守同盟、守口如瓶，结果就可能因证据不足，而只受到较轻微的处罚；但是，假如其中一人突然坦白，并检举揭发他人，而另一同案犯尚蒙在鼓里，仍在守约而拒不交代，那么，前者因戴罪立功而可能获释，后者因抗拒交代，罪加一等而受到更严厉的制裁。因此，在信息完全被隔绝阻塞的情况下，两个囚犯都害怕被对方出卖，结果往往是彼此只顾自己、互不进行合作，以谁都得不到好处而告终，这个著名案例经常被用来说明在国际经济领域中，合作或结盟优于非合作或以邻为壑的做法。然而，在合作的过程中始终存在着合作的某一方首先背离合作，以捞取更大好处的诱惑。

义视作是最佳的政策选择,但是贸易保护主义是以损害其邻国利益为代价的,这种"以邻为壑"(Beggar-thy-neighbor)的政策行为,必将导致在国与国之间爆发"贸易战",并最终使有关国家经济福利水平大幅度地降低。

当然,上述例子是高度简单化的,现实世界经济中的政策协调要复杂得多,因为几乎所有的国家都在参与国际贸易活动,而且自由贸易和对进口实行完全保护只是两个极端,实际上还有许多介于其间的贸易政策,而国与国之间的政策组合更是不计其数,其产生的结果具有很大的不确定性。然而,上述模型分析中所传达的一个信息是绝对重要的,即为避免国与国之间可能发生的"贸易战",有必要通过谈判或协商来实现有关国家贸易政策的国际协调,通过签订国际条约的形式来约束某些政策行动的自由和限制贸易保护主义。这无疑会有助于推动各国经济的发展和提高整个世界的福利水平。

二、国际贸易政策的协调机制

通过国际贸易政策的协调来削减关税,推动贸易自由化的进程,最早可追溯到20世纪30年代。1930年,美国国会通过了一项法律,即斯穆特—霍利法(Smoot—Hawley Act)。根据这项法律,美国大幅度地提高了关税,结果导致对外贸易额的锐减,加深了30年代的经济大萧条。几年之后,美国政府得出结论,必须削减关税。但这项建议却遭到了来自进口替代产品生产地区的国会议员的反对,然而,自由贸易的吸引力是显而易见的,它能使广大的美国消费者受益,并有利于美国产业结构的调整。为此,美国政府决定采取一种折中的办法,即在互惠的基础上,把降低关税、减少对本国进口替代产业的保护同其他国家拆除关税壁垒、扩大本国的出口有机地联系起来。举例来说,美国和日本达成协议,据此,美国将降低关税或不再实施进口配额以保护其国内某些制造业免受来自日本的竞争;作为对等的回报,日本也应消除某些阻碍国际贸易的限制措施,如降低对美国出口的农产品和高技术产品所适用的关税税率。很显然,通过双边协议而不是单边政策来降低关税至少有两个好处:首先,就相互削减关税达成协议有助于平衡国内各方面的利益,缓解来自某些政治集团的阻挠,最大限度地动员支持自由贸易的力量;其次,通过多边谈判来解决国际贸易中所产生的问题,有助于防止国与国之间爆发危害性极大的"贸易战"。正是由于这种双边对等性质的关税削减,美国的平均进口关税从1932年的59%降至"二战"刚结束时的25%。

然而,从20世纪30年代中期起开始进行的这种双边削减关税的谈判,并不能在全球范围内实现贸易政策协调所带来的利益,因为双边谈判所产生的利益往往会"溢出"到未作出任何让步的第三国,出现第三国"搭便车"的现象,结果使这些国家缺乏削减关税的内在动力。例如,作为同巴西政府举行双边谈判、达成协议的结果,美国削减了咖啡的进口关税。而国际市场上咖啡贸易量的扩大有可能给哥伦比亚带来意外的收益。另外,国际贸易内在的多边性倾向和多边国际支付所具有的效益也是显而易见的。例如,日本对欧洲的出口增加使其有更大的支付能力扩大从美国的进口,美国因此也愿意从沙特阿拉伯购买更多的石油,而沙特阿拉伯的石油美元剧增可能会使其从欧洲进口更多的商品供国内消费。于是,削减关税的双边谈判最终发展成为涉及许多国家的多边贸易谈判,有关贸易政策的国际协调开始在全球范围内展开。

全球范围内的贸易政策协调主要表现为在《关税与贸易总协定》的法律框架下所举行

的各轮多边贸易谈判,自 1945 年起至 1993 年年底,《关贸总协定》主持了八轮多边贸易谈判。更确切地说,前五轮的形式是"平行进行的双边谈判",即一国与许多国家同时展开"一对一"(Pairwise)的双边贸易谈判。譬如说,德国打算削减其关税,这会有利于法国和意大利的出口。于是,德国就会要求法国和意大利分别与其谈判,也作出对等的让步,扩大从德国的进口,在《关贸总协定》框架下举行的各轮谈判虽然侧重点有所不同,但其总目标是一致的,即在国际经济政策协调的基础上,通常消除贸易扭曲,建立一个更为开放的多边贸易体制来促进世界经济的增长。

《关贸总协定》主持下的第六轮多边贸易谈判,是于 1962 年开始的,当时美国国会通过了《扩大贸易法》,为拆除影响美国扩大出口贸易的障碍,肯尼迪总统倡议举行新一轮的多边贸易谈判。所以,这轮谈判被称作"肯尼迪回合"(Kennedy Round),它完成于 1976 年,经历了这轮全面关税削减的谈判后,西方发达国家的平均关税下降了 35%。

第七轮谈判是 1979 年结束的"东京回合"(Tokyo Round),这轮谈判与前六轮将谈判重点放在降低关税上有所不同,而是开始将主要注意力转向非关税壁垒问题。

1986 年 9 月,《关贸总协定》缔约国部长级会议在乌拉圭召开,第八轮多边贸易谈判就此拉开了序幕,这轮谈判所涉及的范围进一步扩大,包括了与贸易有关的投资措施、知识产权保护及服务贸易等新的内容。乌拉圭回合谈判历时 7 年之久,经过十分激烈的争论和内容错综复杂的谈判,它于 1993 年 12 月 15 日在日内瓦结束。

根据"乌拉圭回合"达成的协议,世界贸易组织(WTO)于 1995 年 1 月 1 日起正式建立。它取代了《关贸总协定》,成为国际多边贸易体制运转的基础和法律载体,标志着贸易政策的国际协调进入了一个新的时期。

多哈回合谈判作为 WTO 成立以来的首轮多边贸易谈判,与乌拉圭回合虽然在谈判发起时间上相差 15 年,但两者之间的继承和延续关系仍然十分明显。多哈回合的宗旨是促进世贸组织成员削减贸易壁垒,通过更公平的贸易环境来促进全球特别是较贫穷国家的经济发展。谈判包括农业、非农产品市场准入、服务贸易、规则谈判、争端解决、知识产权、贸易与发展以及贸易与环境 8 个主要议题。但由于谈判议题涉及面广、利益冲突复杂,特别是农业和非农产品市场准两个最关键的议题分歧很大,本来计划在 2005 年 1 月 1 日结束,经过 2005 年的推迟和 2006 年的中止以及 2007 年的重起谈判,至今仍未能达成协议。

毋庸置疑,努力消除各类贸易障碍,稳步推进贸易自由化,使国际贸易体系更具规范性和制度性的特征,这对于加快国际经济一体化的进程是非常有益的。同时,也将对各国携手走出 2008 年以来的全球性经济危机,实现全球经济的复苏具有积极意义。

第三节 国际货币体系与汇率协调

一、固定汇率制下的国际协调

与自由贸易新秩序同时实行的是固定汇率的国际货币体系,布雷顿森林体系的建立宗旨之一,就是要通过这项国际货币制度的安排,使 20 世纪 30 年代大危机时期发生的竞争性货币贬值成为非法,以此来促进国际贸易的有序发展。假定各国仍旧能够随心所欲地改变其货币平价,并实行"以邻为壑"的汇率政策,那么,国际贸易就会发生严重倒退,历史的悲剧将会重演,其最终结果是损人又不利己。

布雷顿森林体系建立的国际货币基金组织和世界银行是固定汇率制度下国际货币体系与汇率协调的主要机构。国际货币基金组织通过对逆差国家提供贷款,以稳定汇率;而世界银行则向发展中国家提供长期的优惠利率贷款,以弥补这些国家资本之不足。布雷顿森林体系对于第二次世界大战后世界经济和国际贸易的繁荣起到了巨大的推动作用。当然,布雷顿森林体系有关汇率调节的安排存在着缺陷。

在实践中,只有那些国际收支发生逆差的国家承受着采取紧缩性宏观经济政策或宣布其货币法定贬值的压力,因为若不采取这些措施来消除国际收支失衡的根源,该国的国际储备就会源源不断地流失,甚至枯竭;而国际货币基金组织向逆差国家提供的贷款则是有条件的,而且这种条件(Conditionality)随着贷款档次的升高逐渐变得越来越严厉,甚至近乎苛刻。顺差国家则不同,从理论上讲,它可无限制地积累国际储备资产,当然,由于中央银行大量地购进外汇,该国的货币基础会扩大,这有可能会加剧国内的通货膨胀,但是,顺差国家的中央银行可以通过公开市场业务,即大量抛售政府债券来回笼货币以"冲销"(Sterilize)国际收支盈余对本国货币供应量和物价水平的影响。其结果是:顺差国家的调节压力被大大减弱了。

在固定汇率制下,一个非常突出的内在非对称性(Asymmetry)问题影响着国际经济的协调发展,那就是作为关键货币(Key currency)国家的美国,可以通过增加其对外短期负债来直接弥补国际收支赤字。换言之,各国中央银行累积起来的美元储备实际上都构成了对美国政府的贷款,这意味着世界各国的实际资源在向美国转移,法国前总统夏尔·戴高乐曾愤愤不平地指出,这是美国凭借其储备货币发行国的特权在向世界各国征收"铸币税"(Seignoirage)①。另外,在布雷顿森林体系下,美国的货币政策不仅能决定国际清偿力的增长速度,而且通过储备资产的作用,还能影响各国的货币供应乃至整个世界的物价水平。然而,美国作为一个开放程度相对较低的国家(以一国的进出口值占国民生产总值的比率来衡量),在制定货币政策时从未充分考虑政策的"溢出效应"(即其对世界通货膨胀率的影响);而与其他国家进行有效的政策协调就更无从谈起。

在固定汇率制下,各国必须将外部经济平衡放在内部经济平衡之前来加以考虑。为了使这种国际货币制度能够正常运转,国际货币基金组织必须经常对各成员国的宏观经济进行协调。然而,布雷顿森林体系只是给予美国一个支配性的地位取代了各国宏观经济政策的协调。而事实证明,美国恰恰又滥用了这种特权,它直接导致了该体系的最终崩溃。

二、浮动汇率制下的国际协调

自1973年固定汇率制被浮动汇率制取代以来,西方各主要国家的货币汇率波动加剧,给世界经济形成了很大的冲击。于是,西方国家加强了在汇率政策上的协调。1975年,在法国朗布依埃举行的首次西方7国首脑会议上,美、法两国曾达成一致意见,表示在

---

① 所谓"铸币税",又称"铸造税",指的是国家通过发行货币的特权所获得的财政上的净利益,因为货币的面值与铸造的边际成本(Brassage)之间有一个很大的差额。

浮动汇率制下，两国中央银行应通过经常磋商，积极干预外汇市场以稳定汇率。但这只是双边意义上的政策协调，而且它的实践意义并不突出。特别是在罗纳德·里根就任美国总统后的最初几年，美国对外汇市场上的汇率波动基本上采取的是放任自流的态度，这种局面一直持续到20世纪80年代中期才有所改变。自那以后，西方国家经常通过对外汇市场进行大规模的联合干预，以便将汇率控制在所希望的范围之内。这类汇率政策的国际协调，比较突出的共有四起：

第一，20世纪80年代初，里根上台后以抽紧银根来对付通货膨胀，同时以减税来刺激经济，但这项宏观经济政策的实施导致了连年出现巨额财政赤字，市场利率居高不下，外资纷纷流入，美元汇率日趋坚挺，1980～1985年2月期间，美元对西方10种主要货币的比价平均上升了80%，对德国马克、瑞士法郎和法国法郎的比价都升至1973年实行浮动汇率制以来的最高峰，而英镑对美元的汇率更是下跌到1∶1的历史最低点。与此同时，美国的贸易收支连年出现了巨额逆差。为了减少巨额贸易逆差，平息国内日益加剧的贸易保护主义思潮，缓和与其他西方国家不断激化的矛盾。1985年9月5日，美国倡议召开了西方5国（美、日、德、法、英）财长会议，协调了相互间的汇率政策，发表了著名的"广场公报"（Plaza Communique），表示为纠正美元汇率明显高估（Overvalue）的现象，与会国同意联合干预外汇市场，以使美元汇率逐渐下浮，最终完成"软着陆"，在会后短短的1个月内，由于5国中央银行对外汇市场的大规模干预（联手抛售美元总计达190亿），美元的涨势终于得到了遏制，这次政策协调在短期内获得了成功，它被认为是实行浮动汇率制以来进行的有关汇率制政策的协调首次真正落到了实处。

第二，自1985年9月以后，美元汇率开始大幅度地回落。1986年5月东京7国首脑会议召开，再次确认了1983年7国首脑会议上提出的"如果有益就干预外汇市场"的意向，并决定将5国财长会议扩大至7国（再加上意大利和加拿大）。由于市场普遍担心有关国家中央银行会再次联合干预，因此美元汇率一蹶不振。到1986年7月1日，它对西方10种主要货币的平均汇率比5国财长会议召开时下降了20%，其中，对日元下降了33%，达到战后的最低水平。对于美元汇率一直处于低水平上徘徊，西方国家形成了两种截然不同的观点：日本和德国等国家认为，美元的跌幅已足够大，如再继续下滑会给西方经济造成严重后果；而美国则认为，为使仍居高不下的美国贸易逆差能够控制在1000亿美元以内，美元汇率还应继续下降，除非西欧国家和日本采取扩张性的宏观经济政策以刺激内需，扩大从美国的进口。为了缓和矛盾，解决分歧，1987年2月，西方7国财长又在法国巴黎召开协调汇率政策的会议，并达成了旨在稳定美元汇率的"卢浮宫协议"（Louvre Agreement）。这项协议为美元对日元和美元对马克的实际汇率设定了参考的汇率变动范围，或者说是建立了某种形式的"目标汇率区"（Target Zones）。会后，各国中央银行不断干预外汇市场，耗资高达1000亿美元；而与此同时，美国联邦储备委员会也严格控制了国内货币供应量的增长。结果，在长达8个月左右的时间里，尽管"汇率目标区"并不明确存在，但美元同其他主要西方国家的货币汇率一直处于相对稳定的状态。汇率政策的国际协调又一次在短期内见效。

第三，第三次西方国家联手大规模地干预外汇市场发生在1989年9月。当时，西方7国一致认为，美元的大幅度升值或贬值都将对世界经济的发展产生消极影响，因而7国中央银行在外汇市场上紧密配合，在长达3周的时间里进行联合干预，干预总金额达650亿美元。其中,美国为购入德国马克和日元所抛售的美元金额约为350亿美元。

第四,1995年上半年,美元汇率发生急剧动荡,其对日元的比价从年初的JPY100.67/USD跌至4月19日的JPY79.75/USD,创下了"二战"以来美元对日元汇率的最低点,跌幅高达20%。当时,西方国家曾联手干预过外汇市场,希望能促使美元汇率上升,使有关货币汇率由背离基本经济因素朝比较符合实际经济情况的方向回归,但由于有关国家的政策导向未发生根本变化,结果成效甚微。到了下半年,由于西方主要大国调整了货币政策;另外,当年举行的7国首脑会议也一致同意美元汇率需有序回升,这就为外汇干预获得成功奠定了基础。8月15日,日本中央银行率先在东京外汇市场抛售日元购入美元。此后,美国联邦储备委员会也在纽约外汇市场上进行积极干预,政策协调终于取得了成功。到了1996年,美元兑日元的汇率一路上扬,从年初的JPY103.40/USD上升至4月15日的JPY108.60/USD,创下了26个月来的最高点,涨幅达到10.5%,这次政策协调的其他背景是:美国经济继1994年增长过热后国内通货膨胀的压力加大,所以美国希望通过提高美元汇率来减轻通货膨胀的压力;而日本经济增长乏力,政府试图用日元汇率的下调来促进出口,从而带动本国经济的增长。此外,日元对美元的汇率呈现出前所未有的大动荡还有一个原因,那就是日本国内的自然灾害和金融市场动荡的影响。

三、当代汇率协调中的问题

浮动汇率制在促使各国进行汇率政策的协调方面取得了一些成效,但其影响的范围及持续时间是非常有限的。另外,西方各国在联合干预外汇市场的同时,在宏观经济政策的国际协调方面有时缺乏配合,导致干预效果不佳的结果。

从汇率政策的国际协调来看,它不仅仅是一个推动外汇市场实现比较合理价位的技术性调整问题,而且更重要的是:有关国家货币政策和财政政策的走向以及国内基本经济因素的实际情况对市场的稳定起着决定性的作用。换言之,稳定汇率的根本保障是有关国家宏观经济政策(特别是货币政策)的协调和经济运行指标的趋同。举个反面的例子,1992年9月席卷西欧的金融风暴使欧洲货币体系遭到了自其创立以来的最大冲击。由于当时美元对德国马克的汇率跌至战后以来的最低点,西欧国家的外汇市场上也出现了抢购马克的风。马克汇率不断上升,而英镑和意大利里拉等弱币汇率则不断下跌。在有关国家的中央银行作了大规模干预仍然无效以后,英镑和意大利里拉不得不先后退出欧洲货币体系的汇率机制。从根本上来探究,这次危机的内因在于欧共体成员国的货币政策的失调。为了摆脱衰退,刺激经济增长,英国、法国和意大利等国纷纷放松银根,降低利率;而德国在统一之后承受了恢复东部经济的沉重的负担,国内的通货膨胀出现了抬头之势,为了防止通货膨胀的进一步加剧,德国采取了紧缩银根、提高利率的货币政策。正是由于这种宏观经济政策的不协调,终于导致了欧洲货币体系的汇率大紊乱。

除了政策协调方面的原因以外,现行的浮动汇率体制本身也存在着制度上的缺陷。美国斯坦福大学的教授罗纳德·麦金农(Ronald I. Mckinnon)曾指出:浮动汇率制远非是个完美的货币制度,在某些方面它仍存在布雷顿森林体系下的非对称性问题。[1] 例如,当

---

[1] 参阅麦金农:《一种有利于货币稳定的国际本位制》(An International Standard for Monetary Stabilization)(1984)。

德国和日本的中央银行在 1977~1978 年面对美国较快的货币增长而干预外汇市场以阻止马克和日元汇率进一步上升时,两国国内的货币供应量增加了;而与此同时,美国的货币存量并没有发生抵消性质的减少,结果导致整个世界货币供给的增加,加剧了 1979~1980 年间各工业化国家同步发生的通货膨胀。假定世界经济处于一个更对称的货币调节体系下,或通过各国政府间进行有效的货币政策协调,即一国的货币扩张能被另一国的货币紧缩所抵消,那么世界范围的通货膨胀就会受到抑制。

同样,1979 年后,为阻止美元汇率不断上涨的势头,日本和西欧国家都在不同程度上对外汇市场进行干预,结果导致货币紧缩,因为美国的货币供给并没有发生相应的增加。毫无疑问,浮动汇率制存在的这种不对称性加剧了 20 世纪 80 年代初整个世界经济的衰退。

当然,光靠一种汇率制度来限制一个国家的政府,使其在制订宏观经济政策时不完全只顾自身的利益还考虑其他国家的利益这本身是值得怀疑的,或者说是不现实的,同个人行为一样,政府的行为也是受其自身利益驱使的,而不是由社区的利益或国际的利益来支配的。但是,对于同社会公共利益背道而驰的个人行为,可通过法律处罚来加以限制,而要设计和实施某种国际制裁措施来约束主权国家,使之不违反协调的原则却要困难得多,所以,在世界经济的现实中,政策协调的目标能否实现在很大程度上不是取决于各国的经济能力,而是取决于各国遵守协议的意愿或决心;因为对协调后的政策的履行只是一种道德义务,它并不具有强制性。

第四节 国内宏观经济政策的国际协调

所谓国内宏观经济政策的国际协调,是指在有关国家解决失业与通货膨胀的目标选择不一致时,在相互让步的基础上,就这些国家的货币政策和财政政策进行国际协调,并达成某种妥协或临时默契,选择一个符合参与协调的各国整体最大经济利益的均衡点。尽管这种协调结果对于某一个或某一些国家来说或许并非是最佳的政策选择,但是,对于世界经济来说,它往往是一种最可取的选择。

在最初几年举行的 7 国首脑会议(即 1975 年的朗布依埃会议,1976 年的圣胡安会议和 1977 年的伦敦会议)上,与会的首脑们讨论了成员国的经济增长、通货膨胀和就业等经济问题,并强调了管理每个国家内部事务的重要性;但对如何在有关国家之间进行宏观经济政策的协调来使 7 国整体的经济发展获得更大的利益,似乎不太热心,并没有采取大的举动。而 1978 年的"波恩会议"终于使上述局面发生了变化,即西方大国开始在国内宏观经济政策方面进行国际协调。1997 年的东南亚金融危机使得发达国家认识到与发展中国家协调的重要性,于 1999 年宣布成立了 G20(20 国集团)。

一、经济政策的国际协调目的

伴随着世界经济相互依存性的日益加强,国际经济协调这一政策主张和实践越来越多地受到西方各国宏观决策者的青睐和重视,因为政策协调能在一定的程度上,在一定的时期里,在一定的领域内缓解与调和资本主义经济内在的矛盾。各国政府发现,通过协调与合作来制订和实施有关经济政策要比各自为政、彼此独立地进行经济调控能取得更好的政策效果。正因为如此,国际货币基金组织在其年会上或其他重要场合也一再强调"在一个相互依存关系日益加强的世界里,改善和加强各国宏观经济政策协调"的重要性和迫切性。

然而,从根本上讲,目前的西方国家的经济政策协调还处于较浅层次,协调的方式具有偶发或临时的特点,协调的目的也往往在于世界经济发展过程中的负面效应产生之后来防止其进一步加剧或扩散,这就决定了政策协调的结果对各国经济的影响是暂时性的,一般只涉及汇率、利率等经济的表层变量,而对各国经济发展过程中的诸如产业结构的调整、发展中国家贸易条件的改善等深层次因素则没有触及,不仅如此,即便是贸易、汇率和利率等政策的协调,做起来也不那么简单,有关国家常常为了本国的利益而激烈进行讨价还价,闹得不可开交。因此,现存的宏观经济政策的国际协调比政策协调理论研究所涉及的面要狭窄得多。

毫无疑问,国际经济政策协调的更深层次目标是要通过对财政货币政策的长期而持久的调整,来消除国与国之间在经济结构、发展水平和政策制度的不平衡性,使得整个世界经济能更协调地发展。换句话说,经济政策的协调将不再是为抑制出现的经济危机而采取的临时性应急措施,而成了为各国的共同利益而采取的一致对策。但是,在西方资本主义国家之间的矛盾积重难返、世界经济发展的非均衡性根深蒂固、各国经济结构和收入水平存在很大差异的现实情况下,这绝非是能够在短期内实现的。

二、经济政策的国际协调活动

西方大国之间在刺激总需求方面进行国际合作和政策协调的典型事例要属1978年和1985年举行的两次波恩首脑会议。这两次会议有着惊人的相似之处,即西方大国尽管面临国内政策与国际政策的冲突,但最终选择了国际合作和协调的途径,解决了当时迫切需要解决的世界经济问题。

在经历了1973~1975年第二次世界大战后最严重的经济危机和第一次石油打击之后,西方资本主义经济陷入了"滞胀"的困境。1977~1978年间,美国的卡特政府认为,联邦德国和日本的生产水平远低于其潜在的生产能力,据此,美国极力提倡一个以发达国家宏观经济政策的国际协调为特征的、通过刺激需求增长来带动整个世界经济摆脱萧条的"火车头方法"(Locomotive Approach)。其具体内容是:即由日本和德国来充当资本主义世界经济的"火车头",率先实行扩张性的财政和货币政策,扩大内需,以此来帮助美国削减贸易赤字,并刺激世界经济走向复苏。然而,联邦德国和日本在最初都不愿这样做,因为它们更担心通货膨胀会由此而死灰复燃。后来,经过讨价还价终于在1978年的波恩首脑会议上达成妥协,制定了同舟共济"协调刺激经济回升的政策":由联邦德国和日本在控制通货膨胀的前提下进行经济扩张,以换取美国新的能源政策。这是发生在20世纪70年代末最著名的宏观经济一揽子交易,它标志西方国家的宏观经济政策协调达到了一个新的阶段。

1980~1982年,资本主义世界经济又一次陷入严重衰退,于是,不少西方经济学家及宏观经济决策者再次呼吁:通过政策协调、采取联合行动来重新振兴世界经济。然而,在执政的最初几年对市场干预不太感兴趣的美国里根政府,则正忙于国内的通货膨胀控制问题,而无暇顾及宏观经济政策的国际协调。不仅如此,根据美国的观点,其他西方大国不应该为刺激经济回升而进行扩张,而应像美国那样紧缩货币以巩固反通货膨胀的成果。由于西方大国的政策主张南辕北辙、大相径庭,在1981年举行的西方7国首脑会议上又一次爆发了激烈争吵。日本和西欧等国纷纷抱怨美国的银根抽得太紧,认为任何国际经济政策的协调都应该以美国放松银根、重新膨胀经济为前提;而美国为了牢牢控制国内的通货膨胀率而不想有这种政策变化。结果,双方在美国的高利率问题上互不让步,国际经济政策协调成为一句空谈。第七次首脑会议结果不欢而散。到1985年,第十一次西方7国首脑会议又在波恩召开。美国国内通货膨胀加剧的趋势基本上得到控制,它的立场有了大转变,再次要求联邦德国和日本进行经济扩张以作为美国削减巨额财政赤字和贸易赤字、降低利率的回报。两次波恩首脑会议相隔7年,资本主义世界经济的周期又把美国、日本和联邦德国带回到各自原来的立场上,通过宏观经济政策的国际协调来缓解它们之间的经济矛盾。

另外,资本主义发达国家在联手对付1987年10月爆发的席卷全球的股市危机方面也在相当程度上获得了成功。

1987年10月19日,由纽约股票交易所道·琼斯指数的狂泻引发了一场震撼全球的股市风暴,一星期后,美元汇率又在全世界各大外汇市场上全面下跌,它对其他主要西方国家的货币汇价几乎均创"二战"后的最低纪录,探究这次危机的原因,除了美国金融政策的突然转向和美国连年出现巨额财政赤字、贸易赤字等经济因素以外,西方7国政策协调体制的一度失灵也是重要的触发因素。1987年9月,美国政府为弥补创纪录的财政赤字和贸易赤字(1986财政年度两者分别为2 200亿美元和1 562亿美元),一反自1984年以来听任利率一直下降的态度,开始提高联邦储备银行的贴现率以吸引外资。而联邦德国从其自身利益出发,对美国货币政策的这一突然转向采取了针锋相对的措施,亦提高了再贴现率。美国对此大为不满,并表示要以美元汇率的下跌作为报复,这就大大动摇了人们对美元和美国经济的信心,投资者和投机者纷纷从"过热"的股票市场上抽回资金,并在外汇市场上大量抛售美元。股市危机爆发后,美国和联邦德国再次发生争吵,双方都声称,为防止本国的经济陷入衰退,即使本币继续下跌或继续上涨也在所不惜。1987年2月达成的"卢浮宫协议"就这样成了一纸空文,美元开始一泻千里,只是到了同年11月20日,美国政府与国会达成了在1988年和1989年两个财政年度共削减760亿美元的预算赤字的协议之后,西方发达国家才开始采取共同措施来对付所面临的严重危机。例如,作为对美国努力削减财政赤字与缓和股市冲击的配合,西欧国家普遍降低了贴现率。特别是英格兰银行,曾连续三次下调利率,而德意志联邦银行也一改其原先不肯降低利率的态度,将贴现率降至2.5%的历史最低水平。除了货币政策的国际协调行动以外,日本和德国还在增加外援、刺激内需、扩大从美国的进口以削减贸易顺差等方面作出了一些承诺,并采取了相应的政策行动。正是由于西方主要资本主义国家加强了宏观经济政策的国际协调,才使得这次股市风暴的危害性在相当的程度上受到了抑制,没有酿成像20世纪30年代那样的资本主义世界经济的全面危机。

在20世纪80年代中后期较长的时间里,西方发达国家之间能通过政策的协调来解决好抑制通货膨胀和维持经济增长的关系。然而,在这之前或在这期间,世界经济的实践中也确实出现过一些发达国家经济政策不够协调的事例。例如,在80年代初,西方国家都希望通过放慢货币增长来抑制通货膨胀,而普遍实行严厉紧缩的货币政策使得世界经济陷入衰退之中。不仅如此，由于汇率对物价具有的潜在影响，又使得这一问题进一步复杂化。因为一国即便是抽紧银根，但如果与其贸易伙伴国相比还不够严厉，那么，该国的货币汇率就会下跌，从而导致其紧缩经济、控制通货膨胀的努力付诸东流。就这样，由于缺乏宏观经济政策国际协调，工业化国家作为一个整体采取了过分严厉的货币政策，结果是加深了世界经济的衰退，假定当初各国通过谈判达成协议，明确同意放弃采用以牺牲别国的利益来为本国谋取不公正利益的政策，而代之以采取一个服务于共同经济目标的政策行动，那么，所有国家都会有一个比较满意的通货膨胀率和失业率的组合，世界经济的发展就会更加协调。

进入20世纪90年代以后，由于资本主义各国经济的国际竞争日趋激烈，其经济政策的国际协调进程一直处于曲折之中。例如，1991年11月，德国政府为遏制因重建原东德的经济而引发的通货膨胀而大幅度提高利率，使其升至1948年以来的最高点。然而，当时的美国和其他西欧国家正面临着衰退的危险，为避免经济再次走下坡路，这些国家都希望利率处于较低的水平。而事实上，美国也确实采取了放松银根的措施来降低利率，以帮助经济走出萧条。但这又导致了美元对德国马克汇率的急剧下跌。与此同时，其他欧共体成员国不得不步德国的后尘，被迫提高利率，以使各自的货币保持在欧洲货币体系（EMS）所规定的中心汇率±2.25%（意大利为±6%）的范围之内波动。这意味着这些国家不得不放弃通过货币扩张来刺激经济走向复苏的努力，毫无疑问，德国这种全然不顾其他伙伴国的要求、独行其是的做法，是国际合作与协调进程的严重倒退，但是其他西方大国并没有对德国的行为采取报复行动，避免了世界经济更大的动荡。

西方国家的政策协调除了能对世界经济周期运动产生一定的作用之外，有时还用来缓和某些国际经济领域中重大突发性事件的消极影响。例如，20世纪70年代发生的两次石油冲击，导致西方国家通货膨胀率的大幅度上升，并提前诱发或加深了世界经济危机。因此，在美国的积极推动下，OECD理事会于1974年决定成立有19个成员国参加的"国际能源机构"，其主要任务是协调各成员国的能源政策，如拟定石油消费计划，采取共同的节约措施，在发生石油短缺的紧急情况下按应急计划分享石油等。另外，在70年代后期举行的几次西方7国首脑会议，几乎每次都提到世界石油价格的问题。而1979年在日本东京举行的第五次首脑会议，更因其主要议题为讨论第二次石油危机后的世界石油价格及能源替代品生产等问题，而被称作"能源会议"。再如，1982年国际债务危机爆发后，西方发达国家更是加紧协调彼此的有关政策。在80年代举行的好几次西方7国首脑会议上，发展中国家的债务问题成为重要议题。1989年，继任美国财长的尼古拉斯·布雷迪（Nicholas Brady）提议的国际债务处理计划正式通过，其主要内容是：①确立了以减免债务本息，而不是增加贷款的债务处理原则，主要是通过以低于原债务票面价值的折扣方法完成；②引入了国际多边处理债务的机制，即联合国际货币基金、世界银行、美洲开发银行和日本政府等多边力量，提供资金或担保债务的回购；③对不同国家，采取个案处理的方法，安排债务处理计划。布雷迪计划的意义与其说是扭转了国际债务处理中债务越积越多、债权人越来越丧失信心的局面，不如说是开创了国际债务多边处理机制的格局。在国际货币基金组织的协调下，各有关国家的政府和国际商业银行对债务国重新安排了债务，实施了金融挽救的一揽子计划，从而为缓和国际债务危机起到了重要的作用，并且使债务国重新赢得国际资本的信任。

进入20世纪90年代后,西方国家在对付墨西哥金融危机和东南亚金融危机方面也曾进行过一系列的国际政策协调。1994年墨西哥比索大幅贬值,以及随后爆发的金融危机是金融市场进入全球化后发生的第一次危机。国际多边债务处理机制被适时地采用:美国外汇平准基金以掉期和担保形式提供200亿美元、10国集团的中央银行在国际清算银行的框架下提供10亿美元、国际货币基金组织提供121亿特别提款权备用贷款,以及加拿大提供10亿美元,这样不仅有效避免了危机将引起的系统性风险外溢,而且较快恢复了墨西哥,乃至拉美新兴市场的国际信誉。也正是由于信心的恢复,资本外逃受到阻拦。更为关键的是,借助于证券化的债务二级市场削减债务的这一市场导向型债务处理计划减轻了银行的压力,从而可以避免因大银行崩溃导致全球范围的国际金融危机。在应对2007年始发于美国次贷市场,而后席卷全球的金融危机中,国际经济协调更为多元和密切。与亚洲金融风暴不同的是,次贷危机不仅爆发于世界经济的中心国家,且在金融一体化背景下其风险的承担者是全球性的。因此,危机爆发后,各国政府不仅各自深度介入救市,而且加强了合作协调。如危机初期,为缓解各地货币市场资金需求,美联储分别与欧洲央行、瑞士央行合作建立200亿美元和40亿美元的货币互换机制,平抑离岸市场的美元拆借利率。危机高潮期,为缓解雷曼兄弟公司破产可能导致的全球市场流动性紧缺,美联储不仅联手欧洲、日本、加拿大、英国和瑞士五大央行向货币市场注资2 470亿美元,还主持召集来自全球多国的十大银行(美国银行、巴克莱集团、花旗、瑞士银行和德意志银行等)共同推出700亿美元的救急基金,使国际协调从政府层面拓展至企业层面。在2008年9月23日召开的联合国大会上,秘书长潘继文呼吁"集体行动、全球领导",多国领导人提出了以全球解决方案应对由次贷引发的全球性危机。此后,全球共同应对风险成为各次G-20峰会上的首要议题,从2009年4月,伦敦峰会后各国共同签署的声明中呼吁持续采取扩张性财政政策、在稳定物价的基础上,采取宽松货币政策以因对信用市场紧缩现象,到2011年2月巴黎峰会上20国集团就如何监控全球经济中不平衡的问题达成统一各国经常账户盈余衡量标准的协议,预示着国际经济协调在更多国家参与和更高层次上推进的新局面。

第五节 全球化冲击下的新问题

经济全球化也许是人类有史以来经济系统最深刻的变化之一,其历史影响绝不亚于不同生产方式的进化。经济全球化的挑战是全面的挑战。它对从宏观经济运行到微观经济规律,从经济体制选择到对外发展战略都提出了新的问题。

一、全球化与世界经济的新特点

经济全球化的进程事实上正在产生出一个新的经济体,一个在范围上大于国民经济,而在运行机制上又相似于国民经济的经济体。这是因为,全球化就其核心而言是一国经济活动在空间范围上的空前扩大,使国与国之间经济活动的障碍日益消除,这就使得世界经济发生了一个根本性变化:原来作为世界市场上经济活动的主体,作为经济意义上的国家在世界经济中的意义正在日益淡化,尽管在可预见的将来还不会消失。

但是,全球化的世界经济与国民经济仍然是有着根本区别的。一方面,国家毕竟仍然存在,在一个相当长的时期内仍将发挥其管理和干预对外经济关系的作用;货币差别仍然存在,汇率变动仍然是一般国民经济中所没有的重大变数;发展差别仍然存在,贸易分工结构和投资流向都受到这一点的重大影响;如此等等。

然而,全球化对世界经济的影响毕竟是带有根本性的。我们不能用传统的国际经济观念来看待今后的世界经济。因此,对每一个国家来说,特别是对发展中国家来说,它必须考虑如何在全球化潮流中实现开放的主动。因为对外开放作为主动的政策选择已经受到挑战。面对外部全球化潮流的冲击,需要考虑怎样才能在开放中既争取主动,又适应环境。它也必须考虑如何应对全球化对经济体制的冲击。因为全球化不只是一般意义上要求各国开放市场,而且在一个更深层的意义上要求各国实行国际规范的经济管理制度,在很大程度上触及具有根本性意义的经济体制。怎样才能既从本国的实际出发选择经济制度,又符合参与和融入全球化对经济制度上的要求。

发展战略问题从其一开始就是作为一个国家自身的发展道路的选择问题,至多是在开放型战略中考虑如何利用外部条件和外部资源。全球化对发展战略的挑战在于,不仅封闭型的发展战略已成为不现实,而且开放型的发展战略也正日益减小着其选择空间。进口替代型的发展战略要求在一个相当长的时期中实行对本国市场的保护,这在全球化条件下越来越不可能。出口导向战略虽然实行一个开放的市场,但其出口发展常常是在政府的政策激励下实现的,而这些政策激励也越来越多地受到全球化规则的制约。如何继续实行快速而又渐进的开放战略已成为一个新问题。一国市场开放度的提高只能因产业而异,因发展阶段而异,而全球化却要求其迅速地开放市场。这就使发展中国家的发展战略面临一个严峻的两难选择:如果继续根据自己的渐进式战略逐步开放市场,那么就不能被接受参与全球化的快速进程,而如果不能跟上全球化进程,那么就不能参与进一步全球化的制度决策从而在全球化的发展中处于更加被动的地位。如果完全根据全球化的需要改变自己的发展战略,那么相当一批幼稚工业将面临生存危机,即使从长远看这是深化国际分工的需要,也难以应付急剧形成的企业破产与失业的巨大压力。换一个说法则是,一个已经在开放速度上远超过一般国家的国家如何能在更迅速的开放中赢得成功的发展。一个刚刚获得初步发展的国家如何能暴露在强大的国际竞争下继续自己的发展战略。

经济全球化的进程事实上正在产生出一种新的生产方式,它既不是资本主义的,也不是社会主义的,而是多种不同生产方式的结合。多种生产方式在这里联合成一种新的生产方式,既保持了各自的存在,又创造了新的运行。它是一种"复合型的生产方式"。这种生产方式,既不是发达市场经济的,也不是发展中市场经济的,不同发展水平的市场经济都在这里有自己的位置,相对有利的和相对不利的。这种市场经济水平的相互间的"落差",构成了全球化在当前阶段的一系列基本特征。作为生产关系,它是国与国之间的经济关系,是一国资本与另一国劳动者的关系;作为经济基础,它是一种结构相当不统一、不均匀的体系,它所需要的上层建筑尚未完全形成,而且可以预见,由于基础的不匀质,上层建筑与经济基础的矛盾在长期中会相当尖锐。

由全球化所引起的管理问题还包括全球经济的管理。这既是一个全球经济体制的建设,又是全球经济的协调。在全球化大发展的今天,全球经济管理问题已经为国际学术界所重视,被明确地提了出来。

二、全球化与经济发展的新主题

全球化是否会促进经济更快发展,尤其是能否促进发展中国家经济的更快发展。根据亚当·斯密的理论,国际分工使各国都能受益,但是两次世界大战、30年代的大萧条和二战后40多年大多数发展中国家采用保护主义政策,一再使斯密理论受挫。近年来,格鲁斯曼(G. Grossman)和海普曼(E. Helpman)等人的研究提供了令人信服的证明,斯密的贸易源于获利动机的推断,是许多新的"内涵增长"数学模型的核心,这些模型强调长期的经济增长依靠生产率的提高和技术革新,而对这两方面的激励来自市场。如果革新者作为卖方进入拓展了的世界市场,他们就会有更大的激情去进行革新。如果需要通过对大量专业部门的生产过程进行优化来提高生产率,而每个专业部门又面临固定生产成本的压力,那么一个大市场就会把这些固定成本分解到生产大流程中去。增长未必受益的只有两种例外。一是地理原因造成的运输费用阻碍了一国与世界市场的广泛联系,二是初级产品的专业化引发了经济发展的长期下滑(所谓"荷兰病"),而制造业产品则为生产的长期发展提供了更好的机遇。①

全球化是一个超宏观问题,但是全球化的基础来自两个微观层面的变化。从组织层面讲,是企业组织的变化,与全球化经济相对应的,是跨国公司的企业组织形式。正是跨国公司的大发展所造就的生产国际化构成了经济全球化的企业组织基础。从经济运行的角度讲,今天的世界,与其说是主权国家的总和,不如说是跨国公司的总和。跨国公司占世界生产与贸易比重的数字可以充分支持这一结论。于是一个自然的结论便产生了:真正参与国际竞争和世界经济活动,无疑应当采用跨国公司的企业制度。全球化对企业所提出的挑战是明显的,那就是一个企业怎样才能适应全球化竞争。从跨国企业的组织经营到国际的竞争与营销战略,无不因全球化而产生了新的内容。是否实行跨国经营,表面看是关于企业管理方面的问题,实质上是一个如何适应世界经济微观变化的问题。从全球化经济来说,一个企业不采用跨国经营方式,就是没有真正进入世界市场。在当代世界经济中,在本国生产然后出口到国外市场的生产分工方式,正在越来越被直接在国外生产、国外销售所取代。除了经济战略这一生产要素是自己的外,一切生产要素都可以从世界市场中获得。

从技术层面讲,信息革命的发生是全球化的重要技术基础。全球化经济是一种信息经济,信息技术的大发展不仅提供了经济全球化的物质手段,而且造就了全球化经济中的最具有活力的新增长点。由于全球化经济是一种信息经济,所以对一国来说,跟上信息革命具有跟上全球化的相似意义。信息产业是当前全球化经济的主导产业。一国必须实现信息革命跟上全球化。由于信息产品在现代世界经济中的主导地位,由于信息产业的发展与全球化的因果联系,不把握信息产业的微观经济特征,就不能迅速跟上信息革命,也就不能跟上全球化进程。

经济全球化的一个重要基础,是各国普遍实行市场经济的经济制度,因为计划经济不可能建立广泛的外部经济联系,而且只有在市场经济的共同规则下跨国界的经济活动才有可能。但是,全球化反过来却又对经济制度的选择提出了新的难题:从经济制度选择的

---

① [美]萨克斯(J. Sachs):《国际经济:揭开全球化之谜》,美国《外交季刊》1998年春季号。

本来要求看,每一个国家进行应当根据其本国的国情,其中尤其是经济发展水平和历史文化政治条件选择适合于本国经济发展的市场经济制度,但是从全球化的角度看,经济制度的选择又具有国际的外部约束,它要求各国不顾自己的条件,选择一种普遍的发达的市场经济制度,因为只有发达的市场制度才能提供充分的国际竞争条件。一个国家必须思考如何在全球化中赢得体制竞争。因为从深层次上讲,全球化的竞争不是企业与企业的竞争,而是国家与国家的竞争,而这种竞争又不是由国家直接出面、领导和参与的竞争。这种竞争的本质,是国家之间的体制竞争,即一个国家建设一种具有竞争力的经济体制,来提高本国的整体竞争力。赢得这种体制竞争胜利的经济制度,对内应当能充分发挥个人与企业的潜力,具有强大的创新机制,对外应当能适应不断变化的国际环境,及时调整地位与角色,具有充分的应变能力。

三、全球化与宏观调控的新困难

在过去的半个世纪中,宏观经济调控已经积累了许多经验,但是,经济全球化却提出了严峻的挑战。全球化是在各国经济国际化的基础上形成的,反过来它也深刻地影响着各国的宏观经济运行。在现代开放经济中,政府必须解决的一个重大问题是如何在巨大的要素流量下实现宏观均衡。因为全球化带来的大规模要素流动提出了比商品流动更复杂的新问题。商品与要素的巨大流量对传统宏观经济政策的适用性提出了疑问。汇率变动与商品劳务和资本的不平衡相互影响,对内均衡与对外均衡相互制约。货币政策工具已经受到了严重的制约。宏观经济政策必须回答如何在对外依存度较高情况下防止外来的不利影响的问题,因为在高度开放的条件下,一国的外贸依存度越来越高,但是,外部市场变动复杂,竞争激烈,当一国的经济增长在较大程度上依赖于出口时,必须防止外部市场的变动对国内经济增长的过大影响。宏观政策必须考虑如何在国际影响和约束下实现国际收支平衡。因为在全球化的条件下,不仅贸易干预受到约束,不到紧迫时刻政府不能为改善国际收支而干预外贸,而且外汇汇率的调节权力也受到制约。这就使政府在对外经济活动中难以发挥作用,不论国际收支是顺差还是逆差。而现实是,在全球化条件下越来越多的贸易投资是由外国企业决定的,政府的可控制性日益削弱。实现国际收支平衡正日益成为我国宏观经济中的一大主题,尽管近年来的主要特征是顺差而不是逆差。

开放战略尤其集中地反映在金融问题上。金融领域是发展中国家相对更为薄弱的一个领域,而金融领域的开放所可能产生的问题却远大于一般产业。亚洲金融危机对国民经济所造成的危害已使发展中国家很难在金融开放中走出不现实的一步。然而,在经济全球化中,发达国家所要求的各种市场中,金融市场是最为迫切的一个市场。于是发展中国家陷入一种两难选择之中:过快的金融市场开放会导致整个国民经济的混乱,而渐进的开放速度又很难把握,因为既要有利于国内金融市场引入竞争机制以利更快发展,又不能让外国金融机构来控制这一市场。显然,只有在国内金融业和金融机构相当发展以后,金融开放的风险才会小些。但不开放的改革又是艰难的,如何利用开放的动力推进金融深化呢?

国家经济安全问题可以说完全是由经济全球化所产生的。由于国民经济与外部的高度密切联系,一场大的经济震荡可能导致国民财富的大量流失,金融危机是一个最为典型的现象。维护国家经济安全是一个制度安排问题,一个开放战略问题,也是一个经济政策问题,因为这类既定的制度与战略下经济政策有着直接的作用。如此复杂的经济政策问题,对于一个对宏观调控尚不熟练的国家来说,挑战显然更为严峻。发展中国家的金融系统特别脆弱,金融安全问题十分紧迫。这就提出了一个如何维护国家经济安全的重大问题。解决这一问题广泛涉及金融开放战略、经济发展战略、宏观经济调控、吸收外资战略等多个方面。

这正如国外学者所提出的,全球化对一国宏观经济的稳定性是起着促进作用还是破坏作用是一个新问题。凯恩斯主张并后来建立的可自由兑换货币基础上的自由贸易,对金融流通仍有所限制,他认为这样可以把会引起全球化宏观经济不稳定的国际金融动荡减小到最低程度。国际货币基金组织的条款要求所有成员国保持一定量的通货以供日常交易即贸易及利润利息的支付时兑换用,而对资本流动则不然。但是在过去的20年中,各种形式的国际资本流动都大幅度地增加了,包括外商直接投资、国际基金发行的有价证券投资、银行贷款、债券、金融衍生品、再保险和其他金融证券等。发达国家和发展中国家都开放了其资本市场,欢迎外资参与。1997年国际货币基金组织着手修改有关资本流动协议的条款,以开放资流通市场。经济合作与发展组织、世界贸易组织和国际清算银行,也都正在寻求有关国际投资自由化及其监督管理的国际标准。经济理论一般都认为同贸易一样金融资本的流动有利于各个国家,但也指出了这一看法的局限性。过去几年世界经济停滞的真正原因是国际金融自由化。国际资本流动使许多国家的自由化速度加快,墨西哥和东亚金融危机告诫人们重新考虑自由化所带来的压力。一方面美国政府在鼓吹资本市场自由化;另一方面则有人要求"往轮子里插扳手"以减慢资本流动的速度。措施包括设立国际交易税来阻止短期货币投机,制定明确限制外国短期银行贷款数额的监管标准和增加透明度。所以可以说,资本市场的自由化无论在理论上还上在实践上都正处于一个过渡阶段。①

四、全球化与国民收入的新分配

全球化是否会加剧收入分配的不均。全球化使贸易量上升,而贸易量的上升则可能会收入分配的不均加剧,这一趋势不仅会发生在发达国家,而且会发生在发展中国家。在欧美发达国家之间存在着同一产业的内部贸易,而在美国与亚洲之间存在着不同产业之间的贸易。根据贸易理论美国从亚洲国家进口劳动力密集型产品会使美国非熟练工人的收入相对下降甚至绝对下降,而使亚洲熟练收入也相对或绝对下降。但是现实的研究并未充分证明这一点,20世纪80~90年代全球化蓬勃发展,正是美国国内收入不均加剧时期,特别是非熟练工人的收入有所下降,与贸易理论的结论一致。但是收入水平差异加大的原因也是多方面的,在拉开收入差距上,技术的因素可能重于贸易的因素。事实上,美国工人与亚洲新兴市场经济的非熟练工人直接竞争的领域极其有限,不能说明为什么收入差距因此而拉大。②

如何计量和说明参与全球化的利弊,是一个十分困难的问题。全球化的利弊之所以不是一个纯粹理论经济学的问题,是因为其对国民经济的影响既包括可计量的经济利益,也包括大量不可计量的,依赖于价值判断的问题。由贸易与投资增长,由跨国生产与国际

---

①、② [美]萨克斯(J. Sachs):《国际经济:揭开全球化之谜》,美国《外交季刊》1998年春季号。

资源配置所带来的利益显然是正的,因为它们从根本上有利于一国经济的增长与发展。但是,另一些影响却无法,至少无法直接作出是好是坏的结论。例如,全球化必然导致一个国家的某些产业彻底垮台,一国在深化国际分工获得利益的同时,也在很大程度上丧失了民族工业发展的目标,这是否有损于一国的国际地位,还是这一目标根本不需要追求?又如,参与经济全球化必然包括参与全球范围的经济协调和经济组织,在许多情况下需要让渡一国原来对本国经济的管理调控权,即经济主权,甚至直接地为国际经济的稳定而放弃本国的经济利益,为他国作出贡献。这一切是否值得而有必要?再如,经济全球化还不断地产生在非经济领域的影响,形成文化的、意识形态的和政治上的种种新的冲突。即使我们对经济全球化是完全接受的,我们是否也同样接受非经济领域全球化的影响呢?还是为了避免各种不利影响而拒绝经济全球化呢?这些问题也许无论是福利经济学还是发展经济学都难以予以明确回答。

美国经济学家丹尼·罗德瑞克(Dani Kodrik)认为全球化已经走得太远。他的主要观点有三条:第一,对全球化的乐观主义观点低估了自由贸易和资本流动对雇主和雇员之间现有平衡的影响。全球化使企业更容易把生产转移至国外,以外国劳动代替本地劳工,这种转移的危险是导致国内工作不稳定、非工资福利养活和工会力量减弱的内在原因。不能像大部分经济学家认为的那样,贸易仅仅是引起收入不平衡的一个次要原因。第二,发达国家工人对全球化削弱社会标准和工人权利的担忧被忽视了。美国工人因为发展中国家使用童工而失业,他们对此的抱怨不是保护主义。对自由贸易的广泛支持损害了他们的"公平"思想。第三,全球化使政府越来越难以提供社会保障。社会保障可以缓和自由贸易对工人带来的风险,目前发达国家政府开支平均占国内生产产值的47%,这一开支与贸易开放度紧密联系。但是由于资本和熟练劳动力的流动性越来越大,政府要通过征税来为社会保障开支就越来越困难。①

《经济学家》周刊发展文章认为,丹尼·罗德瑞克关于贸易系社会开支增加的原因的观点值得怀疑。在发达国家,福利开支增加在很大程度上是对20世纪30年代经济衰退的一种政治反应,它本身由于贸易保护主义的加强而恶化。社会开支中很大一部分用于退休金,领退休金的人从低价进口产品中得到好处,但并未因此失业。问题不在于富国中有人获得利益,有人失去利益,而在于如何分配这种贸易利益。富国正因为富,才有可能承受工会权利、禁止童工和"公平"问题,如果没有贸易,穷国的工人就连考虑这些问题的机会都没有。过分关注富国对社会标准差异的忧虑恰恰会使这些差异永远存在下去。丹尼·罗德瑞克对限制全球化代价的政策建议是弊大于利。他建议拓展世界贸易组织中对进口猛增实施保障措施的规则,允许进口保护。还建议对资本征收全球税以减少工作岗位的国际流动,不仅会使投资利益降低,阻碍经济发展,而且需要外资的发展中国家也不会在这种条约上签字。在富国,对工人的保护在政治上具有诱惑力,但在经济上却是一个错误。②

---

① 丹尼·罗德瑞克(Dani Kodrik):《全球化是否走得太远》,Has Globalization Gone Too Far,1997 by the Institute for International Economics, Washington D. C.,中译本的译名是《全球化走得太远了吗?》,北京出版社2000年版。

② 《经济学家》周刊1997年6月21日。

五、全球化与政府职能的新挑战

面对全球化政府是否应调整自己的力量和职责也成了一个新问题。全球化在许多层面上对政治产生了深刻的影响,使国内市场与国际市场的差别消失,使单一民族的独立国家的职能发生巨变,而地方政府、地区政府和国际政治组织的职能则不会发生太大的变化。在资本主义初期,市场改革的竞争措施是扫除国内和地区内的贸易障碍,19世纪市场资本主义的兴起使国内市场的重要性显现出来,即使到国际贸易不断扩大以后也是这样。随着资本主义的发展,发展国内经济显得越来越重要,从而国家政府的职能也显得越来越重要。但是到20世纪末,国内市场逐渐为世界市场所取代,几乎所有的国家都意识到国内市场过于狭窄,在许多领域无法使工业与服务提高效率。全球化是一份催化剂,使各国在贸易、金融和税收等方面接受共同的行为准则。世界贸易组织和其他一些国际组织就是在全球化的推动下建立起来的,作为保护新的国际经济体系的支柱。与此同时,社会、地方政府和国内各地区越来越维护他们的文化和政治自主权,国家不再是他们的经济保护神。在世界上的和平地区,国家政府也不再被看作是保证安全的必不可少的机器,因此许多边缘地区把全球化当作争取在国内取得更大自主权的大好时机。现在是多级政府互相较量的时期,而且仅仅是一个开始。较量的中心是将来由谁来作出决定,谁来收税,谁来制定条例,是地方政府、跨国地区、独立国家还是多边组织机构?未来的国际组织机构该如何来管理以行使由主权国家转移的制定条例的权力、税收的权力,甚至司法的权力?这些组织会不会缺乏民主?当人口和经济的平衡向发展中国家倾斜时,发达国家和发展中国家之间政治力量的平衡点在哪里?①

全球化还使税收成为一个突出的新问题,进而也就影响政府的作用,导致各国为税收的竞争。原因是三个方面:

1. 公司在何处注册更加自由,因为只要一个显示屏、一部电话和一个调制解调器,公司的经营活动就可以在任何地方进行。一些国家在以低税收吸引外国公司,将导致一场"最低税竞赛",对公司利润甚至可以停止征税。经济活动向低税收国家转移。

2. 确定公司应在何处缴税变得困难。因为一个跨国公司可以在一个国家设计,在第二个国家制造,而在第三个国家销售,它有充分机会通过转移价格来减少税收。

3. 对个人征税使一些国家失去优势。专业人才更具有流动性,在海外收入的份额越来越大,很容易隐瞒这些收入。有的人成为"税收流亡者"。储蓄可以很容易从一国转到另一国,对个人储蓄征税也变得更加困难。股票和债券的跨国销售占国内生产总值的比重迅速提高,在美国,这一比重1970年为3%,1995年为136%。

从技术上讲,因特网的出现使税收变化更加严重。对高税收的发达国家来说,这是一个严重的问题。经济合作与发展组织成员国的税收总额占国内生产总值的36%(1996年),法国为50%。如果法国失去税收和10%,那么预算赤字就要翻一番以上,或者为预算平衡使卫生方面的公共开支缩减一半以上,选民必然对此作出反应。

全球化使政府被迫改变税收结构,从向资本征税转变到向个人所得征税。个人所得税目前是富国政府收入的重要来源。

---

① [美]萨克斯(J. Sachs):《国际经济:揭开全球化之谜》,美国《外交季刊》1998年春季号。

全球化不一定会使税率一致,但会使税率趋于一致。以美国国内情况为例,各州之间的税收有差别但较小,零售税从零到12%不等,公司税也从零到12%不等。但国际上个人所得税的税率差别从最低的新西兰12%,到最高的日本65%。[①]

六、全球化与发展的包容性

"包容性发展"(inclusive development)概念的形成可以追溯到2007年由亚洲开发银行提出的"包容性增长"(inclusive growth)。亚行注重发展中国家经济社会的全面发展,"包容性增长"明确了一国在实现经济增长的同时,要实现教育、医疗、社会保障等各种社会发展进步目标,提高社会公平的程度,即经济增长对其他各项社会进步目标的包容。在一些发展中国家,经济增长的成就不能公平地由社会各阶层共享,经济实现了增长但社会矛盾更加突出,因此增长的包容性问题被提出并受到高度关注。

在经济学意义上,"发展"与"增长"既有联系又有区别。"增长"是指一定时期内产出(一般指国民生产总值)的增加和经济规模的扩大,而"发展"首先是指经济与技术结构的进步,同时包括摆脱贫困落后、消除文盲、改善卫生健康状况与自然环境等多个方面。

从"包容性增长"到"包容性发展","包容"的对象也不同。除了要求在发展进程中实现社会公平等目标外,包容性发展还特别注重一国发展不损害其他国家的发展,不对其他国家构成不利。这是因为一国经济的发展既会为其他国家创造贸易投资机会,也会因其竞争力的增强,战略与政策的负外部性而对其他国家形成各种不利影响,导致其他国家发展的困难。因此世界需要寻找各国共同发展、共享繁荣的道路。

因此,包容性发展是在经济全球化时代各国普遍追求发展条件下促进国际合作的一个重要理念与发展思路。实现包容性发展就是要各国共享发展机遇实现互利共赢。当前金融危机后的世界经济需要建立更为合理的发展格局,重建平衡,避免类似美国金融泡沫式的发展导致世界灾难的重演,这是所有国家的共同愿望。各国政策与战略之间的相互包容已经成为当代世界的一大主题。

以亚洲地区为例,大部分经济体走上了发展的道路,其中有的成为发展明星。这一地区的增长在全球领先,即使在这场经济危机中仍然保持了高速。但是区域发展中的协调与合作也日益成为共同面临的新课题。在今天的亚洲,发展这个主题普遍被放在优先位置,然而各国之间的发展竞争也相应更为激烈。尽管区域合作也已经在不断推进,但各国的发展政策对其他国家的不利影响未受到足够的关注,因此,以包容性发展实现各国的共同繁荣已成为区域合作的共同要求。

实现包容性发展的关键在于国际经济合作,其中既包括各国国内发展战略与政策的协调,也包括推进国际经济合作机制的形成与制度的建设。各国的战略与政策选择要努力减少对其他国家的负面影响,同时还要通过国际合作构建规则,增强协调。包容性发展旨在构建世界各国机会均等、合作共赢的发展模式,与传统合作单纯强调的市场开放和国际竞争相比,包容性发展更注重发展机制的兼容性,发展成果的共享性与发展条件的可持续性。

当今世界各国面临着一系列全球性问题的严峻挑战,气候变暖、环境污染、资源不足、

---

① 《经济学家》1997年5月12日。

能源紧张、粮食短缺、金融风险、危机传导、发展差异等。这些问题的产生有一定的自然与历史原因,也在很大程度上与各国的发展方式相关,反映了发展的不包容性。

今天的发达国家当年走的大都是一条不包容的发展道路。在其工业化进程中,大量破坏性地开采发展中国家的资源,工业排放制造了严重的环境损害,迄今依然影响着发展中国家的发展。近几十年来世界上一大批国家走上工业化道路以后,传统产业生产能力明显过剩,资源的过度消耗与竞争,环境的严重污染已经成为世界的严峻难题。值得注意的是,这种情况在很大程度上形成于全球化进程中的产业转移,通过国际投资,发达国家本身结构提升,环境改善,但发展中国家却在接受产业转移中同时接受了污染和高消耗。虽然两类国家都实现了发展,但是从全球角度看,资源消耗和环境污染等问题并没有改善,因此,这种转移式的发展并不是包容性的。我们不能简单地只看接受投资国家经济规模的扩大,产业转出国家与转入国家在实现包容性发展上有着共同的责任。可见,包容性发展既需要国内发展战略与政策的提升,同时也需要加强国际的合作。发展中国家在接受产业转移时要注重技术进步,发达国家则不应当只是简单地将产业向外转移,而应当同时对接受转移的发展中国家进行技术帮助。

亚洲地区各经济体要特别注重包容性发展。亚洲国家有着相似的发展任务,今天又是世界最具活力的一个地区。从发展的特征来看,各国都高度注重外部市场,发展中存在着激烈的市场、资本与资源竞争;从发展的阶段来看,在传统工业化基础上实现产业结构升级有着相似的任务。因此,亚洲国家需要超越文化差异,通过地区合作、深化分工、减少摩擦,减少一国发展对其他国家的不利影响,形成合作发展、共同发展的机制。亚洲地区多个国家已进入新兴经济体行列,出口结构提升,然而却又出现新的竞争局面。在实现了多年高速增长后,新兴经济体需要一种共同发展的国际环境,构建共享式发展机制。战略升级、地区合作和经济一体化,以及在此基础上的政策协调,是实现地区包容性发展的根本途径。

包容性发展需要通过全球治理的改善来实现。第二次世界大战以后的半个多世纪中,国际社会更多注重的是市场开放与竞争可能带来的利益,世界也确实从各国的各自发展走向了共同发展。但是,在纯粹竞争中的发展并不能保证各类国家经济发展与社会目标的实现。这里除了有各国的历史原因和发展战略原因外,很大程度上也是一国发展与外部环境的矛盾与协调问题。国际社会为后进国家的发展创造了不少有利的条件,特别是发展的援助,但各国经济发展内在机制的相互包容性问题依然存在。单有市场开放与自由化是不能完全解决问题的。全球治理的构建不同于一般的国际谈判,其核心不是利益交换和平衡,而是共同应对与解决人类社会面临的问题,其中有些关系到整个人类生存而不是单个国家的发展问题。因而,全球治理的重要意义就在于实现包含性发展。各国应当通过在全球治理中的合作寻找自身发展需要和人类社会共同利益之间的结合点。

包容性是中华文化的底蕴与传统,也是中国最新提出的发展理念,与负责任大国的指导思想是完全一致的。在推动世界的包容性发展上,中国已经明确了自己的积极态度,并系统地提出了建设性主张。

中国认为,实现包容性发展首要对各国发展道路的多样性包容。要尊重世界各国文明的多样性,尊重各国各自选择的发展道路和在经济社会发展实践中的探索,在此基础上促进国际合作,并且把各国文明与发展道路的多样性转化为深化合作的活力与动力。

中国明确，包容性发展要求各国转变发展方式，以科技进步实现经济的结构升级，发展绿色经济。包容性发展要求各国经济社会各个方面发展的兼顾与互动。实现实体经济与虚拟经济的平行发展，国内市场与国际市场的均衡发展，经济发展与民生改善的紧密结合，以及经济发展与社会发展的相互协调。

中国指出，要通过包容性发展使各国共享发展机遇，也共同应对发展中的挑战。随着经济全球化与区域一体化的发展，各国经济的相互依存日益深化，经济政策的协调日益重要。各国不仅在政策选择上不能以邻为壑，而且还要相互帮助，大国帮小国，富国帮穷国，使所有成员方都能共享全球化和一体化的成果，使各国人民的生活都能得到改善。

中国主张，实现包容性发展要求各国求同存异，实现共同安全。冷战结束迄今已经多年，在当代条件下，世界各国的安全该当建立在各国之间的互信互利、平等协作的共同安全基础之上，国家之间的矛盾要通过对话协商而不是对抗来解决，从而更加有利于各国之间的安全合作与和平发展。

中国提出，包容性发展应包括本地区发展对地区外发展的包容。在区域内要发挥各种合作机制的作用以深化合作。要在亚洲合作中实行开放的地区主义，在注重本地区合作的同时要加强与地区外国家和国际组织的合作，尊重区域外国家在亚洲的利益，欢迎金砖国家等亚洲以外国家参与合作，以此促进亚洲地区的繁荣稳定，也促进世界各国、各地区的共同发展。

近年来，中国的一系列战略调整都体现了包容性发展的理念与实践。积极改变粗放型发展战略是中国实践包容性发展的重要表现。

第十八章 国际经济组织

自19世纪初第一个国际经济组织诞生以来,国际经济组织在近两百年的发展过程中,已日益显示出其作为国际经济合作和协调主体的关键地位。

国际经济组织的定义因参与者性质的不同而有广义和狭义之分。一般所指的往往是狭义的国际经济组织,它是由至少三个主权国家通过条约或协定所组建的国际性经济协调管理机构。各成员国是它的主体,也是国际经济机构管理协调权力的授予或让渡者;同时,各成员国必须在条约或协定所约定的相关经济领域中接受国际经济组织的管理,约束自身行为。而广义的国际经济组织,则在强调其协调、促进国际经济组织合作功能的同时,参与者由官方扩展至各国的民间代表或组织,其成员既包括主权国家,也包括民间国际经济组织。民间国际经济组织可以是各国民间代表人士或如行业协会的民间经济团体的组合。它在发展历程上比官方的国际经济组织更早出现,成为众多官方国际经济组织的前奏。在整个20世纪,民间国际经济组织始终是同官方国际经济组织相伴发展的,并日益为各主权国家所认可和重视。

第一节 国际经济组织的发展历程

一、国际经济组织的出现

国际经济组织是世界生产力和国际经济关系发展到一定阶段的产物。具体地说,世界生产力的发展为形成初步的国际分工与合作奠定了基础;国际经济交流的日趋频繁,产生了对共同发展和交往中的经济问题进行协调的客观需要;而早在整个19世纪,作为国际经济交往和合作的主要形式,民间国际经济组织也为国际社会提供了机构组建、程序制定以及谈判协调方面的经验,成为官方国际经济组织的雏形。

关于国际经济组织的主张和构想的日趋成熟也是其诞生的思想基础。早在中世纪的欧洲,就有在基督教国家之间建立组织仲裁争端的主张,17世纪法国作家克律塞提出了较完整的国际组织构想,主张超越宗教差别由所有国家组成一个联盟大会处理争端。18世纪初,彭威廉进一步提出了按比例委派代表组建欧洲会议,以圆桌会议形成处理席位问题,用2/3的多数原则作出决议以和平解决争端的程序等设想。

由于世界生产力发展的推动、民间国际组织经验的积累和组织理论的准备,国际经济组织在当时经济发展水平最高,国际经济交往最频繁的欧洲诞生了。

1815年,欧洲莱茵河沿岸国家组建了莱茵河委员会,这是世界上第一个官方国际经济组织。该组织的雏形是1804年法国和日耳曼帝国签订的莱茵河关税条约及其机构国际莱茵河委员会。1815年,维也纳会议增加瑞士和荷兰为委员会成员,使其成为覆盖全流域的多边的国际经济组织,并具体负责航行管理、征税、处理航行事故的立法和司法。莱茵河委员会的国际河川管理为以后的国际经济组织构建提供了成功的范例。此后,于1856年多瑙河欧洲委员会成立。1865年由20个国家参加的万国电报联盟和1875年22国参加的万国邮政总联盟也相继成立,它对国际邮件电报收发、传递管理所设置的机构,职权范围和运作程序,为现代国际经济组织构建提供了重要的依据。

二、国际经济组织的发展阶段

近200年的国际经济组织在数量上呈加速发展的态势。自1815年莱茵河委员会诞生,到19世纪中后期出现了第一次国际经济组织发展的高潮,一系列"国际行政联盟"型国际经济组织相继组建,至1909年总数达到37个。第二次世界大战结束,迎来了国际经济组织发展的第二次高潮,至1951年广义的国际经济组织已达123个。20世纪60~70年代国际经济组织掀起了第三轮组建的热潮,有近1 600个广义的国际经济组织在此期间建立,其中官方组织308个。进入世纪之交后,广义国际经济组织超过3 000个,其中官方组织500余个。与此同时,国际经济组织明显地由数量扩张向内涵深化转变。总起来说,国际经济组织从其诞生至今,已进入几个阶段。

（一）19世纪至第一次世界大战爆发时期

国际经济组织在其发展的第一个阶段,表现为较为初级的形式,往往只限于某一特定的技术性的协调管理,被国际法学界归为"国际行政联盟"型组织。如由于国际交往的发展,各国独立发展邮政电报事业面临很多限制条件,电报联盟和邮政总联盟就应运而生,成为专门从事电报邮政事务管理协调的国际组织。这类国际行政联盟还包括了1875年成立的国际度量衡组织,1883年设立的国际保护工业产权联盟,1886年建立的国际保护艺术作品联盟,1890年组建的国际反奴隶生活联盟和国际铁路货运联盟,以及1899年起开设海牙国际法庭。

国际行政联盟型组织作为这一阶段的主流,有其特定的背景,第二次科技革命的冲击和国家间联系交往的不断增加,使愈来愈多的行政活动在客观上突破了国家边界,主权因素的限制使任何国家政府不可能独自承担起相应的管理职能,从而使实行国际管理具有必要性。然而,国家主权的意识又抵制任何方面对国家权威的侵蚀和对各国政府职能的剥夺。因此,避免介入政治事务,不侵犯国家主权,不影响国家当局的权威,而专事于行政技术性事务,充当协调的角色,是国际行政联盟型组织成功的关键。

国际行政联盟型组织的成功运作也为以后国际经济组织的进一步发展打下了坚实的基础,这尤其表现在机构和程序方面:全体成员参加的代表大会、作为执行机构的理事会和国际秘书处构成的三层结构是国际组织的基本模式。

但是,还必须认识到,霸权与不平等也是这一阶段国际经济组织发展的又一特征。不过,当时各个国际经济组织实质上由少数发达资本主义国家扶持,大国对小国的压制关系以及宗主国与殖民地之间垂直型的经济关系都在有关的国际经济组织中被体制化了、程序化了。

（二）两次大战期间

两次世界大战期间,国与国之间政治、军事冲突也使得国际经济组织的发展处于停顿状态,1919年巴黎和会所通过组建的国际联盟,主要是一个政治性的综合国际组织,主要处理战略问题和进行体制调整工作,在经济技术方面也直接或间接地执行一些协调的职能。第二次世界大战的爆发实质上使其瓦解了。国际联盟对以后国际经济组织发展的主要贡献就在于它在综合性的功能协调方面积累了经验。

(三)第二次世界大战后至20世纪70年代初期

这一阶段国际经济组织的构建和发展是在近两百年历史中最为关键的一个阶段,国际经济合作协调的主体性组织框架就是在此阶段形成的,并将继续成为21世纪的世界经济的基本组织框架。

联合国的有关经济职能部门,世界银行,国际货币基金组织和《关税与贸易总协定》组成了最强有力的全球经济综合协调的组织框架。在某种意义上说,联合国又承担着最为广泛的国际经济协调职能,经济与社会理事会、开发计划署、世界粮农理事会、贸易与发展会议等作为联合国的下设机构承担了各自领域的综合协调职能;联合国还同一大批专门性国际机构建立了关系,使之成为联合国系统的重要组成部分。这些国际机构包括联合国粮食与农业组织、国际劳工组织和国际邮政联盟等15个组织。

世界银行是由国际复兴开发银行、国际开发协会和国际金融公司组成的集团,主要担负了为成员国领土复兴开发,尤其是发展中国家经济发展和私营经济生产发展提供资金帮助的职能。

《关税与贸易总协定》作为流产的国际贸易组织的临时替代机构运作了近50年(1946年1月1日至1995年6月30日,最终与世界贸易组织完成交接),它主持了八轮多边自由贸易谈判。实际上发挥了促进自由贸易、消除保护主义的功能。

国际货币基金组织作为具体实践布雷顿森林货币体系设想的机构,主要职能是维护美元—黄金汇兑制度,监督成员国保持固定汇率,并为短期的国际收支失衡提供临时资助。这一职能在本阶段的成功实践为这一时期赢得了"战后黄金时代"的美誉。1973年布雷顿森林体系崩溃以后,该组织的工作主要是维持国际浮动汇率制的基本稳定,为成员国解救债务危机提供资助。

与全球性国际经济组织的四大支柱组建及发展同样重要的则是区域性国际经济组织在这一时期诞生。欧洲共同体、经济互助委员会、欧洲自由贸易联盟,以及拉美、非洲的早期区域一体化组织的出现,虽然在当时并未形成巨大的声势,也未取得显著的成果,但是,它们的最初运作为以后其在国际经济合作中或在全球经济格局中发挥关键作用奠定了基础。

欧洲共同体作为最早的也是至今最为先进的区域性国际经济组织,是由欧洲煤钢共同体、欧洲经济共同体(共同市场)和欧洲原子能共同体组建而成。它的突出意义在于明确提出了成员国部分主权的转让,明确提出了经济全面一体化的目标。这就使欧洲共同体成为有史以来最为紧密联系、最有权威的区域性国际经济组织,也使国际经济组织的法律从政府间上升至超国家的地位。

此外,这一阶段国际经济组织发展的一个重要现象是,国际经济组织中的南北分野。第二次世界大战后20世纪70年代是原殖民地、半殖民地取得国家民族独立的关键时期,近100个新兴国家在此阶段诞生,从而使得世界经济体系全面转换。新兴国家在取得政治独立后也积极谋求经济上不平等地位的改变。于是,不仅在既有国际经济组织中出现了"南方的声音",而且一批南方国家间的国际经济组织也相继成立,尤其是一批原料生产国的组织。南北的分野,使得国际经济组织中新增加了一项重要的主题:争取建立国际经济新秩序。1964年联合国第一届贸发会议及77国集团的组建,1973年OPEC石油禁运与提价就是典型的证明。

从组织结构和协调职能来考察,国际经济组织在这一阶段表现出以下的重要特征。

第一,承担国际经济合作的协调层次有了飞跃性进展。从前两个阶段的专门性领域行政协调发展为全球性、区域性、专业性协调多样化并存的局面;从纯粹的专家式辅助性协调发展为拥有相当权威和声望、拥有自行控制的协调资源(权力、人员、资金)、甚至拥有超国家主权的性质。

第二,国际经济组织的规模范围有了巨大的进展。从组成规模来看,各类国际组织的成员国不断增加,联合国的创始国为51个,国际货币基金组织的创始国为39个,而至20世纪70年代初其成员国都已逾百个。参加国际经济组织已成为各主权国家开展对外经济、国际交流的必要选择,甚至能否参入主要的国际经济组织已成为各国是否获得国际社会承认接纳的标志。成员国规模的扩大必然导致国际经济组织覆盖范围的扩大,而对区域性国际经济组织而言,范围的扩大更是确立其区域代表性的关键。

第三,协调职能的综合化与专门化并行推进。在本阶段既有综合性国际经济组织的建立和发展;又有专门化职能的国际组织在数量上的迅速扩张,在职能上的不断细化。这一阶段少数综合性国际经济组织在规模上出现了飞跃;而专门性国际经济组织在数量上占当时新成立的国际组织的90%。前者关注的是诸如发展问题、国际经济交流的自由化、国际经济体系的稳定性等综合问题;后者则追求对专门性国际经济问题更精确、更细致的协调。

第四,国际经济组织作用的经常化与组织运行中的政治化色彩并存。国际经济组织协调的领域都是世界经济一体化发展的关键组成部分,是国际经济关系的重要连接纽带。世界生产力发展客观要求国际性的协调管理经常化,而协调作用的经常化也的确是20世纪50、60年代世界经济发展黄金时期的重要原因。与国际经济组织正常发展不相称的是,在运行中政治化倾向,特别是大国霸权主义倾向的出现。经互会在某种意义上就是战略对抗的直接产物;而美国在这一时期主要国际经济组织的组建和运行中的超级地位,充满了霸权主义的色彩,甚至获得了理论上的注释——霸权稳定论。这显然不利于以国际经济组织促进国际经济合作的主旨。

(四)布雷顿森林体系崩溃到20世纪80年代末期

从总体上说,这是一个国际经济合作协调体系的调整阶段。这时国际经济组织的发展出现了分化。

布雷顿森林货币体系的崩溃,标志着美国在国际经济组织中的霸权地位受到打击。由美国随意操纵国际经济四大支柱性组织的历史已经终结,而让位于以西方主要国家组成的首脑会议共同影响主要国际经济组织的局面。

作为四大支柱的国际经济组织面临着前所未有的挑战。所谓无体制的管理浮动汇率和储备资产多元化,使国际货币基金组织谋求稳定国际货币体系的职能更为艰难。两次国际债务危机更使国际货币基金组织认识到管理资源资金的有限性。面对日益盛行的贸易保护主义,关贸总协定完成了第七轮"东京回合"的关税减让谈判后,开始了艰难的"乌拉圭回合"贸易谈判。

区域性国际经济组织发展面临挫折。尽管欧共体在总体上取得了不少进展,其经济一体化成为其他地区仿效的榜样,但货币一体化进程也受到了挫折。无论是早期的蛇形联合浮动还是1979年以后的汇率运行机制ERM,都是在连续不断的中心汇率调整中保存下来的。而拉美、非洲地区的区域一体化组织则在出现短暂的热潮之后,普遍呈现出停滞的局面,有些甚至名存实亡。

(五) 20世纪90年代以来的趋势

20世纪90年代以来,国际经济组织的发展进入了一个新的阶段。1995年1月1日根据《关贸总协定》"乌拉圭回合"谈判决议所确定的世界贸易组织正式成立,并且在7月1日与《关贸总协定》完成交接,正式取代前者成为全球贸易的管理协调组织。世贸组织所拥有的贸易仲裁功能较其前身得到了强化,因而也成为关注的焦点。此外,"乌拉圭回合"谈判所达成的有关服务贸易和与贸易相关的投资的协定也使世贸组织的管理协调领域大为扩展。有关国际投资自由化的多边谈判设想目前也正在世贸组织的议题中。

1992年1月1日,北美自由贸易区协定的签署,为20世纪80年代以来处于低潮的区域性国际经济组织的进程注入了强大的新动力。区域性国际经济组织的构建又掀起了高潮。1992年2月7日欧共体12国在荷兰马斯特里赫特签订了《欧洲联盟条约》,目标指向全面经济一体化和政治一体化;1994年11月亚太经合组织领导人会议发表《茂物宣言》宣布发达国家不迟于2010年,发展中国家不迟于2020年在亚太地区实现贸易和投资自由化。

这一系列区域一体化的发展也反映了世纪之交国际经济组织发展的特征,即全球性国际经济组织面临发展和改革的新机遇,地区性国际经济组织在全球范围的扩展和深化,使得它的发展方向成为决定21世纪国际经济合作趋势的关键因素。具体地说,地区性国际经济组织在20世纪90年代的发展在某种意义上是对内开放性和对外封闭性的结合,而促进地区性国际经济组织开放和合作的一面,限制其对外封闭与集团竞争的一面,是保证整个国际经济组织的发展遵循促进国际经济合作原则的关键所在。1996年以欧盟国家和东亚国家为参与者的首次欧亚会议的召开,标志着地区性国际经济组织间的协调合作迈出了第一步。

(六) 金融危机后的变化

2008年金融危机爆发后,国际货币基金组织、世界贸易组织和世界银行这三大"二战"后成立的多边经济协调机构的缺陷和困境越加凸显。尤其是IMF未能有效预见和监管国际金融领域的失序与风险、以美元为本位的国际货币体系使得它国不得不以牺牲国内经济均衡跟随美国货币政策进行被动调整,以及WTO多哈回合谈判久拖不决,令国际经济组织改革获得契机。

发言权和参与权改革是国际金融组织改革的核心问题,世界银行在这方面的改革主要是提高发展中国家和转型国家(DTC)在世界银行中的地位。2010年4月,世界银行发展委员会通过了投票权改革方案,发达国家向发展中国家转移3.13个百分点,发展中国家的整体投票权由44.06%提升至47.19%。此外,世界银行的改革还涉及治理与反腐败改革、信息披露制度改革和贷款体制改革等方面内容。

国际货币基金组织(IMF)份额分布和治理结构已不适应经济全球化的要求,其改革成为重中之重。2008年4月29日,IMF执行董事会通过了《配额和话语权改革方案》,该方案将 2006 年所确定的改革决议以法律形式固定下来,具体内容包括:IMF 将各个国家的基本投票权从 250 票提高到 750 票,从而使得发展中国家的整体投票权得以提高;保证低收入国家的总体投票权不下降;保证基本投票权占总体投票权的比例不变。2010 年 11 月 5 日国际货币基金组织宣布通过份额改革方案。这是 IMF 成立 65 年来最重要的治理改革方案,也是针对新兴市场和发展中国家最大的份额转移方案。欧洲国家将在 IMF 执行董事会让出两个席位,以提高新兴市场和发展中国家在执行董事会的代表性。此轮改革完成后,将向新兴经济体转移超过 6% 的份额,从而更好地体现该组织的合法性和有效性。IMF 作为国际货币体系的主要机构载体,其改革也仅仅是国际货币体系改革的一部分。现行牙买加货币体系,虽然在一定程度上摒弃了布雷顿森林体系的不足,然而由于仍然没有建立针对作为本位币的美元货币的发行约束机制,从而使得"特里芬难题"依然存在。虽然 2015 年 12 月人民币加入了特别提款权(SDR)篮子,占其比重 10.92%,但是 IMF 份额的改革依然任重道远。

第二节 国际经济组织的类型与功能

一、国际经济组织的类型划分

国际经济组织因视角的不同而有不同的划分:有全球性、区域性之分;有官方(即狭义国际经济组织)和民间之分;还有综合性与专门性之分。随着国际经济组织在 20 世纪 90 年代的深化发展,又形成了国家间组织与超国家组织之分。

全球性与区域性组织是按参加国际经济组织的国家范围划分的。前者以全世界为范围,无地区界限。称其为全球性组织并非一定包括全球所有国家地区,但至少该组织的目标是服务于全球性的经济合作事务,如联合国的有关经济组织、国际货币基金组织、世界银行等。区域性国际经济组织往往是基于一定的地缘经济范围的,有较明确的组织范围限制,往往呈现某种对区域外国家的排斥性。同样,区域性国际经济组织既不一定涵盖特定区域的所有国家,也不排斥超越原定范围的可能。如组织成员在空间上的跳跃性(像拟议参与北美自由贸易区的秘鲁),个别区域外成员国的例外性(如古巴、越南作为经互会的成员),以及区域限制的扩张性(欧盟的南进与东扩计划)。

根据建立国际经济组织的目的可分为综合性组织与专门性组织。综合性组织所服务的经济合作领域是全面的多元化的,它往往将组织所要推进的终极目标定位于完全的经济一体化。专门性组织往往被法学界称为国际行政联盟,即专事于特定技术领域的协调管理。国际经济交往与合作的最基本的物质、技术保障常常是来自专门性国际经济组织,如国际海事组织,世界知识产权保护组织等。

国际经济组织还有官方与民间的划分。目前的新动向是非官方组织的作用日益增强,特别是在诸如国际环境治理、可持续发展等问题上,各类非官方组织往往成为一支重要的力量,而与主要为发达国家所主导的国际经济组织及其活动相抗衡。

在现实中,任何一个现行运作的国际经济组织都只是主权国家间经济关系的协调中介,而非协调的主体,主体仍是主权国家。但是,随着经济一体化在全球各层面的不断深化,经济生活的疆界超越,主权观念的确面临着新的挑战。显然,国际经济组织的超国家性质已非离经叛道之举。至少在一体化程度最高的欧洲,欧洲联盟机构的超国家性质在可预见的将来会成为现实。

二、国际经济组织的功能分析

国际经济组织的功能就是促进国际经济合作和协调。因此,要认识国际经济组织的功能,就要分析国际经济合作和协调的原因、方式、内容及其本质等。

(一)国际经济合作的原因

国际经济合作和协调的目的是要促进世界经济共同、持续、稳定地发展。然而,国际经济合作和协调需要面对的是国际经济关系中的两个基本前提条件:信息不完全和国家行为的自利取向。

信息不完全是一般市场的普遍状况,意味着各项交易过程中对各方资信、社会经济环境、商品性能和价值等信息的了解和不全面,交易双方的信息掌握不对称。这种情况在国际经济交易中更为突出;而且还产生一些国际交易中特有的信息问题,如汇价信息问题等。信息不完全的存在将从两个方面影响经济的运转。首先是,由于信息掌握不充分使交易的参与者面临极大的风险,阻碍了国际交易的正常开展;其次是,不完全信息使经济决策偏离最佳方案,甚至因信息不对称而导致商业欺诈行为等。这些都会使国际交易出现低效率。

国家利益最大化是主权国家的行为准则。然而,在目前经济一体化日益深化的国际环境中,这一国家行为的自利原则的具体实施产生了新的问题。国家利益与国际社会共同利益在总体上趋于一致,但在实际操作中往往存在分歧和偏差。因为国家行为的自利原则使得国家可能在与国际社会共同利益相抵触的情况下实施国家意志。而反映这类国家意志的行为决策又是在信息不完全情形下做出的,其长期效应可能会使国际社会和本国经济都受到损害。即使国家利益与国际社会共同利益完全一致,也可能因为国际社会共同利益成果的公共产品性质而导致各国采取"搭便车"的态度,不主动承担义务,使公共产品的供应短缺,从而使持续、稳定、共同发展的目标落空。为了避免这种结局,就要进行国际经济合作和协调。

(二)国际经济合作的内容

阻碍经济发展的根源在于信息不完全和自利取向,因此,解决这两大问题就成了国际经济合作的切入点。国际经济合作应当围绕弥补信息不完全的缺陷和促成国家行为中国家利益原则与共同利益原则的融合来展开。根据新制度经济学的观点,"制度"是解决"缺陷"与"融合"问题的最佳方式,相应地也应成为国际经济合作的核心内容。

制度被认为是一系列隐含的和明确的原则、规范、规则及决策程序的组合。围绕着这一组合,行为者的期望(国家利益取向)在特定国际关系领域中相互融合,具体的制度分类有:用于降低国际交易风险的制度,如国际货币制度、多边自由贸易制度,以及绝大多数以国际行政联盟型组织为载体的专门技术领域制度;用于确立共同产品的产出与分配的制度,如有关发展问题、环境问题以及人类共同资源的制度,区域经济一体化的制度安排等。

(三)国际经济合作的形式

制度的建立与维护是国际经济合作的核心内容,具体是以以下几种形式展开的:

国际会议,是主权国家政府通过定期的会议,就具体的经济关系问题进行协商,达成相应的行动共识。有关全球环境保护制度的世界环境与发展大会,有关全球粮食安排的世界粮食大会,处理地区集团间关系的欧亚会议以及西方7国首脑会议都属此类。以国际会议形式解决制度的建立与维护问题,往往是国际协调约束力不强。因为国际会议并没有长期固定的议题,会谈所形成的制度安排及与会国承担的责权利会随着国际形势的变迁而自然解除。当然,国际会议的灵活形式、谈判难度小、涉及内容的针对性强也是不可否认的。

国际经济条约和协定,是主权国家就具体国际经济问题达成的有关责任、权利的书面协议,是以国际经济法的形式固定下来的国际制度。它对国际经济行为的协调、约束力大为提高,同时对作为国际法的组成部分制度的维护也有了保障。如有关海洋运输规则的《布鲁塞尔议定书》,有关工业产权国际保护的《保护工业产权巴黎公约》,有关维护人类共同资源的《联合国海洋法公约》等。单纯的国际条约和协定的不足在于所确立的制度是由签约国自行组织实施,没有常设专门机构进行管理监督。为此相当一部分国际条约和协定在达成的同时,还要求组建相应的国际经济组织作为载体。

(四)国际经济合作制度的载体

国际货币基金协定、国际复兴开发银行协定、国际海事组织公约、世界知识产权组织公约、马斯特里赫特条约、北美自由贸易区协定等国际经济条约协定的签署都伴随着相应国际经济组织的诞生。国际经济组织的存在,使得条约、协定所确立的国际经济制度实施有了根本的保障。国际经济组织有相应条约或协议规定的宗旨和职能,有相应的监督权力的授予,甚至部分主权的让渡,有常设性机构和人员,这使它所进行的国际经济合作的活动具有有效、稳定、经常和持续等特征。

需要说明的是,尽管国际经济组织相较国际会议和国际条约协定在制度维护、促进合作方面具有优越性,但三种形式有各自的特点,在不同环境中呈互补关系。在发展过程中,三种形式的作用也呈交替消长的趋势。1973年布雷顿森林货币体系崩溃后,相当长一段时期中西方7国首脑会议就扮演了较世界经济四大组织更为重要的协调角色。

三、国际经济组织的功能评价

国际经济组织作为国际制度的载体,其组织功能是紧紧围绕着为消除国际信息交流的障碍和促进利益融合两大目的服务的。尽管结合国际制度可以划分国际经济组织不同的功能类别:国际经济关系的制度性调节、全球性问题的监管和协调、国际交流的专门性规则制定、国际信息传递及技术援助;但是,绝大多数国际经济组织发挥的是复合性功能。比如,国际货币基金组织既是国际货币体系的监督管理者,又是遏制国际收支危机对全球金融冲击的关键力量,还是全球金融走势和各国金融情况主要信息的发布渠道。

(一)国际经济关系的制度性调节

在现实国际经济关系中,国家利益与国际共同利益的矛盾是客观存在的。从一般意义上说,国家行为中国家利益至上的自利原则运用是无可厚非的,但存在着一系列问题:由于国际关系的相互依存,国家行为的外在性影响对国家利益的实现有制约作用;由于各国政府普遍面临信息不完全的问题,国家行为可能陷于有限的理性境地,因而这种自利的非理性行为不但与国家长期利益相悖,也与国际共同利益相悖;由于国际关系存在竞争与合作的双重性,国家行为中也有可能出现机会主义倾向,从而损害国际共同利益。

作为制度载体的国际经济组织有必要在充分尊重国家主权的前提下,就国际交往中种种问题实施制度性调节,以维护正常、合理的国际经济交流和合作。具体的工作包括了调解国际交往过程中的矛盾,消除外在性影响;制定维护国际共同利益的行为规范、运行规则和决策程序。在国际贸易领域中,国际组织的制度性调节功能尤为突出。

自1947年起,作为国际贸易协调组织,关税与贸易总协定在促进平等与互惠的多边自由贸易原则下,为推进全球自由贸易进行了八轮多边谈判。前六轮谈判的成果主要表现在削减有形的关税壁垒方面,总计126.1万个(次)商品项目被先后列入了各国的关税减让表。第七轮"东京回合"谈判在海关估价、贴补和反贴补、政府采购、贸易的技术壁垒、进口许可证程序等方面达成了协议,并修订了《反倾销守则》。第八轮乌拉圭回合谈判的成果集中表现为:达成《服务贸易总协定》及《与贸易相关投资措施协议》,使自由化的制度安排从商品贸易领域延伸至服务贸易和与贸易相关的投资领域;创设世界贸易组织,使国际贸易的协调在制度上更加严密和规范。

1995年世界贸易组织的成立表明了国际贸易领域的国际协调进入了一个新阶段。首先,是建立贸易争端解决的常设机构(DSB),这意味着与关贸总协定相比,世界贸易组织在国际贸易关系争端中的权限更加具体而广泛,更加专业化和法制化。而迄今为止已有多项国际贸易争端正式或准备提交至世界贸易组织,其中最重大的争端是围绕美国《赫尔姆斯-伯顿法案》的争议。其次,全面推进多边投资自由化已明确成为世贸组织的使命,并在1996年12月新加坡世界贸易组织部长级会议中成为正式的议题。

欧佩克的组织运作是代表众多原料输出国为避免贸易过度竞争而实施的制度性调节的范例。成立欧佩克的目标是协调亚、非、拉各石油输出国的石油政策,避免无序竞争。1973年该组织成功地采取了联合禁运、减产、提价等措施;1981年面对世界石油市场供过于求的局面,又成功地达成统一油价的安排;20世纪80年代欧佩克在控制全球原油储量达70%,原油产量30%的条件下,较成功地达成了成员国生产份额的分配安排,维护了油价稳定,从而在一定程度上维护了石油输出国的共同利益。

(二) 全球性问题的监管和协调

这类协调的共同特征在于涉及了公共产品问题和世界经济可持续发展及其相关的稳定问题等。由于国家利益与全球共同利益的矛盾和国家行为的自利性,以经济发展为核心的一系列基于共同利益的问题都得不到各国足够的重视和有效的解决,以邻为壑与竭泽而渔的境况并存。国际经济组织为解决这类问题作出了努力。发展中国家的经济发展是世界经济发展问题中的关键。对此,以联合国下属的各国际经济组织为主的一系列涉及贸易、金融诸方面的制度安排发挥了积极的作用。

联合国贸易与发展会议的主要功能就是调节国际贸易中的不平衡状况,解决初级产品与制成品贸易价格中的巨大差距,促进普惠制,为发展中国家产品在发达国家市场中创造较优惠的贸易条件等。世界银行集团和众多地区性银行机构则利用拥有的资金资源为发展中国家提供短缺的发展资金。鉴于受援对象往往是缺乏国际市场正常筹款能力而又极度缺乏资金的落后国家,国际经济组织的资金支持尤为重要。这些资金往往是非营利性的,因此,贷款的利率低,还贷周期长,甚至有相当部分是无偿赠款,无息贷款。一些非金融性国际经济组织,如联合国工业发展组织、粮农组织等也兼有一定的提供专门领域资金援助的功能。

世界经济的稳定性也是发展问题的重要因素。这一点在金融领域国际经济组织的运作中得到充分反映。国际货币基金组织在帮助成员国解决短期国际收支失衡及债务危机方面的作用尤为明显。国际货币基金组织是联合国体系内专门管理国际货币体系——国际收支和汇率体系——的一个全球性机构,现有成员 184 个。目标是有利于世界贸易的平衡发展,促进汇率稳定,避免竞争性通货贬值,帮助主权国家国际收支问题的有序处理。为达到上述目标,IMF:①监督成员国在全球范围内经济和金融的发展政策。②通过向成员国提供短期融资,支持其调整和改革,解决成员国的国际收支问题。③为成员国政府和中央银行提供专业领域的技术支持和培训。国际货币基金组织在 20 世纪 50 年代共批准了总额为 40 亿美元的 57 项借款备用安排,60 年代上升到 231 项,计 140 亿美元,70 年代为 166 项计 130 亿 SDR(170 亿美元)。进入 80 年代,国际债务危机成为国际货币基金组织的工作重心,仅 1983 年和 1984 年两年,国际货币基金组织便向重债国提供了 220 亿美元贷款,并促使数百家私营银行为重债国提供贷款,还主持了债权机构与债务国间的债务再安排事项,为债务危机的解决作出了重要贡献。

由于国际货币基金组织不负有促进发展的任务而有监督重建金融平衡的使命,它就把缩减国内需求和贬值货币作为其调节计划的中心。这种紧缩政策所产生的通货膨胀和衰退效应加上它所受到的严厉批评,促使该组织在 20 世纪 80 年代后半期采取更具结构性的措施来完成其使命。这些措施包括:通过国内市场自由化(开放物资和服务业价格,开放劳动力市场和金融市场),通过消除对外贸易障碍和在经济上减轻国家负担(私有化,减少国家开支等)等。结构调整的总体思路可以归纳为把促进市场机制作为申请资金的优先条件。

20 世纪 90 年代以来,虽然国际货币基金组织通过提高份额、发放特别提款权和一般性借款协议等手段使得资金逐渐雄厚,但相对于几乎完全自由流动的资本所造成的大规模的收支不平衡,仍是捉襟见肘。1994 年 12 月的墨西哥金融危机和 1997 开始的亚洲金融危机形成了对它的巨大挑战。1995 年,为了解救墨西哥,就得动用不少于 480 亿美元的资金,此数额已超过 1994 年年底国际货币基金组织向所有发展中国家发放的贷款总额。1997 年为了拯救危机中的泰国、印度尼西亚和韩国,国际货币基金又动用了 510 亿美元。经历了这两次危机,国际货币基金组织的贷款能力降至 150 亿美元,几乎不可能再应付其他类似的危机,甚至不能应付亚洲金融危机向其他新兴市场(如俄罗斯、巴西)蔓延的局面,这与它所坚持的平等对待所有成员的原则是背道而驰的,也由此导致了对国际货币基金组织的改革呼声甚嚣尘上。

(三)国际交流的专门性规则的制定

解决国际交流中的重大障碍——信息不完全的主要方式就是规则的制定。专门性规则的制定有助于减少参与国在交流中因信息不完全所遭受的风险。专门性规则为国际交流所提供的是最基本的制度,如果缺少这部分制度那么将导致国际交流的中断。如果没有 1874 年成立的万国邮政联盟在制定国际通邮公约、促进邮政事业标准化、快捷化以及安全化方面的工作,正常的国际交流就会遇到极大的障碍。同样,国际电讯联盟在分配无线电频谱、促进电讯事业合作方面;国际海事组织在促进海运技术合作和情报交流,确保海事安全和提高航运效率,防止海洋污染方面;国际民航组织在制定民航国际标准、规章和条例,促进民航安全、高效和正规方面;以及国际标准化组织在促进国际工业和商业标准统一方面,都为国际正常的交流和合作开辟了道路。

(四)国际信息传递及技术援助

国际经济组织的信息传递及技术支援功能可细分为:国际信息的收集、整理及传递;信息的加工、分析和咨询;顾问、培训等多方式的管理技能的援助。

国际经济组织的运作目的是促进国际经济合作,其运作模式是国家间经济交流的中介纽带,其组织结构是适应国际化运作需求的。因此,国际经济组织无疑是最好的信息集散地。由于它对信息作出的评价是最中立和客观的,因而,最有可能提供与国际化环境相适应的管理技能。

在信息收集、整理和传递方面,国际经济组织占有得天独厚的优势。绝大多数国际经济组织的成立初衷之一就是建立一个国与国之间互通信息、加深了解的场所,而不少国际经济组织的加盟条件就涉及相关的国内经济信息的开放与通报。如在《国际货币基金组织协定》第八条中,就明确规定成员国有义务提供被国际货币基金组织认为行使其职能所必需的材料和数据,其包括:官方及非官方金融机构所持有的黄金和外汇储备数,黄金产量及黄金进出口数量,经常项目及资本项目的国际收支统计,国际投资状况,国民收入,物价指数,外汇管制及外币价格等。国际货币基金组织作为国际货币和金融信息的中心,通过对这些材料和数据等信息的分析和研究,帮助成员国制定相应的政策。实际贷款运作中,也要求接受贷款国公开其货币和财政政策,接受国际货币基金组织的指导。

国际组织有关信息收集、整理及传递方面的制度安排及其功能的发挥,不仅有利于各国摆脱信息不完全局面,而且还促使各国在经济运作与管理国际化、规范化方面迈出可喜的一步。

在信息的加工、分析与咨询方面,世界银行每年发表的《世界发展报告》,半年期的《世界经济展望》、联合国跨国公司项目的《世界投资报告》,以及种种国际经济组织所提供的定期或非定期的研究成果都成为全球各国政府、企业乃至个人开展国际经济交往的权威性参考文献。国际经济组织依靠优秀的专家队伍,依据其详尽的信息资料积累,采取客观、中立的立场,对各类信息数据进行加工分析,对经济现状作出正确评价,对未来趋势作出科学预测。而这些成果往往又是作为完全意义上的公共产品,为全世界所共同享用。

各类国际经济组织进行的信息加工、分析与咨询工作大致可分为专题性信息加工分析、综合性信息加工和预测咨询等几类。

专题性信息加工分析的典型是联合国所作的有关跨国公司和国际直接投资的专项研究。联合国从1973年发表《世界发展中的多国公司》长篇报告开始,先后出版了四部有关跨国公司与经济发展关系的多年度研究报告。1991年起,改为年度报告,并定名为《世界投资报告》。这些报告集中对每年度有关国际直接投资和跨国公司生产经营方面的信息进行加工和分析,不仅及时提供了国际直接投资及跨国公司的发展数据和发展特点,而且深入研究和分析跨国公司及国际直接投资发展对各国经济与世界经济的作用及影响。

综合性信息加工分析尤以《世界发展报告》为典范。该报告每年就全球经济的诸方面加以评价。以1995年《世界发展报告》为例,指标分析涉及生产、国内需求、国内财政货币状况、国际交易、外部融资、人力资源、环境可持续发展等7个方面33组指标。这部分的世界发展指标具有连续性和可比性。同时,每年度《世界发展报告》还就一个当时最为重大的世界经济问题进行主题探讨,近年来先后涉及的主题有:公平与发展,发展与下一代,以农业促发展,重塑世界经济,发展与气候变化,冲突、安全与发展等。

对世界经济和各国国民经济的发展趋势进行长短期预测咨询是众多国际经济组织信息工作的一个重要组成部分。每年、每季甚至每月都会有众多的国际经济组织推出各自的经济预测数据,这些预测成果往往对各国经济决策产生较大的影响,成为各国制定经济战略的依据。

在管理技能的援助方面,国际经济组织的执行机构是由来自各领域具有管理技能的专家组成的群体。这些专业人士具体负责各个国际经济组织的运转,实施着促进国际经济合作的方案。这使得各个国际经济组织本身成为具有丰富的管理国际经济合作事务经验的机构,是管理技能的集聚地和最好的训练基地。国际货币基金组织一贯把向成员国提供技术援助作为工作的重要组成部分。其技术及管理援助的领域涉及经济政策、国际收支调整计划、债务管理、法律事务、汇兑和管理及数据处理等。它在长期的宏观国际经济政策协调和发展的工作中,积累了丰富的经验。世界银行和国际货币基金组织还成立了专门的培训机构,为各国培养专业管理人才。如国际货币基金学院,自1964年成立到1991年末已培训了来自158个国家的7 800名经济管理官员。1992年由世界银行、国际货币基金组织、欧共体、国际清算银行、欧洲复兴开发银行和经济合作发展委员会5家国际经济组织联合创办了联合维也纳学院,为原苏东转轨国家培训专业人士,帮助这些国家制定和实施适合于转轨型经济的财经和金融政策。

第三节 联合国经济机构在世界经济中的作用

联合国是当今世界上最大的国际组织,其会员国包括了全球几乎所有的主权国家。获得联合国的席位也是一个国家从法律意义上得到国际承认的关键性标志。联合国是一个综合性的国际组织,它在世界经济领域成为各国参加国际经济交流的重要舞台。

一、促进国际经济合作是联合国经济工作的宗旨

在联合国宪章中,促进国际经济合作被置于重要的地位。在序言中首先规定了联合国工作旨在促进各国人民的经济进步和社会进步,在第一章《联合国宪章的宗旨和原则》中则规定在解决经济性质的国际问题中实行国际合作的原则。宪章第十三条又明确授权联合国大会根据上述宗旨组织研究工作和提出建议。而有关国际经济合作和社会合作的问题论述单独构成了宪章的第九章,在这一章中还规定了特别成立专门机构,在与联合国保持联系的同时独立发挥推动经济与社会合作功能。据此,以联合国为核心的多层次的系统的经济机构得以确立。

二、联合国系统主要机构与国际经济合作

(一) 经济及社会理事会(简称"经社理事会")

经社理事会是联合国宪章规定的六个主要机构之一。在联合国宪章第十章中详尽规定了经社理事会的性质、组成、功能和任务。

根据联合国宪章第十章规定,经济与社会理事会被授权对广泛的国际经济以及社会、

文化等问题进行调查,并提出建议;具体拟订呈给联合国大会的公约草案,为召开有关的国际会议作准备;还被授权作出此类问题的决议,具体协调联合国各专门机构的行动。因此,在联合国系统中,经社理事会在社会经济领域扮演着关键性协调的角色。

经社理事会定期讨论和关注的问题,包括世界经济状况和社会形势的发展、国际贸易状况、环境保护、对发展中国家的经济和技术援助、粮食问题、人口及资源问题、统计工作、财政资源的规划与筹措、区域经济合作等。同时,与当时国际形势相关的,最迫切需要解决的国际经济关系问题也通常要提交经社理事会讨论。例如,在20世纪70年代初,鉴于跨国公司在全球国际化生产中的地位日益膨胀及其与发展中国家在生产主导权、资源主权方面的冲突,经社理事会决定对跨国公司的活动及其后果进行调查研究。这一调查为联合国及经社理事会本身采取新的经济活动方针奠定了基础,并导致了联合国跨国公司委员会和联合国跨国公司中心的诞生。20世纪70年代中期以来,经社理事会积极贯彻《建立国际经济新秩序的宣言及行动纲领》中体现的以公正和民主原则改造国际经济关系的宗旨,并提出了包括改革国际货币制度、解决发展中国家债务问题、以紧急计划应付发展中国家的突发性经济危机等具体的设想。

经社理事会也是联合国"发展十年"计划的主要策划和评价机构。经社理事会本身还是一个组织系统,下设一系列辅助机构和独立组织。其下面所设的常设委员会如统计委员会、人口问题委员会、跨国公司委员会、自然资源委员会、社会发展委员会等,它们都按统一的议事规则进行工作。经社理事会系统的工作人员均不代表本国政府,是以个人身份参与其中的工作。其工作的要旨以全球共同利益为主,而非纯粹追求本国利益。另外,归属于经社理事会的五个区域经济委员会,构成了理事会系统中的独立组织。它们是欧洲经济委员会、亚太经济与社会委员会、非洲经济委员会、拉丁美洲经济委员会和西亚经济委员会。这些独立组织都拥有自己完整的组织机构,目标都是充当促进本地区的全面经济社会合作的有效工具。

(二) 联合国贸易与发展会议(简称"贸发会议")

该会议创始于1964年,是联合国大会的一个独立机构。其宗旨是促进国际贸易,尤其是促进不同社会经济制度国家间的贸易,主持并支持国际贸易领域的多边谈判及多边行动。

贸发会议的主要构成是4年一度的全体会议和贸易与发展理事会。后者具体负责日常事务,下设各种委员会,以协调具体领域的合作,包括原料商品、成品与半成品、无形项目和贸易融资、航海、技术转让和发展中国家间合作等领域。

1964年,首届贸易与发展会议通过了《国际贸易关系和贸易政策原则》,确认了各国主权与平等原则、贸易互利与最惠国原则和非歧视原则。从成立至今,贸易与发展会议介入了大量商品协定的拟定和实施工作。

联合国贸易与发展会议(UNCTAD)现在是联合国内部负责处理所有与外商直接投资和跨国公司有关事宜的中心。在此之前,跨国公司项目由联合国跨国公司中心(1975~1992年)和联合国经济与社会发展部下属的跨国公司与管理处(1992~1993)执行。1993年该项目转交给贸发会议。近年来,贸发会议不仅继续编著年度《世界投资报告》,进一步理解跨国公司的性质及其对于各国及世界经济发展的贡献,而且通过积极推动政府间协调、技术援助活动、研讨会、交流会及正式大会,致力于创造一个适于国际投资和企业发展的有利环境。

(三) 联合国各专门经济机构

联合国体系内有大量根据宪章规定原则而建立的专门机构,其中有相当一部分致力于各个专门性的经济领域。

国际电信联盟、万国邮政联盟作为最为古老的国际经济组织先后改组成为联合国的专门机构。国际海事组织、国际民航组织、世界知识产权组织、联合国粮食和农业组织、联合国工业发展组织、国际货币基金组织以及由国际贸易开发银行、国际金融公司和国际开发协会共同构成的世界银行集团,都是联合国在重要的经济领域的专门机构。

三、联合国经济职能和组织的改革

1994年,南太平洋的帕劳通过全民公决,由一个托管地成为与美国自由结合的自治领土,这同时结束了作为联合国六大机构之一的联合国托管委员会的传统使命。同样在20世纪90年代,曾对跨国公司在世界经济中的作用和活动进行监管的联合国跨国公司中心也更名成为贸发会议下属的跨国公司项目。这一更名的背后蕴含着其职能重心的转移,即由70年代为东道国监管跨国公司提供政策建议,转变为考察跨国公司的全球生产一体化的贡献和各国对外投资的开放程度。可以这么说,进入90年代联合国无论是在机构组成还是在机构职能上都面临着全面的调整和改革。

目前,有关联合国改革的设想方案很多,但在改革的路径和指导原则上仍存在着很大的分歧。1995年由28位来自不同背景的国家,有着良好代表性的国际知名人士组成的"全球治理委员会"发表了《天涯成比邻——全球治理委员会的报告》。该报告提出了不少有关联合国经济机构改革设想。它成为指导联合国改革方向与路径的重要文献。

为了适应世界经济可持续发展提出的宏观管理新要求,对全球共有资源进行利用与保护,联合国有必要配置相应的经济组织机构。一般认为,全球共有资源包括大气层、外层空间、国家管辖权之外的海洋,以及与维持人类生存相关的环境和生态体系。由于这些公有资源存在公共产品性质,各个国家即使对其重要性有充分认识,也不能完全排除在国家行为中存在"搭便车"的现象。因此,需要有一个代表所有国家共同利益的机构对全球共有资源实施共管,确定各国在维护和利用公有资源中相应的权利和义务,确保国际经济合作的实现。根据全球活动委员会报告的建议,此项任务应成为托管理事会的新职能。

经济及社会理事会的工作低效率与贸发会议职能的过时,成为该报告强烈支持成立经济安全理事会的主要理由。经社理事会成立的目的是根据联大授权在各专门机构协助下为世界经济和国际社会的发展行使协调和指导的职能。在实践中,虽然经社理事会和各专门经济组织做了大量工作,但由于授权过多,导致辩论反复、议题泛滥、文件浩繁的局面,经社理事会协调和指导的作用大受影响。联合国贸发会议在40多年的工作中做了许多有益的工作,尤其在为发展中国家争取贸易的优惠地位和经济的发展方面作出了贡献,大多数发展中国家的经济得到发展,甚至部分发展中国家已成为新兴工业化国家。但世界贸易组织已成为国际贸易的权威管理机构,这时,贸发会议作为发展中国家就贸易问题与发达国家进行对话的论坛的作用已经无足轻重了。

设想中的经济安全理事会将在处理重大经济、社会问题上更为强有力,它将主要接替经社理事会与贸发会议的工作,并寻求在职能安排上有新的突破。经济安全理事会将强调自身作为一个长期政策论坛和预警工具的职能,并成为结构类似于安理会的联合国独立的经济机构。它具体担负的使命是:不断评估世界经济的全面态势;提供一个长期战略和政策框架,促进全球经济稳定、平衡和持续的发展;与主要国际经济组织,特别是与世界银行、国际货币基金组织及世界贸易组织间保持一致;促成各国政府对国际经济问题达成共识。

四、联合国改革及其在世界经济中的作用

1995年,在联合国创立50周年之际,关于联合国的改革正式提上了议事日程。尽管另组新的国际管理机构的声音时有出现,但联合国在21世纪的世界中继续发挥协调作用的地位将是毋庸置疑的。联合国所面临的真正危机是其改革中的障碍。联合国作为一个最庞大、最主要的国际组织,仍是国际制度的载体,联合国机构改革的实质是国际制度的改革。在经济领域,这一改革主要表现为如何打破旧的国际经济秩序,建立国际经济新的秩序。因此旧秩序的既得利益集团必然成为联合国改革的障碍,也将成为给联合国改革进程造成消极影响的主要来源。

1992年和1993年联合国跨国公司项目发表的两期《世界投资报告》有一个共同的主题:跨国公司带来了世界经济深层次的一体化——全球生产一体化。两份报告运用大量实例证明了跨国公司驱动了这场深层次的经济一体化,成为一体化世界经济的微观经济主体。但两份报告还指出,世界上尚未形成与一体化世界经济相对应的宏观经济主体。谁能充当一体化世界经济的宏观主体呢?由于一体化的表现就是超越疆界,主权国家政府显然难以进行跨越国界的管理。而联合国能否充当这一角色呢?或者说联合国的改革路径是否应该走向全球的宏观管理呢?在主权观念更新的基础上,联合国通过改革是有可能成为一体化世界经济的宏观主体这一角色的。在50年的实践中,联合国的确在国际协调管理的组织人才和经验上拥有绝对优势。但真正成为这样一个超国家的宏观管理主体还需要相当长的一个过程。在这一过程中,要保证联合国一如既往地维护人类的共同利益和代表所有成员国家利益,这是联合国保持其公正性和广泛代表性的关键,也是联合国改革成功的关键。

第四节 国际经济组织的发展方向

国际经济组织是世界经济一体化进程中的必然产物,它的产生和发展是同世界经济一体化深入发展紧密关联的。

一、国际经济组织发展的决定因素

首先,国际经济组织的发展取决于社会生产力的发展。社会生产力的发展所直接引致的两个变化就是社会生产分工的深化和市场的拓展。当生产力发展到这样一个阶段,即生产分工已不囿于一国之内而形成国际分工;同时市场的拓展和融合,已使世界市场成为现实时,国际经济交往正常化所需的国际制度规则及其载体国际组织便应运而生了。此后,国际经济组织的每一阶段发展都同生产力的发展紧密相关。由于当代生产力的发展已引起全球经济在世界市场上形成一体化局面更在生产层面出现一体化的态势,因而,

这决定了未来国际经济组织的新进展必然要同全球经济一体化这一特征相吻合。

其次,国际经济组织的发展是不断解决国际经济关系问题的需要的结果。生产力发展以及世界经济一体化所蕴含的是国际经济关系在深度和广度上的持续推进。由此带来的一系列问题在理论上可归结为信息不完全导致的交流障碍和低效率、与共同利益相悖的国家行为、免费"搭便车",以及一体化与国家主权的矛盾等问题。这些矛盾表现为具体的现实问题是:世界经济不稳定性因各国经济日益相互依存而迅速传递和影响;增长与贫困并存引起的国家间冲突;资源、环境、人口等问题所带来的全球可持续发展的障碍;主权国家争取国际经济决策发言权与全球经济一体化所需的全球性决策权的集中之间的矛盾等。可以说,国际经济组织未来发展的方向就是要对这些理论和现实问题进行解决。

第三,作为世界经济一体化基础的科技革命的发展,也是国际经济组织发展的物质条件。科技革命的一大成果就是带来交通运输和通讯技术的变革,从而也为国际经济组织的诞生和发展带来了极大的便利。如果没有便捷的运输手段来保证经常性的交往和接触,国际经济组织的全球协调管理工作就难以顺利开展;如果缺乏作为信息载体的现代先进通讯工具,国际经济组织也同样难以完成它的国际信息援助功能。如果说跨国公司作为一体化世界经济基础的微观经济主体,其地位的确立就是有赖于高效迅捷的运输和通讯手段的支持,那么,同样,科技革命的发展成果所带来的高效率,也是确立国际经济组织在一体化世界经济宏观管理方面权威的前提。

二、国际经济组织的发展趋势

未来国际经济组织的发展趋势:一是将在数量规模和活动范围方面继续取得扩展;二是在协调的权威性和组织间合作方面取得实质性进展。

首先,国际经济组织在数量规模上呈现较大的发展。随着国际分工的日益细化,国际相互依存关系的日益密切,更多的领域需要国际层面的协调,于是,国际经济组织的发展就集中表现在原来国际经济组织的进一步细分和在新领域中国际经济组织的诞生。从类型来看,专门性国际经济组织的发展是其规模扩展的重点;区域性国际经济组织的数量也处于迅速的发展期。但是,相对更具深刻意义的是,国际经济组织对未来全球经济协调和管理格局的影响。以联合国体系为核心的全球性、综合性国际经济组织在未来的发展将更注重于功能方面,而在数量规模上将保持较长时期的稳定。

活动范围的拓展显然是同国际经济组织数量的增加直接相关的。目前,"上至外层空间,下至海床洋底"都有相关的国际组织存在。国际经济组织活动范围的拓展不仅仅限于其涉及领域的增加,而且因成员国的增加而使其活动空间不断扩展。世界贸易组织现有164个正式缔约方,目前其协调的贸易总额占世界贸易的90%以上,世贸组织对全球贸易的协调范围还将扩展。

其次,由于国际经济组织数量的增加及其在全球经济各领域活动范围的拓展,各个国际经济组织间的彼此协调功能将日益加强。联合国作为一个国际组织的系统,始终强调国与国之间协调的重要性。在联合国宪章第一条便开宗明义地确认联合国应成为协调各国行动的中心。《关税与贸易总协定》也曾将与各个相关国际经济组织的关系协调写进了总协定条款,总协定第十五条具体规定了与国际货币基金组织的关系,提出总协定缔约方应谋求与国际货币基金组织的合作,明确规定缔约方在发生因国际收支问题引起的贸易纠纷（如进口限制）时，总协定的裁决将以国际货币基金组织对国际储备调查结果为依据；总协定第二十四条则具体规定了总协定与各区域经济一体化组织之间的关系，其坚持多边自由贸易的决定已被广泛认同。在具体运作中，各国际经济组织之间信息交流、专家合作、联合行动更是频繁。可以预见，未来国际经济组织间的协调将同国家间谋求协调一样成为必然的潮流。

国际经济组织在协调作用的权威性方面，相对主权国家、非官方国际组织和跨国公司拥有组织上的优势。国际经济组织大多是由官方组织的超国家性质的机构，在实际运作中，它的权威性在不同程度上得到体现。比如，欧盟的超国家性质和实际的部分主权让渡已为成员国所接受。国际经济组织在未来发展过程中，只要坚持公正、公平的原则，必将在促进国际经济合作和推动世界经济一体化方面发挥更大的作用。可以预见，联合国和国际经济组织将逐渐成为与一体化世界经济相适应的宏观经济管理的主体。

第十九章 国际投资政策协调与体制建构新趋势

当今世界,尽管迅猛发展的国际投资活动已经成为经济一体化的核心纽带和经济全球化的主要驱动力,但与同为全球化支柱的国际贸易和国际金融相比,国际投资领域的政策协调和体制建构明显落后,既没有一套统一的国际规则,又没有一个统一的国际监督机构。金融危机后,多哈回合停滞不前,在WTO框架下由贸易问题扩展至投资议题谈判的机会渺茫,但随着国际投资来源和主体的多元化发展,对国际投资政策协调与体制建构的需求却日益增加。面对全球政治和经济格局变化,以及以社会和环境挑战为核心的全球性问题不断涌现,政策制定者开始思考新的发展范式,不仅催生了新一代国际投资政策的诞生,也使得国际投资体制的建构呈现出新的发展趋势和发展特征。

第一节 国际投资体制与政策协调的研究综述

一、国际投资体制的概念

国际投资体制是规范国际投资行为的法律、规则、政策及执行机制的总称。国外相关研究多集中在国际投资法学界和国际商务学界,主要围绕以下问题展开:如何界定和认识当今的国际投资体制?如何定义外国"投资"及"投资者"?投资保护标准的具体内容应该有哪些?如何解决缺乏一个强有力的国际投资协调体系和机制等问题。对于是否存在着国际范围的投资体制或机制安排学术界存在着理论上的分歧。一派观点认为,与世贸组织(WTO)、国际货币基金组织(IMF)、世界银行(WBG)等领域具有法律上的多边国际法体制相比,国际投资法仍然是一个不完全的法律体制,国际投资法仍然以双边投资条约为基础,双边投资条约只是特定缔约国相互之间的国际法,而不是多数国家之间的普遍国际法。A·A·Fatouros(1995)提出,有关国际直接投资的法律体系只是由各种各样的国内法规范以及国际法规范所组成的网状体,具体内容相互重复,相互之间并不协调,因而无法将之视为一个完整的具有普遍意义的国际投资法律体系。Jeswald·W·Salacuse(2010)也认为,在国际投资法领域,尚没有一个全面的多边投资条约,也没有一个统一的多边国际组织管理国际投资法;投资条约仲裁法理主要体现为一个个以双边投资条约为基础的相互独立的个案判例。因此,目前达成的3 000多个投资条约(包括贸易协定等的专门投资章节)和300多个已知的投资条约仲裁判例只不过是适用于特定条约当事方之间的特别法,它们在整体上并没有任何特别的意义。

但另一派观点则认为,尽管形式上没有统一法律、没有统一机构执行,但存在着基于双边投资条约及其仲裁判例构成的事实条约。David Schneiderman(2008)指出,"一系列双边、区域和多边促进和保护外国直接投资的协定总体上生成了一个规则和规制实施结构的连锁网络,并能对国家行动施加重大的限制。"Jeswald·W·Salacuse(2010)则认为,尽管3 000个投资条约在法律上是分立的和不同的,而且只约束条约缔约方,但是,作为组群,这些条约在结构、目的、原则和用语上极其相似甚或一致,每个投资条约仲裁案件中的法律顾问和仲裁员经常援引其他投资条约仲裁裁决来解释相似条款,因此,可以认为,这些投资条约尽管在文本上存在个别差异,但却构成了一个单一的多边国际投资机制。

Andreas·F·Lowenfeld(2003),Stephen·M·Schwebel(2004)等认为,尽管迄今为止全面综合的多边投资条约的谈判一个都没能够成功,但是,包含了相同或相似的结构和内容,包含了最惠国待遇条款,生成了相同或相似的决定和裁决,已经或者至少正在形成一个事实上的多边投资体制,甚至可以说,已经或者正在形成一个多边习惯国际投资法体制,而且,国际投资争端中心(ICSID)①和联合国贸易和发展组织(UNCTAD)也发挥了事实上推动多边投资体制发展的多边国际组织的功能。

二、危机后国际投资体制的发展

金融危机后,加强国际投资体制建设成为学界研究的新热点,但在具体的建构路径上却存在分歧。Axel Berger(2013)提出双边投资协定已经包含了保护和规范投资行为的元素,因而降低了达成其他正式协定的需求②。Sauvant and Ortino(2013)则提出应鼓励在区域和跨区域多个层次上建构起对多边投资框架的共识③。Graugnard(2013)更倾向于应在危机后崛起的如G20峰会这样的多边论坛上,构建一个促进政府之间,政府、企业和民间团体之间相互理解,共同对话的国际投资框架④。联合国贸发组织认为,随着国际投资新条约的缔结和仲裁裁决的不断增多,国际投资制度正在快速演变,不仅其范围和规模有所扩大,而且正在出现一种系统性演进,即一种更好地兼顾国家和投资者的权利和义务的制度趋于形成⑤。促进国际投资协定的一致性并在其中反映更广泛的政策考虑的需要将为建立更加一致、平衡、有益发展、切实有效的国际投资制度带来机会⑥。

---

① 20世纪五六十年代,在亚洲、非洲、拉丁美洲许多新兴独立的国家,出现了东道国政府对关键部门的外国投资实行国有化或征收措施的情况。这一背景导致了1965年的关于解决东道国政府与外国私人之间投资争端的华盛顿公约的签订,并根据此设立了解决国际投资争端中心(ICSID)。这一至今仍在运行的华盛顿公约体制,反映了早期国际投资法的主流内容。

② Axel Berger: The futile debate over a multilateral framework for investment, Columbia FDI Perspectives, No. 102, 2013

③ Karl P. Sauvant and Federico Ortino, The need for an international investment consensus-building process, Columbia FDI Perspectives, 2013

④ Nicolle Graugnard, Toward a Multilateral Investment Framework, VCC, Columbia FDI Perspectives, Serial No. 103, 2013

⑤ 联合国贸发组织:《世界投资报告2010:低碳经济投资》,经济管理出版社2010年版。

⑥ 联合国贸发大会:《2012世界投资报告》

近年来,国内的相关研究主要聚焦于国际投资协议的发展动态及其特征等方面。詹晓宁(2007)、陈书凯(2010)发现,近期的国际投资协议具有数量上持续大幅度增加、发展中国家在制定国际投资规则方面的作用不断提升、一部分国际投资协定对各种实质性的约定义务的表述方式进行了重要修改和投资者——国家争端继续增加等特点。同时,国际投资协定体系呈现高度分散化、多层化、多面性和动态性等特征。王彦志(2011)用2001~2010年间的数据说明了,相对于传统自由主义国际投资机制而言,新自由主义国际投资机制已经兴起,并且具有双边构造、私人执行和仲裁驱动式国际投资机制的特征。

综上可见,国内外学者对当代国际投资体制的性质、特征和危机后的发展动态已展开众多分析,但尚缺乏以国际投资体制建构路径为主题的比较系统的研究。而以往对国际经济政策协调的研究也主要集中在贸易和金融政策领域,认为"国际经济协调"或"政策协调"是指以各国国家或地区的政府或国际经济组织为主体,就汇率、贸易、货币和财政等宏观经济政策展开磋商、协调,或适当修改现行的经济政策,或联合采取干预市场的政策行动。国际投资领域的各国政策协调问题则较少被触及。

第二节 国际投资体制建构与政策协调的发展演化

总体而言,国际投资领域的体制建构和政策协调涉及双边、区域和多边不同层次。一国的国际投资政策主要由三方面组成,即约束外国投资者的进入和经营的规则和法规、给予外国投资者的待遇标准,以及外国投资者在其中运作的市场规范。在各国国际投资政策基础上通过国际谈判和政策协调达成的双边投资协定、地区投资协定以及多边投资协定,构成了对国际投资加以规范的基本原则,传统上这些原则的目的是保护和促进国际投资。

一、"二战"后到20世纪70年代,萌芽阶段

"二战"后,国际社会在酝酿形成国际贸易组织和国际货币体系的《哈瓦那宪章》中就曾有过建立多边国际投资组织的设想,并探讨过订立国际投资多边规则的问题。然而,由于各国对待国际投资的看法分歧太大,无法达成共识,即使是作为工业化国家俱乐部的经济合作与发展组织内部也未能就此议题获得任何结果①。20世纪五六十年代,在亚洲、非洲、拉丁美洲许多新兴独立的国家,出现了东道国政府对关键部门的外国投资实行国有化或征收措施的情况。这一背景导致了1965年的关于解决东道国政府与外国私人之间投资争端的华盛顿公约的签订,并根据此设立了解决国际投资争端中心(ICSID)。这一至今仍在运行的华盛顿公约体制,反映了早期国际投资法的主流内容。

---

① 经合组织于1961年达成《资本流动和无形交易自由化准则》(COMMITTEE ON CAPITAL MOVEMENTS AND INVISIBLE TRANSACTIONS CMIT),1967年通过《私人财产保护公约》(CONVENTION ON THE PROTECTION OF PROPERTY),1976年又发表了《国际投资与跨国企业宣言》(COMMITTEE ON INTERNATIONAL INVESTMENT AND MULTINATIONAL ENTERPRISES CIME),《有关激励与反激励措施的多国声明》,但其法律约束力均未完全实施。参见WILLIAM H. WITHERELL:"OECD的多边投资协定"《跨国公司》1995年8月号,第1~13页。

20世纪70年代,地区一体化较为发达的西欧在谋求欧洲共同体成员国共同遵守政府及跨国公司各自的行为准则,促进国际直接投资方面有所成就。《罗马条约》首次在地区层面上确立保护和促进海外直接投资的政策原则。此后,这一地区原则又被进一步扩大至地区外,成为跨地区投资政策合作的先驱。同期,多边和国际性商业组织——国际工商组织、不结盟国家会议、经济合作与发展组织、联合国、国际劳工组织、世界银行等——的努力主要集中在规范跨国投资者的行为上。由联合国发起的围绕跨国公司经营规则与技术转让规则展开的《跨国公司行为准则》的多边谈判旷日持久,但终未能有所成就,既没能组织起一个可行使全球投资体系管理职能的机构,也没能确立起一套全球统一的投资行为准则。

二、20世纪80年代到90年代,逐步规范

20世纪80年代,随着世界经济环境的变化,国际投资谈判的主题从规范直接投资者的行为标准转向规范政府——尤其是东道国政府对国际直接投资者的待遇标准。80年代末,终于有三项与建立全球投资机制有关的谈判在《关税与贸易总协定》(GATT)体系下获得了成功,它们分别是《与贸易有关的投资措施协议》(Trade-Related Investment Measures,TRIMs)、《与贸易有关的知识产权议题》(Trade-Related aspects of Intellectual Property Rights,TRIPs)和《服务贸易总协定》(General Agreement on Trade in Services,GATS),这些协定是《关税与贸易总协定》为全球投资保障机制的形成和确立所作长期努力的结果。《与贸易有关的投资措施协议》列举了对贸易具有扭曲作用的投资措施,要求成员方不得违背GATT 1994年第3条和第11条的规定;《服务贸易总协定》规定了以商业存在方式提供服务必须遵守的多边规则,与服务业国际投资有密切联系;与贸易有关的知识产权协议对各成员方的外资立法具有重大影响。但是,一般认为这些协定的实际意义距离最初的目标还很远,只是在有限的方面弥补了直接投资领域国际制度的空白。

将投资措施纳入多边贸易谈判是乌拉圭回合的重大突破,也成为为全球投资保障机制的形成和确立所作长期努力后的首项成果。与贸易有关的投资措施问题的根源在于,很长一段时间内,不仅发展中国家东道国,而且,发达国家东道国政府都对外国投资者规定了各种各样的条件,作为允许其进入国内(或购买东道国国内企业)的先决条件,或者作为给予补贴其或他激励措施的回报。这些条件可能与企业结构(本国股权规定)、经营方式(技术转让规定)或生产和商业情况(当地成分和出口规定)有关。这些规定在不同程度上对贸易产生了直接或间接的影响。乌拉圭回合协议中的投资措施只是资本输入国(东道国)政府对外国直接投资项目或企业所采取的各种法律和行政措施,而未涉及资本输出国(母国)政府的投资措施,事实上正是发达国家母国发起了对与贸易有关的投资措施的抑制行动。协议中列出了对贸易有限制及扭曲作用的14项投资措施,这些措施可分为两大类,一类是投资激励措施,包括国内税的减让、关税减让、投资补贴和投资转让;另一类是经营业绩要求,包括利润汇回限制、外汇限制、制造限制、当地股权要求、当地成分要求、制造要求、国内销售要求、贸易平衡要求、许可证要求、技术转移要求、产品规定要求、出口要求和进口替代要求等。最后达成的《与贸易有关的投资措施协议》(TRIMs)规定,上述措施应适用于关税及贸易总协定所确立的国民待遇、禁止数量限制和透明度原则。也就

是说,东道国政府应取消不合理的违反国民待遇和禁止数量限制原则的措施,东道国政府也应及时公布与贸易有关的投资法律和政策。协议还规定了各缔约方的过渡期安排,即发达国家在WTO协定生效后2年内取消一切与协定不符合的投资措施,发展中国家为5年,最不发达国家为7年。

而《服务贸易总协定》并未把国民待遇原则和市场准入原则作为基本原则,而是作为具体义务,也就是说,该两种原则在《服务贸易总协定》中并非强制性的,各成员方可以按实际情况作具体的承担义务。市场准入(主要涉及商业企业的开业权和享受的待遇)是各成员方服务贸易市场开放承诺的基本内容。GATS列明了各成员方应该在其承诺减让表中明确规定的市场准入限制的具体形式,即对服务和服务贸易提供者的数量、总额、雇佣人数、企业形式、外资比例等方面的数量限制。逐步自由化要求各缔约方在尊重各成员国整体和个别服务部门发展水平的基础上,在保证权利和义务总体平衡的前提下,通过多边谈判,逐步取消和限制措施,提供更为有效的市场准入机会,实现更高水平的自由化。

《与贸易有关的知识产权协议》没有直接涉及投资问题,但是,协议涉及影响国际直接投资的法律环境内容——知识产权的保护问题。该协议囊括了版权与相关权力、商标、工业设计、专利、集成电路设计、非公开信息或商业秘密,对知识密集产业尤为重要。《与贸易有关的知识产权协议》认为,某些限制性商业惯例和反竞争行为会阻碍技术的转让和扩散,对贸易产生不利的影响,因此,GATT成员国必须采取与"协议"相符的措施,以阻止或制止那些排斥竞争的行为。

修订的政府采购协定(The Agreement on Government Procurement)与国际直接投资也有一定的联系。在东京回合于1981年达成《政府采购协定》的基础上,乌拉圭回合又于1988年修订并达成了新的《政府采购协定》,新协定在以下几个方面作了修改:①扩大了适用范围,将建筑服务业也包括在内;②中央政府级以下的政府采购,如州、省、部、县政府的采购行为也被纳入协议;③明确规定其所包括政府采购的一切法律、规定、程序和做法,应立即无条件遵守国民待遇和非歧视待遇。新的政府采购协定不仅要求政府采购所包含的内容不得对其他签约国的产品、服务和供应有所歧视,而且要求不得对当地外国分支机构或外资企业有所歧视。

三、20世纪90年代以来,快速发展

20世纪90年代,国际直接投资的自由化进程在地区层面上通过地区经济集团或次区域集团内的贸易、投资自由化原则的签署,自由化时间表的确立而有所进展。与双边层次相比,区域层次上所涉及的投资问题更为广泛,各地区所采取的方法也更为多样。在地区一体化谈判中,贸易为基础的政策向投资为基础的政策转变的迹象已露端倪,1992年欧共体统一大市场计划、1989年美—加自由贸易协定,以及1994年北美自由贸易协定都是以寻求更加自由的贸易体制开始的,但最终都发展为投资自由协定,包括逐步取消对国际直接投资现有的准入与开业限制、取消歧视性经营限制、公布现有的国际直接投资管理制度及其变动状况,以保证政策与管理措施的透明度和进一步实施自由化计划,一些区域投资协定中甚至还包括了投资保护及争端解决的内容。比如欧共体统一大市场的建立为投资于欧盟成员国的跨国公司提供了单一的母国(欧盟)基地,欧盟同发展中国家,或相关集团(北非、海湾合作委员会、东盟、安第斯条约组织)的谈判均以欧盟的投资保障与促进

原则为准则。在政策措施方面,欧盟还成功地确定了各成员国可实施的对外国投资者的激励上限。从而抑制了成员国间为争夺流入统一大市场的外国直接投资展开的政策战。

而1994年生效的NAFTA第十一章是专门的投资章节,该章所确立的投资规则,集中反映了美国在投资保护和投资自由化方面的主张,实现了美国在投资领域的目标。该章对投资者和投资的定义范围都非常广泛,规定东道国须给予外国投资者国民待遇和最惠国待遇,禁止多种业绩要求,允许自由的与投资有关的支付[1]。设定了有效的争端解决机制,根据该机制,投资者因缔约国违反协定A节的有关规定而致使其投资遭受损失时,可直接提起国际仲裁。在美国看来,这是第十一章最重要的成就之一,是NAFTA最具创新性和合理性特征的部分之一。由于美国对于国际仲裁机构有相当大的影响力,这一争端解决机制实际上是更有利于美国的。

这一时期,两大国际组织的努力曾经令国际投资体制建设朝向一个光明的前景。1995年9月,经济合作与发展组织启动了多边投资协定(MAI, Multilateral Agreement on Investment)谈判,试图在全球范围建立起一个独立的国际直接投资的管理机制,而不是在其他国际多边协定、谈判或组织的框架之下添加部分国际直接投资的内容。并通过建立自由化和投资保护的高标准,以确立一个具有法律约束力的多边投资规则,从而鼓励及保护全球国际直接投资的自由流动。世贸组织也在1997年的新加坡回合中提出了投资和竞争议题,积极准备建立"一个开放的、在世界贸易组织之内的、将投资和贸易紧密结合的理想的多边体系规则"[2]。在WTO框架下协商投资协议的最大特点是,它可以与世贸组织其他多边协议和世贸组织各类机制间加强协调,有利于国际直接投资规范的建立与实施,而投资协议一旦成为世贸组织协定的组成部分,对所有世贸组织缔约方均具有约束力。世贸组织可能采取的有关投资问题的行动将会以投资与贸易密不可分为基准,涉及政策范围、影响准入和外国投资者经营、待遇标准、投资保护和争端解决等问题,涉及贸易政策措施对国际直接投资的影响等问题。

《多边投资协定》谈判原定在1997年年中结束成员国内部的谈判,并期望随后吸收与非成员国的谈判,使之最终成为全球的投资规范。但是,由于投资问题的复杂性和谈判各方的利益分歧,宣告失败。而21世纪以来的WTO多哈回合因纠结于农产品和环境产品等议题,并未能真正开启多边投资规则的谈判进程。

第三节 国际投资体制建构与政策协调的新特征

金融危机后,世界经济格局发生显著变化,从多个方向上对国际投资政策协调和体制

---

[1] 该章第一节(A节)规定的各缔约国政府的实体性义务主要包括:①各国应给予缔约国的投资者及其投资以国民待遇和最惠国待遇、符合国际法的待遇包括公正和公平待遇以及充分安全和保护;②各国均不得对在其境内的投资规定履行要求,如出口业绩、当地含量、优先购买本地产品或服务、贸易平衡以及技术转让等要求;③投资者可将其利润、清算或出售所得、借贷支付或其他与投资有关的资金,按市场汇率兑换成可自由使用的货币,自由汇往国外;④任何缔约国均不得对投资采取直接、间接或等同于征收的措施,除非符合协定规定的条件等。

[2] 参见W·H·威瑟莱尔:《制定国外投资的国际规则》,《国际贸易译丛》1998年第2期。

建构产生重要影响。其一是伴随着多极化格局的形成,强权遭到削弱,国际影响力日益分散。以多哈回合谈判迟迟未果为标记,在各国优先利益不同且各国对屈从于外部制定的规则极为谨慎的背景下,多边体制建设和达成多边协定的困难有增无减。其二是对全球化和新自由主义的反思,引发了许多国家正在重新评估自身的国际投资政策、修订双边投资条约范本、审查各自的条约网络及其对发展的影响,从而努力形成投资规则制定和可持续发展目标之间良性互动的正确机制。其三是以往发达国家处在既是直接投资输出国,又是直接投资输入国的双重身份,而发展中国家只是处在输入国地位的国际投资格局发生显著变化。一些新兴经济体跻身于投资输出大国行列,国有跨国公司数量不断增长,主权财富基金成为国际直接投资的新来源,令国际投资政策协调与体制建构的需求日益增强,而利益诉求则更趋多样化。在这些推力影响下,当前国际投资体制的建构呈现出与危机前不同的路径和特征,突出表现在以下几个方面。

一、国际投资体制的建构格局从统一转向分散,呈碎片化之势

尽管金融危机前,国际投资领域的制度建设已在双边、区域和次区域经贸谈判中得以展开,但通过协商建立一个综合性多边直接投资协定才是国际投资体制建构的终极目标。这一协定可以是一个独立的协定(如MAI),也可以是在全球性国际组织的结构中协商确立的多边规则(如WTO下的投资议题)。倡议者相信即使谈判的发起者有限,但其目标却是全球性的协定[①],因为这一方向符合一体化国际生产体系的形成需要一种全球性制度保障的要求。如今,伴随着MAI的失败和危机后WTO框架下的多边谈判停滞不前,多边路径显遭搁置,危机后,更多的国家转向缔结双边和区域一体化贸易协定及优惠协议,不仅淡化了推进多边谈判以达成国际投资协议的积极性,而且客观上使得双边或地区经济政策协调与全球性政策协调间呈现出互为竞争的格局。如层出不穷的各类双边和区域自由贸易协定及各类双边和区域自由贸易谈判中几乎都涉及服务业开放和市场准入等投资问题,但由于缺乏统一标准,呈重叠化、碎片化和复杂化倾向,令当今国际投资协议体制以无条理、差异和重复为特征[②],从而使国际投资体制建构呈现出非一体化的碎片化制度建构倾向。

二、国际投资体制的建构基础从双边化转向跨区域诸边化

自20世纪60年代在欧共体一些直接投资母国倡议下,与非洲的东道国签署双边投资协定以来,国际投资协定体系主要通过双边投资保护协定和免征双重税协定实施。典型的双边投资保护协定涵盖的范围相当广泛,包括非股权投资和各种类型的股权投资,以及投资周期各阶段的主要问题,有些协定还将证券投资也包括在内。多数投资保护协定

---

① 比如MAI的发起者仅是经合组织22个成员国,但却以全面性、多边性和约束性为特征。在全面性方面,它将突破以往以部门划分协定所及范围的常规(如服务业、能源业、农业分门别类确立协定),MAI所确定的协议领域将涵盖所有投资部门。在多边性方面MAI将突破区域投资自由化的地域界限(如NAFTA、APEC、EU等各地区集团的投资自由化协定)。

② 联合国贸发大会:《世界投资报告2013:全球价值链:促进发展的投资和贸易》,经济管理出版社2013年版,第110页。

均明确规定所有权限制和控制方面的内容,但却含有一些经营性限制内容;多数双边投资保护协定都规定分别或混合提供国民待遇、最惠国待遇、公平公正待遇和国际法规定的待遇;此外,双边投资保护协定还对资金转移、征收与国有化、签约方和投资者与东道国争议解决等具体投资保护标准作了规定。双边投资保护协定通过投资保护来促进签约国间的投资流动,常常被视为衡量东道国投资环境的重要标志之一。此外,一旦在一个以上的征税辖地投资及经营所得被认为应在多个辖地纳税,双重税问题就产生了,为了避免此类矛盾,世界各国及有关集团间签订了许多避免双重征税的协定。在避免双重征税协定中,缔约双方同意遵守某些税收收入分配原则,以保证应税收入不会在两个税收辖地被重复征税。

截至2013年年底,国际投资协定共计有3 236项,包含2 902项双边投资协定(不含避免双重征税协定)和334项其他国际投资协定①。虽然就数量而言,双边投资协定仍占据国际投资协定的主导地位,但就谈判内容和标准而言,区域和跨区域谈判的重要性则显著增加。

与20世纪90年代以欧盟(EU)、北美自由贸易协定(NAFTA)和东盟(ASEAN)等地区内贸易自由化协定不同的是,目前展开的跨太平洋伙伴关系协议(TPP)、欧盟—美国跨大西洋贸易投资伙伴关系(TTIP)、《服务贸易协定》(Trade in Service Agreement, TiSA)、亚太全面经济伙伴关系协议(RCEP)谈判均具有跨区域和诸边化的特征。即一方面,其谈判成员并非局限于同一地理区域,具有跨区域、跨洲的特点,如TPP跨太平洋两岸的美、亚和大洋洲,TTIP跨欧美两大洲,TiSA更是跨欧、美、亚和大洋洲;另一方面,谈判协定呈现开放式特点,其谈判成员国或经济体的数量动态变化,并不是一个排他或者稳定的状态。如生效于2006年的TPP第1条第2款就规定,经缔约国协商同意,协定可以扩大到其他地区。2008年以来TPP快速扩容,目前谈判成员方已从最初的4国扩展至12国。而2012年由美国和澳大利亚发起的TiSA,目前谈判成员也扩展至23个WTO成员(将欧盟算作一个整体)。

尽管理论上而言,跨区域谈判可能为全球投资规则制定提供了一种阶段性跨进的基础,有助于创建更为连贯、可控和一致性的国际投资政策框架。但目前各种区域性、诸边性国际投资协定的实践却采用不同方式,对现存双边投资协定采用不同的调节标准,从而在已经复杂脆弱的投资协定体系中增加了一个层次,使得国际投资体制建构更趋繁复。早期BITs和近期包括投资条款的跨区域协议或谈判并存具有系统性影响并带来了一些法律和政策问题,如表19-1所示。例如,如何处理由于两者并存所引起的潜在条款不一致问题;在国际仲裁背景下,同一外国投资者可以按两个不同的法律条款起诉一国政策两次。与此同时,无论是国际投资母国还是东道国,掌控杂乱无章的协议和追求统一集中的国际投资协议战略将更加困难。

---

① 其他国际投资协定指除了双边投资协定以外的经济协定,包括投资相关的条款(例如,经济伙伴关系协定和自由贸易协定中的投资章节以及区域经济整合协定与经济合作框架协定)。联合国贸发大会:《世界投资报告2014:投资于可持续发展目标:一项行动计划》,第142页。经济管理出版社2014年版。

表 19-1

部分投资相关的跨区域谈判和谈判各方现存 BITs 数量

地区倡议	谈判方现存 BITs 数量
亚太全面经济伙伴关系协议(RCEP)	68
全面经济和贸易协议(CETA)	23
跨太平洋伙伴关系协议(TPP)	21
欧盟—印度自由贸易协议	20
欧盟—新加坡自由贸易协议	12
欧盟—美国跨大西洋贸易投资伙伴关系(TTIP)	8

资料来源:选自联合国贸发大会:《2013世界投资报告——全球价值链:促进发展的投资与贸易》,表3.6,经济管理出版社2013年版,第111页。

三、国际投资体制的建构理念从放任的自由主义转向内嵌的自由主义

金融危机后的国际投资体制建构突破了20世纪80年代以来日益高涨的单向自由化的理念范式,转向寻求投资自由化与政府管制间的平衡,即在保护投资者以及保证政府寻求合法公共政策的目标权利之间达成一个均衡。由此,一方面,出现了选择性开放、东道国政府对国家安全影响高度关注、投资审查制度回潮、投资审查的可追溯性加强等一系列投资监管加强的新动向,如表19-2所示。危机以来,新出台的投资相关政策中趋向自由化、便利化和鼓励类的政策占比趋于下降,2010年曾经跌至70%以下,2011年虽回复到75%,但仍大大低于20世纪90年代时期的93%和2000年的81%。2012年全球范围54个国家新出台的86项投资相关政策中,有25项是加强管制和规范的,占比29%。

表 19-2

选定年份国家投资政策变化数量(2003~2013)

年份 项目	2003	2004	2005	2006	2007	2008	2009	2010	2011	2012	2013
政策变化国家	60	80	78	71	50	41	47	55	49	54	59
监管变化数量	125	164	144	126	79	68	88	121	80	86	87
自由化/促进	113	142	118	104	58	51	61	80	59	61	61
限制/管理	12	20	25	22	19	15	23	37	20	20	23
中性	—	2	1	—	2	2	4	4	1	5	3

资料来源:联合国贸易和发展组织:《2014世界投资报告——投资于可持续发展目标:一项行动计划》,经济管理出版社2014年版。

另外,拓展国际投资协定中的可持续发展政策空间正日益受到重视。以往企业承担在环境保护、劳工标准、人权等方面的社会责任标准是在传统的监管框架之外制定的,其遵守和履行均出于企业自发行为,受社会道德和舆论的监督,并无强制性。但近年来,众

多修订和更新的国际贸易投资准则和规则正试图将可持续发展纳入国内和国际投资政策制定和实施的具体措施和机制当中,显示了将投资自由化内嵌于基于国内稳定利益的公共管制框架的体制理念①。这一理念旨在确保投资保护和投资自由化协定不会阻碍东道国的发展;不会阻碍政府代表公众利益(如环境、公众健康和安全目的)进行监管;并倡导投资者开展负责任的商务活动。比如,2012年修订的美国BIT模板保证不放松国内环境和劳动法律,并使其成为有约束力的义务;同时,还明确承认环境法律和政策、多边环境协定的重要性。近期一些国际组织修订的国际投资准则和指南中也更多增加可持续责任(见表19-3)。

表19-3

近期国际投资准则中的可持续发展责任

投资相关准则	可持续发展责任
2011年联合国商业与人权指导原则	建议国际投资协定保留各国保护人权的能力;建议企业评估其人权影响,预防和缓和不利影响
2011年OECD修订的《跨国企业准则(1976)》	侧重于人权、就业和环境的公共政策问题;加强关于贿赂和税收的原则
2012年修订的《国际商会国际投资指南(1972)》	要求进行负责任的投资;鼓励投资者在开业、设施废止或撤离前均需进行环境影响评估
2012年联合国贸发会议第十三届部长级会议通过的《多哈宣言》	强调将可持续发展和包容性增长作为其对投资和企业工作的两项指导性原则
2012年6月G-20洛斯卡沃斯峰会宣言	支持负责任农业投资原则,强调致力于"提升价值链中的负责任投资标准"报告的工作

资料来源:笔者根据《2012世界投资报告》第100-101页相关内容整理。

四、国际投资体制的建构目标从投资保护转向系统治理,酝酿主导权之争

长期以来,国际投资领域的系统治理严重缺乏,国际投资保护、国际投资争端解决和国际投资监管三大机制发展极不平衡。国际投资保护机制通过无数双边和区域性投资协定中的投资保护条款组成;投资争端解决机制由ICSID统一机构执行;投资促进则由分散的国家促进政策组成;而国际投资监管则严重缺位,并无统一监管规则和组织。

以往国际投资协定谈判的焦点是投资保护及设立后的监管。如今国际投资相关协定的谈判内容已大大超越投资保护议题,不仅扩充了新问题和跨领域问题,如监管透明度、国有企业和环境与劳工等议题,而且提高了自由化规则的水平和标准,如竞争中立原则和准入前国民待遇等。这些扩展的议题构成了新一代全球投资规则制定的重要内容,从谈判发起到议题界定再到标准确立无疑成为国际投资治理主导权争夺的制高点。这一争夺

---

① Catharine Titi, EU investment agreements and the search for a new balance: A paradigm shift from laissez-faire liberalism toward embedded liberalism. Columbia FDI Perspectives, No. 86, January 3, 2013.

使得目前包括TPP、TTIP和TiSA在内的跨区域谈判进程中存在诸多分歧，并直接影响到一些谈判无法如期达成，如表19-4所示。

表19-4

BIT、TPP和TTIP谈判文本共同关注的议题

项　目	BIT	TPP	TTIP
竞争中立	Y	Y	Y
国有企业	Y	Y	Y
准入前国民待遇	Y	Y	Y
监管透明度	Y	Y	Y
投资争端解决机制	Y	Y	Y
劳动法规	Y	Y	Y
环境保护	Y	Y	Y
金融服务	Y	Y	
知识产权(TRIPS)		Y	
关税壁垒		Y	Y
非关税壁垒(SPS TBT)		Y	Y
海关和贸易便利化		Y	Y

注：表中BIT谈判文本专指美国2012年BIT范本。

如在美国主导的高标准服务贸易谈判TiSA推进路径上，欧盟主张协议需紧贴《服务贸易总协定》(GATS)条款；而美国则主张用负面清单方式来确定服务业的市场准入，国民待遇将作为原则适用于所有12大服务贸易部门和所有4种服务贸易提供方式。例外情况则需在各方承诺表中列出，协议签署后将不被允许增加例外。在被认为是欧美共同构造全球新一代贸易投资黄金标准的TTIP谈判中，欧盟希望基于已经同加拿大达成的双边投资保护协议，将海运业市场准入等带入谈判，以确立比TiSA更高的服务贸易自由化标准。

在并非由美国最初发起的TPP推进方式上，美国与其他谈判成员间也存在重大分歧。首先，美国提出扩大后的TPP不能沿用原先由TPP创立四国(P4)达成的协定，而需要通过谈判缔结新的协定。事实上，P4协定本来是一个高标准的、内容全面的FTA。但是，美国认为P4协定不符合美国的标准，坚持TPP协定的条款必须符合其对劳工、环境保护等议题的要求。其次，美国主张TPP协定要与现存的双边自由贸易协定(FTA)并存，也就是说，成员国加入TPP后，其原先同有关国家签订的双边FTA仍然有效。美国主张这一点的原因在于，有关国家在同美国签订双边FTA时，在其施压下，被迫同意美国为保护其某些产业而提出的市场准入条款。但是，其他国家(如澳大利亚、新西兰等国)不同意将P4签署的TPP协议推倒重来和让TPP协定与各国的双边FTA同时并存，认为这样会在TPP内产生一系列不同的市场准入协议，以及不同的关税规定，从而造成混乱，使各成员国无法统一和有效行动。这些矛盾和分歧不仅直接阻碍了TPP原定于2013年年底达成协议的预期进程，也使得谈判前景不甚明朗。

第四节 新一代国际投资政策的发展框架

一、新一代国际投资政策形成的背景

新一代国际投资政策的形成背景既来自对当代国际投资现实挑战的反应,又是可持续发展思想融入国家发展进程的延续。当今世界,伴随着投资主体多元化,国际投资政策环境日益复杂。一方面,各国政府的单边投资政策措施不断增加,如何协调投资与金融、贸易等相关政策;如何将可持续发展目标纳入这些投资政策,对一国的投资管理者形成挑战。另一方面,一旦签订国际投资协议,如何合理履行协议义务以及如何确保协议与国家政策的一致性,成为各国,尤其是发展中国家,应特别关注的政策挑战。

国际投资领域面临的重要挑战之一就是外国投资者与东道国,东道国政府与非政府组织等国际投资利益相关方的立场存在分歧且难以调和。国际直接投资规制框架的目标具有多元性:一是投资保护,二是投资自由化,三是东道国利益保障。发达国家为了确保本国私人海外投资的利益与安全,力图在条约中突出投资者的权利和资本输入国的义务,而发展中国家主张确立东道国对外国投资实行管制的权利,尤其要包含对跨国公司的限制性商业行为惯例等行为的约束性条款。在建立多边投资协定的问题上,许多国家面临两难的选择,作为直接投资母国,他们希望建立优先保护投资者利益的投资保护机制,但作为外资吸收国,他们又希望保持外资管理政策的灵活性。

民间团体、企业和政府官员开始表达他们对国际投资协定的成本、收益和未来取向的担忧。他们关于国际投资协定的未来走向和如何使其更好地促进可持续发展的政策讨论变得日益激烈。以欧洲为例,许多非政府组织投资者认为,国际投资协定是对公共利益的一个威胁,并认为是提出一个彻底全新的方案的时候了。与此相反,许多产业界人士则强调双边投资协定在增强欧洲产业竞争力方面起到了积极作用。

缺乏投资领域的国际协调对降低企业交易成本,政府宏观经济调控政策效果产生不利影响。目前,双边或其他国际投资协定涵盖了约全球 FDI 存量的 2/3,但要涵盖所有双边投资关系还需要 14 100 个双边投资协定才能完成。可想而知,要完成数量如此众多的双边谈判各国势必要付出巨额的谈判成本。同时,谈判的难度也在增加,双边投资协定如今日益面临两方面的难题:一方面,这 14 100 个协定应包括许多具有较小投资倾向或较弱保护倾向的双边关系。另一方面,应该包括一些拥有大量 FDI 存量却没有被任何投资协定所涵盖的双边关系(如中国和美国、中国和巴西)。

国内政策与国际投资协定及各类国际投资协定之间很难保持一致性。鉴于近来国际投资协议内容可能涵盖贸易、投资、知识产权等多元化内容,也使缔约国可藉由国际投资协议,达到促进科技、能力建构等多方政策目标的同时实现。相对的,国际投资协议的复杂性,也使缔约国的政策必须随之复杂化,换言之,一项政策无法仅有单一目标的考虑。不过多目标性也导致若干问题。首先,国内法规与国际投资协议间的一致性问题值得关注。一般而言,中央政府对其缔结国际投资协议而产生的协议义务虽有较好的理解,但区域或地方的若干法规在执行中却常会有所出入,毕竟区域或地方的政策与国家整体的发展政策并非总是相互呼应,故缔约国为维持其国内整体政策与国际投资协议义务的一致性,应针对国内法规制度作出适当的调整。其次,一国与不同国家所缔结的国际投资协议

间之一致性也应予关注。例如,目前至少有 570 个双边投资协定部分地复制了其他协定的保护性规定,如果两类协定对提供保护和赋予灵活性方面的表述存在矛盾之处,那么就会造成条款间的相互矛盾,并影响国际投资协定的有效性。另外,还有 630 个双边协定和包括投资条款的"其他国际投资协定"内容有重叠之处,如果对同样的投资行为的规定存在不一致,那么就将引发缔约国在履行不同约定时产生困扰,以及国内政策法规在执行和调整时相互干扰。

产生上述问题的根本原因是,国际投资行为具有动态性特征,投资目标会随着时间的改变而改变,因而很难在事先加以明确约束,而目前的国际协定框架并不完全适应这一特征,所以,一个完善的多边投资框架所提供的保护和约束也应该是动态的。

二、新一代国际投资政策的核心原则与国家政策指南

为应对上述挑战,联合国贸发大会(UNCTAD)在《2012 年世界投资报告》中提出了一个综合性的可持续发展投资政策框架(IPFSD),包括一组投资政策制定的核心原则、国家投资政策指引,以及关于政策制定者如何设计和运用国际投资协议(IIAs)的政策选择参与国际投资政策体系的指导。这些内容基于 UNCTAD 和其他组织在设计推动发展的投资政策中所获得的经验和教训。IPSFD 认识到单一的政策框架无法解决各国面临的特定投资政策挑战,因而试图基于经验建立评估一国外资政策环境的标准,如表 19-5 所示。

表 19-5

可持续发展投资政策制定的核心原则

1. 推动可持续发展的投资	投资政策制定的首要目标是使投资推动包容增长和可持续发展
2. 政策一致性	投资政策应当基于一国的整体发展战略。所有与投资有关的政策都应当在国内和国际层面保持一致和协调
3. 公共管理和体制	投资政策应当涵盖所有利益相关者,基于符合法规及高标准社会管理的体制框架,并保证投资过程可预测、高效和透明
4. 动态化政策制定	投资政策应进行有效性和相关性的定期检查,并根据情况变化进行调整
5. 平衡权利和义务	投资政策应当在政府和投资者的权利和义务之间寻求平衡,以谋求共同发展的目标
6. 监管的权力	一国有权设立外资进入和运营的条件,这种条件应符合国际承诺考虑公共利益,并最小化潜在的负面影响
7. 对投资开放	投资政策应与国家发展战略向统一,为投资设立开放、稳定和可预测的进入条件
8. 投资保护和待遇	投资政策应当为投资者提供恰当的保护和实质上无歧视的待遇
9. 投资促进和便利化	投资促进和便利化政策应当符合可持续发展目标,并最小化吸引投资的不正当竞争风险
10. 公司治理和公司责任	投资政策应当鼓励和支持公司遵守社会怎样的国际惯例并实现良好的公司治理
11. 国际协作	国际社会应当协作应对共同的投资和发展政策挑战,应采取集体行动防止投资保护主义

资料来源:UNCTAD:《2012 世界投资报告》。

与现有国际投资协定体系不同的是,首先,IPFSD 是处理国内投资政策和国际投资政策制定所有问题的综合性工具。其次,它特别强调外资与可持续发展之间的关系,倡导在投资自由化和促进经济增长与保护居民和环境之间取得平衡。同时,它也特别强调发展中国家在国际投资政策制定中的利益。最重要的是,IPFSD 并非通过谈判和签署生效,它既没有具有法律约束力的规定,也不是各国自愿遵守的文件,而是国际组织的专家指导,用于投资政策讨论并指导该领域的投资合作,以便各国的政策制定者可以根据实际情况"修正和采用"。[①]

IPFSD 的国家政策指南指导如何将投资政策与发展战略有机结合,如何确保政策的一致性和对可持续发展的支撑。该指南由四部分组成:第一部分是战略层面,旨在确保投资政策与总体发展战略的一致性;第二部分是严格意义上的投资政策;第三部分是投资相关的贸易、税收、劳动力和环境规则及知识产权等政策领域;第四部分是投资政策的有效性评估,如表 19-6 所示。

表 19-6

国家投资政策指南的构成

投资和可持续发展战略	最大化投资对建设生产能力和提高国际竞争力的贡献
	最大化投资对建设生产能力和提高国际竞争力的贡献
投资监管和促进	设计特定投资政策 ——投资建立和营运 ——投资待遇和保护 ——投资者责任 ——投资者促进和便利化
投资相关的政策领域	确保和其他政策领域的一致性,包括:贸易、税收、知识产权、竞争、劳动力市场管理、土地、企业责任和公司治理、环境保护、基础设施和公私合作
投资政策的有效性	设立有效的公共机构实施投资政策; 衡量投资政策有效性并在新投资政策制定时吸取之前的经验教训

---

① UNCTAD:《2012 世界投资报告——迈向新一代投资政策》,经济管理出版社 2012 年版。

第二十章 中国推动全球治理的主张与影响

随着经济全球化的不断深入发展,全球治理,特别是全球经济治理的新课题的不断提出。认识全球治理变革的趋势是认识经济全球化的必然要求。近年来,中国积极推进全球治理,系统地提出了推进全球治理的理念与构想。

第一节 应对挑战,共商规则——中国推进全球治理的目的与意义

今天,推进全球治理已经成为国家对外经济关系与外交活动的一个重大主题。这是基于中国对推进全球治理体制变革的重要性的系统认识:推进全球治理"不仅事关应对各种全球性挑战,而且事关给国际秩序和国际体系定规则、定方向;不仅事关对发展制高点的争夺,而且事关各国在国际秩序和国际体系长远制度性安排中的地位和作用"。①

一、推进全球治理的根本目的:实现两个百年目标,争夺发展制高点

实现两个百年目标是当今中国一切发展举措的内在要求,推进全球治理也不例外。要实现全面小康,就要有效利用外部条件,改革开放初期是这样,现在也同样是这样。积极参与全球化,利用外部市场,引进国际资本,接受国际规则,为中国带来了巨大的开放红利。今天,中国的发展上升到了更高的水平,与国际条件的关系也进入了新的层次,有了新的内涵。中国不但要利用好外部条件,而且要创造更好的发展环境;不但要克服国内发展的各种困难,而且应对来自外部的各种挑战;不但要接受各种国际规则,而且要参与制订新的国际规则;不但要发挥自身的比较优势,而且要为建设强国争夺发展制高点;不但要实现本国的富裕和强盛,而且要为世界的共同发展发挥积极作用。

总而言之,两个百年目标既是中国自身国内经济社会的发展,也是国际地位显著提升意义上的发展,因而,推进全球治理,为国际秩序定规则定方向,在国际长远制度安排中获得应有的地位,发挥应有的作用既是发展的内在要求,也是发展的题中应有之义。

二、推进全球治理的客观要求:全球化形成了人类命运共同体

中国积极推进全球治理,顺应了世界发展的历史进程与客观要求,这就是今天的世界

---

① 习近平在中共中央政治局第二十七次集体学习时强调推动全球治理体制更加公正更加合理为我国发展和世界和平创造有利条件,新华网北京 2015 年 10 月 13 日电。

已经形成了一个命运共同体,休戚与共,唇齿相依,只有构建与此相适应的全球治理体系,人类社会才能实现可持续发展。

全球治理是一种制度与规则安排,属于上层建筑的范畴。在历史唯物主义看来,上层建筑必须适应经济基础。经济全球化就是当代世界意义上的经济基础。贸易自由化、金融国际化和生产一体化使世界各国的经济活动联成一体,形成了深刻的相互依存关系。与全球化相联系的各种规则必须与全球化本身的不断发展相适应,而事实上由于一大批发展中国家融入了世界发展激流原有的国际规则日益不相适应,发展的不平衡和发展规则的不平等制约了发展,全球治理体系的推进成为发展的必然要求。人类命运共同体的深刻内涵尤其体现在可持续发展问题上,由大批国家粗放发展带来的多重意义上的环境破坏已经向人类唯一的家园地球提出了严峻挑战,制订规则约束这种发展模式已是唯一的选择。气候变暖等问题的全球性已经超出了各国分别应对的可能,而必须共同协商,合作应对,而这些事关人类可持续发展问题的严峻性已经表明世界到了一个历史的转折点。

积极推进全球治理是中国作为新兴大国发挥国际作用的表现,也是作为发展中国家对发展环境改善的要求,特别是作为最大的发展中国家对发展模式转型的认识。中国推进全球治理的积极态度是一个负责任大国的历史抉择。

三、推进全球治理的现实依据:国际格局与力量对比发生深刻变化

国际力量对比发生深刻变化是全球治理体系需要进行改革创新的直接原因,中国积极推进全球治理正是基于这样的现实依据。现有的全球治理体系是过去70年中由少数发达国家主导建立起来的,对"二战"后的世界和平与经济发展发挥了积极作用。同时,由于当时的历史条件和力量对比上的显著差异,特别是由于殖民体系的历史影响以及发展中国家发展水平上的巨大差距,发达国家在这一体系的建立中掌握着绝对的话语权,少数大国主宰世界事务,维护自身利益,在全球治理中存在着霸权现象。半个多世纪以来,世界的发展导致了国际格局的深刻变化,一大批发展中国家走上了独立的发展道路,特别是一批新兴经济体迅速崛起,对国际关系民主化的呼声日益高涨,形成了国际事务应民主协商而不是少数国家主宰的共识。

包括新兴经济体在内的广大发展中国家过去只是规则的接受者,现在要成为规则制订的参与者,以维护自身的利益。这使全球治理体制的形成机制发生了根本变化。与此同时,发展中国家总的来说国家数量多,发展差异大,经济实力悬殊,许多国家还难以在国际舞台上靠自己的能力维护自身的利益。在这种情况下,新兴经济体中的大国就成为全球治理改革创新中的主要力量。在这一格局中,中国一方面是世界第二大经济体,另一方面又在发展水平上仍然属于发展中国家,特别是在政治与国际事务立场上中国始终坚持一个最大的发展中国家的立场,因而在全球体制机制建设中的作用为广大发展中国家所期待,中国的诉求正是广大发展中国家的诉求,广大发展中国家的利益也就是中国的利益。对发达国家来说,中国的国际影响力,负责任大国形象,以及高效的国内治理能力,决定了中国是一个可依赖的合作的。总之,国际社会的普遍期待决定了中国必然要走到全球治理改革创新的前台。

四、推进全球治理的战略视野：广泛领域与重大主题

中国推进全球治理是全方位的，而不只限于个别领域，从传统领域到新兴领域，从政治到经济，从全球性主题到区域性主题，中国都将发挥积极作用。

中国主张推动建设国际经济金融领域的新机制与新规则。经济发展是符合中国及广大发展中国家利益的第一主题。现行的国际经济规则是以发达国家为中心构造的，不能适应一大批国家崛起的要求，新机制、新规则就是要体现各方的诉求。经济全球化的深化使各国发展紧密联系，但是发展中国家的需要和可能却与发达国家需要的全球化并不一致。新机制、新规则的作用就是实现共同利益的最大化。伴随经济全球化的金融国际化一再使危机迅速冲击各国，从金融监管到现行货币金融体制的改革都是全球治理的大课题。在国际经济与金融领域的新机制体制建设中，由于经济规模和不断提高的开放度，中国不但利益密切相关，而且影响举足轻重。

中国积极参与全球治理各新兴领域中的规则与体制建设。保障能源资源安全、粮食安全、网络信息安全，应对气候变化、打击恐怖主义、防范重大传染性疾病，这些重大主题已经是人类社会共同面临的新挑战。这些主题与中国的国家利益密切相关，而在这些主题上发挥积极作用，也是一个新兴大国国际地位彰显的历史机遇。无论是承担责任、创新理念，还是贡献力量，都将对中国在未来全球治理体系中的地位与作用具有重大意义。

区域合作是当代世界与全球化相平行的一个发展趋势。推动亚太地区多层次诸边、双边经贸合作是中国应对全球化的一个重要方面。尽管区域合作与全球化存在着一定的矛盾，但它同时也是全球化的发展阶段和组成部分；区域合作中的开放性与规则化与全球治理是一致的。

一带一路建设是近年来中国提出的一个重大倡议，事关中国在区域合作中的积极作用和主导地位，体现了中国在发展这一世界性主题中的积极作用，也将对全球治理的理念与模式产生深远影响。一带一路倡议提出基础设施先行，形成区域发展的互联互通，倡导了相互依存、共同发展的共赢理念。一带一路倡议发挥了中国在工业化进程中的制造能力与比较优势，体现了一个新兴大国在带动其他发展中国家发展中的积极作用。一带一路倡议强调正确义利观，做好对外援助，弘义融利，为国际合作注入了文明价值观与强大生命力。一带一路倡议从各国经济社会发展的现实需要出发，以合作促进发展，以发展推动合作，广泛地结合了政府合作、市场机制、文化交流，将为中国与周边区域合作创造全新的体制机制，形成以全球治理推动共同发展的新模式。

第二节　民主平等，改革创新——中国推进全球治理的原则与主张

中国已经明确提出了推进全球治理的原则与主张，这就是："要推动变革全球治理体制中不公正不合理的安排，推动国际货币基金组织、世界银行等国际经济金融组织切实反映国际格局的变化，特别是要增加新兴市场国家和发展中国家的代表性和发言权，推动各

国在国际经济合作中权利平等、机会平等、规则平等,推进全球治理规则民主化、法治化,努力使全球治理体制更加平衡地反映大多数国家意愿和利益。"[①]

中国坚持以和平发展,合作共赢为推进全球治理的目标。和平发展符合绝大多数国家最广大人民的根本利益,维护和平才能为发展创造有利条件。各国要本着合作的理念协商制订全球治理规则,从体制机制上保障合作,达到各国都能从合作中获益的结果。各国在处理各项国际事务中是一个博弈的过程,合作就能够使这一博弈达到正和的结果,而不是一部分国家受益另一部分国家受损的零和结果。

要实现这一共赢目标,推进全球治理就需要以平等民主、兼容并蓄为原则,尊重各国制度与发展道路选择,大力推动国际关系的民主化、法制化及合理化。在推进全球治理中,要避免少数国家垄断国际事务的现象,在今天世界各国已经形成命运共同体,各国已经走上独立自主发展道路的条件下,少数国家单方面制订国际规则不可能成功推进全球治理。针对不同主题,中国推进全球治理的路径可以概括为四类方式,即维护、改革、创新和补充。

一、维护——维护以联合国宪章宗旨和原则为核心的国际秩序和国际体系,维护开放型世界经济体制

在第二次世界大战以后,世界形成了一个维护和平促进发展的国际秩序和国际体系,这一秩序与体系代表了世界的正义力量,符合世界各国的共同利益。联合国宪章的宗旨和原则体现了全球治理的和平发展、民主法治要求。但是在战后70年的实践中,在一些重大的国际事务中联合国的宗旨与原则并没有得到有效贯彻,少数大国主宰了国际事务,另行其事;另有一些国家则企图否定"二战"成果,以至于许多事情不能得到公正合理地解决。所以,当前推进全球治理的首要任务是维护联合国宪章的宗旨与原则,使之得到有效的贯彻实行。作为联合国常任理事国,维护联合国的权威地位是中国推进全球治理的基本立场。

开放型世界经济体制是"二战"后全球经济治理体制建设中的重要成果。从关税与贸易总协定开始,到建立世界组织,从区域自由贸易协定,到双边投资协定,再加上一大批国家选择了开放型发展道路,整个世界经济呈现出多样化的开放体制。这一体制有利于世界以合作求发展。但是保护主义在世界上没有消亡,不时会抬头反对开放。因此,与联合国一样,开放型世界经济体制的基本规则需要维护。世界贸易组织是开放型世界经济体制的标志,维护其开放与公平竞争原则,尊重其争端解决机制,推进在其框架下相关议题的进一步谈判,是加强全球治理的重大主题。中国的发展得益于开放,得益于世界开放型经济体制。作为世界经济大国,特别是开始走上对外投资和全球视野发展战略的新阶段,维护开放型世界经济体制,反对贸易保护主义和投资保护主义,推进多层次自由贸易区协定,是开放国策的组成部分。在多边体制谈判中发挥积极作用,是中国维护开放型世界经济体制的一个重要方面,也是中国作为负责任大国维护国际公平推动共同发展的重要平台。

[①] 习近平:中共中央政治局第27次集体学习时讲话,2015年10月12日。

二、改革——改革国际经济金融体系以适应世界新发展和广大发展中国家的要求

当代国际经济金融体系有其积极推动世界经济发展的一面,也有其不能适应世界发展新要求的一面。这就决定了改革的必要性。这种不适应产生的关键在于世界一大批发展中国家走上了发展道路,对世界经济的体制机制提出了新的要求,而这一体制机制在很大程度上是过去半个多世纪以来由发达国家主导建立的,不能反映世界经济格局的历史性变化,与世界发展的新现实和新要求呈现了差距。

以国际货币体系为例,该体系是在美国经济在世界上占绝对统治地位的历史条件下形成和演变的,但美元的国际地位却因美国经济地位的相对下降逐步下降,美国一国经济严重影响世界经济波动的不利性也日益体现。广大发展中国家在经济上崛起,但在国际货币体系中的代表性与发言权却不能得到相应体现;相反,美元中心体制还使美国的经济金融波动祸害世界。所以,国际货币体系等现有全球治理体制的改革需要体现的是世界经济的格局变化,只有贯彻权利平等、机会平等、规则平等的原则,才能真正使这一体系反映世界经济最新现实的需要。

人民币加入特别提款权货币篮子是国际货币体系改革中的一件大事,它标志着中国经济国际地位提升,新兴经济体对国际货币体系影响力的增强。未来中国经济增长与货币政策将在更大程度上影响世界经济。巨大的经济规模,持续的结构进步和与各国的日益扩大的贸易投资联系,将因人民币国际化而使世界进一步因中国受益。

三、创新——创新体制机制更加合理公正有效地应对人类的重大挑战

在现行全球治理体系不能适应世界格局变化从而需要改革的同时,一系列新领域新主题又对全球提出了创新的要求。今天,人类社会面临着新挑战过去所没有的,是现行治理体系所不能应对的,这是全球治理需要创新的根本原因。

应对资源能源安全、粮食安全、网络信息安全、应对气候变化、打击恐怖主义、防范重大传染性疾病等这些新主题,对世界的可持续发展乃至人类的生存都提出的严峻挑战。这些问题在很大程度上产生于发展与全球化,同时又阻碍着发展与全球化。面对这些问题,国际规则需要创新。创新的原则是有利于可持续发展,充分考虑到各国发展水平的差距,尊重各国的经济社会制度。在这些领域的治理创新中,联合国可以发挥积极的作用。

以应对气候变化为例,《联合国气候变化框架公约》生效已经 20 多年,全球应对取得积极进展。但是全球合作应对仍然面对许多困难和挑战,需要治理创新,达成一个全面、均衡、有力度、有约束力的协议。这种创新不仅要解决当下矛盾,更要引领未来,为实现可持续发展注入动力。从世界发展需要与现实出发,在减排义务上要贯彻共同的但有区别的原则。通过各国的自主减排贡献,自下而上的谈判模式,把各国承诺纳入有法律约束力的框架来达到目标。要建立利益导向和激励机制,推动各国走向绿色循环低碳发展,实现经济发展与应对气候变化的双赢。通过创新达到有利于实现上述《公约》目标,引领绿色发展。这种创新应有利于凝聚全球力量,广泛参与;有利于加大投入,强化行动保障;有利于照顾各国国情,讲求务实有效。总之,只有实现体制机制的创新才能有效应对全球治理

的新挑战。在 2015 巴黎气候大会上中国在世界的体制机制创新中贡献了智慧,发挥了积极作用。

新兴领域中的规则创新对于一个新兴经济体来说具有特殊意义。这些领域的问题大多与发展和全球化相联系,也与新兴腐朽的发展利益紧密联系。这些领域的规则存在着不足,需要创造,是新兴大国在全球治理中发挥作用的主要领域,更是中国倡导合作共赢理念,彰显大国作用的重要平台。

四、补充——补充现有治理体系的不足发挥新兴大国的积极作用

全球治理主题广泛,形式多样,需求巨大。面对新的巨大需求,以补充的形式实现在全球治理中的积极作用,是中国作为新兴大国的一种贡献方式。

补充的意义在于不另起炉灶,不对现有体系推倒重来,而是在承认现有治理作用的情况下,通过进一步发挥相似作用推进全球治理。采用补充方式的原因在于,现有治理模式在这一领域中是正确和有效的,但存在着各种不足;参与现有模式存在一定的局限,以补充方式来平行推进治理需求更为可行。

中国倡导成立亚洲基础设施投资银行就是补充方式的一个成功范例。世界银行、亚洲开发银行等国际金融机构在世界发展援助上发挥了积极作用,但无论从资金供给数量上讲,还是从援助方针理念上讲,都还不能适应广大发展中国家的需要。与此同时,亚洲地区各国经济发展任务艰巨,基础设施建设存在很大缺口,需要巨额资金。中国作为新兴大国,特别是在基础设施建设上形成了比较优势,资金供应上有一定的实力,发起建立亚投行是发挥中国优势与适应各国需要的合理选择。正因为这样,这一主张得到了包括英国等发达国家在内的世界的普遍支持。中国发起的新开发银行(金砖银行)、丝路基金、应急储备安排等同样具有这一补充的意义。

补充模式适应了世界的需要,体现了中国的作用,避免了对现有体系改革的困难,实现了与发达国家主导原有治理体系平行推进,是中国在全球治理中发挥积极作用的有效模式。

第三节 共建共享,合作共赢——中国推进全球治理的路径与影响

中国在推进全球治理上的原则与主张,通过贡献处理当代国际关系的中国智慧,贡献完善全球治理的中国方案,正在积极而深刻地影响着全球治理的走向,展现着一个新兴大国的地位与作用。

一、中华文明处世之道倡导了全球治理遵循共商共建共享

全球治理是一项制度安排,必然是在一定的理念引领下形成与发展的。由西方发达国家主导的现行体系必然反映西方的理念与价值观。中国推进全球治理也必然会体现不同的理念与价值观。

中国认为,构建更加公正合理的全球治理规则需要吸收人类各种优秀文明成果。人类文明是多样的,各种不同文明均有自己灿烂的历史与现实的意义。仅仅强调一种文明的治理模式不可能实现各种文明之间的和谐共处,就不可能有有效的治理模式。对各种文明成果的兼收并蓄本身就是全球治理的客观要求。

中华文化从多重意义上对推进全球治理是有积极意义的。中华文化中积极的处世之道和治理理念与当今时代之间存在着诸多共鸣点,和为贵的中华价值观对于今天全球治理应遵循基于共商依靠共建达到共享的原则是完全相通的。基于中华文化的传统理念,中国注重弘义融利,自己的发展绝不以牺牲别国利益为代价,摈弃损人利己、以邻为壑的处世之道。根植于传统文化,维护和平,促进发展就是今天中国的大义表现和推进全球治理的出发点。人类命运共同体的形成是经济全球化与各国利益深度融合的结果,但它也需要各国的共同努力去维护和发展,中华文化与之是高度一致的。

因此,中国积极推进全球治理将改变西方文明占主导地位的模式,使各种文明成果都得到体现,各类国家的发展要求都得到兼顾,真正找到利益汇合点,实现世界的利益最大化。

中华文化的浓厚底蕴养育了中国智慧,使中国能对完善全球治理提出各种方案,在推进全球治理中作出特殊的贡献。

二、从维护发展中国家的利益出发体现了时代的根本要求

中国在推进全球治理中的基本立场是维护广大发展中国家的利益,这不仅是因为中国本身是最大的发展中国家,而且因为体现发展中国家的利益是时代的要求。因此,中国的积极作用将有利于全球治理走上正确的方向。

全球治理的一个主题就是国际关系的合理化,因为国际力量对比已经发生了历史性的重大变化,但现有治理体系更多代表的是发达国家的利益。作为最大的发展中国家,中国主张全球治理的改革,体现各方的关切和诉求。中国的立场必将有利于体现发展中国家的整体力量,有利于全球治理反映时代要求。

中国将在凝聚发展中国家的整体力量中发挥重要作用。在全球治理的改革中关键是更大的制度性权力与话语权。发展中国家对国际发展环境有着相似的需求,需要团结合作,用一个声音说话。中国把自身的发展与广大发展中国家紧密联系在一起,利益与诉求更为一致。作为最大的发展中国家,中国在全球治理中的影响力因此也将更为显著。

中国特别注重与其他发展中大国的合作,包括金砖国家合作以及各种双边合作。中国致力于发展中大国以两种方式为全球治理作出贡献:一是以自身的发展为拉动世界经济的增长作出贡献;二是在脱贫、粮食问题、减排问题等方面承担发展中大国的责任,为这些全球性问题的解决作出贡献,同时在这些全球性问题的治理体系建设中提出代表发展中国家利益的可行方案。

三、正确处理中美关系促进全球体制机制有效运行与改革创新

正确处理中美关系是中国外交的重中之重,也是中国推进全球治理改革创新的战略重点。中国主张与美国合作推动全球治理的完善。如同把经贸关系作为中美关系的压舱石一样,中国也把中美合作作为推进全球治理的压舱石。

美国是最大的发达国家,也是现行全球治理体系的主要建构者。全球治理体系的改革必然涉及美国的关切与利益。中国是最大的发展中国家,并且以代表发展中国家的利益诉求作为自身的定位。因此,中、美两国在全球治理改革创新中的合作对世界来说是关键因素。

在推进中、美合作中,中国坚持强调中、美两国有着广泛的共同利益,这是加强合作,避免对抗的依据和基础。中国主张中、美两国应建立新型大国关系,不对抗,不冲突,尊重对方的核心利益。这些原则在两国共同推动和完善全球治理中是同样适用的。中国主张中、美两国要在推动解决人类面临的重大挑战中加强合作,这为全球治理的有效推进明确了道路。中、美两国在发展水平上存在重大差距,在全球治理的诉求和主张上也存在着显著差异,同时各自又在发达国家和发展中国家中有一定的代表性。因此,中、美两国的合作在全球治理中发现利益汇合点,找到可行方案具有关键意义。中国注重中、美关系的布局对全球治理改革创新具有显著的实践意义。中、美两国的合作可以广泛体现在联合国、亚太经合组织、二十国集团等多边机制以及重大国际和地区问题、全球性挑战上。以中、美合作推进全球治理是中国为维护和促进世界和平、稳定、繁荣作出更大贡献战略选择。事实已经证明,在许多关键问题上中、美两国的合作对全球治理产生了决定性的影响。

在中、美合作上,中国主张要照顾彼此的利益和关切,寻求合作的最大公约数,这是中国切实推进合作的务实的选择。

四、坚持正确义利观增加了中国与各国的利益汇合点

推进全球治理是为本国一国之利益,还是为各国之共同利益;是利益至上,还是弘义融利。坚持正确的义利观增强了中国与各国的利益汇合点,也奠定了全球治理的有效推进的基础。

中国推进全球治理注重在国际关系中弘扬正义,反对全球体系建设中的霸权主义,体制机制建设不损人利己,不以邻为壑,坚持民主化、法治化、合理化原则,注重承担大国责任,注重发展援助,注重造福于人类社会。

中国注重以实现共同利益作为推进全球治理的准则。在发展与各国关系中,中国强调在追求本国利益时兼顾他国合理关切,在谋求本国发展中促进各国共同发展,建立更加平等均衡的新型全球发展伙伴关系。正如在对发展中国家的援助中一样,中国高度关注这些国家的民生问题与工业化需求,全球治理的推进也要立足于这些国家的关切。中国需要扩大走出去开辟新的发展空间,但如何走出去又要立足于东道国的发展要求。这些原则与少数国家只从本国需要出发不顾它国实际形成鲜明对照。"人类命运共同体"观念是中国对当代世界相互依存现实的科学揭示,也是中国推进全球治理立足共同利益的基本准则。

弘义融利使全球治理的发展可能保持正确的方向,实现最广泛的共同利益,达到以合作实现共赢的目标,是推进全球治理切实可行的方针。

中国特色的全球治理观将深刻影响世界走向,这将是中国国际地位上升的一个重要体现。这一治理观就是以"三个未来"为全球治理目标的理念。一是创造一个各尽所能、合作共赢的未来,摒弃"零和博弈"狭隘思维,多一点分享、多一点担当;二是创造一个奉行法治、公平正义的未来,确保国际规则有效遵守和实施,坚持民主、平等、正义,建设国际法

治；三是创造一个包容互鉴、共同发展的未来，倡导和而不同，允许各国寻找最适合本国国情的应对之策。[①]

中国特色的全球治理观蕴含中华文化智慧，与中国的外交理念相一致，包括打造人类命运共同体、构建新型国际关系、共商共建共享等，必将得到广大发展中国家的认同，从而在未来全球治理走向中产生深远影响。

---

① 参见习近平："携手构建合作共赢、公平合理的气候变化治理机制——在气候变化巴黎大会开幕式上的讲话"（2015年11月30日，巴黎）。

后 记

  1994年,上海市社联决定编写一套"20世纪论丛",在世纪末之际对20世纪各个领域的发展进行一场大回顾。社联领导对这种回顾进行了科学的定位:不是进行100年全方位的历史描述,而是从一个特定的、最具有代表性的角度分析某一问题在100年中的发展过程,以此反映该领域的全貌。论丛主题的安排是按学科进行的。在接到"世界经济"这一学科主题回顾分析的任务以后,我进行了长达数月的思索。对于涉及问题如此广泛的世界经济来说,任何一个具体问题的发展追溯都不可能反映100年世界经济的整体面貌和总体特征。然而,20世纪90年代世界经济各个方面的发展却几乎无一不涵盖着一个共同的主题:国与国之间经济活动的障碍不断消除,世界经济的整体性不断加强,区域一体化、全球贸易自由化和各国的市场开放令人目不暇接地向前推进,"经济全球化"正成为国外学者频繁使用的新概念。不难理解,如果能揭示这些发展的共性及其对世界经济运行机制变化的意义,如果能追寻这些发展的历史轨迹,那么显然符合"论丛"大回顾的基本要求,也具有令人鼓舞的理论意义。我认为,反映这一切发展本质和趋势的是"世界经济一体化"。这就是我从"一体化"角度研究世界经济的最初起因。不久,这一思路成为我对本所1994级博士生讲课的提纲和博士生课程论文的主题,最后产生了《一体化的历程——20世纪的世界经济》这部专著的书稿。该书稿从一体化的动因、表现、影响及趋势等十个方面分析了世界经济一体化。书稿完成以后,本所所长、我国区域经济一体化研究的开拓者伍贻康教授仔细审读了整部书稿,对小到一些资料的准确性,大到关系到基本观点的一些重要论断,都提出了十分宝贵的意见。这些意见对整个研究都起了非常关键的作用。不久以后,伍所长又就一体化相关的若干理论问题与我进行了一次十分具体的长谈,帮助我进一步澄清了对一些重大问题的认识。

  这些研究为承接市教委博士点学科建设项目打下了基础,因为能否从一个新的视角来看待世界经济是建立一个学科体系的关键。这似乎预示着自20世纪70年代末以来我国世界经济学学科建设中严重分歧的局面将出现转机。在一体化的理论主线上建立起的世界经济学与西方已形成的比较成熟的国际经济学的区别,在于前者的宏观经济学性质和后者的微观经济学性质;世界经济学与政治经济学的区别,在于前者以揭示客观规律为中心的实证经济学性质和后者的以价值判断的为基础的规范经济学性质。学科对象的明确界定的可能解决了学科建设中关键一步。

  除了个人的独立工作以外,研究工作更多是在博士生的课堂上进行的。94级和95级两级博士生都参与了本书提纲的建立,他们还与96级博士生一起,以对95级和96级硕士生上课的教学实践的方式承担了部分章节的写作,硕士生则以课程作业的形式整理了伍所长和我的讲课内容,以课程论文的形式撰写了部分资料性的章节。除了我本人所讲的几章由研究生根据记录整理外,参加各章节写作的有程定华、屠启宇、梁勇、金芳、葛伟民、王如忠、陈德翔、陈信华;第四章第二节和第十章的第二至第五节,分别由硕士生黄烨菁、林圆、王臻、黄凯、王胜强、杨海凤和林作平、朱依君、高上完成。初稿首先由程定华帮助统稿、修改和增写部分章节,解决了不少遗留的问题,而后又由曹均伟研究员再度统改。在统改工作中,曹均伟研究员对许多章节进行了编辑加工、修改、补充或重写。由于程定华的理论基础和文字能力,由于曹均伟研究员多年经济专业编辑、主编的丰富经验和经济史学研究的经历,加上正在本所为扩大研究领域而攻读世界经济专业博士学位的专业素养,在本书从半成品变为成品中起了关键的作用。① 在感谢伍贻康所长为本书作序,感谢所有参加工作的研究生的同时,我深感作为一位主编和作者应承担的责任。从本书的基本观点和理论体系,到所有重大结论和关键提法,既是由我提出的,也是由我修改确认的。因此,本书是本博士点的集体劳动成果,而我则不可逃避地应当对其中任何一方面的成败负责。

然而,此时此刻,我感到更重要的却是,我们每个世界经济理论工作者所要承担的,绝不只是一本书成败的责任,而是整个学科建设的责任。20世纪80年代中,我的导师、我国著名经济学前辈褚葆一教授带我完成和出版了《世界经济学原理》。当时的学科体系是在"国际价值论"的主线下建立的。今天本书的体系虽然是另一种尝试,但在不少内容和分析上仍继承了当时的成果。在经历了80年代全国许多学者,尤其是前辈的努力之后,在经历了90年代以来学科体系探讨的沉寂之后,在世界经济发展的新的历史条件下,我们这些正在世界经济理论领域中工作的中青年学者能否把学科建设推向一个新阶段呢?

张幼文
1998年9月
于上海社会科学院世界经济研究所

---

① 第二版的修改增写工作,由金芳研究员和我完成。——二版注。

图书在版编目(CIP)数据

世界经济学/张幼文,金芳著. —4版. —上海:立信会计出版社,2017.9
新编经济学教程系列
ISBN 978-7-5429-5563-0

Ⅰ.①世… Ⅱ.①张… ②金… Ⅲ.①世界经济学—教材 Ⅳ.①F11-0

中国版本图书馆 CIP 数据核字(2017)第 229934 号

责任编辑　陈　旻

世界经济学(第四版)

Shijie Jingjixue

出版发行	立信会计出版社		
地　址	上海市中山西路 2230 号	邮政编码	200235
电　话	(021)64411389	传　真	(021)64411325
网　址	www.lixinaph.com	电子邮箱	lxaph@sh163.net
网上书店	www.shlx.net	电　话	(021)64411071
经　销	各地新华书店		
印　刷	常熟市梅李印刷有限公司		
开　本	787 毫米×1092 毫米	1/16	
印　张	26.25	插　页	2
字　数	614 千字		
版　次	2017 年 9 月第 4 版		
印　次	2017 年 9 月第 1 次		
印　数	1—3100		
书　号	ISBN 978-7-5429-5563-0/F		
定　价	51.00 元		

如有印订差错,请与本社联系调换